小野十傳

完全図解

顔相・手相・声やホクロの吉凶も読める

東洋観相秘占

Physiognomy in Theory & Practice

TODEN ONO

Illustration by

FRANCOISE YOSHIMOTO

Book Design by

Hitoshi Nagasawa + Yutaka Tateyama (papier collé)

Editing by

MICHIKO OSAKO

SATOSHI MOCHIDUKI

YUKO HOSOE

First Publishing by

GAKKEN PUBLISHING

はじめに

いつかは人相の本を書きたいと思っていました。いや、書かなければいけないと、自分に強く言い聞かせるようになっていました。

人相を学んだのは30代前半の頃でした。いきなり実地から入ったのです。というのは、通っていた占い教室に、人相学に精通した老人がいたからです。本書にも書きましたが、その老人は私の顔を見るや「最近、古都に行きましたな」と、切り出したのです。「白いシャツを着て、サングラスをしていたでしょう」と。図星でした。

そういう奇妙な縁で、占い教室が終わってから2時間ほど喫茶店や、あるときは居酒屋で、老人から人相学のノウハウを学んだのです。そんな関係が数か月ほど続いたのですが、「人相は実地で訓練しなければ何にもならない」といわれ、以後、総合病院の待合室が、私の学校になったのです。

病院の待合室には、患者さんが多く見えます。

病を得た人や、入院中の人、退院する人など、その顔色や艶や声やにおい、姿勢などはさまざまで、「ほら、あの人の腮骨《さいこつ》を見なさい。黒ずんでいるだろう。あれを蒙色《もうしょく》というんだ」

と、老人は教えてくれたものです。

最初は何もわかりませんでした。けれど、しだいに窓から差し込む陽光の加減や、見る角度によってわずかではありますが、見分けることができるようになったのです。

居酒屋で、焼酎のお湯割りを眺めた思い出も忘れられません。

「湯気が見えるか？」

湯のみから焼酎の湯気が立ち上っています。老人は、焼酎をグイッと半分ほど飲んでから、そこに水を注ぎました。

「まだ湯気は見えるか？」

もう湯気は見えません。そういうと、「まだまだだな、よく見ろ」と、ため息をついたものです。これは、やはり本書にも記していますが、気色を見る訓練だったのだと後年になって納得しました。


1年半ほどの間でしたが、そんな不思議な関係が続きました。

その老人とは、いつということはなく会わなくなりました。でも私の手元には、ガリ版刷りの数冊の相書が残されています。老人から借りっぱなしになっている相書です。

それは、目黒玄龍子という明治・大正に活躍した人相の大家が著した本でした。

本書は、その本と老人から教えられたことを下敷きにして書き上げています。

東洋の人相学は、世界に無数にある占いの中でも特異な分野です。

東洋占術につきものの五行や干支などの要素が混じっていません。医術が人相学から枝分かれしたという歴史を考えれば当然かもしれません。しかも、医術を超えて、人類の誕生、生物の起源までさかのぼって語られているのです。

目黒玄龍子の人相本も、その大半は、人相以外のそのようなエピソードで占められています。一部をご紹介しましょう。

満月のカニは、身が軽いといわれています。満月の夜は明るく、カニが活動するには格好のときです。そこで、動きやすくなるために痩せるのだと一般には信じられています。

ところが、それは違うというのです。満月の夜に、オスのカニが射精するからだというのです。身が重くては、ほかのオスに先を越されてしまいます。そこで、オスのカニは身を軽くして、子孫を残すために競争しているのだと、目黒玄龍子の本に記されています。

さらに、こんなことにも言及しています。火（明かり）を持たなかった太古の女性たちは、満月の日に排卵日が来るように、自然に調節していたのだと。明るい月夜の晩は、道に迷うことなく男女が会うことができます。しかし、その日が生理だと、受胎することができません。そこで、自然の動きに合わせて、人間は自分たちの体のサイクルを変えていったのだと語られています。

このような記事を読むと、人相学というものが、月や太陽の動きや自然環境を重視し、地球上の生命を注意深く観察しながら発展してきたことがわかります。

では、人相学にはどれくらいの歴史があるでしょう。

西洋では、古代ギリシアのソクラテスの時代に、ソフィアという人相見がいたことが知られていますが、人相学の起源はさらに古く、ヒポクラテス（前４６０〜前３７０年頃）からアリストテレス（前３８４〜前３２２年）の時代にさかのぼります。

アリストテレスが見いだした顔と性格との関係、ヒポクラテスが著したとされる人間を４つの形質（多血質、多痰質、膽汁質、沈鬱質）に分けた医学書、あるいは解剖学的な観察方法は、その後も研究され、やがて占星術の影響を受けて予言的なものへと変化していきました。

東洋でも、古代から人相の研究がなされていましたが、具体的に扱ったのは中国の黄帝の時代（前2500年頃）に成立したとされる『霊枢経』です。そこには、個人の性格や内臓の疾患が、その人の姿や形に表れるという「五態説」が記されています。やがて春秋時代（前770～前403年）になると、人相学と医学が分離されました。

その後、唐挙、鬼谷子などの名人が輩出しました。6世紀には、達磨大師の『達磨相法秘訣』が成立し、歴史的な書物として伝えられています。本書で紹介した「人形法」は、この書物からピックアップしたのです。

日本の人相学に貢献したのは『神相全編』で、これは明代の人、袁忠徹の書です。日本では室町時代の叡山の僧侶である天山阿闍梨の『先天相法』が最古で、江戸時代の元禄のころに『神相全編』が入ってきてから人相学が盛んになり、『麻衣相法』『柳荘相法』『人相水鏡集』などの名著が著されています。やがて水野南北が登場し、鶴塞翁が『神相全編正義』という本を出し、それが我が国における人相学の基礎となりました。山口千枝、林文嶺、松川春偕、石竜子、目黒玄龍子と名人が続き、現在に至っています。

こうした長い歴史に支えられながら、本書を完成させたことは非常に意義深いことです。

人相とは、顔の相だけをいうのではありません。頭の先から足の先まで、さらには体臭、声、仕草までが人相に含まれます。本書は、これらをすべて網羅しています。おそらく近年では、このような人相の書が世に出たことはなかったはずです。その意味では、画期的な一冊だと自負しています。

人相を学ぶには、特別な道具が一切必要ありません。本書を熟読していただければ、それだけで十分なはずです。幸運の到来をいち早く察知し、自分のものにするための術を、あなたは必ず身につけられるでしょう。

完全図解

東洋観相秘占もくじ

第2章 胴・腕・足ほか

第3章 手相

第4章 挙動

第5章 血色・気色・画相

コラム

第1章

頭部

頭の形

人の頭の形は、千差万別である。

また、頭の形は、個人の性向や運命と密接な関連性を持っている。

たとえば、西洋人と東洋人とを比べた場合、その違いは顕著である。西洋人の頭は後頭部が突きだしているが、東洋人の頭は扁平である。

後頭部の発達した頭の持ち主は、理性で物事を考える特徴がある。

ここから、東洋人が感情を基本にして物事を考える傾向が強いのに比べ、西洋人は感情をひとまず抑え、理論から入っていく傾向が強いことが推測できる。

また、頭脳労働者と、肉体労働者などの頭の形も、不思議と区別できるものである。

東洋の人相学において、頭の形は深く研究されてきたが、西洋の骨相学でも、微に入り、細をうがって論じられてきた。

そのひとつに「性相学」というものがある。イギリスのジョージ・コーム（１７８８〜１８５８年）が、骨相学の見地から、頭部を42部位に分類し、人間の特性を見きわめようとしたものだ。

しかし、この性相学は、優れた研究ではあるものの、あまりに細かすぎて、実用には適さない。

そこで、性相学を東洋の人相学と照合し、両者の共通項を抽出したのが、左の図である。頭部を５つの部位に分け、それぞれに意味を持たせている。より精度が高く、占断の下しやすい内容になっている。

「知力」の部位が豊かに発達していれば、知力や直感力に優れた人だと推測できる。

「道徳」の部位が発達していれば、

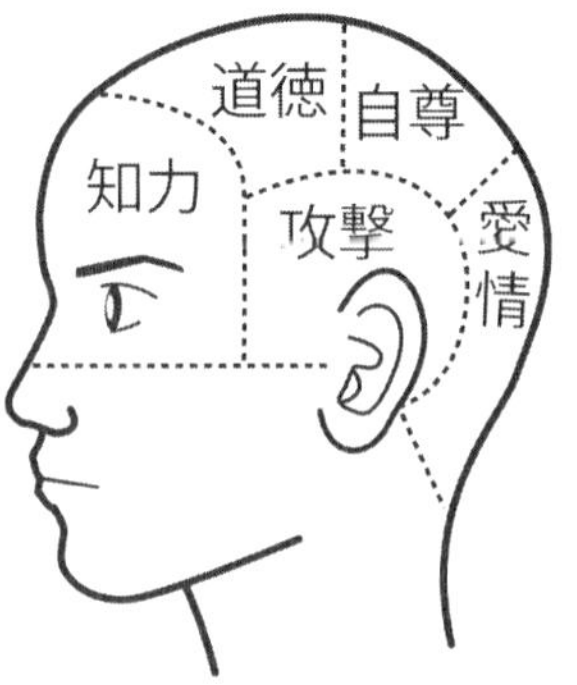

道徳心が強い人である。

しかし、この部位がでこぼこしていれば、道徳心にやや問題があり、ときとして常識では考えられない言動をしでかして、周囲を驚かせることもあると判断できる。

「自尊」の部位が顕著であれば、プライドを大切にする人である。プライドや自我を傷つけられると、猛然と怒りだすことも予測される。

「攻撃」の部位が張りだしている人は、実は、隠しごとをするタイプである。その秘密を守るためにトラブルを引き起こし、攻撃的な一面を見せるだろう。

「愛情」の部位が発達している人は、慈愛に溢れている。

この5つの部位がどのように発達しているかを総合的に見て、判断していく。たとえば、知力の部位が発達しているが、愛情の部位が貧弱であれば、頭はいいが、冷たい心の持ち主だと推測できる。

ここでは、頭の大小に触れたのち、前述した5つの部位の意味を踏まえ、20種類の頭の形を挙げる。その後、さまざまな相について述べていこう。

頭の大小

6・5頭身を基準に ほどよい大きさが吉

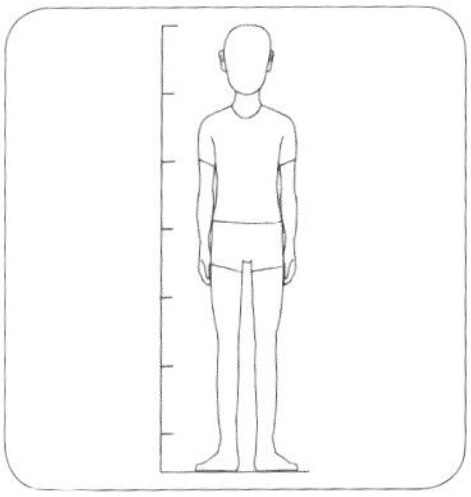

頭は大きすぎず小さすぎず、調和のとれた大きさが吉相である。その基準は、6・5頭身である。それより小さければ小顔、大きければ大きな顔である。

最近では小顔がブームで、8頭身がもてはやされている。しかし、人相学では頭の小さすぎる人は凶である。モデルとして世間から羨望の眼差しを浴びたとしても、それは一時的なものである。

恐竜時代の爬虫類などの頭部は極端に小さく、そのために生存競争に勝ち残れなかったとされている。頭の小さい人は、競争世界にはあまり適さないといえる。よくいえば繊細で優しい人なのだ。

では、頭の大きな人はどうだろう。

やはり凶相なのである。大きな理想や希望を抱いたとしても、あと一歩のところで手が届かない傾向がある。大それた望みを持たず、確実な路線を狙っていくことが肝要である。

眉骨が高い

直観的に本質を見抜く
鋭すぎて怖いタイプ

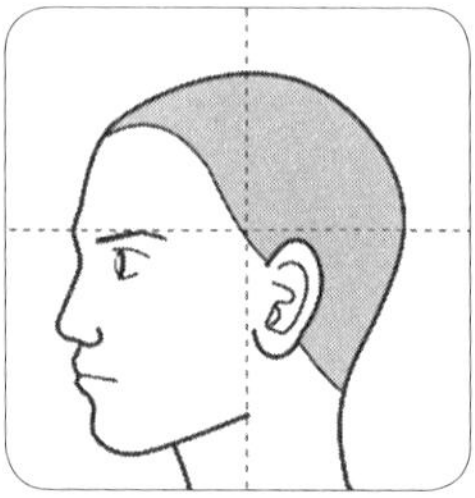

　眉骨が発達している人は、鋭い推理力と観察力を持っている。つまり、物事を論理的に掘り下げて、分析する力を持っているのである。それは、ほとんど直観的とさえいえる。
　眉骨が高いと、必然的に目が引っ込んで見えるのだが、この相は、奥目とは異なるので、そこを間違えないよう注意が必要だ。たんに目が引っ込んでいるのではなく、眉骨が突きだしていることがポイントである。
　このような相の人に対して軽率な発言をすると、そのひと言から、自分の秘密を悟られてしまうかもしれない。
　たとえば、「あのタレントが好き」と口にすると、「ということは、同僚のあの人を好きだということになるな。そのタレントと似ているから」と、こんな具合に、たちまち分析されてしまう。鋭すぎて恐いタイプである。

額の中央が高い

抽象的な直観力に優れ
音楽や文学などを好む

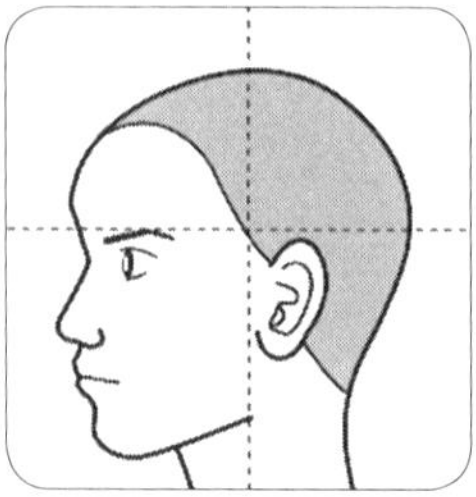

　額の中央部分が発達したタイプである。この相を持つ人は、抽象的な直観力に優れている。たとえば、音楽を理解したり、小説を愛したりすることが特徴である。言い換えれば、具体的な形を持たない音楽や小説に触れるだけでも、その世界に溶け込むことができるのである。
　普通、音楽などに傾倒するのは、思春期の一時期だけであることが多いものだが、この人は、成人したのちもアートに囲まれていないと満足できない。
　やがては自分でも創作したいという欲望が湧いてくるだろう。音楽家や文学者は、このように額の中央部分が秀でているものである。
　もっとも、このタイプのすべてが、芸術面で成功するかどうかの保証はない。あくまでもこの部分のみを骨相学的に見た場合の判断であり、成功するか否かは、他の相も加味して判断することになる。

額の上部が高い

知的で推理力に優れるがロマンを解するのは苦手

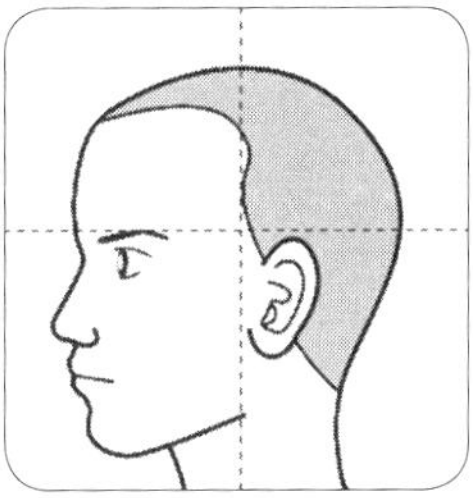

額の上部と後頭部が発達しているタイプである。額の両側の髪が抜け上がり、横から見ると、額がやや角張って見えるのが特徴である。

この相を持つ人は、推理力に優れている。知性と知力がブレンドされた頭脳を活用して、未知の世界の出来事をリアルに推理するだろう。科学者やミステリー作家には必要不可欠な額である。占い師として成功するためにも、ぜひ欲しい相といえるだろう。

ただ、夢見るようなロマンの世界には染まれないかもしれない。後頭部が発達しているので、愛情面では問題がないのだが、恋愛をしても、常に現実的な面を見失うことがなく、損得を考える。

これは女性でも同じである。いい加減な男性を好きになったとしても、結婚相手には将来性のある男性を選ぶ。損得を本能的に計算するからだろう。

前頭部が高い

思いやりにあふれるが興奮しやすい一面も

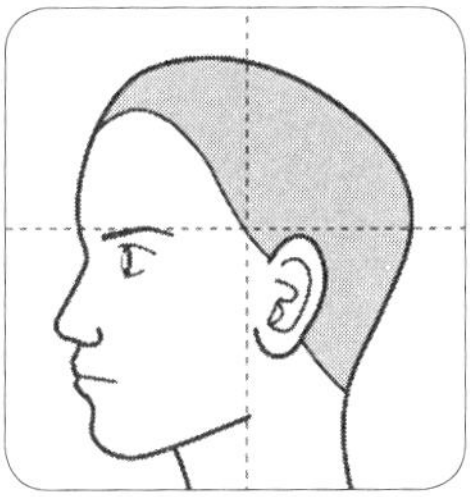

額のやや上が発達したタイプである。

この相に該当するかどうかを見きわめるにはコツがある。右の手のひらを額の中央に当て、人差指と中指で頭蓋骨に触れてみよう。このとき、出っ張った骨が感じられるなら、このタイプである。

この相を持つ人は、思いやりの心にあふれている。

ただ、すぐに興奮する一面があり、周囲の忠告を無視して独断先行に走りやすい。頭に血が上り、発作的にケンカをする人に多く見られることも特徴なのだ。

女性の場合、ヒステリー傾向を有しているかもしれない。こうした女性には、不用意な発言を慎むことが必要だろう。

また、霊感商法的な勧誘に引っかかりやすいので注意すべきである。

他人を判断する場合、髪を中央から分けている人なら、この相であるかどうかの見分けがつきやすい。

頭頂部が高い①

目に見えない世界への関心が強いタイプ

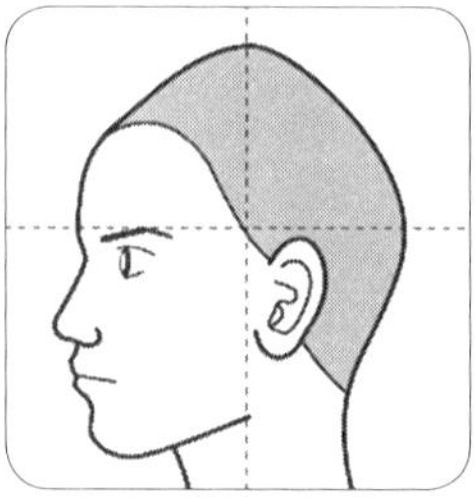

頭頂部が高いタイプである。

手のひらの中央を額の生え際に当て、そのまま頭にかぶせたとき、中指の先に、高くなっている骨が感じられるかどうかが判断の基準である。

この相を持つ人は、目に見えないもの、スピリチュアルなものを尊ぶ気持ちが強い。占い好きな人にしばしば見られる相であり、パワースポット巡りや、四国八十八か所のお遍路に憧れる。

日常的にも、先祖を敬い、故人の命日にはお墓参りをしないと、気持ちが落ち着かないという人が多い。

恋愛をしても、まずは相手との相性を占ってみようとするだろう。方位の吉凶にも非常に気を遣うので、デートの際など、行き先がなかなか決められないことがある。

そのために、相手と意見が衝突することがあるかもしれない。

頭頂部が高い②

宗教的な分野で活躍する可能性あり

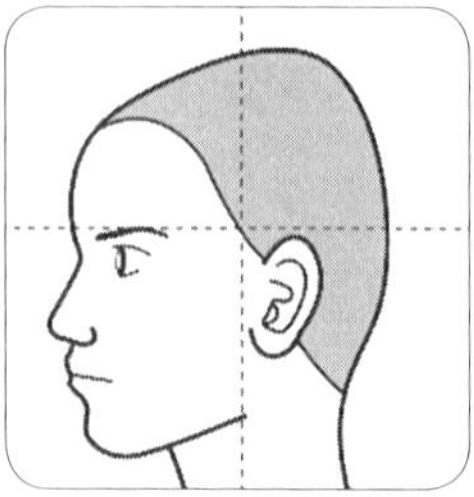

頭頂部が際立って高いタイプである。

この相の人は、自分の信念を貫き通そうとする傾向が強い。

中でも、額が広い人は、神仏への関心が深く、思いやり深い性質で、宗教家として名を成す可能性が宿っている。

一方、額が狭い人の場合は、幻想を抱きがちで、ともすると奇妙なカルト集団の一員になる危険性を帯びている。

このタイプは、学校での成績は下から数えた方が早いかもしれない。しかし、神学的な分野では、水を得た魚のように知識を吸収し、自分の中に取り込むことができる。

仕事の適性でいえば、神社、仏閣、葬儀社など、宗教や生死にかかわりのある職業に向いているといえる。

そのような仕事においては、他者への思いやり深さを発揮することができるだろう。

後頭部が高い①

自尊心が強いが愛すべき一面も

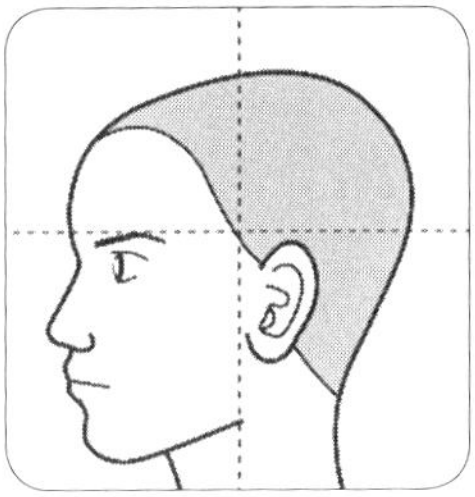

自尊心が強いタイプである。

他人に頭を下げたり、他人のご機嫌を取ったりすることが大嫌いで、そのため、愛嬌や協調性には欠ける。

この人が社会人であれば、上司や先輩にも猛然とはむかうだろう。その意味では、勤め人には不向きかもしれない。

となれば、自分ひとりで仕事をすることによって成功を勝ち取るのが早道だといえよう。人に使われる立場では、この人の才能や長所が、どうしても表に出にくいのである。

男女とも、この相の持ち主は、周囲から一目置かれたいという気持ちが強いため、身振り手振りがオーバーアクションであり、宝石や時計などの高価な貴金属で身を飾りたがるのが特徴である。

ほめられると調子に乗るような、単純で愛すべき一面も持ち合わせている。意外に扱いやすい人かもしれない。

後頭部が高い②

持続力に優れているが融通がきかない一面も

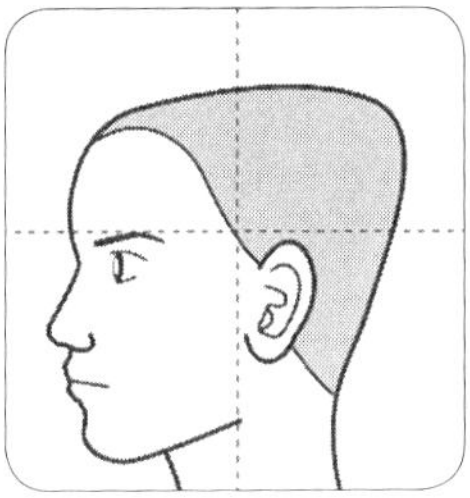

俗に「絶壁」といわれるような後頭部である。この相の持ち主は、持続力に優れているのが特徴だ。

学齢期は、その持続力が活かされ、成績優秀で神童の誉れが高い。

しかし、社会に出ると伸び悩むのだ。

それは、生来の持続力が裏目に出るからだ。自分に合わない仕事だとわかっていても、その仕事をつづけてしまう。だから苦労する。周囲の目には、その忍耐強さが強情さと映るだろう。見切りをつけるノウハウを学ぶと吉である。

また、この相のように、後頭部に丸みがない人は、大切な場面に立たされると迷いやすくなり、臆病風に吹かれて逃げ腰になってしまうことがある。

なお、男女とも、この相の持ち主は、恋愛に関してはなぜか移り気だ。

いらぬトラブルを起こさないよう、自重が必要であろう。

後頭部の張り①

帰巣本能が強く 地元愛にあふれる

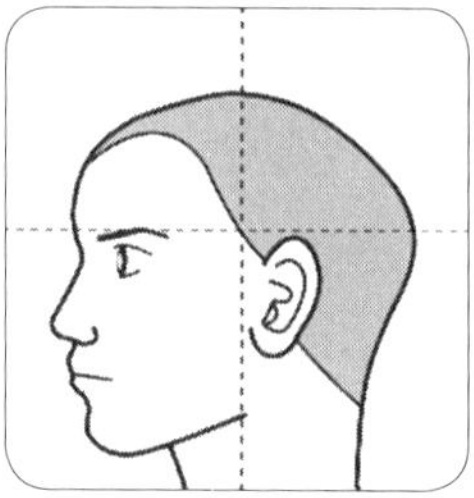

自尊と愛情を司る部位が大きい。世の中に、持ち家タイプと借家タイプがあるとすれば、この人は持ち家タイプである。自分の家を持たないと、心が定まらないのだ。

帰巣本能が強いことも特徴で、旅行に出ても帰ることばかりを考えている。筆者の亡父もこのタイプで、２００キロ離れた場所に転勤したときも、往復3時間かけて自宅から通っていた。

この人は、進学を期に都会に出ても、Uターンして地元に就職することが多い。しかも、退職まで同じ職場で働く。

また、学生時代のエピソードを異常なまでに記憶していることも特筆すべきだろう。デート中の会話でも、そのような過去の思い出話をするので、相手はへきえきするかもしれない。

過去の恋に未練を抱いて、新しい出会いに気づかないこともあるだろう。

後頭部の張り②

慈愛が強く子煩悩だが いきすぎには注意を

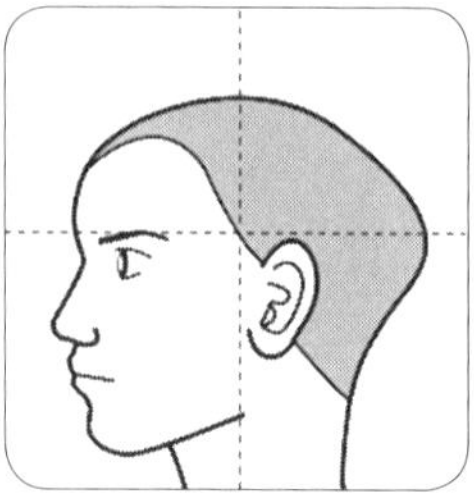

後頭部、とくに枕が当たるあたりが過剰に発達し、やや尖ったように見えるタイプである。人相学においては慈愛を司るといわれる部位で、ここが発達している人は、子煩悩である。本能的に子供を可愛がるのだ。

ただし、この部位が過度に発達していると、よからぬ結果を招くことがある。これは、他の部位も同様である。

子供が高校受験で失敗した母親の例を挙げよう。その母親は、わが子が不合格になるはずはないと、その高校に乗り込んでいった。そして、子供の解答用紙を提示せよと、校長に迫ったのである。その母親の頭の形が、これであった。

この母親の場合、慈愛の心が過剰すぎて行き場を失い、ねじれた方向へ表出したのである。これを他山の石として、わが子との距離を適度なものにすることが求められる。

後頭部の張り③

エネルギッシュな実業家タイプ

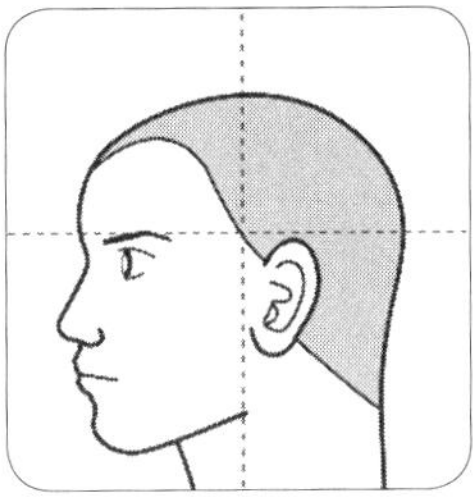

　後頭部から首にかけての部位が発達した相である。うなじの皮膚がややダブついているために、首が太く見え、頬やあごが豊かになることが特徴である。

　この部位は、子供時代はさほど目立たなくても、年頃になると急速に発達することがあり、骨相学でいう男女性、すなわち性欲を司る部位が含まれている。

　したがって、ここが発達している人は、性欲が旺盛である。言い換えれば、活力にあふれているのだ。実業家などのボスとなるために必要なパワーでもあるから、適度な発達は必要である。

　しかし、頭頂部がへこみ、この部分だけが発達していると、欲情に溺れかねない。次々と欲情の対象を変えることが日常化し、ひとりの相手との恋愛がつづきにくいだろう。

　浮気が趣味だとうそぶく人の多くは、このタイプである。

後頭部の張り④

自己犠牲を払うほどの激しい慈愛の持ち主

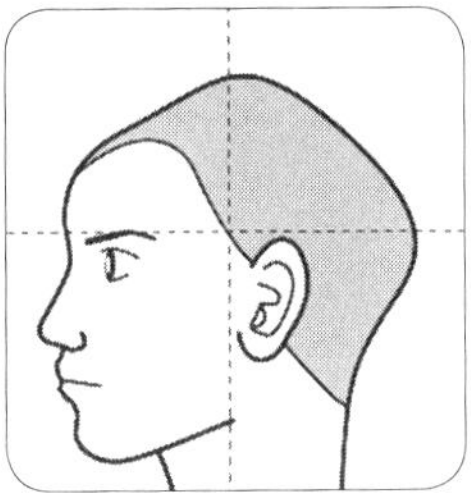

　頭頂部と後頭部に張りが見られる。
　この相の持ち主は、ほとばしるような慈愛に満ちている。雉《きじ》は、たとえそこが焼け野でも、わが子を救うために自分を犠牲にして飛び込むというが、まさにそんな相なのである。
　この相を持つ男性は、不幸な女性に接すると、激しいまでの父性を発揮する。「僕がこの女性を救わなければ、だれが救うのだ」という強い使命感にかられるのである。資金繰りに困っている女性の相談に乗り、「オレも男だ」とばかりに、なけなしのお金をはたくタイプだろう。
　女性も、頼りない男性を前にすると、愚かなまでの母性愛で守ろうとする。半人前の男性を一人前にして、最後に別れを切りだされるタイプかもしれない。損な性分だと自覚していても、自信満々な男性に対しては、愛情のカケラも感じられないのだから、仕方ないのである。

全体が円満

冷徹な判断力を備えた
オールマイティーな相

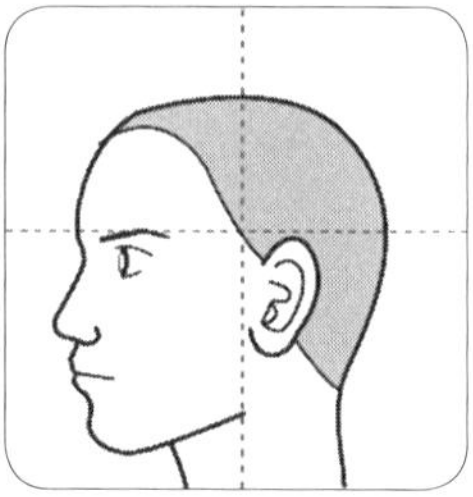

知能、理性、愛情の3要素が理想的にブレンドされた相である。

こういう頭の持ち主は、どの分野に進んでも頭角を現す。ピンチに陥っても、すぐに打開策を考えつくはずだ。

慈愛の精神も旺盛だから、自然と周囲に好感を抱かれる。困ったときも、大勢の人々から手を差し伸べてもらえることだろう。

ところが、役に立たない者や、自分にとってマイナスになる者には冷たい。意地の悪い態度をとるわけではなく、その相手を「いないもの」として、完全に無視するのである。自分にとって有用な人たちだけを選りすぐって交際するというわけである。

しかし、その冷徹な判断力が、女性にとっては玉の輿運につながる。また、男性にとっては、仕事が面白いように成功を重ねる基盤となるのである。

前頭部が未発達

衝動的な傾向があるが
ある意味では素直な人

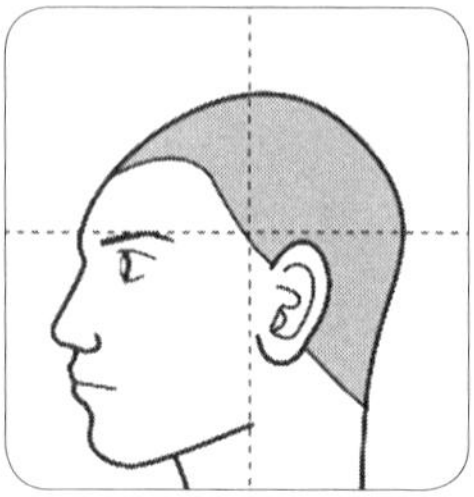

額から前頭部にかけての部位が、後退しているかのような相である。

この相の持ち主は、物事の原因と結果を考察することが苦手で、いささか衝動的な傾向が見られる。

通常、何かが欲しいときには、よく考え、しかるべき手順を踏んで目的に近づこうとするのだが、この人の場合は、欲しいと思った瞬間、本能的に手を伸ばして、失敗するようなところがあるのだ。

この相に加えて、眉骨が発達していれば、そうした傾向がいっそう強まる。

しかし、自分の欲望に忠実であるということは、ストレスから免れられるということでもある。

自分の欲望さえ見えなくなりがちな現代人の中では、サバイバル向きとすらいえるかもしれない。

少しだけ周囲への配を心がければ、問題はないはずだ。

後頭部が円満

人の扱いがうまく 相手を喜ばせる天才

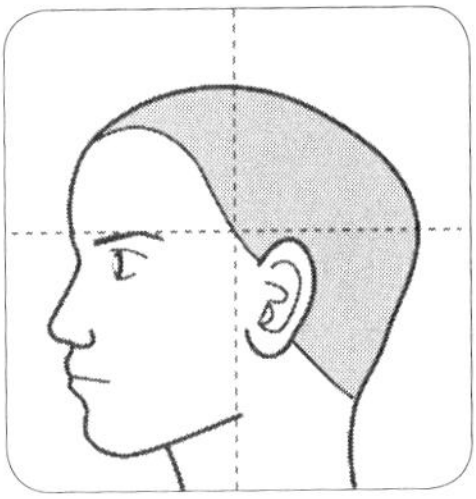

知能、自尊、慈愛の3つがビルトインされた頭である。

この相の持ち主は、人の使い方が巧みである。相手の性格や好みをひと目で察知し、嬉しがらせるような言葉を用いて、たとえ安い給料でも、気持ちよく働いてもらえるような環境をつくるだろう。

そういうことを意識的に行うのではなく、自然にできる人なのである。実業家として若いころから活躍する頭の形といっても間違いはない。

恋愛でも、相手の好むようなアプローチをするから、失恋する可能性は低い。ただ、自分をないがしろにした相手がいた場合、その相手に対する復讐心はただごとではない。つまり、プライドを少しでも傷つけられると、その恨みを一生持ちつづけるという特徴を忘れてはならない。それがこの人の唯一の欠点ともいえるのだ。

後頭部のへこみ①

タフな神経を活かして 最後には目標を達成

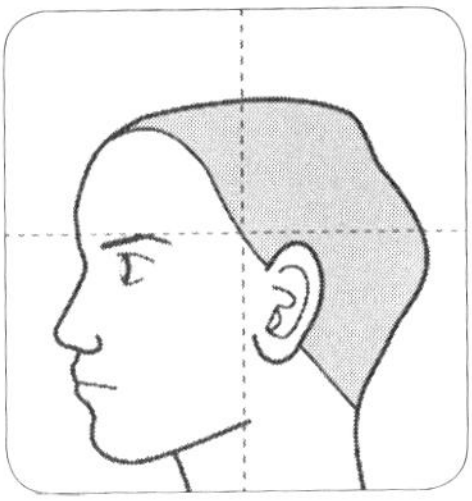

自尊を司る部分が未発達の頭である。

この相の持ち主は、ひとことでいえば、こたえない人だ。だれかに暴言を吐かれても、ほとんど気にしないだろう。メンタル面のキャパシティーが驚くほど大きいのか、たんに鈍感なのか、とにかく不思議な人である。

この相の男性は、女性から軽くあしらわれようが、手痛い言葉をぶつけられようが、翌日には平気な顔でアプローチするだろう。ついには押しの一手で、狙った女性を陥落させることのできる、希有な才能の持ち主なのである。

しかし、これが女性であれば、よからぬ男性にもてあそばれるような都合のよい女性として扱われる危険性が高いので、気をつけることが必要だ。

仕事では、緊急事態でもぼんやりしていて、のれんに腕押しだが、上司から可愛がられるだろう。

後頭部の凹み②

男性ならよき上司
女性ならセレブ妻

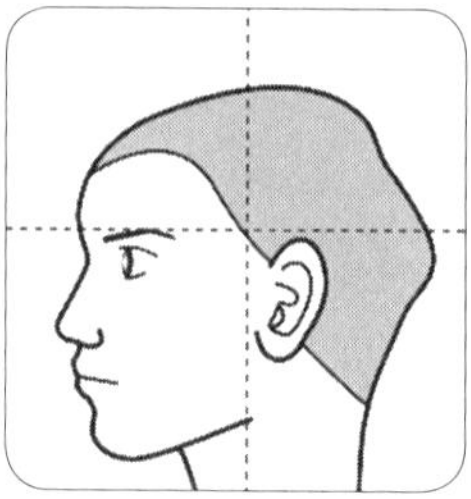

前項の「後頭部のへこみ①」と似ているが、こちらは、後頭部が板で押しつぶされたように平らで、その傾斜がより急である。このわずかな違いが、性格的には雲泥の差となる。つまり、この頭の持ち主は、自尊と慈愛の旺盛な人なのだ。

男性は、優しい態度で部下の能力を引きだすだろう。それでいて威厳があるから、リーダーシップをとることもできる。したがって、相応の出世は可能だろう。

しかし、プライドが高いので、姑息な駆け引きをしてまでトップに昇りつめようとはしないはずだ。

女性ならば、周囲が羨むような生活を送るだろう。理想的な夫を得て、雑誌に出てくるような豪華なマンションに住むことが可能な相なのだ。

ただし、見栄を張ると台所が火の車になる。その点にだけはくれぐれも注意したほうがよい。

前頭部の凹み①

オカルトを否定する
実利的なリアリスト

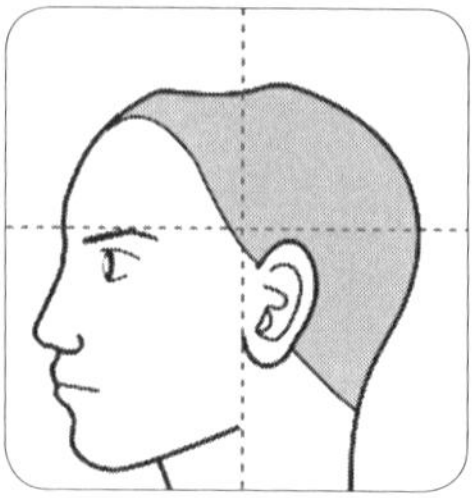

手のひらを生え際に当て、額にかぶせるように置いてみよう。このとき、中指と薬指に当たる部分がへこんでいたら、この頭に該当する。

この相の持ち主は、オカルトなどの神秘的なことをいっさい受けつけない。精神世界に対しても拒絶的な態度をとるだろう。先祖の墓参りをする人の気持ちも、よくわからないはずである。つまり、極度の無神論者なのだ。

お寺の住職や占い師で、こういう頭の持ち主がいたならば、用心するのが賢明かもしれない。神仏云々というより、純粋にお金を稼ぐために、その職業に就いている可能性があるからだ。

男女とも、恋をしても実利的である。もちろん、デートも割り勘にするだろう。愛していないのではない。愛することとお金のことをきっちり区切って考えるタイプなのである。

前頭部の凹み②

機を見て的確に行動し目的を達成する

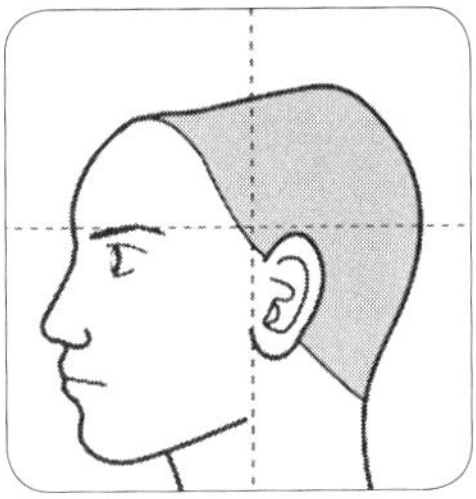

頭頂部に近い前頭部が、やや未発達な相である。

この相の持ち主は、道徳観念がいくぶん希薄である。

一方、知力や自尊心は発達しているので、ともすると、目的のためには手段を選ばない傾向が出てくる。

理想や理念はさておき、どちらにつけば得なのかを注意深く観察し、力のある者に与《くみ》するだろう。そして、その力ある者が弱体化すれば、別の者に鞍替えをするはずだ。よくいえば機を見るに敏なのだが、悪くいえば、腰の軽いコウモリである。もっとも、本人に自覚はない。

男性は、口八丁で相手を陥落させるだろう。女性は、交際相手がいても、ステータスの高い男性に乗り換えることがある。嘘の涙を流すのも得意なので、世間からは悪女というレッテルを貼られるかもしれない。

後頭部の張り⑤

持続力を活かして成功を勝ち取る

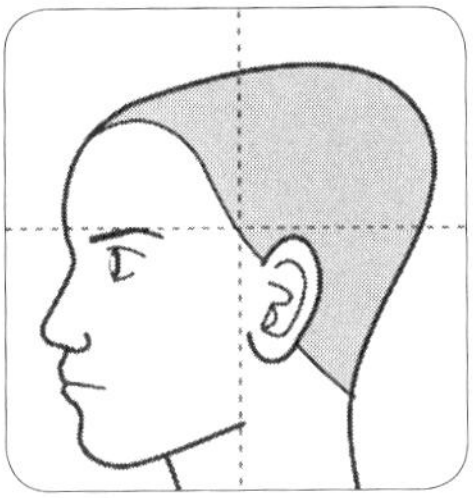

自尊を司る部位が、極端に発達した頭である。一方で、持続力に優れていることも暗示されている。

こういう人は、一芸に秀でている。目指す方向が決まれば、生来の持続力を活かして、成功するまで努力を惜しまず精進することだろう。

しかしながら、ときに傲慢ともいえるほどのプライドを発揮して、周囲を困惑させる。この人にしてみれば、自分の価値観や美意識がわからぬ相手は、愚か者なのだ。

自分をまげてそのような愚か者とつきあうより、ひとりで思索にふけるほうが幸せなのである。

集団の中に埋もれて生きるより、ひとりでできる仕事に従事するほうが、天与の才能を発揮できる。

男女とも、自分を理解してくれる、心の広いパートナーを探すとよい。

側頭部の張り

駆け引き上手で公私の区別も鮮やか

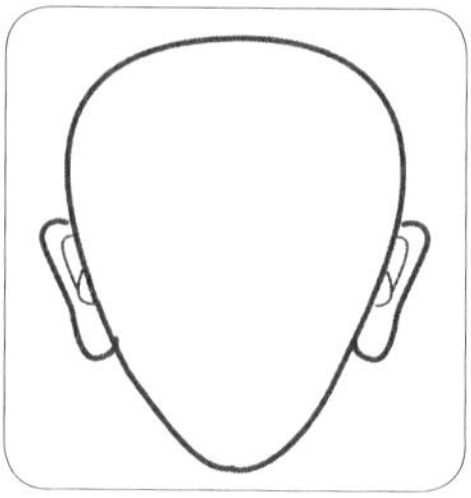

側頭部が丸く張った、いわゆる「お鉢《はち》頭」のことである。

側頭部は、秘密や警戒心を司る部位である。だから、この部分が発達した人は、容易に自分の気持ちを出さずに、心の中に秘めているものである。社交的で友達が多くても、大切なことについては口を閉ざすはずだ。

男性より女性に多く見られることも、面白い現象である。

具体的に特徴を述べるならば、この相の持ち主は、本音を隠して駆け引きをすることが巧みである。

また、仕事とプライベートの線引きも鮮やかである。

恋愛では、相手に好意を示すことが苦手かもしれない。相手が自分を受け入れてくれなかったときのことを警戒するわけである。そのため、ライバルに好きな相手を奪われる場合もあるだろう。

鎮骨《ちんこつ》の高低

高ければ健康長寿で努力が認められる

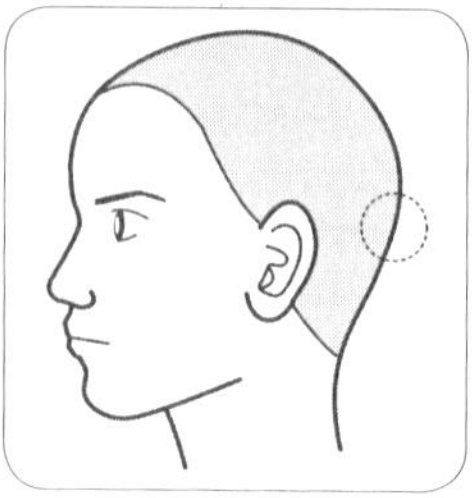

後頭部に触れたとき、ぼんのくぼのすぐ上に、少し出っ張った骨を感じたら、それが鎮骨である。ちょうど枕があたるところにあるので、枕骨ともいう。高低の判断については、手で触れてすぐにわかるようなら高い、探さなければわからないようなら低いとする。

鎮骨の高い人は、一生、危険から逃れられる。冷静に物事を見きわめられるからだ。この能力は、仕事でも活かされる。

つまり鎮骨の高低は、努力が認められるか否かに通じるのである。

危険から逃れられるから、健康で寿命をまっとうできることにもつながる。

一方、鎮骨の低い人は、危険な場所や人物に近寄らない意識が必要だろう。

鎮骨は、恋愛も暗示する。鎮骨が発達している場合は、男女とも恋愛で失敗するリスクは低くなる。よい相手と恋愛や結婚をする可能性が高いのである。

寿骨《じゅこつ》の高低

高ければ強運の持ち主　体も丈夫で無理がきく

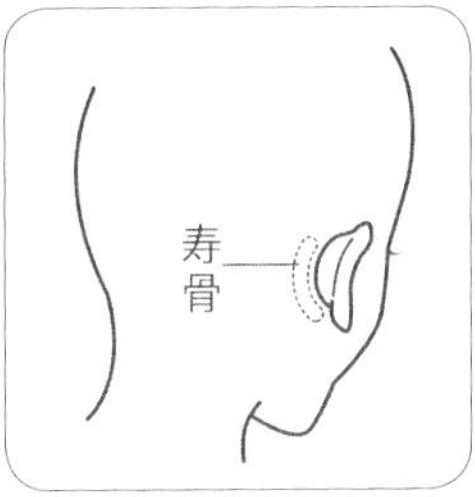

耳のすぐ後ろの骨を寿骨という。指で触れると、耳に沿ってカーブを描いているはずだ。高低の判断については、手で触れてすぐにわかるようなら高い、探さねばわからないようなら低いとする。

触れてすぐにわかるほど高い人は、強い運勢の持ち主である。体も丈夫で、多少の無理をしても問題ないはずだ。

ただし、極端に寿骨が高ければ、自分が健康であるだけに、他人の体力的なつらさが理解できないだろう。

一方、寿骨が確かめられないほど低い場合は、やや体力に不安がある。健康は運勢の浮沈を左右するので、体力増強に努め、意志力や根性を養うと吉である。

女性で寿骨のない人や低い人は、男性からの誘惑には用心が必要だ。加えて、鎮骨がはっきりとしない場合は、だまされやすい傾向があるので、とくに気をつけなければならない。

犬の骨相学

寿骨の高い犬と額の広い犬は賢い!?

筆者は、幼いころから犬に囲まれて育った。その経験からいえば、犬にも骨相学が当てはまるように感じることが、しばしばある。

たとえば寿骨だが、犬によって寿骨が高い犬とそうでない犬がいる。指で触れて寿骨がはっきりとわかる犬は賢い。主人の機嫌がよいかどうかを判断して、そのときどきの態度を変える。

一方、寿骨の低い犬は、自分しか見ていない。主人の機嫌などには無関係な態度をとる。

また、額の広い犬、あるいは額が出ている犬は、興奮してもクールダウンするのが早い。「こらっ」と叱ると吠えなくなる。しかし、額の狭い犬はいつまでも興奮して吠え続ける。

犬の額が広い狭いかの判断については文章で説明しづらいが、何頭かの犬の額に触れてみるとわかるはずだ。

新しく愛犬を迎える場合には、これらを知っておくとハズレがない。

毛髪

私事になるが、筆者は30歳のときに、原因不明の病気を患った。

高熱が1か月つづき、6か月後に回復したのだが、気づいたら、硬くてまっすぐだった髪の毛が、ウェーブのある髪に変わっていた。

それまでは、パーマもかかりにくいほど太く、弾力のある髪の毛だったのだ。髪の量も多かった。ところが病後は、自分のものとは信じられないほど、ウェーブのある細い髪に一変した。

重要なのはここからだが、髪の毛の変化と同時に、運勢も変化したのである。人間性も、やや丸みを帯びたような気がする。

本格的に運命学に取り込んだのも、これが契機だった。

東洋医学では、髪を血余《けつよ》という。髪は血液の一種だという考え方だ。

髪の毛は、五行思想でいうと「水」に分類される。これは、「木」である目の働きをうながし、さらには、その「木」によって、「火」である心臓の働きが円滑になっていく。だから、髪の毛が傷んだときは、心臓に何らかの負担がかかっている可能性を考えることもある。

また、髪の毛を伸ばしっぱなしにすると、うっ血に近い状態になるともいわれている。

失恋した女性が、心機一転しようと長い髪の毛をバッサリ切るという風習は、今でも残っているが、あれはあながち根拠のないことではない。

つまり、髪の毛を切ることによって、うっ血した血液に刺激を与え、めぐりをよくして、気持を切り替えようとしているのかもしれないのだ。

このように、髪の毛は、その人の体調を観察するには、もってこいの材料なのである。

当然のことだが、髪の毛の状態は日々変化する。だから、毎日の観察が重要なのだ。

たとえば、抜け毛が多くなったら、何らかのストレスが生じていると判断して、対策を講じるとよい。また、髪の毛に艶があるときは健康な証拠なのだから、仕事や恋愛を進めてよいと判断することも可能だ。

密集した髪

あり余る体力と情熱の持ち主

髪の毛が密集して生えている人は、あり余る体力の持ち主である。何事も情熱的にこなしていく人であることは、疑う余地がない。

しかし、その「何事に対しても」というのが曲者なのだ。「自分に適していないことに対しても」と、置き換えられるからである。つまり、向き・不向きを吟味しないで突き進むタイプといえる。

『刀巴心青《とうはしんせい》』という相書では、「髪の毛の密集したるは後家相なり」としている。髪の毛の多い女性は、体力があり、ベッドでも元気すぎて、男性を弱らせてしまうというのである。

髪の毛の多い女性は、仕事もパワフルにこなすし、徹夜でお酒を飲み、カラオケで盛り上がっても、翌日にはケロリとしている。だが、目上に噛みつく癖を持っていることがあるので、その点は自重したほうが無難である。

若白髪

体力不足のサイン　両親との関係にも注意

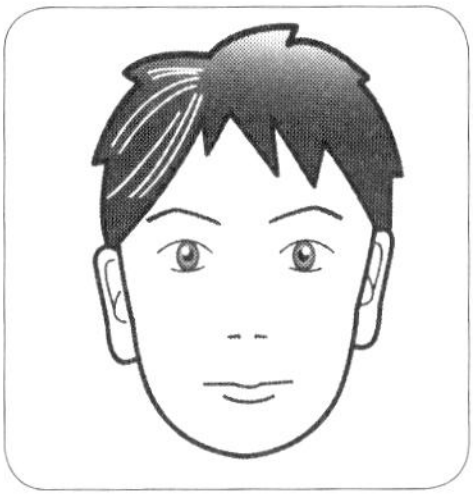

年齢が進むにつれ、白髪が出てくるのは当たり前のことである。ところが、20代から白髪になる人がいる。これは、東洋医学でいう腎虚である。体のどこかにストレスを抱えていると見てよい。

出産後の女性にも白髪が多く見られる。これなどは、出産というものが、いかに女性の体に負担をかけるかを物語る。

人相学では、若白髪についてもうひとつの解読方法がある。

白髪が左側に多く発生している男性は父親との関係に問題があり、右側に白髪が多く出ていれば、母親との関係に何らかの問題がある、というものだ。女性の場合は、左右を逆にして判断することが原則である。

相書では「縁が薄い」というひと言で片づけられている。この場合の「縁が薄い」とは、多くの場合、家庭内のトラブルを意味する。

毛が薄くなる

額の生え際の後退は出世を約束する吉兆

年齢とともに髪の毛が薄くなるのが自然の摂理である。ところが50代を越えても黒々と、髪の毛の豊かな人がいる。

これはむしろよくない相である。晩年運が今ひとつと断じてよい。

男性の多くは、髪が抜けることを恐れるが、生え際が後退するのは、自分の運勢が上昇するサインなのだ。

なぜなら、生え際が後退するということは、上停（ｐ197）が広くなることを意味するからだ。上停は、初年期の運を見ると同時に、目上の助けの有無を見る部分でもある。したがって、この部位が広くなれば、目上の援助を得て、物事が円滑に運ぶことが予想されるのである。

だから、生え際が後退してきたなら、吉兆と見なければならない。出世するか、あるいは何らかの機会を得て、別の分野で頭角を現す予兆なのだから。

ただし、生え際がまだらに後退するのはよくない。「参差」（ｐ46）といって目上と衝突する相に近づくだからだ。

ところで、後退の仕方にも3種類ある。

①頭の真ん中から薄くなり、周囲の髪の毛が輪のように残るタイプ。

②頭の後ろから薄くなるタイプ。

③額から薄くなるタイプ。

それぞれ、運勢に違いがある。

①は、油断の多い人である。成功をつかみたいなら慎重さが必要だ。

②は、奸悪とされている。悪巧みをして信用を落とさぬよう自重しよう。

③は、幸運に恵まれている。周囲から信用され、着々と基盤をつくり、大成功する相なのだ。若いうちからこの相となる人は、大成功が約束されている。

前述した運勢上昇のサインも、③のタイプであることを述べておく。

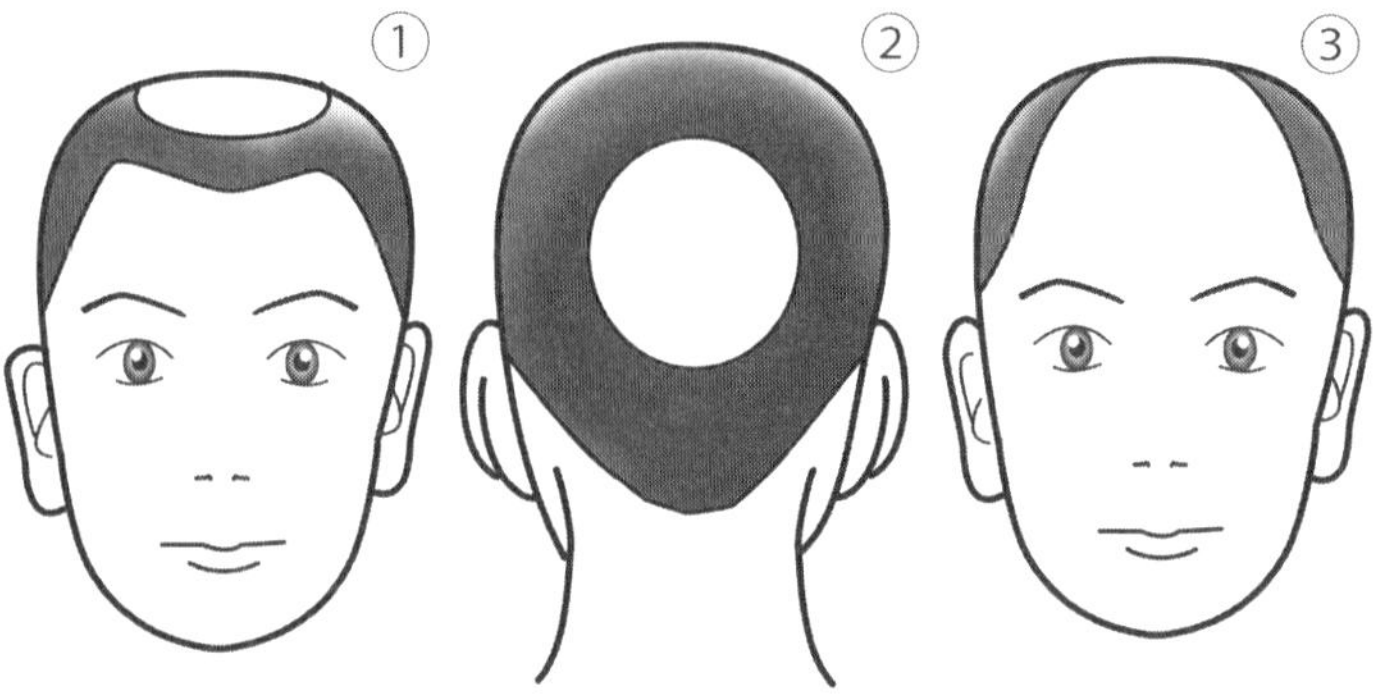

傷や脱毛が生じる

頭頂部なら感情的に、後頭部なら短気になる

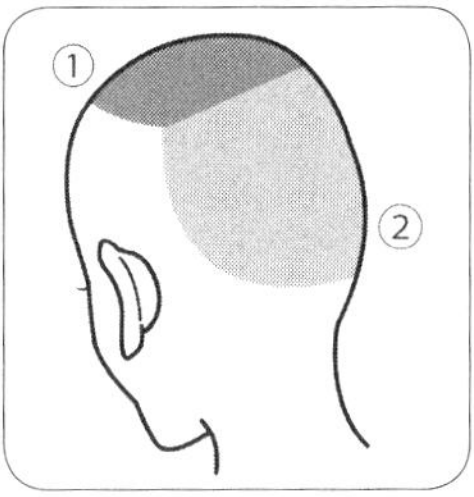

この場合の傷や脱毛は、年齢や体質によるものは含まない。

ある日、ふと頭を観察すると、気づかない部分の毛が抜けていたり、傷ついていたりすることがある。そして、しばらくすると消えている。ここでいう傷や脱毛とは、このタイプある。

このような脱毛や傷は、凶である。

人相学では、傷や脱毛部分がどこに生じたかによって、判断が異なる。頭頂部（①）にあるなら、感情を抑制できずにトラブルを起こしやすい。また、後頭部（②）ならば、短気が原因となって、思わぬ出来事を起こしやすくなる。

筆者の知り合いに、泥酔したあげくに転び、頭頂部から後頭部にかけて10針縫った女性経営者がいた。数日後、つまらないことに腹を立て、大きな仕事をふいにした例がある。感情を抑制できなくなるという占断が当たったことになる。

つむじ

眉間の延長線上にあり右巻きが一般的

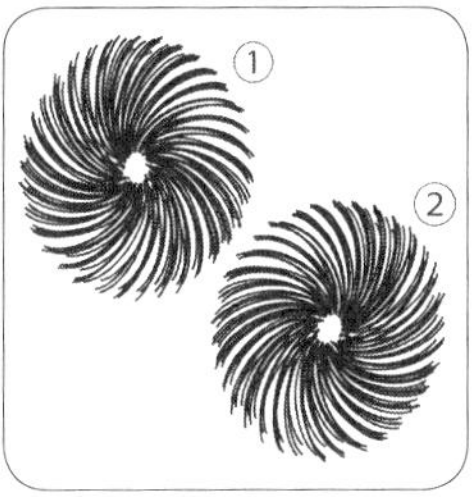

つむじは、おおむね眉間の延長線上にあり、右巻き（①）が一般的だ。そこから大きく外れている人、左巻き（②）の人、複数のつむじがある人は、反抗心を宿している。

しかし、この反抗心は、土壇場で出るものであり、平常時は、そのような傾向は見られず、協調性に満ちている。

東洋系の占いのひとつ、四柱推命術には、つむじの位置によって生まれた時刻を推測するという裏技がある。以下に紹介しよう。

眉間の延長線上につむじがある人は、子・卯・午・酉刻の生まれ。

眉間の延長線上から大きく外れているか、複数のつむじのある人は、丑・辰・未・戌刻の生まれ。

眉間の延長線上からやや外れているならば、寅・巳・申・亥刻の生まれというわけである。

毛髪の質

細く柔らかく 粘り気のあるのが吉

細く柔らかく、粘り気のあるような髪の毛が理想的である。仕事運も子供運もよく、寿命も長いとされている。

黒々とした固い髪の毛の持ち主は、運勢的には伸び悩む傾向である。理想を高く掲げてパワーで押し切ろうとするが、実力不足でリタイアしがちである。

直毛で黒い髪の女性は、一途な半面、頑固なところがある。また、恋人の浮気を許すことができないのも特徴だ。

太さ・細さにかかわらず、艶やかな髪の毛は健康の象徴だが、髪のコンディションは、日によって異なるものだ。

男女とも、過度に精力を浪費したり、不規則な生活をしたりすれば、髪はパサつく。これは、どんなに手入れをしても隠せない。一目瞭然なのである。

毛髪の伸びやすさ

短髪タイプは行動的 長髪タイプは思索的

犬にも短毛種と長毛種があるように、人間の髪の毛の長さにも、その人なりの特徴がある。髪を伸ばすと、すぐに肩に届く人もいれば、なかなか肩に達しない人もいるのだ。

髪の毛が伸びにくい女性は、もともと「短髪タイプ」なのである。こういう人は、背中の毛などが濃いことが特徴である。髪の毛の代わりに別の毛で皮膚を守ろうとするからだ。髪の毛が伸びやすい女性は、この反対である。

短髪タイプの女性は行動力があり、長髪タイプの女性は思索型といえるだろう。

これは男性にも当てはまる。

短髪タイプの男性は狩猟型で、行動力に富む。長髪タイプの男性は農耕型であり、心が穏やかだが行動力に乏しい。

直毛と天然パーマ

直毛はストレート 天パーは考え込む

直毛と天然パーマは、どちらが吉でどちらが凶かという判断はできない。

直毛は、行動が直情的であり、一方の天然パーマは慎重に行動する傾向にあることは間違いない。つまり、直毛の人はいささか単純なところがあり、対する天然パーマの人は行動する前にいろいろと考え込むところがある。

置かれた環境によって、それぞれの長所を伸ばし、欠点を抑えるようにすることが肝心だろう。

この項の冒頭で触れたが、筆者のように、突如として直毛が天然パーマに変化することがある。また、加齢によっても髪の質は変化する。その変化は体質にとどまらず、運勢にも及ぶ。このことを記憶しておきたい。

顔の形

人相学においては、顔の形をいくつかのタイプに分類して、性格や運勢を論じる手法が見られる。

ここでは、おもに十字面法という手法にしたがって、顔の輪郭を類型化していく。十字面法とは、人間の顔の輪郭を甲・目・同・田・由・風・用・王・申・円という10種類の漢字の形に当てはめる占法である。

非常に覚えやすく使いやすい占法なので、この機会に身につけておくことをおすすめする。初対面の人を一瞬にして判断するときなどに、とても便利である。

なお、197ページで詳述するが、人相学には三停論というものがある。顔を横に3分割し、上停で初年運、中停で中年運、下停で晩年運を見る手法で、観相の基本でもある。

この十字面法も、三停論がベースになっている。

陥没顔

記憶力が抜群だが執念深い一面も

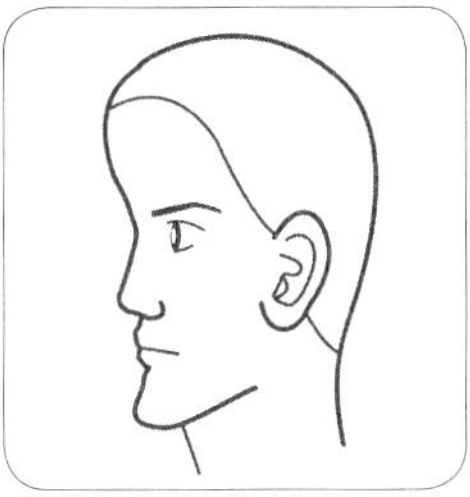

横顔を見たとき、額とあごが前に出て顔の中央部がくぼんだ、いわゆる三日月形の顔である。

このような人は、優秀な頭脳の持ち主だ。とくに記憶力は抜群だろう。

ただし、残念なことに性格が少し陰気なのだ。そのために、頭のよさが正しく作動しにくい。言い換えれば、記憶力のよさが、執念深さに変じてしまうのだ。

たとえば、いったん恨みを抱くと、絶対に忘れないだろう。また、油断して信用すると裏切られることがある。ちょっと怖いタイプである。

ある会社の経営者が、この陥没顔だった。仕入れ商品に必ず難癖をつけ、いくらかでも安く買い叩くのだ。そんなことをしていたら愛想を尽かされるのが普通だが、不思議につづいている。むろん会社が大きくなりはしないが、そういう抜け目のなさも、陥没顔は持っている。

隆起顔

楽観的で情熱的 その瞬発力を活かせ

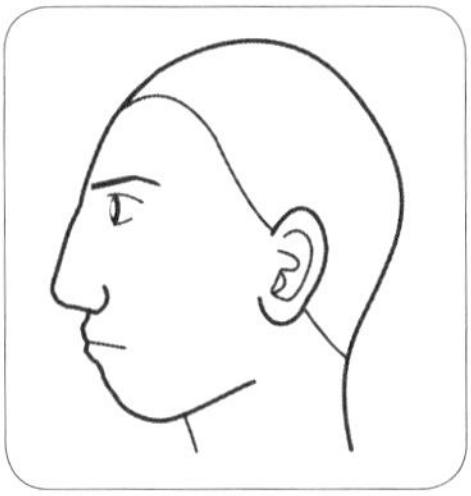

顔を横から見ると、顔の中央部が前に出ているような印象を受ける。あたかもふくらんだボールのような相が、隆起顔である。

隆起顔は、たんに鼻が高い人ではないことに注意してほしい。額と口元が引っ込んでいることが条件だ。鼻をつままれて引っ張られたような顔を連想すれば、わかりやすいかもしれない。

この相の持ち主は、物事を楽観的にとらえる陽気な人で、なかなか情熱的だ。裏を返せば、深く考えずに見切り発車をするタイプともいえるだろう。

熱意を持って仕事に向かう姿勢はすばらしいが、根気がつづかない。時間のかかる仕事には向いていないのだ。

恋愛でも、熱しやすく冷めやすい。いったん好きになると相手が既婚者だろうと追いかける。大変なのは周囲の人間だが、本人には悪気がない。

由字面

中年以降に信用を得て 運勢を開花させる

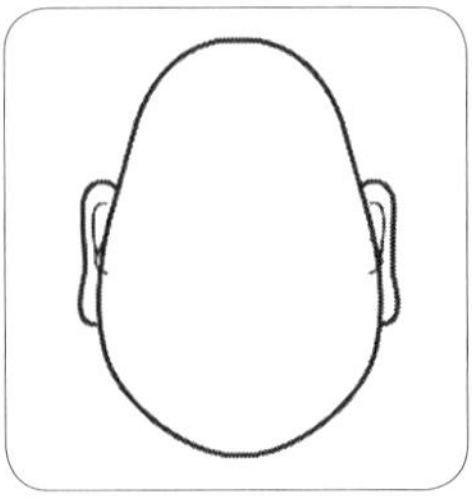

額が狭く、あごの豊かな顔をいう。

中年以降に世間の信用を得て、運勢を開花させていくタイプである。

「三停論」（ｐ１９７）に照らし合わせるなら、この相は額が狭く、初年運を示す上停が未発達なので、20代なかごろまでは運が開けない。幼少期の家庭運が悪いことも考えられる。経済的に恵まれても、過保護の弊害が見られるだろう。

この相の場合、初年には、主体性が備わらないから開運できないのだ。となると、競争には不向きである。したがって、学業成績などでも、トップを取ることは難しいかもしれない。

相書には「官に向かず」とある。集団の中で歯車のひとつとなって働くより、独力で自分の道を切り開き、自営業者として成功するタイプなのだ。

この人の真価は、中年以降に発揮される。それまでに力を蓄えておくことだ。

甲字面

頭の回転が速く寿命にも恵まれる

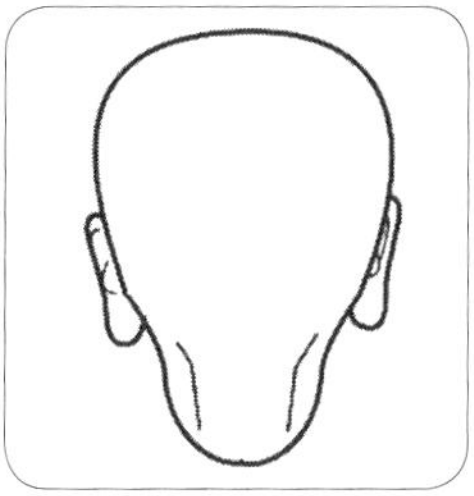

額が豊かで、あごが痩せた顔をいう。

相書には「寿命は長い。されど貯蓄心なし」とある。寿命が長いのはけっこうなことだが、よほど意思を強固にして貯蓄に専念しないと、長い老後を貧しく送ることになる。

額が広いのだから、基本的に頭の回転は速い。典型的なインテリである。

ただ、頬骨が発達していないので、肉体労働には向かない。性的にも淡泊であることが見て取れる。

学者になれれば理想的だが、あごが細いのはスタミナの面で問題があり、ここ一番で踏ん張りがきかない。だが、頭のよさを活用することで、開運の手がかりをつかむことになるだろう。

ギャンブルや投資に手を出さず、地道に稼いでいけば、まず安泰だ。また、スタミナ不足を自覚し、それを補うことを心がければ、いっそう吉である。

申字面

特殊な分野で本来の運を得る

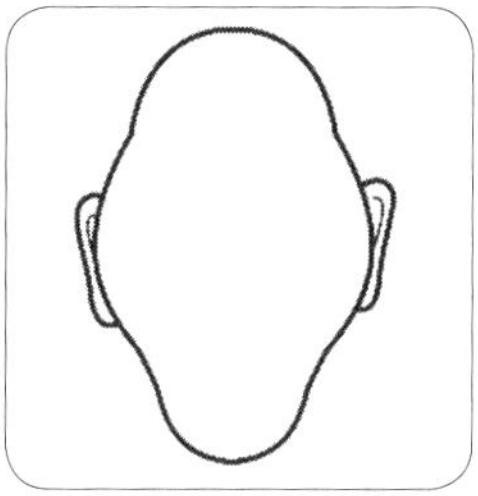

額もあごもこけた顔をいう。頬などの中央部が、やや豊かなことが特徴だ。

相書には「僧侶の道に入ればよし」とある。つまり、普通の職業よりも、特殊な分野で運を得るのである。

この相のように、あごがこけている場合は、少しばかりスタミナが不足しがちな傾向が見られる。そのため、物事を力まかせに推し進めることができず、ともするとあと一歩のところで力尽きてしまうのだ。

この相を持つ人の開運の鍵は、適度な休息と栄養補給を軸とした体力づくりかもしれない。フィジカルな面を整えれば、あと一歩の踏ん張りが効いて、成功を手中にできるだろう。また、興味のある道を選べば、この人らしい個性が発揮できるはずだ。

お金を得ても浪費しがちなので、老後の資金確保は真剣に考えるべきである。

田字面

活動的な分野で成功　大儲けも夢ではない

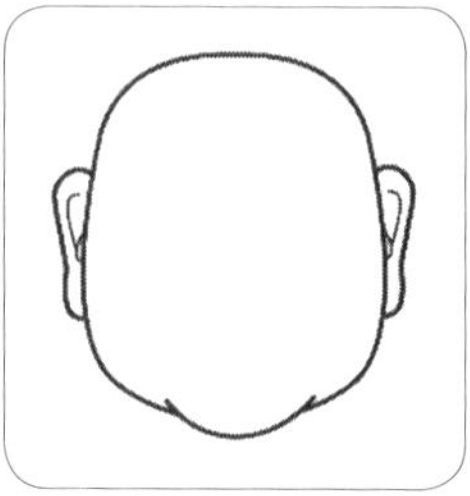

田んぼのように四角い顔である。

額の左右と下あごが角ばり、頬骨も発達しているのは、活動的な分野で成功するサインである。闘争的な一面もある。

この相の持ち主には、かなりの幸運が約束されている。また、精力絶倫でもあるだろう。

ただし、相書は告げる。「白すぎる顔は短命なり。赤ら顔も宜《よろ》しからず」と。

この占断を解説するなら、この相の持ち主で、顔色が白すぎる場合は、自分の能力を活用していない、ということだ。また、赤ら顔であれば、生来の闘争心が、極端なかたちで現れる危険性がある。これが相書の告げる意味である。

金運に恵まれ、投機的な仕事で大儲けする可能性が高い。また、もしも軍人になれば、相当の出世を果たすだろう。

女性の場合も、男勝りの働き者だ。家庭と仕事の両立は保証できる。

同字面

一生幸運に守られて　リッチな生活ができる

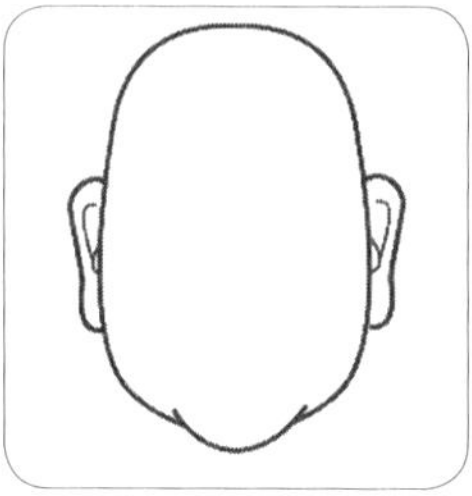

長方形で面長の顔をいう。

額からあごに至るまでのバランスがとれており、男性としては最高級の相である。一生幸運に守られ、何不自由のない生活を送ることが保証されているのだ。

その実力と生来の運のよさを活かせば、政治家としても、あるいは実業家としても、トップに昇りつめるはずだ。

しかし、女性の場合は、このような運の強さが、マイナスに作用する可能性がなくはない。名声や財運には恵まれるものの、家庭的には満たされない。

だが、自分の強運を身近な人たちのために活用していけば、豪華な邸宅に住む孤独な老婆となるのを避けられる。

この相を持っているのに、出世も叶わず、経済的にも苦しいのであれば、それは自分の可能性を知らないからである。何かに全力で向かえば、幸運はすぐに手に入るはずだ。

王字面

強固な意志と根性で実力以上の結果を出す

前々項で述べた田字面に似ているが、頬骨が張っているところが特徴である。発達した頬骨は、自我の強さを物語るものだ。したがって、この相の持ち主は、負けず嫌いで派手好きだ。目的に向かうときは、驚くような根性を見せ、ついには実力以上のことをなしとげる。

名士に多く見られる相でもある。何かの分野でボスとなることは確かだ。

しかし、我の強さが家庭の平和を破る可能性を念頭に置かなければならない。下手をすれば、パートナーが逃げだすことも考えられる。わが子に対しても、努力が足りないなどと厳しく当たりがちなため、煙たがられることがある。

女性の場合は、女優や歌手など、才能と根性と自己顕示欲が必要とされる職業に就けば、あるいは大成功をおさめるかもしれない。だが、円満な家庭を望むなら、我を抑えることが大切だ。

円字面

芸能界などで成功する可能性あり

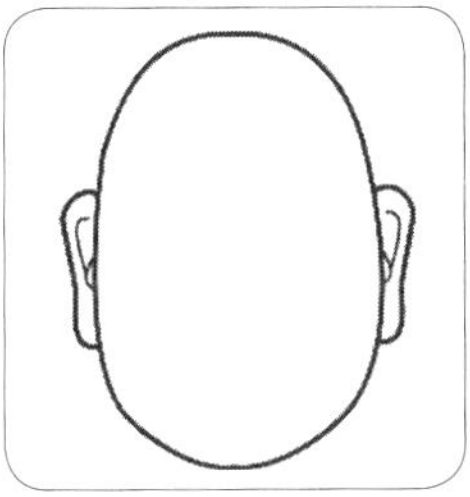

文字どおり、円い顔である。頬の部分が発達しているのが特徴だ。

顔の上3分の1に当たる部分、つまり三停論（p197）でいう上停が狭いのは、幼少のころに苦労を重ねる暗示である。人によっては、そのためにコンプレックスを抱え込むのだが、やがて中年期になると、その鬱憤《うっぷん》を晴らすべく、活動的になっていく。

この相の持ち主は、お人好しで善良に見える。しかし、実際には油断ならない人である。自分の願望を達成するためには、手段を選ばない一面があるのだ。

そうした傾向をうまく活かせば、特定の分野で頭角を現すだろう。たとえば、男女とも、芸能界などで成功する可能性が高いのである。

肉体の欲求に溺れやすい傾向があるので、暴飲暴食やスキャンダルには厳重に注意するほうがよい。

目字面

軽く明るい人柄で
幅広い人脈を得る

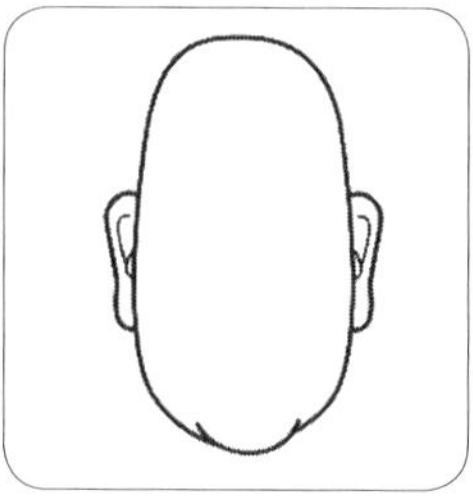

どこか馬を思わせる顔である。額は狭く長い。頬骨は低く、下あごは狭い。これが特徴である。

この相の持ち主は、よくも悪くも独特の軽さと明るさがある。そのため、どうかすると真剣味のないオチャラケ者にしか見えないのだが、暗さがないため人が寄りつきやすく、いつのまにか幅広い人脈を獲得するのである。

したがって、ブローカーや斡旋業など、人と人の橋渡しをするような仕事が適職といえるだろう。

また、男女とも意外に手先が器用である。手芸などをさせると、驚くような作品を完成させることも大いに考えられるだろう。

ただ、お金に関してルーズな傾向が見られる。欲しいと思うと、見境なく買ってしまいがちだ。下手をすると、資産を食いつぶすことになるから要注意だ。

用字面

几帳面な職人肌で
事務的能力も秀逸

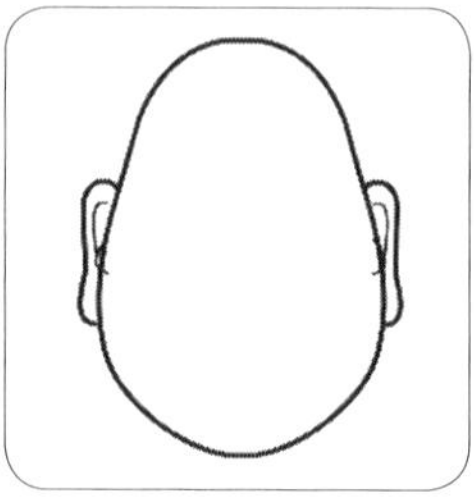

四角形の顔で、エラの部分が張っていることが特徴である。

この人は几帳面で、事務的な能力に優れている。職人肌で、ひとつのことに向かう集中力は、すごいものがある。

だが、とにかく頑固である。和合とか協調性という意識はあまりない。人は人、自分は自分と明確に境界線をもうけ、兄弟姉妹といえども、自分の領域に入れることはない。友達がいなくてもひとつも不自由はない。それどころか、自分の時間を取られてしまうような友達は、かえって迷惑と思うことさえあるだろう。

しかしながら、子供に対する愛情はなみなみならぬものがある。子供のことになると、人が変わったように饒舌になり、しばしば周囲を驚かせる。

40代以降は、派手な運勢とはいえないので、堅実な路線を選ぶのが吉である。

風字面

流行り物が大好きで夢見がちなタイプ

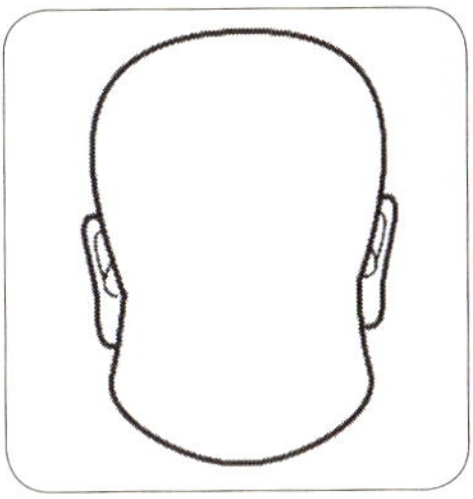

額は広いが、目鼻のあたりが少しすぼみ、頬から下がぽってりとしている。

この相の持ち主は、流行に敏感で、すぐに飛びつく傾向がある。そして、流行が去ると、熱も冷めるのである。

こうした傾向は、ほかのことについてもいえる。つまり、物事に飽きやすく、ひとつのことを貫徹することが少々苦手なのである。

また、夢見がちなタイプで、いつかとんでもない幸運が訪れるはずだと待っているところがある。

しかし、その思いが満たされないと、身近な人に当たりちらすことがあるので、自重が必要だ。

この人は、なるべく堅い職業に就いて、腰を落ち着けることが大切だ。そして、日々の小さな幸せに感謝する姿勢を持つとよい。そうすれば、運勢がじわじわと上昇していくだろう。

『刀巴心青《とうはしんせい》』とは何か

男女間の色情を占う知る人ぞ知る秘伝

人相学には『刀巴心青』という秘伝がある。刀＋巴で「色」、心（忄）＋青で「情」の文字。色情の2文字が秘められている。つまり色情を見る人相の秘伝というわけである。

唇にホクロのある女性は陰部にもホクロがあるというように、隠れた事実を見る術が『刀巴心青』なのだ。

色情は、運勢を変化させる起爆剤である。色情という問題を避けては、人間の幸不幸を語ることはできない。

極論すれば、財も出世も、戦争も、すべては男女間の色情問題から始まっていると言っても過言ではない。その意味では、運勢の真髄である。

『刀巴心青』は、さまざまな事情から公にされてこなかった。現在では、人相見の間でも、この書物を知る人は数えるほどだ。このままでは価値ある研究成果が、時間の流れに埋もれてしまう。そこで本書では、可能な限りこの書物の真髄に迫ってみようと思う。

額

額は知性を司る。

その知性とは、直観力、記憶力、推理力の3つに分類される。

直観力は、額の生え際の周辺に表れる。その中央部を、人相学では「天中」という（p209）。この部位は、目に見えない世界や宗教的な事柄への関心を判断するところで、ここに傷やホクロがあったり、傾斜が急だったりすると、信仰心の薄い人だと断じる。

天中の骨が発達している人は、投機的な商売で、一夜にして財を成すことが可能だ。逆にいうならば、この骨の低い人は、どんなにがんばっても、ギャンブルで儲けることはできない。

記憶力は、額の中央のラインに表れる。このラインの中央は、天運を司る部分である。ここが発達していれば、学業の成績も優秀で、ツキに乗って成功していくだろう。しかし、傷やアバタがあれば、運だけに頼らず、自分の実力でがんばることが求められる。

推理力は、額の両サイドが司る。自分の意思や希望などが叶えられるか否かを判断するラインである。とくに両眉の上が盛り上がっていれるのは吉相である。夢や希望が叶えられる直前には、この部分が盛り上がるものである。

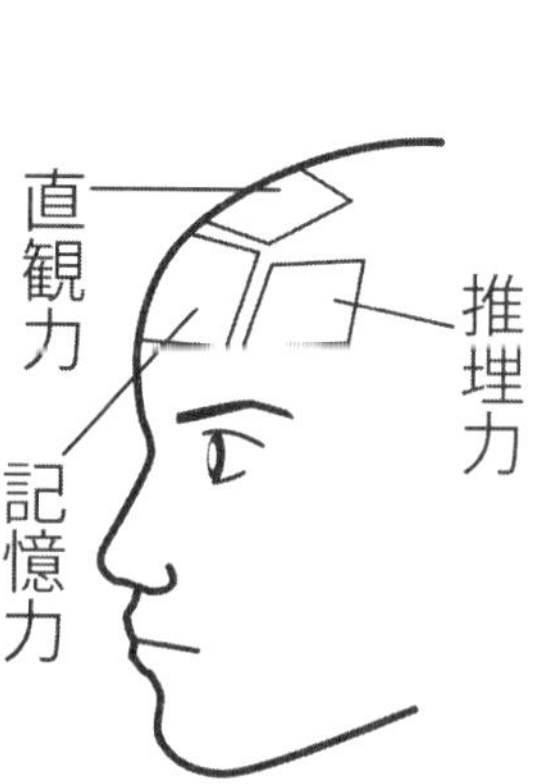

また、アートの分野で活躍する人は、この部分が発達している。

これらを踏まえつつ額の相を見ていけば、間違いのない判断が可能である。

なお、額は天運を見るところでもある。実際に、地震が発生する直前には額が青くなるし、ギャンブルで負けるときには、額に吹き出物が現れるものだ。

狭い額

実業家や職人に多い　わが道を行くタイプ

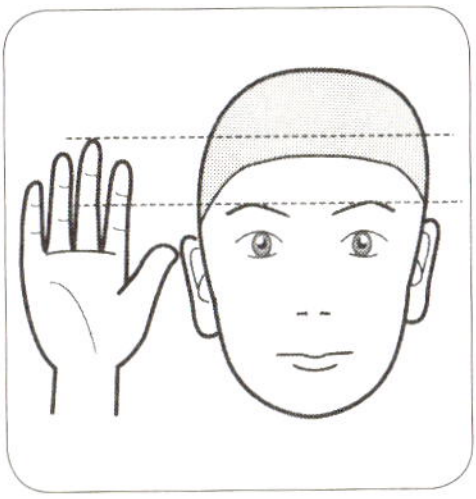

中指を額に当てたとき、指先から第2関節までの長さに満たなければ、狭い額である。さらに、指先から第1関節までに満たなければ、狭すぎる額といわれ、深慮に欠ける傾向がある。物事をよく考えず、なかば本能的に行動するため、不要な失敗をしがちである。

総じて額の狭い人は、あれこれ考えることを嫌い、言動がストレートであるため、ときとして目上から疎《うと》んじられる。

こういう人は、勤め人には不向きだ。おそらく、組織の中でうまく立ち回ることができないだろう。しかし、独立すれば話は別だ。実業家や職人として成功している人の多くは、額が狭い。

ただし、海外に雄飛して成功するタイプではない。だから、もしも読者が人を使う立場になったら、狭い額の人間を海外取引の担当者にしてはいけない。この点は、覚えておいても損はないはずだ。

広い額

可愛がられて大出世　大政治家も狙える

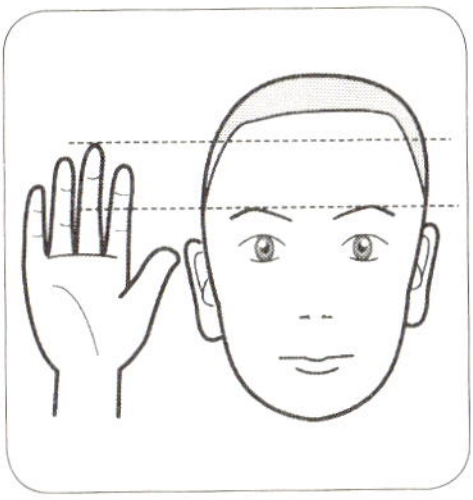

中指を額に当てたとき、指先から第2関節までの長さを超えるようであれば、広い額である。

広い額の持ち主は、勤め人に適している。相手の気持ちをいち早く察知できるから、上司のウケもよい。可愛がられて出世するだろう。

政治家を目指すのも悪くはない。国際問題に精通する大政治家になることも、夢ではないはずだ。

相書には、額の広すぎる女性は凶であると記されている。賢すぎて家庭におさまらないというのだが、これは第3関節まで達するほどの広い額を持った女性に限定される。これほど広い額の女性は、後家相といって、家庭に入ってしまうと夫の運を傾ける。結婚しても仕事をつづけることが正解だろう。

また、『刀《とう》巴《は》心《しん》青《せい》』においては、額の広すぎる女性は性欲も旺盛とされる。

2

3

4

5

額のへこみ

（理性をなくすと誘惑に弱くなるタイプ）

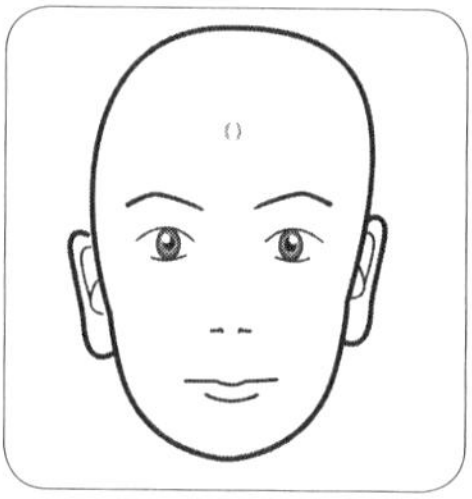

額の中央部（司空・中正↓ｐ２１１）にへこみがあるのは大凶とされる。骨と骨が合わさった部分を指で押さえたとき、へこみが感じられたら、この相に該当する。

この部位にへこみのある女性は、決まって好色な傾向がある。

普段はへこんでいなくても、笑ったときにへコミが現れれば同じである。アバタのようなへこみも同様だ。大きさがマッチ棒の先ほどで、3ミリから5ミリほどの、吹き出物の後のような、ポツンとしたへこみである。

だからといって、好色さがいつも表面化するわけではない。アルコールなどが入ったときに、モラルが音を立てて崩れるのだ。男の甘い囁きを感じると、好色さが目を覚ますという按配である。

この傾向は、この場所にホクロがある場合より、へこみのあるほうが顕著だ。

M字形

（頭脳明晰で生まれながらのボス）

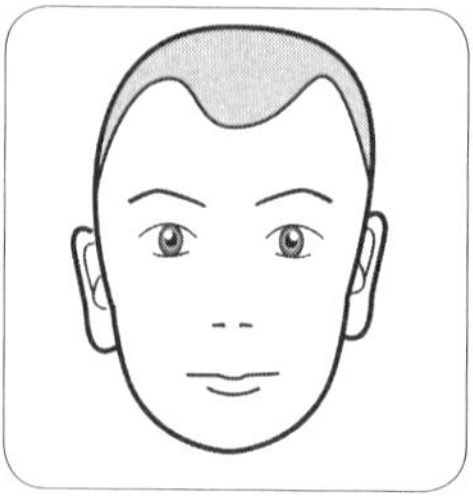

額の両脇が広く、生え際の中央が垂れている額は、知能に優れ、非常にやり手であることを示す。

リーダー的な人であり、どのような職場、グループにいても、なぜか代表者に推されるという、根っからのボスタイプなのである。仕事でもかなりの出世をするだろう。

M字形の人は、小学生のころからM字形かといえば、そうとは限らない。生後1年くらいが、その人の基本形といわれている。そのころにM字形であっても、成長するにつれて変化する場合が多いのだが、25歳くらいになると、もとのM字形に戻るのである。

額に限らず、これは人相の変化の特徴でもある。たまに赤ん坊時代にM字形であったのが変化せずに、幼稚園、小学校と進む子供がいるが、そのような子供は、たいてい虚弱体質である。

直線形

だれよりも信用できる謹厳実直タイプ

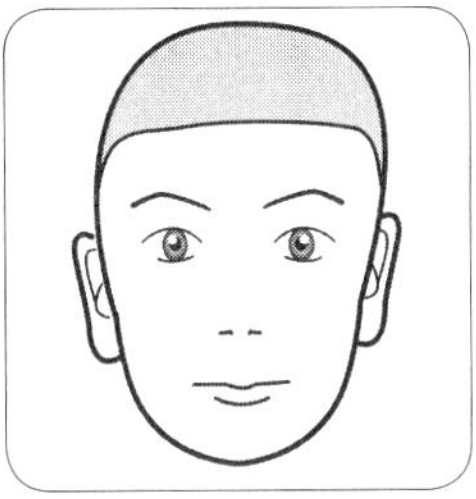

一文字の額である。角額とも呼ばれている。

この額を持つ人は、まったく融通がきかない。真面目でコツコツと仕事をするのは評価できるが、判で押したような生活を好むから、面白さに欠けるところがある。

そのかわり、不正をするなどの危険がないので、経営者はこの人に仕事を任せていれば安心だ。もっとも、会社を潰しはしないが、大きく成長させることもないだろう。

また、ムッツリ助平なところがあるので、若い女性社員から誤解されて、気味悪がられる危険もないではない。自然と結婚の時期は遅れがちとなる。

女性の角額は、やはり融通性に欠けるが、男性ほどかたくなではない。恋愛のチャンスもあり、結婚後は幸せな生活が保証されている。

丸形

心優しい大らか人間でも、ちょっとエッチ

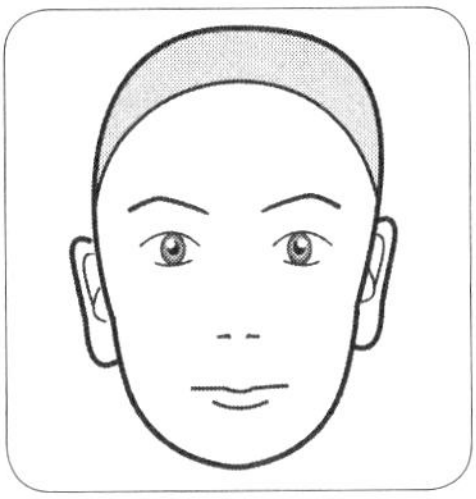

何事につけ、大らかである。心根が優しくて、同情心に篤い。しかし、すべてにアバウトであるために、事務処理などをさせると、必ずといっていいほど、どこかでミスをする。

これが丸形の額の人の基本形なのだ。

また、男性は色に迷いやすいのも特徴のひとつだろう。中小企業の経営者で、この丸形額の男性は、しばしば女性社員に手をつける。でなければ、接客業の女性のカモになる。色のためならお金を惜しまないのだ。

女性であっても、丸形額の持ち主は、年下の男性と隠れた恋愛をしやすい。額が丸形で、かつ首の生え際にうぶ毛がたくさんあるならば、その傾向はいっそう強いだろう。

いずれにせよ、恋愛では、自分の優しさが裏目に出やすいから注意しなければならない。

参差

反骨精神あふれる
頑固者タイプ

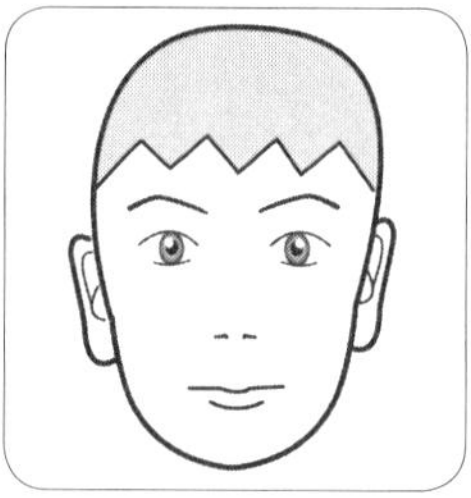

参差というのは、額の中央の垂れ下がりが逆三角形になっている額のことである。富士額も参差である。

参差がひとつある人、これが富士額であるが、ふたつある人、3つある人もいる。いくつもあるために、額がうねっているように見える人もいる。このように参差の数が多いほど、反抗的な態度をとるとされている。

四角い顔をした参差は、理屈っぽく反抗する。一方、丸顔の参差は、感情的に反抗する。

また、富士額の女性は、離婚運がある。頑固で融通がきかないのだ。日常的にそんな態度をされつづければ、いかに我慢強い夫でも嫌気がさすのは仕方がないように思われる。

参差の人は、経理をごまかすともいわれている。経営者は、この人に経理や会計を任せないほうが賢明である。

生え際のうぶ毛

子供時代に苦労しても、
一生モテモテ人生

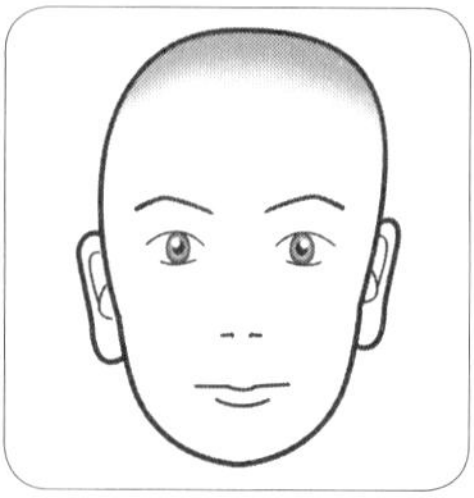

額の生え際があいまいで、うぶ毛のような毛がまばらに生えている女性は、生まれたときの家庭に事情があるといわれている。

相書には、富士額で、このうぶ毛が散っている女性は、「母親の嫁ぎ先に連れ子で入った」とされているが、これは極端な判断である。むしろ、さまざまな事情を抱えた複雑な幼児期を過ごしたと判断すべきであろう。とくに田宅（まぶた↓p218）が狭ければ、この判断はより正確性を増すはずだ。

だが、この額の女性は、男性の心を騒がせる魅力の持ち主である。男性が寄り集まり、放ってはおかない。若いころに恋愛のひとつやふたつは経験するだろう。

この特性を商売に活かせばよい。たとえばバーやスナックの経営など、男性を相手にする商売をすることによって生活が潤うことになるだろう。

額紋

額紋《がくもん》とは、額のしわのことである。眉間の上あたりに現れる。

人相学では、額紋について、細かい解説がなされている。ひと言でいうと、広い額でよい額紋の持ち主は大いに出世する。狭い額で悪い額紋ならば貧しい生活を送る。

しかし、額紋は一定の年齢になって現れるのが普通である。ただ、若い人でも、眉を上げれば額にしわが寄るから、そこから額紋を推測することは可能だろう。

額紋は、それまでの生き方を記していると判断することが、どうやら正しいようだ。笑顔の多い生活であれば、自然と吉相の額紋が現れるだろうし、苦痛に満ちた生活を強いられているならば、額紋もおのずと凶相を帯びる。今後の生活を満ち足りたものとするために、額紋をここで論じるのも無駄ではない。

円月紋

大組織の幹部候補生　将来は安泰タイプ

吉相である。

横の3つの紋が、すべて上向きにカーブしていることが条件である。

この額紋は、官庁や会社の幹部として大いに活躍している人に見られる。

笑うにしろ、怒るにしろ、眉の肉を上げるような表情を長年つづけることによって、この紋がつくられる。権威ある職に就くと、そのような表情をすることが多いのだろう。

まだ若いために、額に紋がなければ、眉を上げてみればよい。額に円月紋ができれば、迷わず官庁や大企業に就職することを目指すべきだ。

逆に、この額紋は、アーティストには向かない。説教くさい作品しか生みださず、売れっ子やスターになりたくても夢はかなわない。しかし、アーティストの卵たちを束ねるプロデューサーなら成功するだろう。

懸犀紋《けんさいもん》

戦いの世界で出世する お山の大将タイプ

一応は吉相である。

武人の紋ともいわれ、警察や自衛隊にいれば、大幹部となってかなりの出世が約束される。

「一応は吉相」と表現したのは、ときとして反社会的な集団の幹部にも、この紋が見られるからだ。要するに、戦いの中で頭角を現す人なのである。

ただ、本人は、ボス的な立場を占めて満足かもしれないが、家の中でも口やかましいので、家族の人たちの気持ちは推して知るべしだろう。自分の正義感や倫理感を家族に押しつける、ガミガミとやかましい亭主になりそうだ。

女性の場合、この額紋は珍しいが、スポーツ界ならば、いないことはない。やはり監督となって、選手たちに厳しい訓練を課している。女性としての色気は残念ながら期待できず、家庭の主婦には収まりきれないはずだ。

王字紋

頂点を究める実力 大物中の大物タイプ

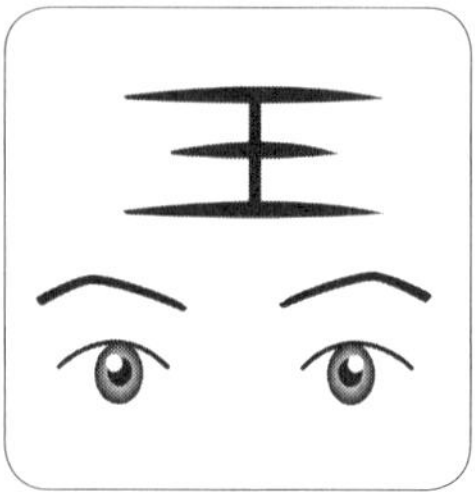

大吉相である。

額紋が漢字の「王」という字になるところから、王字紋というネーミングがされている。

非常に珍しい紋で、たまに大会社の社長や、政治家の額に見ることがある。どういうわけか、女性にはほとんど見かけない。

相書では、大名になる人とされているくらいだ。

直観力と集中力のある人で、円満さの中に威厳が備わっている。

不満分子が現れた場合には、一応は胸襟を開いて話に耳を傾けるそぶりはするが、不満の声をねじり伏せるようなパワーを有している人だ。

そういう権威的な面を持ちつつも、味方に対しては親身になってサポートする。敵に回せば脅威になるが、味方になれば、これほど力強い人はいないだろう。

天柱紋

頭のよさは天下一品 首脳陣タイプ

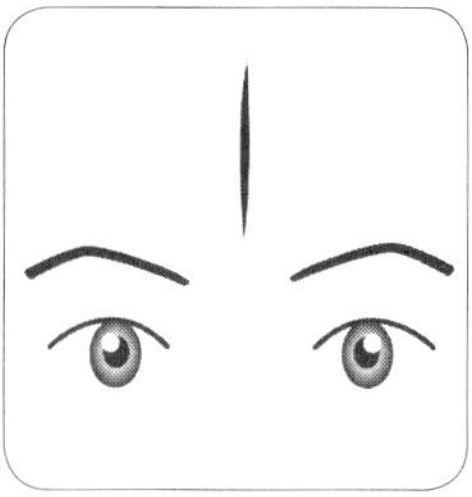

大吉相である。印堂（眉間）から、天中（額中央の最上部）に達する縦の紋である。まっすぐであることが条件だ。

この額紋の人は、官庁や会社の首脳陣にまで出世することが約束されている。

縦の紋は、何かに集中したときにできる紋である。額中央を縦断するほど長い天柱紋は、恐ろしいほど優れた頭脳の持ち主であることを暗示する。

女性も中年以降、スゴ腕の実力者として、メキメキ頭角を現すはずだ。

この天柱紋と間違いやすいのが、懸針門（p56）である。懸針紋とは、印堂にのみ現れる短い縦の線である。

この紋は、アーティストをはじめ、繊細なセンスが求められる仕事に向いている。集中するときの眉間のしわが、懸針紋として残るのである。

繊細な神経の持ち主だから、つい感情を高ぶらせやすいのが特徴である。

鶴足紋《かくそくもん》

幸運を味方につけて 大組織のリーダーに

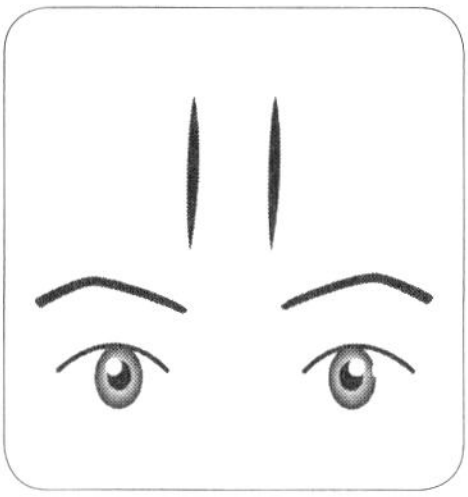

大吉相である。

印堂から天中にかけて、長く縦に走るまっすぐな2本の線である。山根（鼻の最上部）から伸びている場合も、鶴足紋とみてよい。いずれの場合も、まっすぐであることが条件である。

相書には「州の長官になる大吉紋」とあるから、この紋を持つ人は、さしずめ県知事クラスにまで昇りつめるような大出世が約束されているということになるだろう。

こういう額紋の人と接していれば、幸運のおすそわけにありつくことができるかもしれない。取り巻き連中も、さぞ多いことだろう。

2本の縦線は大吉紋であるが、これが3本、4本と数が増えれば悪相となる。悪相の人には自分本位の傾向があり、出世したとしても、ある時点で仰向けにひっくりかえる。

三横紋《さんおうもん》

苦労がつきまとう
人生七転び八起き

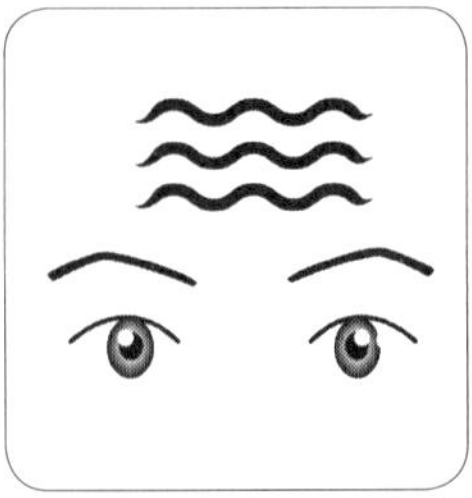

凶相である。

うねった3本の線が特徴だ。凶相とはいっても、この三横紋の持ち主は、普通によく見かけるものだ。

相書には「若くして父母と死別する」とある。しかし、この判断は現実的ではない。頼りにならない父母や上司のために、若いころから苦労が連続すると解釈するほうが正しい。

吉紋の額であっても、三横紋との混合タイプが多い。この場合は、吉凶のいずれかに決めるのではなく、吉紋の意味と、凶紋の意味の両方を兼ね備えていると解釈すべきだ。

女性で三横紋の場合、相書には「夫運が悪く、子供に恵まれない」とある。夫に苦労させられるというのは正しいかもしれないが、子供に恵まれないというのは、親不孝の子供に泣かされると解釈したほうが、はるかに現実的だろう。

蛇行紋

その油断が大敵に
旅には特に注意すべし

凶相である。

額に1本の線があり、それが蛇のようにうねって額を横に走る紋である。

相書には「客死の相」とある。旅行先で死ぬということだろうか。

確かに、この紋の持ち主は、長期の出張をしたり、遠方に転勤したりするケースが多い。その分だけ、現地で病気や死亡する確率が高くはなるだろう。

もともと不用心なところがあることは間違いない。旅先で舞いあがってしまう傾向があるのだ。だから、危険な場所に行くことや、得体の知れない物を口にするのは避けたほうがよい。

そして、もっとも心したいのは、旅先での情事だ。地元を遠く離れた解放感から、現地の住人との性交渉に及びやすい。そのため風土病にかかり、人生を棒に振った人間を筆者は知っている。

蛇行紋の人との旅行にも注意が必要だ。

井《せい》字《じ》紋《もん》

安定と出世を約束された人生

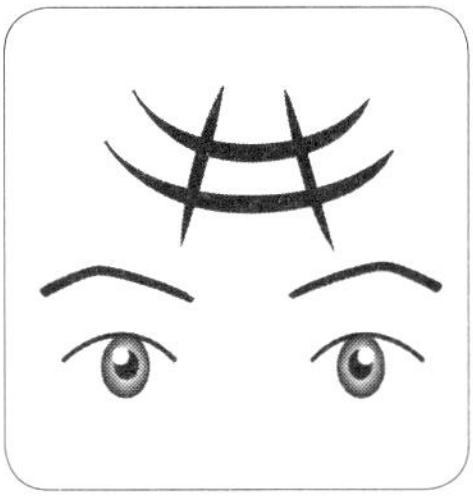

吉相である。漢字の「井」の文字に似ている額紋である。

相書では「員外郎の官職に就く」とされる。会社のような組織で出世するという意味である。

井字紋の持ち主は珍しい。井字になり損ねた紋がほとんどだからである。似たようではあっても「廿」や「丼」になるなど、完全な井字はあまりいない。「井」の文字が、完全な形で額の中央になければ、井字紋は成立しない。

中年過ぎに、この額紋が出た女性を知っている。その人は、フリーランスで活躍していたのだが、出版プロダクションを興し、成功を収めた。

だが、この話には、美容整形でその吉紋を取ったら会社が傾きだしたというオチがつくのである。

美容整形は、よくよく人相を検討してから、慎重に行うほうがよいだろう。

川《せん》字《じ》紋《もん》

心配事に気をとられて幸運を逃すタイプ

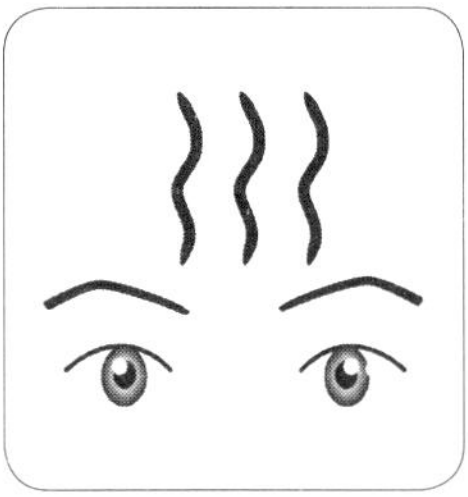

凶相である。

とはいえ、多く見られる相だ。鶴足紋（p49）のなりそこないである。鶴足紋は、2本の縦の直線である。一方、川字紋は、蛇行した縦の3本線であるために、見間違うことはない。

心配事の多い人に見られる額紋である。ひとつのことに集中していれば、天柱紋（p49）や鶴足紋になるのだが、ああでもないこうでもないと、いろいろなことをクヨクヨと考えるために、縦線が曲がりくねり、「川」の字になってしまったのだろう。

相書には、「災禍に逢う」と記されている。これも、神経が散漫だから災いが降りかかると解すれば、納得がいく。

詐欺にまんまとダマされるのも、川字紋の持ち主である。

近くに川字紋の人がいたなら、つきあい方をよく考えたほうがよい。

十字紋

巨万の富が降ってくる
大幸運の人生を満喫

吉相である。

額の中央で、長い縦線と長い横線がクロスして、十字紋を形成する。

この紋を持つ人は、富に恵まれて幸福になるといわれている。

幸福は各人の尺度であるから、それと確かめる方法はないが、富に恵まれることは確かである。今は貧しくても、いきなり宝くじで大当選を射止めるような僥《ぎょう》倖《こう》も期待できる。

しかし、同じ十字紋でも、印堂（眉間）の十字紋と見誤ってはならない。印堂に刻まれる小さな十字紋は、大凶の相である。一生うだつが上がらないとされている凶相なのだ。

自分の顔を鏡でしげしげと見て、印堂の十字紋を額の十字紋だと思いたいのは心情としてわかるが、観察する際は、厳しさが必要である。正しく観察することで、悪運への対処法が見えてくるのだ。

田字紋

一夜にして大金持ち
富貴運に恵まれた人生

吉相である。

額中央に十字があり、その十字を完全に取り囲む円形の線があることが、成立の条件である。

この田字紋の人は富貴になる。

しかし、円形が完全に十字を取り囲む理想的な田字紋の保有者は、きわめて少ない。十字を取り囲む線があったとしても、どこかが切れているために不完全な田字紋であることがほとんどだ。これでは田字紋とはいえない。

だが、不完全な田字紋だとしても、毎日観察していると、ある日、切れていたはずの線がつながり、完全な田字紋になることがある。

その日はチャンスである。翌日になると線が切れるはずだから、ボヤボヤしてはいられない。こんな日は、投機やギャンブルにチャレンジすることで、大きな利益をつかむ可能性が高いのだ。

山字紋

頭脳を活かして活躍　エリート栄達タイプ

吉相である。

額の中央の紋が、漢字の「山」の字を形成するわけだが、縦の3つの線が力強い直線であることが条件である。

縦の3つの線が川の字のようにくねっていれば、山字紋の下格である。

完全なる山字紋の保有者は、天子の侍従になるといわれ、栄達の道が示されている。さしずめ、現代における役どころとしては有力者の参謀役といったところだろうか。

川字紋の人でも、あるときを境に横の線が現れることが多々ある。これは山字紋の下格である。しかし、下格だろうが、贅沢をいってはいられない。

これこそ出世の糸口が見つかる暗示なのである。知っている限りの有力者に連絡を取るべきだ。そうすることで、大チャンスをものにする可能性がきわめて高くなるのである。

乙字紋

普通だけど立派　まずまずの人生タイプ

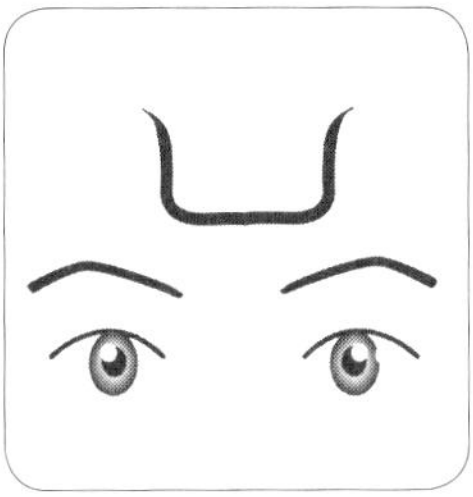

吉相である。

額に1本の線があり、その両端が上向きの額紋をいう。

出世が期待される額紋である。

世の中に、この額紋を持つ人は多い。これはつまり、出世が約束されているとはいっても、極端な栄達ではないことを表している。

ここを間違えると、大火傷をしかねない。乙字紋があるからといって、出世を信じて焦っては、逆効果である。まずまずのポジションならよしとして、堅実に歩んでいくほうが賢明だ。

ただし、他にも出世の相が出ていれば、話は別である。

このように横の紋が1本だけある人は、夫婦仲があまり芳しくない。とくに線の両端がまっすぐか、もしくは下がっていれば、冷めた夫婦生活を送る傾向があるだろう。

女字紋

前人未到の分野で
栄達が約束された人

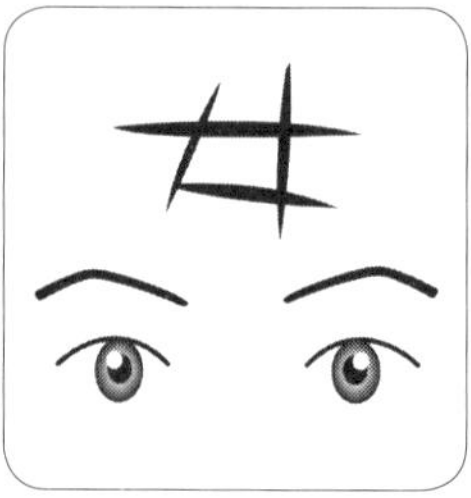

吉相である。

額に漢字の「女」の文字が浮かびあがっている相である。

この紋を持つ人は、特殊な分野での栄達が確約されている。

しかし、額に紋が現れるのは、人生のなかば過ぎだ。ここから始動しても、運をつかむには遅すぎる。若い諸君は、鏡に向かって眉を上げて調べてもらいたい。やや歪んだマス形の女文字を発見したならば、自分の得意とする技能を今から磨くことが、効率的に幸運をつかみ取る道となるだろう。

ただ、残念なことに、特殊な道での成功とあるだけで、その道がアートなのか文芸なのか、先端技術の研究なのか、詳しいことは相書に述べられていない。

自分に適している道が何なのかは、他の部位を調べて、明らかにしなければならない。

乱紋

苦労が多くても
地道な暮らしが一番

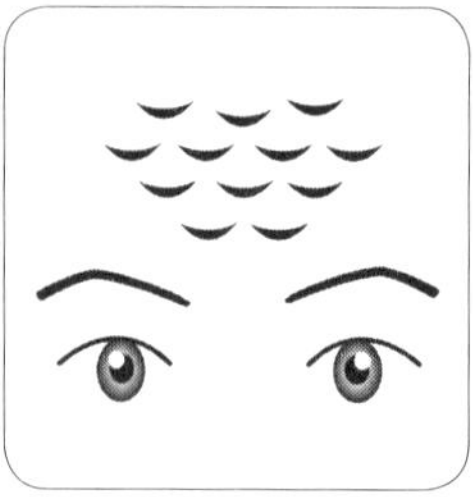

凶相である。額一面に、短い線が散らばっている相である。

乱紋は、貧苦で災難の多い暗示である。この紋を持っている人は、多少の不満があっても、自暴自棄になって仕事を放りだしてはいけない。地道な生活を維持することで、凶暗示を封じ込めることができる。深酒なども慎むべきである。

乱紋は、吉紋を有する人でも現れることがあるから、油断はできない。この場合は、吉暗示を割り引いて判断することがポイントである。

『刀巴心青《とうはしんせい》』では、この紋を持つ女性は、「今晩はダメよ」「今日はOKよ」と、性生活の主導権を握り、自分の都合を優先したがるといわれている。

乱紋で、かつ額が突き出ている女性は、嫉妬心が強いともいわれており、相手をする男性は、なかなか苦労が絶えないかもしれない。

眉間の紋

眉間のしわ、つまり命《めい》宮《きゅう》（p212）の紋は、笑顔で暮らしている人にはつかない。笑うと眉間が左右に引っ張られるから、紋のつきようがないのだ。だから、幸せな運命だという判断が下せる。

しかし、眉間に紋がある場合でも、凶相と即断することはできない。なぜなら、何かに集中しているときは、自然と眉を寄せるからだ。つまり、眉間に紋がある人は、集中力を要する技術職などに就いている可能性が考えられる。

問題は、不満や悩みを抱えているために生じる紋だ。不幸な人は、眉を寄せる癖があるため、それが命宮に刻まれてしまう。

集中力による紋なのか、不幸な生活ゆえの紋なのか。人相学においては、紋の形を詳しく調べ、そこから的確な判断を下すのである。

嫉妬紋

（猜疑心の強さを示すが、心がけしだいで消える）

般若の眉間を思い出してもらえば、わかるだろう。眉間に「八」の紋がある。これが嫉妬紋なのだ。

ふだんは爽やかな人柄であっても、ここに八の文字が浮かんでいれば、だれひとりとして信用しない人と見てよい。不注意で財布を落とした場合でも、まず友達を疑ったりするだろう。強い猜疑心の持ち主なのだ。

女性の額にこの紋が刻まれていたら、非常に嫉妬心が強いタイプである。恋人が浮気でもしようものなら、出刃包丁を振りかざしかねない。

嫉妬紋のある人は、40歳以上での発展は望めない。仲間を妬んでは陰で悪口を言い、酒を飲めば、日ごろの欲求不満を爆発させて大暴れするだろう。開運するには、そういう欠点を意識的に直していくしかない。顔は、心がけや行いによって変化する。日々の精進が肝心である。

害傷紋

被害者か加害者か位置で運命が変わる

眉頭から額へ伸びる筋があれば、それが害傷紋である。

大凶の紋であるが、左右で意味合いが異なる。

左の眉頭から発した害傷紋は、発作的な怒りで相手に傷害を与える暗示である。右の眉頭から発していれば、相手から襲撃を受ける暗示である。

女性ならば、左右が反対になる。

加害者になるか被害者になるかの違いだが、ありがたくない紋である。

以前、女性の受刑者から手紙を頂いたことがある。恋人の浮気が許せなくて、果物ナイフで彼の背中を刺したという内容だった。

その女性が出所し、事務所にいらしたことがあった。彼女の命宮には、この害傷紋が刻まれていた。

この紋の持ち主とかかわるのは、できれば避けるほうが賢明だろう。

懸針紋

繊細な感性に恵まれた芸術家タイプ

懸針紋については額の紋で述べたが、改めて述べておこう。

この紋は、印堂（眉間の下部）にのみ現れる短い縦の線である。アーティストをはじめ、繊細なセンスが求められる仕事に向いていることを示すものだ。集中するときに生じる眉間のしわが、懸針紋として残るのである。

繊細な神経の持ち主だから、つい感情を高ぶらせやすいのが特徴である。

人相判断の手法のひとつ「逆人形法」によれば、懸針紋を有する女性は、名器の持ち主であるという。先端が曲がった懸針紋なら、いっそうその傾向が強いというのだが、いささか乱暴な解釈である。眉間の広い女性が、男の誘惑になびきやすいのは確かだが、これは懸針紋の有無とはあまりかかわりがない。

一方、男性の懸針紋は、かんしゃく持ちのしるしである。

究め紋

磨いた腕の努力の証 名人技の勲章紋

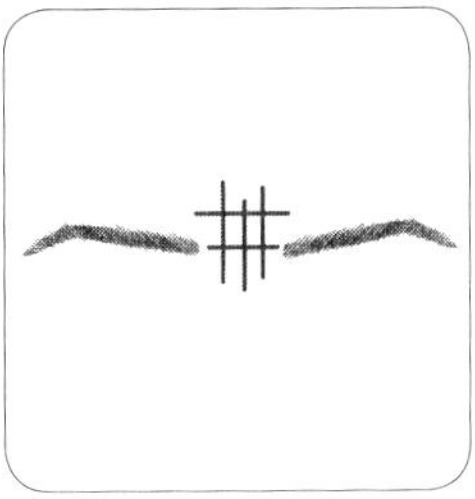

縦横に交差した多くの紋が命宮（眉間）にあれば、それを究め紋という。吉紋で、特異な才能に秀でていることを物語る。左右どちらに寄るかで意味が変わってくる。

男性の場合、左の眉頭に寄っているなら、その人は一芸に秀でていると見る。芸術などの分野で、その才能を発揮することだろう。

右の眉頭に寄っている場合は、優秀な技術を持つ職人となれる。

女性の場合は、これと左右を反対にして判断する。

いずれも、日々の努力を重ねた結果に現れる紋なので、この紋を持つ人は、きわめて少ない。筆者は、名店といわれる寿司店の大将の命宮に、究め紋が浮きでているのを発見したことがある。

その道一筋に人生をかけている人たちの、いわば勲章のような紋だろう。

川字紋

その直情型の熱い心をスポーツに活かせ

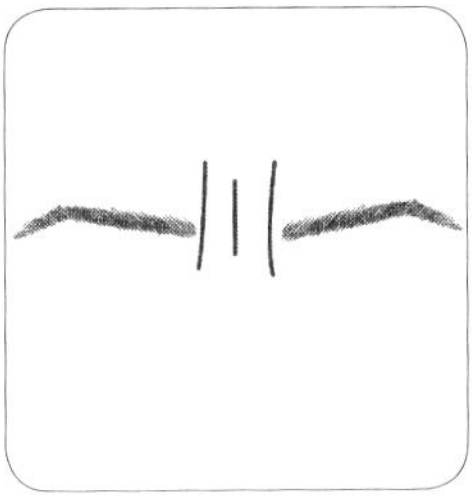

命宮（眉間）に、川の字形に3本の縦筋があれば、それが川字紋である。

20歳前後で、この紋が命宮にある人は犯罪に手を染めてしまう危険性がある。行いを正しくし、悪い仲間とつきあわないように注意する必要がある。

とはいっても、この紋がある限り、突然にカッとなり、何をしでかすかわからない。であるなら、たとえばスポーツ選手となって、そのパワーを活用するほうが利口だろう。

相書には、40歳を過ぎてからであれば、川字紋が生じても支障がないと記されている。

だが、それは3本の縦筋が平行である場合に限ったことで、3本の縦筋のうち1本でも曲がったり、傾いたりしていれば、やはり気難しい性格を示しているため、いろいろなところでトラブルを起こす危険性が高い。

十字紋

不平不満と不摂生が
形になって現れた紋

十字紋は、横線と縦線とで構成されている。この紋が命宮（眉間）にある人は「一生うだつが上がらない」と、相書に記されている。

この紋のように、命宮に細かな横筋がたくさんあるのは不満の相である。感情や意志が現実とかみあわず、それが欲求不満となってイライラがつのる。それが鬱屈して暗い気分を誘い、紋となって出ることが多いのである。

また、横線がハッキリと出るのは、体を痛めつけている証拠だ。タバコや酒などで不摂生な生活をしていると見てよい。このまま放っておくと、やがて肺臓に支障が出るはずだ。

女性の場合は、変態的なセックスに溺れると、この十字紋が額に刻まれるといわれている。

男性の場合は、適さない職業に長年従事していると、しばしば現れる。

眉間のうぶ毛

悶々とした運勢を
表す悩みの紋

眉間に、うぶ毛のような細い毛が生えることがある。

これは、希望が達成できるようでできず、悩みを抱えているときの心の状態を示している。

受験生が、思うように成績が伸びずに苦悩しているときにも現れるし、あと一歩で仕事が成功できるはずなのに足踏みをしている状態のときにも発生する。

朝、鏡を見たときに、眉と眉がつながっていたら要注意である。落とし穴が待っているかもしれない。

女性の額にも、こうしたうぶ毛が生えることがある。夫や恋人に先立たれた後には、うぶ毛が密集することが多い。また、失恋の直後にも発生する。

ちなみに、女性の眉間は、性器を表す部分でもある。好きな男性を失ったための孤閨の嘆きが、うぶ毛になって現れるのであろう。

眉

眉毛は、その日の精神状態によって変化するし、突如として白い毛が発生することもある。

眉に現れる1本の白い毛は長寿の証ととるのが一般的である。かつ、40代から50代に、白い毛が眉尻に発生するのは、仕事や事業の成功を告げている可能性がある。

これが専業主婦の眉に現れたら、どうだろう。遺産運かもしれないし、夫の事業が成功し、金運上昇につながるとも判断できる。

このように、眉毛1本についてもいろいろな解釈ができる。

ここでは、相書にのっとって吉凶を判断したのち、特筆すべきことを取り上げていく。

眉の形を整える習慣がある今日においては、自然の状態での眉の観察が困難だ。そこで、描き眉の吉凶についても、最後に触れておいた。

一文字眉《いちもんじび》

（知的職業に向くタイプ　特に女性には吉相）

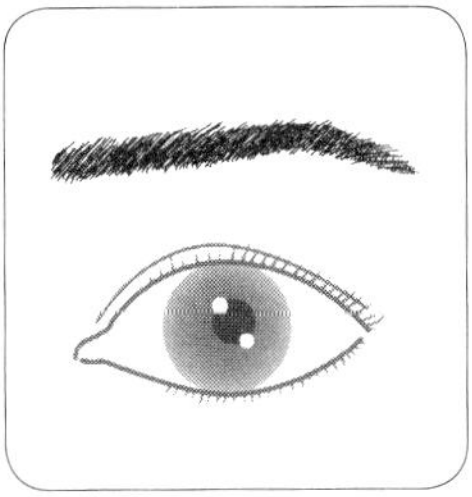

棒のようにまっすぐな眉を一文字眉という。

吉眉ではあるが、それは女性に限られる。肉親愛が強く、上品な雰囲気を持っている。

しかし、男性の一文字眉は激しい生存競争で脱落しやすい危険信号である。

文学、美術、宗教、哲学など、手の汚れない職業に向いている。弁護士や会計士など、資格で守られた仕事もよいだろう。手を汚す仕事としては園芸程度が限界で、いわゆる肉体労働には不向きである。ましてや、身体能力が問われる軍人や警官にはまったく不向きである。

一文字眉でも、眉尻がピンと上がる男性は、仕事には堅実だが、女性には甘い。色情の問題を起こしやすい。

日によっては、眉尻が跳ね上がることがある。鏡を見て、それを認めた日は色情に注意したほうがよいだろう。

軽清眉《けいせいび》

人間関係に恵まれる
誠意に満ちた出世株

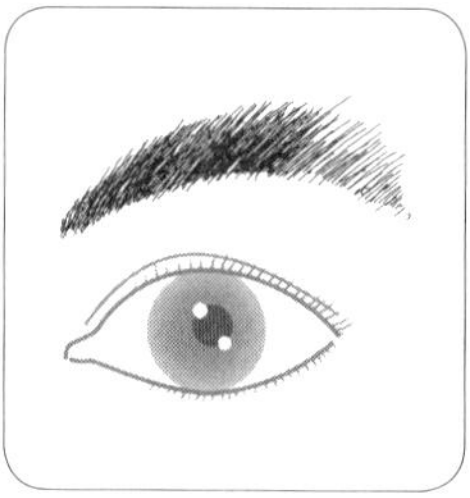

美しいアーチを描く眉である。眉尾は薄く、地肌が透けて見えるのが軽清眉の特徴である。

男女とも、出世が約束されている吉相である。

兄弟姉妹との関係も良好で、よい友達にも恵まれる。ピンチに陥っても、彼らが救ってくれるだろう。

運勢が多少悪くても、よい友達が数人いれば運勢のマイナスを埋めてくれるものである。この眉は、まさにそのようなよき人たちに恵まれる運命にあることを告げている。

よき人に恵まれるということは、自分も彼らのために誠意をもって対応することを意味する。

つまり、人間関係が成功の鍵であるから、彼らを裏切ったときに、この人の幸運も失われる。その点にだけ注意しておけば、幸運は一生つづくだろう。

短促秀眉《たんそくしゅうび》

信頼感抜群の頼れる人
ただし健康には注意を

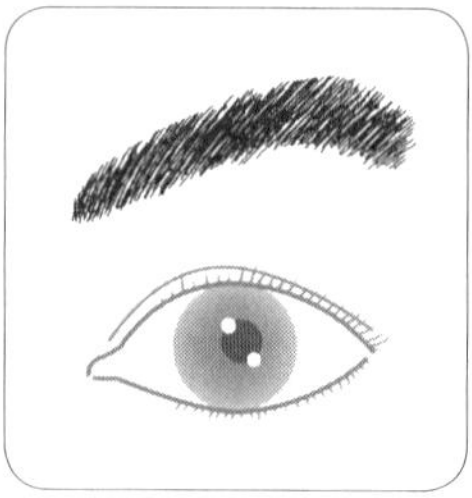

短いが美しい眉を短促秀眉という。

美しいという基準を記すのは難しいが、短促秀眉は、眉毛が短く、毛並みが一定方向にそろっている眉をいう。

毛並みがそろわず、乱れている場合は、短促秀眉ではない。短命の眉相に格下げとなる。

この眉の持ち主は、約束を厳守する。この人が約束の時間に遅れるということも、まず考えられない。だから周囲から信頼されるのである。信頼は信用となり、やがて将来的には、大きな仕事を任されるようになるだろう。

ただ、やはり眉の短さは気になるところだ。『刀《とう》巴《は》心《しん》青《せい》』は「短眉の女性は淫乱」と記している。表面上は清楚な美しさを漂わせながら、どこかに欲情を隠し持っているわけだ。

また、些細な病気が命取りになりかねない。健康管理が大切である。

大短促眉《だいたんそくび》

財運、家庭運、有能さ 3拍子そろった大吉相

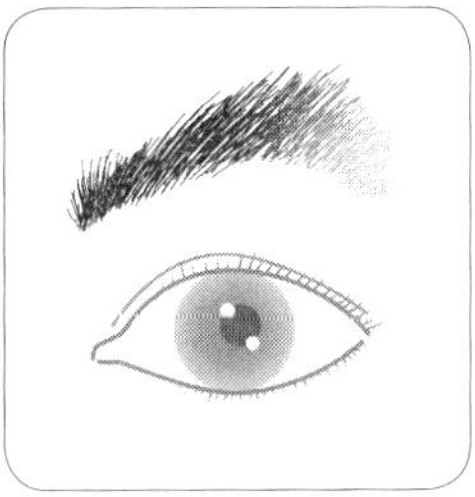

この相は、眉頭の毛が立っていることが条件である。また、眉尾の地肌が薄黄色でなければならない。これらの条件をクリアして、美しい短い眉であること。これが大短促眉である。

「短い」の基準だが、だいたい目と同じくらいの長さか、それより短いことを目安としてほしい。

このように厳しい条件つきではあるが、大短促眉となれば大いに吉相となる。そもそも、この眉の持ち主は、どんなことにも優秀である。

相書には「家に入りきれぬほどの財貨に恵まれる」とある。

子供運もよく、夫婦仲もよい。財運と家庭運のふたつとも、文句のつけどころがないという幸運を獲得できる眉だ。

しかし、やはり短眉は、短命と淫乱という暗示である。日ごろから暴飲暴食は控えるべきだ。

新月眉《しんげつび》

女性なら良妻賢母 男性なら文芸に向く

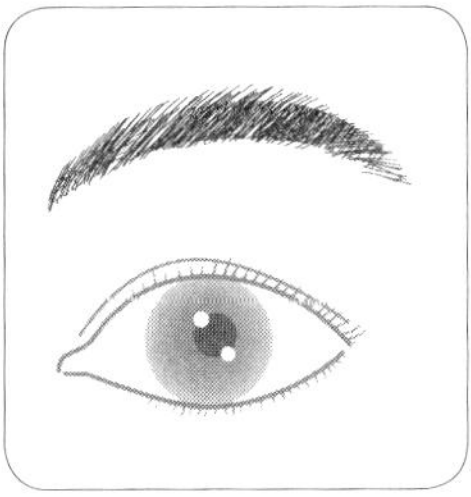

三日月眉ともいい、女性にとっては理想の眉である。

『刀巴心青』でも、良妻の眉として称賛している。女性は眉にメイクを施すのが普通だが、この新月眉を念頭にして整えると、恋愛面で幸運が舞い込むだろう。

眉を整えることは、魅力をさらに上げる。ただ、眉を剃り落してしまうと色気が低下する。武家の妻が眉を剃り落していたのは、貞節な女であることを内外に示すためである。

一方、一般に男性の新月眉は、よくないとされる。女性的になり、すべてに消極的となるというのが理由である。ただし、文学家や芸術家を志す者であれば、例外的に吉である。

『刀巴心青』には「新月眉の男性は色難が多く、身を誤りやすい」と書かれており、「さらに」とつづけて「マゾヒズムを好む」とある。

龍眉《りゅうび》

人間関係に恵まれた
非凡な才能の持ち主

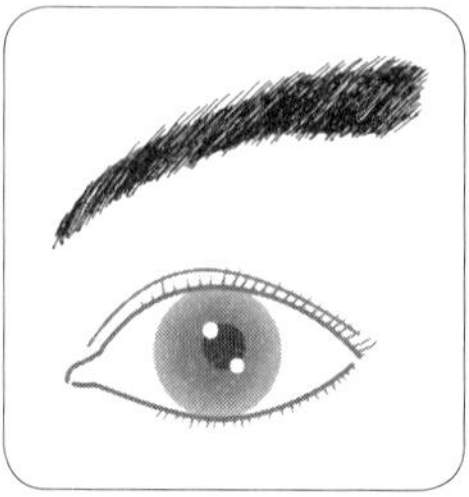

眉に勢いがあり、美しい曲線を描いている眉を龍眉という。

尖刀眉（p67）と間違いやすいが、龍眉の場合、尖刀眉ほど極端に跳ね上がらない。跳ね上がっているように見えても、それは眉の毛に勢いがあるからであって、冷静に角度を測れば、それほど跳ね上がっていないことがわかるはずだ。

眉の毛が整然とそろっていることも条件となる。

この眉の持ち主には、非凡な才能がある。どの分野にいたとしても、いずれ名を上げるに違いない。

だが、整然とそろっているうちは順風満帆でも、眉に乱れが生じた場合、運気は低迷を始める。

幸い、龍眉の人のまわりには、頼りになる兄弟か友人が必ずいるものである。その人に助けられるから、最悪のケースになることだけは免れるはずだ。

柳葉眉《りゅうようび》

女性なら芸能スター
男性は夢見る空想家

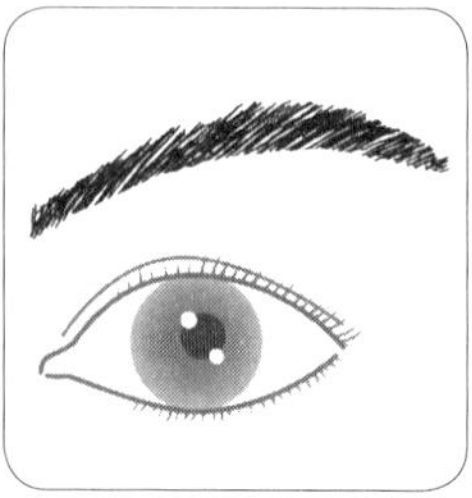

柳の葉のように細い眉を柳葉眉という。細かな毛が密集し、地肌は見えない。

柳葉眉の持ち主は、骨肉の縁が薄い。つまり、頼りになる親族が少ないのだ。貧しい環境にあることも考えられる。

ただ、友人との絆は強い。というよりも、家族が力にならないから、友人を大切にする相なのである。

この眉の女性は、芸能関係の分野で脚光を浴びるだろう。自分の才能や容姿を商品として売りだすことで、名声も富も得られるのだ。

だが、男性は違う。生活力に乏しく、物事に飽きやすく、空想にばかりふけるタイプだ。依頼心と僥倖《ぎょうこう》を望む心ばかりが強い。ということは、ギャンブルに走ることを暗示している。

よからぬ女性に引っかかりやすく、色香に迷って財産を失う色難の相もあるから、気をつけたほうがいい。

前清後疎眉《ぜんせいごそび》

若くして成功する
名実備えた大人物

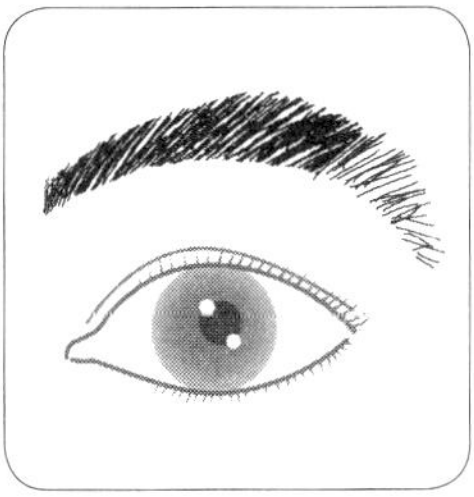

眉頭が美しく、眉尾が散っている眉を前清後疎眉という。眉尾が散るのは掃箒眉（p66）となり、普通は凶相だが、前清後疎眉は、眉尾が散っているにもかかわらず美しい気品に満ちている。

相書には「若年より成功し、財運にも恵まれる。中年、晩年においても名実を兼ね大成功者となる」とある。

しかし、やはり眉尾の散りが気にかかる。眉尾の美しさが乱れると、この人の運は一気に低迷するだろう。

眉に限らず、吉相を持っている人は、そのままいけば、確かに幸運に満ちた人生が保証されているといえる。だが、別の見方をすれば、凶運に対する免疫に欠けているのも事実なのだ。

ひとたび悪い運に魅入られると、悲惨な現実へと墜落するから大変だ。日ごろから人間関係を大切にすることが、運気低迷時に自分を守る楯となる。

臥蚕眉《がさんび》

頭のよさは保証つき
ただし家庭を大切に

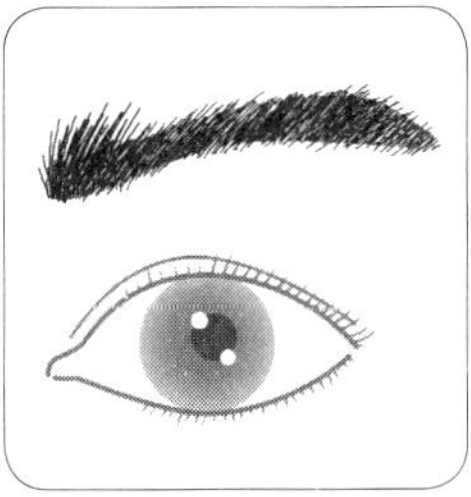

眉頭の毛が立ち、美しいラインを描く眉を臥蚕眉という。

この眉の持ち主は、頭脳の回転が速い。頭がいいので、どんな難関の試験にも合格することが可能だ。若くして難しい国家試験に合格し、将来を期待される人もいるだろう。

しかし、家庭には恵まれない。

男性であれば、研究に没頭するあまり夫婦生活がおろそかになり、妻の浮気に気づかないかもしれない。もともと潔癖症だから、もしも妻が浮気していることを知れば、二度と口もきかず、実家に追い返すことになりかねない。

女性ならば　夫の言動が愚かに感じることだろう。ケダモノのようにも思え、夫婦生活を拒否する可能性もなくはない。

頭のよさで注目され、運をつかむ一方で、頭のよさが仇《あだ》になる危険も含む眉ということだろう。

濃長眉《のうちょうび》

人に尽くせば運が向く
慈善家や高僧の眉

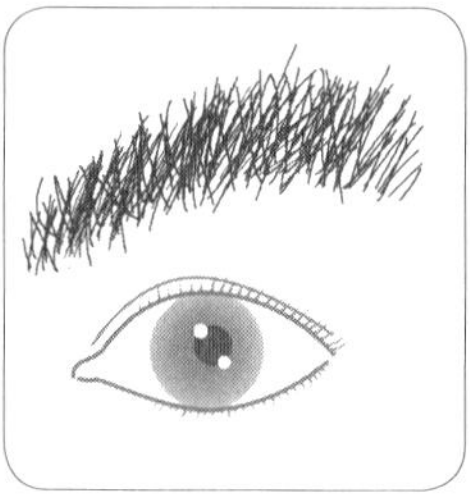

眉の幅が広くて長い。太く長い毛がモジャモジャと生え、毛並みがそろわない。そんな眉を濃長眉という。

一般的には凶眉である。

勤め人ならば出世は無理であろうし、芸能界に憧れても、門前払いだろう。家庭運も配偶者運にも恵まれず、ゆえに子供運もない。

しかし、僧侶や慈善事業など、利欲を捨てた仕事に切り替えれば名声を博すことになる。

なにしろ、おどけた呑気なところが魅力である。ジョークを交えて話をさせたら、この人の右に出る人はいないだろう。トラブルの仲裁にも妙を得ている。個性派の僧侶にはうってつけだ。

この眉の人は、こうした才能を自覚していないかもしれない。何をしても失敗つづきなら、一度ボランティア活動に参加すると、自分の才能に気づくはずだ。

旋螺眉《せんらび》

まがったことが大嫌い
乱世向きの英雄タイプ

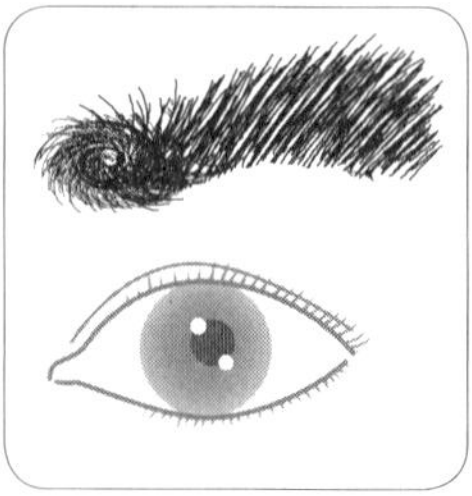

眉頭に「つむじ」のような渦巻きがあるものを旋螺眉という。非常に珍しい眉であるが、ないことはない。武将眉ともいわれている。

世の中が乱れてきたときは、この人の出番である。チャンスを得て、英雄の名をほしいままにするだろう。

だが、平和な世の中では、扱いにくい人物として敬遠される。戦場で炸裂するパワーが逆に働くのだ。どこでもトラブルを引き起こすだろう。

正義感を前面に出せば出すほど、相手にされない。相手にされないから、ますます頭に血が上る。あげくには悪いことをしてもいないのに、警察のお世話になる事態まで引き起こしそうだ。

スポーツマンとしてパワーを消化するのが賢明だろう。選手もいいが、監督を目指すことが理想だ。名監督になる素質は十分である。

鬼眉《きび》

生来の才能と実力を
正しい方向に活かせ！

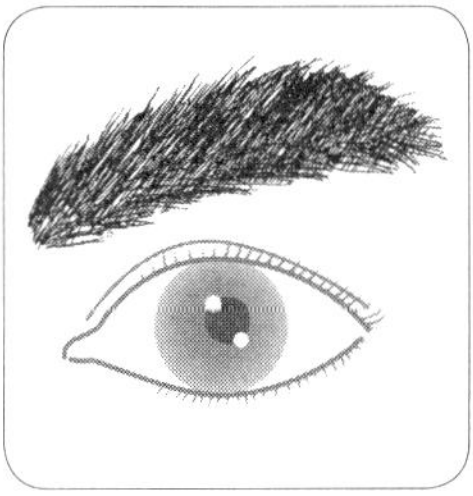

目と眉の間隔が狭く、目を覆わんばかりの眉である。

眉骨が低く、眉の毛が荒く、毛並みが乱れているのが特徴だ。この眉は、残念ながら、凶相とされている。

才能はあるが、ときに嘘をつく傾向が見られる。口では道徳的なことをいっても、内実は虚偽に満ちている。人の不幸を喜ぶような一面があるが、せめてそれを人前に出さない良識が求められる。

このような面が改善されなければ、運勢も住居も一定せず、家庭にも恵まれない可能性がある。警察のお世話になるか放浪を繰り返すか、いずれにしても、悲惨な晩年を送る危険性が否めない。

同じように目を覆うような眉でも、眉骨が高く、眉の毛が細く、よくそろった眉は吉で、鬼眉とはいわない。理解力や推理力が備わり、思慮深く、打算的ではあるが、決断力のある人である。

疎散眉《そさんび》

食べるには困らないが
財もたまらないタイプ

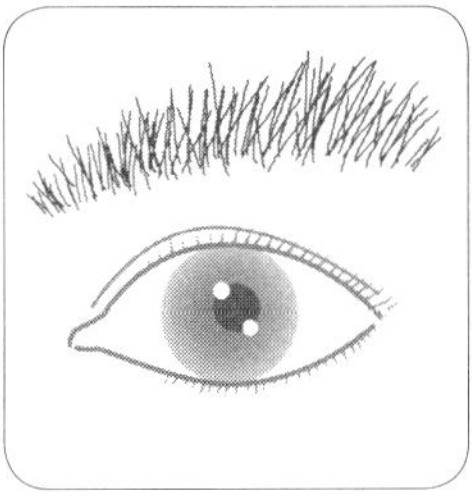

毛並みが逆立ってまばらな眉を疎散眉という。眉が薄く、地肌がのぞいていることも特徴である。

この眉の人は、財運に波乱のある人生を送るだろう。食べるには困らないが、財はたまらない。

相書には「他人によく、家庭に冷淡」とある。儲けても、そのお金を他人にばらまくから、家計にしわ寄せがくるのだ。人がよいのか悪いのか、昔でいえば、他人の借金を返済するために、自分の妻の着物を売るというタイプだ。困ったことに、学習能力がないので、この傾向から一生、抜けだせない心配がある。

『刀巴心青』には、「動物的で、男女とも多淫の相」とある。動物には眉毛がなく、犬や猫の眉毛は、あっても数本だ。チンパンジーで、少し眉らしくなる。だからといって、眉の粗雑な人は動物的だというのは、少し言い過ぎかもしれない。

黄薄眉《おうはくび》

若いときに得た幸運が
運命の分かれ道

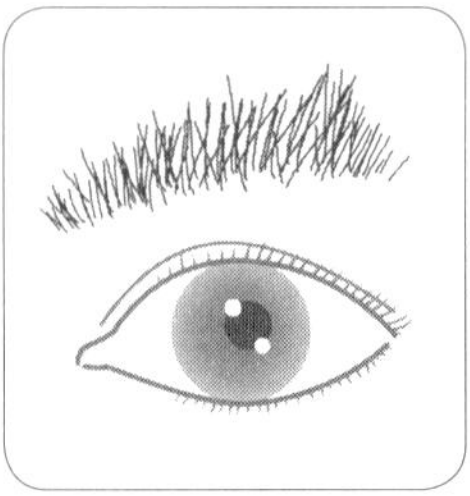

毛並みが逆立ってまばらであり、短い眉を黄薄眉という。

早合点者である。しかし、若いころは仕事で一発当て、一時的に財をつかむはずだ。そこで将来の基盤をつくれば問題はない。ところが、おっちょこちょいで飽きやすい性格なので、その財をたちまちのうちに使い果たすことになる。

相書には「他国で死ぬ」とある。身内や友達に迷惑をかけ、顔向けできずに姿をくらますと解釈するのが妥当である。

女性でこの眉の持ち主は、妖艶な魅力にあふれる。若いころは男に不足することはない。古い言い方だが、アッシーにメッシー、さらにはベッドのパートナーと、楽しい日々を送るだろう。

しかし、そこで油断していると、しだいに相手にされなくなり、孤独の身に堕ちる危険があるので、くれぐれも注意が必要である。

掃箒眉《そうそうび》

若くして仕事で成功
ただし脇の甘さに注意

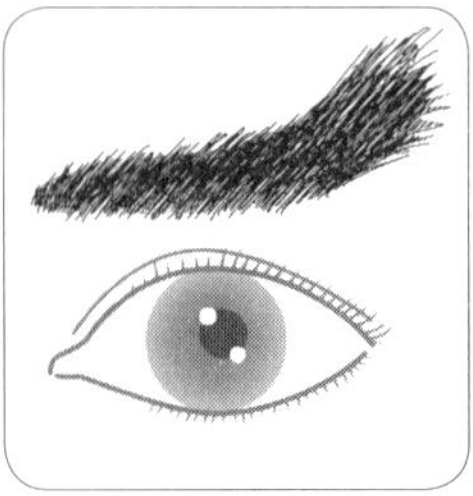

眉頭が清くそろって勢いがあるが、眉尾がまばらな眉を掃箒眉という。箒のように根元はひとつだが、先はバラバラなのである。

この眉の持ち主は、兄弟姉妹に迷惑をかけられる。若いころに仕事で成功して財を得るが、その財を兄弟姉妹の後始末で失うことになるだろう。兄弟からの借金の申し込みなどには、心を鬼にして断る覚悟が必要である。

兄弟運が悪いといったが、本人の生活態度にも同じことがいえる。

要は、最後の締めが問題なのだ。最初は張りきって打ち込むのだが、途中から投げだしてしまう傾向があり、何事も尻切れトンボになってしまう。

この眉の持ち主は、部屋も乱雑になりがちである。開運したければ、自分の部屋を常にキレイに整頓するところから始めればよい。

小掃箒眉《しょうそうそうび》

人間関係には油断禁物 心を鬼にして慎重に

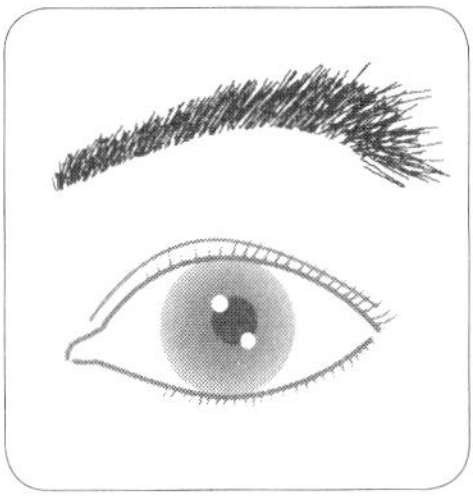

眉尾が、目尻寄りに下がる相である。眉の毛に勢いがないことが特徴である。

この眉の持ち主は、兄弟姉妹運が悪い。彼らによって運勢が傾く恐れがあるから、近くに住むことはきわめて危険である。なるべく遠く離れて暮らすことが理想である。

踏み込んでいえば、兄弟姉妹だけではない。友人にも用心すべきだ。自分が悪いわけでもないのに、親しくなった相手につけ込まれ、よいように利用されるところに、この相の欠点があるのだ。この点を忘れると、兄弟から遠く離れても、同じような結果を招く。

眉尾が目尻に下がる眉でも、毛に勢いがある場合は、小掃箒眉とはいわない。

眉に勢いがない場合は、眉の先が、すり切れた箒のようにバラバラになり、まとまりがつかないようになるから、そこが判断の決め手となる。

尖刀眉《せんとうび》

まっすぐな心の持ち主 その英雄肌が玉に傷

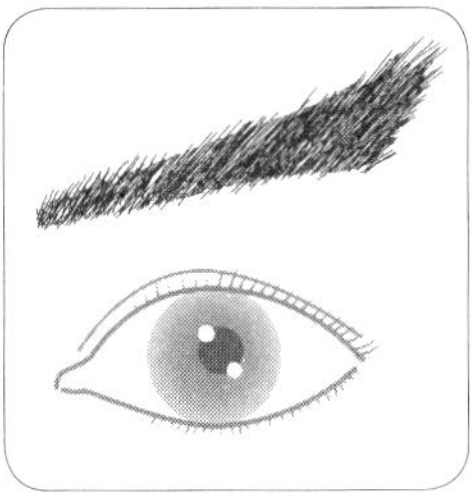

眉尻が極端に跳ね上がった眉を尖刀眉という。いわゆる義経眉《よしつねまゆ》である。

覇気に富み、剛直。確信を持てば、持論を曲げない。武力を行使してでも自分の意思を貫こうとする。これが尖刀眉を持つ人の共通した性情である。

その英雄肌の剛直さが、身を滅ぼす元凶であるのだと、本人も気づいているはずだ。ところが、身を破滅させてでも持論を曲げないという点に美意識を感じているから、扱いに手を焼く。

エキセントリックな集団に属すると、この人は、ボスのために喜んで命を投げだすに違いない。

これほど極端ではないが、行きつけの店の女性に同情して、借金を肩代わりした男性がいた。彼の眉が尖刀眉であった。しかし、肩代わりしたお金は、自分の会社のお金だった。つまり、使い込みをしてしまったのである。

八字眉《はちじび》

よい人なのだが、
異性関係に注意が必要

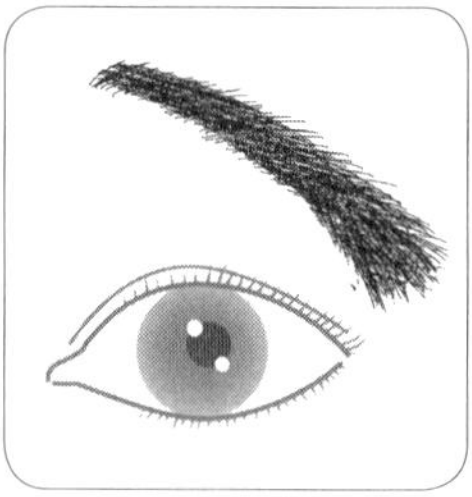

八の字のように眉尻が下がる眉を八字眉という。眉頭の毛が薄く、眉尻に至って毛が散乱していることが特徴である。

老境にさしかかれば、だれでも八文字の傾向が出てくる。しかし、若いのに八字眉の場合は、色情問題に苦しめられる凶相である。

そのうえ目尻も下がっているならば、なおさら色情に注意が必要だ。『刀巴心青』には「初婚ではおさまらぬ。男女ともに異性に親切で、そのために問題を起こしやすい。色に迷うたち」と書かれている。

八文字眉の人に悪意はない。根は善良である。ただ、色欲が深いから、誘惑に引っかかりやすいのだ。

コツコツと貯めたお金を、相手にだまされてごっそり取られることがある。色情問題だけでなく、ネットビジネスなどの甘い儲け話にも用心しよう。

羅漢眉《らかんび》

浮世離れの傾向を持つ
精神的出家タイプ

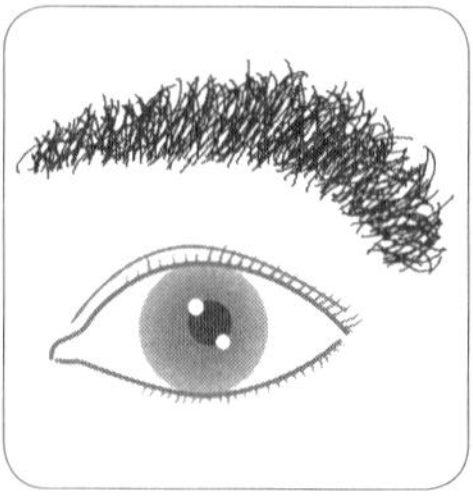

眉の毛のすべてにウェーブがかかり、ゴワゴワとした眉を羅漢眉という。

相書には「僧侶以外、みな凶なり」とある。「妻子を剋《こく》す」「孤独の相のひとつなり」ともある。

妻子を剋すとは、直接的に暴力を振るうことではない。家庭をかえりみないという意味である。たとえば、趣味の写真にうつつを抜かし、高価な機材を買うために、家計が破綻することも、妻子を剋す例である。

こういう人は、独身のまま、趣味の世界に没頭することを決断するのも、ひとつの手ではある。それが自分や周囲の人の幸福につながるのだから。

羅漢眉でも、眉尻がすんなりと下がる人は、例外的に上格である。慈悲深く涙もろく、小さなことで満足する、まさに仏様の相である。仏門に入れば、高僧となれるだろう。

間断眉《かんだんび》

親兄弟との縁が薄い 疎遠の眉

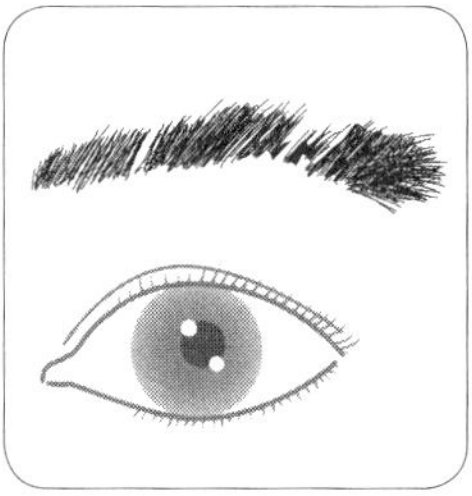

眉の途中が切れることがある。

人相では、これを間断眉という。兄弟運が薄くなるといわれる眉である。親子の縁も疎遠になり、最初に母を失い、次に父を失うともいわれている。財運にも波乱が待ち受けているようだ。

おしゃれ感覚で眉の途中を剃っている若い人を見かけるが、この相をなぞっているのと同じである。つまり、自分で悪い運命を引き寄せていることになる。

弟が海外に転勤になる1か月ほど前に、筆者の右の眉が切れたことがあり、なるほどと納得したことがある。男性の右はプライベート面を暗示するからだ。

もっとも相書では、男性の左の眉は兄弟で、右の眉は姉妹ということになっている（女性はこの反対）。ただし、実際には男兄弟ばかりのことも、ひとりっ子のこともあるから、これについては柔軟に考えたほうがいいだろう。

交加眉《こうかび》

一度怒らせたら大爆発 取り扱い注意の危険人物

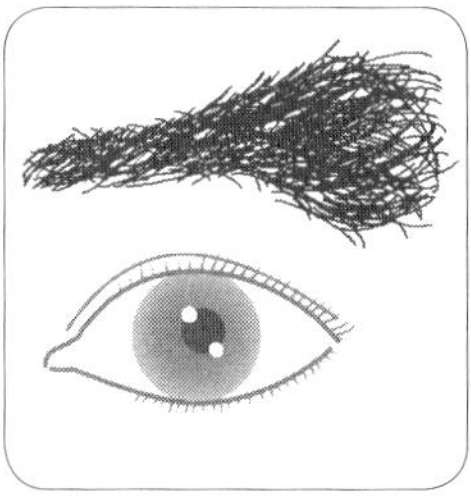

大凶の眉である。

眉の毛が柔らかいことが特徴である。それでいて、毛が前後左右に乱れ交わっている眉が、交加眉である。

思考力が乏しく、モラルが欠如しているから、何も怖いものがない。カッとなると暴力に出る。

この相に加えて、眉骨が高く、目が悪相だと、手のつけられない残忍性をむきだしにするだろう。

眉尻が下がった交加尾は、その中でも最たる凶相である。相書には「中年も晩年も獄につながれる」とある。

危険なのは、つきあうと案外、好人物に思えてくるところだ。人懐っこいところもあり、つい油断してしまう。

この人は、根っからの悪者ではない。しかし、怒らせたら手がつけられない爆弾のような一面がある。そこが困ったところなのだ。

短眉《たんび》

物心両面で運が弱い
相手泣かせの相

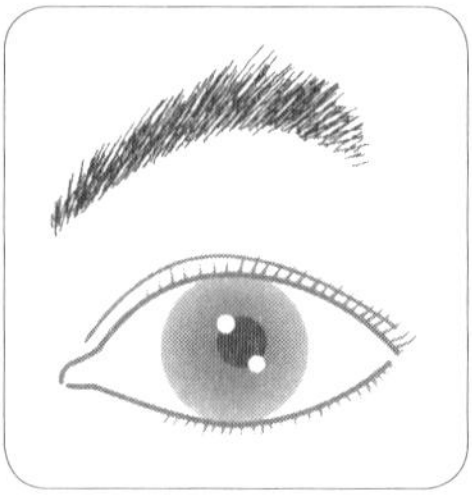

短尾とは、目の長さより短い眉をいう。

短眉の女性は、夫運が悪い。愛しあって結ばれ、思いやりがあったとしても、いずれ夫を破滅させる眉なのである。

女性の中には眉を剃り、眉を描く人が多いが、剃りすぎて極端に短くなると、夫の運を傾けるから、気をつけたほうがよい。また、短眉は情欲に走る傾向が強いことは、他の眉相のところでも述べているので、参照されたい。

男性の短眉にも、かなり問題がある。物心両面で、妻を泣かせることになるのだ。ギャンブルや浮気など、文字どおり「呑む・打つ・買う」の3拍子がそろった放蕩者なのである。

より怖いのが、短眉の八字眉だ。つまり、短い眉が八の字に下がった眉である。優しくて他人の面倒見がいいが、女性の出入りが絶えず、妻に苦労ばかりをかける相なのである。

左右不均衡

幸運に気づかず、
不平不満を抱きやすい

左右に高低差のある眉の持ち主は、腹違いの兄弟、もしくは姉妹がいるかもしれない。

これは相書に記されているだけで、事実かどうかを確認する方法はない。しかし、もしも左右不均衡の眉を持つ人は、親の存命中に問いただしてみてもよいだろう。相続の際のもめごとを事前に防止できるかもしれないからだ。

参考までに、右眉が高いときは母親、左眉が高いときは父親が異なるとされている。女性は、この反対だ。

また、左右不均衡の眉の人は、男女を問わず、ひがみ根性が強いといわれている。愛されていても、愛されていないと嘆く女性に多い。男性も、職場での待遇が不平等だと騒ぐ傾向にある。

このような傾向が過ぎると余計なトラブルを招き、浮沈の多い人生を送りがちになる。これは心したほうがよい。

夫妻宮から伸びる

夫婦運が弱くなりがち 短気は損気と心得て

眉頭が目と目の間から始まる人は、配偶者の縁が薄い。

眉頭は、夫座・妻座（ｐ２２２）に接している。ここから眉毛が始まるのは、性的に問題を抱えることを意味する。相手に快楽を与えられない疑いが強い。

男性は、自分のことを棚に上げ、原因を女性にかぶせるかもしれない。乳房が貧弱だとか、足首が太いだとか。ひどい例では、ベッドで暴力行為に及ぶこともある。変態的な方向に進むことも十分にあるタイプだ。

女性は、不感症の可能性がある。快楽どころか、痛みを覚える場合もある。

いずれにせよ、自分に適する相手が簡単には見つからず、相手を次々に変えるために、縁の薄さに拍車がかかることもある。性格的にも短気で、チャンスを自分から潰しがちなので、その点を自覚して、注意する必要がありそうだ。

目と眉の間隔

広い人は大らかな吉相 狭い人は幼少期に苦労

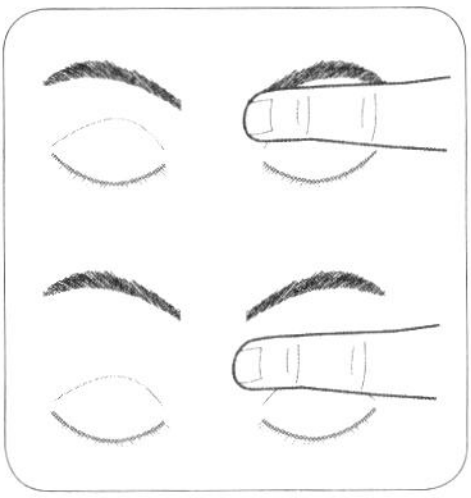

眉と目の間が広いのは吉相である。性格が大らかで、体も健康だ。

目と眉の間を田宅（ｐ２１８）という。田宅については後で詳しく述べるが、広すぎてもかえってよくない。性格的にだらしなくなってしまうのだ。

一方、眉と目の間隔が狭い人は、性格的に暗い。女性は、幼少時の生活環境が大変だったかもしれない。人により理由はさまざまだろうが、経済面で貧しい家庭に育つか、あるいは虐待を受けるという暗示もある。

その結果、愛情に飢えていることを示す相なのだ。だから、この女性に対しては、幼少時の家庭環境を慰めると、感動して、心を開いてもらえるだろう。

ただ、眉骨が高いために、眉と目の間隔が狭く見える女性は例外だ。眉骨の高すぎる女性は、頑固で手に負えない傾向がある。離婚の危機に注意が必要だ。

眉骨の隆起

高ければリーダー向き
低ければ温順で優しい

眉骨の隆起については、勇気（p216）で述べるが、少し詳しく記す。

眉骨がやや高いのは、吉相である。おかしがたい気品や威厳を備え、指導力や統率力に優れている。軍人、政治家、教育家、宗教家に適している。

眉骨の隆起が著しいのは、全身に覇気が旺溢していることを示す。冒険家として名を残すだろう。デスクワークには向かない。また、酒乱癖が見られるので、日ごろからアルコールを慎むべきだ。たとえ下戸《げこ》であっても、飲めないからこそ、酒席では注意が必要だ。

さて、政治家として活躍中の女性を観察すると、眉骨の隆起が認められる。それはよいのだが、きめこまやかな思いやりに不足している。実力のない男を前にすると、励ますどころか、けなしてしまう。これでは恋も結婚も、楽しい家庭も無理であろう。男性を立てるという意識を少しは持ちたいものである。

反対に、眉骨が低い場合はどうか。相書は、このタイプの女性を評価し、「温順にして争いを好まず良妻賢母」とある。

しかし、男性に対しては「決断力に欠け、追従的な態度をとる」と手厳しい。妻の尻に敷かれ、父親としては放任主義で、仲間から利用され、起業しても決断力のなさからチャンスを逃すとある。だが、考えようによっては、平和で捨てがたい人生かもしれないが。

眉の変化

元気な眉なら仕事で活躍
垂れた眉なら恋愛がＯＫ

眉は感情によって微妙に変化するから、毎日観察するとよい。

眉毛が勢いよく跳ね上がっている日は、仕事で活躍できる。しかし、ちょっとしたことで腹を立てやすい。とくに恋愛では相手の失言を許せず、口論をしがちなので要注意だ。

逆に、やる気が溢れているのに、眉毛が力なく垂れている日は、仕事でミスをしやすい。最終チェックは念入りにすべきだ。しかし、恋愛面では不思議にうまくいく。相手の気持ちを察しやすくなっていて、ナイーブな態度で接するからだろう。恋は強気で迫るより、ある程度の引き加減が必要だということかもしれない。

眉紋《びもん》

人が行かない道を行く働き者のシンボル

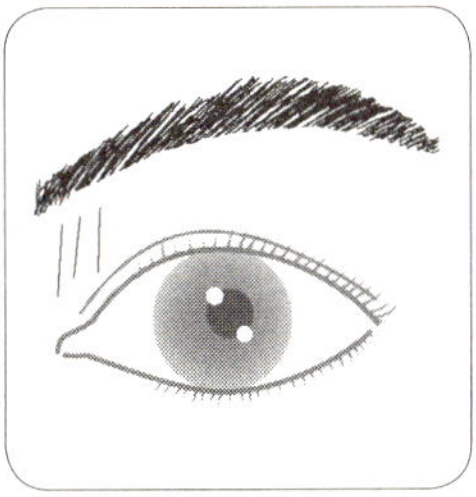

眉と目の間の目頭よりに、縦の小皺じわが多数あるものを眉紋という。

相書には「奇を好む性癖あり。職を数回変わる」とある。

奇妙なことに興味を持つから、普通の仕事には向かないという意味かもしれないが、眉紋の持ち主は、総じて働き者なのである。

それも、人がやりたがらないことを率先して引き受けるのだ。ラブホテルの経営や清掃業をはじめ、熟練や忍耐が必要な老人介護にも適しているかもしれない

知り合いの女性の例だが、親の介護をしはじめてから、この眉紋が発生したことがある。奇妙なことに、親が亡くなり介護から解放されると、いつしか眉紋も消えたのである。

けっして悪い紋ではないが、疲労したときも眉紋が発生するから、健康管理をキチンとすることが大事だ。

眉毛が乱れる

古伝では災難の予兆防災意識を高めよう

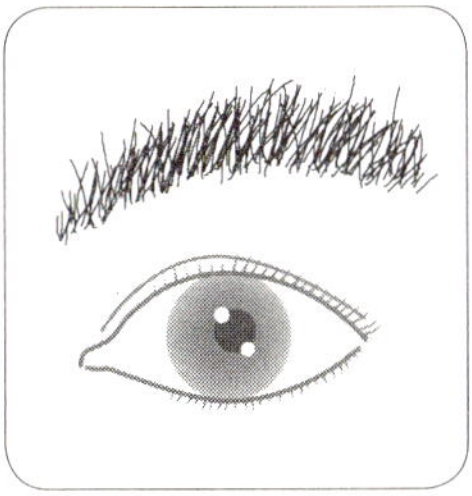

ふと鏡を見ると、眉毛が妙に乱れていることがある。

これは、大難の起こる前兆である。

筆者は、東日本大震災の直後に被災地に赴いたが、被災者の多くが、この眉となっていた。また、瞳孔が開き、真っ黒な瞳であるように見えた。これらのサインは、いずれも大難を告げている。被災後も、しばらくは残るようである。

なお、眉毛の乱れによって、災害の種類を判断する秘伝があるので、ここで述べておこう。

①眉頭の乱れ→火難が考えられる。火災などである。

②眉の中央の乱れ→剣難の予兆とされる。たとえば車両事故などである。

③眉尾の乱れ→水難の予兆とされる。洪水や船舶事故などである。

こうしたサインを認めたら、遠出などを控えるほうがよいだろう。

眉毛が1本立つ

運気が盛んになる？
妻の浮気が発覚？

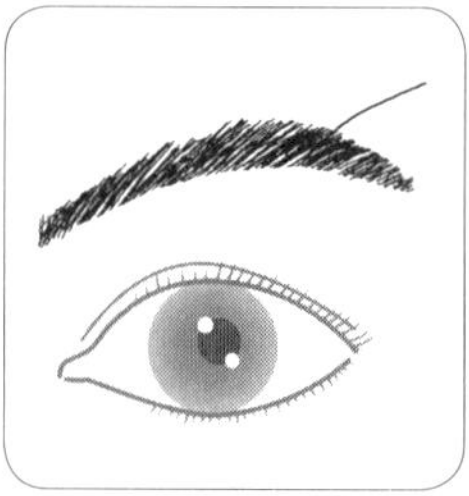

一般に、眉毛が立つのは、神経が興奮状態にあるときだ。

だが、「1本だけ立つときは、兄弟姉妹に成功者が現れる」と、相書に記されている。吉相である。

兄弟姉妹ではなく、本人の運気が盛んになり、成功する場合も多い。

女性は、このような男性を恋人に持てば、少なくとも毛が立っている間は、幸せを満喫できるだろう。

だが、これは人相学の一般論である。色情を判断する『刀巴心青』では、また異なった解釈をする。

「わが妻が不義をするときは、眉の中より針のごとき哽き毛立つものなり」と、記されているのだ。

男性の眉毛が黒光りするのは、妻が不義をしているサインであることは後述するが、眉毛が立つのもまた、妻の裏切りを示しているのだ。

眉頭が赤くなる

トラブルの予兆
今すぐ対策を

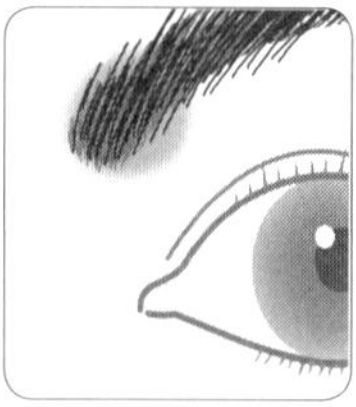

眉頭の地肌が赤くなるのは、兄弟姉妹や友達との間に、トラブルが発生する予兆である。

すでに、その原因が生じていることが考えられる。

心当たりがあれば、何らかの対策を立てよう。すぐに行動を起こせば、トラブルを未然に防ぐことができる。その意味では、ありがたいサインである。

眉毛が白く見える

不幸のサインかも
自宅で静養を

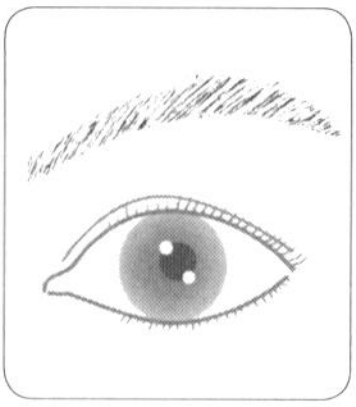

不幸が発生する前触れとされている。実際に眉毛が白くなるのではなく、眉毛が疲れたようになることによる現象である。

そして、不幸が起きる3日ほど前には、顔全体がそこはかとなく青くなる。

このような兆候を認めたら、すべての予定をキャンセルし、自宅で静養するのが賢明だ。

眉の上に紋が出る

サイドビジネスのチャンスが到来

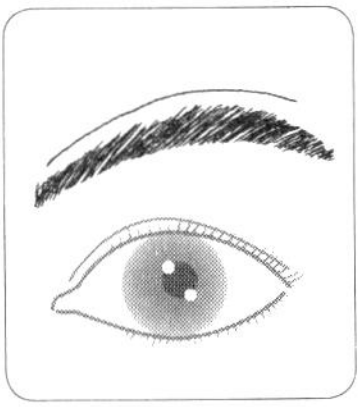

眉の上に並行する線が現れたら、それはサイドビジネスを始めるチャンスである。

同僚の眉にこの線を認めたら、会社に隠れてサイドビジネスをしている可能性が高い。

そのため、その同僚は本業でミスをしやすいかもしれない。その被害が自分に及ばないように用心しよう。

眉毛が逆流する

職業や職場が変わるサイン

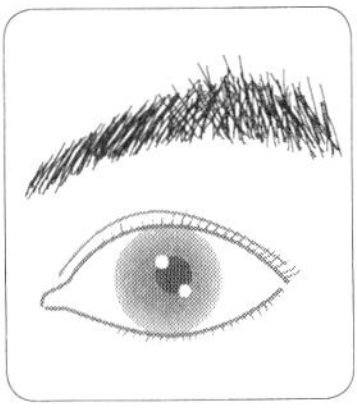

眉毛の流れが、中ほどで逆流したように乱れることがある。

これは、親の商売を継がずに、他の仕事に移る暗示だとされている。そのほか、転職を真剣に考えている場合にも生じる。

このサインを自分の眉に認めたら、自分の気持ちを問い直し、これから進むべき道について、真剣に考えてみるとよいだろう。

眉頭の吹き出物

警察から呼びだし？交通ルールを守ろう

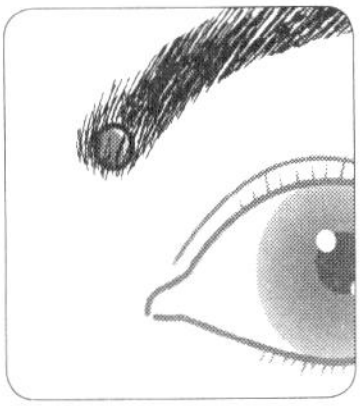

何らかの理由で、警察から呼びだしや注意を受ける危険が強い。

最も考えられるのは、交通違反で罰金を取られることだ。このサインを認めたら、交通ルールを守ることが肝心である。

また、警察に呼ばれるような心当たりがあれば、優秀な弁護士に渡りをつけておこう。ニキビについても同じ解釈をする。

眉が光る（男性）

パートナーの浮気を告げる？

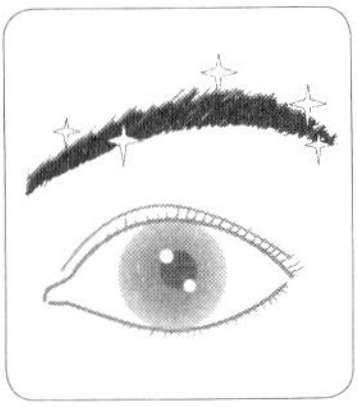

既婚者の男性の眉が、まるでワックスを塗ったかのように黒光りすることがある。

これは、妻の浮気を告げるものであるとされている。

では、女性の眉毛が黒光りした場合は、どうなのだろうか。夫の浮気を告げているかといえば、それについては、相書には何も記されていない。

中高眉を描く

性的な魅力が高まり
男性をひきつける

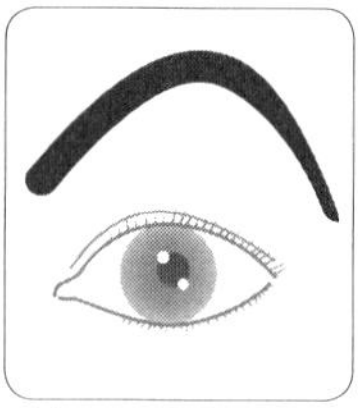

このページに示す4つは、女性が眉を描くときの相である。

中高眉は、性的に旺盛となり、フェロモンの分泌が活発となって男性をひきつける。恋愛相手を募集しているなら、このような眉に整えれば、効果は絶大だろう。

なお、この眉は、先述した新月眉（p61）に相当するので、そちらも参照されたい。

上がり眉を描く

潔癖な女性も
お色気たっぷりに

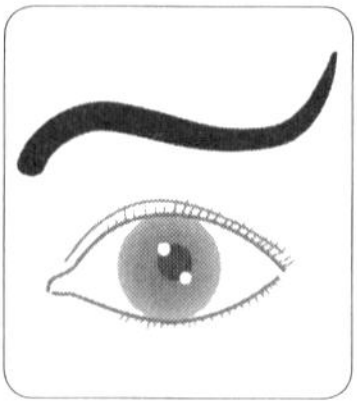

眉尾を尻上がりに描くと、性的な面がとくに強調される。色気を身につけたい女性におすすめだ。

性的に潔癖すぎる女性が、この眉にしたとたんに、体の奥底から熱い情欲が湧いてくるのを実感するだろう。

『刀巴心青』は告げている。「前戯も後戯も上手になり、男性を自由自在に喜ばす」と。

下がり眉を描く

ロマンチックな
ムードが盛り上がる

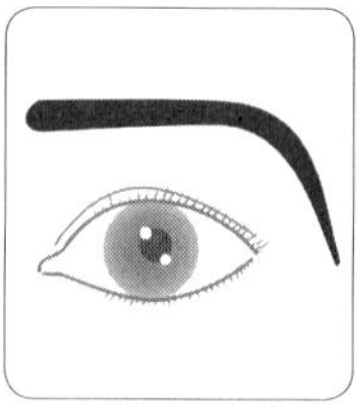

極端に眉尾を下げる描き方である。ロマンチックなムードに弱い体質になる眉である。

この眉も、やはり男性の心をひきつけてやまない磁石のような特性を有している。現実主義の女性には、とくにおすすめである。

極端に眉尾を下げて描くのが基本だが、心もち下げるだけでも効き目があるはずだ。

長い眉を描く

恋愛をしても
移り気になりやすい

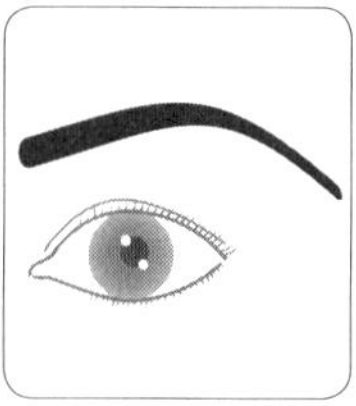

眉尾を、目よりも長く引っ張るような描き方をすると、ムラ気が出やすくなる。

恋愛中でも、別の男性に気持ちが移りやすくなるだろう。

『刀巴心青』では、どんな相手とも長つづきしないと、この描き方を戒めている。円満で堅固な恋愛を望むなら、この眉を描くのは避けるほうがよい。

両眼の間（山根）

鼻の最上部、両眼の間の部位を、人相学では山根という。山根は、肉づきがよくふくよかで、そこからスラリと鼻筋が伸びる相を最良とする。そのような相の持ち主は、温和な性格で、健康である。家庭運も申し分がない人生を送ることになるだろう。

ここから額に向かって1本の線がまっすぐに上昇していれば、統領になる才能がある。いわゆる天柱紋（p49）である。

また、山根は健康状態を現すところだから、毎日のチェックが大切である。よく見ると、日によって色やツヤが変化しているはずだ。それを見逃さないことが、運をつかむには重要なのである。詳しくは、219ページを一読していただきたい。

ここでは、山根の高低と、広いか狭いかなどについて論じていく。

山根が高い

（エリート意識が強く　男性なら美人妻を持つ）

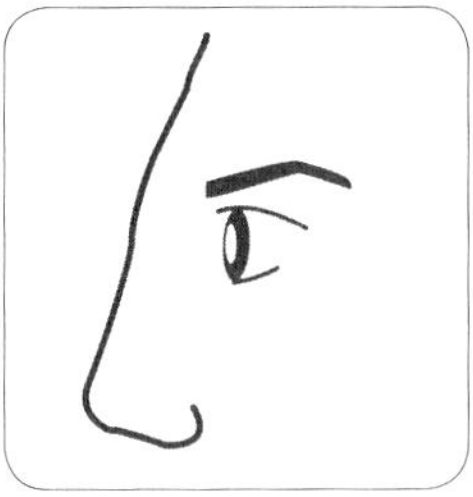

眉間から鼻にかけて、一定の高さでそびえている山根の持ち主は、優越感が強く、職業に対して差別的な意識を持っていることがある。ギリシア人のように、額から山根、鼻先までがまっすぐにつながっていれば、その傾向が顕著となる。

男性の場合、エリート意識が強く、鼻持ちならぬ男なのに、なぜか女性にモテる。結婚は一度では済まず、複数回となるが、そのたびに目の覚めるような美人を妻にするだろう。

一方、この鼻を持つ女性は高慢で、額に汗して働く人を軽く見る傾向がある。わがままに育ったお金持ちのお嬢様を想像してもらえば、かなり近い。この性格ゆえ、独身を通すか、結婚しても離婚にいたる可能性がある。

男女とも、自分が一番であるという根拠のない自信を抑え、謙虚さを身につけることが求められる。

山根が低い

あごの肉が豊かならかなりの忍耐力を持つ

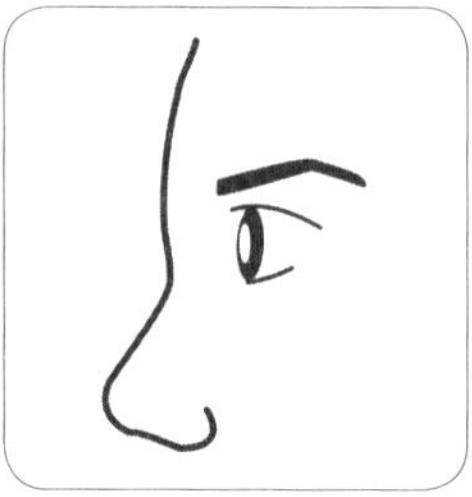

山根が平坦で、鼻がちょこんとある相を「山根断《だん》」という。

この相の持ち主は、少々軽率で、失敗を繰り返す傾向が見られる。大局を見ることが苦手で、その場の状況に大あわてで対応しようとするのである。

仕事に対しては、根気があるとはいえない。リーダーを務めるというよりは、だれかの下についたほうが安全だし、生活も安定するだろう。

ただし、山根断でも、あごの肉が豊かであれば、話は別である。かなりの忍耐力の持ち主であると判断できる。情勢を見きわめる能力は多少欠けていても、それを忍耐力が補ってくれる。そして、経験を活かしてミスを最小限に抑え、ときにはチャンスをつかむ。

女性の場合、山根断はお人好しの世話焼きだ。借金の保証人になってほしいといわれても、応じてはいけない。

山根が狭い

目的達成に向かって多少の無理をすることも

狭すぎる山根を、「山根狭《きょう》」という。

山根狭の人は、前項の山根断より能力が優れているが、やや寛容性に欠けるきらいがある。事を焦って失敗し、そのたびに大騒ぎをするタイプである。

また、山根が狭く、骨が高い相を「露《ろ》骨《こつ》山根」という。本人に悪意はないが、周囲から粗暴だと誤解されるところがある。目先の目的に一生懸命に取り組むあまり、打算的な人にも思われがちだ。

こういう人に協力をしても、感謝されないかもしれない。利用されたと悔やむよりは、いつか何らかの形で返礼があると思って待つのが吉だろう。

本人はいたって努力家である。雑なところもあるが、陰では、目的に向かって相当な努力をしているはずだ。無理がたたって健康を害することもあり、目的のために病体に鞭を入れることも辞さないが、これは本当に命取りになる。

山根が広い

悶々とした運勢を表す悩み深き紋

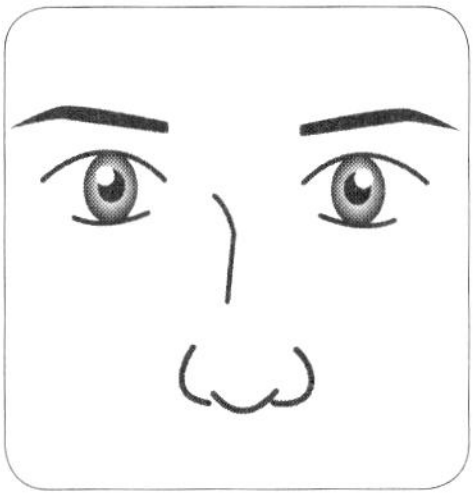

山根が著しく広い人は早熟である。おまけに眉間も広ければ、早くから性的なことに強い興味を持つこともある。
　相書には「淫婦の相」、「山根はなはだ低き女性は早く去る。多くは十六より二十歳に至まで出るもの多し。この女、多淫なり」とあるように、女性であれば恋多き人生となる。山根が広く、さらに低くもあれば、特定のパートナーに縛られず、同時に何人もの異性と浮名を流せるほどの色香を備えることになる。
　一方、山根が広すぎる男性の場合は、おおらかで、悪くいえばやることに締まりがない。寛容というよりも管理能力が足りず、周囲をほめすぎたり、評価が甘くなったりする。異性関係に限らず、むやみにローンをこしらえて返済不能に陥ることも考えられる。せめて他人の保証人になるような書類への捺印だけは慎重になるべきだ。

山根の横筋

求めても満たされない男女の交わりを渇望

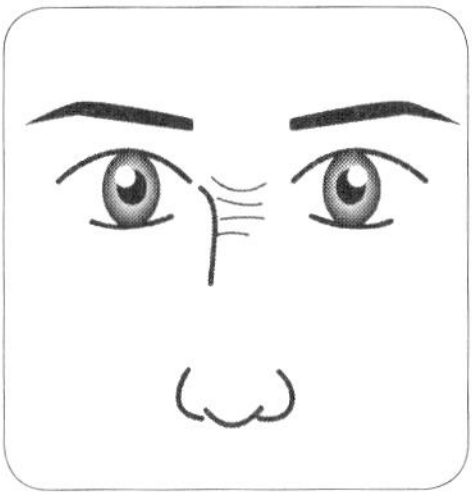

　山根の横筋は、ある種の凶暗示である。1本の場合を一挙、3本を三挙、5本を五挙と、線の数で結婚の回数を数えるくらい男女の縁が変わりやすい相なのだ。
　この線を持つ男性は、性力が旺盛である。場合によっては普通の恋愛に飽き足らず、いろいろな女性との交際を求めてしまう。交わっても満たされず、また思いを遂げずとも未練を残したまま、次の女性に心が動くのである。はたからは旺盛で壮健に見えるだろうが、満たされない本人は密かに苦しんでいるのである。
　この線を持っている女性には、不感症を自覚せず、悩んでいる人が多い。自分が満足できないのはパートナーのせいだと勘違いした場合には、浮気を繰り返すことにもなりかねない。
　山根はプライドも司っているため、男女とも、あくまでも自分は正常だと思い込むのである。

鼻

鼻は、十二宮でいえば財帛宮《ざいはくきゅう》（p204）にあたり、人相学上、きわめて重要な部位とされている。

なぜなら、財帛の財は「財産」であり、帛は「衣類」を意味するからである。つまり財帛宮は、財運を見る中心部分なのだ。

そのほか、知力、名誉、意志力、愛情なども、鼻で判断することができる。要するに、たんに財運を見るといっても、お金は天から降るのでも地面から湧くのでもないことを知っておくべきなのだ。お金は、相手の財布の中にある。これをいかに巧みに自分のものにするか。知力を使うのか、それとも名誉という権力で奪うのか。あるいは意志力でコツコツと貯め込むのか、愛情でお金の流れを自分に向けるのか、そのどれが適しているのかは、それぞれの鼻の相に表れている。

低い鼻

鼻の先と小鼻が示す
愛されセンス

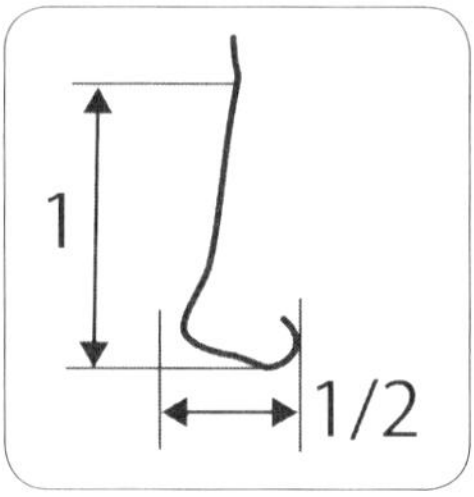

鼻の高さが、鼻の長さの2分の1未満の相を「低い鼻」という。2分の1以上であれば、高い鼻である。

相書によると、「低い鼻の人は考えが低級だが愛嬌はある」と、身も蓋もない。山根と呼ばれる鼻の根元も低ければ優雅さを欠くともいうが、それだけで一概に浅慮とはいいきれない。

山根が普通の高さで、鼻先が低いのであれば、合理性はないけれど品のいいセンスに恵まれている人である。また、小鼻が左右に膨らんでいれば、経済面で困ることはないだろう。

ただ山根も鼻先も低く、小鼻だけが発達している人は異性への関心が強く、衝動的な欲望を優先する傾向がある。それが過ぎれば、異性から本気で愛されなくなる場合もある。とりわけ鼻の穴が上向きなら、その傾向が強いことを自覚すべきだろう。

痩せた鼻

妥協を知らない孤高の理想主義者

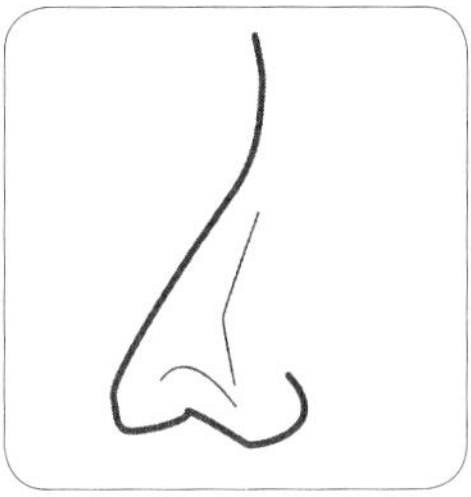

鼻筋が痩せていて、骨が浮き出たように見え、そして鼻先が尖っている人は、自分を苦しめるマゾ的な要素がある。

相書に「兄弟に縁なく、子供に縁なく、一生孤独で終わる人」とあるように、人間関係を築くことを苦手とする。ちょっとしたプライドから、周囲に協力を求められないためだ。

仕事でも、自ら高い理想をかかげ、成就させるためにいろいろな楽しみを我慢し、死に物ぐるいでがんばるタイプである。だが、ひとりでは手が回らず、苦労は実りにくい。むしろ大きな失敗を招くことすらあるだろう。

有能な協力者がいないと嘆く気持ちを抑え、たまには自分からバカになって周囲と交わることが、理想を実現させる道だと知るべきだ。それに薄々気づいていながら、あえて孤軍奮闘の道を選んでしまう相でもあるのだが。

どっしりとした鼻

鼻の肉づきは出世と財運に比例する

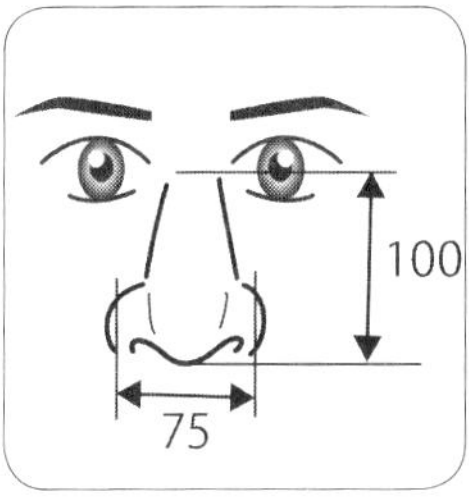

鼻の肉づきがよく、どっしりとしていれば、努力に応じた成功を獲得することが可能である。才能にも恵まれ、体も丈夫で、ボス的な立場が約束されている。

これは確かにそうなのだが、貧弱な鼻の男性でも夢のような出世を遂げ、あるいは大金持ちになる実例はいくつもある。そのような場合、その男性の妻の鼻を見れば理由は明らかだ。ほぼ例外なく、形は整っていなくても、どっしりとした鼻を持つ女性を妻としている。

逆に、夫が財運の豊かな鼻の持ち主であっても、妻の鼻の肉づきが今ひとつであれば、夫の出世運や財運も伸び悩むことになりかねない。

つまり女性の鼻は、夫や恋人の運命を左右する力を持っていることになる。鼻が示す出世運を大切にしたい男性は、妻や恋人を選ぶときに、相手の鼻をよくよく観察して決めるのも一計だろう。

短い鼻

小鼻が張っていればサポーターに恵まれる

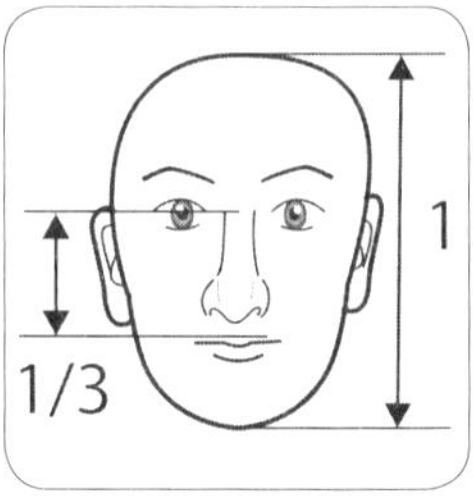

「短い鼻」とは、顔の3分の1に満たないものをいう。それを超えれば、長い鼻である。

相書には、「鼻が普通より短ければ、生活は楽ではない。寿命も短く、性格的にも短気で焦りやすい」とあるが、ここまでの凶相と断じるのは極論だ。大成するかはともかくとして、それなりに暮らしていけると解したほうが正しい。

ただ、相書にいわれる短気な性格や、健康面の不安は、やはり弱点である。自覚があれば、留意すべきだろう。

短い鼻でも小鼻がしっかりしていれば、困ったときでもサポートしてくれる人が現れて、ピンチがチャンスに変わる場合もある。しかしながらその場合でも、人もうらやむほどの大成には至らないだろう。いずれにしても、経済面で平均以上の暮らしは可能であるから、案ずることはない。

長い鼻

鼻の高さに比例して中年期に好機あり

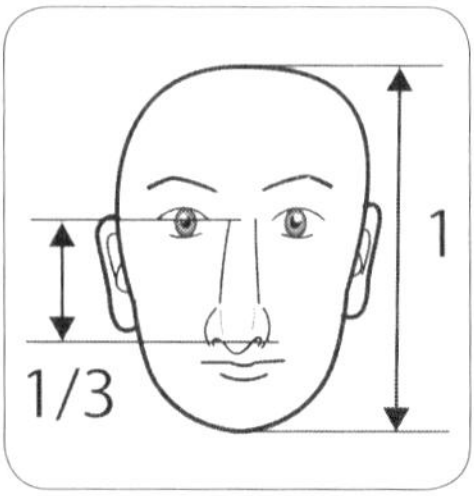

人相学の「三停論」（p197）では、顔を横に3分割して、上から初年運、中年運、晩年運を判断する。鼻が長いのは、中年期に好機が多いことを示す。

長さに加えて、高さも問題である。長さに対して2分の1以上の高さがあれば十分である。長い鼻であっても、高さを欠く場合は、運気もほどほどになる。

相書には「官吏になれば職権を振りかざし、袖の下を好む」とある。仕事などで許認可を求める際に、担当者が長くて低い鼻の持ち主であれば、相手の立場を立てて事を進めるとよい。ときには、文字どおりの鼻薬を用意したほうがスムーズにいくはずだ。

女性の鼻が長ければ、その人はおっとりとした性格である。多少のことでは怒らない。心の余裕がある人なのだ。ただし男女の交わりにおいては、味わい深さに欠けるかもしれない。

先の垂れた鼻

商才と話術の才で何でもお金に変える

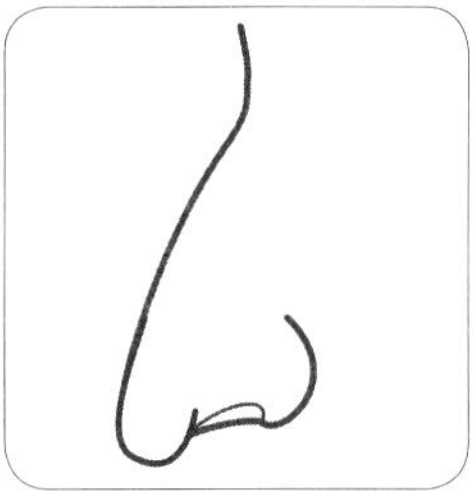

別名、ユダヤ鼻とも袋鼻ともいう。物を粗末にしないばかりか、どんなものでもお金に変えてしまう才能がある。

しかし、周囲からは、そのようなところがケチで狡猾だと見られてしまうこともある。利益のために情を犠牲にする一面があるのも、商才に長けるがゆえのことだ。虚栄心に煽られて才能を悪用してしまう危険性も潜んでいることは否定できない。事実、巧みな話術で信用させてお金を集めては行方をくらますような詐欺師に、この鼻の持ち主が多い。

女性もお金の話になると目の色を変え、別人のようになる場合がある。お金のありそうな男とだけつきあう傾向が強くなってしまうのは確かである。これも商才の発露といえる。

このような鼻の持ち主は勧誘、営業が巧みである。相手をする際には、警戒しなければならない。

小鼻の張った鼻

お金を招き寄せるパワフルな運気を持つ

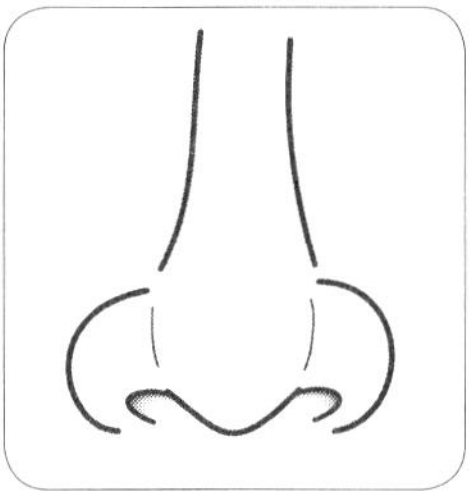

少しくらい不格好でも、左右の小鼻はしっかりしていたほうが断然よい。全体的に格好がいい鼻でも、小鼻の張りがないと運勢が弱い。貧弱な小鼻について、相書には「子供との縁が薄く、寂しい人生を送る」とある。物事をなしとげるパワーが欠如しているのだ。

小鼻の発達した人はパワフルである。鼻の穴が見えるのはお金が出ていく相だが、小鼻さえしっかりしていれば、財運を招き寄せることができる。支出した以上の収入が約束されているから、団子鼻で鼻の穴が丸見えの人でも、まったく気にすることはない。ただし、小鼻の先が赤く、あるいは青くなったときは、お金に関する悪い出来事の前兆なので、早めに何らかの対処をすることだ。

ちなみに、若い男性で、鼻先から左右の小鼻にかけてニキビが出るのは、自慰行為のしすぎともいわれる。

筋のある鼻

快楽に溺れず
堅実に歩むべし

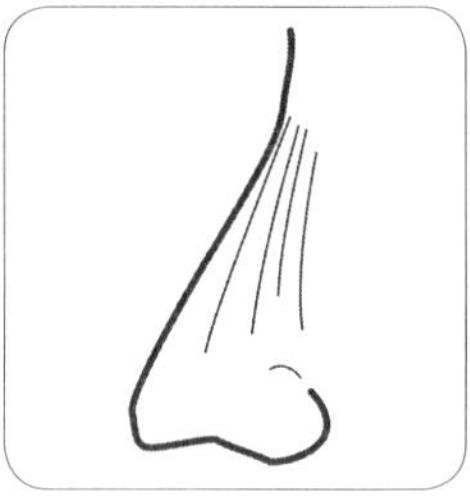

鼻にしわのような縦の筋がある人は、苦労の多い生涯を送りやすい。男性であれば、なかなか仕事がつづかず、定職に就くのは中年すぎになるかもしれない。見果てぬ夢をあきらめきれない部分があるからだ。妻子があるなら特に、まずは安定した収入を確保することが先決だろう。夢を捨てる必要はなく、趣味にとどめて親しめばよい。

以上は男性について述べたが、女性についてはまた別の見方をする。

『刀《とう》巴《は》心《しん》青《せい》』には「鼻に小じわの寄るは数の子天井」とある。名器の誉れ高い女性ということだ。ベッドでは男性を喜ばせることになるだろう。ただし卵巣や子宮にトラブルを抱えやすいケースも多いといわれる。『子供との縁が薄い』と相書にあるのは、このことを指す。ほどほどに身を慎めば、女性ならではの凶意を避けることができるだろう。

柘榴《ざくろ》鼻

借財の危険信号
現金の使い方を見直せ

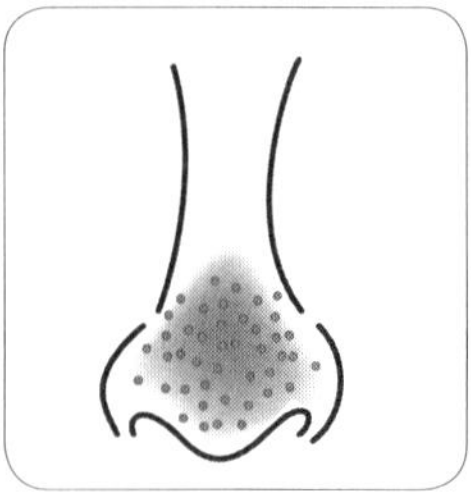

鼻先に小さなクレーターのような穴がいくつもあり、赤みを帯びている鼻を柘榴鼻という。

相書には「金運が悪く借財で苦しむ。住所を転々とする」とある。

鼻先は、金運と強く関係している。経済的に苦しむ人は、鼻先をこする癖がある。仕事が成功しても鼻をこするようなら、その成功は一時的なものとなり、やがて経済面で破綻がくるものだ。

柘榴鼻の持ち主が借財に苦しむのは、儲け話に飛びついてだまされたという場合が多い。根がお人好しなのだから、どんな勧誘であっても安易に乗ってはいけない。クレジットカードで買い物をすることも控えたほうがよい。公共料金などの支払いも、通帳からの自動引き落としではなく、月々、コンビニなどで現金で支払いをすること。それを徹底すれば、害は防げる。

傷のある鼻

凶を招く相だが快癒後の幸いを待て

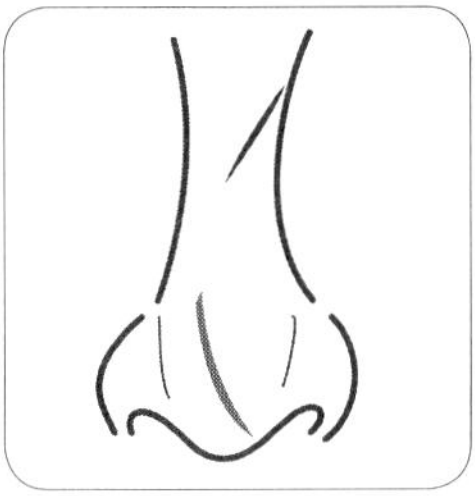

傷は、鼻のどこにあっても凶である。他の相が吉であっても凶相に暗転する。他に凶相があれば、悪さが重なる。

なお、ここでいう傷とは、2・5センチ以内のものを指す。

鼻は性的なことも司るから、総じて恋愛に関することから不幸がはじまると見てよい。鼻梁に傷があれば、浮沈の激しい人生になるだろう。鼻先にあれば、スキャンダルに悩まされる。小鼻にあれば、自ら災いの種をまくことになる。

明治の易聖と讃えられる高島嘉右衛門の鼻筋には、大きな刀傷があった。金を密輸した咎で、小伝馬町の牢獄につながれたとき、破獄の一味によって負った傷だ。鼻筋の刀傷は、かなり長かった。だが、彼の後半生は輝かしい。横浜の文明開化に寄与し、横浜の高島町に名を残している。凶相ではなく、個性だと解す実例である。

私事であるが、筆者も不注意から鼻筋を傷つけたことがある。ちょうどそこには、小さなホクロが発生していた。色事で問題を起こす暗示のホクロで気になっていたが、傷を負ったためにホクロは取れた。しばらくして傷跡も消えた。

このように、傷があるうちは思いもしないことが起こるが、のちの幸運の兆しともいえる。だが、傷があるうちに軽はずみに行動すると不運に転じるから、用心するに越したことはない。

曲がった鼻

ギャンブル的な人生をいっそ楽しむ心意気を

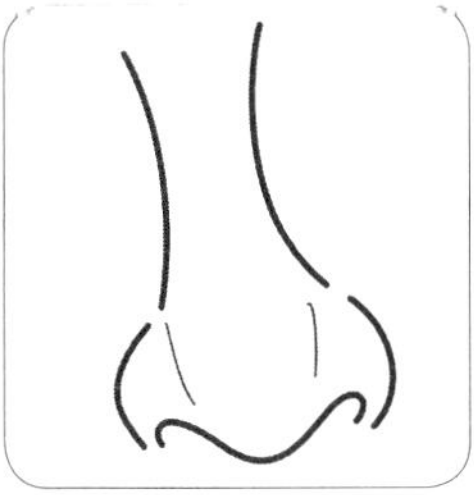

鼻筋が曲がっている人は、生涯を通じて浮き沈みが多い。危ない橋をたびたび渡る運命が暗示されている。

筆者の高校時代の恩師が、曲がった鼻筋の持ち主だった。太平洋戦争の特攻隊の生き残りという、波乱含みの経歴の持ち主である。もちろん、特攻隊員で生き残った人全員が、曲がった鼻筋だったわけではない。

その恩師は、戦後に紆余曲折があり、

転職の末に高校教員となった。だが、その高校も、同僚との関係がうまくいかずに退職している。浮沈が多いのだ。

鼻筋の曲がった人は、へそ曲がりだと見ることもある。それが原因となって、浮き沈みが多いという解釈だ。

曲がった鼻筋について『刀巴心青』は「鼻梁の右に曲がりしは女難」と語っている。右に曲がっている鼻筋の男性は、じつに優しく女性に接する。女性に甘いのである。女難を招き寄せるようなものだが、女性を前にすると、そうなるのだから仕方ない。先の恩師もこのタイプで、女生徒からの人気は絶大であった。

また、左曲がりの鼻筋の持ち主には、ギャンブル好きが多い。浮沈運に見まわれるのは、自分の人生自体をギャンブルにしてしまうからかもしれない。いずれにせよ、穏やかな人生からは遠ざかりがちだが、それを甘受する心意気があれば、むしろ運勢を楽しめるだろう。

上を向いた鼻

愛嬌はあるが奥底に不満を抱く

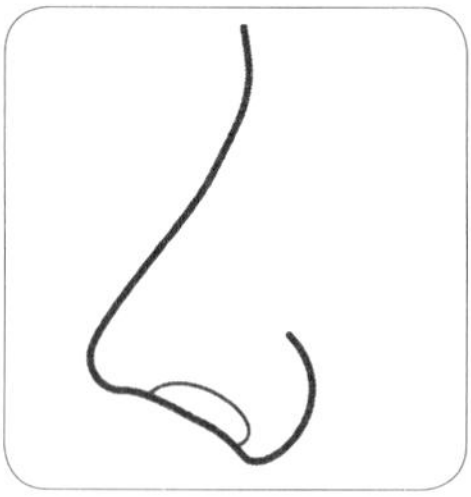

鼻の穴が丸見えの相である。鼻の穴の大きさにもよるが、この相の持ち主は、経済感覚がほとんどない。欲しいと思ったら、翌日には手に入れていることだろう。ネットショッピングをすると、すぐにカートがいっぱいになるタイプだ。

節約しても、つまらないことに大金を注ぐ運命からは逃れられない。ならば、収入を増やす道を考えればいい。幸い愛嬌があるから、人脈は広いはずだ。その人脈を利用すれば、収入を増やす道はいくらでも開かれるだろう。

女性ならば、持ち前の愛嬌を発揮するために、男性の人気は高い。恋人が途切れることはないはずだ。

半面、上を向いた鼻の人は、人を裏切りやすいともいわれる。愛嬌があるので、裏切る習性があるとはとても思えないが、不思議とそうなのである。

男性は目上を裏切り、女性は夫や恋人を裏切る。はじめは、とても熱心に仕事に取り組み、人当たりも素直で明るい。女性も気が利き、かゆいところに手が伸びるほどのサービスぶりだ。しかし、職場を一歩出たとたん、あるいは恋人とのデートが終わってサヨナラしたとたん、形相は不機嫌そのものに変貌する。

日ごろから、軽く扱われる不満が蓄積しているためだ。「今に見ていろ」という復讐心のような不満が、いつしか裏切りとして表面化するのである。

先の尖った鼻

現実とのギャップに苦しむ理想主義者

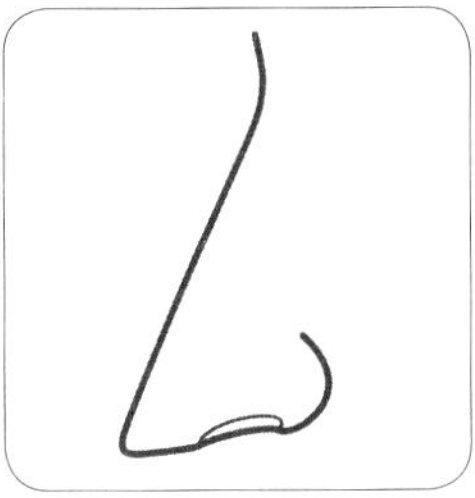

鼻の先が鋭く尖っている人は、理想が高い。高邁な理想をかかげ、奮闘努力するタイプだ。

だが、人生は、努力ではどうにもならない場合も多い。実際は、ほとんどが努力では解決できないといっていい。この相の持ち主であっても同様で、大きな蹉《さ》跌《てつ》が待っている。

尖った鼻先の持ち主は、絶望に陥った際の対処の仕方を知らない。そこで立ち直れるなら、問題はない。

女性で鼻先が鋭い相は、パートナー選びで迷いに迷うだろう。理想とする男性像と、現実の男性とのギャップが大きく、ついには結婚せずに歳を重ねることにもなりがちだ。

イケメンで優しく、将来性のある男性など、ドラマの中にいるだけだ。ほどほどのところで手を打つことである。妥協も、幸運獲得のための手段なのだから。

小鼻の左右が不ぞろい

ギャンブル運は皆無 賭け事、投資は厳禁

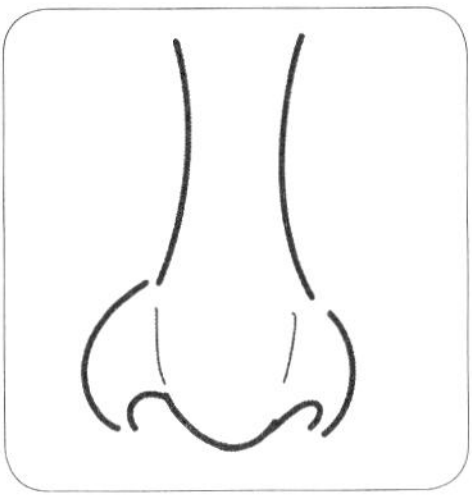

小鼻の左右の大きさが違う人は、ギャンブルに弱い。左右の小鼻の形が違う人や、鼻の穴の大きさが左右ちぐはぐな人も、ここに含まれる。また、左右の小鼻の位置が上下している人も同様だ。

このように、左右の小鼻に少しでも差異があれば、賭け事をしてはいけない。競輪や競馬、パチンコなどのギャンブルだけでなく、株式投資や先物取引にも手を染めてはいけない。

一時的に、少し儲かるときがあるかもしれないが、やがては大損をし、コツコツと貯めてきたお金どころか、先祖から受け継いだ土地や財産を失いかねない。

老後の資金づくりという名目に釣られて投資話に乗り、結局だまされて被害者となりがちだ。ギャンブル運を徹底して持っていないのだから、「儲かりますよ」という勧誘には、すべてノーと返答することが肝要である。

鼻の穴の大小

大は豪快、小は堅実
穴が示す金銭感覚

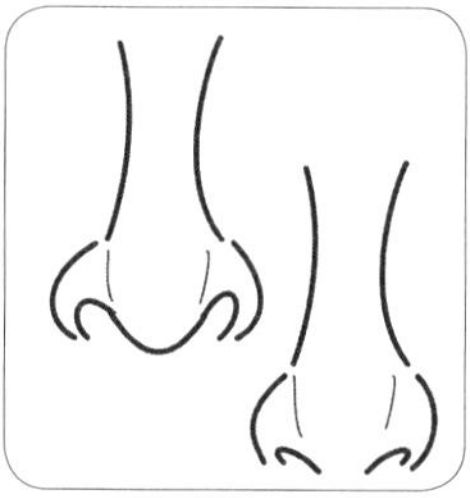

鼻の穴の大きな人は、太っ腹である。勝敗は別にして、ギャンブルで大きく張る人の鼻の穴は、概して大きい。これに対して、鼻の穴の小さな人の張り方は、まことに可愛いものである。

古来、鼻の穴の小さい人は締まり屋だといわれているが、それは大正解である。お札をガバッと財布に入れている人は、鼻の穴が大きい。小さくたたんでいる人の鼻の穴は小さい。スーパーで半額商品を買い求める人にも、鼻の穴が小さな人が多い。

鼻の穴の大きな人の目にはケチに見えるかもしれないが、堅実な金銭感覚の表れなのである。

女性で鼻の穴の小さな人は、レジで食事代を支払うことすら惜しそうにする。男性の愛情を、プレゼントの値段で判断するのも、鼻の穴の小さな女性である。悟られないように注意されたい。

鼻の穴から赤い筋

危険を知らせる警報
金銭面に厳重注意

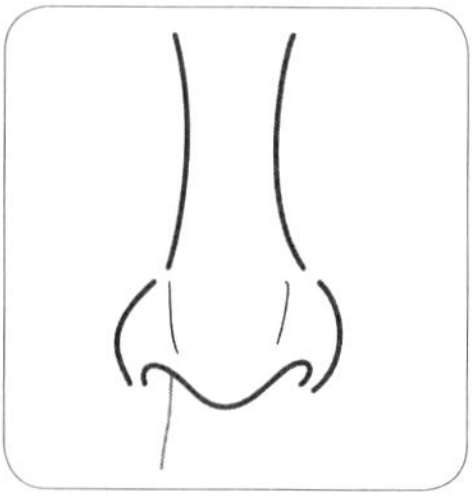

鼻の穴に、植物の根のように細い赤筋がかすかにでも見えたら、金銭面に厳重注意のサインである。

相書には「数百万の身代を有するとも、三年内に必ず、ほとんど赤裸々無一文となりて破産す」とあるほど、この筋は危険を告げる相なのである。

この筋を見つけたら、万事について控えめにしなければならない。それだけではなく、お金の収支を厳しくチェックし、貯金や資産を現金に換えておくほうが安全である。

相場の上下、銀行の破産をも考慮に入れ、赤筋が消えるまでは、念には念を入れて防御策をとることが大事だ。

銀行が倒産するわけがないと信じたために破産した例は、枚挙にいとまがない。バブルの崩壊や、リーマンショックの例もある。鼻の穴の赤筋は、これらのリスクを事前に察知する報知器に等しい。

まぶた（田宅宮）

人相学では、眉と目の間、つまり上まぶたを田宅宮（p204）という（厳密には、目も田宅宮に含める）。

この部位は、もっぱら不動産や田畑や相続に関することを見るところから、家継宮とも呼ばれる。

おおざっぱにいうなら、田宅が広いほど不動産が多く、親からの相続も期待できる。ここが狭ければ、財産も少なく、相続の期待も低いことになる。さらにホクロや傷やシミがあれば、代々の土地を手放す暗示である。また、自分で不動産を手に入れることも困難となる。

ただし、相書は「眼光を見よ」と再三述べている。目に慈愛を宿していれば、田宅宮に難があっても、悪い占断にはならない。むしろ吉相として見る場合があるのだ。したがって、目の相も合わせて判断を下すことがポイントである。

まぶたが広い

安定した財運に恵まれる吉相

目を閉じた状態で、まぶたに中指を当てたとき、中指の太さよりもまぶたが広ければ、この相である。長兄の相であり、家を継ぐ運命にある。長子でなくても、何らかの形で相続の話が持ち上がるだろう。経済的に恵まれた家庭で育ち、由緒ある血筋に多い相でもある。

自分の家に継ぐような財産や事業はないし、先祖だって代々たいしたことはないという人もいるだろう。その場合は、結婚相手の経済状況がとてもよく、それによって豊かに暮らせることが予想される。とくに女性に多い。

いいことづくしのようだが、田宅が広すぎると芸妓相となる。そもそも田宅の広い人は男女とも優しい。とくに女性は損得抜きで男性に尽くしてしまい、便利な愛人として利用される危険もつきまとう。相で約束された財運が、災難を引き寄せないように注意が必要だ。

まぶたが狭い

情報収集力を活かして 専門分野で成功する

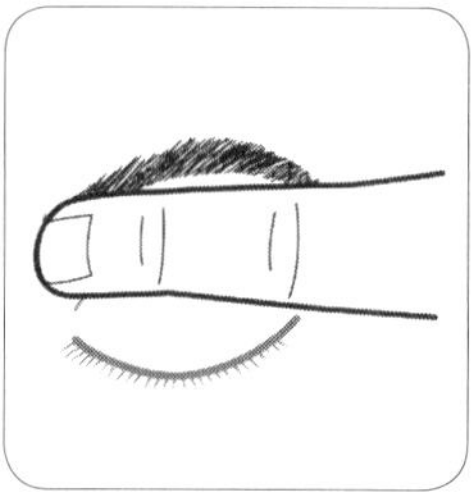

目を閉じた状態で、まぶたに中指を当てたとき、中指の太さよりもまぶたが狭いのが、この相である。まぶたが落ちくぼんでいる人も、ここに含まれる。

　まぶたの狭い人は、生まれた環境にもよるが、長男でも不思議と家督を継がないことが多い。

　また、まぶたが深くくぼんでいる人は、当人の意思や能力にかかわらず生計が不安定になりやすく、ときには体力、気力の面でも不調を覚えることがある。住居にも悩みを抱えやすい。

　しかし、まぶたの狭い人は情報通である。しかも、専門分野で研鑽を積む能力に秀でている。そのような能力を十分に活かし、ひとつの道を根気よく歩みつづければ、失敗はない。安定や成功を手にすることも可能である。

　なお、98ページに開運法を示したので、参考にされたい。

まぶたがはれぼったい

子供がすねかじり？ 適度な距離を置くべし

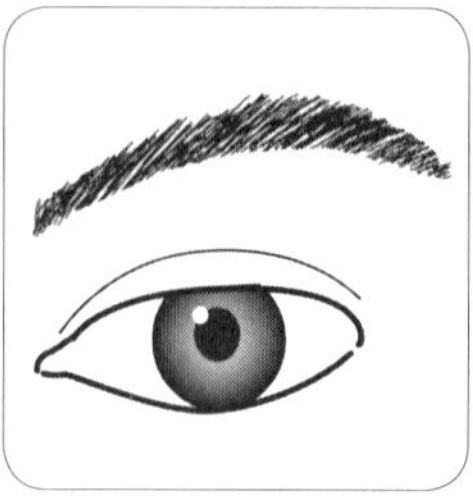

　相書には、「田宅の肉が厚くむくんだように腫れているのは親不孝の相」とある。人相学が成立した時代を考慮すれば、ここでいう親不孝とは、親が土地を売り払わねばならないほど、金銭的な迷惑をかける、ということだ。

　さらに、「田宅の腫れた人は盗癖がある」とされ、色情を占う『刀巴心青』によれば「男好きの相」であるという。妻子ある男性を略奪し、その弁償に親が土地を手放すことになるとも解釈できる。

　だが、子が独立した人生を歩んでいれば、災難は親に及ばないはずだ。

　この相が示す「親不孝」を見ると、近すぎる親子関係も考えものだとわかる。場合によっては、近すぎることで、互いに累が及ぶからだ。傍目からは疎遠な親子と見えようが、子が親から離れ、独立した人生を歩むことが親孝行となる関係もあるのだ。

まぶたがピンク

燃えるような恋が到来するサイン

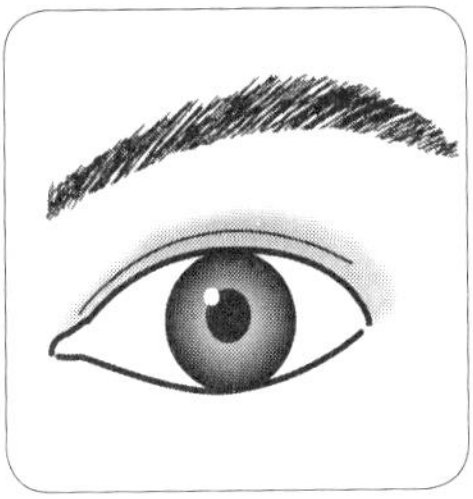

まぶたの血色から、女性の結婚や恋愛に関するサインが読み取れる。

まぶたの下部が濃いピンク色に染まったら、縁談が決まる暗示といわれている。より広く解釈して、恋人ができると判断してもいいだろう。

ただし、目の下の涙堂あたりまでピンク色になったなら、性愛だけを求めてしまうともいわれる。

さらに、山根（鼻の最上部、目の間）もまぶたも赤く染まったときは、男女とも浮気、あるいは不倫をする予兆であるという。『刀円心青』には「まぶたに青みが差しているは淫が昂《たか》ぶっている時。人工的にアイシャドーをするは、自分で淫を高ぶらせるに等しい」とあるから、メイクのときは要注意だ。

また、ほんのりとしたピンク色がまぶた全体に出たなら、それは所有欲の暴走を告げるサインだ。

一重まぶた

ポーカーフェイスをうまく使って敵を圧倒

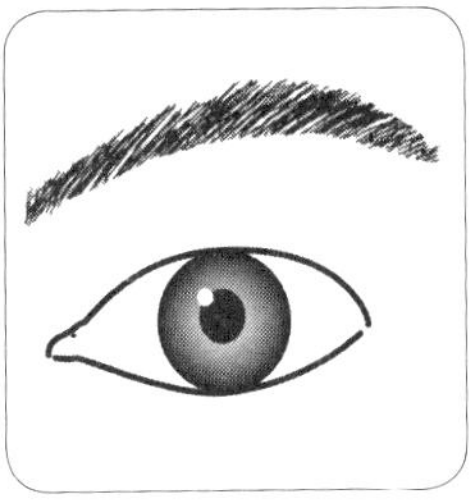

感情も情熱も、極限まで押し隠す。これが一重まぶたの人に共通する特徴なのである。

嬉しくても困っていても、その感情を表情に出さないので、いろいろと誤解を招くだろう。

恋愛面では、それが裏目に出る。愛情が相手に伝わりにくいからだ。しかし、スポーツでは有利に働く。苦しさを出さないため、敵側には無気味に感じられるからである。

ただし、顔に表れないというだけで、もちろん普通に情熱を持っている。だから、この人が情熱をあらわにしたときは、その胸の内には、見かけ以上の熱い思いがたぎっていると見てよい。

それゆえ、一度いいだしたら、だれの忠告にも耳を貸さないだろう。実際には、そこに至るまでの間に、人知れず葛藤に苦しみ、熟考していたわけである。

二重まぶた

隠せない魅力に
異性が引き寄せられる

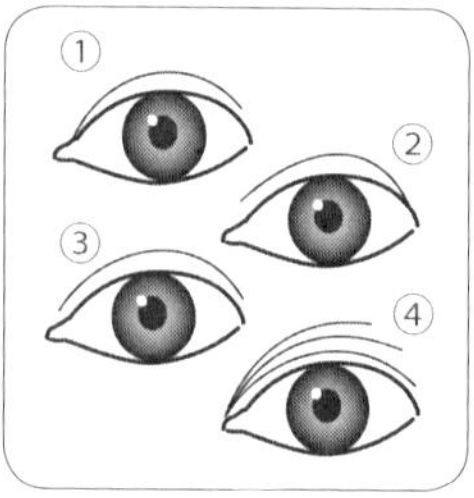

二重まぶたの人は、感情や情熱をなかなか隠せない。積極的で能動的な面があるとされている。

2タイプあり、ひとつは二重のラインが目頭でひとつにくっついている（①）タイプだ。この相はモラルを重んじた行動をとる。感情や情熱も相手に合わせて調節できる人である。

もうひとつは、二重のラインが目頭で離れているタイプ（②）である。わかりやすくいえば、モテる。だが、感情の赴くままに色恋に走れば、トラブルを起こしかねない。特に、目頭とも目尻とも接していない二重まぶた（③）は、この傾向が強く出る。異性の気持ちを惑わす強烈な魅惑のまぶたである。

まぶたが二重（④）の人はさらに強力で、男女とも異性で一生が決まることすらある。よくも悪くも、自らの魅力として自覚しておきたい。

まぶたのふくらみ①

一途で生真面目
いつでも直球勝負

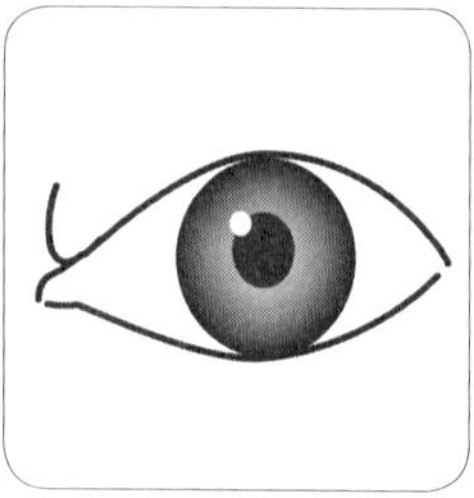

目頭よりのまぶたが盛り上がる相である。腫れぼったいのではなく、目に力が入っているため、まぶたがキュッと盛り上がるのが特徴だ。目がパッチリとした丸い目の人に見かける。明朗な性格で、白黒をハッキリさせたがる傾向がある。曖昧なのが嫌いなのだ。

恋愛でも好きか嫌いなのかを明言し、相手に迫っていく。けっして利己的なのではない。冷淡でもない。ただ一途で、いじらしいほど生真面目なのだ。

恋愛対象としては、遊び感覚でちょっとつきあおうという、軽い関係は無理かもしれない。なにしろ直球勝負で情熱をぶつけてくる。必然的に、お互いに全力で心身をぶつけあう大恋愛をすることになるだろう。

恋愛に限らず、あらゆる関係で本気を求めてくる。覚悟がないままつきあうと、ついていくのに苦労するかもしれない。

まぶたのふくらみ②

感性で世界を見る アーティストタイプ

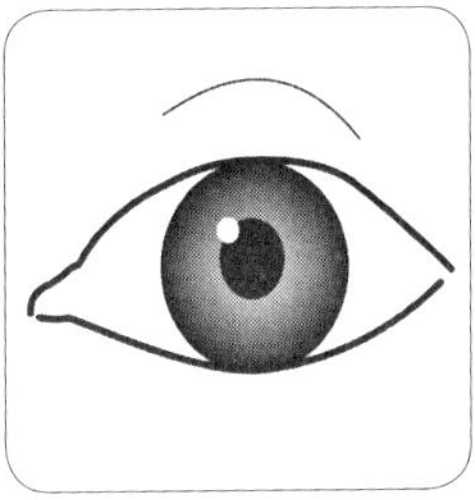

まぶたの中央がふくらみ、あたかも寝起きのような相である。丸い目をした人に多く見受ける。相書には、「性格は純真、心の美しき人、信用のおける善人」と記されている。

繊細で、美的なセンスにかけては右に出る者はいない。半面、その日の気分に左右されることもある。

音感も抜群である。文章や言葉と違い、音というものは、ダイレクトに本能を直撃する。音感が優れている人は、本能的な衝動にも忠実であることが多い。食事やスポーツなどの快楽的な趣味を持つと突き進む性分だ。また、その嗜好が性愛の方面に向けられることもある。

いずれにしても、心身が満たされると、何事もなかったかのようにサッパリとしてしまう。恋愛においては、相書によれば「あとくされのない、きれいな別れ方をする」とある。

まぶたが下がる①

老成した配慮と 抜群のサポート力

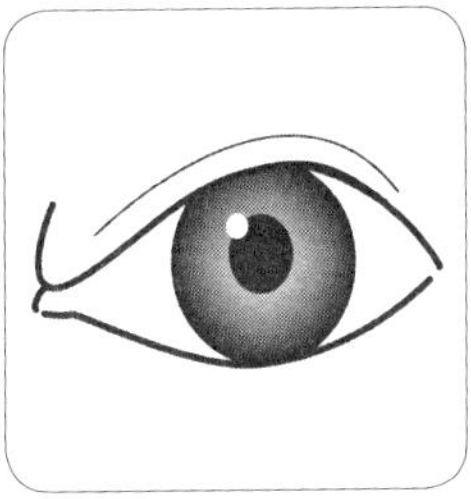

目頭寄りのまぶたが垂れ下がった相である。しばしば加齢とともに出現する相であり、豊かな人生経験のしるしでもある。ただし、若くして下がっている場合は、老成した人と見る。老獪で、敵に回したら油断ならない。

人の気持ちを汲むことができ、先回りした配慮も得意である。しかし、自分の思いが働く恋愛などでは、無意識に相手の気持ちを右に左に揺さぶって、自分のほうへ向けさせようとする。天然の恋の魔術師であり、思われた相手も悪い気はせず、釣られることになる。

相手が何を考えているのか、何を望んでいるのか、満足しているか。手に取るように察知できるので、恋愛でもビジネスでも抜群のサポート力を発揮する。

利己的で打算的な一面はあるが、トラブルに際しても常に冷静で、スムーズな解決方法へと導いてくれる。

まぶたが下がる②

現実と向きあうビジネスの達人

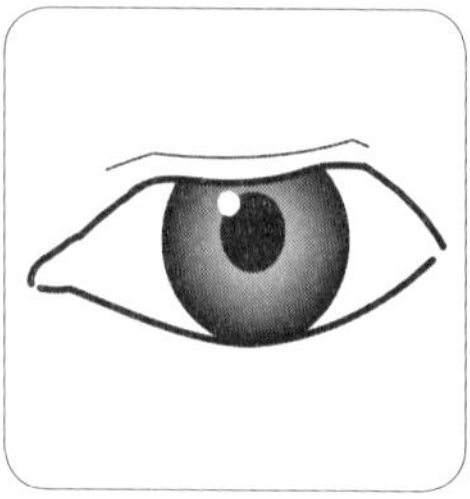

まぶたの中央が下がっている相。

恋愛や家庭よりも、実利やビジネスを重視する。仕事の電話がかかると、プライベートを犠牲にしてでも飛びだしていく人である。

現実主義者であり、芸術にもあまり興味を示さない。絵画を見れば、内容よりも値段が気になってしまう。プライベートの人間関係でも「この人物とつきあうのは損か得か」などと、仕事のような考えがよぎることがある。

この相の女性は、勤め人の妻に収まって、家でおとなしくしているようなタイプではない。就職するか、在宅でも起業すれば、実利としっかり向きあって成功するだろう。

ただし、この部位は老人になると自然に垂れ下がるものである。右の解釈は、まだ若いのに垂れ下がっている人にのみ当てはまることに留意してもらいたい。

まぶたが下がる③

協調性は高くとも言いなりになるなかれ

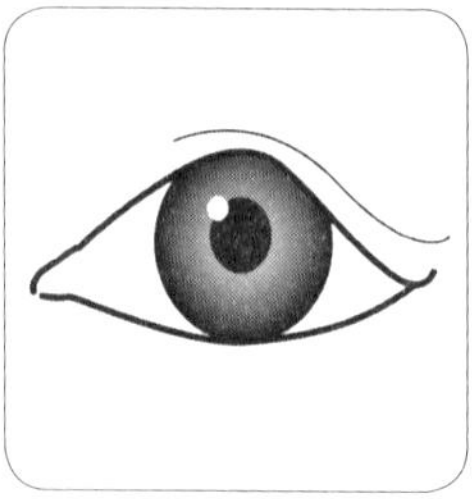

目尻寄りのまぶたが下がり、目が三角形になっている相。一時的な欲求不満で現れることも多い。

この相が出現すると、トラブルを極度に恐れる傾向が生じ、羊のようにおとなしくなる。個性を抑え、周囲の意見に流されてもよしとする。裏を返せば、協調性が高まるともいえるので、集団においては悪いことばかりでもない。

だが、ともすれば他人の言いなりになるわけで、危険と隣りあわせである。悪質な契約書にサインをしたり、買い物でお釣りを少なくもらっても泣き寝入りしたりすることになる。一応クレームをつけはしても、責任者が出てきたり、裁判沙汰になったりすれば、事が大きくなる前に手を打ち、妥協してしまうのだ。

この相が出ている人は、自分の身になって主張してくれる味方を確保しておくことが必要不可欠である。

まぶたが上がる

若々しく見えるが意地っ張りでもある

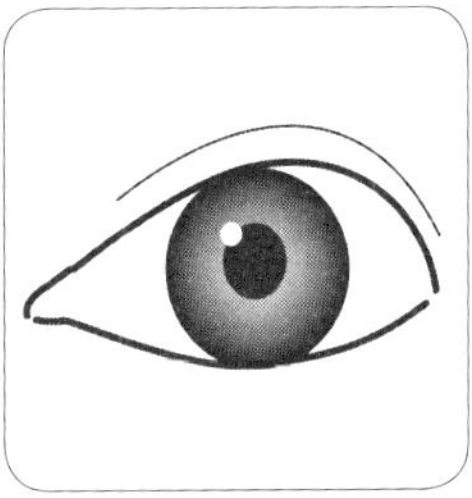

目尻寄りのまぶたが、勢いよく上がっている相である。やる気になったときに、カッと目を見開くと、だれでもこのような目になる。

この相は、若々しさを感じさせる。試しに、眉を吊り上げて勇ましい表情をつくってみるといい。表情がガラリと変わり、若々しくなるだろう。

高齢になっても、この部分が勢いよく上がっている人は、ともすると実年齢より20歳くらい若く見られるはずだ。セックス面でも、おそらく現役でがんばっているだろう。

外見的にはそのようなメリットがあるものの、この人は、個性の強い意地っ張りである。体力にも気力にも自信を持っているので、嫌だと思うことや、反発を感じるようなことに対しては、簡単には妥協しない。また、自分の思いどおりにならないと不機嫌になりがちだ。

下まぶたのふくらみ①

異性を求めて活力が湧きあがる

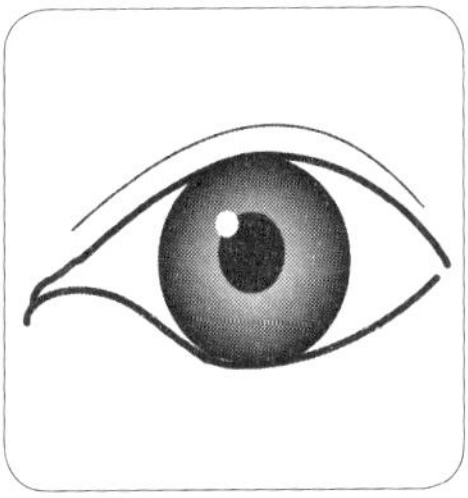

目頭寄りの下まぶたがふくらんでいる相。笑顔になれば、自然にここが盛り上がるが、笑ってもいないのにふくらんでいるのは求愛の相である。異性との出会いやかかわりを求めて行動的になれるサインであり、活力の充実を示す。

他の相や本人の性格にもよるが、異性を客としてもてなすような仕事に就くことで、潜在能力が目覚め、大きく成功する可能性もある。

男女を問わず、人によっては、その活力が性的享楽を求めることに向かう場合もあるだろう。ただし、相手に求めすぎるあまり、パートナーへの不満が募ることも考えられる。

それに加えて、金銭面における不満が重なれば、パートナー以外の異性に自分を満たしてもらおうとするかもしれない。その浮気心を自制する気持ちを持てればいいのだが。

下まぶたのふくらみ②

笑顔のような表情で身近な人に信頼される

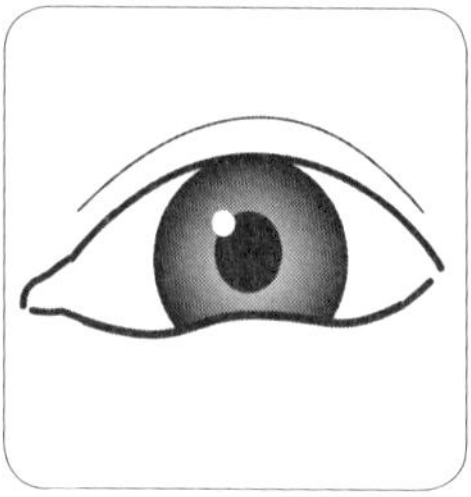

下まぶたの中央がふくらんでいる相。丸い目の人に多く、人に好かれる。笑顔のような表情だから接しやすいのだ。ちょっと会話しただけで、人から信頼される人徳に満ちている。

不思議だが、この相を持つ女性は、仕草に余裕があってエレガントである。花が咲いたように、その場の雰囲気を明るくしてくれるのだ。したがってパートナーや家族からも大切にされるだろう。

この人が、旅行などに出かけてしまうと、家の中は火が消えたように薄暗くて寒々とする。妻としては冥利に尽きる相と断言しても過言ではない。

男性についても同じようなことがいえるが、この相は、あくまで家庭や身内の中でプラス作用を発揮するものだ。仕事面でも、好かれやすい性格や華麗な所作は助けとなるだろうが、それがビジネスの大発展につながるとは限らない。

下まぶたのふくらみ③

若さと活力のパワーが全開！

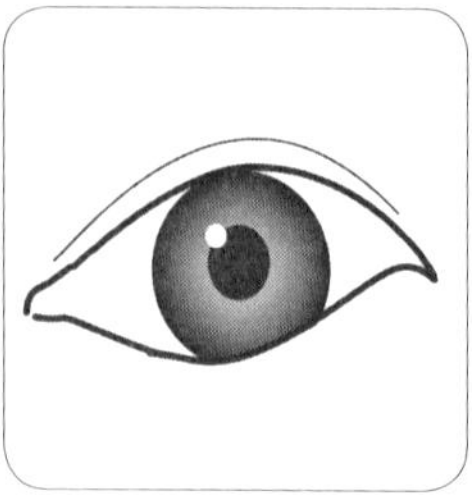

目尻寄りの下まぶたがふくらんでいる相。バイタリティーに富み、困難に立ち向かって、それを克服していく人である。また、性的に旺盛な面がある。

この相を備える男性は、仕事をバリバリとこなし、流行にも敏感で、交際範囲も広い。常に若さを失わない。

女性の場合も同様で、この相が出ている場合は、体力、気力ともに充実しており、年齢にかかわらず若々しさを感じさせる。心身ともに満たされた生活を送っていることの表れだ。とくに中年期をすぎてこの相をキープしているなら、よきパートナーに恵まれているに違いない。

男女とも、相が示す充実が、家庭や特定のパートナーとの関係によるものとは限らない。家庭が冷え切っているのに、自分のパートナーにこの相が出ていたら、浮気をしていないか探りを入れてもいいかもしれない。

下まぶたが下がる①

若さに注意信号が点滅 目元ケアで復活！

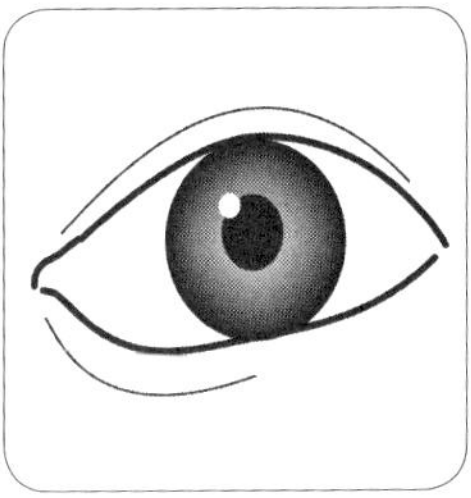

目頭寄りの下まぶたが垂れ下がっている相である。この部位がふくらんでいると色気があるのだが、その反対である。色気が抑えられ、相手におとなしさを感じさせる。

　高齢の女性の中には、この場所が重たく下がってしまう人がいる。典型的な老婆の外見に含まれる相であり、性的な対象とはなりにくい。

　若いのに、この部分が垂れ下がっている女性は、知らず知らずにのうちに、自分のみずみずしさを抑圧しているのかもしれない。放っておけば結婚生活が乾いたものとなり、夫に相手にされず、ついで子供との関係も薄くなってしまう。

　男性についても、準じて判断すべし。男女とも、この相には要注意である。

　さらに、この部分の下に横じわが寄ってきたら、入念なケアをして、若返りを意識されたい。

下まぶたが下がる②

日ごろから陰徳を積む 清廉潔白な職人気質

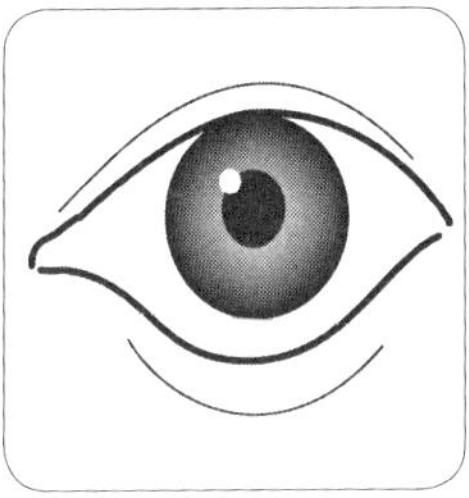

　下まぶたの中央部が下がっている相。人相では、この中央部を陰徳部という。健康的なふくらみがあり、色つやのよい人は、陰徳を積んでいると見る。清廉潔白な人格なのである。もっといえば、バカのつくくらい正直である。駆け引きのない生《き》一本な人である。

　一方で、愛嬌にはやや欠ける。正直ゆえに、自分の正義感に背くことには、お金を積まれても断じて応じない。そのためお金儲けは下手で、起業しても失敗するだろう。だが、職人気質なので専門的な技術を身につけておけば安全だ。

　下まぶたの中央が下がり、色つやが悪い場合は、また違った見方となる。下まぶたの中央は健康と密接な関係がある。若いのに、この部分がだらりと下がっていては気力が湧かず、恋愛どころではない。意識的に笑顔をつくり、健康面でも自分の体を気遣うことが大切である。

下まぶたが下がる③

（きれいな色であれば
周囲の力が運を後押し）

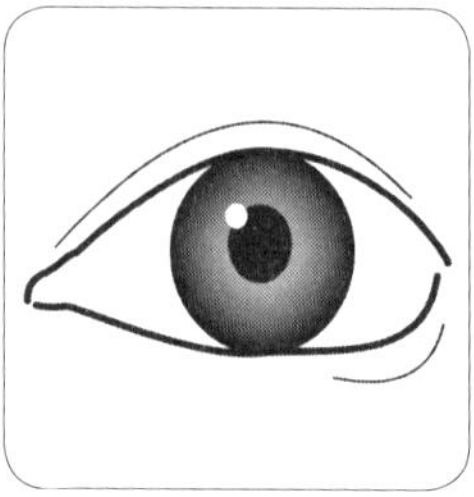

目尻寄りの下まぶたが垂れている相。

この部位が下がっていても、きれいな色であれば、周囲からの人気があり、黙っていても他人からの働きかけによって開運していくタイプである。

女性なら、才能や実力のある男性に好かれる。困っていると、男性が救いの手を差し伸べてくれるはずだ。

男女とも、色つやが悪ければ、肉体疲労のサインである。仕事でも遊びでも、つねに、この部分の色つやをチェックしながら体調を管理しないと、無理がたたって体を壊してしまう。

さらに、色つやにかかわらず、この部分が垂れ下がっている女性は、恋愛において不満を抱えている可能性がある。

いっそ遊び人とつきあって、不満を解消する手もあるが、幸せになれるとは限らない。万人にはおすすめしかねる手段ではある。

◆まぶた開運法

歌を歌って
眉を上げよう！

まぶたが狭い相は、やや凶意を帯びると、90ページで述べた。

実は、その凶意を減じるのにうってつけの、面白い開運法がある。

それは、歌を歌うことである。

まぶたの狭い人に比べると、広い人は幸運に恵まれているわけだが、後者には、もともと歌の上手な人が多い。

このことは、知られざる事実である。歌手のまぶたに注目して、確認してみるとよいだろう。

試しに歌を歌ってみよう。自然に眉が上方へ開き、まぶたが伸びる。うまく歌えると楽しいから、さらに歌う。すると、まぶたはいっそう広がる。これを習慣にすれば、経済的に安定した相に近づいていく。

広いまぶたの持ち主は、芸能人にも多い。歌に限らず、芸で身を立てることにも向いている。もちろん相応の努力は必要とされるが、その過程を楽しむことができれば成功するだろう。

目

目は、人相学において最大のポイントである。

人間の感情は、目に表れる。その感情が、運勢を大きく変えることを忘れてはならない。

他の部分、たとえば鼻がかなりの悪相で、金銭には一生恵まれない相だと断じられていたとしても、親しみのある目であれば、その判断は逆転するのである。

逆に、他の相がよくても、目つきが悪ければ、吉相は無効となり、悪い運命を背負うことになるのだ。

例を挙げれば、眉毛の中にゴマ粒ほどのホクロがあるのは、頭脳の回転が優れている相だが、目つきが悪ければ、その頭のよさを悪事に用いることになる。

では、どんな目が悪く、どんな目がよいのか。

相書には「慈愛のある目を最良とする」とある。慈愛の目とは、母親が子供を見つめるときの目とされている。限りなく優しいのだ。その一方で、愛する者を害する敵に対しては、断固として立ち向かう決意を秘めた目である。

人相を子細に読むときは、まず目を見て、その人の気持ちが美しいか、濁っているかを判断する。また、その時点において、当人の運気が盛んであるか衰退しているかを見きわめるときも、目を見るのである。

人が何かを思いつめているとき、その人の全精力は目に集まる。よいことに集中しているのか、それとも悪しきことか、それを目つきを通して判断し、しかるのちに他の部位を調べるのである。

つまり、目を判断せずして人相は成り立たないのだ。目を閉じた状態では、どのような人相の達人でも、その人の心に秘められた真の姿を知ることはできない。その人の心が清いのか、邪なのかを知る手がかりが目なのである。

なお、ひと口に目といっても、形、黒眼、白眼、充血の有無など、占断のポイントは多岐にわたる。

まずは、目の形について述べていくことにしよう。

上がり目

政治家には不向きだが 警官としては有望株

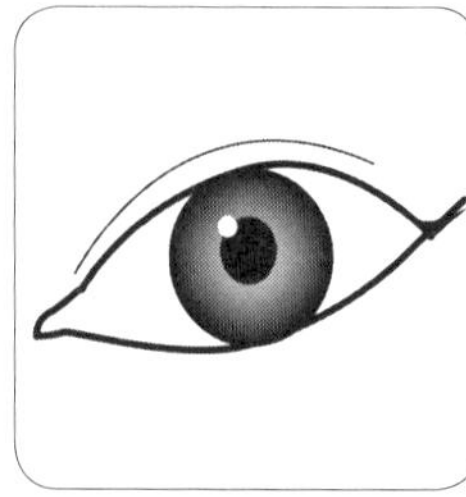

目尻が著しく上がっている人は、他人と親しくなるのに時間がかかる。

なぜなら、やや猜疑心が強く、自分を守る性分のため、周囲との間に一定の壁を作らないと落ち着かないからだ。たとえ親しくなっても、些細な誤解からその相手を敬遠することもある。

女性は、家の外では社交的にふるまっても、家庭内では我を通そうとしてしまう。接客業には不向きだが、自分のスキルを前面に出せる教員や看護師などは、適職といえるだろう。

男性は、統率力や包容力に欠けるため、政治家や経営者には向かない。しかし、警官など、職分が公的に規定された仕事に就けば出世するだろう。

逆にいえば、スピード違反などで白バイに捕まったとき、その警官が上がり目であれば、どんな弁解も効き目はない。職権を忠実に行使するからだ。

下がり目

仕事では消極的だが 恋愛では愛され上手

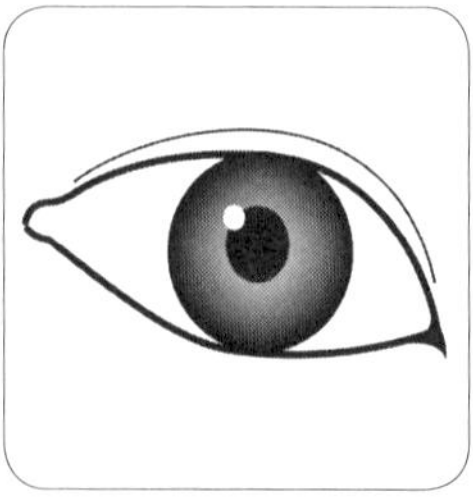

目尻が下がっている相の持ち主には、気持ちの優しい人が多い。「積極性に欠ける」と相書にはあるが、それは仕事に関してのみだ。

男女とも、恋愛に対しては熟考する受け身のタイプである。自分から愛を告白する大胆さはないが、自然と距離を縮められる、愛され上手だ。

とくに、目尻が極端に下がっている人は、情熱的な一面も持つ。深いつきあいになれば、それまでの消極的な態度を一変させて、情緒たっぷりにサービスする。そのため相手は離れられなくなる。

愛されたいがための行き過ぎた行動もしばしば見られる。すでに恋人のいる異性に横恋慕して、恋の破滅を願ってしまう。意中の相手が、自分に鞍替えしてくれることを夢想するのだ。眉間に縦筋があれば、受け身の姿勢の中に、実は邪な願いを秘めているかもしれない。

大きな目

心の広い社交家だが安請け合いには注意

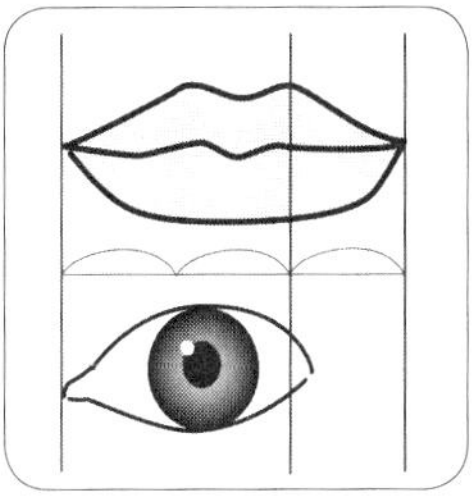

口の幅に対して、3分の2以上の幅があれば、大きな目とする（図参照）。目の大きな人は観察力に優れ、心の広い人が多い。また、人づきあいを好む。繊細な一面もあり、ちょっとしたことで気持ちが上下するきらいはあるが、社交家であることに変わりはない。

そして、弁舌が爽やかな話し上手である。まぶたの広い人は歌がうまいと述べたが（p98）、目が大きい人も、やはり歌が得意である。

ただ、楽天的で明るい半面、おおらかなため、安請け合いをしがちだ。できもしないことを軽率に引き受けて、後悔することがたびたびである。

男女とも大恋愛をする。ただ、生来の社交的な性格から、多情多感になることがある。ひとつ間違えると、深刻な三角関係などを招いてしまうことがあるから、留意したい。

出目

例外なく激情家で想像力が豊か

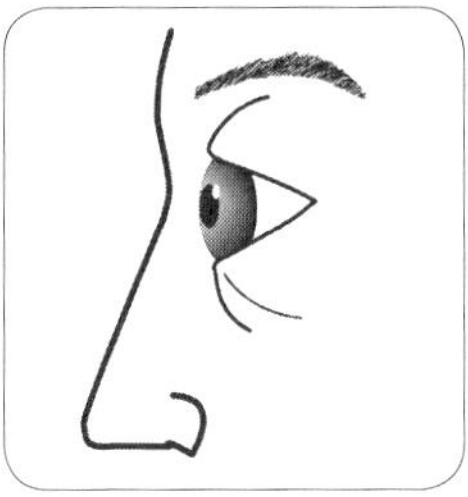

目が大きいことに加えて、眼球が飛びだしたような、いわゆる出目の人は、例外なく激情家である。想像力が豊かなために、頭の中でいろいろと考えてはひとりで興奮する。電話では、あいさつもそこそこに本題に入るタイプである。

恋愛面では、男女ともに情熱的な思いを募らせる人が多い。

相書には「女性は若後家になる」とある。夫を愛しすぎるあまり、その寿命を縮めてしまうともいう。情が深いため、亡くした夫を忘れられず、一生後家を通すという女性も多い。

この相には、目の大きな相の特徴も備わっている。つまり、観察力に優れ、寛容なのだ。人づきあいが上手すぎて、周囲から軽く扱われることもあるが、それを気にしない思いやりも持っている。

人がよすぎて、秘密を守り切れないところが欠点だ。

小さな目

几帳面な理論派
美男美女と結ばれる

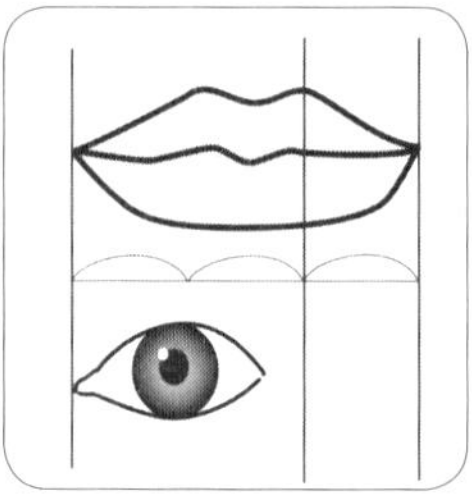

小さな目の持ち主は、何を考えているのかわからないところがある。だが、基本的には几帳面で、何事にもきっちりしている人である。ただ、それをケチで意気地なしと受け取る人もいる。

小さくて、しかも奥目ならば、緻密で論理的な理数系の人である。自信家の面もあり、周囲と親しく交わることをよしとしない。礼儀をわきまえ、謝礼をやりとりするスクエアな関係を好む。

男性は絶世の美女と、女性は俳優のようなイケメンと結ばれる可能性が高い。美しいものや値段の高いものを評価する、わかりやすい性分でもある。

似てはいるが、象眼（ｐ１１０）とは異なるので注意されたい。思索にふけるとき、人はおのずと目を細める。それが象眼の相である。象眼の人は、思考力が深く、慈悲深い。努力と苦労を重ねて大成功をおさめる富貴の相なのだ。

雌雄眼

忍耐力または豪胆さで
成功をなしとげる

左右の目の大きさが違う相を雌雄眼という。片方が一重で、もう片方が二重という場合なども含む。

左目が大きければ、頭脳が冴え、豪胆で、外交的な手腕をふるう天才肌である。

右目が大きければ、忍耐強く、事を荒立てずに自分の希望する方向へと道筋を整える達人である。

ただ、相書は、雌雄眼を凶と断じている。これは、仕事での成功をなしとげるうえで、無自覚のうちに、多くの恩人に負担を強いることを指している。

具体的には、仕事にかまけすぎて家庭内でのいざこざが多くなるとか、女性ならば結婚運に難が出るなどである。それでも仕事を優先するかどうかは、本人の気持ちしだいである。

雌雄眼の人は、波瀾万丈を乗り切れる運の持ち主である。そのため、政界などに進出しても実力を発揮するだろう。

角眼

そのこだわりの強さをよき方向に発揮せよ

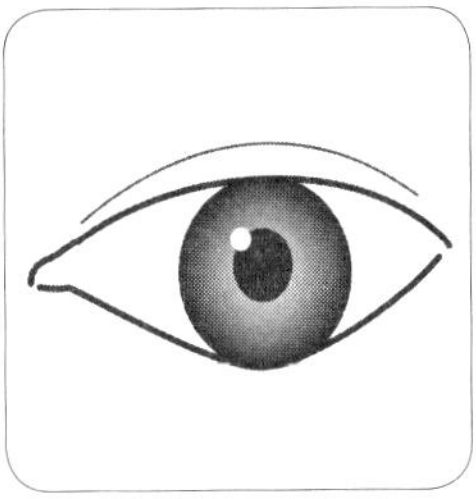

三角形の目を、三角眼あるいは角眼という。まぶたがまっすぐで、下の涙堂が三角になっている目である。

記憶力に優れ、鋭敏で、ただならぬ集中力がある。ひとつのモノやコトにこだわりを持つことも特徴である。一度火がついてしまうと、熱心に取り組みつづける。恋愛をすると、相手に強い思いを持って接する傾向がある。

こだわりが善に偏ればよいのだが、悪に偏った場合は大変なことになる。なので、最初の一歩を踏み出すときに、慎重に善悪を見きわめることが必要である。

話が上手で、周囲をその気にさせてしまう才能もある。あるときは饒舌に、あるときは沈黙と巧みに使うテクニックは天才的である。情熱的というよりもクールに語り下ろすスタイルだ。

ただし、嫌なことも忘れないので、何かあったときには倍返しではすまない。

三白眼

意識の高いリーダー格 ただし暴走に注意

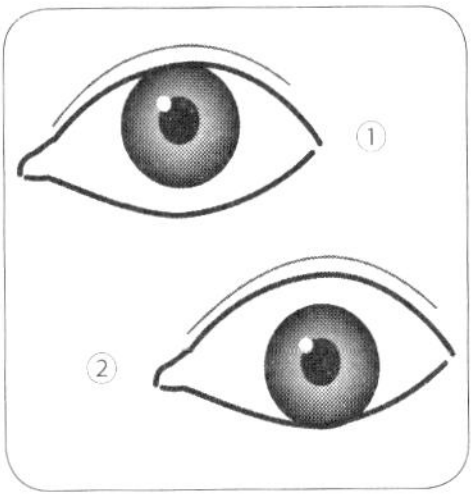

下三白眼（①）とは、黒眼が上がり、下に白眼がのぞいている目をいう。

下三白眼の人は、集団における意識が高く、男女を問わずリーダー的な立場につくことが多い。白眼の面積が多いほど、この傾向は強まる。

だが、白眼が広すぎると、独善的な態度をとりがちで、集団内では浮いてしまう。『刀巴心青』は、「下三白は閨房における技が秀でている」と、寝室でのテクニックを評価しつつ、「極端な下三白は悪相」という警告を発している。

下三白眼に対し、上に白眼がのぞく相を上三白眼（②）という。おとなしいが、実は思慮深いタイプである。

自分や集団の利害につながる重要事項に対しては、真剣に取り組み、能力を発揮する。完全なまでの秘密主義でもあるため、集団においては、参謀に向くといえるだろう。

四白眼

（目的意識が強いか 強いショックの表れ）

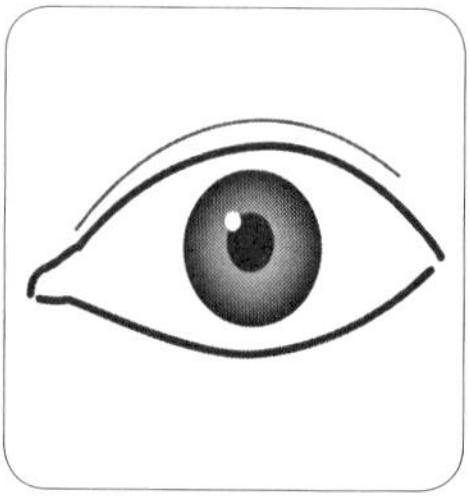

四白眼は別名、驚眼とも車輪眼ともいう。三白眼に比べ、さらに目的に対する意識が高い。

仕事などでは、戦略を立てる能力に優れ、ライバルの欠点や、目的遂行のためのポイントを的確に見抜く眼力を備えている。仕事の味方としては非常に頼もしい。だが、目的が達せられないときの修正能力にはやや欠ける。ときにはやぶれかぶれになって迷走することもある。

周囲への影響力が強いため、集団においては忌むべき相といわれた時代もあるが、能力が秀でていることは確かだ。現代においては、凶相として働くとはいいきれない。

また、肉親の急死や事故などの強いショックを受けた直後の人が、一時的に四白眼になることもある。この相の持ち主に出会ったら、そのような可能性も念頭に置いて、慎重に判断すべきだろう。

斜視

（上向きなら目端がきき 下向きなら個性が独特）

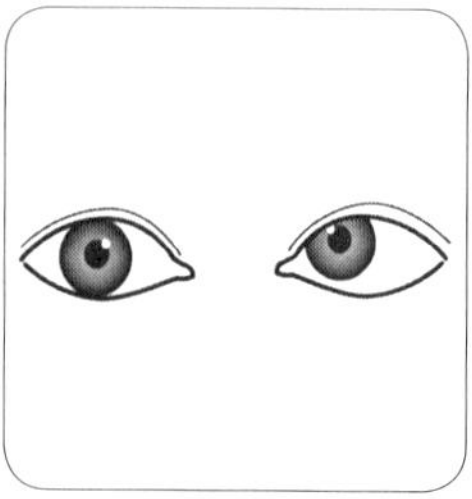

下向きの斜視の人は、男女とも目端がきく。ききすぎるがゆえに、家族など近しい関係の人と衝突するとされる。

一方、上向きの斜視の人は、独特な個性の持ち主である。その人ならではの才能を発揮して生きていく、タレント的な運勢となる。

例外的な話だが、女性の中に、アルコールが入ると目の筋肉が緩み、一時的に斜視のようになる人がいる。この場合の斜視は、上向きか下向きかに関係なく、酒のつきあいがいいことを示す。2次会、3次会、あるいは朝までも、とことんつきあってくれる。飲みすぎを心配して誘うのを控えると、逆に怒りだすことがあるほどなので、ある種の覚悟をもって誘うべきかもしれない。

男女の行為中に斜視になる場合は、性的な興奮状態がピークに達していることを示すという。

竜眼

出世が約束された英雄の眼

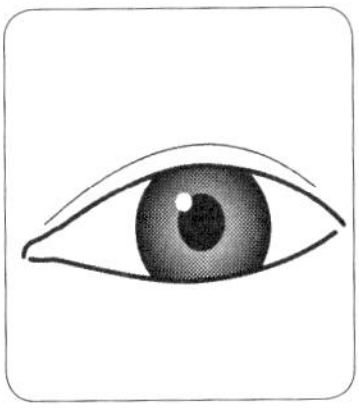

吉相である。

切れ長で、黒眼が大きいのが外見上の特徴である。だが、これだけでは竜眼とは断定できない。目つきが落ち着いて、キョロキョロしていないこと。しかも白眼と黒眼が澄んでいることが条件だ。

竜眼の持ち主は出世運に恵まれ、大臣にものぼりつめるほどの栄達が約束されている。

鳳眼《ほうがん》

万人に慕われる指導者の眼

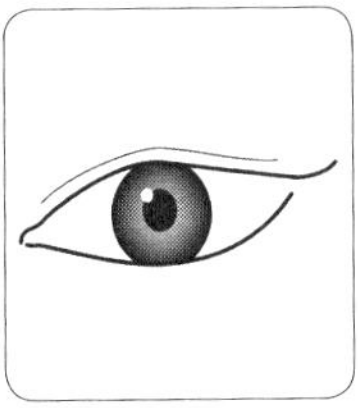

吉相である。

目尻が長く、目からは爽やかな光が発せられ、気品にあふれている。親しみを覚えるが、恐れ多くて近づけない雰囲気の目だ。

賢く聡明で、出世が約束されている。非凡な才能を備えているから、多くの秀才たちをおさえ、むしろ協力者として味方につけて、仕事や社会を動かす傑物となる。

『神相全編』について

明代初期に成立した東洋系相書のバイブル

105～114ページにかけて紹介した目の相は、東洋系相書のバイブルとされる『神相全編』所載のものだ。

この書物は、中国、明代初期（14～15世紀）に、袁忠徹によって著された。人相学では最古の包括的文献といわれ、のちに日本にも伝えられた。

この書物は、人相を非常に細かく分類している。それはいいのだが、ときに煩瑣であることは否めない。そこで本書では、『神相全編』を参考にする場合には、適宜、内容を取捨選択し、現代の状況に合わせて解釈をし直した。

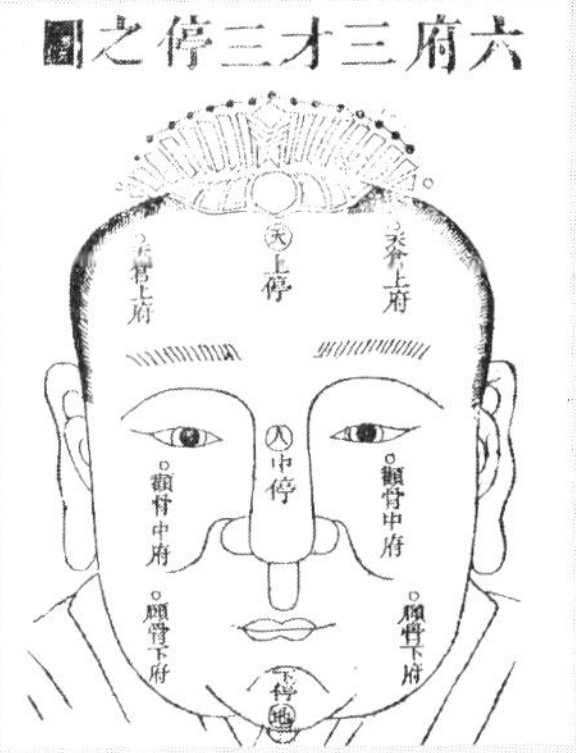

『神相全編』所載の図。

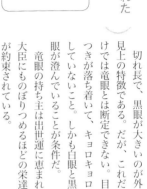

鳴鳳眼《めいほうがん》

実りある後半生が待つ
大器晩成の眼

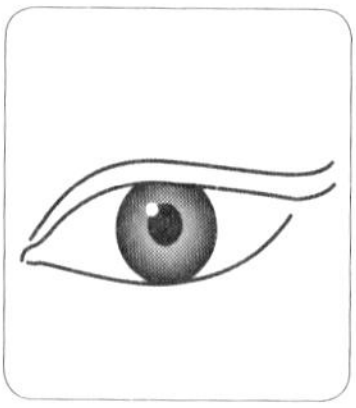

吉相である。

二重まぶたの線がくっきりと美しく長いのが特徴だ。そして、視線には落ち着きがある。目に感情を表さないことも条件だ。

この眼を持っていても、意外と気づかれにくい。だが、中年過ぎから目の覚めるような出世を果たす、大器晩成の相である。相書には「大邸宅を構える」とある。

瑞鳳眼《ずいほうがん》

流麗な視線で魅了する
文豪の眼

吉相である。

上下のまぶたを示すラインが長く、瞳には穏やかな微笑がたたえられている。両眼のカーブがそろっていることが条件である。

視線を移す際、目元の所作が優美で、悠然としている。

この人には文才がある。文豪の名をほしいままにし、その名は世間にとどろくだろう。

睡鳳眼《すいほうがん》

大洋のように穏やかな
包容力の眼

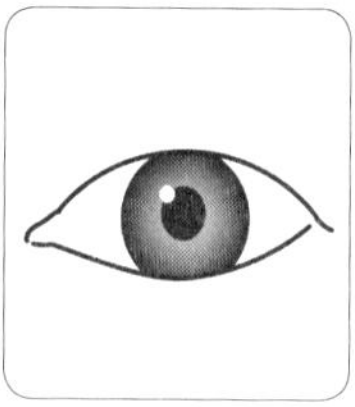

吉相である。

まぶたの奥から和気に満ちた瞳がのぞいている。一般に、一重まぶたの人は周囲への疑いを秘めるが、この眼にはそれがない。

相手を穏やかに正視し、視線をそらさない。笑顔には爽やかな気品が漂っている。この人は、天性の度量と包容力で人生を切り開き、大金持ちになるだろう。

鸞眼《らんがん》

集団のトップに立つ
リーダーの眼

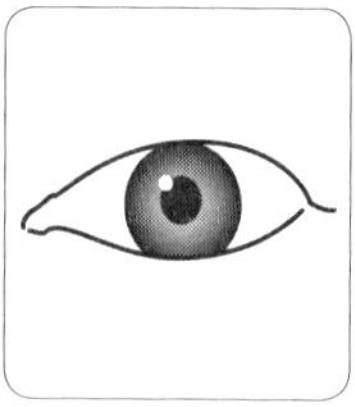

吉相である。

細長い目であること、鼻の先端（準頭）の肉づきが豊かで、丸く大きいこと、そして言葉に角がないことも条件である。

出世して、大企業の役員になることも可能である。だが、歩き方がせっかちであれば、経営者には向かない。ゆったりと歩くタイプなら、リーダーにも適している。

鶴眼《かくがん》

眼光が富をもたらす富貴の眼

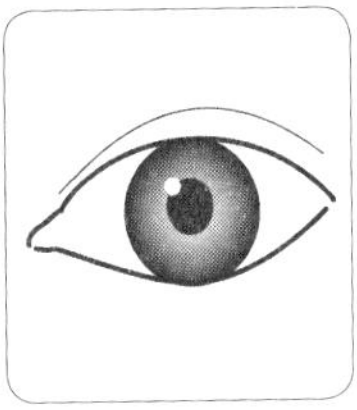

吉相である。

相書には「目が爽やかで、目の白黒がハッキリしており、眼光が落ち着いている目」とある。このような目つきを意識して過ごし、自分のものとすれば、鶴眼を得て吉相になれる。

そうなれば大いに出世し、富貴にも恵まれる。金銭に不自由せず、自然と気品も備わるだろう。

孔雀眼《くじゃくがん》

着実に成功できる堅実の眼

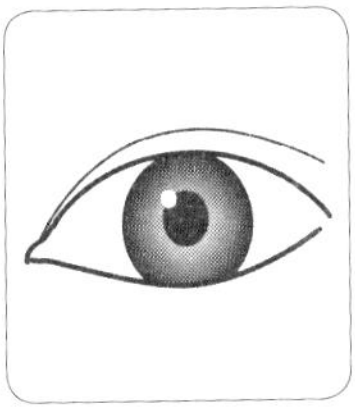

整った二重まぶたの持ち主である。瞳は黒く、光があり、いつも柔和である。人を睨みつけるようでは孔雀眼にはならない。あくまでも穏やかな目つきであること。

この眼をものにできれば、着実な段取りによって成功を得る。ダラダラと時間を浪費することがなく、目的に向かって時間を効率よく使うことができるだろう。

鶴形眼《かくけいがん》

視線が好感を集める人気者の眼

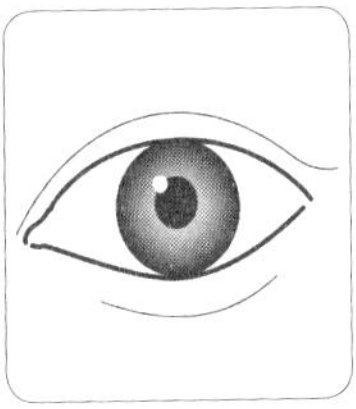

吉相である。

二重の線が、目尻の先にまで達することが特徴である。黒眼と白眼がハッキリしていること、相手の顔を正面からまっすぐに見ることも条件だ。瞳が左右に偏っていてはいけない。

威圧的なようでいて、周囲から好かれる。名声を得て発展することが告げられている。

鴛鴦眼《えんおうがん》

麗しく潤う愛情の眼

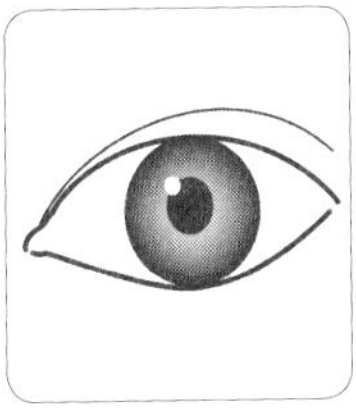

吉相である。

とにかく美しい目でなければならない。その瞳が薄いベールで包まれているように潤っていることも条件だ。コンタクトレンズを使っているようにも感じられる。

豊かな愛情に恵まれるが、この相は、愛欲に溺れる桃花眼（p114）と紙一重である。贅沢心を抑止することが幸運の鍵だ。

鵲眼《じゃくがん》

安定した成功を得る
安寧の眼

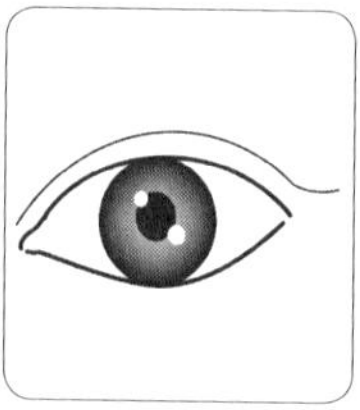

吉相である。

条件は、二重まぶたが長く美しいラインであることである。鳴鳳眼や鶴形眼の形と似るが、正視や視線の落ち着きという条件はない。この人は誠実で、若い頃から成功し、平安な生活が保証されている。晩年も安心して過ごせる。鳴鳳眼や鶴形眼ほどではないが、それでも十分な吉運が約されている。

鵝眼《ががん》

品位と愛らしさのある
福禄の眼

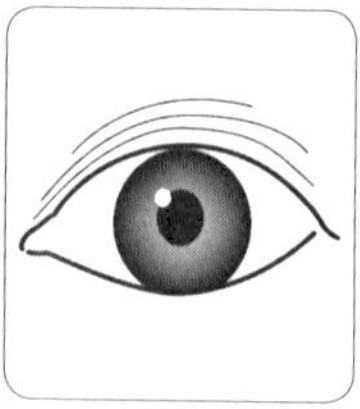

吉相である。

愛らしさと素直さが宿っていること、美しい数本の線が目尻まで達していること、そして黒眼がちであることが条件だ。わかりやすくいえば、三重まぶた、四重まぶたの上品な目ということだろう。福禄、つまり財産にも子宝にも恵まれて、晩年も幸せな生活を送れる相である。

雁眼《がんがん》

千年に一度！
賢帝の眼

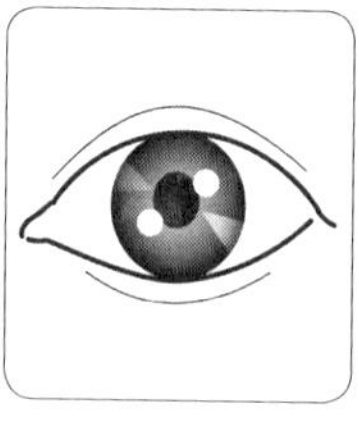

吉相である。

黄金色を帯びた黒い瞳で、上下の紋がそれぞれ長いことが条件だ。非常にまれで、千年に一度の相といえる。果ては大臣となる相でありつつも謙譲で柔和な性格ときている。演技かもしれないが、有徳の為政者として支持されるだろう。兄弟姉妹の関係も良好で、親族の名声までも上げる力を持つ。

鴿眼《こうがん》

落ち着きを欠く
軽挙の眼

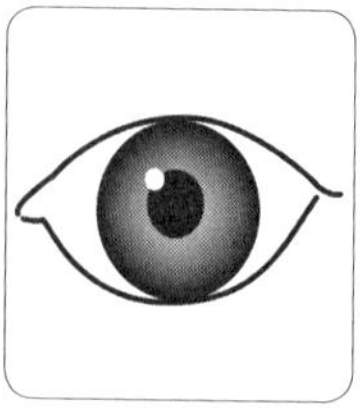

凶相である。

一重まぶたで、瞳が茶色を帯び、やや飛び出した丸い目である。さらに、絶えず頭や膝を動かして落ち着きがなく、横座りする癖があれば、まさにこの相だ。

鴿眼の人は、男女とも恋愛関係が奔放になりやすく、言葉に嘘が多くなる。言葉が軽いので、自らも人にだまされるタイプである。

鷺鷥眼《ろじがん》

財難を背負い込む
赤貧の眼

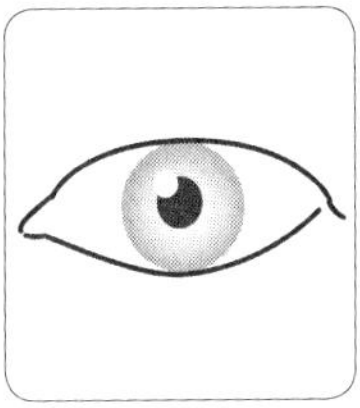

凶相である。

一重まぶたで瞳が茶色。そして体の肌が真っ白。歩くときに頭が上下に揺れるのが特徴である。

金銭に苦労する相である。さらに猫背で、唇が突きだし、足が長ければ、巨万の富を受け継いでも、最後には赤貧になりかねない。

歩き方がしっかりとしていれば、多少は救いがある。

鷓鴣眼《しゃこがん》

金運に見放された
財難の眼

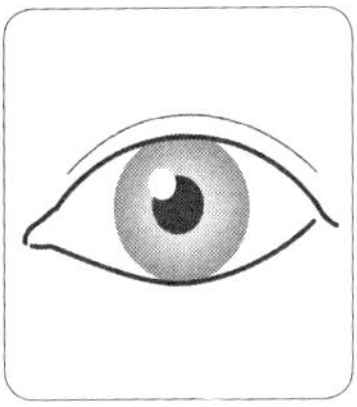

凶相である。

瞳が濃い茶色で、赤ら顔。体も耳も小さく、頭をゆすりながら歩く癖があり、いつも下を向いている。これらをすべて満たすのが鷓鴣眼の相である。

一生、財運から見捨てられた人である。がんばっても平均以下にとどまる。明日から歩き方を改善したほうがいい。

燕眼《えんがん》

言動に慎重な
小成功者の眼

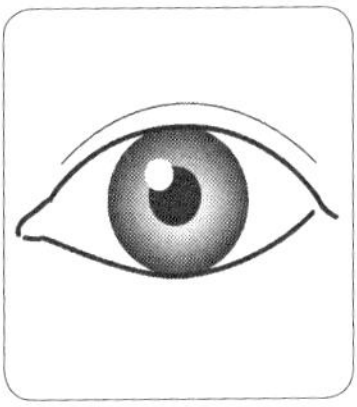

平相である。

奥目で、黒眼と白眼の境がハッキリして目元が締まっている。さらに口が小さく、唇は赤く、頭を動かす癖があれば燕眼となる。

言葉を慎重に選び、めったな嘘はつかない。慎重に計画を練るので失敗は少ないが、大成功はしにくい。頭を動かす癖を直せば成功率は上がるだろう。

獅子眼《ししがん》

強く美しい
王者の眼

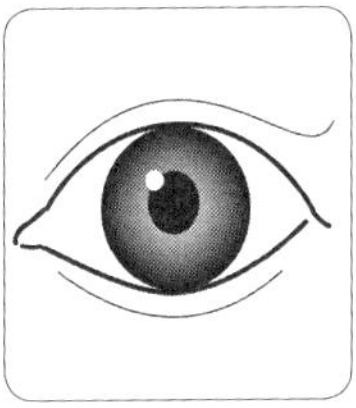

吉相である。

威厳のある大きな眼。その眼と眉が端正な美しさを見せ、輝いている。これが獅子眼である。

怒ったらさぞ怖いだろうと思わせる眼だが、実際はめったに感情を爆発させることはなく、穏やかである。この人は、貪欲ではないのに物質に恵まれる。名声も得るし、長寿も約束されている。

象眼《ぞうがん》

運気は尻上がり
安泰の眼

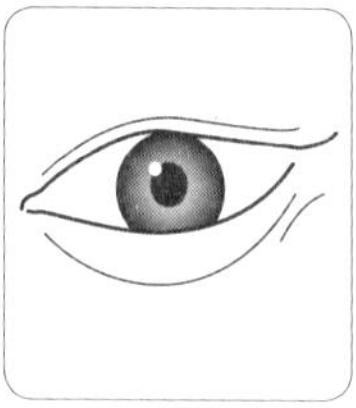

吉相である。

目は長く細い。そして上下の波紋が美しい。これが象眼の成立する条件である。

象眼の人は、来たるべき時節を待って発展するといわれている。中年を迎えたあたりから万事がトントン拍子に運ぶことになるだろう。晩年運はすこぶる安泰で、楽しい余生を送るはずだ。

牛眼《ぎゅうがん》

スローに生きて吉
育財の眼

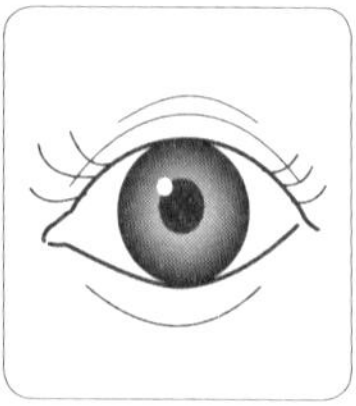

吉相である。

目が丸くて大きく、まつげが黒い相である。最大の特徴は、ほとんど瞬きしないことだ。この条件を満たせば牛眼といわれている。

精神力の強さと寛容さで、ゆったりと人生を歩んでいく人である。派手ではないが、失敗が少なく、結果的に巨万の財を築く人とされている。また長寿にも恵まれる。

虎眼《こがん》

力強く強運をつかむ
剛毅の眼

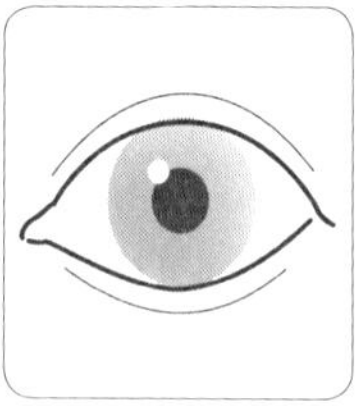

吉相である。

目が丸い。その目が大きくても小さくてもよいが、瞳が茶色であることが虎眼の条件である。

小さなことに動揺することがなく、旺盛な人生を送る。財産にも子宝にも恵まれる。懸念があるとすれば、晩年になってからの子供のことだ。大変な心配事が発生する運命ともいわれている。

羊眼《ようがん》

手持ちの財を逃す
霞の眼

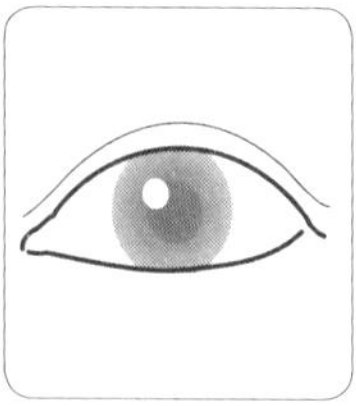

凶相である。

瞳が薄い茶色である。目に霞がかかっているようにはっきりせず、暗い印象を与える。これが羊眼の相である。先祖の財産があっても、継ぐことはできない。継いでも失うだろう。中年も晩年も暮らしぶりはつつましいものになる。

元凶である目の霞を除くには、何かに純粋に取り組むとよい。

馬眼《まがん》

利用されやすい
労苦の眼

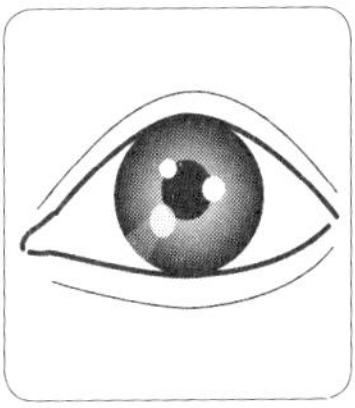

凶相である。

まぶたが持ち上がり、三角形に見える。「目の中央がふくらんだ相」（p93右）に加えて、目が飛びだし、濡れたように光っているのも特徴だ。信用のおける善人だが、他人から利用されやすい。

顔が痩せ、皮膚がたるんでくると運にも友情にも見放されるので、見た目と健康面に留意すべきだ。

伏犀眼《ふくさいがん》

出世も安定も選べる
成功の眼

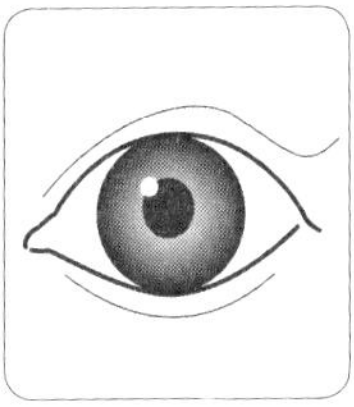

吉相である。

目が大きく両眉が濃い。そのうえ頭も大きく、耳には長毛が生えている。身長がありガッチリして堂々とした雰囲気。この条件がそろえば、伏犀眼の相となる。

大出世が確約されている。当人が強く望めば、大臣の位も夢ではない。欲を出さずとも財産に恵まれ、長生きする。

猪眼《ちょがん》

過激な思想を持つ
道徳破壊の眼

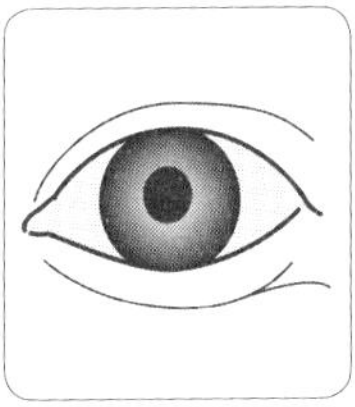

凶相である。

白眼が黒っぽく濁り、目の上下に線が多く、まぶたがたるんでいるのが猪眼である。さらに瞳が暗く曇っていれば、凶暴さを備える。

相書には「十悪に抵触する」とあり、謀反、悪逆、不敬、不孝、不義などの恐れがあるという。ただし、この相が見られることは、きわめてまれである。

狼眼《ろうがん》

成長に苦しむ
不満の眼

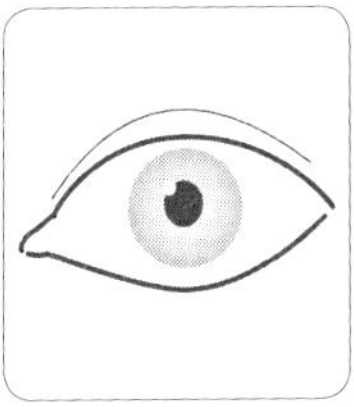

凶相である。

四白眼か三白眼。そして瞳の色が薄ければ、狼眼である。心に常に不満を持ち、性格に野卑なところがある。仕事でもミスをしがちで、成長に苦しみつづける。

ときどき、脈絡のないふるまいをすることもあり、危険人物と目されるが、実害を及ぼすほどのパワーはないはずだ。

鹿眼《ろくがん》

（自然を愛して愛される大地の眼）

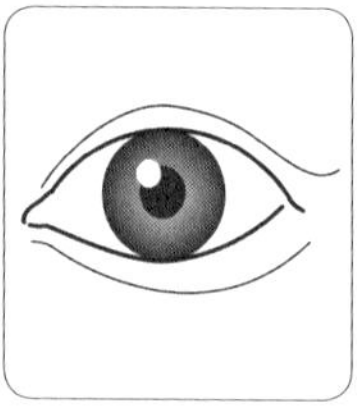

吉相である。

瞳が黒々として目の上下の線が長い。歩くのが速い。目の上下の線が長いとは、二重まぶたの線が長いと読み替えてもかまわない。

鹿眼の人は、人と交わることを好まない。自然に触れることが運勢的にもいい。閑静な場所に住むことで幸せを感じるはずである。大きな福禄が期待される人だ。

猫眼《びょうがん》

（ちゃっかり愛される愛玩の眼）

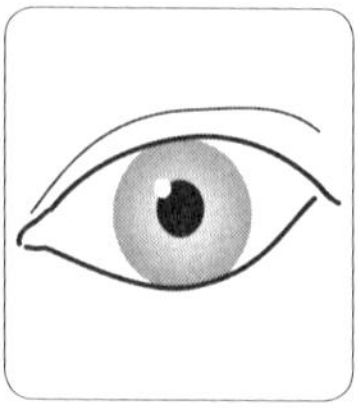

平相である。

瞳が茶色を帯び、あごの先が丸い。これが猫眼である。「肉類、魚類を好む」と相書にある。

ともあれ、瞳が茶色いのであるから抜け目がないことは間違いない。そしてまさしく猫のように周囲から可愛がられるはずだ。大きな不満はなく、まずまずの一生を送ることのできる人である。

熊眼《ゆうがん》

（突然の暴威！破壊の眼）

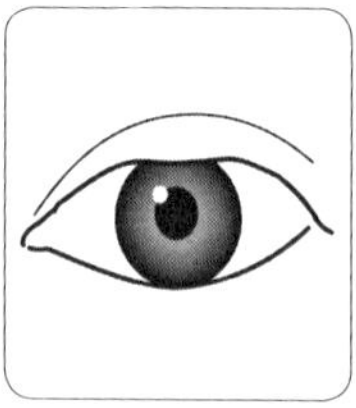

凶相である。

下まぶたの中央部が下がり、視線をせわしなく動かす癖のある人が熊眼の持ち主である。

沈黙していたかと思ったら、突如として凶暴性を見せることがある。建設的な発想や言動が苦手で、周囲を困らせるし、自分自身の始末に手を焼く。社会生活を送るには精神修養が必要だろう。

猿眼《えんがん》

（感性をもてあます小才の眼）

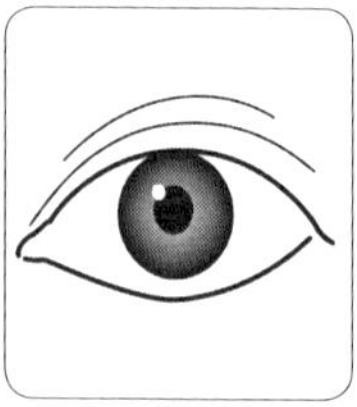

平相である。

瞳が茶色で、上目づかいをするために、下三白に見える。

感受性に優れているが狭量が災いし、大きな発展につなげられない。欲を出して大きな望みを抱くと大失敗する危険があるので、自分の限界を知ることが大切だろう。または、自らを活用してくれる仲間やリーダーを見つけるべきだ。

猴眼《こうがん》

頭の回転が速い
利発の眼

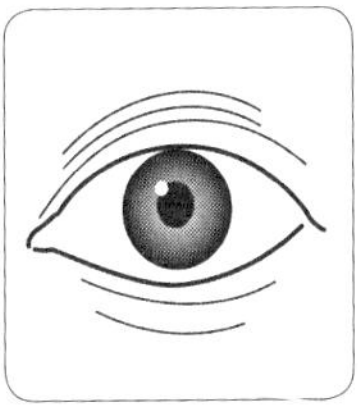

吉相である。

前項と同じようにサルだが、こちらは瞳の色が黒い。わずかに下三白であり、目の周囲には多くの波紋がある（多重まぶた）。座るときに頭を垂れる癖がある。

頭の回転が速い。とくに暗算にかけては恐ろしいほど素早い。経済的には恵まれる。愛情面では満たされないかもしれない。

魚眼《ぎょがん》

生命の灯が揺らぐ
末期の眼

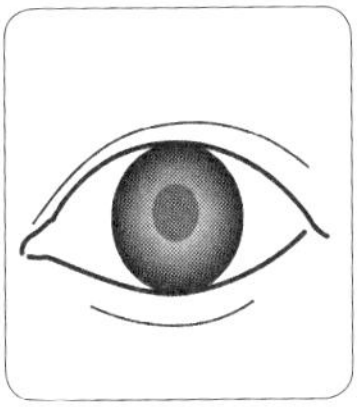

凶相である。

魚といっても死んだ魚の目である。瞳孔が開き、その焦点が結ばれずにぼんやりしている。

これは死相である。「例外なく若死にで、生後百日で死ぬ場合もある」と相書にあるから、もともとこの相を持つ人はいないと見てよい。もしも病人が魚眼になったら、死期が近いのかもしれない。

亀眼《きがん》

何はなくとも成功する
長者の眼

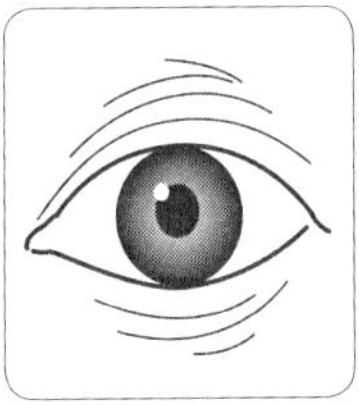

吉相である。

丸い目をしている。多重まぶたで、細かな線がある。目つきに鋭さはない。これが亀眼の成立条件だ。財運にも恵まれ、安泰な一生を送るだろう。子供運もいい。

戦後まもなく、闇米でひと儲けした人物も亀眼だった。家庭や内面に悩みを抱えつつも、表面的には理想的な生涯を送った。

蟹眼《かいがん》

忠告を聞けない
頑迷の眼

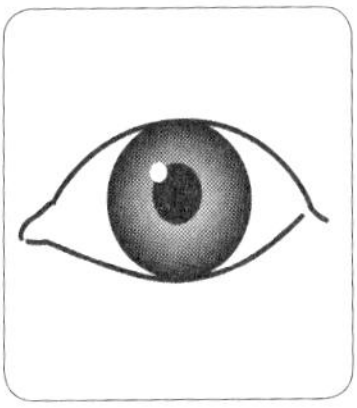

凶相である。

一重で、しかも目が出ている相が蟹眼である。愚かしいほどに頑固な性分である。だれの忠告も聞こうとせず、間違った方向に行っても修正することができない。

人から教えられることを恥と思うため発展性がない。身勝手さを直せば、惨めな老後や最期を迎えずにすむだろう。

蝦眼《かがん》

せっかちな仕事人
遅咲きの眼

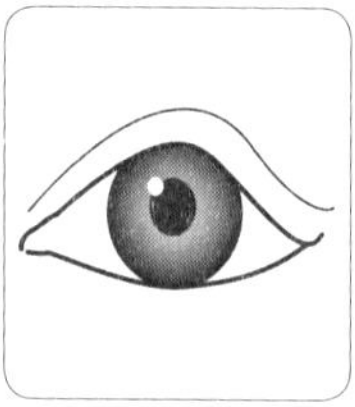

平相である。

二重まぶたで、目尻寄りのまぶたが下がり気味の目。言動についての条件はとくにない。

この人は落ち着きがない。だが仕事はスピーディーで、キチンとこなすために大きな失敗はない。50歳過ぎから発展する。しかし、そこからの無理ながんばりがたたるためか、長寿には恵まれない。

酔眼《すいがん》

色難と健康に警戒
酔っ払いの眼

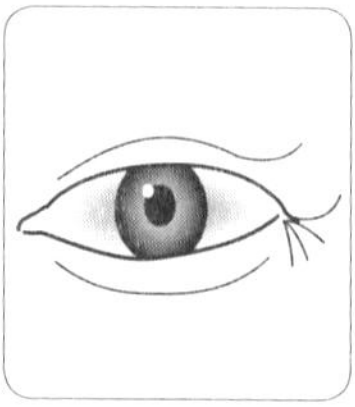

凶相である。

白眼が赤く、眼光が鋭くなったり、鈍くなったりする。まさに酔っ払いの目である。

女性であれば色難に見まわれるかもしれない。男性なら健康を害し、若死にに近づく相である。

品行が下劣になりがちな相であるが、僧侶にも見られるから、世の中は油断できない。

蛇眼《じゃがん》

心に毒を持つ
怨恨の眼

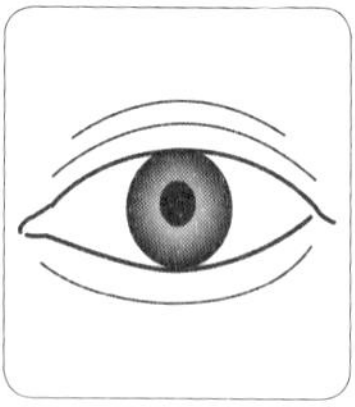

凶相である。

瞳が小さく、茶色である。白眼に赤みが差すか、少なくとも赤く濁っている。これが蛇眼である。この目は心に毒を持つ相である。親でも殴りかねない。

激しい恨みを抱くと、だれしも蛇眼に近い目となる。感情を抑えきれないので、この目になったらよほどの自制心が必要だ。

桃花眼《とうかがん》

永遠の若さを備える
快楽の眼

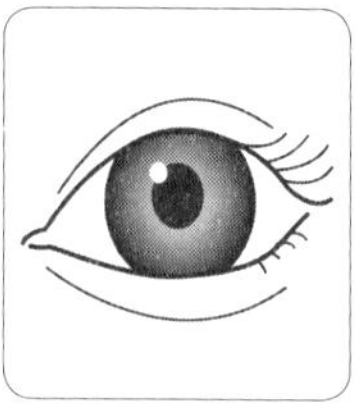

凶相である。

トロンとした濡れた目つき。これが桃花眼を説明する最適な表現である。色情を刺激するような笑みをたたえ、ごく自然に流し目となる。いつまでも若く、色気を感じさせる。本人にとっては幸せなのかもしれない。ただ、恋愛相手の人生をくるわせかねないところが、凶たるゆえんともいえる。

目頭の切れ込み

活躍する男女の自意識の強さを表す

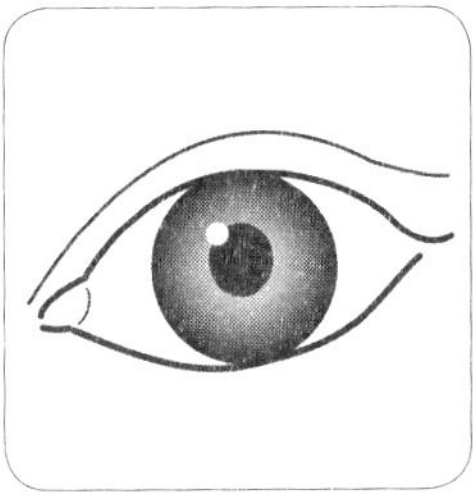

目頭を竜宮という。

活躍している女優は、この竜宮が深く切れ込んでいる。これは、自意識がまさっていることを示す。だからこそ、女優という生存競争の激しい職種で生き残れるのだ。

だが、その自意識の強さが災いすると、結婚運に難が生じる。再縁・再婚の相である。つまり、初婚に破れるケースが意外と多いのだ。

しかも再婚してもうまくいかず、結局、何度も離婚と結婚を繰り返すことになるだろう。よほど理解のある男性でなければ、結婚生活を維持することは困難だ。

男性の場合も自己主張が強く、自分の才能を実際よりも高く売り込むことが特徴である。芸事の世界では、ハッタリも身を立てる技術のうちだが、日常生活では、身近な人を困らせ、余計な苦労をかけるかもしれない。

目の占断のコツ

迷ったときは似顔絵を描いてみる

目の形というものは、型にはめて判断することが、意外に難しい。見ているうちに、三角形なのか普通の目なのか、わからなくなったりすることがしばしばだ。

そういう場合は、簡単な似顔絵を描いてみることをおすすめする。

絵心がなくてもよい。三角、四角、丸というように、目の形をざっくりしたパターンに当てはめて描くと、判断しやすくなる。

これは、目の形のみならず、あらゆる相の判断に活用できる。

つまり、細部だけを見るのではなく、全体の印象を大まかにとらえることが大切なのである。

とりわけビギナーの人は、正確さを期するあまり、重箱の隅をつつくかのように、厳密な判定を求めがちであるが、思い切って類型化してみることで、かえって正しい占断が得られる。よい意味でのおおざっぱさが必要である。

近眼

近視のほうが周囲を見る能力を育てる

音感に優れている人は、直感的、衝動的な感性を持つ。

一方、近視の人もまた、聴覚が発達しているため、同様の感性を備えていることが多い。

近視の女性は、遠視の女性よりも感受性が強いとされている。そのため、感情のやりとりをし、交際が深まっていけば、恋愛にも積極的となる。

筆者の知る例では、何かにつけて無感動だった女性が、視力が悪くなったとたんに好奇心が湧き、趣味に目覚めたというケースがある。

男性はどうだろうか。

男性は、聴覚よりも視覚に頼って世界を認識する傾向にある。

したがって、視力のよい男性は、常に多くの情報に接しているのである。だが、そのことに自己満足してしまい、周囲をちゃんと見ていないことがある。

近視の男性は、性格的にも慎重で、いちいち確認してから前に進む。そのため、周囲や相手への配慮ができる。

恋愛をするなら、男女とも近視の相手を選ぶほうが、満足のいく関係を築けるかもしれない。

ものもらい

上司や部下に対する不信感のサイン

まぶたのきわや裏などが赤く腫れ、痛みやかゆみを覚えることがある。俗にいう「ものもらい」である。医学的には、麦粒腫などという。

ものもらいが、上まぶたの裏に生じたときは、上司など目上の人に対して、反感や疑いを抱いているサインである。そのため、やたらに逆らってしまう場合もあるだろう。

一方、下まぶたの裏にできたときは、部下に対して不満を抱いていると判断していい。

筆者は、何人かの占術家に師事した経験があるが、ある師匠のもとを去る前に、両眼のまぶたにいくつものものもらいが発生したことを記憶している。

師匠の教える占術の内容について不信感が芽生え、それがふくらんでいたころだ。眼科で切開してもらったが、そのときはすでに去る決心を固めていた。

不信感があるからといって、態度に出したり、実際に反抗したりするかどうかはわからない。しかし、自分の部下のまぶたにものもらいを認めたら、不信感を抱かれている可能性ありとして、気にかけておくべきだ。

黒眼と白眼

　人相学では、白眼を䀝《はく》という。また、黒眼を虹彩（睛）と瞳孔（瞳）とに分ける。これら3つをそれぞれに観察していくのである。

　白眼の色と瞳孔の色は、人種による差異はないが、虹彩の色は、人種によって異なる。東南アジアの人種は黒や黒褐色だが、北西のヨーロッパの人種ではブルーとなる。世界的に見ると、茶色がもっとも多い。

　人相学では、茶色の目を「獣眼」と呼ぶ。獣の目に多い色だが、人間でも茶色の目をした人は、どこか動物的である。

　また、瞳孔の大きさについては、風土気候によって、違いが生じる。温暖な地域に住む人の瞳孔は、寒い地域の人より大きいといわれている。また、山に住む人の瞳孔は、海辺に暮らす人より小さいともいう。

　人相学的には、瞳孔の小さい人は頑固で、石橋を叩いて渡る慎重な面を持ち、大きな人は開放的で冒険好きだが忍耐力に欠けるとする。

　瞳孔は、息を吸うと小さくなり、吐くと大きくなる。また、肉類をとりすぎて血液が酸性に開くと、大きくなるようだ。アルカリ性に傾くと小さくなるともいわれている。

　なお、黒眼については、ひとつ秘伝がある。相手の黒眼をのぞいたとき、そこに自分の姿が映っていなければ、その相手は死期が近いかもしれない。これについては、１２３ページで詳しく述べる。

　なお、１２０ページ以降には、目の充血（赤脈《せきみゃく》）から運気を読み取る方法を記した。

　赤脈は、現在の状態を知るうえできわめて有効である。相書が伝える12種類をすべて挙げた。

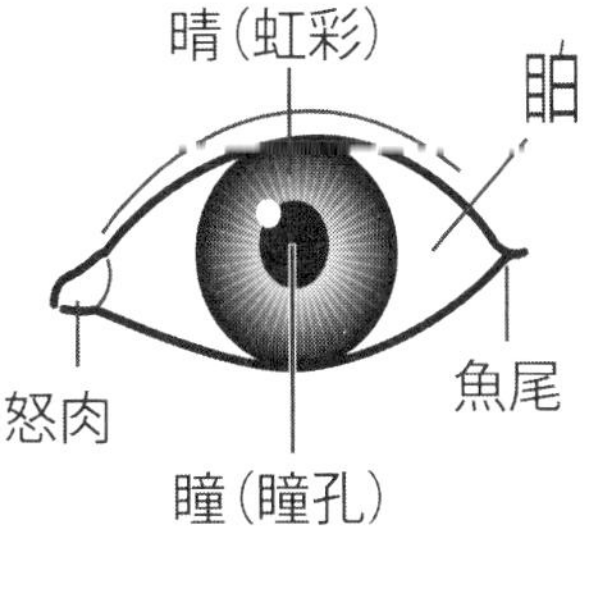

茶色い眼

色の薄さは薄情に通ず
瞳孔周辺で情を計る

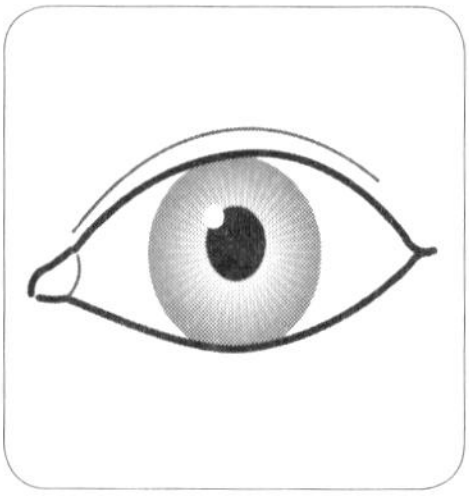

眼が茶色い人は、薄情であるという。優しくないのではない。好き嫌いが激しいために、相手によっては薄情と受け止められるのだ。熱烈な恋愛をしても、冷めたら相手に見向きもしなくなるのは、男女とも同じである。

茶色より凄まじいのは、灰色がかった眼の人である。礼儀やモラルよりも、自分がやりたいことや自分の欲することを優先してしまう。悪気があってのことではない。本人に自覚がないのだ。

また、真っ黒すぎる眼は、心に不安を抱えているサインである。あるいはショックを受け、虚脱した状態だ。先の東日本大震災の直後に被災地に行ったとき、被災した人は真っ黒な眼をして、茫然と変わり果てた街をさまよっていた。

もし、いつもより眼が黒いと感じたら、注意散漫になっている可能性がある。事故などに注意すべきである。

鶏《けい》眼《がん》

満たされない思いが
凶事を招く可能性あり

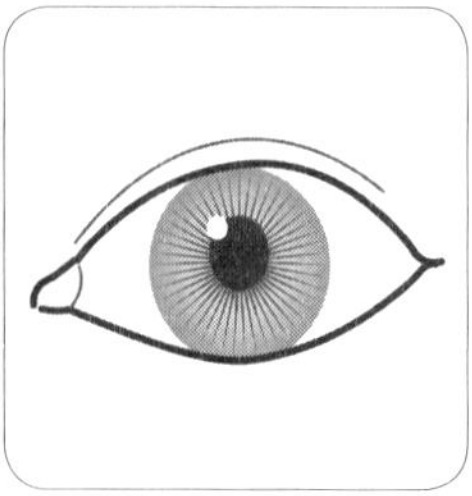

鶏眼とは、虹彩が茶色で、その茶色の中に車輪状の黒い筋が入っている目である。ちょうど鶏の眼球に似ているところから、鶏眼と名づけられている。

これは大凶相である。横死、変死の相なのだ。相書には、「平気で人畜を殺す」と記されている。

さらに、黒眼と白眼の境が、赤色や青色で縁どられている目を火輪眼という。凶暴性を隠し持っているので、近づかないほうが無難だ。

もし女性で、茶色の虹彩の持ち主で、白眼の面積がきわめて小さい人がいたら、愛欲に飢えていることを示す。

この相を持つ女性を見かけたら、気の弱い男性は、下手に近づかないほうが賢明だ。満たされたいという妄執に取り込まれ、何をされるかわからない。ストーカーまがいの追跡をされるなど、大変な目にあいかねない。

白眼の色

ほんのり黄色なら健康 その他の色は要注意

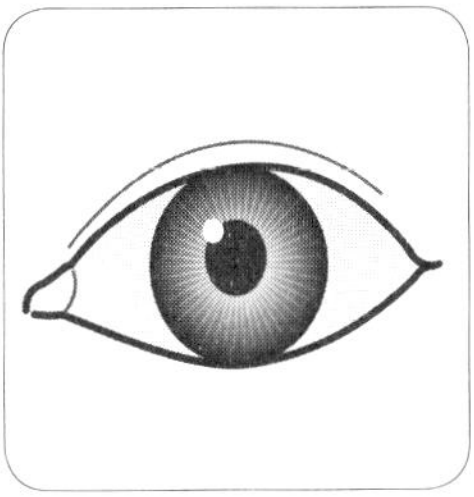

白眼とはいえ、真っ白ではなく、少し黄色みを帯びているのが健康で、精神状態も安定していることを示す。

女性の白眼がブルーを帯びていたら、ヒステリックになっている。

男性の白眼が番茶の出がらしのような色になるか、そういう色のシミが現れたら、女性の恨みを買っている可能性がある。親不孝者にも同様の色が出る。

また、白眼が薄黒く濁り、薄い斑点が現れるのは、精神的に疲れていることを示す。斑点がなく、全体が薄黒いなら、内臓が疲れているサインだ。

黄色は、飲み過ぎを示す。黒っぽい黄色は過労である。黄色に薄い赤が混じってオレンジ色のようになるのは、セックスのしすぎだ。性格も陰険になりやすい。

真っ白な白眼は「馬骨の相」といって、性欲が旺盛になっていると見る。もしくは、胸部疾患の前触れである。

白眼のホクロ

色と情に迷いやすい 見えない場所も要確認

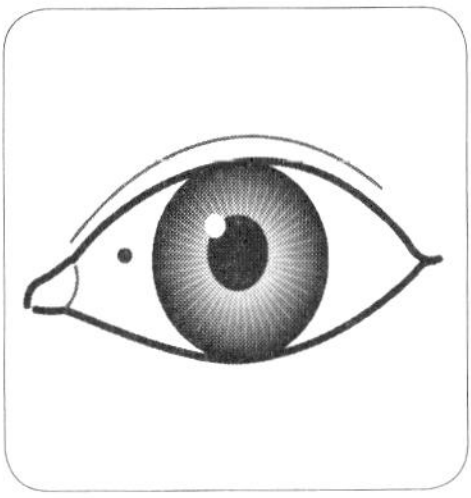

白眼のホクロは、男女とも色情の乱れを暗示している。色と情。多淫と好色というわけである。

ホクロが目頭寄りにあれば、その人は自分から仕かけていくタイプだ。目尻寄りなら、受け身と見る。異性に誘惑されれば、あっけなく陥落するタイプだ。

気をつけねばならないのは、見えない位置にホクロがあるケースだ。

ふだんはまぶたで隠れてしまうような位置にホクロがあり、眼球を上下させたとき、あるいは左右に向けたときにだけ現れるホクロがこれである。このようなホクロは、鏡を使っても自分では確認できない。

日ごろは禁々としていても、または、見るからに真面目そうな堅物でも、ときとして恥ずかしいほどの性欲をもてあます人がいる。そういう人は、まぶたに隠れる位置に、ホクロがあることが多い。

赤脈貫瞳《せきみゃくかんどう》

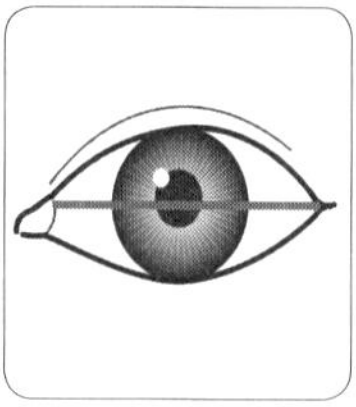

トラブル発生？
誘惑にも注意を

赤脈が、目尻から勢いよく黒眼を貫いて、目頭まで一直線に走る相である。相書には「剣難にて殺害される」とあるが、この赤脈が出たならば、トラブルが発生しやすい。外出を控えたほうがよい。

女性の場合は、誘惑に弱くなっている。男性から誘われると、おそらく自制できずに陥落するだろう。

赤脈走兌《せきみゃくそうだ》

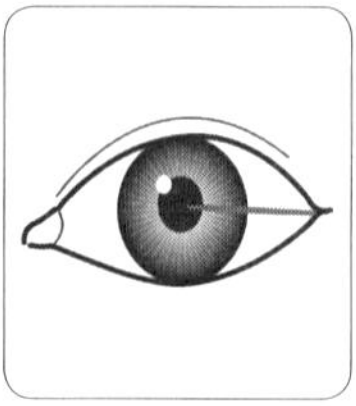

異性に貢ぐ予兆
身を慎むべし

「兌」とは、目尻のことである。目尻から瞳に向かって、赤脈が走る相である。相書には「公政を犯し、産国を去る」とあり、「必ず女につき散財あり」と、つづく。

つまり、女性にお金をつぎ込んでしまうのである。公金を使い込んで身を滅ぼす危険もある。女性の場合も、男性にお金を貢ぐ暗示と解釈して間違いない。

赤脈走震《せきみゃくそうしん》

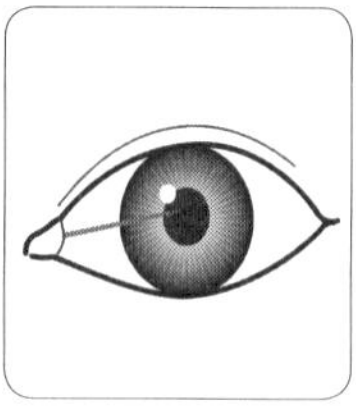

散財の気配あり
今すぐ引き締めを

「震」とは、目頭のことである。目頭から瞳に向かって、赤脈が走る相である。

「家産を破り、田園を廃す」と相書に記されているとおり、この赤脈が生じると、散財がやまない。そして破産に至るのである。浪費癖を直すことが先決だ。また、この運気を乗り切るまでは歓楽街に出ないと決意すべきだろう。

赤脈網目《せきみゃくもうまく》

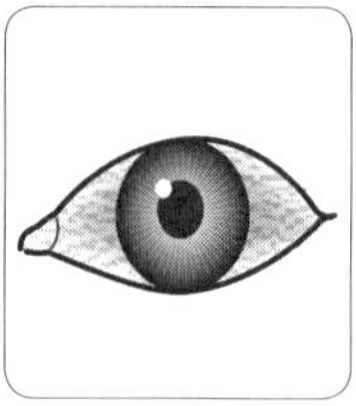

「入獄」の暗示あり
交通ルールを守ろう

白眼が壮絶なまでに赤く染まる相である。まぶたの裏に脂肪の塊ができて、それがこすれて白眼が赤く染まるのだ。鼻や口ではなく、目に脂肪の塊ができるのを人相学では「入獄」とまでいう。心当たりがあれば覚悟しなければならない。一般的には交通法規の違反で切符を切られやすくなるくらいだが、用心に越したことはない。

赤脈包睛《せきみゃくほうせい》

悪事を企むときに必ず出る相

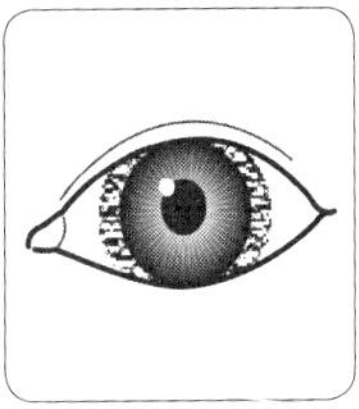

眼球を赤脈が包む相である。

相書には「奸謀露顕す」とあるから、悪巧みがすべて明るみに出ることになる。不思議なことに、この赤脈は、悪事を企んでいるときに、ほぼ必ず出るもので、もはや隠しようがない。

飲み会で上司の悪口を楽しむ連中の目にも出ているので、観察すると面白い。

赤脈満眼《せきみゃくまんがん》

相書では「剣難の相」不穏の兆しに注意を

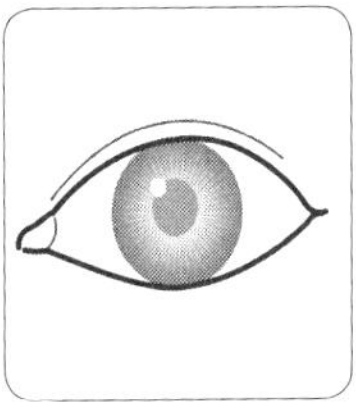

黒眼が赤くなる相である。

ほとんど見られないが、万が一、この相が出現したならば一大事である。「血を含みし如きは剣難の相である」と相書には記されている。「この眼でうらめしき如き眼光あるものは近日中に死す」とある。自分自身の中にも、周囲にも不穏な兆しがないか、よほどの注意が必要になるわけである。

赤脈如枝《せきみゃくにょし》

浮気や不倫がバレるサイン

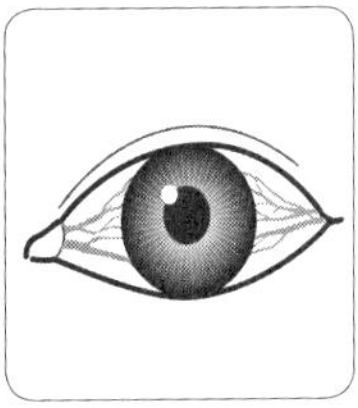

数本の赤脈が目尻から瞳まで伸び、目頭からも伸びる相である。ただし、瞳を貫通しないことが判断のポイントである。

これは浮気や不倫のサインなのだ。もし不倫中であれば、秘密がバレる前兆となる。赤脈が消えるまで、不倫相手との連絡を絶ち、証拠となるものを隠すか処分しなければ危険である。

薄赤濁色《はくせきだくしょく》

薄いピンクは色難濁ったピンクは過労

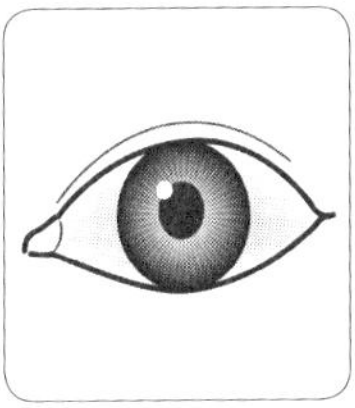

酒を飲んだときのように、白眼が薄いピンク色になる相である。

相書にも「色情にて身を破る人である」とあるから、この色になったら、誘惑には注意しなければならない。

なお、きれいなピンク色ではなく、黒っぽく濁っているならば別の心配をすべきである。これは過労で倒れる前兆だからだ。

目頭白肉《もくとうはくにく》

白眼のふくらみは万難を退ける

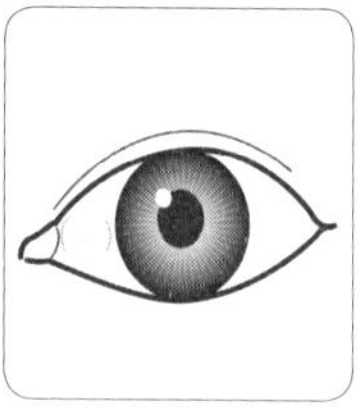

白眼をよく観察すると、平らではなく、わずかな盛り上がりが確認できることがある。この白い盛り上りが目頭寄りに現れたら、吉相である。

大難があっても間際で逃れられる相なので、ともあれ安心して日常を過ごしていい。めったに現れる相ではないが、覚えておけば見逃すことはないはずだ。

赤脉巻晴《せきみゃくかんせい》

攻撃的になり周囲を巻き込む予感

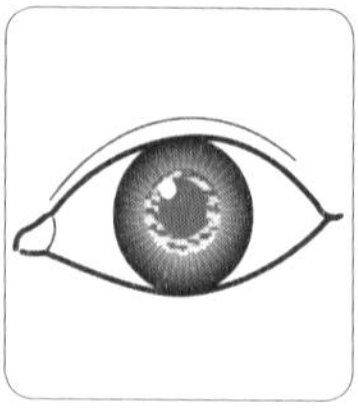

赤脉包晴（p121）と似ているが、この相の場合は、瞳孔の部分を赤脉が取り囲む。

相書には「人を害し身を損す」とある。イライラしているときに車を運転すれば追突事故を起こし、自分も死に至るなど、周囲を巻き込む危険が告げられている。攻撃的にもなりがちなので、暴力沙汰には十分に気をつけたい。

白濁如鶏卵《はくだくにょけいらん》

色難にて身を破る予兆あやしい異性を警戒せよ

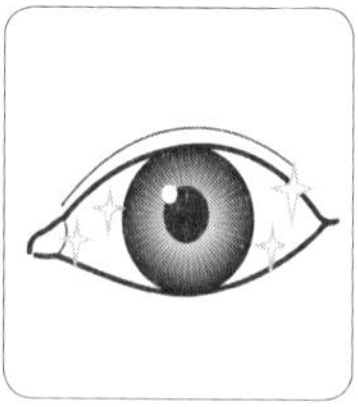

前述した馬骨の相（p119）がこれである。白眼の色としては、「茹でたる卵の如し」としているだけである。繰り返しになるが、人相学における白眼は、白すぎてもいいというわけではない。

「男は女で苦しみ、女は男で苦しむ。この如き眼中の者は色難にて身を破る人なり」と、相書は警告を発している。

赤脉如蔓《せきみゃくにょまん》

目頭側ならだまし、目尻側ならだまされる

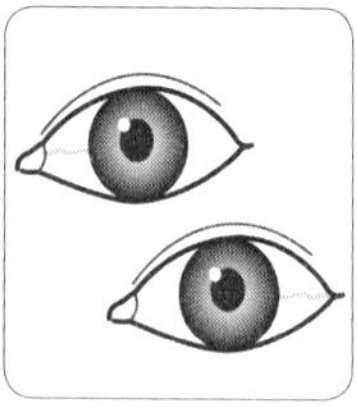

蔓《つた》のような赤脉が目頭から瞳までうねうねと伸びる相。他人をだまそうとする凶相である。

逆に、目尻から瞳まで伸びている場合は、他人からだまされる相である。後者の場合は、セールスマンなどの口車に乗りやすいときだと自覚されたい。だれかに会う約束をできるだけキャンセルすることで防御できる。

◆『瞳孔十二宮周之口伝』
瞳に映るこちらの姿が相手の未来を示す

117ページで少し触れたが、黒眼を見るについては、秘伝がある。

まずは、相手の黒眼をのぞき込んでみることだ。すると、相手の黒眼には、こちらの姿が小さく映しだされているはずである。その様子によって、相手の運勢がわかるのだ。

この方法が記されているのは、『瞳孔十二宮周之口伝』という相書である。それによれば、相手の瞳をのぞいたとき、そこに自分の姿が映っていなければ、相手は死期が近いという。

筆者は、何人かの死を看取ったことがあるが、この秘伝が告げるとおり、死の直前には、黒眼に何も映らなくなることに驚いた。

これは、死期が近いほどの病人の場合、瞳孔を絞り込む力が失われ、開ききみになるためだ。彼らの真っ黒な瞳を見たとたん、死を間近に見たと思ったことである。

この『瞳孔十二宮周之口伝』には、12の口伝が紹介されている。以下に列挙しておこう。

なお、「人形《ひとかた》」というのは、相手の黒眼をのぞき込んだときに、そこに映しだされる、こちらの影のことである。繰り返しになるが、その影を見て、相手の運勢を判断するのだ。こちらの運勢が判断できるわけではないから、間違えないようにしていただきたい。

＊

◆人形黒々として映るものは、必ず長寿なり。もっとも知恵ある相なり（この場合、相手が「長寿」であり「知恵ある相」なのである）。

◆人形薄く浅く映るもの、必ず短命なり。もっとも知恵もなく愚かなり。

◆人形長く映るものは知恵相なり。

◆人形前へ傾く者は家を去る相なり。

◆人形いかめしきもの悪相なり。その身滅ぶ。

◆人形逆さに映ることあり。これ大事の変相なり。その命、水難か剣難にて滅ぶと知るべし。

◆人形傾くものは心悪く、身修むるときなく、他国にて滅ぶこと近し。

◆人形、薄々として次第に消ゆるものは命なし。これを死相と言ふなり。

◆人形なきものは三日にして絶命なり。

◆晴（虹彩）の上方に光気あるものは生気の尽きたるものなり。下方にあるものは死霊の憑きたる相なり。

◆人形左にふたつあるは急に高位にのぼる相なり。

◆人形右にふたつあるは天下の大悪人なり。ただし一度は人に用いられ、その名を上げる。

目尻

人相学では、目尻を魚尾と呼ぶ。目全体を魚に見立てたとき、尾に当たる部分というわけである。この場合、目尻から発するしわは、魚の尾ひれである。

つまり目尻は魚の下半身であり、言い換えれば、生殖にかかわる部位だ。そのため、セックスにかかわる事柄を判断するのに用いられる。

人相学に親しむには、この魚尾や、それに隣接する妻妾・奸門（p224）から手をつけるのが、わかりやすくておすすめである。

魚尾がふくらみすぎたり、反対にへこんでいたりすると、結婚が遅れるなど、家庭運に恵まれないといわれる。だが、夫が単身赴任をするなど、夫婦が離れて暮らす場合には、悪くない。

色情を判断する相書『刀巴心青』には、「魚尾の曲がるは、男女ともに淫乱、密夫するの相なり」と記されている。

魚尾が曲がる（①）というのは、目尻寄りのまぶたが垂れ下がるか、魚尾の紋（しわ）が下に湾曲したものをいう。

また、目尻のきわのホクロ（②）についても「夫婦間の悩み絶えず。婦人はとくに外情の悩みあり」と断じている。外情というのは浮気相手との関係が、肉体だけではおさまらず、惚れたはれたの関係に発展することをいう。

さらに、目尻の下に1～2本の筋がある（③）場合も、淫乱の相だと断じている

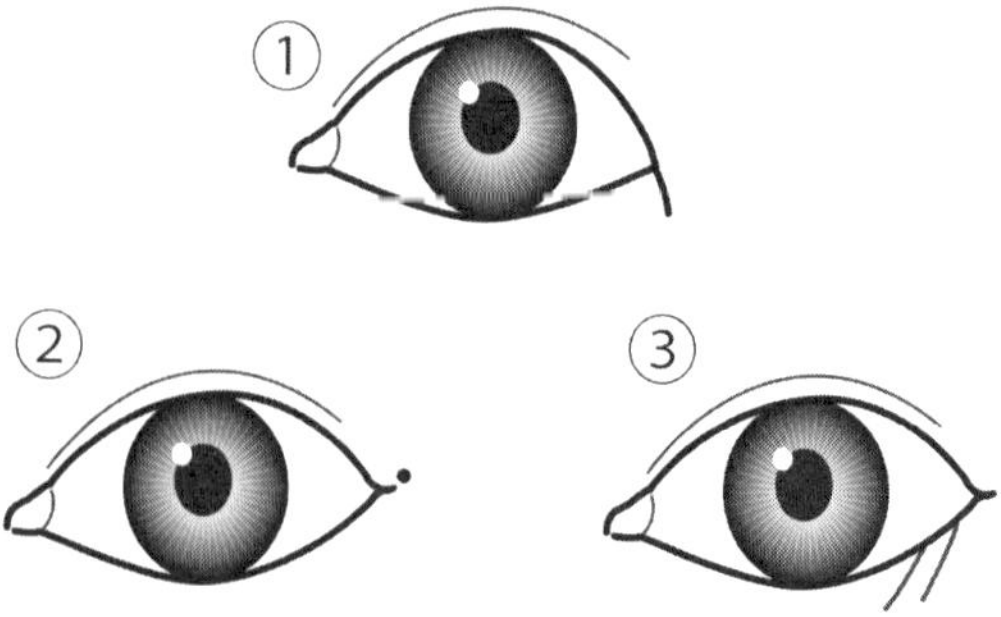

目尻の紋

3本以上の男性はおそらく浮気者

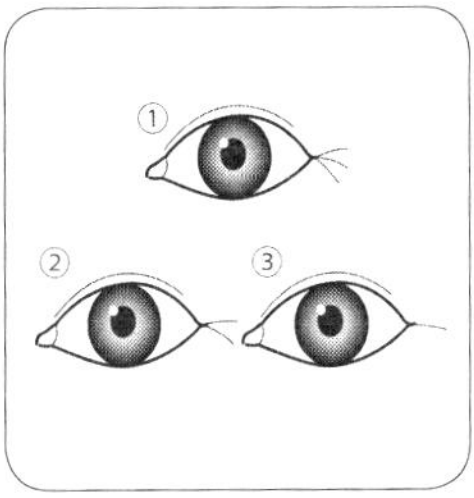

目尻の紋（しわ）の本数によって、男性が浮気性であるかどうかを判断することができる。簡単で、しかも正確な判定方法なので、相手を見きわめるときに活用していただきたい。

目尻に3本以上の紋（①）がある男性は浮気者である。これが無数に現れると乱紋といい、例外なく浮気を重ねるといわれる。

これにホクロが加われば、もはやつける薬がないほどだ。

紋は2本（②）がノーマルである。ただし、中年になっても2本であれば、さほど面白みのない、頭の固い男性だと断定してよい。経済的にも苦しくなる傾向が見られる。

紋が1本（③）の男性は純情一途であり、いわゆる一穴主義を貫くだろう。だが『刀巴心青』には「妻縁は一度ではおさまらず」とある。

目尻の話

愛情がストレートに表れる 人相修業はここからはじめよ

目尻は、愛情面が正直に出る部位である。しかも的中率は抜群である。

相手の奸門、魚尾、目尻（妻妾宮）などをそれとなく観察するのは、恋愛でのつまずきを未然に防ぐのに、非常に役立つものである。

真面目そうに見えても、目尻などにシワが3本以上あったり、ホクロや雀斑が3個以上あったりしたら、かなりの遊び人かもしれない。

反対に、恋愛慣れした恋多き人物と噂されていても、その相手の目尻周辺にシワやホクロ、雀斑がなければ、その噂はデマである。

そして、目尻の色がピンクに染まっていれば、その相手は自分に好意を持っていると見てよいだろう。

人相学を基本から順序よく学ぼうとするのもいいが、まずは目尻からはじめるという手もある。

人相学は他の占術と違い、どこからスタートしてもよいのだ。

頬骨（観骨）

人相学では、頬骨を観骨（p226）という。

総じて、男性は観骨が張っていたほうが吉相である。

一方、女性の場合は、あまり観骨が発達していないほうが、家庭に波風が立たないだろう。

観骨の張った女性は、相当に頑固なのだ。そして勝ち気だ。自分が正しいと思ったことは譲らない。それが間違いだとわかっても、ガンとして意見を曲げない。

よほど我慢強い男性でなければ、一生つきあうことは困難だろう。あるいは、女性に仕える使用人という立場に甘んじるしかない。

観骨の張った女性は、家庭におさまるより、むしろ仕事を持つことをおすすめする。そうすれば、余分なパワーがお金に変わる。かなりの出世も望めるはずだ。

頬骨が前に出ている

闘志に燃えて意志強固　責任感も人一倍

闘志に燃え、意志が強固な人である。ものに恐れず、不屈の精神に富み、根性で目標をクリアするだろう。

そして、人一倍の責任感を備えている。相手がだれだろうと、いうべきことはハッキリといわなければ気が済まない。

と、ここまではよいのだが、残念なことに、ときとして蛮勇に等しい言動に出がちである。

それでいて、いざというときには、逃げの一手を打つこともある。

また、人のオダテに乗りやすい。

もともと情に厚く、涙もろい一面があるため、その場の感情にまかせて、できもしないことを引き受けてしまい、かえって迷惑をかけたりもする。

生来の闘志や責任感の強さがプラスに作用しているうちは問題がない。その意味では、本人の自覚と周囲のフォローが必要な相といえるかもしれない。

頬骨が横に出ている

（不屈の意志と闘志でトップにのぼりつめる）

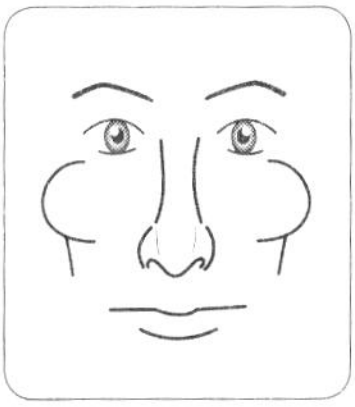

意志も闘志も備わっている相である。しかし、そのような熱い思いを心の中にしまって、表面には出さない。芯が強いのだ。多少のことでは己を曲げない。

したがって、いずれトップにのぼりつめ、権力を握る可能性が非常に高い。

物静かにしていても、迫力がある。怒らせたら恐い人である。

頬骨が低い

（決断力が不足ぎみ ノーという勇気を）

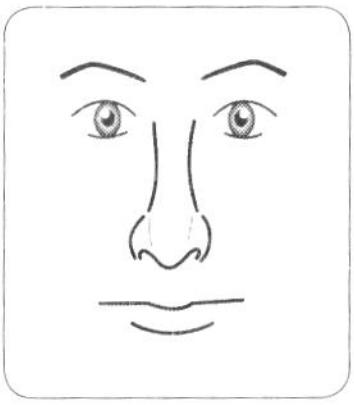

この人は、態度が煮え切らない。決断力に乏しいのだ。

面倒なことを頼まれると、拒絶できずに引き受けて、散々な目にあうタイプである。

相書には「人に権を抑えられ、人の下につきて、一生発達なきもの」と記されている。ただし、このような人でも、日に勢いがあれば、凶意は払拭される。

人相を習得するコツ

顔の輪郭だけ描いた紙を何枚か用意しておくべし

人相を見るときの最大の壁は、相手の気迫に押されることである。

顔の各パーツをひとつひとつ検証して、総合的な判断をしなければいけないのに、相手の気迫に委縮してしまうと、まともに観察できなくなる。

ビギナーは、相手の顔の特徴を図に描き写すとよいだろう。

そのためには、顔の輪郭だけ描いた用紙を何枚か用意しておくと便利だ。

その用紙に、鼻の形やホクロの場所などをさっと書き込むのである。上停、中停、下停と区分けして観察するとうまくいく。

いわゆる人相の写生をするのだが、10人ほども経験すれば、相手の気迫に呑まれることはない。相手を物と見ることができればシメたものだ。

この用紙を準備しておくと、人相に熟達した後も便利である。血色や気色をそのつど記録すれば、相手の変化が手に取るようにわかるだろう。

耳

耳の相から読み取れる内容は、健康、遺伝、運の盛衰、個性、腎臓の強弱など、多岐にわたる。

根拠のないことではない。

健康面でいえば、手足を負傷するなど、体に異変が起きると、耳の色が悪くなるのだ。これは、体内の血液が問題の部位に集まるため、耳に回る分が少なくなるからだ。

あるいは、精神的に高揚したときは、血が頭部に集まるので、耳までが赤くなる。

このように、耳という器官は、体内の血のめぐりと連動して、心身の健康状態を如実に表すのである。

そして、心身の健康が、運勢を左右するという大原則を忘れてはならない。耳に凶相が現れていれば、心身状態も運勢も下降すると見てよい。反対に、耳がつややかであれば、旺盛な運勢が約束されている。

耳の位置の上下

（上方ならば勘が鋭く 下方ならば知性的）

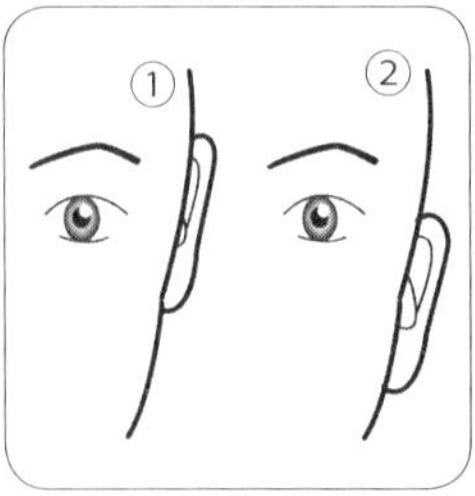

目の高さより上についている（①）か、下についているか（②）で、その人の勘のよさがわかる。

耳が上方に位置しているなら、その人は勘で行動するタイプである。ギャンブルに強い人や、活躍しているスポーツ選手に多い。

ちなみに、動物の耳は、ほぼ例外なく上方についている。これは、四囲の状況を音によっていち早くキャッチし、身を守るためであろう。つまり、耳が上についている人というのは、動物のような野生の勘に恵まれているのだ。

反対に、耳が目の高さより下にあるなら、その人は知能で行動するタイプである。進化した文明人といえる。

なお、相書によれば、上方に耳のある女性の性器は下ツキ、下方ならば上ツキであるという。長年のデータが蓄積された占断だから、頭からは否定できない。

耳の位置の前後

前なら現実主義者 後ろなら想像力豊か

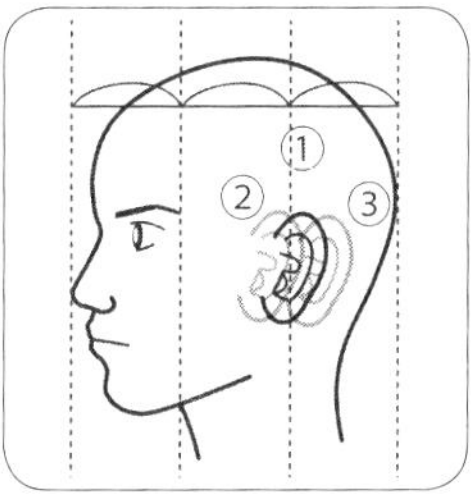

頭部を縦に3分割したとき、後ろから約3分の1の位置にある耳（①）は、中庸を得た耳といわれ、調和的である。

前方に出た耳（②）は、本能や感情優先で行動することを示す。骨相学的に見ると、小脳部が大きいことになるので、愛情が行動を支配することになる。

男女とも、このタイプの人は現実的であり、愛欲や金銭面を重視する。

後方についている耳（③）は、前頭部の働きが活発であることを示す。言い換えれば、空想癖がある。想像力は豊かだが、世事にはうとい。恋愛では、自分の描いたシナリオどおりに事が進まなくなると、ジレンマに陥るだろう。

いずれにしても、中庸を得た位置に耳があるのが好ましく、極端に前後した耳の持ち主は、いささか個性的すぎる。その個性によって、運勢が低迷することが予想されるのである。

耳弦

アザやホクロは 親子関係の問題を示す

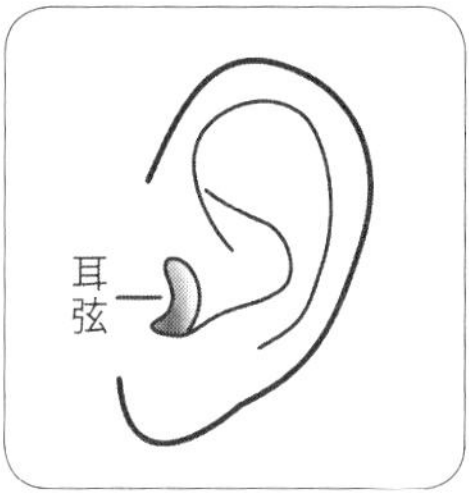

耳弦とは、もみあげから耳の穴に指をあてたとき、指先に触れる出っ張った軟骨部分である。

親との関係を見る部位で、ここに真っ黒なホクロがあれば、親子関係に問題ありと判断できる。男性の左耳なら父親、右耳なら母親との問題だ。女性は、左右が反対となる。

ここにホクロやアザがある場合は、狡猾な人物と判断することもある。ずる賢い方法で有力者に取り入り、一時的に相当な発展をするのだが、哀れな末路をたどることになりかねない。

耳弦の下に縦筋があれば、小才があることを意味する。これを吉相と見るか否かは難しい。あくまで小才にすぎないからだ。小さな成功を好機と勘違いして、失敗した例は多い。小説で入選し、仕事を辞めたものの、あとは鳴かず飛ばずの人も、ここに縦筋があった。

耳の穴

小さければ締まり屋
大きければ浪費家

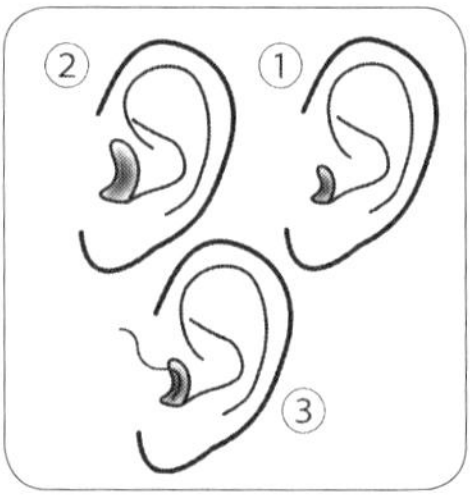

耳の穴の小さな人（①）は、がめつい。よくいえば、経済観念が発達している。幼いころから、お使いを頼むと、お駄賃を要求するような人だ。

女性ならば、結婚相手を決めるときに激しく迷う傾向がある。相手の給料や将来性について考え込んで決断が鈍り、結婚のチャンスを逃がすこともある。

一方、耳の穴の大きな人（②）は浪費家である。働いてもお金が残らない。理由は簡単。無駄なことにお金を投じるからだ。ただ、ときとしてギャンブルなどで大金を射止めることもある。

また、耳の穴から毛が伸びる（③）ことがある。これは長寿の相である。大切に残して吉である。

何十本もごわごわと毛が出ているのは、いかにもむさくるしいが、毛に加えて耳の肉が厚ければ、長寿と財運の両方に恵まれるだろう。

左右の高さが違う

ミステリー作家向き
二重人格的な一面も

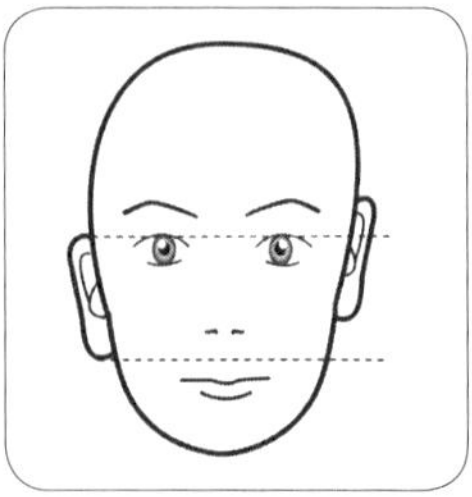

左右の耳の高さが違う人がいる。メガネをかけると斜めになってしまうから、すぐにわかる。

この相の持ち主は、親子関係が複雑かもしれない。夫婦仲が悪いときに生まれたか、母親が姑や小姑にイジメられたときの子供であることが推察される。

性格は、やや二重人格的だ。表面ではよい人を演じているが、陰に回ると悪口雑言を吐くことがある。それで感情のバランスをとっているのだが、会社勤めはなかなか苦しい面があるだろう。

才能があればミステリー作家向きだが、自信がないのであれば、趣味に生きるのがよい。それで平和が保たれる。

左右の耳の高さが不均衡だということは、骨相学的な視点からは、反抗心や破壊的な衝動のコントロールが苦手であることを意味する。自制心を養う意識を持たないと危険である。

外輪

欠けや歪みから運勢を判断する

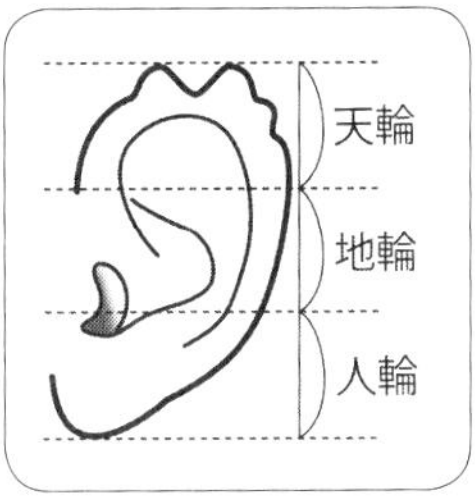

耳の縁を外輪または耳輪という。

この外輪を3等分したとき、上3分の1を天輪といい、先天運が表れる。この部分がきれいな曲線ならば、幸せな幼少期であったことを示す。経済的にも恵まれた家庭で育ったはずである。

一方、この部分の曲線に歪みがあれば、その人は、幼少期に家庭的な問題を抱えていたと見て間違いはない。親の愛情に偏りがあるなど、精神的に満たされていない場合が多い。

中央部は人輪といい、活動力を示す。歪みがある場合は、仕事上でショッキングなことがあると判断できる。

下方は地輪である。物質運を司る部位だ。この部分がきれいな曲線であれば、豊かな暮らしか保証されているが、欠けや歪みがあるならば、お金や不動産などで苦労すると読む。投資などは慎重に行うべきだろう。

内輪の出た耳

自力で道を切り開く活動的な運勢の持ち主

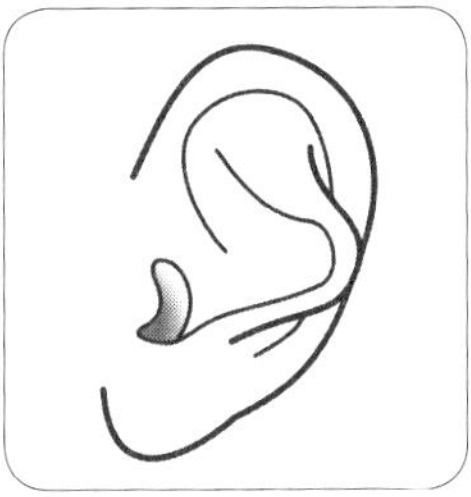

内輪とは、外輪の内側にある軟骨部分である。これが発達して、外輪より飛びだしている耳がある。

これは、次男以降の耳といって、最初の子供には見られない。長女でこの耳をしていれば、その人に兄がいるだろうし、いなければ、親が何らかの事情で最初の子供を失った可能性が高い。

内輪が飛びだした人に、消極的な人はいない。一様に活動的でアグレッシブである。自分の人生を自分で切り開こうという活力に満ちているのだ。

つまり、最初の子供ではないから、家督を相続できないゆえ、自力で何とかする耳なのである。長子相続の風習が、第2子以降の運勢を変え、ついには耳の形まで変えたと解釈できる。

これで垂珠《すいじゅ》（耳たぶ）が発達していれば、一代で財産を築く才覚に恵まれていることを示す。

耳たぶがない

（男性ならロマンチスト　女性なら一芸に秀でる）

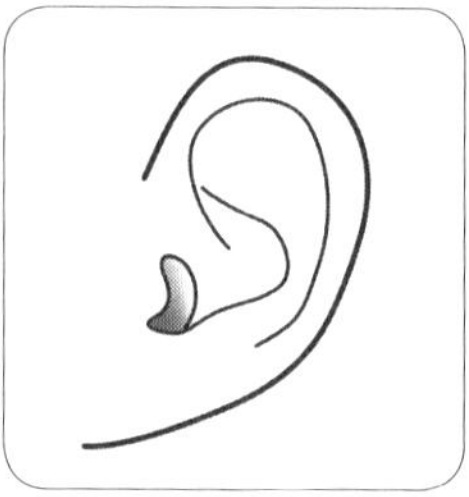

人相学では、耳たぶを垂珠《すいじゅ》という。

垂珠のない人は、相書によれば「莫大な財産をことごとく使い果たし、末は流浪の身になる」という。だが、これはいささか酷な判断である。

垂珠のない男性は理想家なのである。ロマンチストで、現実より夢物語の世界に憧れる。だから実行力が乏しくなるわけだ。しかし、与えられた仕事は確実にこなすので、変な野望さえ持たなければ雇われ社長ぐらいにはなれる。

女性については「垂珠のなきは短気なれども才あり」と記されている。短気で人づきあいは苦手だが、一芸に秀でているという意味だ。だが、家庭運が定まらない相でもある。男運が悪く、後家相とも記されている。つまり、この女性と恋愛する男性は、悪いヤツということになるが、それはさておき、都合のよい女にならないように用心すべきである。

耳たぶが大きい

（なかなかの野心家　名誉と富に恵まれる）

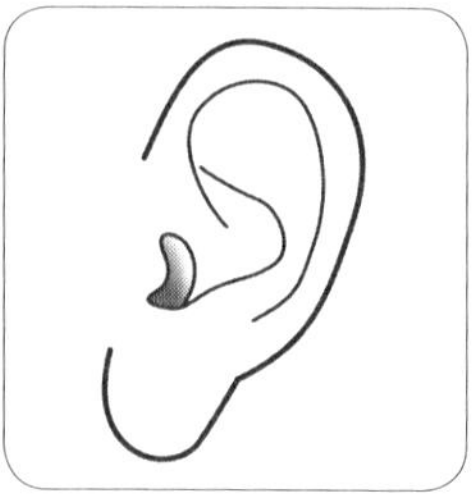

耳たぶの大きな人は、スケールが大きく野心家である。名誉と富に恵まれる一生である。

しかし、耳たぶが柔らかすぎてはいけない。ある程度の堅さが吉相の条件である。そして、内側に湾曲し、米粒が乗るほど豊かであれば文句なしだ。

女性ならば、明るい性格で男性から愛され、理想の妻となるだろう。肉体的な魅力も十分である。

このように、耳たぶの豊かな人には幸運が約束されているのだが、大きすぎるのはかえってよくない。運の強さを支えきれず、孤独な晩年を送ることになりかねないからだ。

また、耳たぶに赤い筋が生じることがある。それは、仕事がうまく回っていないことを示している。赤ではなく、青い筋が出たり、青い色が浮かんだりしたら危ない。大損害の予兆だから要注意だ。

貼脳耳《ちょうのうじ》

（頭脳明晰、用意周到
やることにソツがない）

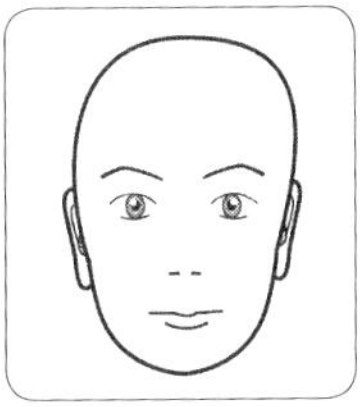

側頭部に貼りついたような耳を貼脳耳という。

相書によれば、高貴な家柄に生まれた人に多いという。その真偽はともかく、頭脳が明晰で、用意周到であることは間違いない。

犬の耳を見ても、緊張すると頭に貼りつくわけだから、つねにスキのない人であるとわかる。だから、やることにソツがない。

金耳《こんじ》

（富貴と名声を得る
子供運にやや難あり）

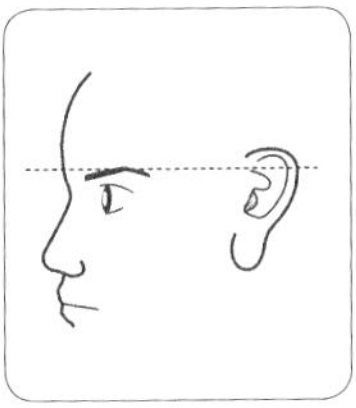

吉である。

眉よりも高い位置にあり、外輪の上部が発達していない。耳たぶは、ほどよく発達している。そして、耳の色が顔の色より白い。これが金耳の成立要件である。

この耳の持ち主は、富貴であり名声も得る。ところが、子供運があまりよろしくない。親子間の距離をほどよく保つことが肝要だ。

扇風耳《せんぷうじ》

（熱しやすく冷めやすい
若いころの財を大切に）

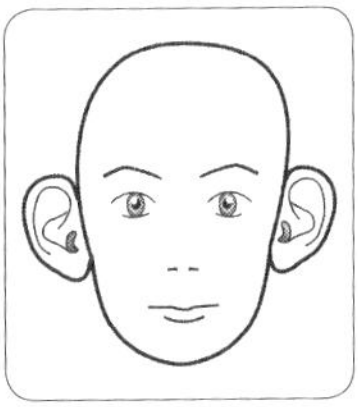

耳が開き、正面から丸見えの相を扇風耳という。この人は、家財を使い果たすとされている。若いころは裕福でも、中年以降は経済的に苦労する相なのだ。

思慮が浅く、やる気に逸《はや》るが、すべてが中途半端。そして次のことに熱中しては、また放りだす。

最初の恋愛でつまずき、独身を貫くことになりがちである。

木耳《もくじ》

（奉仕の精神が
凶意を吹き飛ばす）

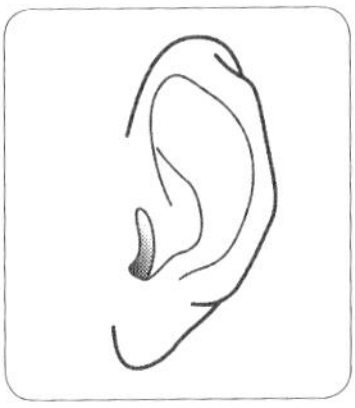

凶である。

外輪も内輪も、外側に湾曲している耳をいう。

この人は、肉親との縁が薄く、貧困生活にあえぐ人生を送るかもしれない。

しかし、社会に奉仕するような仕事に就くことで、平凡ながらも満ち足りた人生をつかむことが可能である。

水耳《すいじ》

大物に成長して取り巻きをつくる

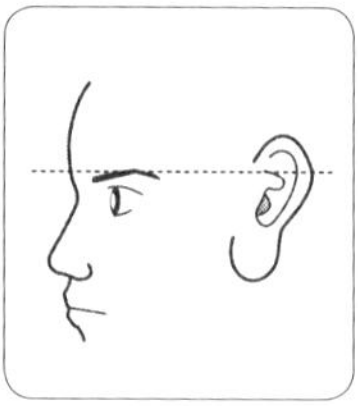

吉である。

厚みと丸みを備えている耳である。耳の位置が眉よりも高く、耳たぶがほどよく発達している。そして、耳が硬く、健康的な薄い赤みが差している。これが水耳の成立要件である。

やがては大物に成長する人である。富貴であり、多くの人にかしずかれるだろう。

土耳《どじ》

大発展して富と名声を得る

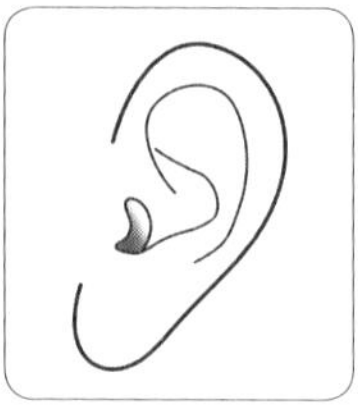

吉である。

硬くて大きく、肉づきのよい耳である。しかも、見た目のバランスもよいのが土耳である。

大発展する運を備えている。富と名声も得るだろう。

選挙に出馬すると、政権を補佐する役目に就くこともある。物事の基盤をつくる運勢に恵まれているともいえよう。

火耳《かじ》

愛される切れ者 晩年は安泰

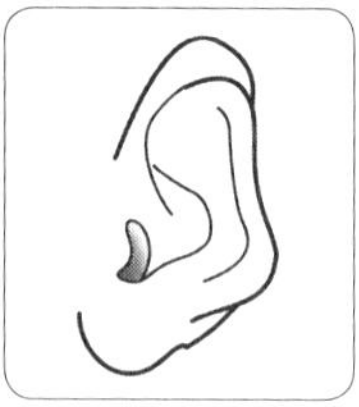

吉である。

外輪が上に尖り、内輪が外側に湾曲している。耳たぶはほどよく発達しているが、あまり大きくはない、という耳である。

この相の持ち主は、キレ者で自意識が強い。晩年は安泰である。それほど出世することはない代わりに、多くの人から愛される人物に成長するだろう。

棋子耳《きしじ》

裸一貫から大成功 中年には大富豪に

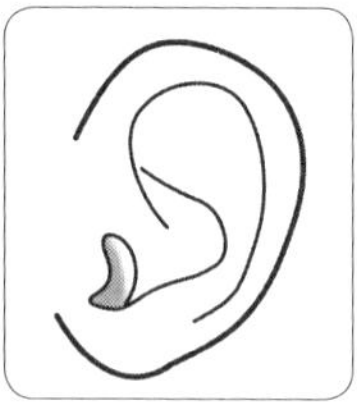

吉である。

碁石のように丸い耳であることが大きな特徴である。内輪と外輪のバランスが絶妙に取れていることが条件である。

裸一貫から優れた事業家となる相である。サイドビジネスなども成功させる実力者。マルチな経営手腕が光っている。中年には早くも大富豪という運命だ。

垂肩耳《すいけんじ》

出世は思うがまま
大賢者の相

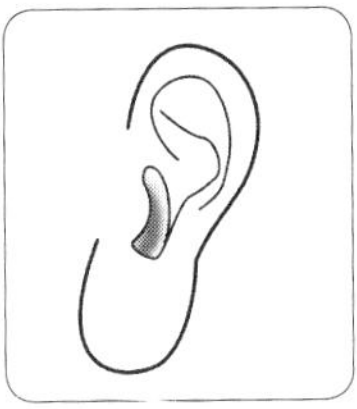

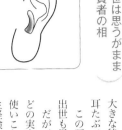

吉である。

耳が厚く内輪が発達している。大きな特徴は、垂れるほど大きな耳たぶである。

この耳の人は大賢者である。大出世も思うがままとされている。

だが、極端に大きな耳は、よほどの実力と強運を備えていないと使いこなせず、逆に凶となる。人生経験と大らかさが開運の鍵だ。

猪耳《こじ》

時代劇の悪徳商人
施しの心で運勢好転

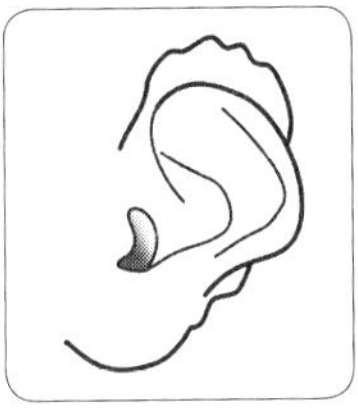

凶である。

内輪が飛びだしているのが最大の特徴である。加えて外輪に欠けがあり、耳たぶがない。

悪どい儲け方をする相である。だが、富は築ける。時代劇の悪徳商人ふうである。晩年は凶事がつづき、孤独になるだろう。しかし、施しの心を持てば、生来の才知が活きて、運勢が好転するはずだ。

虎耳《こじ》

知恵と勇気で
ステータスを築く

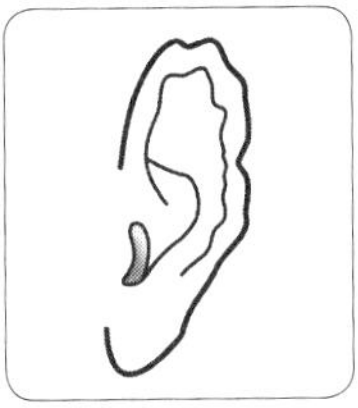

吉である。

耳が小さく、外輪と内輪に欠けがある。正面からは見えないほど頭に貼りついていることが、成立の絶対条件である。

この耳を持つ人は、あたかも野生の虎のように、生きる知恵と勇気の両方を備えている。苦労を重ねて、かなりの地位までのぼりつめることだろう。

鼠耳《そじ》

社会貢献が
開運の鍵となる

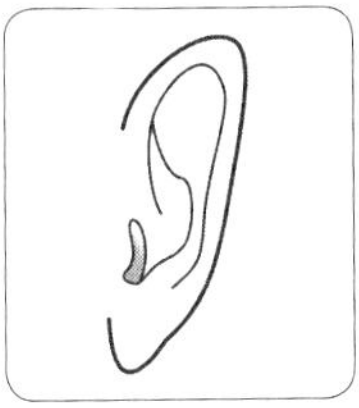

凶である。

耳の上部が高く飛びだしている。そして、耳が反りかえっているため、尖って見える。

『神相全編』では「常習的な小盗人で、晩年は獄につながれる」と、手厳しい。詐欺師に見かける耳だが、愚かな手口を用いるので見破られる。社会に貢献する絶対の覚悟を持てば救いはあるはずだ。

驢《ろ》耳《じ》

経済的な困窮を立て直して開運へ

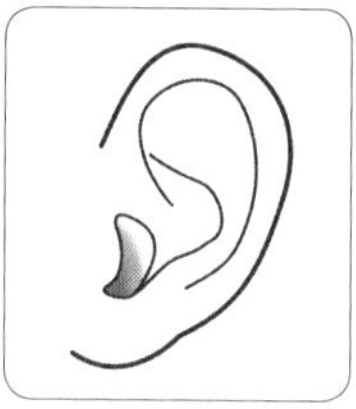

凶である。

外輪と内輪が目立ち、耳の肉が厚い。だが、耳全体が柔らかい。さらに、耳たぶがない。

この耳の持ち主は、経済的な困窮を経験するだろう。そうなったら、しっかりと立て直すことだ。さもないと、失敗癖がついてしまう。そして、最悪の晩年を迎えるはめになるだろう。

開《かい》花《か》耳《じ》

巨額の財産を使い果たす可能性あり

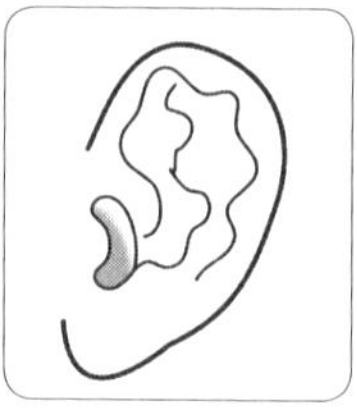

花びらが重なるように内輪が錯綜し、外輪が尖っている。

巨額の財産を相続しても、やがては使い果たし、晩年は貧苦にあえぐ耳である。自制と節制が求められる。

格闘技をすると、床に耳をこすりつけられるなどして、内輪が変形し、開花耳になる場合がある。その場合も凶と判断する。

箭《せん》羽《ば》耳《じ》

宵越しの金は持たない流浪の身になる心配も

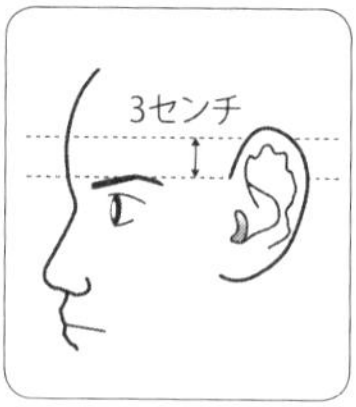

凶である。

眉より3センチ以上、高い位置にあり、内輪がいびつで、耳たぶがない。

この人は、宵越しの金を持たない。株で失敗して財産を失うタイプだ。「流浪の身になる運命」と相書に記されている。パートナーに財布の紐を握ってもらえば、流浪の身になることを回避できる。

低《てい》反《はん》耳《じ》

耳以外の相がよければ凶意は大きく減じる

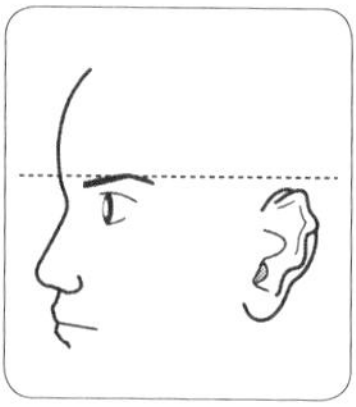

凶である。

耳の位置が低く、内輪が反り、外輪が開いている相だ。

幼少期から苦労の連続で、財運がよくない。遺産があっても使い果たす。強情なので、周囲が手を焼く。死んでも葬式を出してもらえない相ともいわれている。

だが、耳以外の部位に吉相があれば、凶意は大きく減じる。

耳の色

かすかな赤みは運気良好のサイン

すでに述べたが、耳は、その人の健康状態を如実に語る。

耳が白く、わずかに赤みがさしていれば、ベストコンディションである。運勢も上昇中だ。

一方、顔の色に比べて、耳だけがピンク色をしているのは、男女とも性欲に燃えている状態を示していると見るのが正解である。

また、耳は普通の色なのに、額が黒っぽくなっているのは、大きな壁に突き当たって精神的に参っているというサインである。

反対に、額は普通の色だが、耳が黒っぽくなっていることがある。この場合も要注意である。近い将来、健康が傾くか、仕事や事業が失敗する予兆なのだ。心当たりがあれば、即座に対処すること。そうすれば、最悪の自体は避けられる。

耳が火照ったように真っ赤になっているのは、運動不足であることを示す。頭ばかりを使って、足を使わないとこうなるから、少し散歩でもするとよい。

あるいは、脳溢血の可能性も考えられる。体調がおかしければ、軽く見ないで医師に相談するほうがよい。

耳垢

乾燥タイプはさっぱり粘着タイプはじっくり

耳垢は、乾燥したものと、粘りけのあるものの2種類がある。

日本人の耳垢は、乾燥タイプが多い。

このタイプの人は、さっぱりとした気性で、怒ったとしても、翌日にはケロリとしている。多少のいざこざがあっても、すぐに仲直りできるし、根に持たないという美点がある。

その代わり、忍耐力に欠ける。たった一度でも挫折しようものなら、目標を放りだしてしまうこともある。

また、付和雷同しやすいことも特徴のひとつだ。流行に敏感で、時流に乗りやすい傾向も見られる。

一方、粘りけのある耳垢は、外国人に多く見られる。このような人たちは、体臭も強いといわれる。

このタイプの人たちの最大の特徴は、受けた恩や恨みを忘れないことだろう。軽はずみなことはしない。だが、ひとたび動きだしたら、持ち前の粘りと根性を発揮して、必ず目標を達成する。よくも悪くも粘着質なのである。

自分ならではの個性や持ち味を重視するため、はやりものをいたずらに身につけることはない。

人中

人中とは、鼻の下と口の間にある縦の溝であり、おもに生殖力と、寿命の長短を見る部位である。

女性の場合、人中に赤い点や吹き出物が現れたら（①）、子宮あるいは夫婦間のトラブルの前兆とされる。また、妊娠中の女性の人中を見たときに、先が尖っている（②）なら男の子、先が丸まっていれば（③）女の子を産むといわれている。お腹が尖っていれば男の子といわれているから、あわせて判断するとよい。

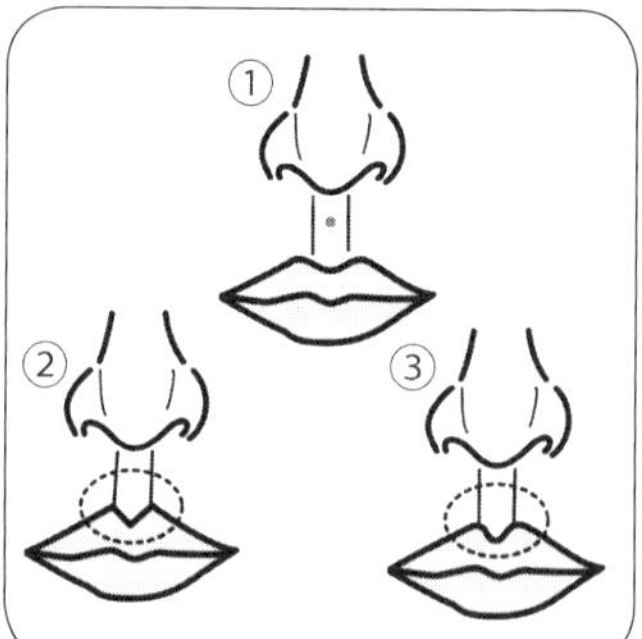

長い人中

（溝が深ければ子宝に恵まれて長寿）

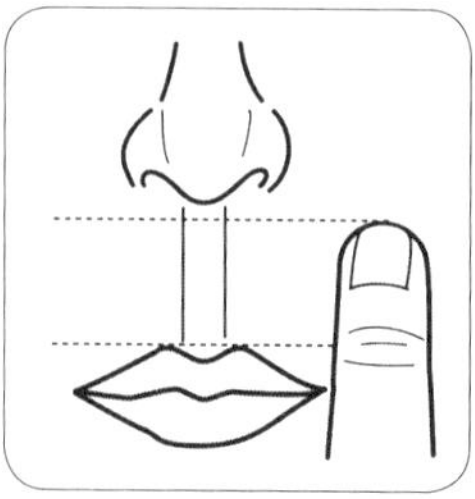

人中の長さは、その人の人差し指の先から第1関節までを基準とし、それを超えれば「長い」とする。

人中は、長くて溝が深いものを吉相とする。子供に恵まれ、しかも長寿ということになっている。

また、人中の長い少年は早熟である。もちろん女性もだが、性的なことに早くから関心を持つだろう。学校の成績が振るわないなら、原因は興味がそちらに向いているからだと断定しても、まず間違いないだろう。

なお、人中の溝は、年齢とともに変化する。十代ではくっきりと深く、メリハリが際立っているのだが、加齢にしたがってぼやけてくる。

この溝は、精神的な潔癖さを表している。だから、中年になっても溝が際立っている人は融通がきかない。女性なら、少女のようなところがあって堅苦しい。

横筋のある人中

（女性なら名器
男性なら熟女に人気）

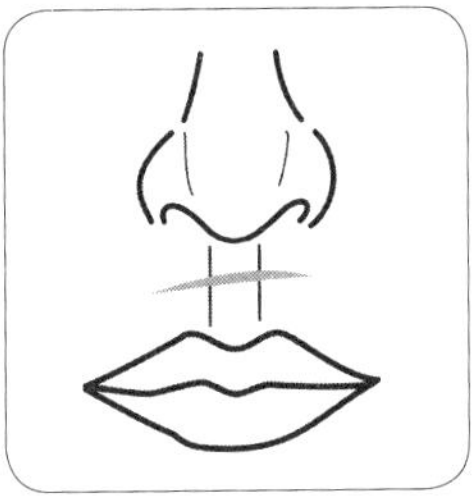

人中に横筋のある女性は、男性をとりこにする名器の持ち主だといわれる。この女性とつきあうと、男性は離れられない。女性のほうが、下手に別れを切り出そうものなら、刃傷沙汰になりかねないほどの吸引力なのだ。

笑うときだけ人中に横筋が生じる女性がいるが、それも同様に判断するのが正解である。

ただ、難産するか、子供に苦労をかけられるという暗示もある。

一方、男性の場合、人中に横筋があると、女性問題で苦労する。

年上の女性に人気があるので、若いツバメとしてお小遣いをもらえる場合もあるだろう。だが、そのほかの運勢はパッとしない。

若いころの勇ましさはどこへやら、中年以降は運勢が低迷し、苦労がのしかるかもしれない。

先端が細い人中

（気が弱くてうぶな人
ここ一番の根性を養え）

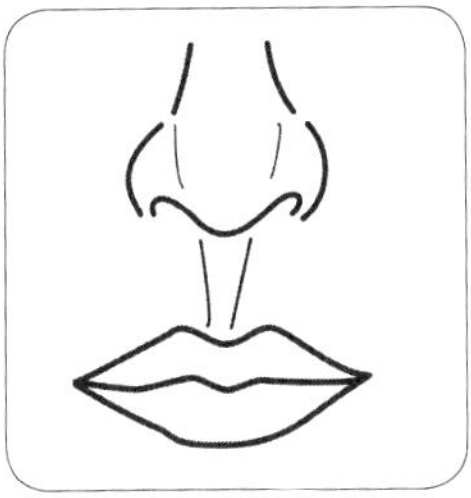

先端に行くほど狭くなる人中は、ひどく気が弱いことを示す。

女性は、男性から食事に誘われただけでも、気の毒なほど戸惑う。男性の場合は、好きな女性に挨拶すらできずに何年も片思いをつづけ、別の男に横から彼女を奪われるタイプだ。

臆病で気が弱いと、この世で生きていくのに苦労する。チャンスをつかみそこなうこともたびたびだろう。相書には「晩年、生活に困窮する相」とあるが、若いころから金銭的には恵まれないだろう。

なお、女性の場合、食事に誘われて戸惑うだけはでない。ベッドでも苦労する可能性がなくはない。色情を判断する相書『刀巴心青』によると「陰口狭く、奥に行けば広い」とある。つまり、セックスのよさを知るまでに時間がかかるタイプかもしれない。あまり焦らぬことが肝要であろう。

湾曲した人中

自分の心に背く相
ストレス発散を心がけよ

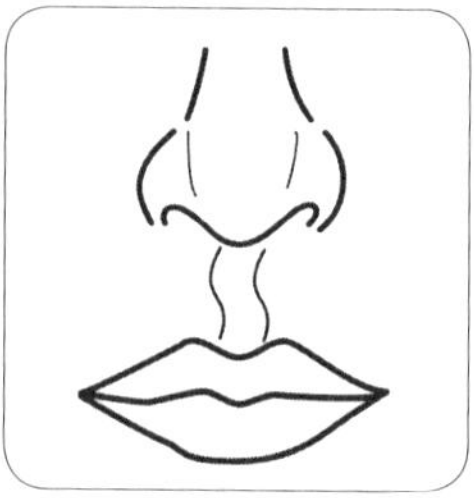

相書によれば、人中が曲がっている人は、心が正しくないという。邪悪の相だというのだ。

これには、正しい説明が必要だろう。要するに、自分なりの正義感やモラルに背いてしまう人だと解すべきである。

たとえ法を犯すような行為をしても、自分の正義感に従っていれば、邪悪とはいわない。だが、人中の曲がった人は、自分の心に背くような真似をしてしまうのである。これが、「心が正しくない」の本当の意味だ。

なお、人中が湾曲している女性は、膣も湾曲しているとされる。または、子宮のトラブルも考えられなくはない。

かつて近所に、頭の形が歪んでいる子がいたが、母親の人中には歪みがあった。もしかしたら出産時に苦労したのかもしれない。小学校に上がるころには、子供の頭の歪みはすっかり直っていた。

中央が広い人中

女性なら博愛主義者
男性なら手堅い職が吉

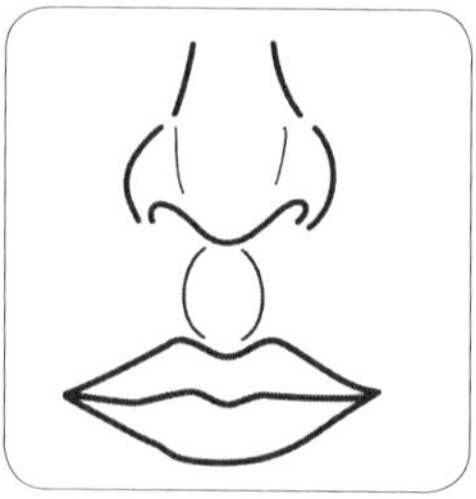

人中の中央が広く、さながら「O」のような形になっている女性は、色情を判断する相書『刀巴心青』によれば、「救いようのない淫乱」であるという。

求められると断れない博愛主義者であり、性的にもそれが出てしまうのだろう。本人としては、真心を込めて相手に尽くしているだけなのだが。

男性の場合、この相の持ち主は、事業家になる夢を捨てたほうがよいかもしれない。物事が成就しない暗示が濃厚なのである。

資金を投じては失敗し、今度こそはと再起しても、病魔に襲われるという不運が、この人中には刻印されている。

余計な野望は捨てて、なるべく手当てが厚く堅い職業に就くことが安全であり、幸運である。

この相の人から共同経営の話を切り出されても、承諾してはいけない。

目立たない人中

少々だらしないかも？
金銭と健康の管理を

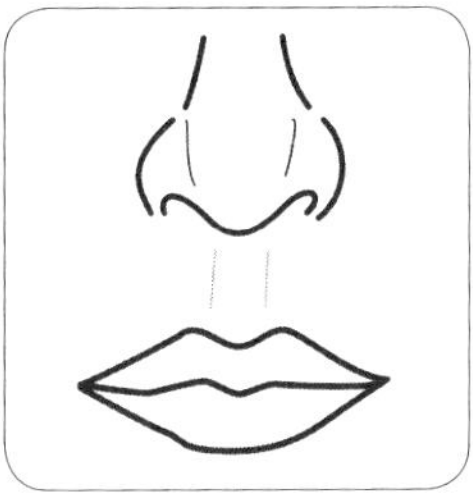

人中の目立たない人は、一説によれば病気がちで、目から鼻に抜けるような才覚を使い切れないといわれている。

成功間違いなしという場面なのに、なぜか失敗することがある。学生ならば、日ごろの成績がよくても、本番の試験ではミスをする。そんな運のなさに泣かされることもあるだろう。

若いころの人中は、クッキリしているのが普通である。ところが、若いにもかかわらず、人中の溝が浅かったり、ぼやけていたりするなら、性的なモラルが欠如しているサインとなる。

また、お金についても堅実とはいいがたい。何に使ったのか記憶にないような、だらしない支出をしがちだから、管理をしっかりすることだ。

ここ一番の大切なときに風邪をひいてしまうなど、体調を崩しやすいことも、この人の特徴のひとつだ。

短い人中

短命で神経質だが
溝が深ければセーフ

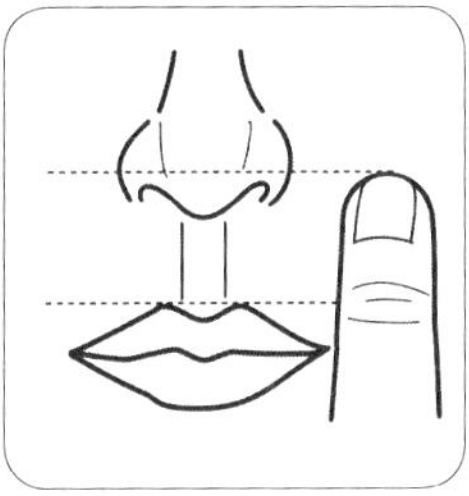

人中が、人差し指の先から第1関節より短ければ、「短い人中」である。

人中の短い人は短命という説がある。ホクロや傷などがあり、色が黒ずんでいると、その危険性はより高くなる。

人中が短い人は、始終イライラしている。神経質で、相手の不用意な発言をいつまでも根に持ってしまう。

ただし、人中が短くても、溝が深くてはっきりしているならば、短命とは判断しない。とはいえ、女性の場合は、人中が短いならば、膣が浅いという傾向があるとの説も見られる。

なお、鼻の下は長いのに、人中が途中で消えて、短くなっている相がある。この場合は、泌尿器か喉にトラブルが起こりやすい。また、詐欺の被害にも注意しなければならない。

ほか、男性の場合、人中の短い人は、性器が短いことを悩むケースが多い。

広い人中

（整理が苦手な不精者
親分肌で金運は良好）

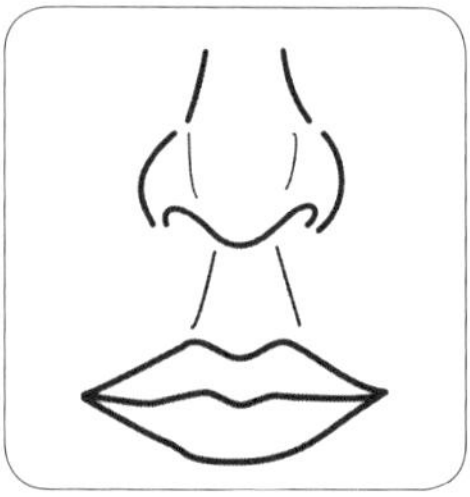

人中の広い人の部屋は、だいたいにおいて散らかっている。ものをキチンと整理することが苦手なタイプだ。とにかく無精である。

　男女とも親分肌で、積極的に活動するので、金運は悪くないだろう。

　しかし、管理能力が問題なのだ。収入はあっても、つい油断して社員に使い込まれたり、女性の場合は、亭主に財布からお金を抜き取られたりしても、気づかないでいることが多いようだ。

　色情を占う『刀巴心青』は、「人中広きは多情なり」と断じている。ただし、これは人中の溝が浅いケースであり、深ければ多情とまではいかない。

　ただ、これまでも述べてきたとおり、人中の溝は、年齢とともに浅くなる。十代のころは恋多き乙女であっても、中年を過ぎると多情なオバチャンとなる可能性は大きいのである。

狭い人中

（性的な方面は苦手かも
溝が浅ければセーフ）

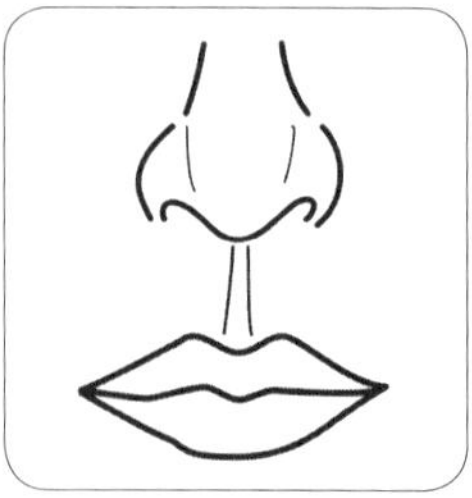

　人相学では、人中を産道と見るから、人中が狭い女性は、難産と判断する。子供に恵まれないというケースもある。

　人中の狭い女性は、おおむね冷え性で、子宮が未発達であることも考えられる。そのために性的なコンプレックスがあり、セックスを楽しむことができない。そうなると、すべてが面白くなく、自分の殻に閉じこもりがちになる。

　一方、人中の狭い男性に、セックスの達人はいない。未熟であるため、相手を満足させられないのだ。

　人中の狭い男性が、だいたいにおいて晩婚なのは、気が小さいだけでなく、性の快楽を知るのが遅いからという理由があるのかもしれない。

　狭い人中でも溝が浅ければ、このような傾向はあまり見られない。しかし、人中の溝が深ければ、こうした傾向がいっそう強くなる。

めくれ上がった人中

（大人になりきれない幼さのしるし）

人中が唇のあたりで、めくれ上がったようになっている人がいる。だいたい若い女性に見られる。

まだ子宮が成長しきっていないことを示す相である。性体験をしたあたりから、このめくれが見えなくなり、性体験を重ねるにしたがって、普通の人中になる。

これを念頭に、若いタレントの人中を眺めるのも、人相学の勉強となる。

『刀巴心青』には、「淫蕩で身を誤る」と記されているが、快楽に耽溺するわけではない。世間知らずであるため、異性にだまされて道を誤るのである。

男性の場合も、めくれ上がった人中は年齢とともに消える。30代になっても、まだこのような人中をしているならば、その男性は大人になりきれず、感情のままに行動する軽挙妄動タイプだ。社運をかけるような仕事を任せることは、よくよく考えたほうがよい。

髭の生えない人中

（貪欲だが中身がない自分の意思を持つべし）

男性で、人中に髭の生えない人、あるいは人中のところだけ剃っている人は、非常に貪欲である。その追い求め方たるや、恥を知らない。

揉み手をしてお金を求め、世間に低頭して名声を得る。進学に際しては名門校を目指し、内申書をよく見せるためにボランティア活動をする。

ところが、この人は自分の意思というものを持たない。自分では持っていると信じているが、それは、そのときどきの流行をなぞる場合がほとんどだ。

つまり、貪欲に求めるわりには、中身がないのである。

一方、人中に髭のある男性は、しっかりとした考え方で行動するタイプである。いたずらに高給を追い求めず、ある程度の収入で満足し、あとは自分の趣味などに時間や労力を注ごうという人である。活動的で、決断力も備わっている。

法令線

法令線とは、鼻から口元にかけて下りる線である。頬と食禄（p228）を分ける境界線でもある。

ここには、職業や社会的な立場に関するサインが現れる。

一般に法令線は、若いころは現れない。自分の職業や地位がハッキリするにつれて、明確な線として出てくるのが特徴だ。

中年になっても法令線がほとんど目立たない人がいるが、こういう人は、自分の仕事に対してアルバイト的な感覚を有している。現在の仕事を一生つづける気がないとも判断できる。

だが、やがて独立し、経営者となると、突如として法令線が現れることがある。このような変化を観察することは、人相学の醍醐味のひとつである。

かつて筆者は、法令線のない社長に会ったことがある。ネットショップに関する件で顔を合わせたのだが、社長というには若く、貫禄が乏しかった。これは妙だと思って「雇われ社長さんですか？」と尋ねてみたところ、果たしてオーナーは別にいるとの答えであった。

法令線のない社長には、隠れたボスがいるという原則を再確認した次第である。

法令線は、口元にハの字を描くように伸びるが、左右対称のハの字が理想である。

左右が対称であるということは、職業的な立場が揺るぎないという意味になる。

このような相を持つ人は、社会で頭角を現し、おそらく高い地位にまでのぼりつめるだろう。

女性の場合、法令線が深く刻まれているのは、男まさりの看板を顔に掲げているようなものである。

社会に出ると、そのパワーがいかんなく発揮される。持論をガンとして曲げず、敵対する者には全力で立ち向かう、恐るべきファイターなのである。

しかし、結婚すると家庭を完璧に守り、古風なまでに封建的な妻となるから面白い。

長い法令線

適した職業に就き 実力を発揮する吉相

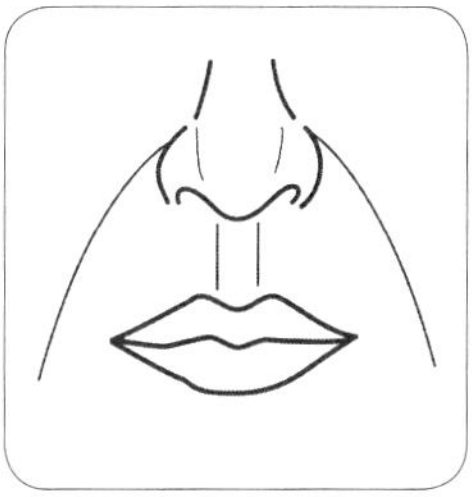

口の両側へ広く伸び、口角を超えれば「長い法令線」で、吉相である。

　自分に適した職業に就き、実力をいかんなく発揮することが約束されている。口八丁、手八丁で、しかも仕事熱心とくれば、イヤでも成功するだろう。

　女性の場合も、度胸がよく太っ腹だから、家庭にくすぶっているのは宝の持ち腐れである。仕事に就けば、夫が追いつけないくらいの富と地位を手に入れる可能性は十二分にある。

　ただし、このような吉相は、わずかな傷やシミに弱い。

　傷やシミというのは、失敗や挫折の予兆である。この相の持ち主は、そのような経験があまりないために、ひとたび崩れるともろいのである。

　もしも法令線上に傷やシミなどが出現したときは、すみやかに不運への対策を講じることが不可欠である。

先が口角に接する

仕事と健康を 手堅く守る配慮が必要

法令線は、口から離れていることが吉相の条件である。

　この場合は、離れるどころか、法令線の先が口角に接している。

凶相である。

　相書には、「生活力がなく、食べるに窮する」と記されている。

　職業を示す法令線が凶相なのだから、仕事で何らかの失敗をして、その後始末に奔走した結果、運勢が疲弊することが考えられる。

　しかし、この「食べるに窮する」という表現には、生活力の不足もさることながら、別の意味で深刻な暗示がふくまれている。それは、食べ物が口に入らないような病気になるという可能性だ。

　この相を持つ人は、ふだんから暴飲暴食を控え、健康管理に留意することが大切だ。そうすれば、法令線の示す凶意を避けることができるはずだ。

断線している

やむをえない事情で
職場を変える可能性が

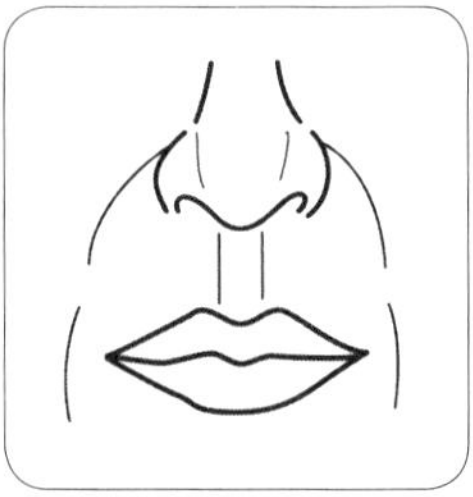

職業上の挫折に見まわれる相である。転職などではない。望まない形で仕事を辞めることが示唆されているのだ。

汚職や使い込みかもしれないし、部下のミスの責任を取ることかもしれない。濡れ衣という形も考えられる。

法令線が切れている場合は、他人の火の粉が降りかからないよう、細心の注意を払わなければならない。

人相学では、食禄（口の周辺）や口を家庭と見る。それを守るように法令線が伸びることから、この線が切れていることは、家庭の崩壊を意味する。

女性の場合は、離婚の危険性を念頭に置くべきで、離婚しても生活が維持できる資金を確保することが必要である。

また、小人形法（ｐ４０１）では法令線は足、逆人形法では腕を意味するから、手足のケガにも用心するほうがいいだろう。

左右が非対称

短い側に問題あり
男女で解釈が異なる

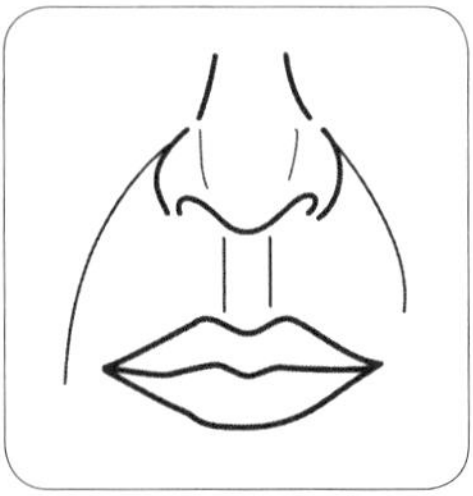

法令線の長さが左右で異なる場合は、短い側に問題があるとされる。

男性の左側が短いなら社会的な問題、右側が短いならプライベート面で問題が起こる。女性の場合は、左右がこれと反対になる。

したがって、女性の場合、左側の法令線が短ければ、仕事に精力を注ぐあまり、家庭をおろそかにして離婚するかもしれない。独身を貫くことも考えられる。

また、感情が一定せず、笑ったかと思うと、次の瞬間には怒りだすような極端な面が見られることもある。

あるいは、外国語を学ぶ能力にかけては優秀なのに、数学の成績はまったく振るわないなど、才能がひとつの局面に偏ることもある。

ここでは長さの非対称について述べたが、線の太さや深さが異なる場合も、これに準じて判断すればよい。

短い法令線

若々しく見えるが かなりの気苦労もあり

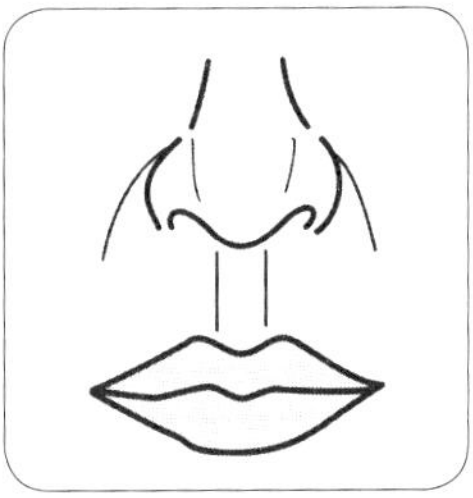

口角に届かない法令線をいう。職業が定まらず、下手をすれば40代になっても、アルバイト感覚で仕事することを暗示する。

この人は、実年齢よりもかなり若々しく見える。しかし、本人が抱える気苦労は相当なものだ。

大望を抱いて必死の努力をするのだが、その方向性が自分の能力に合っていないために、努力が報われずに苦労する人に多く見られる。

自由業を志す人は、自分の法令線をしっかりと確認してから、第一歩を踏み出すことだ。

20代も後半になると、同年代の人々が、どんどん世に出ていくだろう。そのような人々を横目で眺めながら、ひとり自分の道を歩むのは不安なものである。

法令線が短いなら、腹を決めてわが道に邁進しなければ、成功はない。

二重法令線

男性なら二重生活 女性なら再縁の相

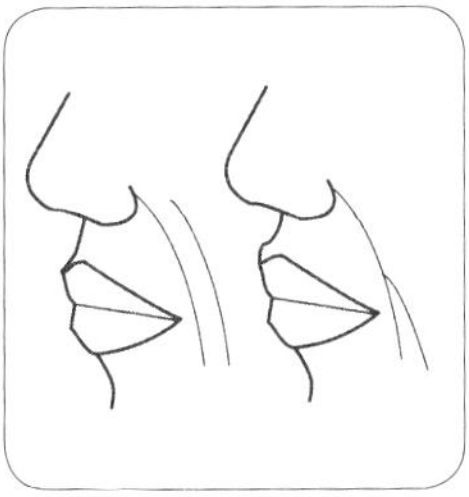

二重法令線には、ふたつのパターンがある。2本の法令線が平行に伸びている場合と、1本の法令線が途中で2本に分かれている場合である。

もっとも、どちらのパターンでも判断はだいたい同じである。

男性の場合は、家をふたつ持つ。つまり、本宅と別宅、ふたつの生活をかけもちすることが告げられている。あるいは複数の仕事に携わって成功をおさめるのかもしれない。

女性の場合は、再縁、再婚の相である。2回目の結婚で幸せになれるはずだから、初婚に失敗したと感じたら、さっさと離婚すべきかもしれない。

運命学では、離婚を罪悪とは考えない。神前で誓おうが、そんなことにこだわるのは時間の無駄と考える。相性の悪い1組の夫婦が別れれば、相性のよい2組の夫婦が生まれる可能性もあるのだから。

口

口ほど、さまざまな機能を一手に引き受けている器官はないだろう。

食事、味の区別、発声、呼吸、噛みつく、なめる、吸う、笑う、威嚇する、口笛を吹く、キスをする……朝から夜まで、いや睡眠中も、われわれは絶えず口を動かしている。

内臓を1本の複雑な管と考えると口はその入り口である。

しかし、思ったことを言葉にして相手に伝えるという意味では、心の出口でもある。

健康の入り口にして精神の出口。このように考えると、いかに重要な部位であるかがわかるだろう。

長年、不平不満を重ねていると、口は「への字」になり、ボール紙に折り目をつけたときのように、容易にはもとには戻らない。そういう人の笑顔は不気味である。

一方、楽しい生活を送っている人は、そんな折り目がついているかのように、笑顔が自然ですがすがしい。

このように、口は人相学にとって判断に欠かせない場所である。その人の性格はもちろんのこと、唇には粘膜が露出しているから、内臓の健康状態を察知することも可能だ。つまり、運勢全体を知る重大な手がかりとなるのである。

また、唇は、脳の末梢神経と深い関連があり、愛情や貞操観念、希望などを表すといわれている。

さらに、粘膜が露出した体の部位といえば、唇のほかには陰部があるきりである。だから、唇を語るときは陰部との関連、つまり性的な要素を外すことはできない。

異性への愛情表現を知りたいならば、唇の形を見ればおおよその見当がつく。

さらに、唇の色つやと弾力、縦に入ったしわの状態を観察することで、愛情表現のさざ波のような細部までうかがうことが可能である。また、唇のホクロによって、愛情表現の傾向まで把握できる。

基本的なことだが、はじめは唇の大小や、厚いか薄いかを見きわめることからスタートする。そうすると、あとは自然に理解できるはずだ。

厚い唇

理性よりも情熱優先 料理上手の才能もある

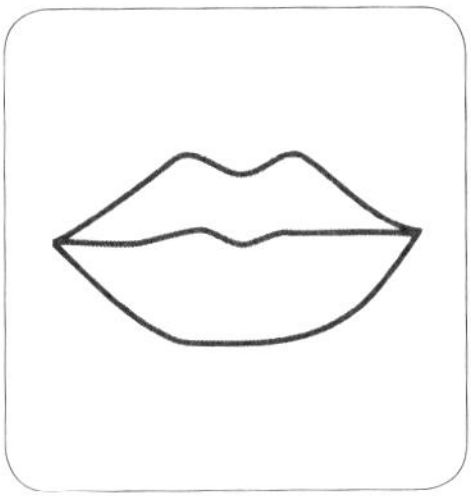

唇の厚い人は、肉感的な魅力を備えている。理性よりも情熱を優先する人だと断じて間違いない。

女性なら、学歴や経済面を重視するようなことを口にしても、最後には、薄給でも自分を愛してくれる男性を選ぶ。これは面白いように一致している。

また、快楽の度合いによって男性の本質を見きわめようとする傾向も、はなはだ強い。

唇の薄い女性でも、情欲に走る場合があるが、これは意味が違う。自分の鈍感さを男性のテクニックのなさと決めつけ、より深い快楽を求めようとするからだ。

唇の厚い人は、男女とも味覚にも敏感である。その証拠に、料理のうまいシェフの唇は、総じて厚いものだ。したがって、うまい料理を堪能したいならば、唇の厚い料理人のいる店をチェックするのが正しいだろう。

薄い唇

冷静に考えてから 恋に落ちるタイプ

唇の薄い人は、いわば冷静な愛情の持ち主である。

冷静とは、愛情が希薄だというのではない。まずは頭で相手を観察し、好きになってよいかどうかを考えるということだ。情熱だけでは恋愛ができない人といってもよいだろう。

唇は、きわめて敏感な部位である。それが薄いということは、肉体的には敏感といいがたいかもしれない。だから、恋の相手の学歴だの職歴だのという、社会的なものに目が向いてしまう。

結婚した女性の唇を見るだけで、家庭内のことがわかるものだ。唇の薄い女性は、潔癖症で、部屋の整頓がゆきとどいているはずだ。子供の教育に熱心であることもわかる。夫の浮気を許さないのも、このタイプだ。

男女とも、ひとこと多いところがあるので、気をつけたほうがよい。

上唇が厚い

情熱的に愛するが
愛されることは苦手

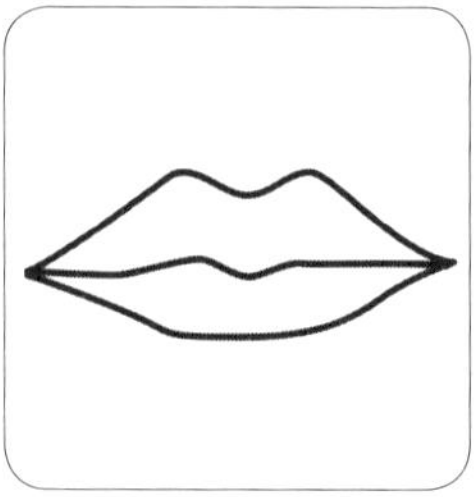

上唇がとくに厚い人は、愛情を追い求める傾向が強い。愛することに情熱を傾けるタイプである。芸能人の熱狂的なファンで、追っかけと称される女性に多く見られる唇である。

しかし、愛されることは苦手かもしれない。もちろん自分の好きなタイプなら話は別だが、友人だと信じていた人から愛を告白されると、激しく動揺する。愛情を受け入れたり、うまくかわしたりする能力が低いのだ。

しかし、唇のラインが直線的できれいな人は例外である。真面目で自制心の強い人だ。

歯が出ているわけでもないのに、上唇が下唇にかぶさるように、前に出ている人がいる。これは愛情過多といえる。男女とも、豊かすぎる愛情に手を焼いているはずだ。自分の思いを遂げようと強引な手段に出る場合も予想される。

下唇が厚い

愛されることが好き
プレゼントも好き

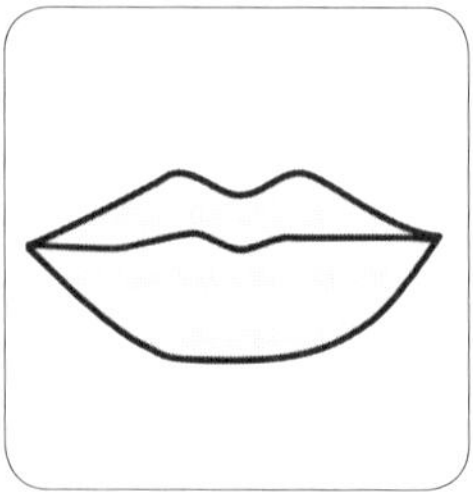

愛されることに幸せを感じる人は、下唇が厚い。いつもだれかに愛されていないと、不安になるタイプである。失恋しても、すぐに次の相手を見つけるため、男女とも、ひとり者として過ごす期間はほとんどない。

相手から愛されている証拠を、お金やプレゼントに求めることも特徴だ。お金の切れ目が縁の切れ目。これを地でいくタイプなので、周囲からは利己的な人物だと評されることになる。

しかし、下唇に弾力があり、美しい形の女性は、目先のプレゼントでは釣られない。もっと大きいものを狙っているからだ。資産家の息子などを目標にする賢さがある。

男性で、下唇がめくれたように厚い場合は、情欲が盛んであることを示している。体力的にも恵まれており、頑強な人である。

曲がった唇

罪悪感と邪悪のサイン 心当たりは要注意

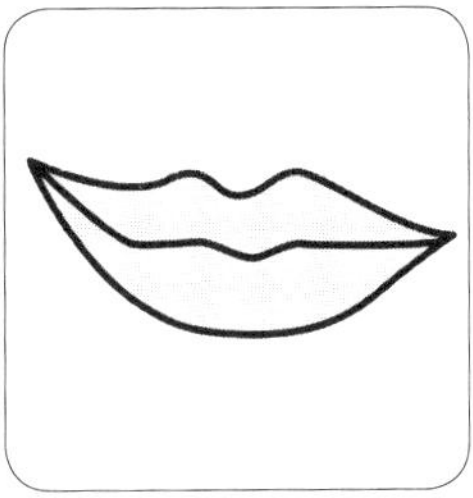

唇が曲がっている女性は、色情のために身を誤る危険がある。

以前はまっすぐだったのに、唇に歪みが発生した場合は、不倫をしている可能性ありと判断される。

ただし、不倫が日常的なものになるにつれて、唇の歪みも直っていく。

男性の場合は、腹の中に邪念を飼っている。ライバルだけでなく、味方をも犠牲にして自分の欲望を果たそうとする人に見られる相だ。

唇は、自分で動かすことのできる器官のひとつである。だが、ままならない場合もある。それが唇の歪みである。

自分のモラルに従って生活しているときは、唇は、歪まずに真っ直ぐである。ところが、罪悪感を覚えるような行動をすると、唇に歪みが現れる。不倫が日常的になると、罪悪感も希薄になっていく。だから、唇の歪みが直るのである。

口角が上向き

明るくユーモアがあり 豪傑に見える

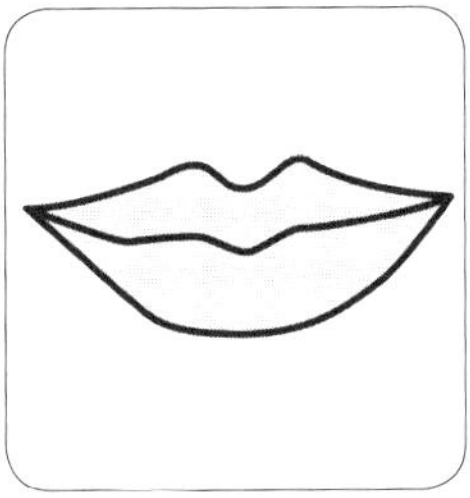

口角が上向きの相を持つ人は、すこぶる評判がよい。明るくユーモアもあり、社交的とされている。女性には、特によい相ともいわれる。相書にも同様のことが記されている。

男性にあっては「偉大なる豪傑に見える」ともある。

しかし、残念ながら、用心が足りないところがある。競争の激しい世界で勝者になれるかどうかは、はなはだ疑わしい。豪傑に見えはしても、成功の保証はないのである。

なお、口角が不自然なまでに上向きになっているのは、偽善の相だから気をつけねばならない。

いつも笑みを絶やさず、雄弁をふるい、周囲の信用を利用して、自分の物欲を果たそうという相なのだ。

自然に口角が上がった相とは、区別して判断しなければならない。

口角が下向き

競争社会で生き残る しぶとさに恵まれる

口角の下がった人は、おしなべて陰気な印象を与える。不平不満が多く、意地っ張りの相なのである。

相書には「意力強いが、万事、悪意に解釈する傾きがある。ゆえに、ついには無理して人に憎まれ老年孤独になる」とある。人間関係を円滑に運ぶことが苦手ゆえ、晩年孤独となるわけである。

口角が下向きで、段鼻の持ち主であれば、この傾向がいっそう顕著になる。優しそうに感じられても、親しくなると底意地の悪さが出る。

しかし、事業など競争の激しい世界でしぶとく生き残るのも、口角の下がった人なのだ。性格のよさだけで、この世を渡っていけるなら苦労はいらない。段鼻の持ち主ならば、自分の個性を正しく発揮できる職業に就けば成功するだろう。

なお、口角の下がった女性は下ツキとの俗説があるが、真偽は定かではない。

大きい口

社交性と慈愛の精神で 事業を成功させる

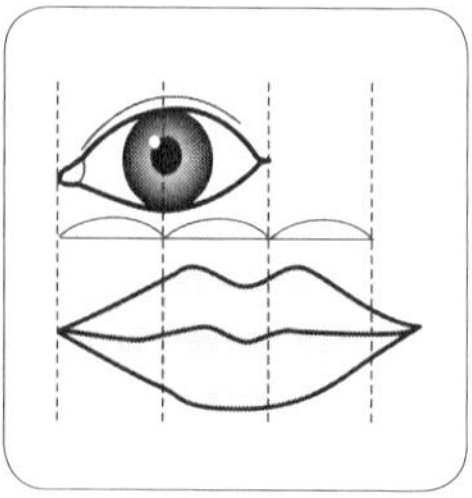

人相学では、口の標準的な大きさは、目の1・5倍とされる。それより大きいか小さいかで、口の大小を判断する。

事業で成功している人物は、男女を問わず口が大きい。社交家で、しかもバイタリティーがあるからである。

口の大きさは小脳に比例するといわれるが、小脳の大きな人は、思いやりがあり、自己犠牲の精神にあふれている。だから人望が集まり、仕事がスムーズに前進するのである。

口の大きな女性は、失恋くらいではクヨクヨしない。ひと晩泣けば、諦めがつく。ただ、不倫の恋は破れる。気持ちを楽にするために秘密を漏らすからだ。

男性でも、秘密をつい漏らしてしまい、ピンチを自分から招きかねない。この点は自覚しておくべきだろう。

以上の欠点は、口元に力がない場合であって、締まりがあれば問題はない。

小さい口

女性なら恋のハンター
男性なら小さな成功者

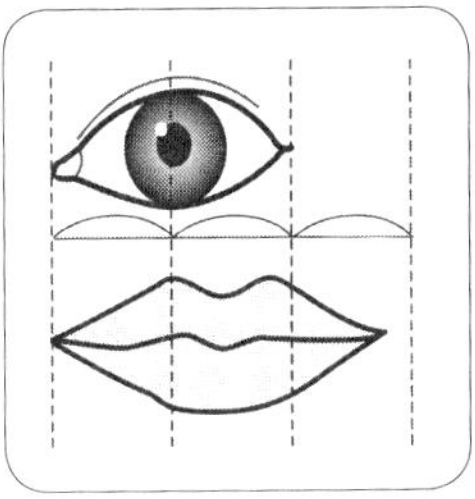

前項でも述べたが、人相学では、口の大きさが目の1・5倍に満たなければ、「小さい口」と判断する。

口の小さい人は、度量が狭く自分勝手である。そのうえ長生きの相ではないともいわれている。

しかし、口の小さい女性は、概して吉相といわれる。男性をひきつけてやまない相なのだ。ただし、口元の締まりがよく、血色もよいことが条件だ。

より口の小さい、おちょぼ口といわれる女性は、誘惑に弱い。男性の甘い言葉につられやすいことが特徴である。また狙った男性を必ず射止めることも特筆すべき点だろう。極端なケースでは、10代の恋を40代で叶えた例もあるくらいだ。思い込みの深さは尋常ではない。

一方、男性のおちょぼ口は、下相である。大きな成功を求めるより、小さな成功を重ねて吉である。

縦筋の多い唇

女性なら多産系
男性ならホスト系

唇の縦筋を歓待紋という。

この紋は、多産系の女性に多く見られる。つまり名器の証拠で、セックスの回数が多くなるから、それだけ妊娠する可能性も高くなるわけである。

唇は、陰部の形とリンクしている。口も陰部も粘膜であるから、唇の色は、そのまま陰部の色ということになる。唇に歓待紋があるならば、陰部もしかりで、絶妙な構造になっていることが予想される。そのため、男性をとりこにする名器だと判断できるのだ。

歓待紋がなく、つるりとした唇はどうかというと、相書には「薄情で情交も薄い」とある。しかし、弾力に富んだ唇ならば例外である。

男性の場合、歓待紋の持ち主は、女性問題を起こしやすい。いわゆる女難の相である。それを逆手に取って、女性を相手にする仕事に就けば成功するだろう。

上下片方が出ている

上唇ならざっくばらん 下唇なら分析力あり

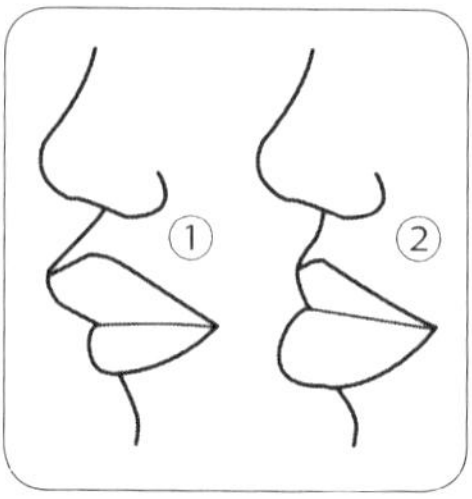

上唇が出ているか、下唇が出ているかで、判断が異なる。

上唇が出ている人は、あわて者で、バカがつくくらいの正直者である。子供っぽくて、ざっくばらん。隠し事のできないタイプである。人間的に重みはないが、軽い飲み友達としては最適だろう。あまり深刻な話をふらなければ、楽しく飲み交わせるに違いない。

男性の場合、絶世の美女を妻にすることがある。苦労をなめた女性にとっては、この人の軽さが癒しになるのだろう。

下唇が出ている相は、男性の場合、相手の気持ちを一瞬にして見抜く分析力がある。ミステリー作家向きである。

女性は、名器の持ち主である。間違ってはならないのは、下の歯が出ているのではないということだ。浮世絵に描かれた女性の口元を思い出していただきたい。あの口がそれなのである。

唇の色と様子

紅色なら健康的 ひび割れは胃の不調

一般に、唇の色は紅色が吉相とはいわれているが、男性で中年の場合は、むしろ呼吸器系統のトラブルを疑ったほうがよいかもしれない。

死相を見る場合、耳を重視するが、今まさに生きるか死ぬかというときには、唇の血色で判断するほうが手っ取り早いだろう。唇に色が残っているならば、まだ死にはしないと判断できるのだ。

口は、体内を走る1本の管の入り口だと先に述べた。出口までがひとつづきなのだから、入り口である唇を見れば、内臓の状態がわかる。痔に悩まされていると、唇がひび割れたりする。ほか、胃が悪いと唇も荒れる。ふつか酔いをすると喉が渇くが、唇も渇いている。

食事中に、やたらに唇を紙ナプキンでふき取る女性がいる。この女性が唇の汚れを気にしていると勘違いしてはいけない。唇を意識するのは、発情しているというサインなのだから。

唇の色がもともと黒味や青味を帯びた人がいるが、『刀巴心青』では、これを「姦通の相」と断じている。それだけでなく「淫乱孕まず」といわれ、子供のできないタイプとされている。

四字口《しじこう》

大成功が期待できる 富貴にして秀才の相

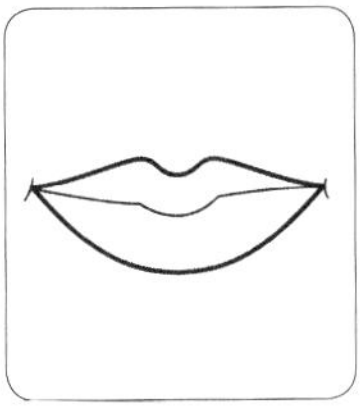

口の端がキリッとして、上下の唇の厚さや長さが釣りあった、形のよい唇である。口角が少しだけ上向き加減であることが、大切なポイントだ。

この人は、大成功をする運命の持ち主である。富貴の相で、かなりの秀才と見て間違いないだろう。どこまでのぼりつめるか、先が楽しみな相である。

仰月口《ぎょうげつこう》

白い歯で唇が赤ければ 文才に恵まれる

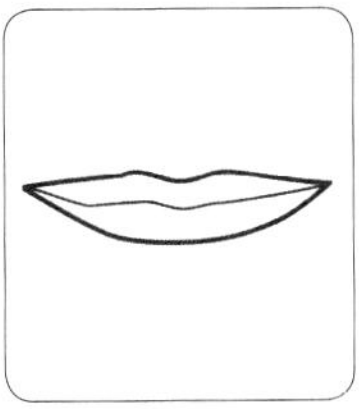

先述した、口角が上向きの唇(p151)に相当する。

この人は、明るくユーモアがあり、社交的だ。女性には特によい相といわれている。また、歯が白く、唇が赤々としている人は文才に恵まれている。

しかし、極端なまでに口角が上向きならば、偽善の相となるので、区別することが必要だ。

方口《ほうこう》

富貴が約束された人生 幸せな日々を満喫

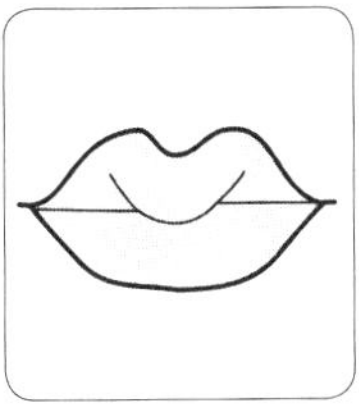

厚めの唇で、つやつやとしている。笑うときも歯が露出せず、ちらりとのぞくだけである。その歯は健康的な白さで、美しい。

富貴が約束された人である。贅沢な人生を謳歌できる、恵まれた運勢が宿っている。

とくに女性の場合は、何の苦労もなく、幸せな日々を笑顔で送るはずだ。

弯弓口《わんきゅうこう》

明朗な性格の人気者 自然に財運が得られる

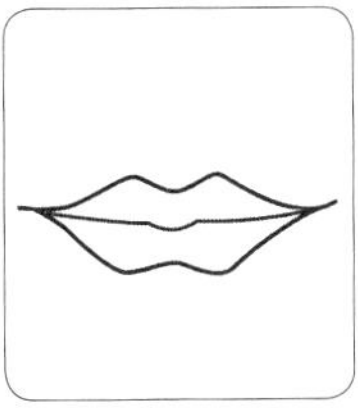

別名、角弓口ともいう。唇がふっくらと豊かでありながら、締まりがある。色は、鮮やかな紅色。口角は、ゆるやかな上向き。これが成立条件である。

明朗な性格で、周囲から認められるため、お金に苦労することはない。無理をしなくても自然に財運がついて回る。不遇な時代があったとしても、必ず頭角を現す。

牛口《ぎゅうこう》

柔軟な頭脳で
高尚な知識を吸収

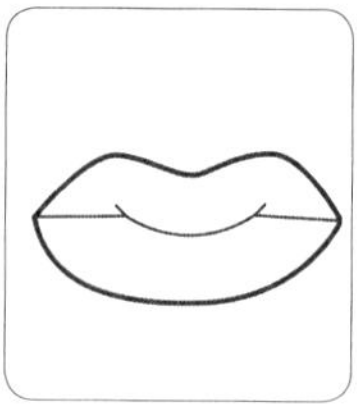

唇が厚く紅色である。俗に、タラコ唇とも称される。

上品とはいえず、どことなく俗っぽい。しかし、頭が柔軟なので、よい環境で育つと、高尚な知識を吸収する。相書には「富貴安泰できわめて長寿」と記されている。両端をキュッと締める習慣をつければ、次項の竜口の運命に変換可能である。

竜口《りゅうこう》

大出世を果たして
権力の座を獲得

厚い唇だが、牛口に比べると両端がよく締まっている。キリッとした唇に見えるはずだ。

権力の座につくことが可能な唇である。前項の牛口と同じように、柔軟な頭脳を持っているので、難問にも臨機応変に対処するだろう。大出世が約束されている。

社会を駆けのぼっていくさまは、まさに竜といえるだろう。

虎口《ここう》

大金持ちになる運命
金銀財宝は思いのまま

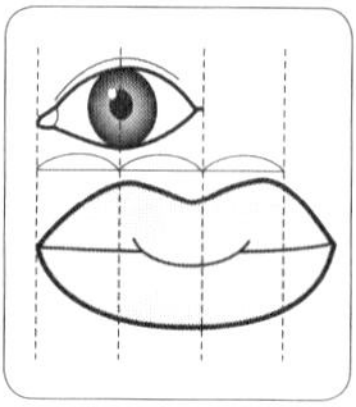

大きな口が特徴である。ただし締まっていることが条件だ。近藤勇は、拳が口に入るほどだったというから、虎口だったのだろう。

大金持ちになる運命である。「屋敷は金銀財宝で埋まる」と記されているから、天才的な商才の持ち主ということだ。近藤勇も商人になっていれば明治の財閥のひとりに名を連ねたかもしれない。

羊口《ようこう》

食事のマナーを
守れば開運可能

非常に薄い唇であること、あごが長く尖っていること、髭が薄いことが、羊口の成立要件だ。

理由なく嫌われる人である。食事のマナーを無視する人が多い。テーブルマナーを守ることが開運の秘訣だ。

さもなければ「貧賤で、障害の多い運命」と、相書に記されているとおりになりかねない。

猪口《ちょこう》

計画したことが
なかなか成就しない

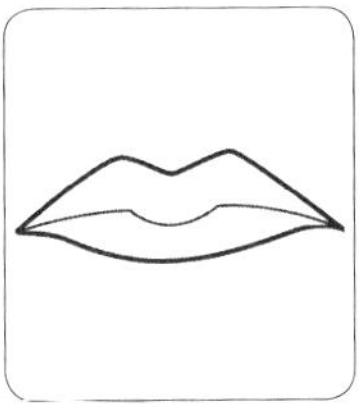

上唇が下唇より発達しているが、粗大な印象を受ける。

人をだまし、誹謗する陰険さにかけては右に出る者がいないといっていい。また、計画したことは、すべて中途で挫折する。人生の落伍者になりがちである。

猪口の人と仕事をしても仲間割れする可能性が大。この人は、善良さと根気を養うべきだ。

鮎魚口《でんぎょこう》

明るく考えることが
開運の鍵となる

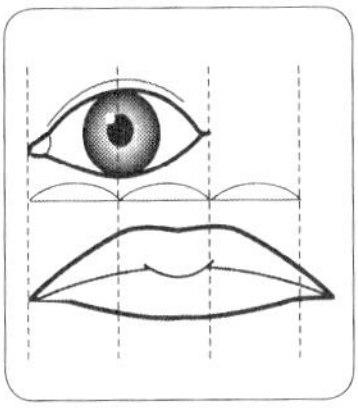

口は大きいが、唇が薄い。口端が尖っていて、口角が下がりぎみという唇だ。

相書には、「貧賤で短命」と記されている。

不平ばかりをくり返していると、だれしも口角が下がってくるものである。無理にでも、物事をよいほうに解釈する習慣をつければ、悪い運命を回避できるはずだ。

猴口《こうこう》

衣食に恵まれ長寿
平和で安泰な人生

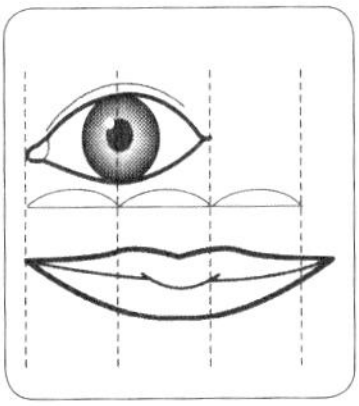

長い唇である。さらに、人中が竹を割ったようにスッキリしていれば猴口の持ち主ということだ。

衣食に恵まれ、長寿。平和で安泰な人生を送ることだろう。

大きな口だが、虎口ほどではなく、唇も分厚くはないという人が猴口になるわけである。運勢も虎口より劣ることになるが、これなら上々といえる。

鯽魚口《そくぎょこう》

女性にとっては吉相
厚い唇ならたぶん甘党

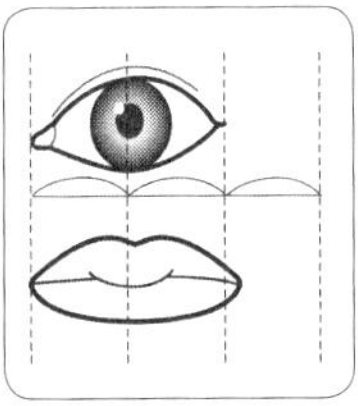

極端に小さな口をいう。これについては「小さい口」（ｐ１５３）で記しているから、そちらを参照していただきたい。

ただ、面白いことがある。

小さくて厚い唇の人は甘党で、辛いものや苦いものを好まない。大きくて厚い唇は「羊羹で酒を飲む」といわれている。ついでにいえば、薄い唇の人は辛党が多い。

覆船口《ふくせんこう》

不平不満の口
笑顔を心がけよ

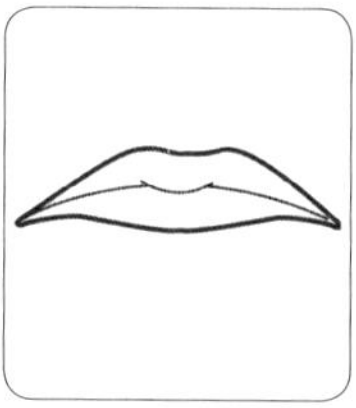

先述した「口角が下向き」の口（p152）である。詳しくはそちらを読んでいただくとして、テレビを眺めていると、大騒ぎして笑いを取ろうとしている芸人に、この相がいる。おそらく楽屋では本性を晒けだし、おつきの人に当たり散らしているだろう。

口角下がりの人とは、距離を置いてつきあうのが正解だ。

皺紋口《しゅうもんこう》

不安を抱えて
救いの手を待つ相

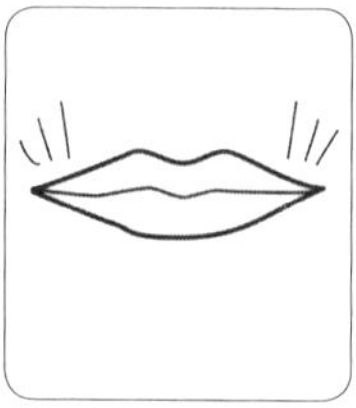

若いのに口のまわりに縦じわの多い人がいる。これを皺紋口という。泣いているような表情になることが特徴だ。

不安を抱えた相である。いいたいことを我慢すると、口の周辺にしわができる。ここから推測すると、夫や上司に苦労させられている相と考えられる。救いの手が差し伸べられるのを待っている。

吹火口《すいかこう》

自分の意見はいうが
相手の意見は聞かない

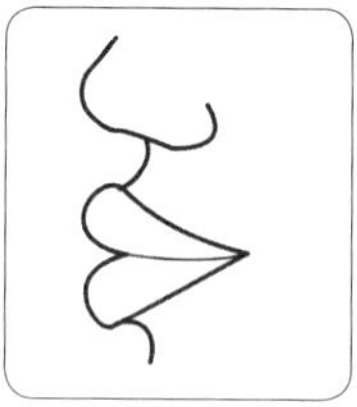

吹火口とは、尖った口をいう。

自分の意見ばかりを連発して、相手の言葉に耳を傾けることをしない。だから、理解力に欠けるし、同じ失敗をくり返すことになる。そういうことが日常化すると、食べていくのが精いっぱいの人生になりかねない。「貧困で短命」と記されているが、遺産を相続しても、手放すことになりそうだ。

桜桃口《おうとうこう》

聡明で周囲に愛され
名を天下に轟かせる

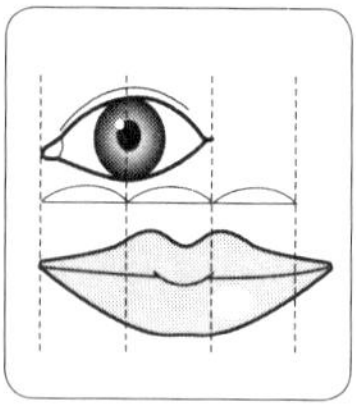

口は大きめで、唇にツヤがある。小粒で白い歯が、きれいに並んでいるのが特徴である。笑顔が魅力的であることも、桜桃口の成立条件のひとつである。

この口の持ち主は、聡明で、多くの人から愛される。男女とも、いずれはその名を天下に轟かせるという意味のことが、相書には記されている。

歯

歯は、生殖能力に直結している。健康や性格の判断は、生殖能力の強弱から派生したものにすぎない。

とくに前歯と呼ばれる、上の2本の歯は大切だ。他が少しくらい弱くても、2本の前歯さえしっかりしていれば生殖能力は問題ない。前歯の根に問題が生じると、脳下垂体の機能が刺激され、生殖腺に影響を及ぼすという。だから人相学では、前歯を抜くと性機能が衰えると見る。

真っ白な歯にすれば恋愛運が上がるだろうと期待して歯の大改造に踏み切っても、性機能が衰えては話にならない。歯は、やや黄色がかっているのが普通。白すぎるのは馬骨歯といって、賎相である。

生殖腺の状態は、精神にも影響を与えると、専門家はいっている。

歯は、出会いの第一印象を左右するから大切にしなければならない。

歯並び

悪ければ虚言癖あり 恋愛も失敗しがち

歯並びのよい人の言葉には実があり、歯並びが悪いと虚言を吐くと、昔からいわれている。これは現代にも通用する判断である。

歯並びの悪い人は、男女ともへそ曲がりというか天邪鬼が多い。乱杭歯《らんぐいば》だけでなく、大小がそろわずデコボコした歯の人は、なぜか恋愛で失敗しがちである。知らず知らずのうちに、意地の悪い言葉を放っているからかもしれない。

男性の場合は、歯並びが悪いと重大な問題が発生する。性的に弱くなってしまうのだ。インポテンツになるのも歯並びの悪い男性に多いから、これは急いで直す必要がある。

なお、歯並びを整えたいのであれば、歯の根を温存する歯列矯正が、安全かつ有効だろう。

自分の子供の歯並びが悪いならば、専門医に相談して、早期のうちに歯列矯正をさせることが本人の健康にはよく、運気的にもプラスになる。

歯列矯正をしたところ、運気も金運も急上昇して、幸せな結婚ができた女性の例を知っている。そういう話は、案外と多いものである。

歯の色

もし汚れていたら
借金をしてでもケアを

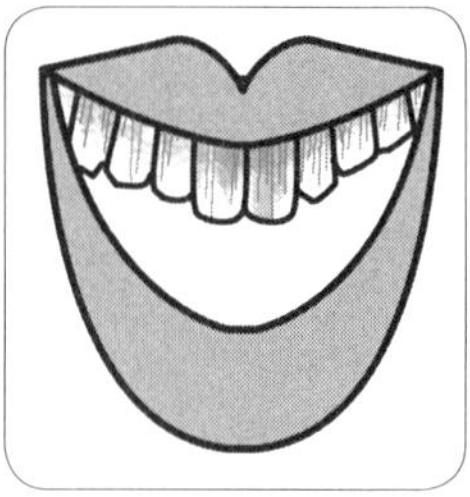

黒っぽい色をした歯の持ち主は、情欲に溺れやすい。こういう人は唇も黒ずんでいるものである。

タバコやコーヒーによって歯の表面が黒ずむのもそうだが、黒いトウモロコシのように、歯の内部から黒ずんでいる人は、とくにその傾向が強い。

また、義歯の人は、歯のつなぎ目が黒くなるので、定期的な手入れは欠かせない。義歯にすると、歯茎が黒ずむものだが、これについても同様の解釈をしてかまわないだろう。

そもそも、情欲云々もさることながら、歯は、容姿の印象を大きく左右する要部である。顔のパーツが少しくらい整っていなくても、清潔できれいな歯をした女性は、必ずよい結婚をする。

男女とも、もし歯が汚れていたら、借金をしてでもケアが必要である。支出以上の幸運が手に入るはずだ。

外向きの歯

話好きで陽気だが
秘密を守るのは苦手

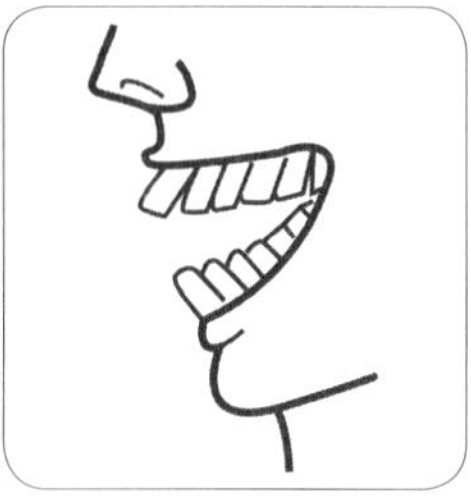

話好きで、陽気な人である。腹に物をためることが苦手で、秘密を保つことができない。面白い情報を仕入れると、話したくてウズウズしてしまう。

悪い人ではないのだが、この人に秘密を打ち明けようものなら、水を得た魚のように生き生きと、電話やメールをしまくるに違いない。恋の相手に告白する勇気がないのなら、この人にこぼせば、翌日には相手に伝わっているだろう。

長電話をすることも、この人の特技である。切ろうとしても、切らせてくれない。ゆうに1時間はかかるはずだ。忙しいときは、この人から電話があっても居留守を使うに限る。

男女とも、若いころはそうでもないのに、40歳あたりから、上下の歯が前へ出てくることがある。そんな人たちは、性格にも変化が生じる。話好きで、世話好きになるのである。

内向きの歯

心中に毒をたたえる？実はけっこう怖い人

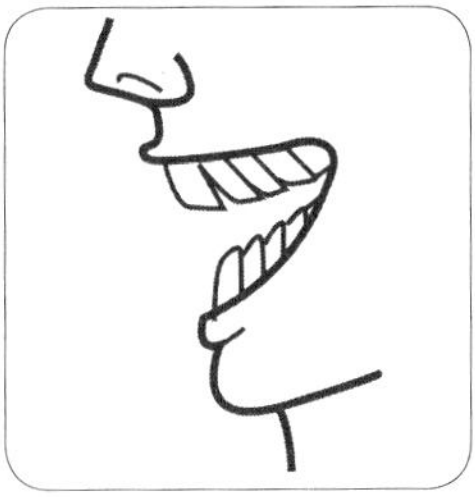

歯が内側に向いていれば「心毒の相」である。これは、心中に毒を飼っているという意味だ。この人の言葉と胸の内は、裏腹の可能性が強い。味方のふりをしながら、敵に与《くみ》していることも考えられる。腹に一物も二物もある人なのだ。

相書は「かかる人は真に信用すべきではない」と警告している。

男性ならば、職場で猫をかぶっているかもしれない。会議でも発言は少ないだろう。発言したとしても目立たない意見を述べるだけ。ところが、ひとたび権力の座に就くと居丈高になる。

女性ならば、恋人にも心の内を明かさないだろう。それなのに、聞き上手なところが恐ろしい。つい過去の恋愛を語ろうものなら、結婚後、何十年たっても忘れてもらえない。ここぞというときにほじくり返して、夫を暗澹たる気分にさせるはずだ。

前歯の開き

うっかりミスに注意 身近にチェック係を

前歯が開いている人は、気持ちにもスキがある。うっかりミスを連発しがちなので、そこを克服しないと、出世することは難しいかもしれない。

成功するためには、几帳面なチェック係が必要不可欠である。相書には「妻子縁が薄い」と記されているが、むしろこういう人にこそ、お見合い結婚をすすめたい。キチンとしたパートナーと結ばれることで、運勢が上昇するだろう。

男性は、交通事故には特に気をつけなければならない。不注意で加害者となった日には、目も当てられない。

女性は、落とし物や忘れ物に注意していただきたい。買い物でお金を払ったものの、肝心の品物を置き忘れるというミスが多いからである。

意外なことに、快楽には貪欲で、激烈なプレイに挑む傾向が強い。これは、この相を持つ人の隠れた特徴である。

前歯の欠け

（親が離婚する予兆
すぐに歯医者で手当を）

前歯に欠けたところがある人は、親との関係が複雑である。前歯に虫歯がある場合や、ヒビが入っている場合も、同様に判断する。

この相は、親が離婚して、片親に育てられている子供に多く見られる。

もしくは、親が再婚したために、血のつながらない父親または母親が家庭にいるというケースもある。

男女とも、このような相を持つ人は、10代で結婚をするようである。ただし、早々と離婚しがちで、親がたどったとおりの人生を歩む人が多いようだ。不思議とそういうことになるものである。

もしも、子供の前歯に欠けているところがあるのを見つけたら、それは自分たち（親）が離婚する予兆であるから、歯医者で手当てすることに越したことはない。そうすれば、親と子供、両方の離婚を防止することになるはずだ。

前歯の隙間

（「気」が漏れだす相
健康管理をしっかりと）

前歯は、「気」をためるという役割を担っている。その前歯が極端に開いているようでは、気がたまるどころか、穴の開いた風船のように漏れだすことになる。

相書によれば「短命の相」である。また、「親が生きているうちは親不孝をする」とも記されている。

この場合の親不孝とは、本人の病気や事故で親に心配をかけることや、場合によっては親より先に死んで、親を悲しませることを暗に語っているのである。

筆者の知人に画家がいるが、彼がこの相であった。修業時代は、とび職のアルバイトをしていたが、転落によるケガが多く、何度も救急車で運ばれたものである。そして、絵が少し売れ始めたら、今度は酒の飲み過ぎで入院した。

この相を持つ人は、自分には事故運、病気運があると自覚し、徹底した健康管理をすることが必要である。

前歯が3本ある

自分の欲望に忠実 きわめてまれな相

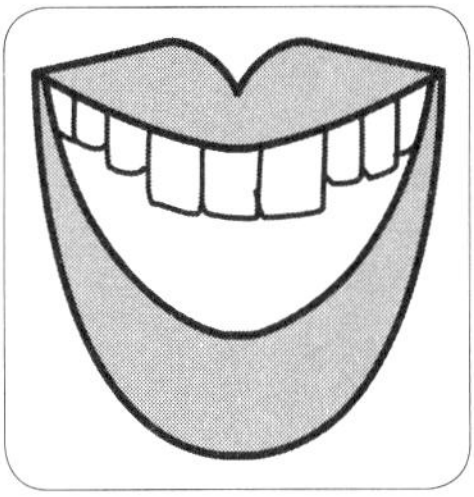

内向きの歯（p161）同様、「心毒の相」といわれている。相書には「殺し屋のような悪相なり」とある。また、盗癖があるとも記されている。

　自分の欲望のためには手段を選ばず、他人を押しのけるタイプと思えばよい。

　こういう異性に好かれた日には、地獄のような体験をすることになる。既婚者ならば、この歯の持ち主とはかかわらないほうがよい。家庭に押しかけられ、直談判をされる危険があるからだ。

　正面からだとわからないが、斜め横から観察すると、前歯が3本あるように見える人は、さほど珍しくはない。この場合、実際には前歯は2本なのだから、最悪の判断は免れる。

　しかし、やはり盗癖には注意することだ。物のことではない。他人の恋人を奪うことに喜びを覚えるのも、盗癖のひとつなのである。

前歯の傾き

チャーミングだが 意外にくせ者

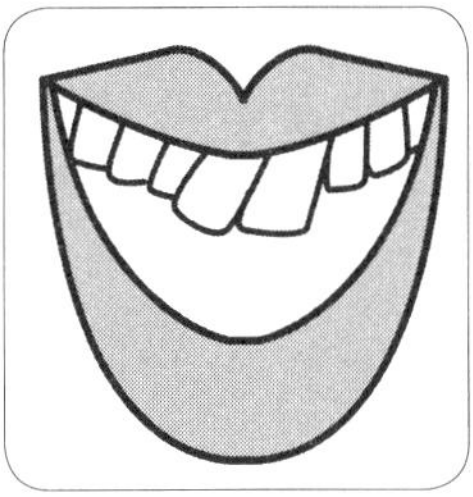

　若い女性で、前歯が傾いているのはチャーミングに見える。

　しかし、そのような外見とは裏腹に、この人は、ひと癖ある性格の持ち主だと見るのが正しい。ありもしないことをいいふらす傾向を隠し持っているのだ。相書では「嘘つきで信用できない人間である」と、断じられている。

　男女とも、この傾向は恋愛面において強く出る。下手に恋の橋渡し役を頼もうものなら、その相手を横からさらわれてしまうことになるだろう。加えて、身に覚えのない悪評を流されることも覚悟したほうがよい。

　女性の場合はとくに、外見がチャーミングなので、この人が嘘をついたり、噂を流したりするような陰険な性格だとは、だれも思わないから恐ろしい。

　男性の場合も、同じようなこずるい言動をするから、油断ならない。

尖った前歯

（反逆精神が旺盛だが
自分を傷つけることも）

肉食獣の歯先は尖っている。獲物に噛みつき、肉を引きちぎるからだ。人間でも、肉をよく食べる欧米人の犬歯は、東洋人よりも尖っているという。

前歯が1本だけでも尖っているならば、凶暴な一面がある。反逆精神が旺盛であることも特徴だ。また、サディストの傾向が大である。

下の歯が尖っているならば、凶暴性が自分に向けられる。自傷行為の常習者に多く見られるし、自殺願望を抱く人の下の歯が尖っていたり、1本だけ内側に向いていたりすることもある。また、男女とも配偶者に恵まれない傾向がある。

上の歯が尖っているならば、凶暴性が外部に向けられる。

なお、歯の先が生まれつき割れているために尖っているのは、この限りではない。ただ、健康に何らかの問題があるともいわれるので、注意が必要である。

前歯の重なり

（忍耐をもって初志貫徹
他人のために尽くす人）

忍耐の人である。我慢をもって苦労に耐え、初志を貫徹するタイプだ。

しかしながら、恨みを忘れないタイプでもある。自分に恥をかかせた相手や、損害を与えた相手を死ぬまで忘れることはない。それなりの仕返しをしないと気がすまない人である。

男女とも、恋の恨みは相当なものである。唇が曲がるのは不倫の証拠だと151ページで述べたが、この人がだれかを恨むと、その相手に生き霊となってとりつくため、相手の唇が曲がるという。

この相には、2本の前歯が内向きの人と、外向きの人がいるが、どちらの場合も、他人の世話をする星のもとに生まれている。そのために感謝されるから、生活に困ることにはならないだろう。

2本の前歯だけが外向きの相は、歯全体が外向きの相とは異なるので、区別することがポイントだ。

歯が小さい

守銭奴といわれるが　貯蓄の腕はピカイチ

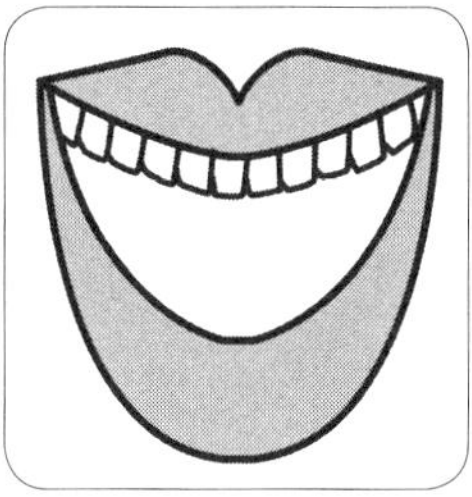

守銭奴の相とされている。

他人のために身銭を切るようなことはしない。貯金が減ることに、極度なまでの恐れを感じる人なのだろう。

筆者の叔父に、この相の持ち主がいる。家では酒を一滴も飲まないのだが、パーティーなどで無料のお酒がふるまわれると、ウワバミのごとく飲みはじめるという叔父である。

女性の場合も、かなりのけちん坊だが、色情を占う『刀巴心青』は、小粒の歯の女性を絶賛している。膣内に米粒でもあるかのような快楽を男に与えるという意味のことが書かれているのだ。しかも隙間なく密着するほどの名器だという。

この相に加えて、頬の肉が豊かなしもぶくれで、下唇だけが出ていて、下あごが出ていなければ、その女性は文句なしの男泣かせだとされる。まさに浮世絵の美人画ではないか。

前歯が長い

パワフルな仕事人　女性は嫉妬に注意

男性の場合、長くて大きな前歯は吉相である。

相書には、「歯は腎の余りにして、腎の強弱を見る所なり」と記されている。前歯が長くて大きい男性は、精力絶倫で、仕事面でもパワフルに行動する。成功をつかみとる基本ができているのだ。

女性の場合は、「細めで艶あるを吉とする」とある。あまりに長すぎたり大きすぎたりするのは嫉妬深い相となる。

『刀巴心青』には「大きな歯の女は陰毛が深い」とある。これらの相書をあわせて判断すると、情熱が激しいために嫉妬が強くなると解釈できる。

ただし、ベッドでの情緒には欠けるきらいがある。美貌の持ち主だったとしても、ベッドで男性をその気にさせられるとは限らない。

もちろん仕事面では誠実であり、バリバリと任務をこなすはずである。

前歯がふぞろい

（弁舌の達人
弁護士になるのも可）

2本の前歯に大小があり、見た目に不ぞろいな人は弁が立つ。たとえ詭弁を弄しても、そのようには聞こえないのである。相手が気づかぬうちに、白を黒といいふくめる才能は驚くばかりである。弁護士になったら、検事から畏れられる存在になるだろう。

と、少し持ち上げたが、現実的には二枚舌の達人と解したほうがよい。相手の立場に合わせて、まるで正反対のことをいうはずだ。自然と周囲からの信用が低下し、運勢までが低迷する原因になるので気をつけるべきだ。

また、前歯の1本が外に、もう1本が内に向く人は、反抗的である。上の歯がそうなら父親との縁が薄く、下ならば母親に反抗する。

前歯が極端に内側に傾き、奥のほうに見える人は健康を害しやすく、疲れやすい。過度の淫行は病気の元凶になる。

口から歯がのぞく

（仕切るのが好きで
おしゃべりも好き）

色情を読む『刀巴心青』には「口を閉じても歯の見える人の閨事は自己中心的」と記されている。

性的なこと以外でも、自己中心的な人だということは確かであろう。その場を仕切りたいタイプであり、話題の中心に自分がいないと、微妙に機嫌が悪くなることも特徴だ。

口から歯がのぞくということは、歯が長く、しかも前に出ている可能性が高い。つまり、両方の特徴を備えているということだ。早い話が、おしゃべり好きで行動的なのである。

なぜか男女とも、外国かぶれになりやすい。とくに欧米に憧れ、ブランド品を好む。女性ならば、西欧の男性に優しくされると、その日のうちに深い関係になりがちだ。ただしこの傾向は、口もとに締まりがないために、歯がのぞいている場合のみに当てはまる。

八重歯

男女とも早熟な傾向　恋に悩むのが好き

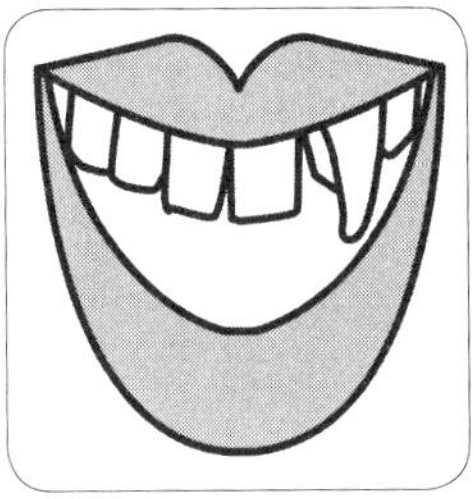

　犬歯が発達すると、八重歯になるといわれている。八重歯の人は男女ともオマセの傾向にあり、幼いころから大人の会話に首を突っ込みたがる性質で、性的な初体験も早めである。

　『刀巴心青』では「色も欲も好き。色魔には八重歯が多い。色難に注意のこと」と警鐘を鳴らしている。

　女性の場合、恋愛となると目の色を変えて命がけになる。それはよいのだが、なぜか決まって好きになるのが問題のある男ばかり。生活力のないアーティストに惚れて、自分がその男の世話をする確率が高い。しかも、平凡な生活が退屈で、自分から三角関係などを引き起こしては、嬉々とした様子で恋に悩むのである。

　男性の場合、女性に取り入るのが巧みで、甘え上手である。ベッドではテクニシャンで、それが原因してさまざまなトラブルを起こすことが多々ある。

笑うと歯茎が見える

楽天家ではあるが　相当にプライドが高い

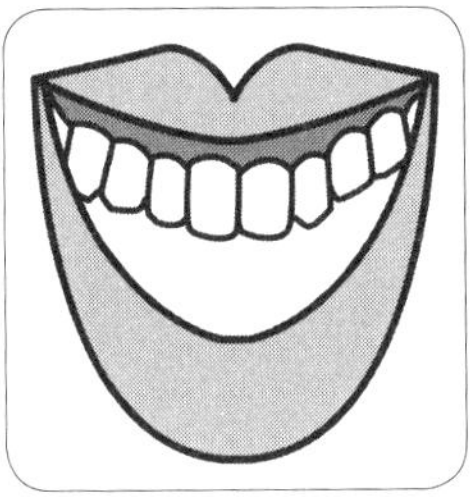

　笑うときに上の歯茎が露出する人は、楽天家である。

　とはいうものの、あっけらかんとしているように見えて、心の中では冷静に算盤をはじいている。だから、油断してかかると火傷をするだろう。

　女性の場合は、誘惑に弱く、男性の甘い言葉で陥落するのだが、相手に魂まで奪われるようなことはない。

　恋する乙女のようでいて、実はプライドが相当に高いタイプなのである。

　一方、下の歯茎を露出する人は、冷笑タイプである。やや利己的で、相手の気持ちを考慮しない傾向が見られる。

　恋愛においては、男女ともに食い逃げタイプといったところだろう。深い仲になったと思ったら、あっというまにいなくなるのである。

　接客業に向いてはいるが、もしかしたら若いうちが花かもしれない。

頬とあご

人相学上、頬は観骨（頬骨）の下の、指先で押すと歯茎にぶつかるあたりをいう。早い話、口に息をこめると、ぷくっとふくれる部位だ。

頬を別名「胃穴《いけつ》」と呼ぶ。病気になると頬の肉がげっそりとこけ落ちるが、これは栄養が欠乏するからである。胃の大きさと消化機能のよしあしが、頬の状態から読み解けるため、胃穴の名称が与えられている。

そして、あごである。

日常会話でいう「あご」にいちばん近いのは、地閣・地庫（p230）と呼ばれる部位であろう。家屋や心臓の状態を見るほか、愛情運を判断する。また、十二宮でいえば奴僕宮（p206）である。支配力や忍耐力のほか、晩年の運勢が示される重要な部位だ。ここの相がよければ、住まいが確保でき、子供や孫に囲まれた生活を送ることができる。

豊満な頬

（栄養十分のサイン
寛大さが成功を招く）

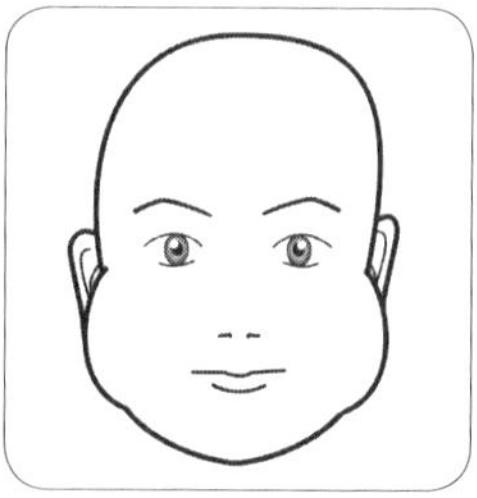

女性と子供は、頬が豊かでなければならない。女性は、子供を産み、授乳するための栄養をストックすることが必要だからだ。子供は、丈夫な骨や筋肉をつけて成長するために、栄養が満タン状態になっていなければならない。

頬の豊満な女性は、概して寛大で、小さなことにせかせかしない性格なので、みんなに好かれる。

男性ならば、大きな事業を成功させるはずだ。仕事のできない部下にも寛大なので周囲がついていく。それが成功の基盤となるのである。

ひとつ注意したい。ブルドッグのように頬の肉が垂れ下がっている相は、物質運には恵まれているが、子供運はよろしくない。子供に嫌われるか、愚かな子供しかいないという状態になる。

つまり、豊かな頬でも、ピッと締まりのあることが幸運の条件である。

痩せこけた頬

少しイライラぎみ？ 感謝を忘れるなかれ

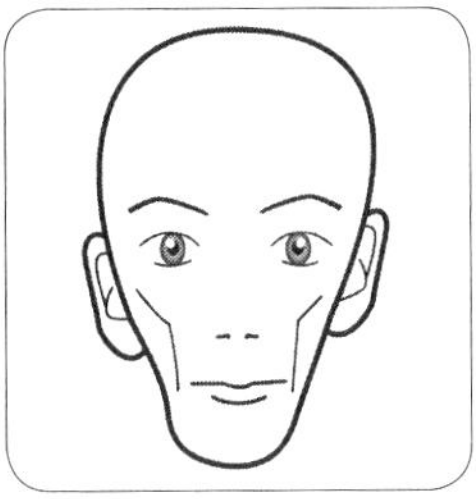

人は空腹になるとイライラして、ケンカっ早くなるものだ。頬がこけている人は、まさにそんな状態である。男女とも気が小さくて怒りっぽい。

とくに困るのは、頬が痩せこけているうえに、額が広いタイプだ。

この人は、周囲から可愛がられて仕事を成功させるのだが、お世話になった人たちに対して、恩をあだで返すような真似をしがちなのである。

男性ならば、学歴や、仕事の出来・不出来によって部下を差別する。合理的かもしれないが、目下から信頼されることはないだろう。

一方、頬のこけている女性は、性格が少々ヒステリックである。半面、食事の誘いやプレゼントに弱いことも確かである。『刀巴心青』には、この相の女性は虚弱体質だが、ベッドでの乱れ方は尋常ではないという内容が記されている。

しもぶくれの女性

70歳を過ぎても 艶っぽさをキープ

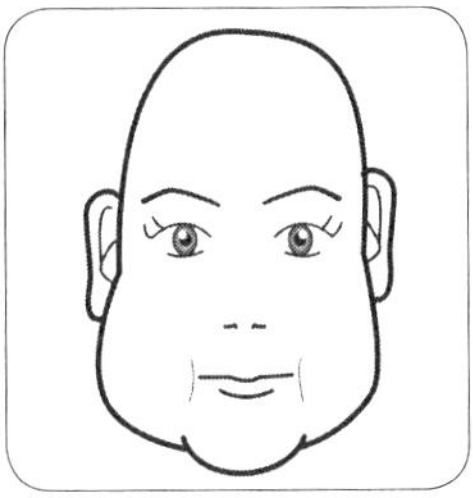

『刀巴心青』には、顔の上半分は痩せているのに、下半分の肉が豊かな、いわゆるしもぶくれの女性は、晩年になっても色欲が衰えることがないという意味のことが記されている。

その理由も説明されている。しもぶくれの女性は、陰部の肉も豊かだというのだ。しかも頬と同じく垂れ下がり、歩くたびに陰部がこすれて刺激され、四六時中、発情しているというのである。

かかる記事の真偽のほどは確認できないが、確かに70歳を過ぎても、艶っぽい女性はいる。数は少ないが、そのような女性は一様にしもぶくれである。

歳を取れば、だれでもある程度はしもぶくれになると反論したくなるだろうが、そうではない。若いころから、よいものを少しだけ食べる習慣が身についていれば、晩年になっても体形をキープすることができるのである。

エクボ

愛情豊かに育つが家が衰退する暗示も

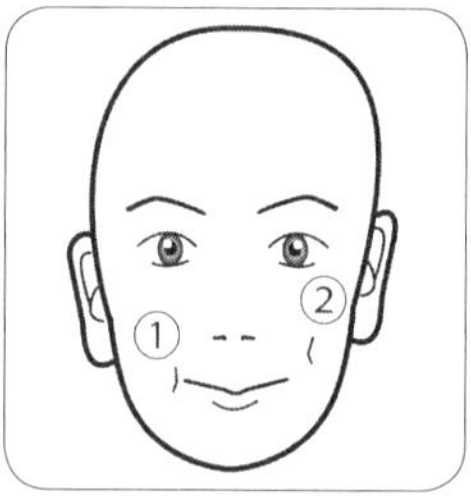

人相学では、エクボを凶とする。愛嬌があって悪相ではないのだが、ないほうがよい。相書では、これを「卑しい福」と、絶妙に表現している。

エクボは、口角の周辺に生じるのが普通だ（①）。これは、親からとても可愛がられる相だが、その生家が衰えることを物語っている。

頬は、家庭の愛情を司る部位で、エクボは、頬が豊かでなければできない。頬の豊かさは、親からの愛情に満たされる暗示だが、一方で、エクボのヘコミは欠けと見なされる。すなわち、その家が衰退する暗示と考えるわけである。

口角より上に出るエクボもある（②）。笑ったときに、やや大きめにくぼむエクボだ。これは、書類上でのミスを予見している。片エクボの場合、左側は自分が失敗し、右側は周囲の失策によるものだ。女性は左右が反対となる。

丸いあご

深い愛情と包容力でよきリーダーに

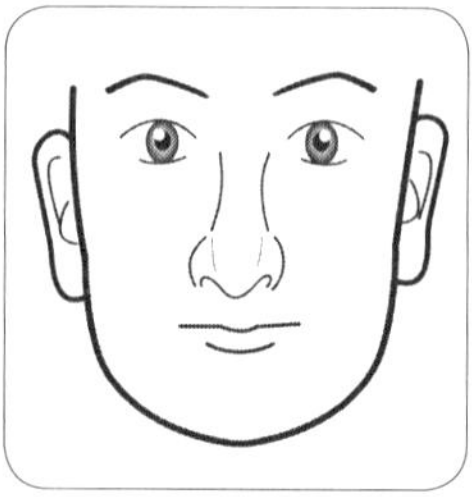

丸みを帯びた肉づきのよいあごの人は、深い愛情と包容力の持ち主である。

男性なら、上司、同僚、部下から信頼されるだけでなく、周囲の人たちからの信頼も厚い。他人のトラブルを仲裁する能力にも秀でている。

女性もまた、リーダー的な存在となって活躍するはずだ。

『刀巴心青』も「性愛からも上相」と、この書にしては珍しくほめ称えている。

唯一の欠点は、子供や孫への愛情が深すぎるところである。甘やかしすぎて、子供の独立心を奪う結果を招きやすい。わがまま放題に子を育てる親は、不思議とこの相が多いのである。基本的なしつけを忘れてはいけない。

また、プライドが高く、人に支配されるのを嫌うことも丸あごの特徴である。自分の地位に不満を持ち、仕事を放棄することもまれにある。

尖ったあご

知性と感性に恵まれた芸術家タイプ

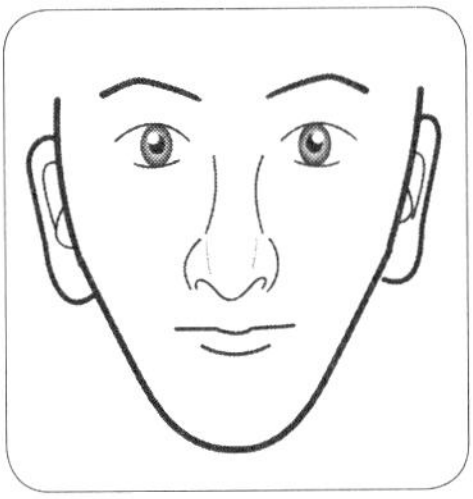

優秀な知能と鋭敏な感覚を備えている。学者やアーティストとしての才能に恵まれているだろう。

しかし、尖ったあごの持ち主は、理想主義に傾きやすい。理論は正しいのだが、実行力に乏しいのが少々残念だ。また、わずかなことにも神経が過敏に反応して、傷つきやすい。

男性は、愛情に飢えている。恋人や妻から愛されても、心が満たされないのだ。そこで、ストイックであってもモラルに反する恋愛に走ることになる。つまり、自分のことしか考えない性格なのだ。

女性は冷淡である。自分では情熱的な恋愛をしていると思っても、相手の男性にすれば物足りない愛情なのである。

なお、尖ったあごの人は、男女とも心臓や消化器系の疾病にかかりやすい傾向がある。無理なスポーツは控えることが賢明だろう。

角張ったあご

意志と決断力の持ち主 上から目線は控え目に

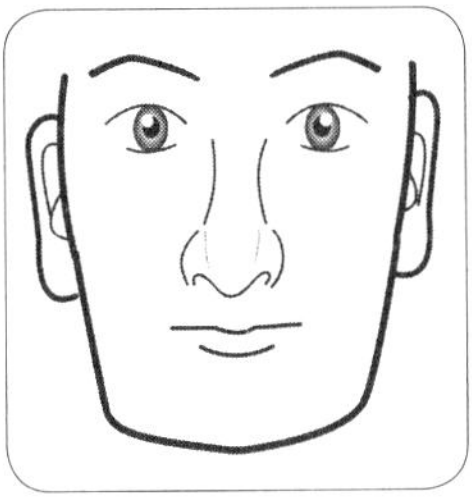

負けず嫌いの人に多い。頑固すぎて、人からうとまれることもあるはずだ。

身体は強健で、決断力があり、強い意志を持つ。そのせいか、どうしても態度が征服的になってしまうのである。

男性は、やや直情径行で、仕事では上司と衝突することもしばしばだろう。自信過剰で、やりすぎて周囲から非難されることも考えられる。

『刀巴心青』には「変態性欲型、女性には少なく男性に多い」と記されている。

確かに、角張ったあごの女性は珍しい。だが、いないことはない。物事を細かいところまで詮索する性質がある。理屈をこねるタイプなので、煙たがられる存在になりがちだろう。

角張ったあごで、しかもどっしりと大きければ、仮面をかぶった偽善者の可能性がある。内実は、自分本位で欲情にとらわれやすい傾向がある。

豆あご

愛らしさと技巧で男性を魅了する

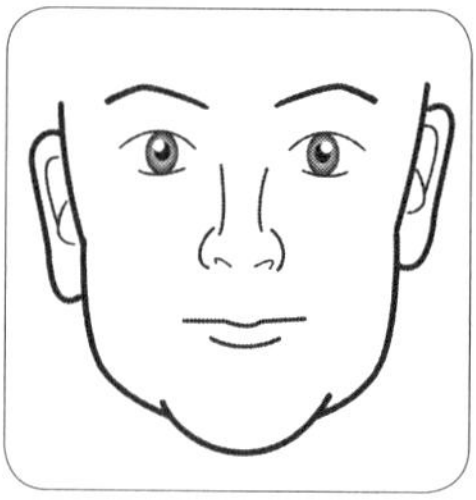

豆あごは、いわば幼い子供のあごである。男女とも、思春期に入るとあごが発達し、大人のそれに変わる。だから、思春期を過ぎても豆あごならば、心身ともに幼さが残っていることを示す。

この相の人は、やはり性格も子供っぽく、わがままである。男性ならば、生殖機能が弱く、同性愛になじみやすいともいわれている。

一方、豆あごの女性は、無類のセックス好きと断定してもよい。普通の男では満足できないだろう。一昼夜でも楽しみたいタイプなのだ。ちょこんと突きでた豆あごの可愛らしさと、性的な技巧で、魂を抜かれる男性も少なくない。

ただ、相書には「晩年は寂しく暮らす凶相なり」と記されている。そうなる前に、しっかりしたパートナーを見つけ、生活の基盤をつくっておくに越したことはないかもしれない。

三日月あご

保身に走るのはいいが他人への配慮も大切に

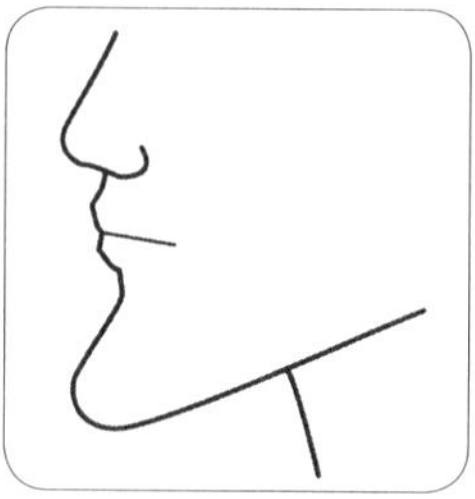

あごが三日月のように極端に突きでた人は、どうかすると恩を仇で返すタイプである。頬がこけた人と同様に、保身に走りがちなのである。

この相の男性は、要注意人物である。購入した家電製品にクレームをつけて交換させたあげく、賠償金まで取ろうとするタイプだからだ。他者への配慮や思いやりを学ばないと、不幸な晩年を送ることになりかねない。

女性の場合、最初のうちは優しいが、つきあいが長くなるにつれて、本性が見えてくる。お金のことになると、鬼のようになるタイプなのだ。金の切れ目が縁の切れ目を地でいく人である。

『刀巴心青』には「サディズムである」と、記されている。ベッドで独裁者のようにふるまうことに、恍惚を感じるのだろう。この人に合わせられる人は、よほどのツワモノである。

せり出したあご

情熱家で勇気あり 押しの一手で成功する

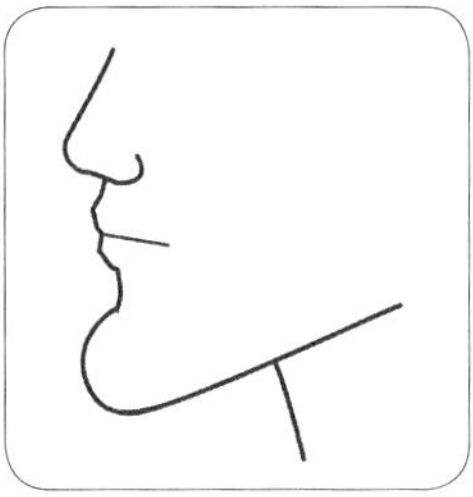

あごの先が、肉でも貼りつけたように前方にせりだした人は、情熱家である。肉の盛り上がりが大きいほど、また、せりだすほど、この傾向は強化される。

　男性ならば、情熱家で勇気がある。人生において成否を決めるのは、最後の5分間を持ちこたえられるかどうかである。この人は持ちこたえられる。成功を勝ち取り、住居運も安定するだろう。恋愛面でも、愛する女性を押しの一手で陥落させるはずだ。

　このあごの女性はどうかというと、やはり生活力が旺盛である。男性がたじろぐほどだろう。男性に守られるのではなく、男性を守るタイプかもしれない。この女性の情熱を受けて立つには、よほどのパワーが必要である。

　ただし、男女とも、あごが曲がっている場合は凶相である。三日月あごと同様に、恩を仇で返す悪相と見なされる。

長いあご

ロマンチストで 自信と親切心がある

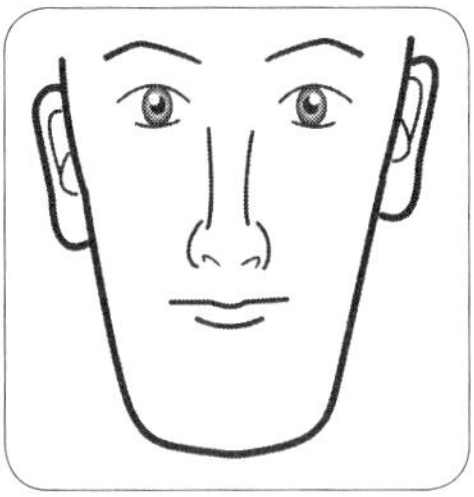

　長いあごの持ち主は、ロマンチストと判断して間違いない。自信家で、親切心にあふれているから、周囲からのウケもよいはずだ。

　しかし、男性の場合は、押しの強さに欠ける。フェミニストで情にもろいのだが、好きな女性の前ではからっきし勇気が出ない。片思いの女性を心に秘めたまま墓場にいくタイプだ。

　女性は一見、勝ち気に見える。けれど内心はおとなしい。お人好しでもある。『刀巴心青』にはこう記されている。「男に翻弄されやすく、気持ちがグラつきやすい」と。つまり、恋愛面でうぶなのである。百戦錬磨の男性にかかると、気の毒なほど簡単に落ちてしまうタイプなのだ。よからぬ男性に引っかからないよう、見る目を養っておくべきである。また、見かけは色気があっても、ベッドではおとなしい傾向がある。

二重あご

金運に恵まれ
晩年は不自由なし

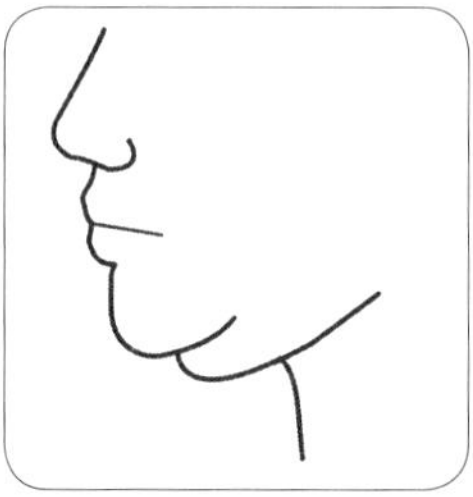

二重あごの人の晩年はよろしい。別名「大黒あご」といい、金運に恵まれ、何の心配もない余生を送ることが約束されているのだ。

男性の場合、独立心があり、親の遺産がなくても、自分の力で財運を開拓し、晩年は大邸宅に住むことになるはずだ。

ただし、二重あごの境界線がくっきりと現れていれば盛運だが、これがボヤけると衰運に向かう。

体が細くても二重あごの女性がいる。この人は、年を取るとかならず太るが、安くてまずいものをたくさん食べるより、高くておいしいものを少し食べるようにすれば、中年以降に太ったとしても、気品のある体形になることを確約する。

なお、二重あごの女性は、若いころから床上手であるという。経験豊富な年上の男性にも驚かれるほど、性的なテクニックにたけている。

割れたあご

自分勝手な
ナルシストかも

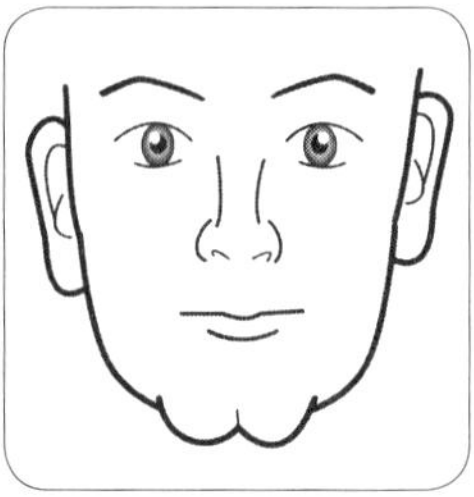

ふたつに割れたあごは、欧米人に多く見られるが、人相学では、うぬぼれが強いとされている。自分勝手な行動をしがちで、モラルが欠如した不人情の相といわれている。安定した住居を得ることのできない人かもしれない。

男女とも、愛情に飢えていながら、だれのことも愛そうとせず、相手からの愛を求めるという、屈折した性格を帯びている。ときとして常軌を逸した恋愛に溺れるのだが、それも、いわばそのような役を演じているにすぎない。自分でつくった恋のシナリオに酔っているだけなのだ。相書には「冷たい技巧家」と記されている。つまり、身勝手なナルシストなのだ。

あごは、骨盤と関連している。あごの先が割れた女性は、まれに骨盤に異常があるケースが考えられる。場合にもよるが、流産には注意が必要であろう。

下あごが出ている

策略家の才能あり 理屈はほどほどに

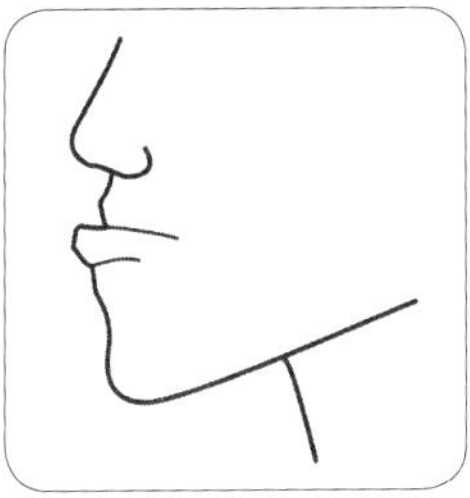

　下あごが、上あごより出た相である。下の歯が、上の歯より前に出て、噛み合わせが悪そうに見える相だ。

　この相の人は、理屈屋である。素直さにも欠け、容易なことでは「はい、わかりました」といわない。必ずといっていいほど、「でも」「だって」という言葉から会話を始めるだろう。何にでも文句をつけたがる習性を改善すれば、周囲から人気を得ることができるはずだ。

　男性の場合は、策略家の才を備えている。利益追求のために狡猾なまでの計画を立てる人なのだ。しかし、小さな成功はするが、大成功までは望めない。最初は大勢に味方されるが、最後には自分ひとりだけという結果も考えられる。信用面で問題を抱えているのである。

　女性の場合は、気に入らなければテコでも動かない。柔軟そうに見えても、実は頑固で意地っ張りなのだ。

後退したあご

保守的な一面あり 変わらぬ日常を好む

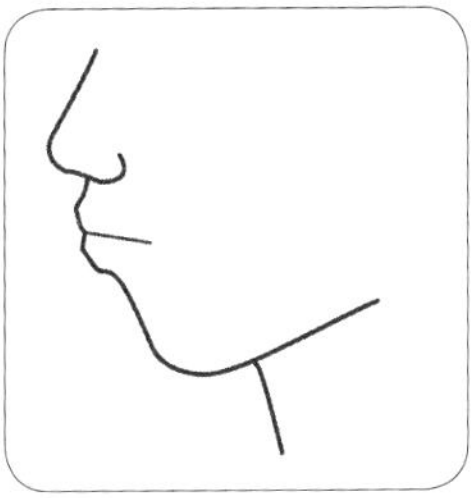

　下あごがきわだって小さい人は、親が大酒飲みであるか、淫乱だった可能性が高いと、人相学ではいわれている。

　この相の持ち主は、男女とも愛情が希薄である。燃えるような恋愛はなかなかできない。美貌に恵まれても、恋に対しては消極的である。

　また、新しいものを受け入れることに抵抗を示すことも特徴である。冒険をしないのだ。レストランに入っても、いつも同じメニュー。旅行する場合も、前回と同じ土地。同じホテル。万事につけ、こんな具合なのだ。

　『刀巴心青』には、「夫婦生活がうまくいかぬ」とある。愛情が希薄で消極的であるゆえ、夫婦生活を拒むこともあるのだろう。保守的だから、結婚後も、実家での習慣を優先したがることも大いに考えられる。ただ、浮気に走る危険性は少ない。そこが救いである。

エラが目立たない

情にもろい世話好き 敵に回る人はいない

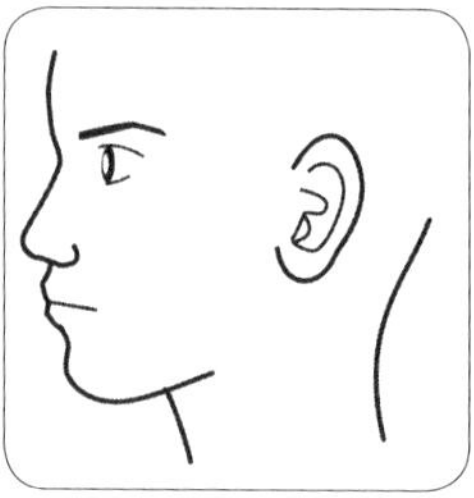

エラがないように見える人は、困ったときに助けてくれる人が現れないといわれている。大変な事態になることがわかっているのに、ズルズルと悪い方向へと転落する相なのである。

情にもろく、困った人に手を差し伸べる親切心があるのに、自分が弱り目に祟り目のときには助けてもらえないとは、なんとも割に合わない。世話事をして損をするとは、このことである。

しかし、敵をつくることがないのは隠れた才能である。だれからも強くは恨まれない。これは人徳以外の何ものでもない。トップに立たず、参謀役に徹するのが安全である。女性ならば、あまり我を出さず、パートナーに従うほうがよい。『刀巴心青』には「男女とも性愛に疲労が早い」とある。要するに、過度の房事を慎み、健康に配慮すれば、とくに問題はないということである。

丸いエラ

周囲に認められる 理想的な吉相

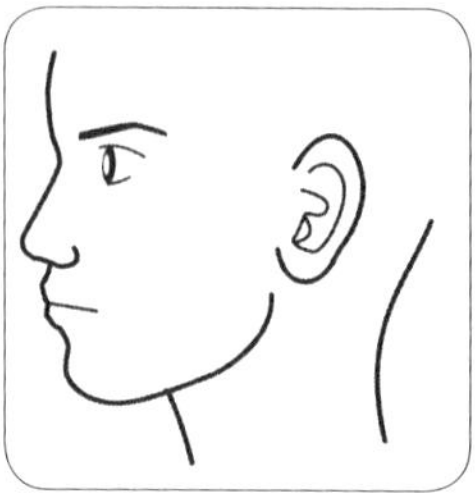

相書には、女性の場合、この丸いエラを吉相の限界とするという意味のことが記されている。しかし、その相書は100年以上も前のものだ。現代に当てはめるには、いささか古くさい。

女性が社会において能力を発揮するためには、このくらいのエラを持つことが必要だろう。でなければ、仕事をして役職に就いても、上司ばかりか部下の言いなりになるお人好しでしかない。

丸いエラは人相学上、理想的な吉相である。ほどよく肉がついていることが条件だが、男女とも周囲から存在を認められ、だれからも軽んじられることなく発展するだろう。困ったときにも周囲からサポートされ、最悪の事態からは免れられるはずだ。

エラの目立たない女性が、性的な悦びを知るにつれ、エラが目立ってくるという興味深い説もある。

張りぎみのエラ

意志力と実行力が大
救世主もついている

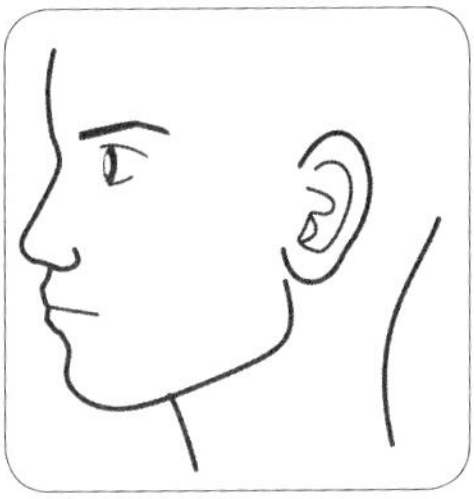

エラがやや張った相は、男女とも、たくましい意志力と実行力を備えている証拠だ。たとえ落ち目になっても、そのたびに救世主が現れ、難を免れるための手助けをしてくれるだろう。

ただし、このエラは、女性にとっては張りすぎの感がある。そのため、頑固さがときどき顔を出して、協調性に欠けるような言動をすることもある。

また、本当はピンチなのに、「まだ大丈夫だろう」と、周囲から困った過大評価をされることも特徴である。加えて、この人を敵視する相手から妨害される可能性も考えられる。

ちなみに、色情を占う『刀巴心青』は、このエラを持つ女性を名器として絶賛している。エラの張りは、膣圧と比例しているのだという。

男性の場合は、このくらいの張りまでを吉相とする。

耳の後ろへ張りだす

油断させて爪を研ぐ
内蔵するパワーも十分

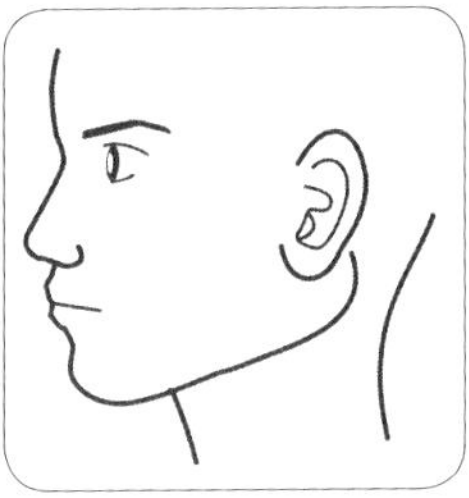

相書には「昔より腮骨《さいこつ》耳後へ尖りたるは人を殺し、主人を殺す大悪相」とある。また、「エラ張りが隣に住むなら、他所へ引っ越せ」ともいわれている。この相は、それほど嫌われている。

確かに、態度とは裏腹な腹黒さがあることは否定できない。ふだんは声も小さく、おとなしくて従順そうなのだが、それは猫をかぶっているのだ。周囲を油断させておき、ひそかに爪を研いで、時期を見て大事を引き起こすという危険性もないとはいえない。一説によると、明智光秀がこの相の持ち主だったらしい。

しかし、それだけパワーを内蔵しているわけである。スポーツ選手として活躍している人にエラ張りが多いのも、そのためだろう。

「腮骨張りは飲食多し」ともある。これはうなずける。食い散らかすような食べ方をする女性が、この相だったからだ。

削げて長いエラ

言葉は巧みだが 持久力に少々欠ける

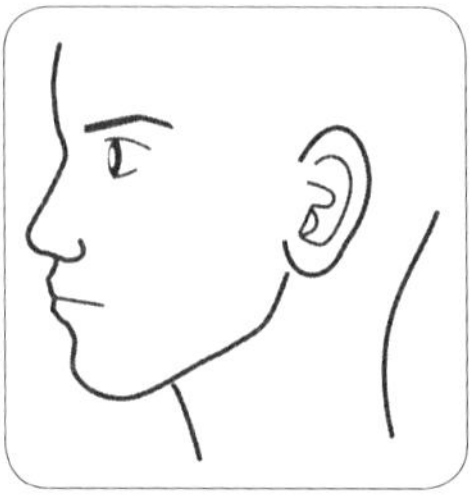

ファストフードなど、歯ごたえのない柔らかな食べ物ばかり口にしているせいだと思うが、最近の若い男女のエラは、削げて長い。ほとんど角張ったところがなく、耳の後ろから、まっすぐにあごへと続いている。

人相学上、削げて長いエラは吉相とはいえない。小利口で、言葉が巧みで、人に取り入るのはうまいが、持久力がない。わずかなショックで仕事を辞める。あるいは住所を変える。ひとところに腰を据えられないのだ。これはつまり、深い人間関係を結べないことを意味する。言い換えれば、落ち目になっても助けてくれる人がいないということである。

口はまあ達者だが、打たれ弱く、深い人間関係が苦手という若者は、増えているように思われる。とすると、削げて長いエラが、日本人のスタンダードになる日がくるのかもしれない。

デコボコなエラ

もしかしたら無礼者？ 精神修養して開運を

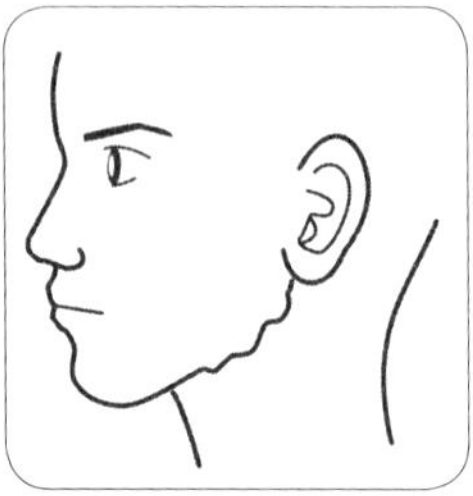

段がついて、しかも張っているエラは貧相である。相書には「物事不敬にして気しずまらず、落ち着かず」とある。

要するに、いつもイライラして無礼な人なのだ。平等という言葉の意味をはき違え、上司や先輩などに対して、非常に失礼な態度をとる。これでは困ったときに、だれも助けてくれるはずがない。助けてくれないから「自分のまわりにいるのは鬼のような連中ばかりだ」と、周囲にあたり散らすことになる。このような考え方をしていては職場にいづらくなるし、近所の人も近寄りにくいはずだ。そんな態度を続けていれば、相手をしてくれる人は減っていくだろう。

やがて、精神世界に救いを見いだすかもしれない。だが、そこで自分の欠点に目覚めればよいが、同じことを繰り返して孤立する可能性がある。よほどの修練が求められる。

髭

黒くて太ければ性的な成熟の証拠

髭は、黒くて太いものがよい。

そうした髭の持ち主については、生殖機能が正常に働いていると判断して間違いないだろう。

男性は、思春期を迎え、声変わりするころになると睾丸も重くなる。同時に髭も生えてくる。

つまり、黒い髭が生えるのは、性器が一人前になった証拠なのである。だから、成人しても髭が生えないか、生えてもまばらか、あるいはうぶ毛のように細ければ、その男性の性器は発育が不完全といえる。たとえば、包茎の男性は髭が薄いものである。

間違ってはいけないのは、欲情の度合いが低いわけではないということだ。人なみ以上に欲情はするが、生殖機能が多少弱めなのである。

このような男性は、変態的な方向へ傾く危険があるから、つきあうときには注意したほうがいいだろう。

また、赤い髭は、晩年を孤独に過ごす相とされている。

ちなみに、若い女性で、うっすらと髭が生えているのは、性的にご無沙汰していることを物語っている。

髭の意味

東洋では長老のしるし
カジノでは危険かも

髭は男性のファッションの一部になっているが、少し前までは権力と自由の象徴だった。

男社会には、一人前にならないと髭をたくわえることはNGという無言の決まりがあったようだ。髭を伸ばしていたら、上司からトイレ掃除を命じられたという話があったくらいだ。

東洋では、髭を長老のしるしと見る国が今でも多い。髭を生やしてアジア旅行をしたところ、ごく平凡なサラリーマンだとわかった瞬間からホテルの待遇が悪くなったという体験談をよく耳にする。筆者も若いころから髭をたくわえているが、旅行ガイドに「髭の日本人はカジノでカモにされますよ」と注意されたことが何度もある。

日本にも、その名残はある。

もし、上司から敬遠されるようなことがあれば、髭を生やしていることが原因かもしれない。運不運は、こういう風習とも絡んでいるものである。

顔のホクロ

人相学においては、ホクロは「穴」と見る。たとえば、鼻は財運を判断する部位だが、ここにホクロがあると、穴の開いた財布という意味になり、お金が貯まらないばかりか、不意の出費が多いことを物語る。

ほかの部位においても、それぞれの象意をマイナスに導くと見る。

また、ホクロには吉凶がある。

吉ボクロは、顔においては直径が2・5ミリ以上の大きさで、黒々とした艶のあることが条件である。このようなホクロがある場合は、その部位の象意がよくなるものとして判断する（眉の中のホクロは、例外的にゴマ粒ほどの小さなものが吉である）。たとえば、鼻に吉ボクロがあれば、財運が満たされると見るのだ。

大きなホクロが吉ボクロという判断は顔だけに適用される。顔から下は小さなホクロを吉とする。

額中央の上（天中・天庭）

（一時的に大発展　その財を大切に蓄えよ）

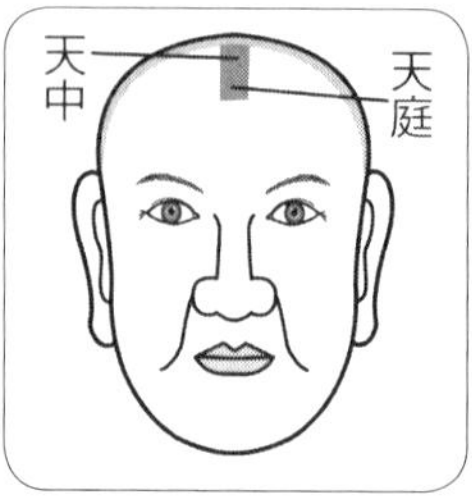

額中央の上、人相学でいう天中（p209）と天庭にホクロがあるのは、一夜にして敗残の身になる暗示だ。

仕事がトントン拍子にうまくいき、あと一歩で目標をクリアするという直前に、考えもしなかった事態が勃発し、いままでの努力が一気に水の泡になる危険が告げられている。

IT関連の女社長が、この位置にホクロを持っていた。小さな会社を育て、一時は都心のビルのワンフロアを借り切るところまで大きくしたのだが、大手の横やりで資金調達に失敗し、会社は別の人間の手に渡った。今では姉と娘と3人で下町のアパートに身を寄せている。

このように天中もしくは天庭にホクロのある人は、男女を問わず、一時的には大発展する。そのためにホクロを吉相と受け止めやすい。だが、ツケを一度に支払うような場に直面するだろう。

額中央の奥（天中の奥）

見た目には真面目だが色情に溺れる可能性も

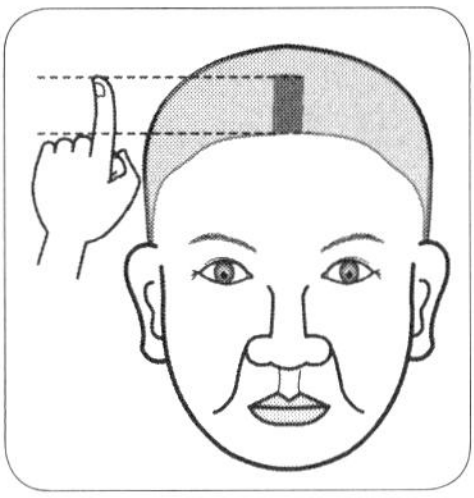

髪の生え際に、人差指の第2関節を当てていただきたい。このとき、人差し指が触れるゾーン一帯は、モラルや道徳を司っている。ここにホクロがあるのは、モラルを破るという意味を持つ。

とくに色情問題を起こしやすいのが、このホクロの特徴である。

表面的には真面目で、色情にはさして興味がないような態度をしていても、いざチャンスがあれば、相手が夫の部下だろうと、教え子だろうと、関係を持ってしまう危険性がなくはない。

むろん、立派に家庭を守る女性もいる。けれど、そのような女性は、自分の情欲を抑えることに手を焼いているはずだ。

忘年会などの飲み会で、盛り上がりすぎて酔いつぶれる女性に、このホクロの持ち主が多い。日ごろのストレスがいっきに噴火するのだろう。男性も同様に判断してよい。

額左右の上（高広から辺地）

親譲りの欠点が運勢を左右する

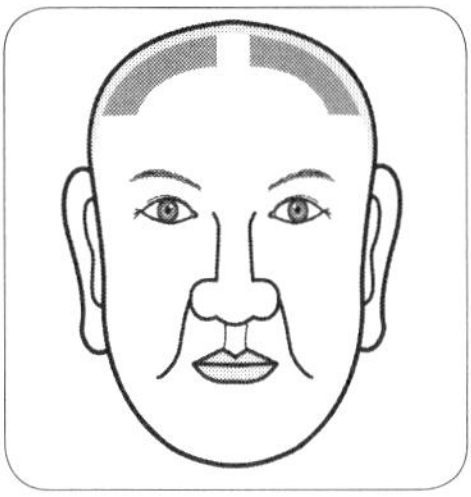

額上部の両サイドにホクロがある相は、自分の性格的な欠点が、とんでもない不運を引き起こすことがあるから、よくよく注意しなければならない。

面白いことに、このホクロは、親譲りの欠点を運命学的に助長し、現実を変えてしまうホクロなのである。

たとえば、親に似て優柔不断であるならば、その優柔不断さによって、運勢が傾くことがあるということだ。

男性の場合は左、女性の場合は右にこのホクロがあれば、仕事上でのトラブルを抱える可能性が高い。また、男性の左、女性の右にあれば、プライベートでのトラブルが起きるといわれている。

この部分は、額の最上部に位置する天中（p209）や天庭と同様、神を司る部分である。人相学でいう神とは天運である。天災同様、日ごろの心構えが大切なのである。

額の中央（司空・中正）

妙なエリート意識は
捨てるほうが吉

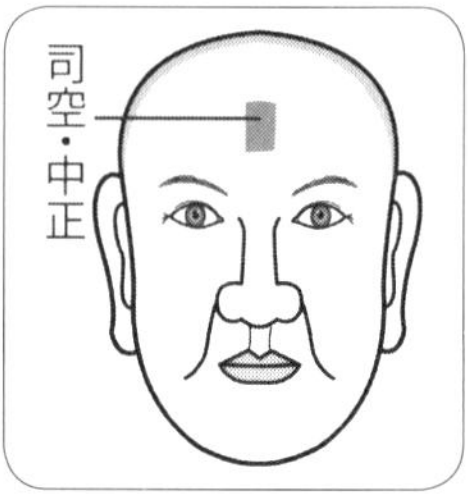

額の中央、人相学でいう司空と中正（p211）のホクロは、出世を妨げるホクロといわれている。

このホクロの持ち主は、常識外れの言動で周囲を驚かせるだろう。加えて、気分屋でもある。

責任の重い仕事を任せることは、難しいかもしれない。得意先との交渉を任せるのも冷や汗ものだろう。

こうした傾向がマイナスに作用するのか、なかには職場を転々と渡り歩くタイプもいるようだ。

女性の場合は、自意識が過剰すぎて奇妙なふるまいに出ることがありそうだ。

要するにこの人は、「自分は選ばれた人間だ」などという錯覚を抱きがちなので、おかしなことをしでかすのだ。そこを改めれば、問題は激減する。

この部位にホクロのある女性は、婚期が遅れるか、独身を貫く場合がある。

額の中央と頬骨の下

火難にあいやすい相
非常口を確認せよ

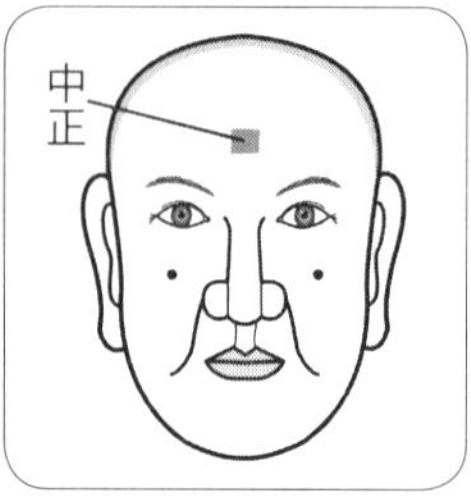

額の中央、人相学でいう中正（p211）にホクロがあり、頬骨の下にもホクロがある場合は、火難の相とされている。正確にいうと、頬骨の下とは、頬骨から指2本分だけ下がった位置である。この位置に、ホクロではなく傷があるケースも、同様に判断する。

このホクロの組みあわせは、火難にあう危険性が高くなる。

自分の家からの出火だけではない。もらい火も含まれるし、旅先の旅館で、火事に巻き込まれるケースも考えられる。宿泊施設では、非常口を確認する習慣をつけてもらいたい。

なお、頬骨の下にホクロがあり、中正にはホクロがない場合でも、中正に吹き出物などが出現したら、やはり火難がふりかかる前触れである。情事がらみでホテルを利用する場合には、とくに注意する必要がある。

額の左右（日角・月角）

親子関係に問題あり？ ベッタリ母子は要一考

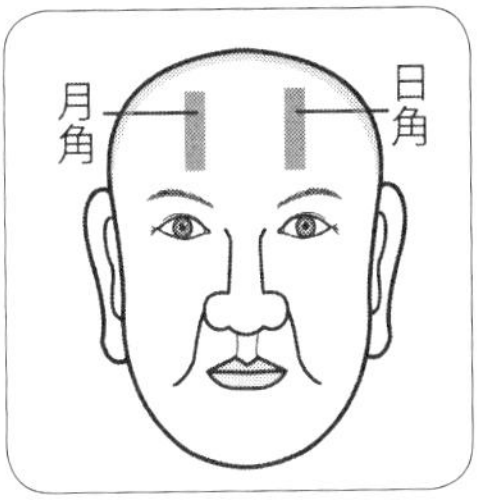

この部位に傷やホクロがあれば、親との関係がうまくいかない。

男性の左側、女性の右側には、父親との関係が示される。父親とケンカばかりしていたり、迷惑をかけたりしているのであれば、その部位に傷やホクロがあるはずだ。

しかし、ここに傷やホクロがあるにもかかわらず、親子関係が良好な人がいる。親と仲がよく、30歳を過ぎても自宅を出ない人や、年に一度は、一緒に海外旅行を楽しむという女性がごまんといる。

しかし、そのような親子関係こそ、本人に悪しき影響を及ぼすのだ。

親に甘やかされ、いい年をして独立できないでいることが、その証拠である。いつまでも幼い子供のように扱われることが、果たしてプラスなのだろうか。ここに傷やホクロのある人は、親子関係をじっくりと再考するべきだろう。

眉の上（福徳）

だまされて散財？ うまい話には要注意

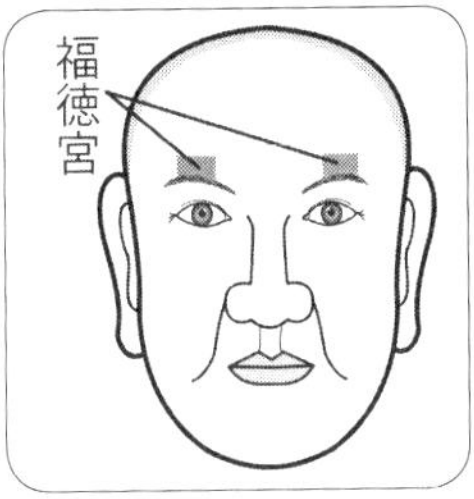

眉の上、人相学でいう福徳宮（p201）のホクロや傷は、凶である。小豆大のホクロは吉ボクロといわれているが、やはり安心はできない。よからぬ出来事が発生すると思って、用心を怠らないことだ。

男性の左側、女性の右側のホクロは、仕事上で散財する暗示である。資金繰りや不動産の管理を徹底するだけでなく、関連会社の倒産で共倒れになるケースもあるから注意が必要だ。あるいは、海外取引などで詐欺にあうことも考慮すべきだし、脱税をたくらむなどは論外である。かならず痛い目にあう。

また、男性の右側、女性の左側は、サイドビジネスやギャンブルで、ボロ負けする散財ボクロである。うかうかと儲け話に乗って、ネットビジネスなどに手を出そうものなら、一巻の終わりであることを認識されたい。

眉

小さなホクロは知能優秀のしるし

眉にホクロのある人は、総じて知能に優れている。眉の中のどこにあってもよいが、ゴマ粒よりも小さなホクロであることが条件である。

また、ホクロが眉頭のほうにあれば、知能に加え、直観力で行動するタイプである。感情面の起伏は意外に激しい。一気に恋に落ちて、電撃結婚をして周囲を驚かせることもあるだろう。もっとも、別れの決断を下すのも早い。

男性の場合は、眉の中のホクロをドンファンボクロといい、口説き上手のサインである。しかし、セックス面ではあっけないほど淡泊だろう。

女性の場合も、セックスに対してさほどの貪欲さはない。

ただし、眉のホクロに加え、額上部の両サイド、辺地（p213）と呼ばれる部位にも複数のホクロがあれば、話は180度違ってくる。快楽や情に溺れる危険性が強まるのだ。つきあう男性の質がよければ問題はないが、そうでなければ、もてあそばれる運命をたどる。人を見抜く目を養うことが肝要である。

眉の中のホクロで、悪い意味を持つのは、女性の右眉頭にあるホクロである。右側というのは、社会的な側面を暗示する。たとえば、夫の事業を支えるために、金策に走りまわる可能性がある。また、詐欺に引っかかって、お金をだまし取られるケースも考えられる。振り込め詐欺などに対しても用心すべきだ。

一方、女性の左眉には、プライベートな事柄が示される。左眉にホクロがあると、友人が家庭内のことに干渉してくる。また、誘いを断りたくても、断れないような事態が多くなるはずである。

また、眉にホクロがある人は、なぜか水の事故に遭遇しやすい。海水浴や釣りなどに出かけるときは要注意である。住居を構える際も、海や川の近くは、あまりおすすめできない。洪水のことを考えて場所を選ぶことが大切だろう。防災意識を高めることも重要だ。

ほか、眉のすぐ下にホクロがあれば、親戚との関係が悪く、トラブルが発生しがちであることを示す。

ちなみに、眉が途中で切れている人や、眉が薄い人の場合は、身内からよいように利用される心配がある。にもかかわらず、自分が困ったときは親戚からの助けが期待できないというオチがつく。

眉間（命宮）

僧侶には大吉だが 事業家には凶となる

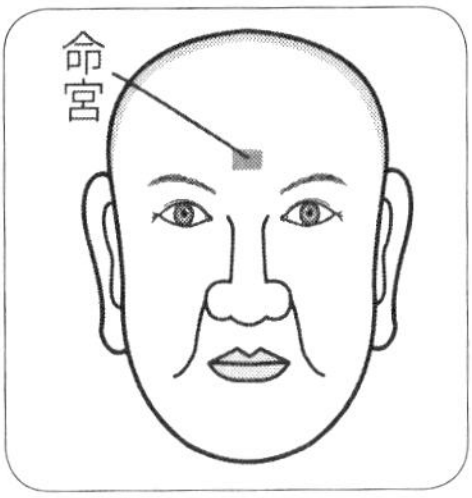

眉間のわずかに上の部位を、人相学では命宮（p212）という。ここにあるホクロは、陰者紋、あるいは釈迦ボクロといわれ、僧侶には大吉である。

しかし、一般には凶である。

このホクロを持つ事業家は、事業を一夜にして崩壊させるような凶事を起こしやすい。

色情を占う『刀巴心青』には、以下のような内容が記されている。

命宮が広く、そこにホクロがある女性は、性的なことで過ちを生じやすい。このホクロに加えて、眼や唇にも好色な相が出ていれば、男なくしては一夜も眠れぬことになるという。

このような傾向があれば、真面目で将来有望な男性と結婚しても、性的に満たされないと、浮気をしかねない。

ただし、顔の中心から左右にそれれば凶意は小さくなる。

鼻の最上部（山根）

胃や呼吸器に注意 空気と食事に配慮を

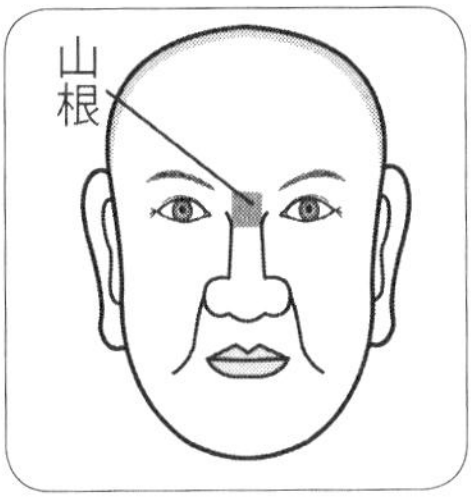

鼻の最上部、人相学でいう山根（p219）のホクロや傷は、悪い判断となる。この部位の中央にホクロや傷があるのは、胃や呼吸器に注意せよというサインである。空気が汚れた場所に近づかないことや、ふだんから胃に負担のかからない食生活を心がけることは、ここにホクロや傷のある人の鉄則である。

女性の場合は、つきあう男性を厳選しなければならない。いたずらに快楽を追求しがちだからだ。セックスがうまいだけの愚かな男にふりまわされかねない。

また、自分は健康でも、夫が病身であるために、自分が一家を支えるというケースもあるようだ。

この部位にホクロがある男性について、『刀巴心青』は、「自分の道具が悪くて快楽が得られぬのに、女のせいにして、あれでもイカぬ、これでもイカぬと女漁《あさ》りをする人」と断じている。

鼻の上部（年上）

40代の健康に不安あり
用心と養生を心がけよ

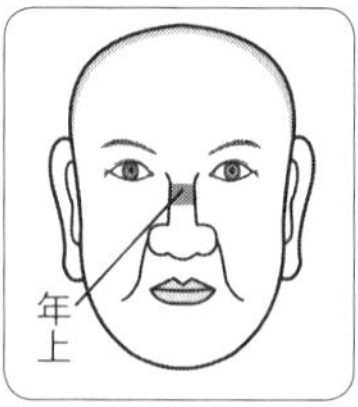

人相学でいう年上（ｐ２２０）にホクロがあると40代前半に大病もしくは大損失に見まわれるかもしれない。タバコや酒を控え、用心して過ごすこと。

なお、この位置にホクロのある人は、不思議と背中にもホクロがある。まれに腹にホクロがある人もいるが、これは女難の相。男性は行いに気をつけることだ。

鼻の脇（仙舎・香田）

趣味はほどほどに
お金が貯まらない

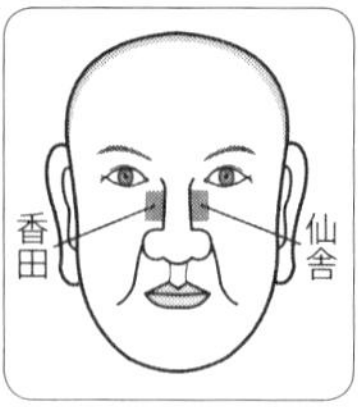

仙舎・香田（ｐ２２３）にホクロのある人は、自分の家を持つことに苦労するかもしれない。労働のわりに、お金が貯まらないのだ。趣味に没頭して、お金を使ってしまうことも考えられる。

ちなみに、浪費家と結婚すると、それまでにはなかったはずなのに、ここにホクロが出現するという奇妙な実例もある。

鼻の中央部（寿上）

左右にそれていれば
凶意は最小にとどまる

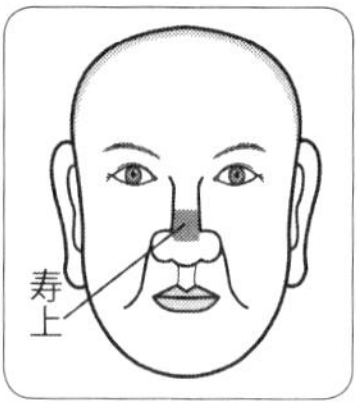

人相学でいう寿上（ｐ２２０）のホクロである。相書には「寿上にホクロある人は身体弱く、男性は女難を免れない」と記されている。一方、女性の場合は、夫に苦労させられる暗示だ。

ただし、この部位の真ん中にホクロがあれば最悪だが、左右のどちらかにそれていれば、凶意は最小に抑えられる。

小鼻の脇

お金に寛容すぎる？
浪費の心配もあり

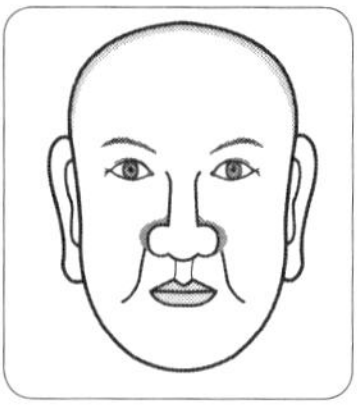

小鼻の脇に食い込むようなホクロのある人は、お金に寛容である。無理な借金の申し込みにも応じてくれるかもしれない。

男性の左側、女性の右側にホクロがあれば、なぜか給料の安い職場を選んでしまう。

男性の右側、女性の左側にホクロがあるならば、浪費のためにお金が貯まらないだろう。

目頭の脇（夫座・妻座）

配偶者との関係に難か 音感が鋭いことも

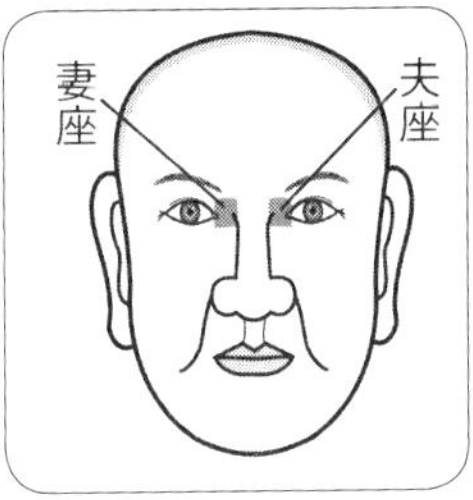

人相学でいう、夫座・妻座（p222）のホクロである。

男性の左側（夫座）にホクロがあるならば、妻との夫婦生活に満足できない傾向がある。愛しあって結ばれても、結婚すると愛情が冷めやすい。内助の功を暑苦しく感じてしまうタイプなのだ。

右側（妻座）にホクロがあれば、遊びのつもりの女性と深入りしすぎて、慰謝料を払うハメになるかもしれない。

女性の場合も、右（妻座）にホクロがあれば、夫とのセックスに嫌悪感を覚えるか、夫が浮気を繰り返す。

ホクロが左側（夫座）にある場合は、愚かな男との恋愛が警告されている。1度では懲りず、2度、3度と繰り返すのが特徴である。

女性の場合、目頭の斜め上にホクロがあれば音感が鋭い。その代わり男性の誘惑にきわめて弱い。

まぶた（田宅）

財産を使い果たしそう 芸能関係に要注意

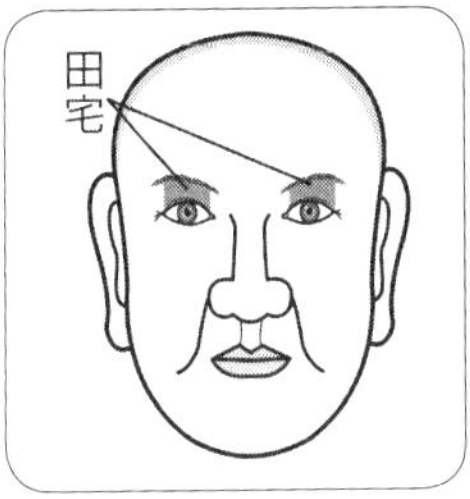

人相学でいう田宅（p218）、つまり、まぶたにホクロがあると、親の財産を失う可能性がなくはない。男性の左側、女性の右側なら30代前後、男性の右側、女性の左側は40代以降に要注意だ。

もしも眉頭寄りにホクロがあれば、兄弟姉妹間で相続争いが起き、眉尻寄りであれば、親族間でのトラブルとなる。

別の見方もある。

眉尻近くのホクロは、芸能ボクロと呼ばれている。華やかな芸能界に憧れ、そのために親の財産を失う暗示である。

歌舞伎役者に入れあげた女性がいた。博多から上京して、公演中は毎日、歌舞伎座に通い続けていた。それも千秋楽まで昼夜の部すべてだ。しかも同じ和服で来たためしはない。資産家の娘ということだったが、相続したお金は、すべて歌舞伎に消えた。まさに芸能ボクロのなせるわざである。

目の下①（臥蚕）

異性関係が激しいかも　身を慎む賢さが必要

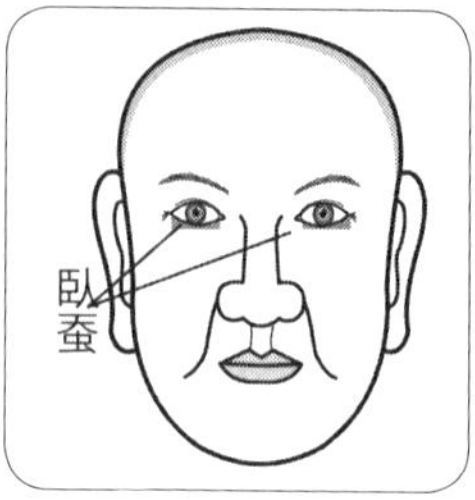

目の下は、人相学では臥蚕（p223）という。ここにホクロがあれば、女性にとっては男殺しのパスポートを得たようなものである。

男性の場合も、セックスにかけての体力は凄まじいものがある。

なお、臥蚕の内側を内臥蚕という。アカンベエをしたときに、露出する部分である。ここにホクロがあると、「女は不義の心絶えず」と、相書は伝える。夫や恋人だけでは満足できず、複数の男と関係するかもしれない。男性も同様である。

この場合、ホクロが目頭寄りにあれば、自分から相手にアプローチするタイプであり、目尻寄りならば、誘惑に飛びつくタイプである。

こういう相手を配偶者に持つことは、自分の寿命を縮めることにつながるかもしれない。結婚相手とするには、よほどの覚悟が必要であろう。

目の下②（涙堂）

子供に泣くホクロ　過保護にはご用心

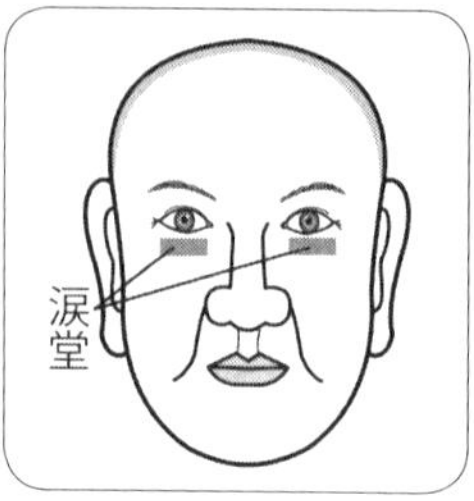

目の下、人相学でいう涙堂（p224）のホクロは、子供に難があることを示す。

このホクロは、「泣きボクロ」とも称せられるが、実は親不孝な子共に泣かされることを語っているのである。

つまり、できのよろしくない子供や、ひとり立ちをしない子供に苦労する暗示なのだ。ほかの部位に富貴の相があってもなくても、このホクロがあれば、子供に迷惑をかけられると覚悟したほうがいいかもしれない。

同時に、その原因は、親たる本人にあることも心すべきだ。年齢的には立派に成人した子供を、いつまでも甘やかしてはいないだろうか。それは、子供の自立心を奪う悪行である。

もし、涙堂にホクロがあり、すでに子供がいるならば、心を鬼にして突き放すことも愛情である。この姿勢に切り替えれば、凶暗示から解放されるだろう。

目の下③（評判）

嫉妬の対象になるのは恵まれている証拠

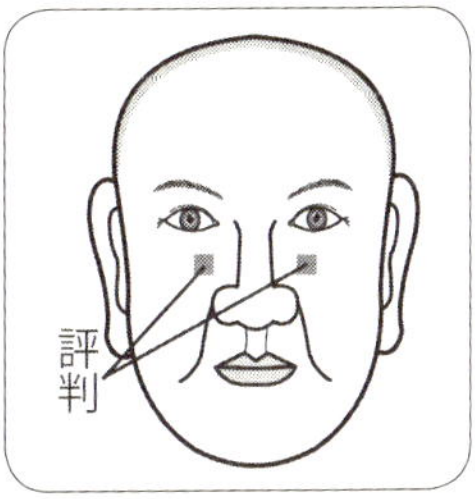

目のやや下、目頭寄りのゾーンを評判（p225）という。

ここにホクロのある人は、妬まれやすい。男性の左側にあれば仕事上のこと、右側ならばプライベートに関することだ。女性は、左右が反対となる。

この部位の肉づきがよければ、職場で人気者となる。しかし、ホクロがあると、その人気を妬まれる。

逆に、笑ってもこの部位がふくらまず、そのうえホクロがあれば、人気運はかんばしくない。接客を主体とする職業より、ひとりでじっくり取り組むような職業が適しているかもしれない。

女性でも、左側にホクロがあれば、友達は少ないだろう。つきあい方に問題があるのかもしれないが、ホクロのない人の中には、つきあい方に問題があっても友達には不自由しない人もいる。運命の不思議なところである。

目尻の横と上（妻妾・奸門）

男性なら相当な女好き 夫婦間の隙間に注意を

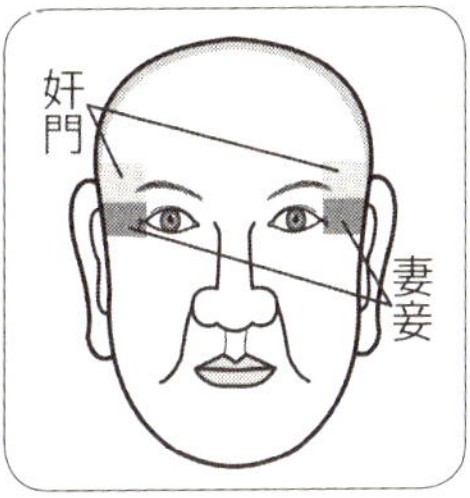

人相学でいう妻妾と奸門（p224）に該当する部位である。

この位置にホクロがあると、男性ならば、かなりの女好きである。フェミニストで社交的なのはよいが、肉体関係で問題を起こしがちである。下手をすれば、最後は憎みあって終わるというケースが予感される。

既婚者の場合は、男女とも、配偶者との間に気持ちのズレが生じるだろう。夫婦関係が冷えてしまうと、離婚へと向かう危険性が高い。そうなる前に、日常的なコミュニケーションを怠らないことが大切である。

相手の妻妾あたりに、小さなホクロが散らばっていたら、恋愛を楽しむタイプだと割り切ってつきあうほうがよい。小鳥の足跡のような細かい線が現れている場合も同様である。このような相手に、深情けをかけるのは避けるべきである。

目尻の下（命門）

だれの秘密でも
つい漏らしてしまう

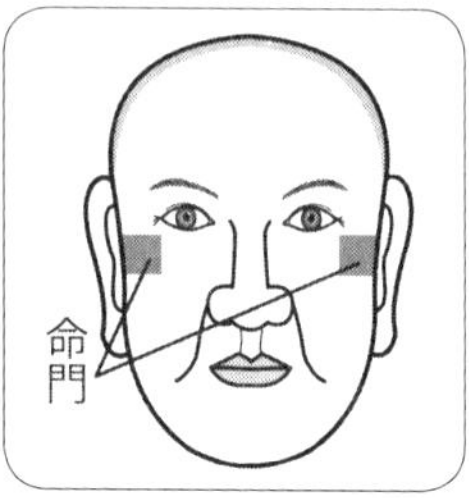

　目尻の下、命門（p226）と呼ばれる場所にホクロがあると、壁に穴が開いたようなもので、秘密や隠しごとをぺらぺらとしゃべってしまう。
　重大な秘密は、この人に打ち明けるとたちまち周囲に広まるので、最後まで隠し続けるのが安全だろう。逆に、マル秘情報を聞きだすなら、この人が便利だ。食事をご馳走して、ちょっと持ち上げれば、聞きもしないことまでペラペラと教えてくれるだろう。
　角度を変えていうならば、ここにホクロのある人は、恋愛などで秘密を持ちやすい傾向にある。他人に知られてはならない関係、簡単にいえば不倫だろうか。男性の左側、女性の右側にあれば社内不倫。男性の右側、女性の左側ならばネットなどで知りあった相手との関係だ。だが、やはり秘密を守り通すことが苦痛になり、友達にポロリと漏らしやすい。

頬骨（観骨）

試練によって磨かれる
大人物のホクロ

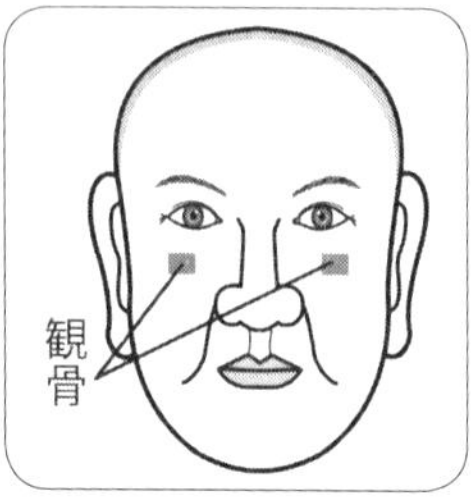

　頬骨を人相学では観骨（p226）という。ここにホクロを持つ大人物は多い。観骨にホクロがあるのは、権力闘争に巻き込まれて大打撃を受ける暗示なのだが、これらの試練を乗り越えてこそ、大成功者となれるのだろう。

　観骨のホクロは、能力のある人にとって、いわばステップボードのようなものかもしれない。

　しかし、やはり一般的には、観骨のホクロは注意が必要だ。黙っていればいいのに、つい口に出してしまい、上司と衝突する危険性が高い。場合によっては左遷などもありうる。観骨のホクロを別名「反骨ボクロ」と呼ぶゆえんである。

　観骨のホクロについては、武士の商法をイメージすればわかりやすいだろう。

　女性も、偉そうな相手を前にすると猛然と噛みつく傾向が強い。このホクロは地雷のようなものでもあるのだ。

耳

目につきにくいなら幸運を呼ぶホクロ

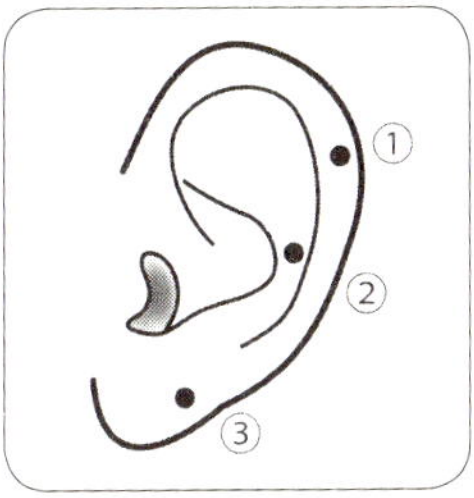

耳のホクロは、目につきにくいところにあるのが吉相である。

外輪にホクロ（①）のある人は、アイディアが豊かで、どのような職業についても頭角を現すだろう。ただし、外輪でもわりと内側のほうにあり、茶色のホクロではないことが条件である。

外輪の内側には内輪がある。耳郭ともいうが、ここに隠れるようにあるホクロ（②）は、積極的な行動によって運を開くとされている。ただし、内輪が飛びだしていないことが条件だ。内輪が飛びだした耳だと、いらぬことに手を出して失敗する相という判断に暗転する。

耳の穴にあるのは、お金を得ても、すぐに消えてしまうことを示す。

また、耳たぶのホクロ（③）は、絶倫ボクロである。

なお、女性の耳のホクロは、親の犠牲になるという暗示もある。

人中

鼻の近くや中心なら健康管理を十分に

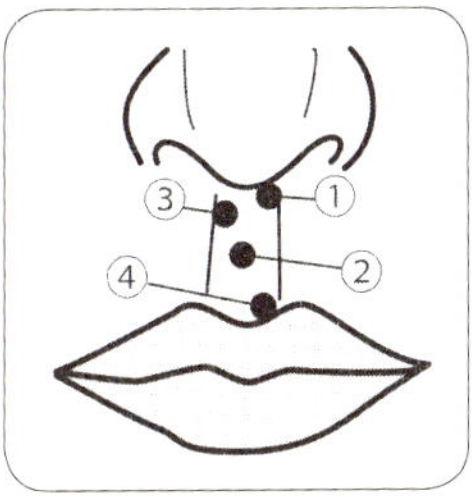

人中のホクロは健康に直結している。

①のように、鼻の近くにあるホクロは、短命とされているが、日ごろから健康管理をすることで、その凶意を減じることができるだろう。

②のように、人中の中央にあるホクロも、健康に要注意のサインである。元気そうに見えても、脆いところがある。女性の場合、子宮が弱いかもしれない。

③のように、人中の中心からそれた場所にホクロがあるのは、姦通の相といわれている。恋人や配偶者に隠れて、別の相手と密会するスリルの味を忘れられないタイプである。

唇に近い部分にある④のホクロは、③を凌駕するほどの激しさを宿している。色情を占う『刀巴心青』には、「素性定まらず」と記されているから、異性を渡り歩くのかもしれない。女性の場合、人中のホクロは名器ボクロといわれる。

唇の上（食禄）

小豆大のサイズなら幸運を招く吉ボクロ

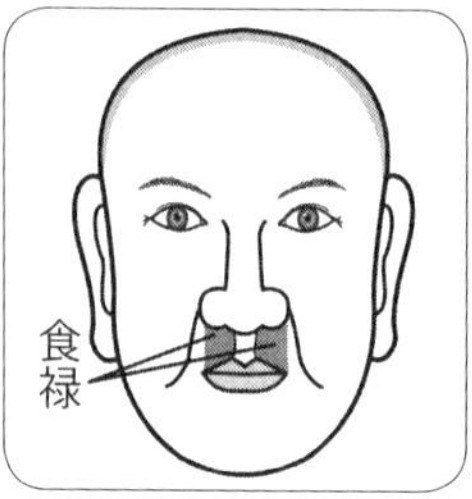

唇のすぐ上を人相学で食禄（p228）という。この場所のホクロについては、小豆ほどの大きさのものを、活きボクロという。これが吉である。小さいホクロではいけない。

食禄に活きボクロがあると、お金が出ていっても、不思議と臨時収入が舞い込んでくることが多い。

このホクロを「ご馳走ボクロ」と呼ぶこともあるが、これは、他人にご馳走してもらえる恵まれた運勢を示す。

ところが、占い好きな人の中には、小さなホクロを活きボクロだと信じて、友人に食事をご馳走する人がいるのだ。これでは「ご馳走ボクロ」ではなく「ご馳走するホクロ」である。

若いのに、口元に縦じわの立つ人がいる。これは貧困になる前触れである。さらにホクロがあれば、口やかましいだけでうだつの上がらない人と判断する。

唇

モテボクロか金運ボクロか

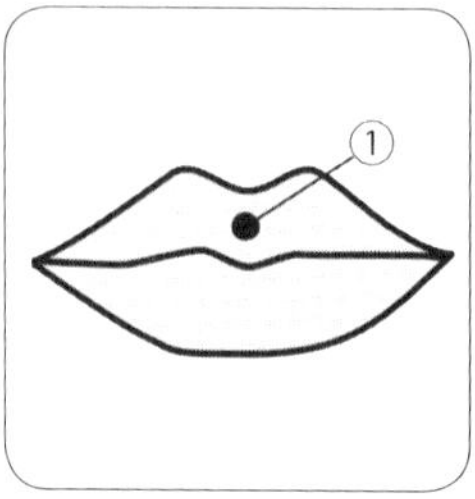

上唇のホクロは、衝動的な恋をする暗示である。一生のうちに何度か、死ぬほど好きになる相手にめぐりあうはずである。これは男女とも同じである。

また、上唇の内側に隠れるような位置にホクロがあれば、セックス面において成長をとげる才能があることになる。

上唇の中心（①）にホクロがあれば、浪費したと思ったことが、後で大きな金運となって返ってくる場合がある。一種の金運ボクロといってよい。

下唇にホクロがあるのは、モテボクロといい、恋の相手に不自由はしない。その代わり、好きでもない相手からのアプローチも多いだろう。

下唇の内側にホクロがあれば、男女とも清純な表情とは裏腹にベッドでの行為は激烈をきわめることになっている。

なお、唇のホクロは、水難に注意という警告でもあるから気をつけるべし。

唇の下（承漿）

水難や食あたりに 日ごろから用心すべし

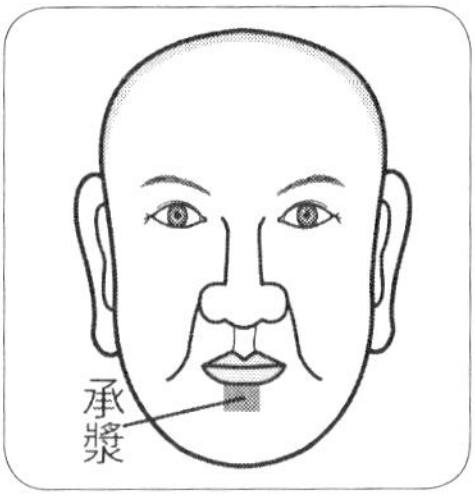

唇のすぐ下、承漿（p231）にホクロがあれば、水難や食あたり、あるいは契約のミスをしがちな体質だと自分に言い聞かせよう。それらのことに対して慎重になれば、後であわてふためくようなことは避けられるだろう。

実印を持ち歩くことも、やめたほうがよい。紛失したり、置き忘れたりすることが考えられるからだ。面倒でも、実印は自宅で捺すことに決めてしまえば、この凶暗示から逃れられる。

このホクロの持ち主は、体調が悪くても、むやみに薬を飲むことは危険かもしれない。承漿のホクロは、薬の副作用に苦しみがちなのだ。サプリメントにも慎重でありたい。

病院からもらった痛み止めを飲んだところ、顔が風船のようにふくれた知人がいる。彼の承漿には、目立たないくらい小さなホクロがある。

法令線上

番くるわせのホクロ 万事慎重に進めて吉

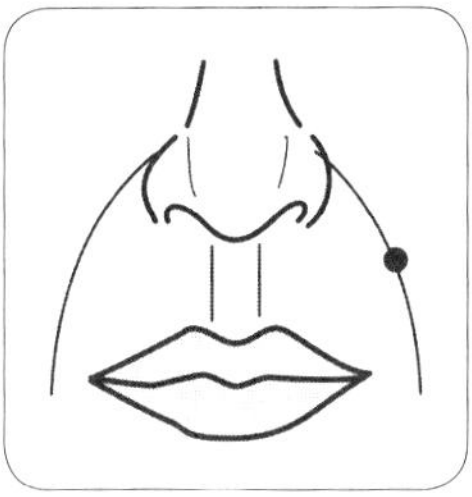

法令線上にホクロがあるのは、職業上でつまずきがあるか、家庭が破綻する暗示とされている。

法令線にホクロのある人と仕事をすると、トントン拍子に行っていたはずなのに、思わぬところで番くるわせが生じ、大あわてをする危険性が高い。

儲かっているはずの会社が、じつは倒産寸前だったという見込み違いも、法令線にホクロがあると発生しやすい。

この相を持つ人の「大丈夫」という言葉は、かなり割り引いて受け止めたほうが身のためかもしれない。

また、法令線は、家庭を守る境界線のようなもので、そこにホクロがあるというのは、難が存在することを示す。法令線のすぐ外側にあるホクロは、家庭を揺るがす要因が外部からやってくることを暗示する。法令線のすぐ内側なら、家庭内のトラブルが考えられる。

口角

言い間違いや言葉足らずに要注意

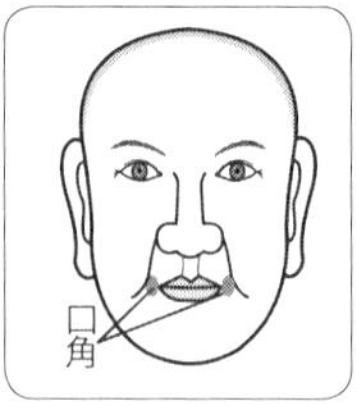

口角にホクロのある女性は「一夫では済まず」と、『刀巴心青』に記されている。欲情が強く、ひとりの男では満足できない性質だという。相手との情事を口外する傾向もあるようだ。

男女とも、口角にホクロがあると、言い間違いや言葉足らずなどでミスをすることが多々あるので気をつけたい。

あごの脇①（奴僕）

女性なら年下趣味 男性ならパワハラ疑惑

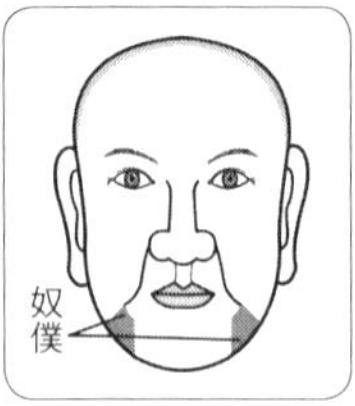

奴僕にホクロのある女性は、年下の男性と恋に堕ちやすい。右側なら職場の男性、左側なら趣味などの仲間が恋の相手になる。

男性は、左側ならば、身に覚えのないパワハラ疑惑に注意しよう。酒にも要注意。飲まれると、部下の女性と不適切な関係になりやすい。右側なら、出来心で関係した女性が未成年という危険あり。

頬

頑固で頭脳が優秀 研究者として大成か

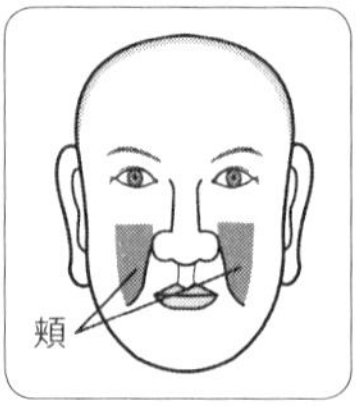

頬にホクロのある人は、相当に頑固だが、頭脳が優秀だ。ひとつの研究をやりとげる才能と分析力が備わっている。

ただ、その冷静さが恋愛面ではマイナスに出てしまう。女性の場合、感情よりも頭で恋をするタイプだ。相手の学力を気にする一面もある。知的な男性を尊敬し、それが恋愛に変わることもある。

あごの脇②（比隣）

ご近所や職場の人と円満な関係づくりを

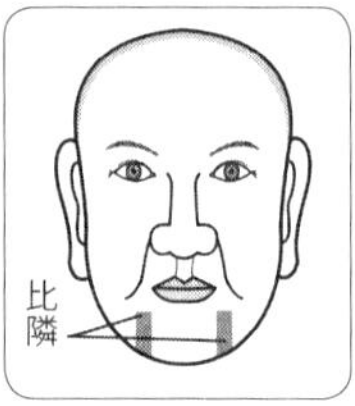

口角の斜め下、唇の両脇を比隣（p229）という。

ここは隣近所との関係を表すとされるが、同業者や取引先、職場の仲間関係にも適用できる。

ここにホクロのある人は、隣近所から嫌がらせを受けやすい傾向がある。学校や職場でも、仲間外れにされたり、イジメを受けたりするかもしれない。

あご（地閣・地庫）

場所によっては大邸宅に住む暗示

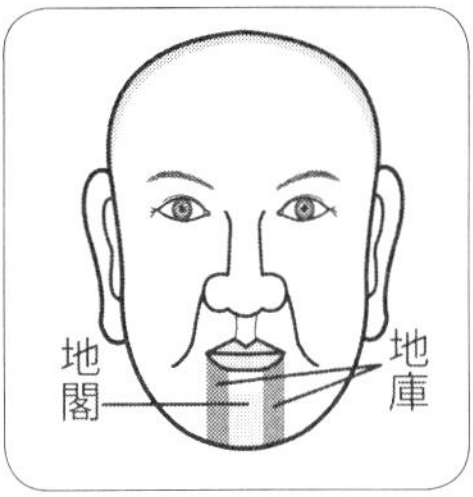

人相学では地閣・地庫（ｐ２３０）に相当する部位である。このホクロを「引っ越しボクロ」といい、住所を転々とする相とされている。1か所に根を下ろすことが苦手なのだ。

地閣の脇に大きめのホクロがあれば、吉ボクロである。大邸宅に住めるパスポートのようなものだ。たとえ狭い部屋で育っても、このホクロがあれば、結婚相手が大出世して、将来は屋敷に住むようになる可能性がきわめて高いのだ。

女性にとっては玉の輿運的なホクロである。むろん、自分の力で道を切り開いていけば文句はない。

ただ、地閣にホクロのある人は、心臓のトラブルが心配される。仕事やスポーツは体調と相談して行うのが安全だ。

地閣の真ん中のホクロは、子供との関係が微妙。子供が結婚すると家に寄りつかなくなり、晩年は孤独かもしれない。

こめかみの下（賊盗）

地位や名誉を奪い取る欲望の旺盛なタイプ

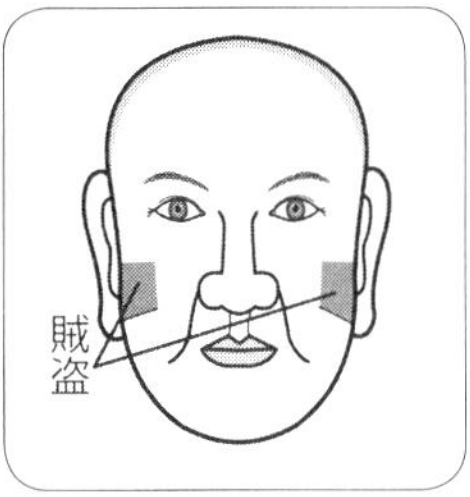

この部位にホクロのある人は、他人を踏み台にしてでも地位や名誉を奪い取ろうとする欲望が旺盛である。この人に、アイディアや新しい企画を漏らすことは自殺行為に等しいかもしれない。

ただし、これは男性の左側、女性の右側にホクロがある場合である。

一方、男性の右側、女性の左側はプライベート面を司るから、もしも、ここにホクロのある友人がいるならば、恋人を紹介しないほうがよい。自宅に招いて配偶者を紹介することも考えものだ。ブランドものをむやみに見せることも控えたほうが安全だろう。

ホクロではなく、コブのような肉の塊が盛り上がっている場合も同様である。

以上は加害者となる場合だが、反対に被害者になることもある。貴重品だけでなく、恋人や夫を奪われる側になることもあるのだ。

エラ（腮骨）

強情ボクロだが
海外で成功する可能性も

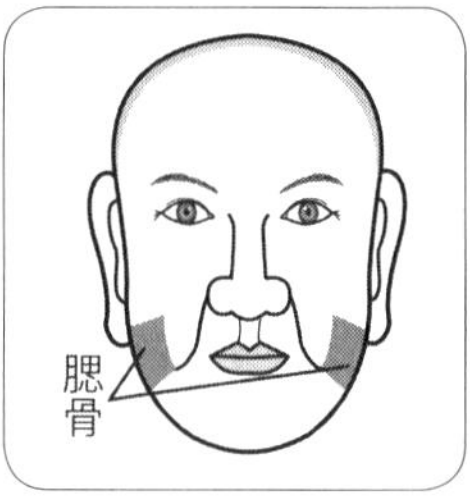

腮骨（ｐ２３２）にあるホクロを「強情ボクロ」という。反抗的で、強情で、ひと癖あり、いささかつきあいにくい人だ。ガッチリしたエラで、唇が薄ければ、DVの危険性がないとはいえない。

細いエラにあるホクロも、油断はできない。弱気なくせに、頑固で陰険な一面があるのだ。他人を困らせることに喜びを覚えるタイプといってもいいだろう。パソコンを悪用して個人情報をのぞいたり、知りあいの秘密を流すような真似をしがちなのだ。

また、湿気の多い場所に住むという暗示もある。あるいは、水に縁があるかもしれない。

また、エラの裏側で、首との境目にホクロがあるのは、海外と運命が深くつながっているサインである。海外に雄飛して大成功を納める可能性があるので、奮起されたい。

◆ホクロの数と運勢

吉凶判断の対象となるのは
ホクロが1～2個あるとき

人によってホクロがたくさんある人と、そうでない人がいる。

人相学において吉凶判断の対象とされるのは、特徴的なホクロがひとつかふたつある場合だ。

ホクロの多い人の場合は、吉凶なしと見たほうがいいかもしれない。

たとえば、鼻にホクロがひとつある人については、財運が危険にさらされると判断するが、5～6個のホクロが鼻にある場合は、財運が危機にさらされるとは一概にいえない。免疫ができていると見ることができるからだ。いってみれば、いくつもの穴があいた財布を持っているために、かえって用心するようなものだ。

恋愛を見る妻妾宮にホクロが多い場合は、多情だという見方をするが、やはり恋愛慣れしているから、大きな失敗をすることはないと判断する。重大な恋愛問題が生じると見るのは、ホクロがひとつだけある場合なのである。

顔の三停

これまでは、顔の各部位に現れる相について個々に解説してきた。

ここからは、そのような占断の根拠となる考え方を3つ、紹介していくことにしよう。

まずは「三停論」について述べる。三停論とは、顔を横に3分割して判断する方法である。

額から眉までを「上停」、眉から鼻先までを「中停」、鼻先からあごの先までを「下停」と呼ぶ。

上停は、初年運を表している。生まれてから成人までの期間である。中停は、中年運を表している。25歳から、60歳までの期間である。下停は、晩年運を表している。60歳以後の期間である。

これら3区分に配当される部位が、吉相であるか凶相であるかによって、その時期の運勢を大まかに見るのである。たとえば、額が吉相で、鼻先が凶相ならば、初年運は吉だが、中年運は苦しいと読む。

こうした解釈を念頭に、各部位の占断を総合的にとらえ直していただくとよいかもしれない。

なお、顔だけではなく、体全体を3つに分けて見る方法もある。あるいは耳などを3つに分けて、やはり初年運、中年運、晩年運を判断することもある。

このように、人体をはじめとするさまざまなものを3区分し、天・地・人として判断することは、東洋占術の特徴である。

【上停】

上停は、初年運を判断するほかに、目上との関係も見る。

たとえば、額の肉が豊かで悪い相がなければ、その人の初年運は恵ま

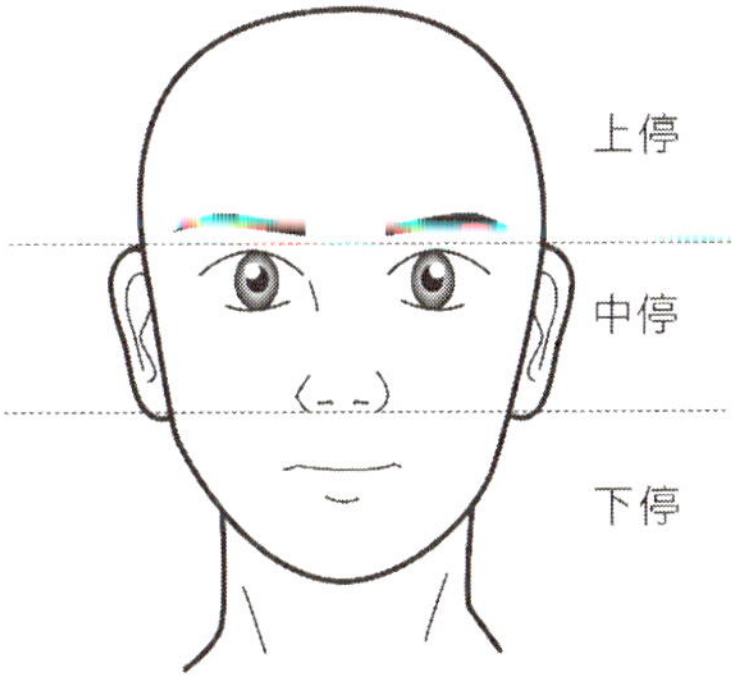

れているとも見るし、目上からも目をかけられるということになる。

反対に、額に悪い相が出ている場合は、恵まれない初年運を送ることになる。また、目上からの助けも期待できない。

上停が悪く、中停や下停の相が吉であれば、社会に出てから実力で成功し、幸せな晩年を送ることができることだろう。

しかし、上停も中停も凶であれば、どんなに下停が吉であっても、晩年運は保証されない。

これは、晩年になって突然に運が開けても、年齢的にその運を使いこなせないからである。

【中停】

中停は、中年運を告げるほかに、財運を判断する場所でもある。またその財運を使いこなせる健康体なのか否かという、身体的な傾向を判断する場所でもある。

中停の肉が豊かであり、吉相であれば、中年期に発展する人だと判断できる。ここに吉相が集まっていれば、パワフルに活動し、相当の財を築くだろう。

しかし、中停に凶相が現れていれば、その人の中年運は苦労の連続である。財運も薄く、仕事面でも成功はおぼつかない。

中停は、運勢のかなめである。上停や下停の相が多少悪くても、中停によい相が集まっていれば、十分にカバーできる。

【下停】

下停は、晩年運を示すほか、目下との関係や、住居を見る。

下停の肉や骨格がしっかりしていれば、恵まれた晩年を過ごす。子供や孫から優しく接してもらえるはずだ。部下運も吉である。

もしも下停が凶で、中停が吉であれば、部下運が悪いのだから、部下を持たなければよい。つまり、仕事をするなら、フリーランスや個人事業主となればよいわけだ。

下停の肉がだぶついていれば、凶相である。そういう人は、晩年運が悪い。年老いても苦労に追われるだろうし、子供や孫が寄りつかず、孤独な生活となる。

最近の若い世代は、柔らかな食べ物に慣れているために、あごが発達していない。近未来の日本に、孤独な老人が量産される暗示が、ここから読み取れる。

顔の十二宮

次ページから述べる11の宮に、顔全体の印象である「相貌」を加えて、十二宮という。前掲の三停論によって初年・中年・晩年をざっと見たら、この十二宮を観察し、さらに、次項で述べる細密区分によって詳しく見ていくというのが、人相判断の基準である。十二宮は、次項の細密区分と重なるところがあり、矛盾も生じるが、それはそれとして、十二宮でひとまず大まかに見ることがセオリーである。ここでは、各宮の意味と血色などについて述べる。

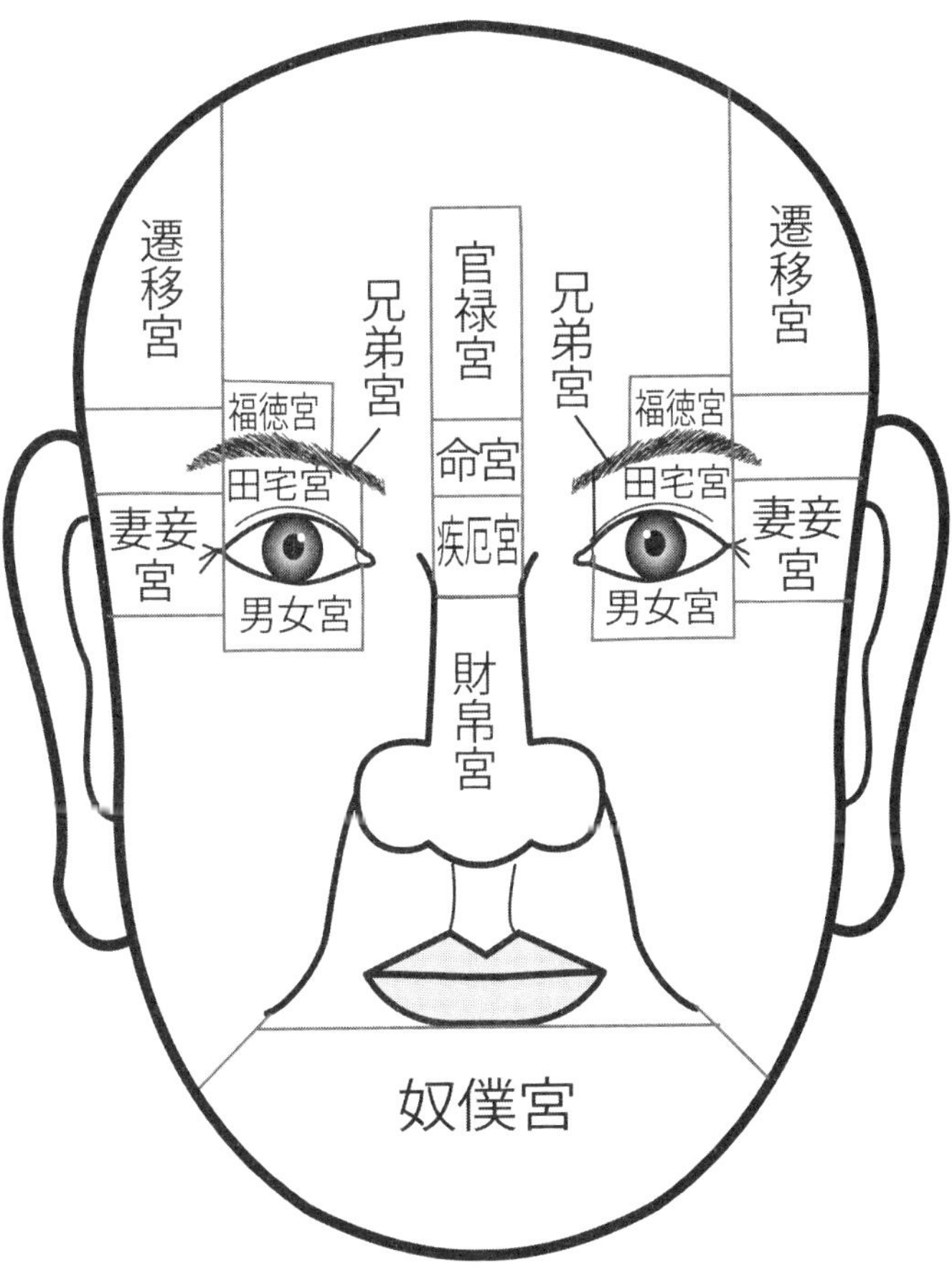

官禄宮《かんろくきゅう》

目上との関係や
運勢の強弱を見る

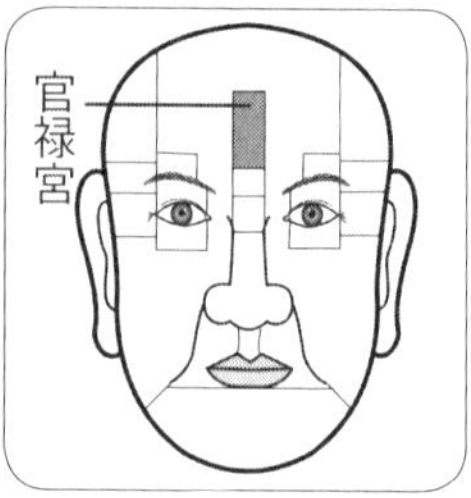

額の中央部分を官禄宮という。目上との関係や運勢の強弱をここで見る。

官禄宮にふっくらと肉がついている相を特上とする。公務員、会社員、事業主など、すべての職種で成功が保証される。

反対に、肉が薄く、しかも傷跡やホクロがあるのは凶相である。目上とつねに対立し、あるいは反抗することになり、出世どころか、仕事に就けるかどうかも危ぶまれる。また、相続問題に悩まされる傾向もある。

たとえ高学歴でも、官禄宮が凶相であれば、成功するように見えながら、なかなか前に進むことができない。

女性で、官禄宮の色つやがよく、受ける感じもすがすがしければ、そのときの運勢はとても良好で、商売は面白いように繁盛するだろう。勤め人も相当のところまで出世できる。

なお、「色つやがよい」というのは、額がテカっていることではない。額がイヤに光っている女性を見かけるが、それは運勢が下降する予兆である。色つやがよいというのは、しっとりと落ち着いた黄色がかった白い肌をいう。

官禄宮に吹き出物が現れたら、交通事故に用心せよとのサインである。水難や火災にも要注意。

学業がはかばかしくないときや、恋で悩んでいる場合も、ここにニキビや吹き出物などが発生する。

遷移宮《せんいきゅう》

肌の色の変化によって
恋とお金の行方がわかる

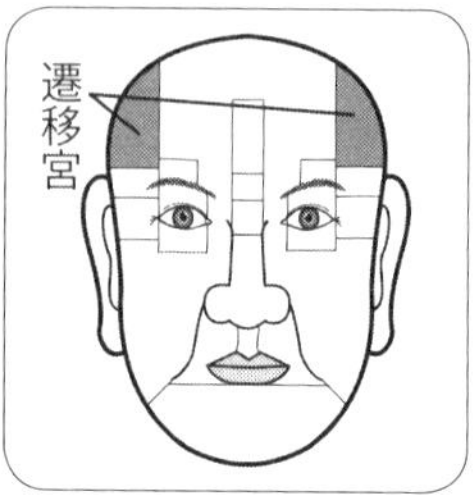

額の両側、こめかみから上を遷移宮という。遠方のこと、旅行に関すること、取引や金銭についても判断する。

遷移宮の肉が盛り上がることがある。あるいは、黄色がかったよい色が出ることがある。それが眉尻の上、つまり福徳宮（ｐ２０１）に向かっているならば、お金が入るという吉兆だ。

向かう先が福徳宮ではなく、その下の妻妾宮（ｐ２０６）へと流れるならば、女性は玉の輿に乗る可能性が高い。男性なら、さしずめ逆玉である。

しかし、黒っぽい色が走っているなら、恋愛が原因でお金を失う凶兆となる。

遷移宮の奥、髪の生え際に寄った場所にホクロがある場合は、秘密の恋愛をする暗示である。

遷移宮の奥に、赤い点が出ることがあるが、これは恋人との口論を意味する。

一方、青筋が浮かんだ場合は、恋人や配偶者のほかに相手ができた証拠である。恋の相手が変わるときに、よく見られるサインである。

相手の顔を見たときに、青筋がどこに向かうかで、さらに面白いことがわかる。福徳宮に向かえば、目的はお金である。お金に惚れていると判断できるのだ。また、相手の青筋が妻妾宮に向かうなら、相手の気持ちは真実である。

このように、遷移宮とその周辺は、お金と密接なかかわりがある。

福徳宮《ふくとくきゅう》

金運や財運など経済面が示される

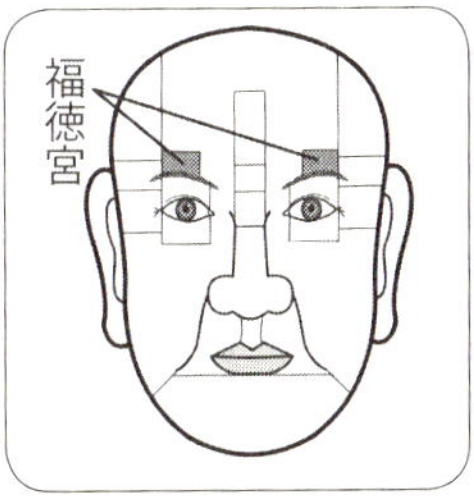

福徳宮とは、眉尻の上の部分をいう。福堂とも天倉とも呼ばれている。金運、経済面、財運を判断する部位である。

傷などがなく、色つやがよく、肉がふっくらと盛り上がっていれば、財運に恵まれるだけでなく、散財で苦労することもない。まさに富貴の相である。

しかし、肉の盛り上がりに欠け、しわが寄るほどに痩せた感じであれば、生活に苦労する。失職した前後は、福徳宮がへこんで見えるものである。

しかし、お金が不足していても、福徳宮がぷっくりと膨らみ、クリーム色に見えてくれば、しめたものだ。やがて運が開かれ、豊かな暮らしへと切り替わるだろう。女性は玉の輿に期待できる。

福徳宮が、妻妾宮（ｐ２０６）に隣接していることに留意したい。つまり、福徳宮に難が生じると、異性問題からお金が出ていく危険性がきわめて高いのだ。

福徳宮から妻妾宮にかけての皮膚が、赤黒い色をしていたら危険だ。異性問題がこじれ、それが金銭問題に及ぶことになりかねないからだ。これは右側でも左側でも同様である。

悪い色に染まっているときは、遊びを控えるのが賢明だ。女性も、油断してはいけない。友達とお酒を飲んで、酔いにまかせてホストクラブへ顔を出した結果、お気に入りのホストに貢ぐような日々が始まらないとも限らない。

命宮《めいきゅう》

希望や寿命を見る
重要部位のひとつ

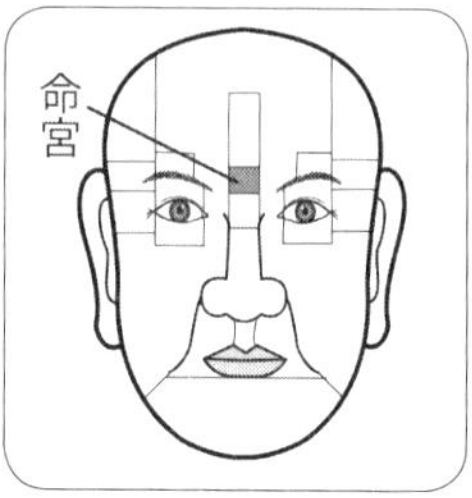

命宮とは、両眉の間をいう。

この宮は、狭義の命宮（p212）と印堂（p213）から成る。その人の希望や寿命などを判断する宮で、観相上、最重要とされる部位のひとつである。

命宮の幅は、中指の腹ふたつ分の広さが理想である。親指が入らないほど狭いのは、精神的に落ち着きがなく、根性も今ひとつで運勢の弱い人という判断になる。度量が狭いため、大成することが難しいといわざるを得ない。

命宮の狭い女性は、えてして性格が暗い。悪いことばかりを想像して、ヒステリックになることもある。そのため家庭内に争いが増え、夫は浮気をするといった悪循環が生まれがちだ。

命宮の幅がほどよい広さなら、強い運勢に守られ、目上の人からも信用され、普通以上の成功が約束される。

しかし、広すぎるのはかえっていけない。人差し指・中指・薬指の3本の指を当てても、まだ隙間が生じるような命宮の持ち主は、秘密を守れない。この人に内緒の相談をすれば、その日のうちに周囲に知れ渡ってしまうだろう。

女性で命宮がかなり広ければ、大らかな性格だが、性的なモラルが希薄だ。

命宮は、澄んだ色つやをしていることが幸運の条件だ。実際、成功するときには、命宮が光を当てたように輝くし、失敗するときは黒ずみ、かげりが生じる。

兄弟宮《けいていきゅう》

寿命や感情を示す
人間ならではの部位

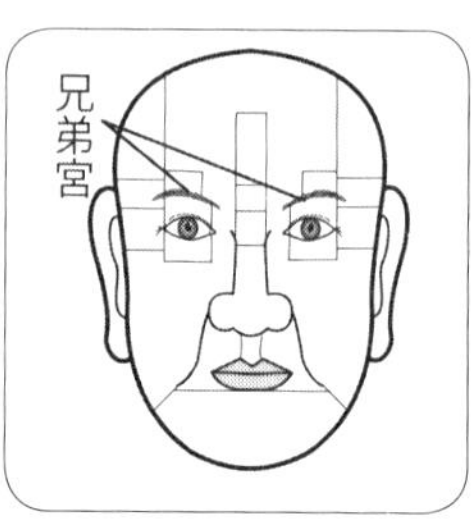

眉を兄弟宮という。兄弟宮もまた、人相上の重大なポイントである。

眉は、寿命、福分、知識、才能、感情、それから兄弟や親戚などの状態を示す。

他の動物は眉を持たない。眉らしきものがあっても、毛が数本ある程度で、人間ほどの眉ではない。眉を持つのは人間のみなのだ。その眉の形や状態によって、感情の動きが見て取れる。

たとえば怒っている人の眉毛は、逆立

っている。逆立っているために、地肌が現れる。眉のあたりが白く見えるのは、そのためである。怒りが収まると、眉毛の逆立ちが直り、白さも消える。

生理のとき、女性の眉頭が逆立つという説がある。真偽はともかくとして、生理時は感情が不安定なために眉毛が逆立つと考えれば、もっともな話だろう。

このように、眉は感情だけでなく体調と直結している。

日によって、眉尻周辺にうぶ毛が多いことがある。また、昨日まではそんなことはなかったのに、朝鏡を見たら、眉が途中で切れて驚くこともあるだろう。

人相学では、それらの変化を運勢と結びつけて解釈していくのである。

いや、多くの人たちが「今日はこの人の調子がいいみたいだ」「機嫌が斜めだ」などと直感していることを、人相学が詳細に分類し直しているといったほうがよいかもしれない。

疾厄宮《しつやくきゅう》

自分と身近な人たちの関係性が表れる

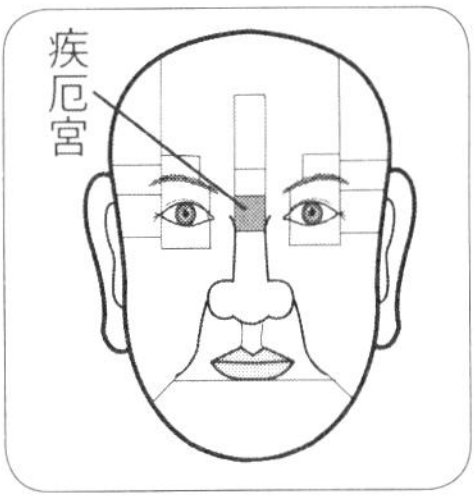

疾厄宮とは、両眼の間をいう。山根とも称され、主に病気を判断する。高すぎず、低すぎず、広すぎず、狭すぎず、これが吉相である。

人相学では、鼻を自分、眉を兄弟姉妹や親類縁者と見る。その間にある疾厄宮は、両者の橋渡しを担う部位だ。

吉相であれば、肉親や親類、友達との関係が円満であるという判断になる。

凶相であれば、「疾厄」の文字が示すとおり病気がちになるか、家庭に病人がいて苦労するという判断になる。

ここで「小人形法」にもとづく説明を加えたい。小人形法とは、401ページの図のように、印堂を頭、山根を首筋から胸、鼻筋を胴体、小鼻を陰嚢、人中を陰茎、眉を腕とする見方である。ただし、これは男性に該当する。女性の場合は、逆人形法を用いるのが基本である。

小人形法で見ると、疾厄宮は首から胃に当たるのだから、疾厄宮に傷などが認められたら、胸や胃が弱い可能性を念頭に置いて解釈するのが正しい。

一方、逆人形法も考慮に入れるべきである。逆人形法では、疾厄宮は生殖器に当たる。また、情欲を司る目頭の部分(竜宮)と接していることから、性的な傾向をも判断することになる。

だが、山根に凶相があるから病気がちで放埒だとは即断できない。ほかの部位もふくめて総合的に見る必要がある。

財帛宮《ざいはくきゅう》

（財運を見る中心的部位
お金の獲得法を告げる）

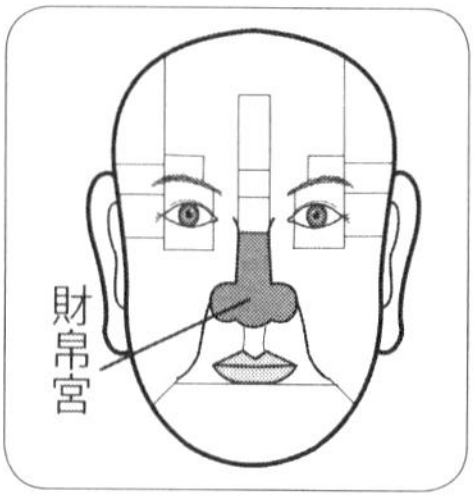

財帛宮は、鼻のつけ根から小鼻までである。財帛の財は財産であり、帛は衣類である。つまり、財運を見る主人公だといわれている。

細かく見れば、鼻のつけ根から順に、知力、名誉、意志力、愛情と意味づけされている。たんに財運といっても、お金は天から降ってくるわけではない。相手の財布にある。これをいかに自分のものにするかを問うのだ。知力を使うのか、名誉（権力）にものをいわせるのか、強い意志でコツコツと貯めるのか、愛情を獲得してお金の流れを自分に向けるのか。そのどれが適しているのかは、各人の鼻の相に表れている。

つまり、財帛宮には、お金を得るためのポイントが集まっているのである。

ここで、鼻の高低・大小に関する興味深いエピソードに触れてみたい。

一般に、鼻が高くて大きな人はダイナミックで、鼻が低くて小さな人は度量が狭いとされている。

これは民族性の違いによるという説がある。その証拠に、赤道直下に暮らす部族は、領地をめぐる小競り合いを繰り返しているが、欧米人、あるいは北欧の民族は、国の存亡をかけた大戦をする。これは、鼻の高さや大きさと関係しているというのだ。

いわれてみれば、頭からは否定できないように思われる。

田宅宮《でんたくきゅう》

（まぶたが広ければ
財産相続に福分あり）

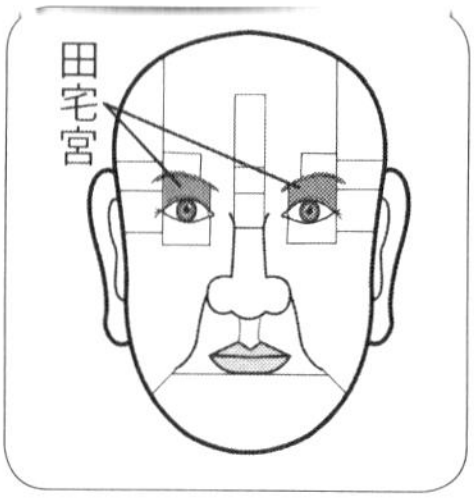

田宅宮は一般にまぶたを指すとされているが、厳密には目も含まれる。もっぱら不動産や相続に関することを見るところから、家継宮とも呼ばれる。

おおざっぱにいうなら、田宅が広いほど不動産が多く、親からの相続も期待できる。しかし、狭ければ財産も少なく、相続の期待も低いことになる。さらに、ホクロや傷やシミがあれば、代々の土地を手放す暗示だし、自分で不動産を手に入れることも困難となる。

しかし、相書は「眼光を見よ」と、再三述べている。眼に慈愛を宿していれば、田宅に難があっても悪い判断はしない。むしろ吉として見る場合があるのだ。

ちなみに相書はいう。「眼と声と心気。この3つを除いてしまっては、人相学は児戯に類するものとなる」と。それほど眼の光は、人相学の要となっている。

その眼の状態を左右するのが、まぶたである。まぶたは、眼球が乾かないように絶えず粘液を分泌している。また、悲しいと涙が流れるように、精神状態との関連性がある。楽しいときや希望に満ちているときに眼が輝いて見えるのは、そのためである。

つまり、まぶたは眼を守る盾なのである。眼のコンディションが運勢を左右するのであるから、それを守るまぶたもまた、眼に匹敵するほど重要な部位といえるのである。

男女宮《だんじょきゅう》

肉づきがよければ元気 子供との縁がわかる

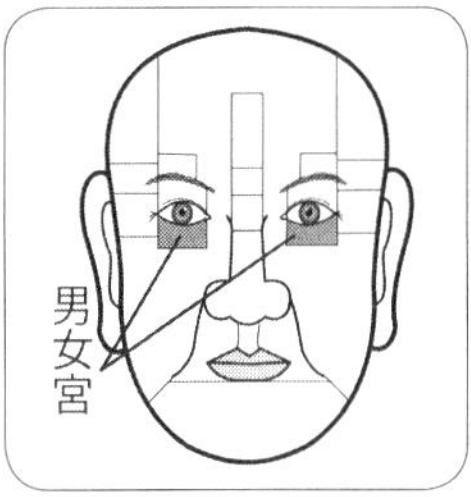

男女宮とは、目のすぐ下の、骨のない部分をいう。

肉の盛り上がった男女宮は、元気な証拠だ。そんな肉づきのよい男女宮の持ち主は、よい子供に恵まれる。しかし、たるんでいれば、子供との縁が薄いか、子供が頼りないということになる。

男女宮のへこんだ人は、子供との縁が薄いが、その分、部下には親切だ。

なお、男性の場合は、左の目頭付近が長男を表すとされている。中央は次男、目尻は末っ子だ。そして右の目頭は長女、中央が次女、目尻が末っ子である。

このように当てはめて、男女宮の様子から、その人の子供の状況を推測するのだ。ちなみに、女性の場合は、左右が反対にある。右目が女の子供、左目が男の子供を示す。

男女宮には涙堂（p224）も含まれるが、若いのに涙堂にしわがたくさんある人は、子供との縁が薄い。また、しわが現れている期間は、目下や肉親との関係がよくないと判断する。

話は少々それるが、季節限定のサインがあるので紹介しよう。眉頭、あるいは目頭に赤い点が出るのは姦通の相だが、これは夏限定である。ほかの季節に赤い点が出ても、姦通とは取らない。

また、まぶたの目尻寄りに白い点が現れたら邪淫の相であるが、これは秋限定なのである。

妻妾宮《さいしょうきゅう》

恋人や配偶者との関係性が表れる

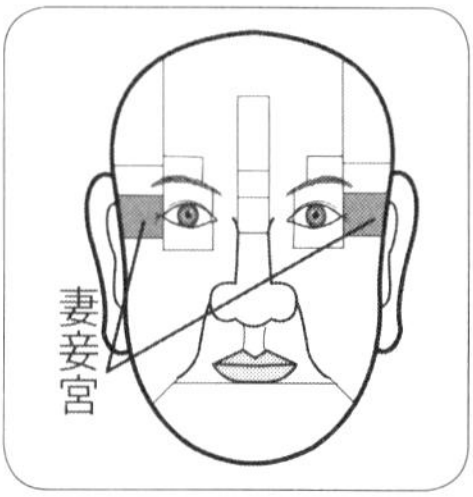

妻妾宮は、目尻から指2本ほどの幅を持つゾーンだ。結婚や恋愛を判断する。

独身男性の場合は、左側が自分を、右側が恋人を表す。既婚男性の場合は、左側が妻、右側が愛人である。各部分の血色などによって、自分あるいは恋人、妻や愛人の様子が察せられる。女性の場合は、左右が反対になる。

血色を読むのは、ビギナーには多少の訓練が必要かもしれない。その訓練にうってつけの部位が妻妾宮なのである。ここには血色が現れやすいからだ。

試しに、純情そうな中学生のカップルを観察してみるとよい。ふたりとも、妻妾宮をほんのりと染めていることがわかるだろう。

もしも少年だけが染まって、少女の妻妾宮が白いままであれば、少年のほうが熱を上げていると見てよい。ふたりとも妻妾宮に変化がなければ、デートに慣れきっている関係か、部活の仲間で恋愛感情はないと判断できる。

妻妾宮は、妻妾と奸門（p224）とのセットで判断するのが一般的だが、妻妾は配偶者、奸門は隠れた異性と見る。

妻妾宮は、肉があって盛り上がり、色つやのよいものを最良とする。へこんだり、黒ずんだりしているのはよくない。

ただし、あまりに盛り上がりすぎているのも、よいとはいえない。初婚ではすまず、縁が変わる相なのである。

奴僕宮《ぬぼくきゅう》

晩年運の中心部位 己の器を見きわめよ

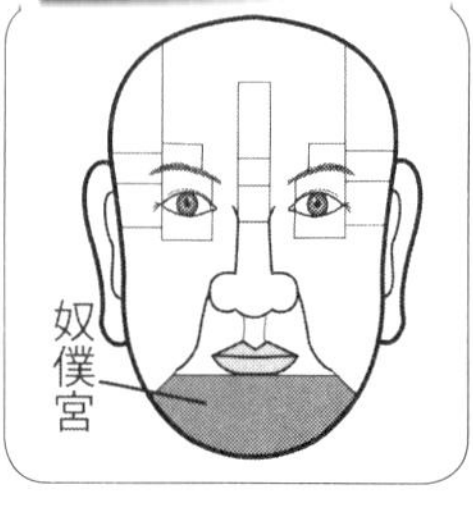

奴僕宮は、下あご全域をいう。支配力、意志力、忍耐力のほか、晩年運を表している。

晩年運とは、住居、土地、家庭、愛情などの有無や強弱を意味する。住まいが確保でき、子や孫に囲まれた温かな生活ができれば、幸せな晩年である。

三停論の箇所（p197）で、上停は初年運、中停は中年運、下停は晩年運を示すと述べた。この奴僕宮は、いわば下停の主人公である。

その理由を述べる前に、中停部がなぜ中年運なのかを説明しよう。でなければ下停部を晩年運とする理由を語ることができないからだ。

中停は、意志力、決断力、パワーが集中している部分である。年齢的には25歳から60歳まで。人生においてもっとも大切な約30年間である。この間の活躍に、人生の幸運・不運がかかっているといってもよい。

では、幸運とは何か。

それは、失敗しない30年間を過ごすことである。

運勢というものは、失敗を嫌う。失敗すると、運勢は傷を負ってしまう。そのため、チャンスが到来しても活かすことが難しくなる。

運勢が健康であって、はじめてチャンスをつかみ、幸運の花を咲かすことができるのだ。

失敗しないためには、あるいは成功するためには、意志力が必要である。決断力と勇気と行動力。異性というパートナーとの出会いも大切である。学歴や親からの財産など二の次である。決断力には行動力も含まれるが、行動しないという決断も重要である。

これらの要素が、すべて中停に収まっている。だから、中停は中年運を司っているのである。

60歳からを晩年運という。「還暦」の言葉が示すように、六十干支を一巡し、その体内には人生経験が蓄積されている。しかし、その経験が頑迷さとなって表れることも事実だ。

記憶力も弱まり、肉体的にも無理はできない。新しいことを吸収する年代ではなくなっているのだ。

極論かもしれないが、60歳過ぎから事業を興しても成功しないと、運命学では語られている。

60歳過ぎの人が多くいる職場は、活気が衰えているはずだ。もはや第一線で仕事をすることは、若い世代にとっては迷惑かもしれない。

10代にも同様のことがいえる。

初年においては、知識や経験を吸収する力には恵まれているが、感情に左右されやすい。責任ある仕事を任せても、不安がつのる。

そんな若い連中や、現役の連中に、今までの経験から学んだことを指導するのが60歳過ぎの人間の役割である。

自分には、後輩を指導する力があるのか。そこを下停で見ていくのである。指導するには、生活が安定していなければ無理である。住む家はあるのか、家族に大切にされているのか、そもそも支配力はあるのか、若者たちを我慢強く指導できるのか。

そういう判断要素が下停にぎっしりと備わっている。

顔の細密区分

下に掲げた図は、東洋の人相学において、幅広く用いられているものである。流派によって分割の仕方などが多少異なり、40区分であったり、48区分であったりする。なお、下図は、筆者の鑑定経験を踏まえて、従来の図に多少の改変を加えた。

180〜196ページでは、ホクロについて解説を施したが、その内容は、おもにこの細密区分による解釈がベースとなっている。

各部位の意味のほか、血色を見るときのポイントも一緒に述べる。

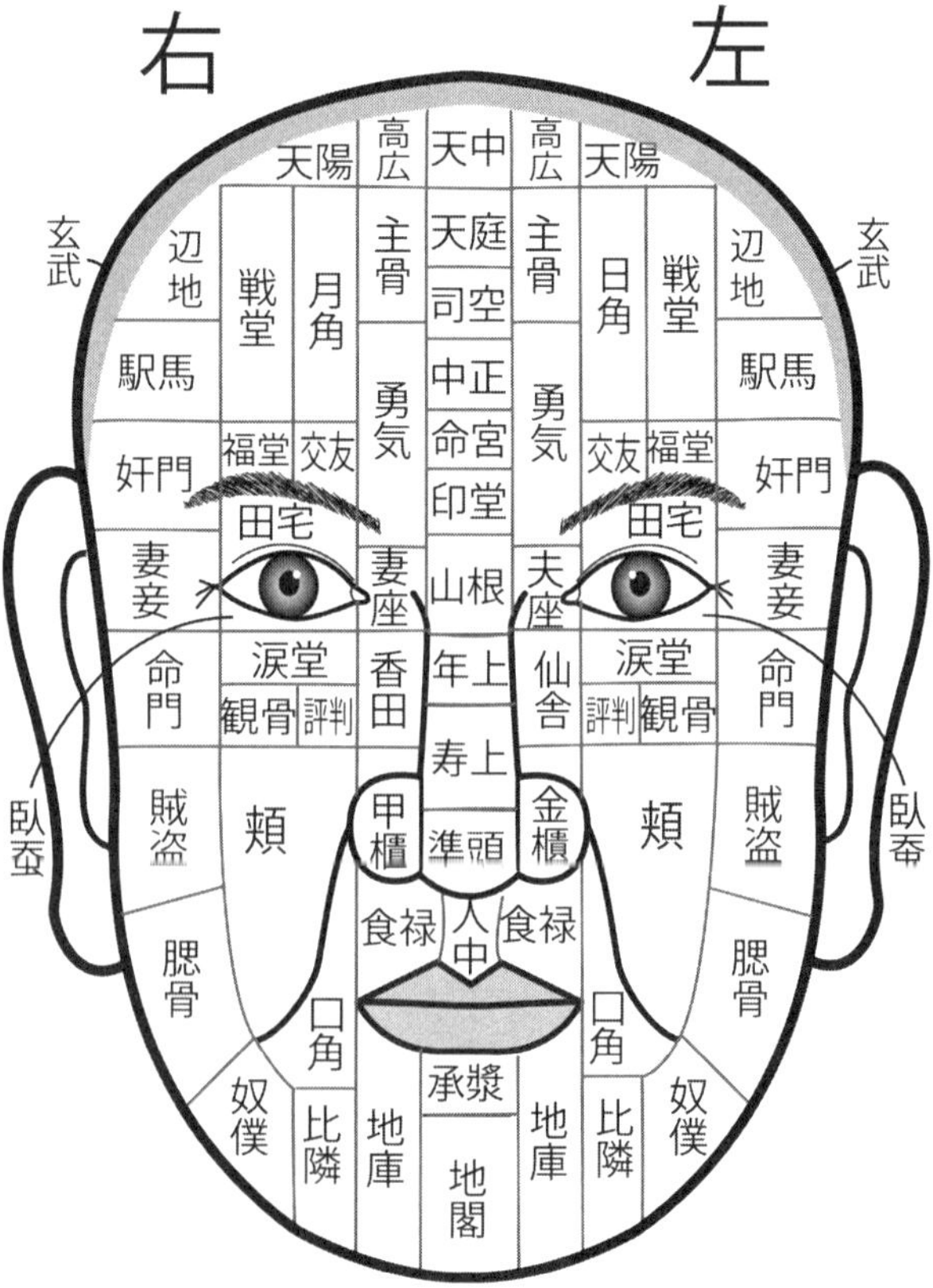

天中

天の助けの有無が暗示される

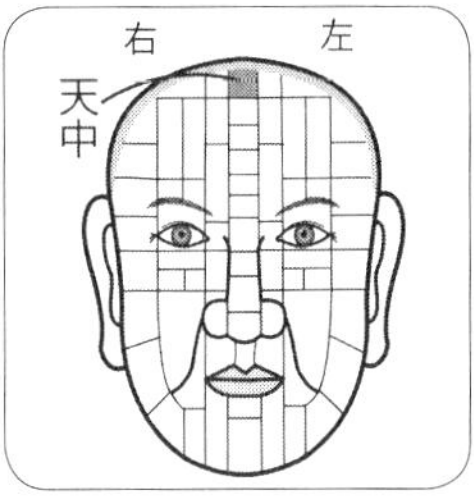

額の最上部を天中という。

天中は、神の座する場所で、天助の有無を見るところである。

年配になるにつれ、髪がしだいに後退して、天中の所在があいまいになるものだ。とくに男性はその傾向が強いかもしれない。

そんなときは、眉を心持ち上げてみるとよい。額の最上部に、小さくU字型のへこみが現れるはずだ。そこがかつての生え際であり、天中である。

天中は、神（天運）の助けを見る部分だから、ここの肌の状態がうるわしければ、仕事などでどん底の目にあったとしても、幸運に救われる。

しかし、傷跡や黒あざなどがあれば、その幸運も長くは続かない。不運が回避できても有頂天にならないで、次に向けて守りをかためるとよい。

また、幼いころに天中に負った傷が、痕を残している人は、仕事がうまくいっているときでも贅沢を慎み、お金を貯めて、不運に備えることが大切だろう。一生のうちに、何度かは不運に見まわれる可能性があるからだ。

この天中や、次項で述べる天庭の肌の色が、指の股のようにピンクがかった白い色をしているか、その色に近い場合は、ツキに恵まれているサインである。

ピンクに近い赤に染まっているときは、たとえば恋愛のような、心がときめく出来事が、近いうちに発生することを告げている。

しかし、同じ赤でも、ただれたような赤黒い色ならば、トラブルが発生する前触れと受け止めるべきだろう。気持ちが苛立ち、ヒステリーを爆発させる危険性が大である。心当たりがあるなら、今すぐ原因解消に乗りだすか、ストレス発散に努めよう。

青黒いのは、さらに凶暗示が強い。仕事が行き詰まり、にっちもさっちも行かなくなるなどの悪い出来事が、近いうちに起きる予兆なのだ。身近に不穏な動きがないか、よくよく再確認してみるべきである。

悪い色が浮かんだ場合は、神社などで正しい気を入れると、厄除けの効果がある。社の10メートルほど手前に気が集まるから、そこにしばし、たたずんでいただきたい。そうすれば、悪い色はまもなく消えるはずだ。

天庭

きれいなら希望が実現
悪い色なら危険が迫る

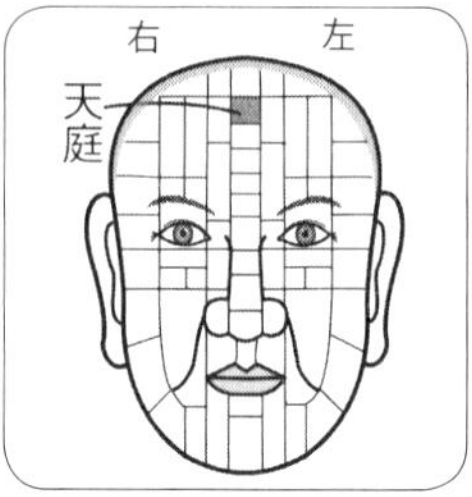

天庭は、天中の真下に位置する。人差指を横にして生え際に置いたとき、指1本下の部分が天庭である。

天庭も、希望が実現できるか否かを判断する部位である。

肌がきれいに潤っていれば、希望に向かって進むことが可能である。面倒な問題が降りかかっても、親や親戚、その他の人の助けによって、スムーズに解決することになる。そして、その問題を解決したことによって、周囲からの信頼が得られるだろう。

ただし、天庭に傷があったり、肌が荒れてカサついていたりしたら要注意だ。成功してテングになると、とたんに奈落に転落する。

これは、もともと天庭がきれいな人にもいえることである。きれいな天底が悪い色に曇ったときは、危険と隣りあわせだと記憶すべきだ。

高広・天陽

不意の出来事を暗示
旅行の前にチェックを

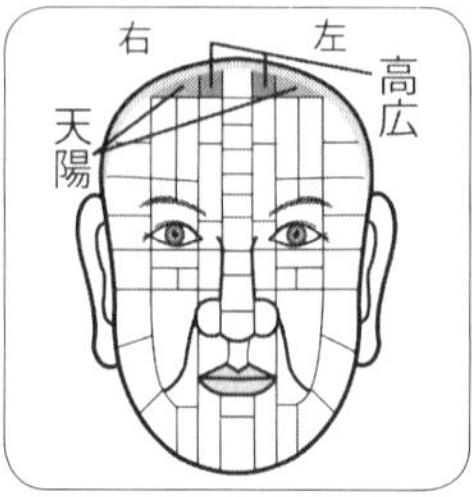

天中の左右は、高広と天陽である。不意の出来事を示す部位である。

高広を含めて指3本分の領域は、海外取引や諸問題の成否を暗示する。

親指で肌をぎゅっと押したときのような薄い黄色がこの部分に現れたときは、突如として外国との関係が発生する。よい関係だから心配は無用だ。

だが、この部分が黒っぽくなったら、不慮の事故の予兆だ。海外など、遠方への旅行の予定は延期すべきだろう。

吹き出物やニキビ、それから虫刺されも重要な判断材料となる。

高広や天陽のあたりに、出来物が生じたときは、親譲りの欠点が突然のように浮上し、ピンチを招くことになる。

虫に刺された場合も同様に判断する。これは、そのときに、その部分に出来物が現れたり、虫に刺されたりすることを一種の共時性としてとらえる手法だ。

司空《しくう》

血色がよければ願望成就のサイン

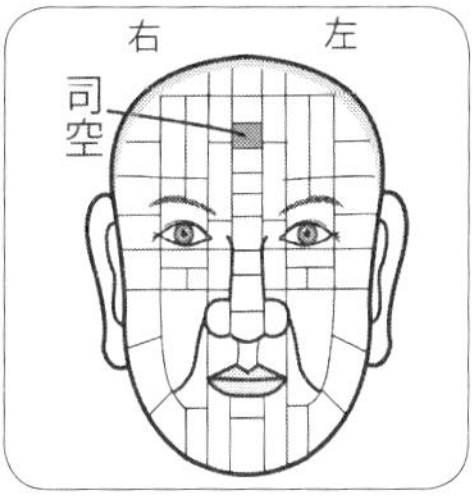

天庭の指1本下が、司空である。

司空がよい色つやであれば、願い事が成就する。反対に、この部位が曇っていれば、願望は不首尾に終わる。

とくに裁判などの公事を司るので、そういう事態に巻き込まれたならば、司空や天庭を観察して、今後の行方を予測するとよい。また、親戚との関係も、この部位に表れる。

相書によれば「司空、中正（次項参照）の血色がよいときは、願望が達成する」という。

血色のよしあしは、大学入試の合格発表などを見ると、天国と地獄のごとく明確にわかる。合格者は、黄色がかったクリーム色で美しい。一方、不合格者は、ほとんどが赤黒いか、青ざめている。

女性の場合、司空や中正に黄色以外の色が出ていたら、夫や恋人のことで悩んでいると判断して間違いない。

中正

小さな傷があれば常識の基準にずれあり

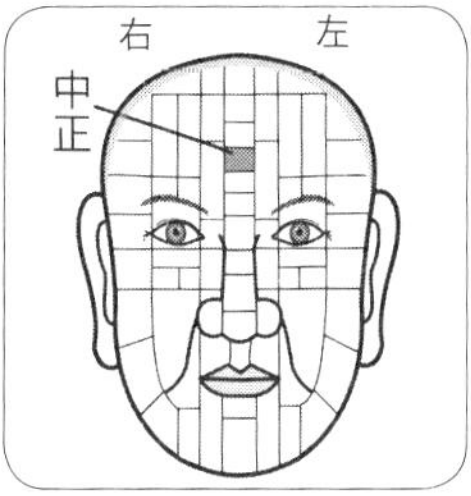

司空の指1本下が、中正である。

地位や出世を判断する部位だが、女性の場合は、結婚運に関する問題もここで見ることになっている。

中正は、天庭や司空と同じく運に支配される部位なのだが、人格的な面が混じってくる。

具体的にいえば、たとえば中正に傷などの凶相があれば、普通の人とは常識の基準がずれている。その非常識さがトラブルを招くと判断するのだ。

「傷」と書いたが、ここでいうのは、2・5センチ以下の傷であることに留意されたい。相書には「顔面の傷はすべて一寸以下を取るべし、一寸以上は取るべからず」とある。

傷にも、縦の傷と横の傷があり、それぞれに意味が異なる。縦の傷は目上に反抗し、横の傷は自分から災いを呼び込むといわれている。

命宮《めいきゅう》

薄紅色や黄色なら願望成就のサイン

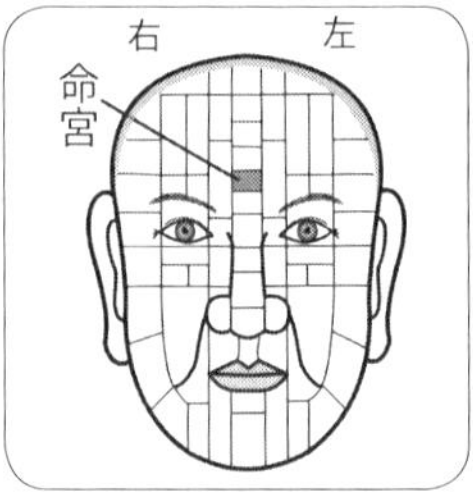

細密区分でいう命宮は、印堂（次項）の指1本上の部分である。

十二宮の命宮（ｐ２０２）と同じ名称なのでまぎらわしいが、十二宮の命宮は、細密区分でいう命宮と印堂のふたつから構成されている。

おもに自分の願望の成否を判断する場所である。

命宮の血色は、とても見やすい。

ピンク色になるのは、色情にとらわれる予兆である。とくに女性の命宮がピンク色になっていたら、性欲が高まっていると見て間違いない。

ピンク色より少し赤みが強い、薄紅色ならば、望みが叶う前兆である。

クリーム色のような黄色も同じ意味を持つ。計画が面白いほど調子よく進むことを物語っているのだ。

これに対して、青みがかっていたり、黒ずんでいたりするときは、くれぐれも注意が必要である。このような青や黒のことを蒙色（ｐ３８３）というが、これは凶事の前触れとされている。

黒ずんでいれば、外部からの災難が近いから油断してはいけない。交渉事も、実を結ぶことはないと思ったほうがいいだろう。

青みがかっていたら不正行為が露見する予兆である。

脱税などで摘発されることを覚悟しなければならないだろう。不正行為をしていなくても、金銭的な損失は免れない。計画していることを一時的に停止し、見直すことが必要である。

また、命宮につやがなく、カサカサしていたり、乾燥したように皮膚から粉が吹いたりしている場合は、何事も見込み違いで破れることになる。

失恋する直前には、男女とも、命宮の皮膚が、粉が吹いたように白く荒れているものだ。

しかしながら、色つやがよすぎても、かえってよくない。油を塗ったようにギラギラとテカっているときも、ショックを受けるような出来事が襲いかかってくるものである。

とくに気をつけたいのは、命宮に青い筋が立ったときだ。極端な場合は、血管が青く透けて見える。

これは、感情が異様にエキサイトして、緊張感が高まっていることを示す。つまり、爆発寸前なのである。

印堂《いんどう》

目上との関係と希望が表れる部位

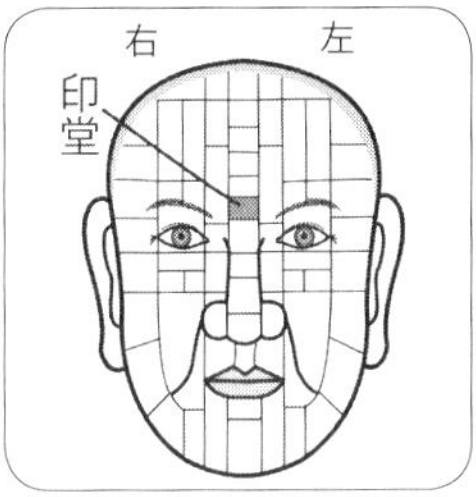

命宮の指1本下が印堂である。ちょうど眉間にあたり、人相学においても急所とされる。肉が豊かであり、クリーム色であれば、運気は限りなく開かれる。

印堂は、希望を表す部位である。ここの色つやがよければ、思いどおりの人生を歩むことができるだろう。

しかし、印堂に十字紋などのよくない紋や、傷、ホクロがあれば、希望を達成するのに茨の道を通らねばならない。

上停の上部にある天中（p209）が神（天運）の加護を司るのに対し、印堂は、上停の下部に位置することから、神の加護よりも人間関係という面が強く打ち出される。とくに目上との関係である。

印堂にロウソクの灯のような三角形の赤色が出ていたら、対人関係において争いが生じる前兆である。相書には「入獄の難」とある。また白色が生じていたら目上に逆らい、希望は果たせないと見る。

辺地《へんち》

地方や郷里での出来事が示される

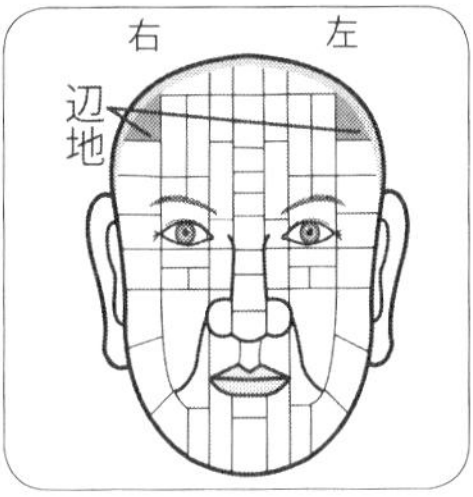

天中から指4本分、左右に寄った部位が辺地である。

文字から察せられるように、郷里や地方での出来事などを判断するところだ。

ここの色がよければ、地方に行ったときに利益を得るか、喜ばしい出来事に恵まれるだろう。

しかし、黒っぽくくすんでいるならば、地方へ行くのは危険かもしれない。損失をこうむるか、体調を崩すことが暗示されている。用心に越したことはない。

男女とも、ここに吹き出物や赤い点が現れたときは、恋人と口論となり、それが別離の原因となる。

恋愛面だけではない。吹き出などはすべて凶と見て、他の事柄もことごとく破れる。

葬儀のために帰省する人の辺地を観察すればよい。たいていの場合、薄く青白い色が確認できるものである。

玄武《げんぶ》

隠れた異性の存在や破れた恋の再生力を知る

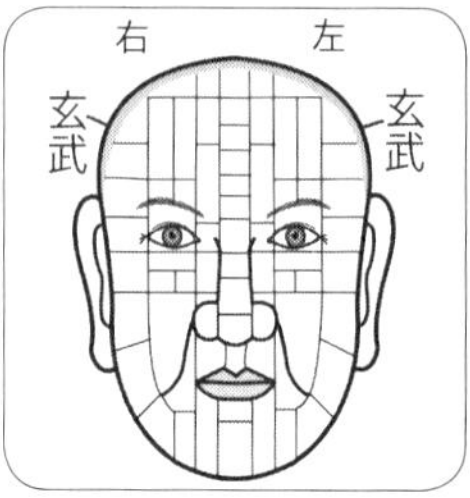

額の左右、毛髪の奥を玄武という。

玄武は「隠し女を見る」部位だと、古来伝えられている。男性の玄武に茶色のシミがあれば、妻や恋人には知られてはならない女性がいると見るのであるが、的中率はすこぶる高い。

玄武に赤点や血点があれば、その女性とのトラブルが暗示されている。

筆者の経験では、女性についても同じことがいえる。この場合は「隠し男」とでもいうのであろうか。

また、玄武は、破綻した恋が再生するかどうかを判断するときに役立つ。別れたときに、自分の妻妾宮を観察するのだ。そこから発した血色が玄武に向かっていれば、その恋は再生しない。

なお、恋愛中に玄武が赤色であれば、その恋は結婚には発展しないものである。いたずらに時間を浪費せずに、次の恋を見つけるとよい。

駅馬《えきば》

海外を含む遠方での運勢を見る

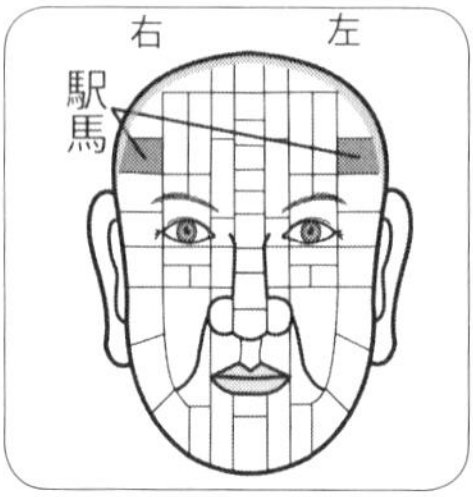

辺地より指1本下が、駅馬である。引っ越しや旅行を見る。

駅馬は、辺地を見るときとだいたい同じように判断するのだが、辺地が故郷であるのに対して、駅馬はそうとは限らない。海外を含む遠方とする。

ここにホクロのある人に共通しているのは、郷里では成功しないことだ。郷里では話も合わず、能力も発揮することができないのである。

だから、駅馬にホクロのある人は、男女を問わず、なるべく早いうちに都会などに出るのがよい。留学でもよいだろう。郷里では発揮できなかった能力を開花させ、一気に頂点にのぼりつめることも夢ではない。

男性の場合、ホクロが左側にあれば西か南、右側ならば東か北。これが成功する可能性の高い方位だ。女性の場合は、左右を反対にして判断する。

日角《にっかく》・月角《げっかく》

先祖とわが子にかかわる暗示が出現

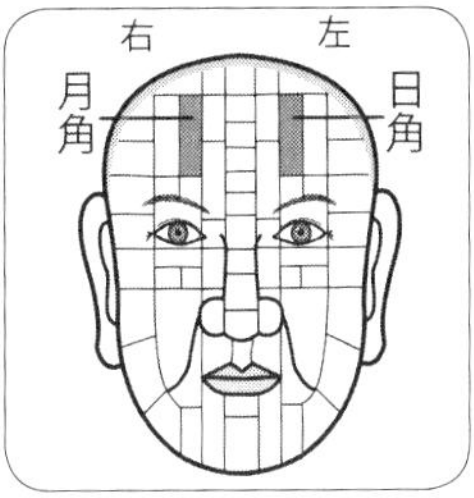

額の左右に触れてみると、直径1センチほどの範囲が、少し高くなっているのがわかるはずである。この部位を日角、月角という。

親や先祖との縁を見る部位である。

男性の場合は、左側を日角といい、父との関係を見る。また、右側を月角といい、母との関係を見る。

女性の場合は、男性と左右が反対で、右側が日角、左側が月角である。

この部位に薄黒い影のような色が現れたら、よくないことが起こる前触れである。自分が親の身であれば、おのれのことだけではすまされない。わが子の安全も考えたほうがいいだろう。

また、日角・月角は、先祖との縁が出る部位でもある。なぜなら、子供と先祖は1本の糸で結ばれているからだ。それをつなぐ自分の額に、両者にかかわる暗示が出現するということである。

戦堂《せんどう》

トラブル発生の予兆 身辺をチェックせよ

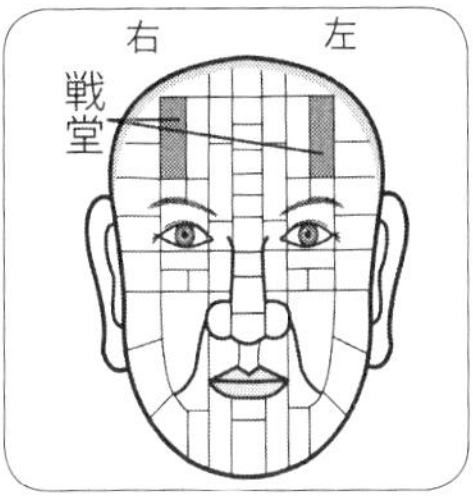

辺地から指1本分、中央に寄ったところが戦堂である。

この部位は、物事の破れや争い事を表す部位である。

吹き出物などが生じたならば、他人の争いが自分にも及ぶことになる。

男性ならば、左側の戦堂は仕事面、右側ならばプライベートでのトラブルだ。女性は左右が反対になる。

戦堂の変化を手がかりに、少しでも気になることがあれば、何らかの手を打っておくことが必要だ。

トラブルの実例としては、極端な話だが、浮気中の人妻が、夫と口論のあげく刃物を持ちだし、浮気が世間に知られてしまうといったケースが考えられる。

卑近なところでは、ある男性が、戦堂に引っ掻き傷をつくった直後に、自分のクルマを貸した友達が、飲酒運転でつかまったという事例もある。

主骨《しゅこつ》

恩人に危険が迫ると凶のサインが発生する

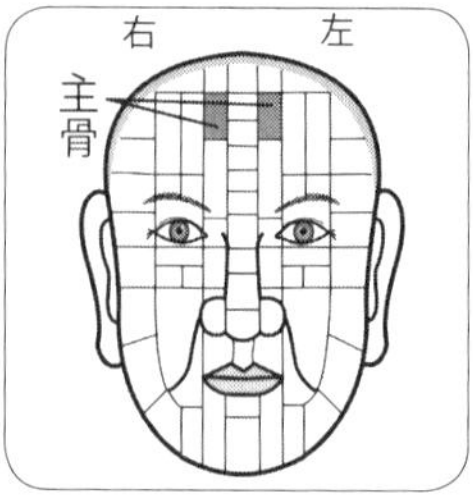

主骨は、日角・月角から指1本中央に寄った部位である。ここには、主人の吉凶が表れるとされている。

この場合の主人とは、「夫」を指すのではない。社長や学校の教師をはじめ、自分の収入に関係のある人や恩人など、広い意味での主人をいう。

男性の場合、左の主骨は社会的な主人、右の主骨は私生活における主人だ。女性の場合は、左右が反対となる。

主骨に腫物ができれば、主人が大難に見まわれる前兆である。その影響を受けて、自分にも悪さがふりかかると見る。

白色ならば、命の危険も考えられる。赤色ならば、怒りが原因となって逆境にさらされる暗示と判断できるし、黒っぽく染まったならば、なんらかの凶事が発生する恐れがある。気になったら「主人」に電話をしてみればよい。その的中率の高さに驚くはずだ。

勇気

肉づきがよければまさに勇気のある人

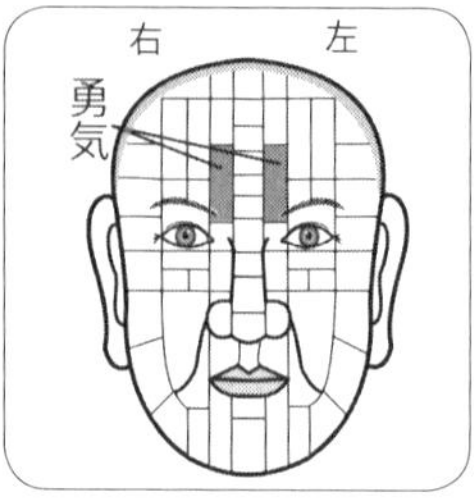

勇気は、眉頭の斜め上で、印堂（p213）との接点にある。指の腹の半分ほどの、ごく狭い部位である。

肉づきのよい人は、文字どおり勇気があって、仕事などに熱中できる才能の持ち主である。

何事であれ、勇気は欠かせない。成功するには他人が考えもしないアイディアを実行に移すことだが、そのためには勇気が必要である。勇気はパワーを呼び、パワーは財運のもととなる。

だが、この部位の下にある眉骨が、ゴロッと高いなら要注意である。蛮勇の持ち主だからだ。計画なしに突っ走り、いざこざを引き起こすタイプなのだ。クルマの運転も乱暴で、しょっちゅう警察の世話になる人の多くは、眉骨が高い。

なお、ドライブ中に、この部位にかゆみなどを覚えたら、付近で一斉取り締まりをしていると思って間違いない。

交友

色つやが良好ならば よき人間関係を得る

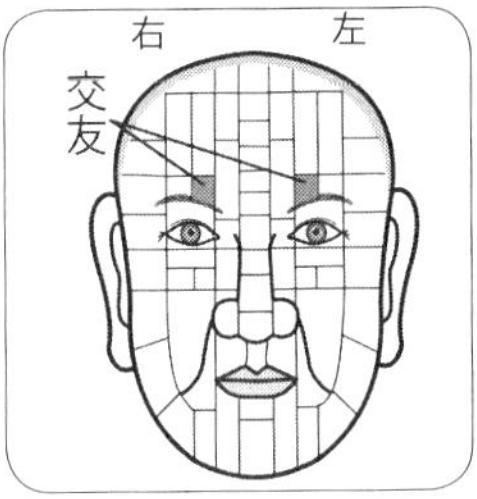

眉の上の中央部分を交友という。

男性の左側は、仕事でかかわりのある人との関係を、右側は個人的な友人関係を見る。女性は、左右が反対となる。

この部位の色つやがよい人は、好ましい人間関係に恵まれる。友達や仲間にサポートされて、チャンスをつかむことだろう。ホクロや傷がなく、肉が盛り上がるのが吉相である。

学生時代から人間関係が苦手であったり、うまくいかなかったりする人は、交友の肉づきが寂しいものだ。通常は、眉根を寄せたとき、この部位の肉が盛り上がるものだが、人間関係に悩んでいる人は、それがほとんど見られない。

現在、人間関係がうまくいかなくても、交友の肉づきがよければ、原因は本人にあるのではなく、環境が悪いと解釈できる。環境を変えれば、楽しい人間関係に恵まれるはずだ。

福堂

よい相が出現したら 配偶者の金運が上昇

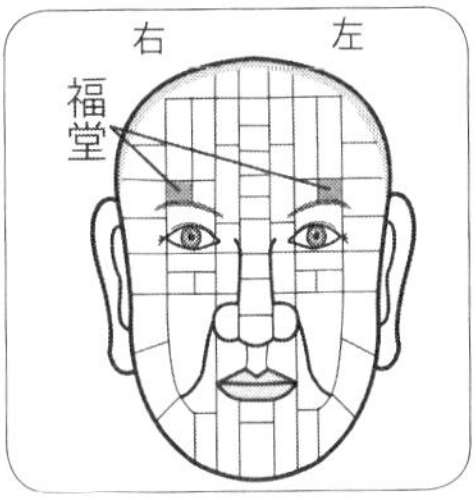

十二宮でいう福徳宮（ｐ２０１）と同じ場所であり、意味や判断の方法も同じである。詳しくはそちらを見ていただくことにして、ここでは夫婦における不思議な現象を語ることにしよう。

人相学では、夫婦間で奇妙な現象が生じることが知られている。

たとえば、夫の眉が黒光りするときは妻が浮気をしている可能性があるというのもそのひとつである。

福堂も、配偶者の金運を告げる場合が多々ある。妻の福堂が水ぶくれでも起こしたかのようにふっくらとしてきたならば、それは夫の仕事がトントン拍子に成功し、経済状態が上昇する前触れだと判断してよいだろう。

なお、この法則は、同棲という私的な関係には適用されない。婚姻という社会的な拘束力を持つ関係で結ばれた夫婦であることが条件だ。

田宅

広ければ不動産を相続する可能性あり

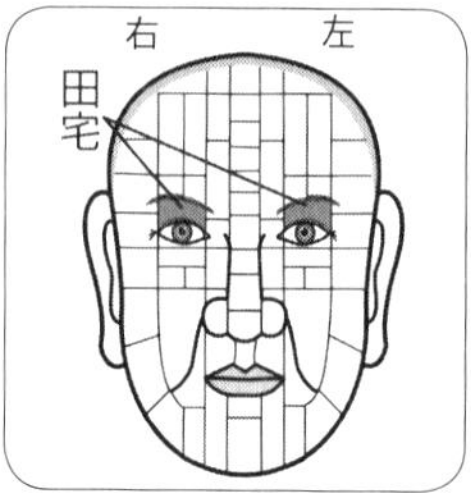

上まぶたを田宅という。十二宮にも同名の宮がある（p204）。字が示すとおり、土地や不動産を表す部位だ。

詳しい解読については、まぶたの相（p30）を見ていただくとして、ここでは概略を記しておく。

田宅が広いものを長兄の相といい、長男でなくても家を継ぐ運命の持ち主である。経済的に恵まれた家庭で育つことが多い。

反対に、田宅が狭い場合は、生まれた環境に問題があるか、長男であっても家を継がない。別の言い方をすれば、得意分野を活かして、自力で身を立てる運命なのである。

田宅が落ちくぼんでいる場合も、同様の意味を持つ。

また、田宅の狭い人は情報通だとされている。ひとつの道を根気よく続ければ、失敗しないはずだ。

◆吉凶の最終判断

まずは多数決を採用し次に各部位の関係性を見る

本書を読み進めていくと、吉凶の判断に困ることがあるかもしれない。

たとえば、財運を調べてみたら、眉は吉なのに鼻は凶、いったいどっちが正しいのだといいたくなるようなことが起こるのではないかと思う。

このような場合は、吉凶の判断を急いではならない。まずは、ほかの部位を調べてみることだ。もしも、財運吉を示す部位が複数あれば、多数決で吉と見てよい。これが基本である。

もう一段深い方法もある。眉が吉で鼻が凶なら、それぞれが何を意味するのかを考えてみるのだ。

この場合、眉は兄弟や友達を意味する。また、鼻は自分自身を意味する。したがって、兄弟や友達との関係を大切にすれば財運は上昇するが、おのれの我を通そうとすると財を失うという判断ができる。

このような判断をすれば、運勢の細かい側面が見えやすくなる。

山根《やまね》

健康状態を示す かげりが出たら要注意

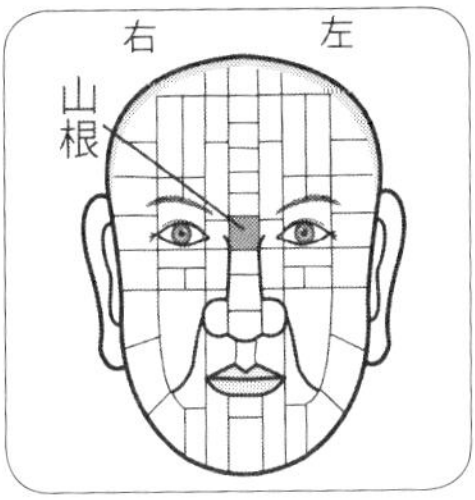

鼻の最上部、目と目の間を人相学では山根という。この部位は、肉づきがよくふくよかで、そこから鼻筋が伸びる相を最良とする。

そのような相の持ち主は、温和な性格で健康である。そして、家庭運も申し分がない人生となるだろう。

ここから額に向かって上がる1本の線があれば、統領になる才能がある。いわゆる天柱紋（p49）である。詳しくは天柱紋を読んでいただきたい。

山根は、健康状態を表すところだから毎日のチェックが大切である。

ここに暗い枯れ葉色のようなかげりができたならば、胃や呼吸器に、なんらかの不調が発生する前触れかもしれない。そうでなければ、盗難に気をつけなければならない。吹き出物についても同様に判断する。

また、青筋が立てば、欲情に溺れたしるしである。情交を控えなければ、やがて疾病に悩むことになるだろう。

病気ではないのに赤くなったならば、夫婦げんかなど、男女の争いを告げるものである。

黒くかげった場合も同様だ。

この場合、赤なり黒なりが、目頭のあたりまで及ぶときは、トラブルが泥沼化する可能性が考えられる。左右の目頭は夫座・妻座（p222）といわれ、男女の関係と強く結びつき、その状況を示す部位だからである。

色情を占う『刀巴心青』では、山根の色を詳しく解説している。

①「青黒い色は男女間の疾厄となす」

疾厄というのは、姦通を一種の病気と解釈しての表現である。山根が青黒く染まった場合は、不倫をしていると疑ってかかることだ。

②「山根をまたぐ青色は姦通の疾厄なり」

①よりも幅の細い青色が、両方の目頭を貫くように出ている場合も、不倫の可能性があるということだ。

③「目頭の青色は密夫の相」

山根の両端、つまり両方の目頭に、縦に青筋があれば、その女性には、隠れた男がいると見ていい。

だが、これだけで断定することは危険である。セックスの直後は、この部分が青くなるからだ。夫が淡泊で、夫婦のセックスから遠ざかっている場合にのみ、この占断が参考となる。

年上

横じわがあったら健康に気をつけるべし

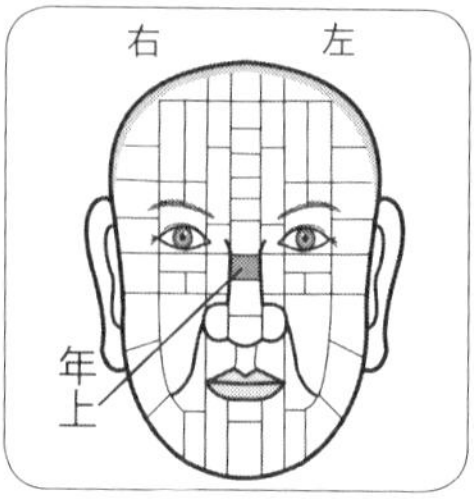

年上は、山根のすぐ下、鼻の隆起がはじまる部位をいう。手で触れると、出っ張りの感じられるところだ。

健康上、きわめて重大な部位で、ここに横じわがあると、40代前半に大病に伏せるかもしれない。肺や胃のトラブルが考えられるので、暴飲暴食は慎んだほうがよい。もしくは、大損失の危険がある。いずれにせよ、用心して過ごすに越したことはない。

また、年上の出っ張りが高く、段がついている段鼻の持ち主ならば、プライドが高い。人の話に耳を貸さない頑固者と見てよい。非常に我が強く、いい出したら後へは引かない。意志が強いというよりも、妥協することを知らない利己的な人なのだ。

そんな性格のためか、相書には「妻を剋すこと再三」とある。剋すとは、平たくいえば、いじめることである。妻だけでなく、ひとたびだれかを嫌いになると、もはやその相手を信用することはない。

女性の場合は、やや被害妄想の傾向がある。自分をないがしろにした男を許せず、報復の機会をうかがうだろう。

自分の非を認めようとせず、白を黒といいはるのは、男女とも共通している。配偶者が浮気などしようものなら怒り心頭、離婚へとなだれ込むのは必至だ。

この鼻の持ち主と意見が対立したら、沈黙するに限る。

寿上《じゅじょう》

潤いと血色が良好なら健康長寿のサイン

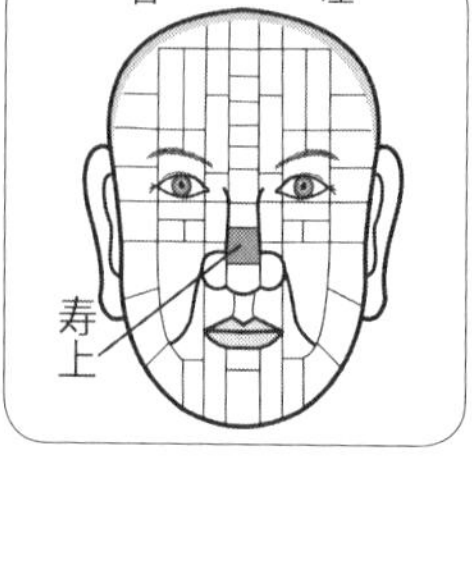

寿上は、年上のすぐ下の部位で、名称が示すとおり寿命と関係がある。潤いがあり、血色がよければ、健康で長生きが保証されている。

しかし、血色が悪く、赤黒い色に変化したら、胃に注意することが肝心である。赤い点が出るときも、やはり病気のサインだが、同時に、金運が傾く予兆でもある。商売が思わしくないときは、寿上一帯に白いフケのようなものが現れる。

準頭《じゅんとう》

肉づきがよければ自然とお金持ちになる

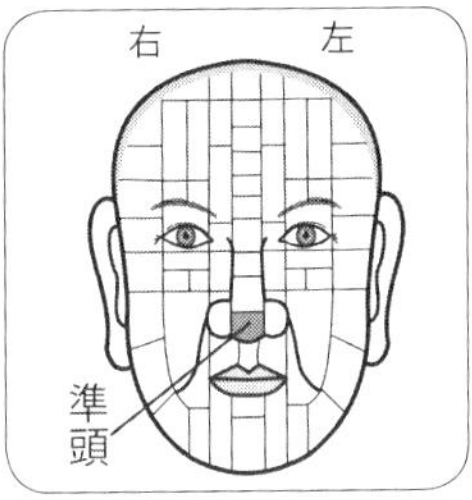

鼻先を準頭という。

主に金運を見る部位で、肉が厚く、角張らず、むっちりと豊かならば、世間の信用が厚く、自然とお金持ちになる。

だが、たとえ理想的な準頭でも、色つやが冴えないときは、運勢が低迷し、経済的にいきづまる。クリーム色のような色に戻れば、開運は時間の問題だ。

気をつけたいのは、準頭の毛穴に垢がたまったかのように、ボツボツしたものが吹きだしたときである。金銭面が赤信号で、大困難に見まわれる予兆だ。

また、針で突いたような赤い点が、準頭に出ることがある。前夜に激しく情を交わしたしるしと見て間違いない。年上の両脇が青く染まっていたならば、この判断は確実性を増す。

あばたのようなへこみがある人は、乱れた愛欲が醜聞を生み、立場を失う恐れがある。損害の予兆とも判断できる。

金櫃《きんぴつ》・甲櫃《こうひつ》

バランスがよいのは蓄財上手のしるし

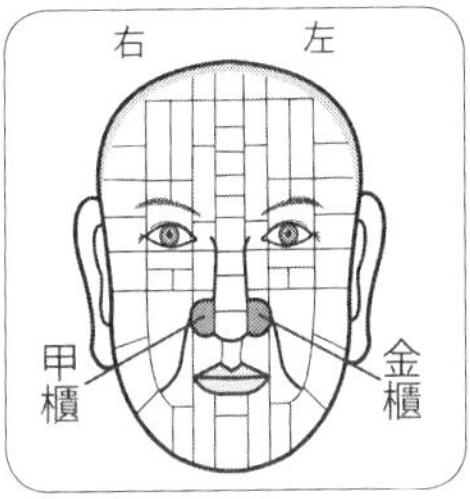

左の小鼻を金櫃、右を甲櫃という。別名、蘭台・廷尉とも呼ぶ。

肉が怒ったように盛り上がるものが吉相であるが、前項の準頭とのバランスが大切である。

バランスがとれていれば、お金や不動産を蓄えることができるだろう。いざというときも不自由しない。

ところが、大きくバランスを欠くと、蓄財ばかりを考えるお金の亡者となりがちだ。また、小さすぎる場合には、働いてもお金を残せず、ここ一番の勝負に出られない。

金櫃と甲櫃の中間には、左右の小鼻を分ける隔壁（鼻中隔）がある。普通はさほど目につかないのだが、この隔壁がとくに突きだしている人がいる。この相の持ち主は、直観力に優れている。恋愛においてもしたたかで、同性よりも異性に好かれるという特質があるようだ。

夫座・妻座

パートナーとの関係が如実に表れる

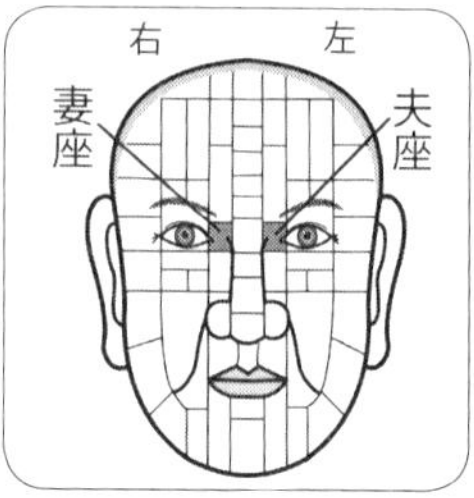

山根（p219）の左右、目頭に接する部位を夫座・妻座という。

夫婦関係の吉凶を見る部位とされているが、それは表面的な見方である。

男性の左側、女性の右側は、確かに配偶者を見る部位だが、男性の右側、女性の左側は、配偶者以外の異性関係を読み解く手がかりになる。これが本来の夫座・妻座の意味である。

留意してほしいのは、婚姻関係なしで同棲している場合は、その相手を配偶者とは見ないということだ。配偶者以外の異性として判断するのである。

世間には、30年近くもひとつ屋根の下で暮らしており、夫婦となんら変わらない男女がいるが、そういう場合でも、人相学においては、配偶者と判断しないのである。事実婚などという言葉もあるが、人相学では認めない。

心がつながっていようがいまいが、結婚という社会的な関係にある相手が配偶者なのだ。夫座・妻座に限らず、運命学の基本である。

なお、夫座・妻座の肌の色については、山根と同様に解釈する。詳しくは山根の記事を参考にしてほしいが、枯れ葉のような色は胃や呼吸器の不調を意味し、黒くかげったり、赤くなったり青くなったりしたら、男女関係がらみの問題が発生する予兆である。

また、男性なら左側、女性なら右側に吹き出物が現れた場合は、配偶者に苦労をかける予兆である。パートナー以外の異性に思いを寄せてしまうサインともいえる。または、すでに愛人と深い関係になっていて、それが露呈する際に現れるケースもある。

軽い気持ちだけの浮気、または一時の移り気ならば、青い色が数日間、立つだけである。愛人との情交に心まで奪われたとき、吹き出物が生じるのだ。

さらに、笑うときに唇が歪むようになれば、罪悪感を抱いているサインだから、もう浮気は確実といっていい。

もちろん例外もあるが、男女とも、パートナーの夫座もしくは妻座に吹き出物を見つけたならば、覚悟を決めて、それとなく探りを入れてもいいだろう。

傷ができた場合も、同様に判断する。さらに、傷が癒えたから浮気が終わったと安心するのは甘い。浮気に対して罪悪感を覚えなくなっただけかもしれない。

仙舎《せんしゃ》・香田《こうでん》

小銭や小物の運のほか 風邪の予兆もキャッチ

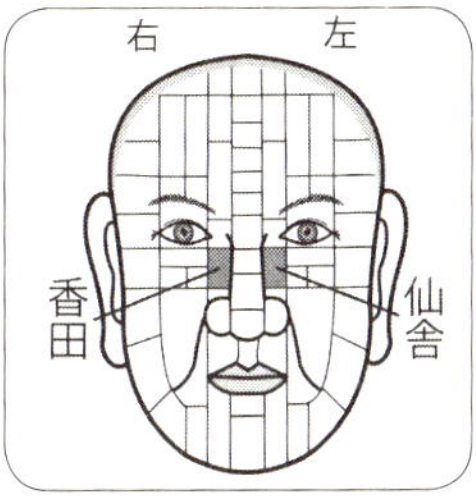

仙舎・香田は、鼻の脇、すそ野の部分である。男性の左側、女性の右側を仙舎といい、反対側を香田と呼ぶ。

蓄財を見るところだが、中でも小銭や小物などの軽い所有物を示す。江戸時代の観相家、山口千枝は、羽織を質に置くと、ここの血色が曇ると語っている。ちなみに彼女は、高島嘉右衛門の幼少の頃の顔相から、将来は大実業家になると予言したという伝説が残っている。

朝起きたときに鏡を見ると、この部位に、引っ掻いたような赤みが現れていることがある。その日のデートは、コースを変更したほうがいいかもしれない。宝飾店などの近くだと、相手に求められるがまま宝石をプレゼントする可能性が強いからだ。

ほか、風邪をひく前にも赤みがさす。潤いがあり、きれいなクリーム色であれば、何も気にする必要はない。

臥蚕《がさん》

妊娠中かどうかを 見分ける方法あり

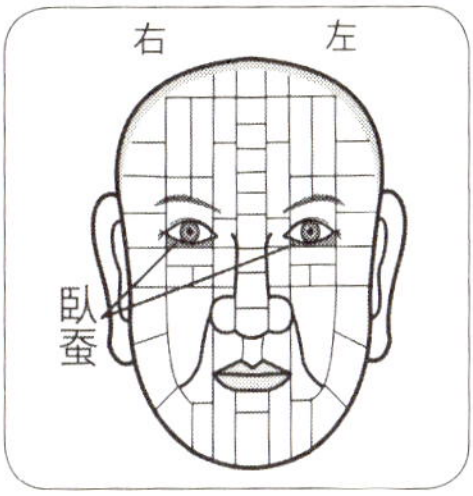

臥蚕とは、下まぶたをいう。この部位で、女性が妊娠しているかどうかを見分けることができる。詳しく解説しよう。

女性が妊娠すると、この部位の肉がぷっくりと腫れる。そのために、まつげの根が内側に巻き込まれる。これを見きわめるためには、女性を真正面に座らせ、眼球だけを上に向かせるのだ。そのとき、下まぶたのまつげの根が内側に巻き込まれ、外に出ないようなら、確実に妊娠している。あくまでもまつげの根元であって、まつげの先ではない。

生理不順で、長期間生理がない女性も臥蚕がふくらむが、まつげの根元は内側には巻き込まれないから、よく観察することが大切だ。面白いことに、妻が妊娠すると、夫の臥蚕にも同じような現象が見られる。妻が妊娠していなければ、別の女性を孕ませたことになる。

涙堂《るいどう》

たるみと黒ずみは少々危険なサイン

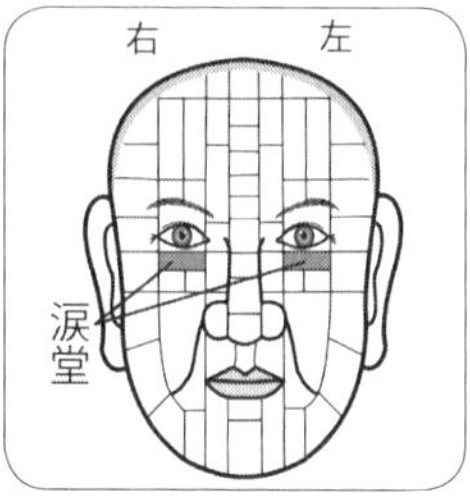

涙堂は、スタミナの貯蔵庫である。力強く盛り上がっていれば、体力も健康も問題なし。バリバリ仕事をしても大丈夫だ。肉が盛り上がって目が細く見える場合は、精力があり余って仕方のない人といえる。

また、陰徳を判断する部位でもあるから、肉が締まって血色もよければ、心も清い状態である。

しかし、肉がたるんできたら危険信号だ。過労がたたり、腎臓病になる恐れがある。涙堂と腎臓は自律神経で結ばれ、涙堂を突いただけで尿がおり、急性腎炎を起こすくらいだ。

涙堂が黒ずんでいるのは、快楽にふけりすぎたことを意味する。涙堂の肉づきがよいのに黒ずんでいれば、そのサインと断じて間違いない。

黒ずんでいるうえに、たるんでいるのは、目下から裏切られる暗示となる。部下のために世話をしても裏切られる。涙堂がへこんでいる人は部下の面倒見がよいのだが、そのような人でも、ここが黒ずむと、下剋上で倒れる。

女性で、涙堂が吉相でも子供ができないケースがある。その場合は、人中をチェックしてみるのが人相学のセオリーだ。脂ぎった顔の女性や、骨がないように見えるほど肉づきのよい女性も、妊娠しにくい傾向があるようだ。総合的に判断することが大切である。

妻妾《さいしょう》・奸門《かんもん》

妻妾は配偶者、奸門は隠れた異性

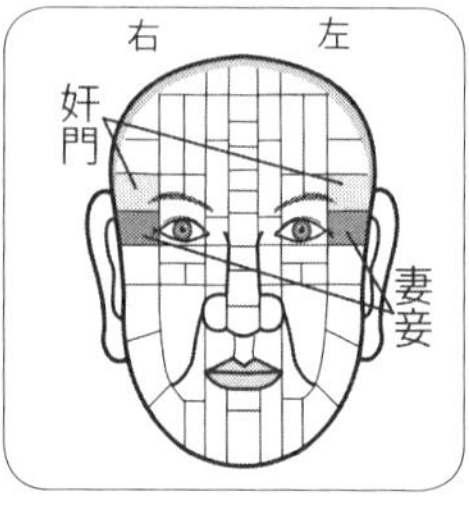

妻妾と奸門を合わせた部位が、十二宮でいう妻妾宮（ｐ２０６）に相当する。

妻妾は目尻、奸門は妻妾の指1本分上の部位、まぶたと生え際の間である。

また、妻妾は配偶者を、奸門は隠れた異性を意味し、このふたつはセットで判断するのが一般的である。

ちなみに、シミやそばかす、虫刺されが認められたときは、まさに恋愛感情が高まっているというサインだ。

評判

自分の評判や人気のほどが示される

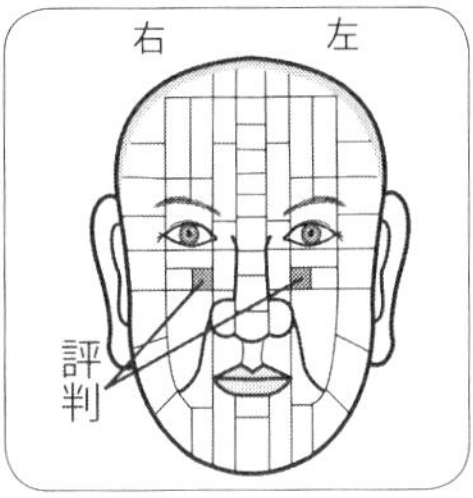

評判は、鼻の両脇にある。観骨（p226）より内側で、笑ったときに盛り上がる部位である。

鼻を自分自身とし、観骨を世間と見る。両者をつなぐ位置にあることから、自分に対する世間の評判や、自分の人気を見る部位とされている。

人気がものをいう商売で生活していくことは、評判の肉づきがよくなければ、とても無理である。

たとえば、友人と同じような悪さをしでかしたとき、自分は許してもらえないのに、その友人はなぜか許されてしまうという、悔しい思いをしたことはないだろうか。そんな友人は、決まって評判の肉が豊かで、色つやもよかったはずだ。

芸能人を観察してもよいだろう。人気のある俳優や歌手は、評判が吉相のはずである。

また、ゾクリとするほどのイケメンや美女でも、評判の肉が痩せていると、陰気さがつきまとって敬遠される。人生において、損な役回りを負ってしまうことになりがちだ。

評判の色つやがよければ、人気が高まる予兆である。ほんのりと色づけば、異性からの人気が高まっていることを示す。このような場合は、たとえホクロがあっても気にする必要はない。

しかし、黒ずんだり、青みがかったり、赤黒い色が出たりしたら、よからぬ出来事が迫っている。言動に注意をしなければならない。

こうしたサインが現れているのに、それを無視して突き進んだら、信用を失って、まさに「評判」を落とすことになるだろう。あるいは、仲間が次々に去っていくかもしれない。中傷やいやがらせをされる可能性もなくはない。

よい色つやに戻るまでは、派手な言動や派手なファッションは慎んだほうがよい。時計や指輪などもブランドものを避け、あえてチープな物を身につけるのが賢明であるといえよう。

とはいえ、人生の途上には、世間の評判など気にしていられない状況がたびたび訪れるのも確かである。

そんなときは、ほかの部位の吉凶をチェックしてみることだ。

その結果、吉相が多く認められたならば、目的に向かって、ダイナミックに行動してもよいだろう。

観骨《かんこつ》

桜色に染まったら信用と人気獲得の好機

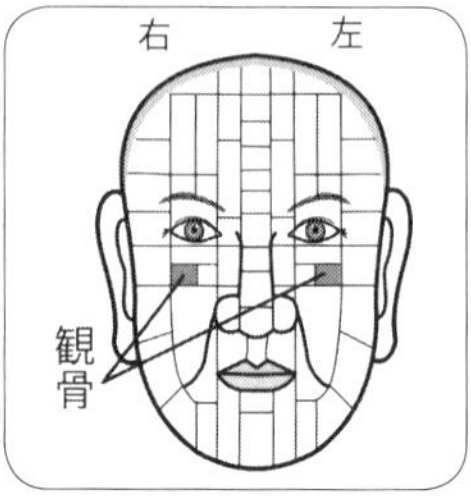

観骨は、世間や社会を意味すると、前項で述べた。社会的な権力や信用のほか、闘志や意志力を見る。

判断するときは、まず観骨の高低を見る。高ければ、前方に突き出しているのか、横に張り出しているのかをチェックする。１２６ページを参照してほしい。

観骨の色も見やすい。緊張して上がると、観骨が赤く染まるからだ。その血色を頭に置いて判断すればよい。

桜色が鼻のほうまで広がるのは吉相で、社会の信用や人気が自分に集まる予兆だ。チャンスが到来するだろう。

赤ならば要警戒だ。口論などのトラブルや、目上の人から叱られる前兆だ。観骨が低いなら被害は軽いが、観骨が高い人は致命的なダメージを負うかもしれない。なぜなら、反抗的な態度をとってしまうからだ。勝ち気な面を無理にでもねじ伏せないと、リストラ一直線である。

命門《めいもん》

自分を表す「鼻」に活力を送り込む

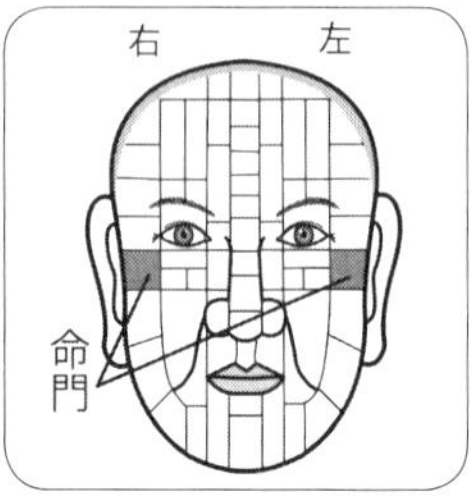

観骨と耳の間が命門である。もみあげにあたる部分である。寿命の長短を判断し、疾病の有無を見るところだが、心の中の隠し事も、ここに表れる。

だから、命門にホクロがあると、壁に穴が開いたようなもので、秘密や隠し事をぺらぺらとしゃべってしまう。

なお、「命門」とネーミングされている理由は、この部位に、命の活力を送り出す働きがあるからだ。

自分自身を表すのは鼻であると、すでに述べた。その鼻に、精気や活力を送り込むのが命門なのだ。

したがって、命門の肉が豊かであれば健康で長寿だが、へこんでいれば体調がすぐれずに悩みがちである。

また、人差し指と中指が収まるほどのくぼみがあれば短命である。精気や活力の蓄えがないからだ。また、赤黒くなっていたら熱病の危険がある。

人中《にんちゅう》

生殖力の強弱や寿命の長短を見る

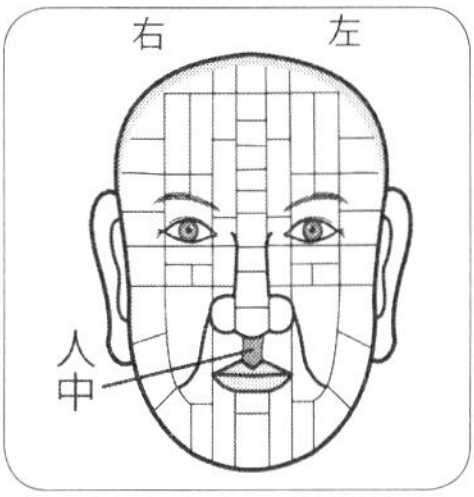

人中とは、鼻のすぐ下にある、縦の溝のことである。山海の通路などと呼ばれている。鼻を山、口を海と見た場合、人中はそれらをつなぐ河川と見ることができるからだ。

人中は、女性の生殖力を見る部位である。ここを産道として判断することが人相学の基本である。人中に歪みがあれば、産道も曲がっていると見て、難産の傾向があると判断するのである。

男性にあっても、やはり生殖力が旺盛かどうかを見る。そこから派生的に、意志力の強弱を読み取り、金運の大小を推測することになる。

人中はまた、寿命の長短を見るところでもあり、人中が長ければ長寿といわれている。ただし、人中が長くても、汚らしい感じであれば、老後の生活は必ずしも幸福とはいえない。色つやのよいことが条件である。

運命学と人間の幸せ

当人の主観はさておき富と地位が幸せの基準

運命学において、幸せの基準は明確に定まっている。

富と地位である。お金を得ることと、社会的に高い地位に就くこと。これが幸せと決められている。

つまり、現実に測定可能な基準によって、幸せかそうでないかを決めるというわけだ。

たとえ貧乏でも、当人が満足ならばそれも幸せではないかと反論したいだろうが、それは個人の勝手だと、運命学は突き放して考えている。

精神的な幸せを否定しているわけではない。精神的な幸せの測定基準が不明ゆえに、運命学では、それを幸せかどうか決められないのである。

富と地位のほか、それらを楽に得られるか否か、健康かそうでないかも幸せの基準としているし、貴賤、清濁ということも基準となっている。

人相学でも、これらの基準にそって判断を下すことはいうまでもない。

食禄

赤・青・ピンク、色の暗示を見逃すな

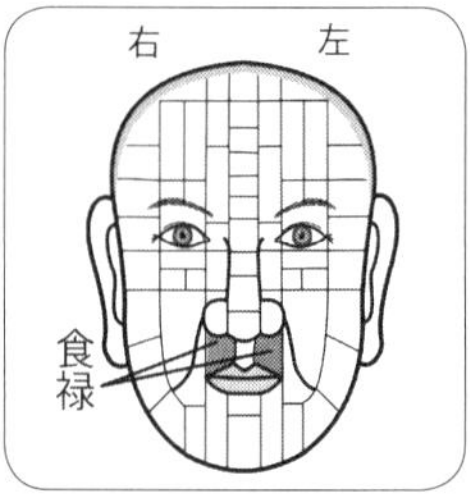

食禄は、生計の豊かさを判断するところである。肉づきがよければ生計にゆとりがあり、財を成すと見ていいだろう。

食禄が狭いと、生きていくだけで生活がカツカツだろうし、肉づきが悪いと、食べるにも困るようになるだろう。

男性ならば、髭の生える部位である。ところが、髭の薄い男性がいる。30歳を過ぎても食禄に髭が生えないか、生えてもまばらで薄いのであれば、その人は職業に関して苦労する運命にある。

女性で髭が生える場合は、女性の機能が低下していることが考えられる。更年期を過ぎた女性は、髭が生えることがあるようだが、若いのに髭が生えるということは、ここしばらくは男性との関係がご無沙汰という可能性もある。

食禄には血色が現れにくい。しかし、現れたときは強烈な意味を持つ。

食禄が赤くなり、その赤みが法令線を越えたときは、泥棒に備えて戸締まりを徹底することである。また、薄く青みがかったら、悩み事があると見てよいだろう。薄い桃色のような血色が現れれば、喜び事の暗示である。

面白いことに、食禄に赤い点や吹き出物が現れたら「食客が舞い込む」といい、飲み会などで奢ることになる。これを知っていれば、赤い点が現れたら、誘いを断るか、安い居酒屋に行くか、どちらかにすればよいとわかるので便利である。

口角

締まりがあれば信用のおける人

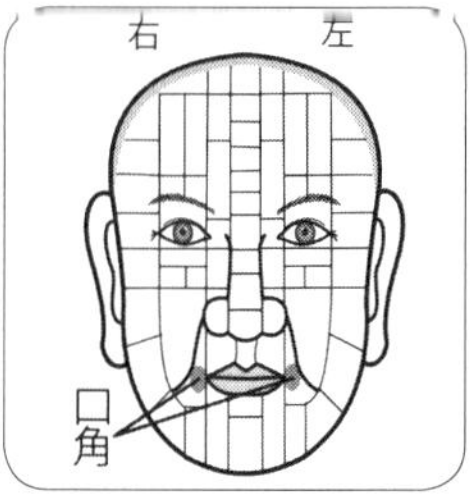

口角とは、唇の両脇の小さな三角形のゾーンのことである。

締まりがある口角が吉相である。生活もキチンとして、無駄なことをしゃべらない信用のおける人ということになる。

ところが、口角に縦の短い筋が2本ほど立つと、異性関係が乱れる。

口角に締まりがなく、だらしない感じであれば、だれとでも関係する淫相と見ていいだろう。

頬

別名を「胃穴」というのは消化機能が読めるから

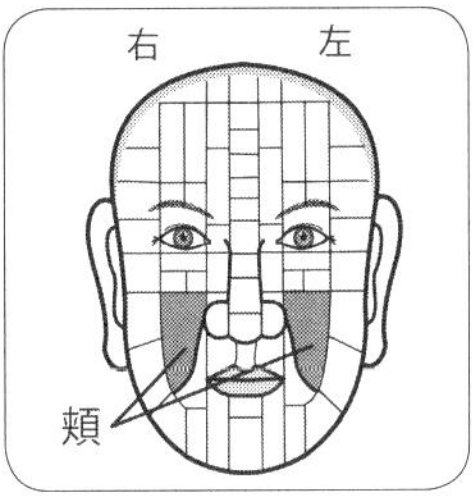

人相学でいう頬とは、観骨（頬骨）の下である。そのあたりを指先で押すと、上下の歯茎にぶつかるはずだ。その周囲一帯をいうのである。口に息をこめると、ぷくっとふくれる部位であることは、すでに述べた。

頬の別名は「胃穴」である。病気になると頬の肉がげっそりと落ちるが、これは栄養が欠乏するからである。頬の状態から、消化機能の良否が読めるため、この名称が与えられている。

江戸時代の観相家である水野南北は、次のようにいっている。35〜36歳からは頬がこけはじめる（つまり胃の容量が小さくなる）のだから、この年頃からは肉食を制限し、食事の量を調節しないと寿命を縮め、運勢を傾ける原因になると。

昔の35〜36歳の体力というのは、今でいえば40歳くらいに相当するのだろうか。現在にも通じる話である。

奴僕《ぬぼく》

肉づきが良好ならよき部下に恵まれる

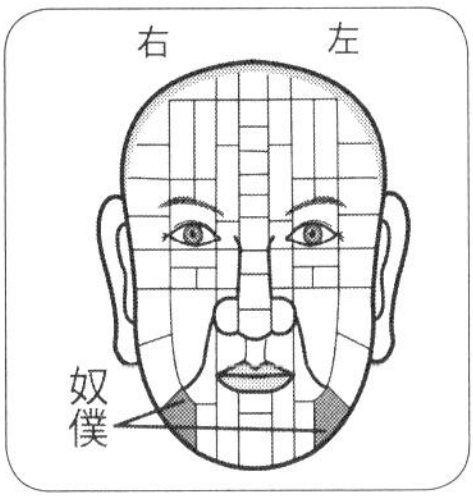

下唇の斜め下、法令線の内側で、あごの骨のあたりを奴僕という。部下や使用人との関係を見るところである。

マウスピースをしているかのように奴僕の肉づきが豊かならば、よい部下や使用人に恵まれることを示している。優秀な目下にも恵まれるだろう。

しかし、肉づきが悪ければ、すべて自分の力でやるしかない。

また、奴僕が黒っぽくなっていたら、部下が悪巧みをしているから用心すべきだ。その黒っぽい血色がエラのあたり、つまり賊盗（ｐ２３１）に伸びていると、外部の人間と部下が結託して悪さをする前兆である。

しかし、桃色のようなよい色が出ているなら、頼りになる部下がサポートしてくれる暗示だから、部下を信じてよい。信じるときは、全面的に信じること。それによって幸運が増幅する。

地閣《ちかく》・地庫《ちこ》

（血色が変化したら住居を移す予兆）

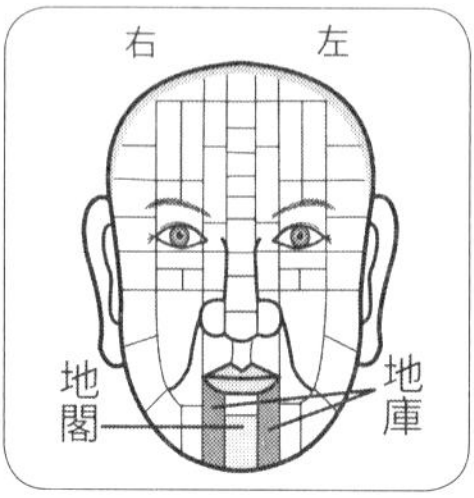

地閣とは、あごの正面をいう。地庫は地閣の両隣にある部位である。

ともに家屋や心臓の状態を見るほか、愛情運を判断する。

あごというものは人間にしかない。他の動物は、エラはあっても、あごは明確ではない。このことは、地閣・地庫が暗示する「家屋」が、人間独特のものであることと無関係ではない。動物のつくる巣とは、根本的に異なるという考え方に通じるのである。

あごは、厚く広く、ほどよい長さがあり、歪みのない、肉づきのよいものを吉相とする。

また、色つやがよければ、心身ともに健全で、愛情も豊かである。

この部位の血色が変化すると、住所が変わる予兆といわれている。

ちなみに、引っ越しを考えている場合にも、色が変化するのである。

比隣《ひりん》

（血色がよければ隣人との関係が良好）

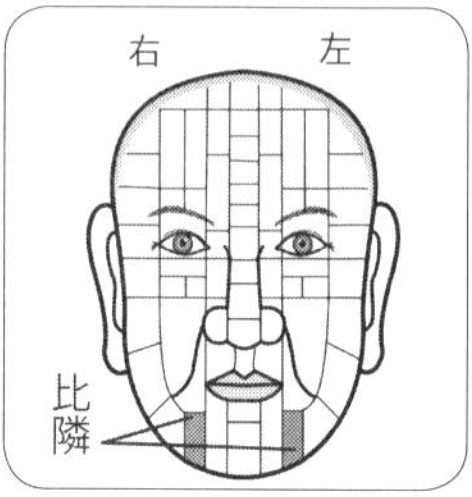

比隣は、口角の斜め下、下唇の両脇の小さな部位である。

この部位は、隣近所を表すとされるが、同業者や取引先、職場の仲間関係にも応できる。

ここにホクロのある人は、隣近所から嫌がらせを受けやすく、学校や職場でも仲間外れにされるなど、人間関係でいやなことがあるかもしれない。

比隣にクリーム色などのよい血色が現れれば、隣近所によい人たちが引っ越してくるか、学校や職場に楽しい人が入ってくる予兆である。

しかし、妙に黒ずんできたら、注意が必要である。近所から災難がやってくるか、感じのよくない人が引っ越してくるなど、困ったことが起こりやすい。学校や職場でも、仲間のミスの尻拭いをしたり、濡れ衣を着せられたりすることになるかもしれない。

承漿《しょうしょう》

黒ずみを発見したら飲食と水難に注意

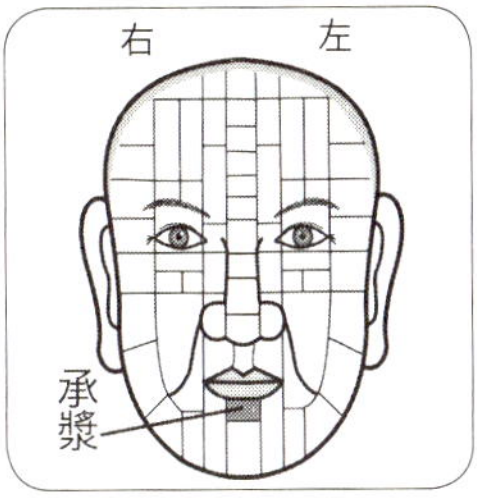

下唇のすぐ下に位置する部位が、承漿である。男女ともに、飲食に関することや、水難を表す。

この部位が黒ずんでいるときは、水難にあう予兆だから、旅行はもちろんのこと、サーフィンやスキューバダイビングには注意すべきである。

加えて、お酒もまた水難に通じる。酒席での乱れや、食あたりの場合も、この部位に薄黒い血色が現れ、危険を警告してくれる。

筆者は若いころ、毒キノコにあたったことがある。嘔吐と下痢で1週間ほど苦しんだ。そのとき、承漿一帯に、黄色に黒を混ぜたような色が出ているのを見つけ、驚いたことを記憶している。

また、承漿は、印鑑をも意味する。赤い点や赤い気色が出たら、危険信号だ。契約書などに捺印する前に、もう一度しっかりと内容を見直すことが大切だ。

賊盗《ぞくとう》

黒っぽくなったら盗難に気をつけよ

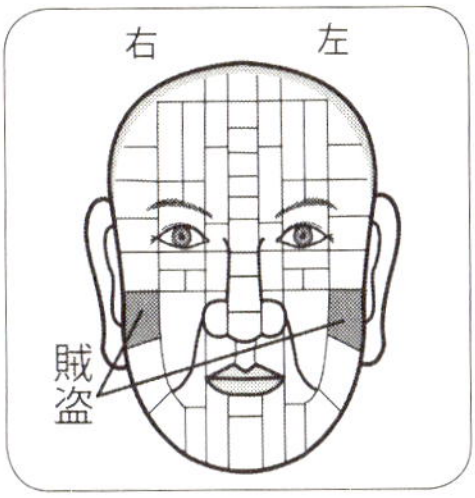

命門から指2本下、エラのつけ根が賊盗である。読んで字のごとく、盗難や散財の予兆が現れる部位である。

ここの色つやがよければ、なんら問題はないが、黒っぽい色になったら要注意である。盗難にあうか、人にだまされて金品を失うサインである。

その血色をさらによく観察しよう。法令線を越えて口元にまで達していれば、泥棒が家に侵入する暗示である。戸締まりを厳重にすることが必要だ。

男性の左側は社会運を、右側はプライベートを見る。女性は左右が反対となる。たとえば、女性で左側の賊盗に嫌な色が出たときは、浪費に注意するとともに、恋人を友達に奪われないように気をつけなければならない。恋人を略奪されることもまた「盗難」なのだ。

この部位は、日々チェックすることが大切である。

腮骨《さいこつ》

吉相ならば良識と人望がある

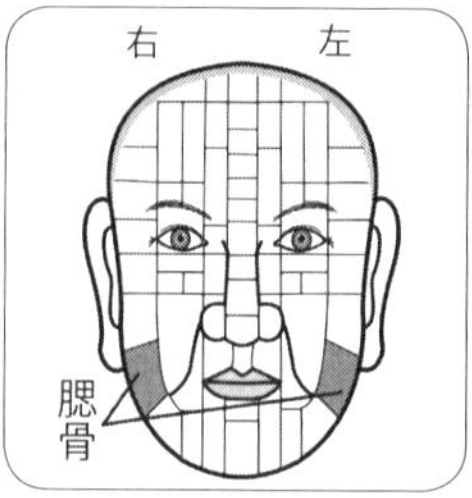

腮骨とは、俗にいうエラのことで、前項の賊盗を含む一帯である。

補佐官とも呼ばれ、困ったときにサポートしてくれる人が現れるかどうかを見る。また、公にできない秘密を司る部位でもある。

吉相の腮骨とは、前方にも後方にも突き出さず、角張らないで丸みを帯び、肉づきが豊かで、ホクロや傷、アザがなくて、肌のきめが細かいものをいう。

このような腮骨を持つ人は、良識と決断力があり、人望にも恵まれている。たとえ落ち目になっても、助けてくれる人が現れるだろう。

逆に、腮骨に問題があると、ピンチになってもだれも助けてくれず、孤軍奮闘を余儀なくされるのである。

血色がよければ、住所も安定するが、悪い色が出ると、計画に支障が出る予兆である。

◆運命学の基本姿勢

人の世の実相に迫り欲望を幸福につなげる

運命学には、ふたつの使命がある。ひとつは、人の世の実相を見きわめること。もうひとつは、欲望に忠実に生きて幸運を得ることである。

実は、実相を見きわめるにあたり、邪魔なものがある。それはモラル、人道主義、宗教などである。

そういうものにとらわれては、世の中の実相に迫ることはできない。そして、実相がわからなければ成功することは不可能である。

たとえば運命学では、お金儲けの基本は泥棒であると見る。等価交換ならば利益は出ない。利益を出そうとすれば、原価よりも高い値段で相手に売りつけねばならない。これは相手からお金を奪うことと同じである。このような、ある意味では身もふたもない考え方が運命学の基本である。

このような本質を会得するには、道徳や宗教などの既成概念から解放されることが近道だし、必要である。

十相

初対面の相手に対して、人はさまざまな印象を抱く。そのような印象はおそらく、体の各部位の細々とした情報の集積なのだろうが、何がどうなれば、どのような印象を与えるかということを細大漏らさず論じつくすのは不可能だ。

そんなときには、相手の印象を直感的に分類する手法を取り入れると便利である。それが十相だ。人相学の観点から、人の顔を10タイプに分けたものである。

この十相をたちどころに判断できたならば、それはすでに人相学の奥義に達しているといってもよい。この項をマスターするには相当の経験がいるし、人間というものを深く知ることも必要とされる。

なお、各相に付したイラストは、古伝に収録された図をもとに、各相のイメージを具体化したものだ。

威相

畏敬の念を抱かせる威厳に満ちたタイプ

威厳があり、おのずと周囲に畏敬の念を抱かせる。

相当の地位に昇ることができるだろう。

この相手を前にすると、話しにくい人と出会ったように感じる。それが特徴なのである。また、自分がもっとも苦手とする相手だと直感することもある。なれあいを許さない厳しさが漂っている。

清相

優秀な頭脳を駆使して名声を得る

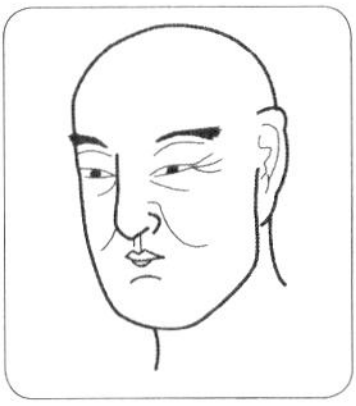

優秀な頭脳の持ち主である。その賢さによって、いずれ名声を得ることになるだろう。

この相手を前にすると、冗談が通じないことを直感するはずである。軽薄な態度はひんしゅくを買いそうだし、ちょっとした嘘もたちどころに見破られそうな気がして、一抹の恐怖心を抱かせることが特徴である。

富相

運勢が上向きの相
すがすがしい印象

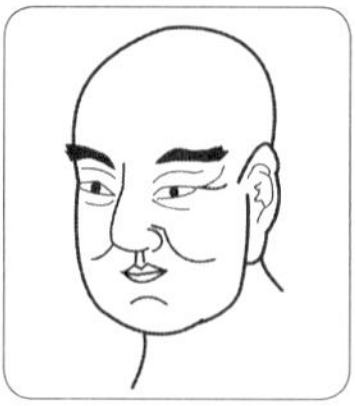

仕事などが調子に乗って、運勢が上向きの人に多く見られる相である。

この相手を前にすると、すがすがしさを感じるはずだ。とくに初対面の印象に注意してみよう。

また、人あたりがソフトで、温かみが感じられる。自然と人が寄ってきて、いっそう運勢が上向きになる相である。

寿相

思わず甘えたい
頼れる相談相手

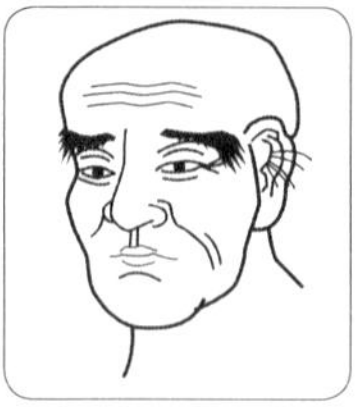

余裕のある物腰で、小さいことにはこだわらない。どんな環境にいても、相談役として非常に重宝がられるだろう。

この人を前にすると、安心して、つい甘えたくなる。そんな雰囲気を持っているのだ。この人がいるときは、そのことをさほど強く感じないが、いなくなると急に寂しくなることが特徴である。

貴相

周囲から敬われる
まぶしい輝き

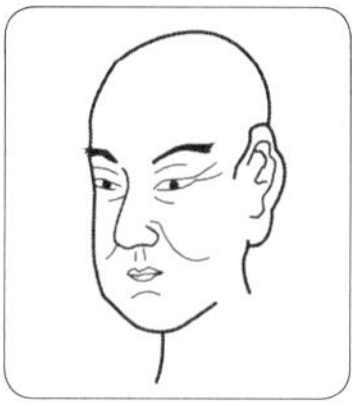

貴相の持ち主は、周囲から敬われるのが特徴である。今はそれほどではなくても、確実に富と地位に恵まれるはずだ。

この人の第一印象は「まぶしさ」である。汚れのない光のような雰囲気を感じるはずだ。この人の前では、下品な会話など、とうていできない。自然と遠慮せざるを得なくなるだろう。

孤相

しっかりしろと
励ましたくなる相

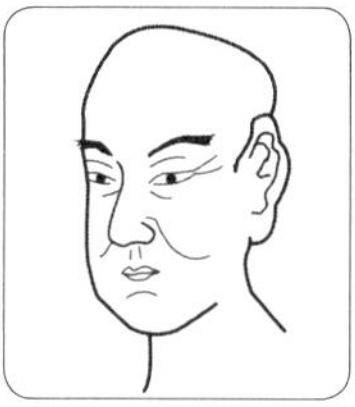

周囲から見放される運命である。離婚したばかりの男性に多く見られる相だ。当分の間は、何をしてもうまくはいかない。

十相の中で、もっとも見きわめの楽な相が、この孤相である。後ろ姿や横顔に哀愁が漂っている。雨に打たれた鳥というイメージである。しっかりしろと励ましたくなるのが特徴でもある。

俗相

世渡りは巧みだが少々品に欠ける

世渡りは巧みだが、品がないために、努力しても大成しにくい相である。

初対面のときに、売る気満々のセールスマンと間違えそうになるのが特徴である。

会話中は楽しいのだが、手を振って別れた後、何ともいえないイヤな気持ちになることもポイントである。

夭相

行動と精神がアンバランス

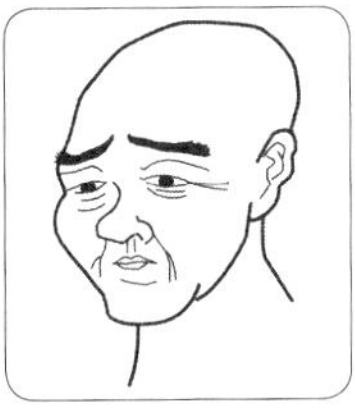

行動と精神のバランスを欠いた人で、落ち着きがない。

他の相の人でも、病気や事故で亡くなる数か月前には、不思議とこの相になる。

せかせかとせわしなく動き、物忘れなどが多いのが特徴である。この人と長時間一緒にいると、自分までつられてしまい、ペースを乱すこともある。

悪相

企業家として実力で運勢を開く

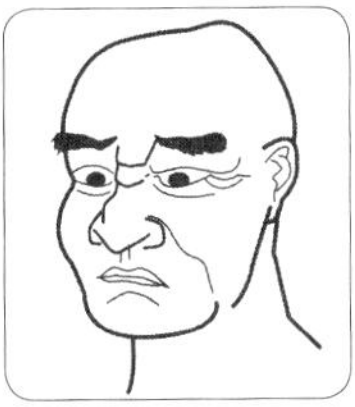

原書には、凶暴性が災いして身を滅ぼす凶相と記されているが、実はそうではない。悪相の「悪」とは、武勇を意味する。企業家として実力で運勢を開く相だ。

最初は、見下されていると感じる。しかし、話しているうちに打ち解けるだろう。この落差に気持ちが動揺したら、間違いなくその人は悪相だと断じてよい。

貧賤相

盛りを過ぎた花のように寂しげな印象

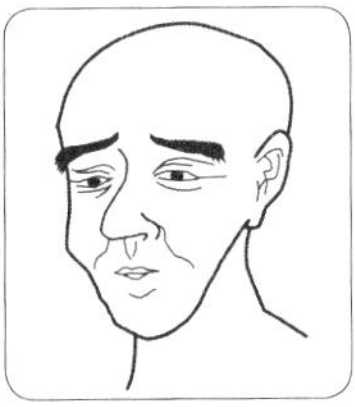

金銭的に苦労する人である。このままでは、どんなにがんばっても生活が安定することはないかもしれない。

第一印象では、寂しげな感じを受ける。原書には、盛りを過ぎた花のように哀れみがあると記されている。こちらが相手を威圧しているのではないかと、心配になることが特徴である。

「面」の8タイプ

先述の「十相」につづいて、顔全体、あるいは、その人の存在全体から発せられる印象でもって、運勢を判断する方法を紹介しよう。

この方法は、頭部のみならず、身体や行動のパターンをいくつか挙げ、それに当てはまるかどうかによって「面」すなわち顔の相を分類していくことが特徴だ。男性のみ、女性のみに見られるもののほか、男女共通のものがある。

まずは、女面と男面から始めることにしたい。

女面と男面

生物学的には男性であっても、女性的な要素を多分に持つ男性がいる。これを人相学では女面という。

同様に、生物学的には女性であっても、男性的な要素の強い女性がいる。これを男面という。

以下に、その判断基準を掲げるが、あなたが男性で、女面であるとの結果が出たら、本書に書かれている内容のうち、女性向けの箇所も参考にしてみることだ。

たとえば「男性の右側、女性の左側の妻妾宮にホクロがあれば」などの記載があった場合、女性向けの占断にも目を通し、開運や厄除けの一助にするとよいだろう。

あなたが女性で、男面であるとの結果が出たら、この反対である。本書に書かれている男性向けの内容も参考にしてほしい。

では、それぞれの判断基準を挙げてみよう。

女面（男性のみ）

以下の項目のうち、7つ以上に該当すれば、その男性は女面である。

女面の男性は、外で働くよりも、家の中でできる仕事に向いている。また、女難に悩まされやすいので注意が必要である。

□色白。上気すると顔が赤く染まる。
□襟足が長い。
□髪の毛が柔らかい。
□眉毛が薄い。
□まつげが多くて長い。
□なで肩である。

□頬が豊満である。
□髭が薄い。
□足腰が太い。
□胸が乳房のようにふくらんでいる。
□声が高い。
□歯並びがよい。
□手足が小さい。
□手の線、たとえば運命線がない、もしくは細い。
□指が細い。

男面（女性のみ）

以下の項目のうち、8つ以上に該当すれば、その女性は男面である。

男面の女性は、結婚後も外に出て働いたほうがいいかもしれない。家にこもると、夫の運勢を潰しやすい傾向がある。

□髪の毛が太くてゴワゴワしている。
□額が広い。
□頬がこけている。
□首が太い。
□手が大きくてごつい。
□いかり肩である。
□声が大きく声量がある。
□足腰が細い。
□ガッチリとした鼻を持っている。
□眉毛の剃りあとが見える。
□口が大きい。
□大きな歯をしている。
□目が大きい。
□乳房が小さい。
□法令線がクッキリとしている。

妾面（女性のみ）

妾面とは、愛人の相をした女性のことをいう。古い人相学では、正妻になれない相だとしているが、これは間違いだ。妾面でも結婚している女性は、実際に何人もいる。

ただ、妾面であると、結婚しても夫に不満を持ち、グチが絶えないのは事実である。そして、別の男性とつきあうことで不満を解消しようとする傾向が強く出る。つまり、妾面の女性は、浮気する可能性が高いのは否定できないのだ。

そもそも女性は、陰陽でいえば陰に当たり、そのなかでも妾面は、女性的な雰囲気が強い。いわば、陰が重なると同時に、ひどく色っぽい一面を有しているわけである。

女性のきわみだから、女性の欠点とされる部分が強調される。妬みやそねみ、見栄などが極端に表れるということになる。

以下の項目のうち、6つ以上に該

当すれば、その女性は妾面である。

□富士額。
□正面から耳が見えない。
□うなじが細い。
□鎖骨（p28）がない。
□手足が小さい。
□まつげが多い。
□色白である。
□猫背っぽい。
□後ろ姿が頼りない。
□普段着より礼服がにあう。
□ケチである。
□髪の毛はロングを好む。

遊女面（女性のみ）

　女性のタイプのひとつだが、妾面と混同しやすいから見きわめが大切である。

　遊女面の女性は、男難が絶えないことが特徴だ。もともと男好きであり、恋をしていない期間がほとんどない。恋愛を生きがいとして生活している女性である。

　その性情は、熱しやすく冷めやすい。目の前のことに対して、すぐに熱中するけれど、すべてにおいて締めくくりが悪い。

　男らしい男性より、女面の男性を好む。ナイーブで可愛い男性を好きになるというわけだ。

　むろん、遊女面でもキチンと主婦におさまっている女性はたくさんいる。いただけないのは、浮気と縁のない真面目な妻でいることを夫に恩着せがましく訴える態度だ。内心に激しい浮気願望がある証拠である。

　以下の項目のうち、7つ以上に該当すれば、遊女面に分類される。

□小指が極端に短いか、極端に長い。
□エクボがある。
□乳房は小ぶりである。
□まぶたが広い。
□体を手で支えるようにして座る。
□すぐに笑う癖がある。
□男性に対して、なれなれしくふるまう。
□法令線が外側に流れる。
□命宮（ｐ２１２）が広い。
□長い眉を描く。
□顔が歪んでいる。
□どことなく寂しさが漂っている。
□正しい箸の持ち方ができない。
□歯が小粒である。

若衆面（男女とも）

　若衆面は、基本的には男性に適用される相である。

これに該当する男性は、派手好きである。地味でむさくるしいものを嫌い、とても威勢がよい。いさぎよく、義理人情に篤い。男の中の男という雰囲気である。

だが、実は深慮に欠け、軽薄な言動をするというのが本質である。大義をなすほどの器ではないが、いつも先頭に立ち、リーダーシップを発揮したがる。しかし、結果はほとんど失敗。後先を考えずに突っ走る暴《ぼう》虎《こ》馮《ひょう》河《が》の相だと伝えられている。

若衆面は、男性に用いるのが原則だが、女性が若衆面であれば、その女性の性情は男性と同じである。

面白いのは、そのような女性の、男性の選び方である。将来性のある男性には見向きもせず、世をすねたような男やアーティスト崩れの男にひかれるのだ。

男女とも、若衆面は、10代のうちから恋愛問題を起こす。早婚でもある。駆け落ちや心中未遂を起こしやすいのも若衆面なので、十分な注意が必要である。

以下の項目のうち、6つ以上に該当すれば、その人は若衆面である。

□フットワークが軽快である。
□シャツの上のボタンをいつも外す。
□気前がよい。
□髪の質が固い。
□仕事でも遊びでも思いきりがよい。
□涙もろく怒りやすい。
□飲み会では、ひとりでしゃべっている。
□クルマの運転に自信をもっている。
□靴の底がすり減りやすい。
□靴のかかとを潰して履くか、サンダルが好き。
□食べるのが早い。

童面（男女とも）

童面とは、子供っぽさを宿している相をいう。男女にかかわらず見られる相である。

童面の最大の性情は、人になめられやすいことである。威厳に欠けるために、妻子や親兄弟姉妹に主導権を握られ、果ては裏切られることが多いのである。親切にした人に、だまされることもあるだろう。すべては威厳のなさが元凶だ。

気をつけたいのは、調子に乗りやすい性質であることだ。けっして根っからの悪者ではない。だが、周囲におだてられるままに行動した結果、気づいたときには警察のお世話になっている可能性もなくはない。

要するに、成人しても少年の幼稚さから脱しきれないのだ。

得な面もある。童面の人は、おいしい食べ物と恋愛だけを楽しみに生きる呑気な人種だが、不思議と一生お金に不自由しない。

以下の項目のうち、7つ以上に該当すれば、童面である。

□無邪気な顔をしている。
□エクボがある。
□手足が華奢である。
□頬がピンク色に染まることがある。
□失敗を他人のせいにする。
□長電話である。
□ちょっとしたことで大騒ぎする。
□異性の仲間が多い。
□味覚が敏感である。
□苦いものは苦手である。
□本や映画に感動しやすい。
□動作に落ち着きがない。
□高い声で会話する。
□猫毛である。
□流行に敏感に反応する。

陰者面（男女とも）

陰者面とは、世間とは真逆な考え方や感じ方、行動パターンを持つ傾向の強いタイプである。

ちなみに陰者というのは、陰陽師、医師、書家、画家、茶人、芸人、噺家など、社会の枠組みとは違うところで活躍する人々のことで、九流術士とも称される。

つまり、世間の常識では縛られない自由奔放さが陰者面の特徴といえよう。しかし、常に社会とは反対の立場を選択するために、メジャーになることはできない。

以下の項目のうち、7つ以上に該当すれば、陰者面である。

□髪や髭がむさくるしく見えない。
□流行に鈍感である。
□威厳はあるように見えるが優しい。
□法令線はあるが浅い。
□柔和そうだが近づきにくい。
□耳が清潔そうに見える。
□目つきは優しいが、ときおり射るような目で見る。
□眉骨は高いが角張っていない。
□食事の時間は長い。
□トイレは近いほうではない。
□テレビをほとんど見ない。
□個性的な服装をしている。
□生活感がない。
□友達はきわめて少ない。
□電話は受けるだけでかけない。

第2章

胴・腕・足ほか

首

首は、頭と体を結ぶ、いわば命のつなぎ目である。脳の指令を体の末端まで運び、体が得た情報を脳に運ぶパイプラインなのだ。相書を見ても、首に関する記述は実に多い。

常識的だが、人相学における首の相の判断は、太いか細いか、長いか短いかという点から始める。

①太いか細いか↓太ければ健康長寿。自分の首が太いか細いかを判断するには、両手の親指同士、小指同士をくっつけて、首の周囲で輪をつくってみる（図A）。それより太ければ太い首、細ければ細い首である。

②首が長いか短いか↓短ければ強健。長短を判断するには、人差し指から小指までを横にそろえた長さと、エラからシャツの襟までの長さを比較する（図B）。それより長ければ長い首、短ければ短い首だ。

③体とのバランスはどうか↓太っているのに細い首、痩せているのに太い首の持ち主は虚弱で、性格もどこかアンバランスである。

④首の断面は丸いか↓丸ければ長寿である。

⑤のど仏はあるか↓男性ならば吉。

⑥後ろから見たとき、ぼんのくぼのすぐ下に縦のへこみがあるか（図C）↓女性ならば吉。

このような順序でチェックし、判断を深めていくわけである。

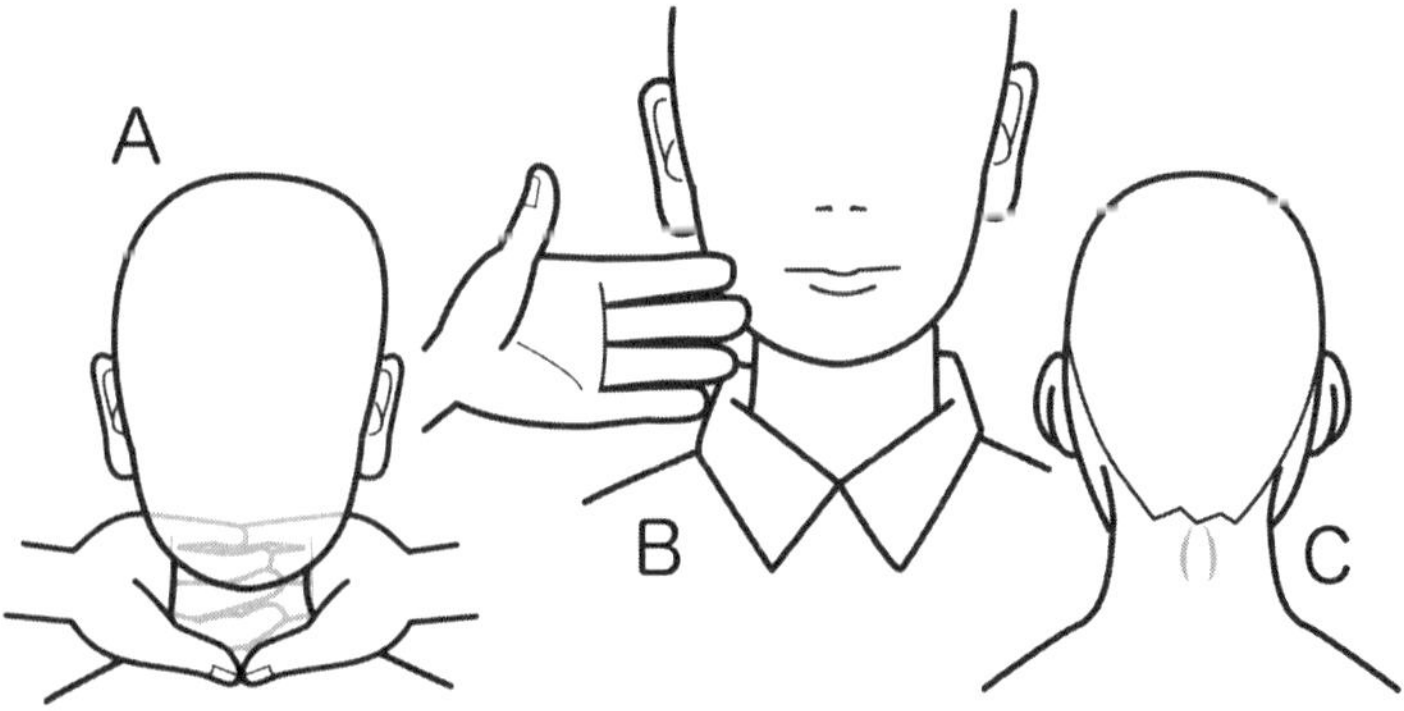

猪首

相書で絶賛される相
健康と長寿を約束

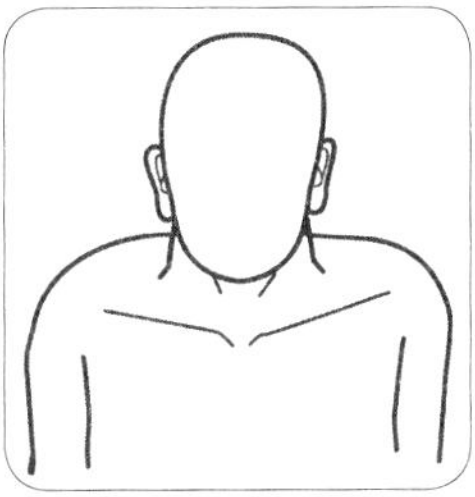

相書では、「猪首の如きものは、その体強くして寿長し、そのうえ体豊かにして他の相よくば相当の福分あり。下相のものは体強くとも寿長くとも、一生身に楽に暮らすことならず」と、猪首を絶賛している。猪首ならば、たとえ他の相が悪くても、健康と寿命だけは保証されるだろう、とまで断言しているのだ。

現在では、首が長く細いほうがさまざまなファッションに合わせやすいこともあり、とくに女性の中ではスリムな首が称賛され、羨望されている。だが人相学では首が細すぎることをよしとしない。

しかし、力強さのある猪首が、現代の美的感覚において不格好とされるのは確かであり、恋愛に不利に働くことはあるだろう。とくに女性には悩みの種となるかもしれない。本人にとって本当に吉相といえるのかどうか、この点を加味して判断しなければならない。

のど仏

高くなく低くなく
ほどほどが吉相

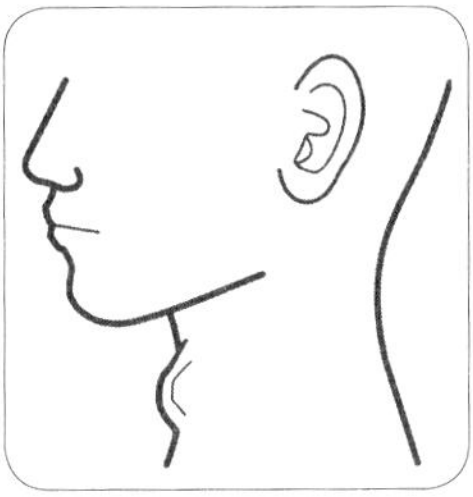

相書には「心片《かた》意《い》地《じ》なり」と記されている。目立ってのど仏の高い男性もいるが、痩せているならのど仏は突き出ていて当然で、悪い判断はしない。太った男性ののど仏が目立つ場合が問題である。

のど仏が高いほど、頭脳の回転が速く合理的でもあるので、将来が有望に見えるが、思ったほど発展しない。片意地な性格が出世や成功を阻むからだ。

のど仏がまったくないように見える男性も困ったもので、意志が弱く、何をさせても長続きせず、なかなか成功しにくい相である。

つまり、のど仏は高くなく低くなく、目立たないくらいが吉相である。

のど仏は女性にもある。目立つ場合は、我が強く、夫を軽んじる孤独の相となる。そのうえ白眼に青みがかかっていれば、夫と激しくぶつかりあうほどの凶相といわれている。

首の断面

円形に近いほうが
健康状態が良好

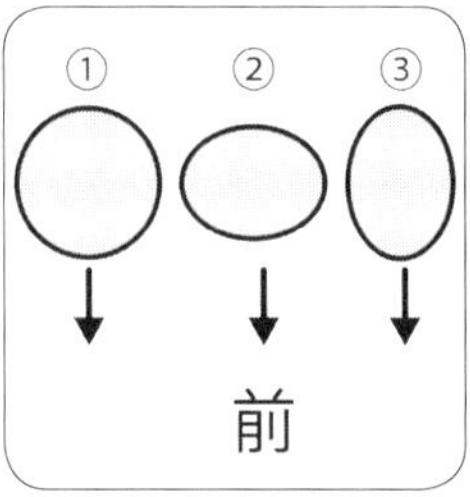

一般に、首の断面は、完全には丸くはない。手を首に当ててみると、楕円になっていることがわかるはずだ。

寿命や健康の点では、首の断面が円に近いほうが吉相である（①）。

楕円であれば、前後に平たくなっている首（②）のほうが、左右に平たくなっている首（③）よりも上相である。

頭蓋は前後に広いため、その頭を支える首も、前後に平たいほうが、安定感があるからだ。歩く際に、頭をふらふらと動かす人がいるが、この人の首は左右に平たいはずだ。

頭と胴体をつなぐ首が不安定だと、健康にさまざまな支障が出やすいという警告なのである。

極端に左右に平たい首の持ち主は、ハードなスポーツを避けたほうがいいかもしれない。仕事もデスクワークのほうが向くだろう。

うなじのくぼみ

瞬間の判断に弱いが
持続力はある

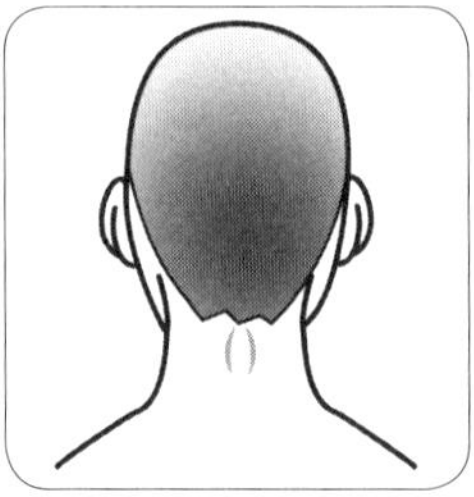

後ろから見たとき、うなじにくぼみがある人は、消極的である。決断に時間がかかるのである。

スポーツ界を見ると、ここにくぼみのある選手は、長距離ランナーにはいるが、短距離ランナーには見かけない。いたとしても好成績を残せない。

とはいえ、一瞬の決断力に迫られることには不向きだが、決断した後の持続力はあると見てよい。

ただし、女性の場合は、相書に「よろしい」と記されている。これは、女性が家庭を守るという時代の書だからだ。決断は夫にまかせ、いわれたことを指示どおりに根気よく守り抜くという意味での吉相なのである。仕事を持っている女性にとっては必ずしも吉相とはいえない。

人に指示をもらうことで安心する性格だから、パートナーには積極的な男性が必要だろう。

後れ毛

異性をひきつける相
結婚は30歳過ぎが吉

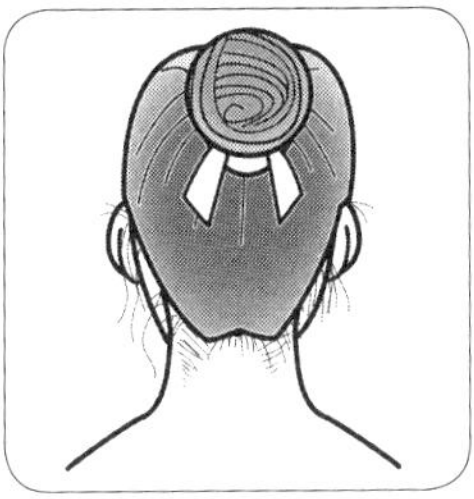

後れ毛の目立つ女性は、色気が漂い、男性に好かれる能力を生まれつき備えている。良妻というよりも愛人に向く。

この後れ毛は、年齢とともに失われるもので、中年以降の女性には、ほとんど見られなくなる。また、若後家相に該当するので、配偶者に不幸があるかもしれない。しかし、30歳過ぎに結婚すれば、なんら問題はない。

地方出身の女性が都会で暮らしはじめると、いつの間にか後れ毛が間引かれてスッキリするという現象が起こる。すると、耳までが白くきれいに映えてくる。都会で垢抜けるというのは、この後れ毛にヒントがあるのかもしれない。後れ毛を上手に処理すると、都会風の美人になるだけでなく、若後家の凶暗示を免れることにもなるはずだ。

女性には意味深い相だが、男性の場合は、チャンスに弱いことを示す。

首のホクロ

のど仏なら勝ち気
首の両脇ならお人好し

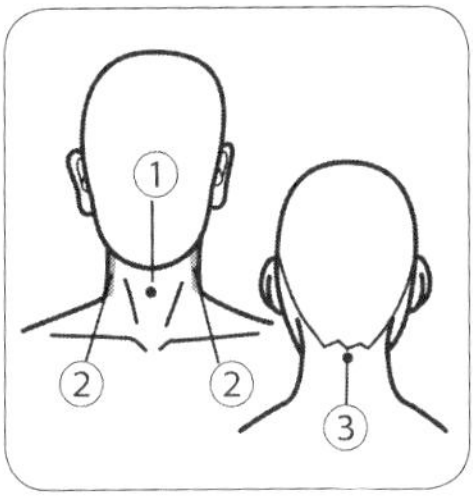

首のホクロは、位置によって意味が異なる。以下に、個々のホクロについて述べていくことにする。

①のど仏

この場所にホクロがある女性は、結婚生活に問題が起こる。のど仏が目立つ女性は、夫を軽んじると前述したが、のど仏が目立たなくても、ホクロがあれば同じ判断となる。

のど仏のホクロは、勝ち気な面が強調されるのだ。そのため、熱烈な恋愛から結婚に至ったとしても、いつしか夫からうとまれるようになりがちだ。気持ちも離れてしまうだろう。

男女関係だけではなく、仕事や対人関係にも、こういった現象が出やすくなるからよほどの注意が必要だ。

男性についても同様の判断で、片意地を張りすぎて、人間関係がぎくしゃくしがちな傾向が見られる。兄弟姉妹や親戚との不仲や金銭トラブルには、とくに気をつけたい。

②首の両サイド

左右のどちらでも、首の横のホクロは、お人好しボクロである。

男性ならば、仕事や金銭面で詐欺に引っかかりやすい。

女性ならば、男の言葉にコロリとだまされるホクロだ。衣装ボクロともいう。

③ぼんのくぼ

女性にとって最も危険なのは、ぼんのくぼにあるホクロだ。ぼんのくぼとは、首の後ろ側、襟足の中心にあるくぼんだ部分である。

このホクロは、別名「発情ボクロ」と称される。「私を誘惑してください」と、手招きをするホクロなのだ。これは、易者間では有名な事実である。

人相学では、たとえば唇に多情な相があったとしても、短絡的にそうだとは断じない。眉にも目にも、最低3つそろってはじめて多情だと断じる。

だが、ぼんのくぼのホクロは、これひとつで多情と断じても間違いはない。アルコールが少しでも入ると、それこそ血が騒ぎ、男の誘惑を待っている風情を見せはじめるのだ。

ちなみに、男性のぼんのくぼにあるホクロについては、相書には何も語られていない。

◆女性の首の変化

銅製のネックレスで彼女の浮気がわかる？

女性の首は、性体験をすると太くなる。これはどうやらホルモンの関係らしいとする説がある。

相書によれば、古代ローマ時代、戦場におもむく兵士は、愛人に銅製のネックレスをプレゼントしたという。それで浮気の有無を知るためだ。

銅線は切れやすい。自分が出征中に浮気をしたならば、首が太くなっているだろうから、そのネックレスは切れてしまうというわけだ。

確かに女性は、あるときを境にして首回りに脂肪がつく。それが性体験によるものかどうかについては疑問が残るが、結婚後の女性の首が、独身時に比べて太くなるのは確かである。

1度や2度の体験ではどうかとは思うが、海外出張などで長期間離れて暮らすことになったら、男性諸君は古代ローマ兵を見習って、妻もしくは彼女にネックレスをプレゼントしてはいかがだろう。

肩

肩は、人生の盛隆あるいは悲哀が如実に表れる部分である。

また、肩には開運のヒントが数多く詰まっている。

たとえば、ふだんから左肩をこころもち高くする習慣をつけると、運勢が上がり、事業家としても成功することをご存じだろうか。相書にも「左肩高きは、自力にて家を興す」とあるのだ。

この「こころもち高く」というのが、少し難しいかもしれない。極端に高くしてはいけないのだ。うまくやるコツは、「左肩を高くする」と意識するのではなく、「右肩をほんの少し下げぎみにする」という意識で行うことである。

ここで間違えて、さながら映画の悪役のように左肩を上げると、威勢よく見えはしても、ハッタリだけの人になってしまう。勝ち目のない一発勝負に出て、失敗することになるから、注意が必要だ。

では、右肩を上げるのはどうだろう。相書には「右肩高きは女難あり、家産を破る」と記されているから、男性とっては凶である。女性と遊ぶためにお金を湯水のように使ったあげく、関係がこじれ、慰謝料問題に発展することなどが考えられる。

男性の場合は、デートの際に、女性を右側にして歩けばよいかもしれない。だれでもそうだが、自分の隣にいる人と会話するときは、そちらへ少し身を乗り出す。したがって、この場合は自然に右肩が下がり、左肩が上がることになる。

そう考えると、クルマの場合、他人を自分の左側に乗せる右ハンドルよりも、右側に乗せる左ハンドルのほうが、開運につながるわけだ。外車のオーナーに成功者が多いのもわかるような気がする。

女性について、相書は「女の肩骨高きは夫を剋《こく》す、後家相の一つなり」とする。なで肩の女性が好ましいとも記している。

なで肩は、練習しだいで人為的につくることが可能である。両肩を下げ、代わりに首を伸ばすようなポーズを習慣にすればいい。

いかり肩・なで肩

いかり肩は根性あり なで肩は平和的

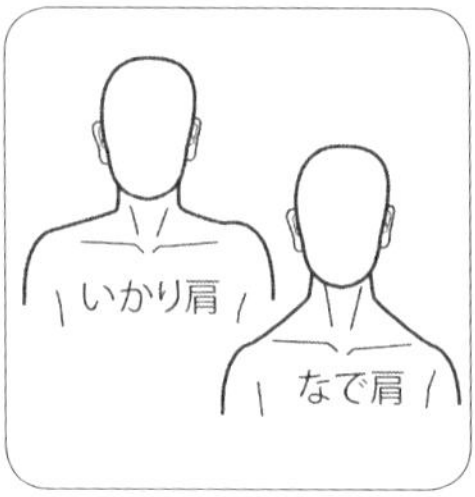

　原則として、両肩が平らで肉づきのいいほうが男性にとっては吉相である。金回りも悪くないし、性格的にも安定していることを示している。

　肩幅が広い場合も、男性にとっては吉相である。失敗することがあっても、くじけずに再起する根性とファイトがあると見る。しかし、かなり意地が悪いと考えて差し支えない。

　いかり肩も底意地が悪いが、非常に努力して目的を達成するだろう。

　しかし、これはあくまでも男性にいえることで、女性のいかり肩は悪い。「後家相」と相書にある。反抗的なので嫁ぎ先でうまくいかないのだろう。

　なで肩は、女性にとって吉相である。しかし、男性のなで肩は、感情的になりやすく、一度失敗すると再起するファイトが出せない。男女とも平和的な相であり、日常的には何事もないのだが。

肩のホクロ

世に見いだされる予兆 重要な役割を負う印

　肩のホクロは、男女とも、周囲の期待を一身に担う暗示である。実力以上のことを任され、その重責をまっとうしなければならない立場に立たされるだろう。

　それが仕事なのか、何かの後継者に任命されるのかは人それぞれだが、なかなか大変であるには違いない。

　以下、個々に意味を述べよう。

①肩の上

　色情を占う『刀巴心青』には「女性の肩の右あるいは左の高きにあるホクロは放縦性が強い」とある。自分が果たすべき任務を捨て去り、勝手気ままな生活を送りがちなのだ。そのため、人間関係にトラブルが出てくるだろう。「色欲旺盛なり」とも記されている。

②肩の前面

　『刀巴心青』には、「性愛に溺れ、みずから苦界《くがい》に身を投ず」とある。

　ここにホクロのある女性は、恋愛に没頭して、周囲が見えなくなりがちだから、よほどの注意が必要である。ひとたび好きになると、不幸になるとわかっていても、相手の胸に飛び込んでしまうのだ。

③肩甲骨の上部

　このホクロを贅沢ボクロという。高級

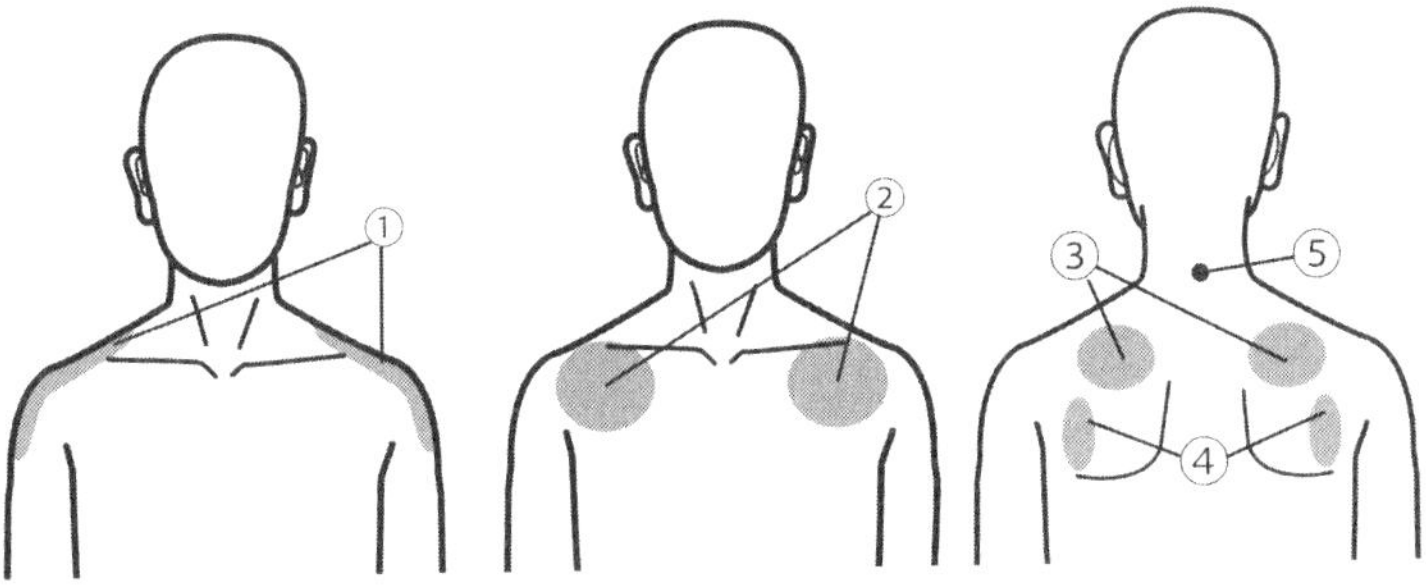

時計や外車、豪華なマンションに憧れ、食事も有名なレストランでないと気がすまないという人である。見栄を張り、借金をしてでも他人よりいいものを持つことに命をかける傾向が強いのだ。

④肩甲骨の腕寄り

この位置にホクロがあれば、先述の「肩甲骨の上部」にあるホクロよりもさらに危険である。

自分が贅沢をするためには手段を選ばない。社内の機密情報を外部に流してお金に換えたり、袖の下を渡されれば簡単に買収に引っかかったりする。さらに、それによって弱みを握られ、大失敗する危険が漂っているホクロなのである。

⑤第7頸椎の上

肩と首の境を指で触れたとき、少し高くなっている骨の存在が感じられるはずだ。これが第7頸椎である。

このすぐ上にホクロのある人は、強運の持ち主である。男女ともエリートコースに乗る。上司など目上からの受けもよく、スピード出世する代表格である。

世間には、天才型と努力型がいるが、この位置にホクロのある人は、天才型である。並の人なら努力の末にようやくたどり着く境地に、楽々と到達するのだ。音楽にもスポーツにも勉強にも優れ、しかも、男女とも容姿に恵まれるとあっては、だれも勝てる人がいない。

しかし、この人は自分の才能や容姿のよさを信じてスタンドプレーをすることがある。周囲を無視したそういうやり方は、たとえ結果的に成功したとしても、立場を失うことにつながりかねない。

必ずしも正しいことが受け入れられないのがこの世の常である。正しいことを主張すれば、周囲からうとんじられるのもこの世である。第7頸椎にホクロのある人は、このことを座右の銘として記憶することだ。そうすれば輝かしい未来をつかみ取ることが可能である。

鎖骨

鎖骨は、人との交際が上手か下手を見る部位である。解剖学的には、胸骨と肩甲骨を結ぶ骨で、肩の構造を支持している。

概して、鎖骨が目立たない人は社交的である。反対に、鎖骨がくっきりと浮き出している人は、気に入った人とだけつきあう傾向がある。

これはもちろん、その人が太っているか痩せているかにもかかわってくることだ。

詳しくは後述しよう。

なお、ダイエット中の女性には無情な話かもしれないが、人相学においては、鎖骨の骨が浮き出て、その周囲にくぼみが生じるのは、女性にとって凶とされている。

女性は、出産という大仕事を担うから、それに耐えられるだけの栄養を蓄えておいたほうがよいということだろう。

鎖骨が見えない

（男女とも社交家
交際範囲は広くて浅い）

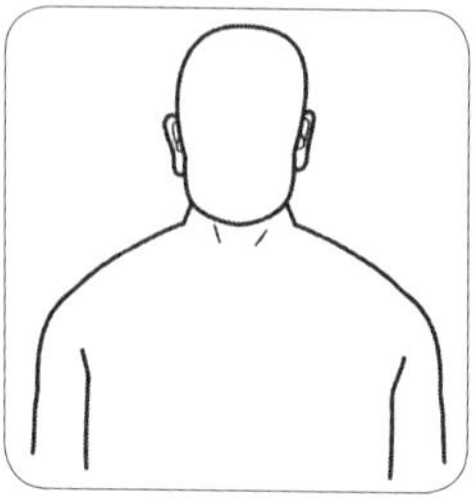

鎖骨が見えないというのは、要するに、体の肉づきがかなり豊かであることを意味する。

このような人は、男女とも社交家である。半面、出しゃばりな傾向があることも否定できない。

また、交際範囲は広くて浅いのが特徴だ。いろいろな人たちと親しくはできるのだが、親友と呼べる友人は、意外に少ないものである。

次項の「鎖骨が浮き出している」の意味も考え合わせると、運命学的に最も吉といえるのは、鎖骨がある程度、見えるくらいのスリムさを維持することだろう。はからずも、医学的に推奨される体形と一致するわけである。

なお、鎖骨は折れやすい骨として知られているが、鎖骨の骨折は、大切な友達を失って失意に沈む予兆とされているから、気をつけたほうがよい。

鎖骨が浮き出している

親友をつくりはするが
そこから先に問題あり

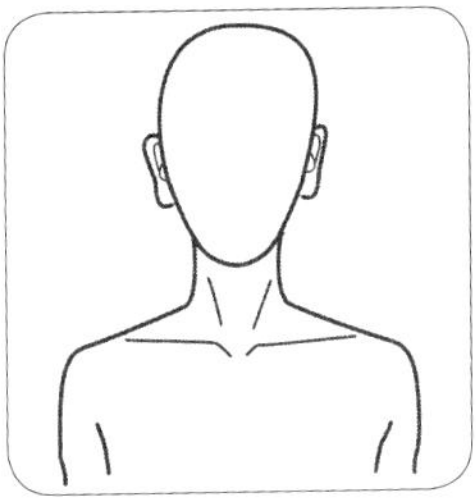

前項とは反対に、痩せているために、鎖骨が浮き出して見える相である。

この相の持ち主は、交際する人を選ぶ傾向がある。苦手な人とは距離を置き、気に入った人とだけつきあうだろう。自然と交際範囲は狭くなる。

とはいえ、お互いに「親友」と呼びあえるような、心の友達をつくることはできるはずだ。

しかし、その親友と一生つきあえるかというと、それは保証の限りではない。

なぜなら、この人は、人に飽きる性質を持っているからだ。特定の人とだけつきあい、非常に仲よくなるところまではいいのだが、つきあいが長くなるにつれ、しだいに相手をうとましく感じるようになる。最後には、ののしりあうほど関係が悪化することも考えられる。

この人には、寛容の精神が求められるかもしれない。

鎖骨のホクロ

男女間でも友情OK
仕事関係者も友人に

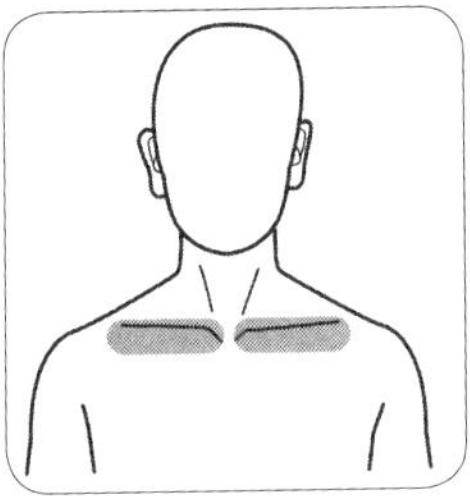

鎖骨のホクロは、男女とも友達に恵まれるしるしである。仕事関係で知りあって、いつのまにかプライベートでも親しくつきあえるような関係をつくる才能の持ち主である。

男女の間に友情は存在しないというが、鎖骨にホクロを持っている人は例外である。恋愛抜きで、友達としてつきあう交際術は、名人級といっていいだろう。

しかし、鎖骨のホクロは別名「片思いボクロ」ともいう。好きな人に恋心を伝えることが下手なのだ。

友達としては最高で、相手のために誠意を尽くすのに、相手に恋心を抱いたときは、からっきし意気地がなくなる。気持ちが空回りして、好きなのにつれない態度をとることもある。

この人が恋愛を成就させるためには、自力だけを当てにせず、友達に橋渡し役を頼むと効果的だろう。

胸

胸は、心の貴賤を問う部位とされている。簡単にいえば、その人の優しさが本物かどうかを見る部位なのである。

これは、胸の広さや厚さなどで判断する。その基準については各項をご覧いただくとして、心の優しさというのは基準が曖昧である。

たとえば鳩尾がくぼんでいる人は、態度が冷淡でも、相手の立場をキチンとわきまえている。冷淡に接することが相手のためになるだろうと配慮しているのである。

反対に、鳩尾のくぼみがなく、ストンとしている人は、感情を抑えられない。好きだと思えば、相手の気持ちを考えずにつきまとうことがある。愛があれば何をしようと許されると勘違いするのである。

貴とは自分を抑えられる人、賤は抑えらない人なのである。

胸が広くて厚い

（心も広く愛情深いリーダーの器）

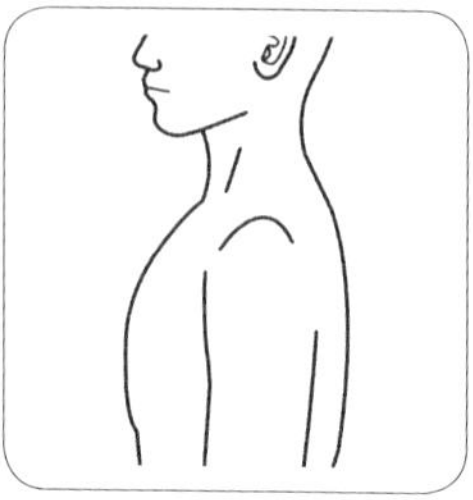

胸が広く、肉が厚い人は、心も大きい。ひとことでいえば、指導者となれる器の持ち主である。

しかし、これは物事の許容度のことであり、絶対的な優しさを意味するわけではない。

人はだれでも、最終的には自分本位に行動するものである。胸が広くて厚い人は、ある程度までのことなら、打算抜きで相手のために愛情を注ぐ。しかし、最後には保身に回ることもある。

胸が広くて厚い相手であっても、勘違いしてはならない。いたずらに甘えるのは得策ではないし、ましてや、いつも仏様のようにふるまってくれるとは限らない。広くて厚い胸に、エゴを隠しているとも考えられる。

男性ならば、鍛えて厚く見せることもできるだろう。そうすることで、許容度を高めることができるはずだ。

胸が狭くて薄い

許容量が小さいが 自分に素直で正直な人

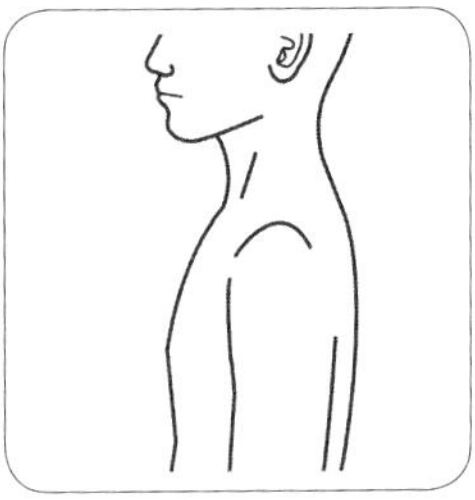

胸が狭くて薄い人は、物事の許容度も小さい傾向がある。

ふだんはよくても、ちょっとしたトラブルが起きると、手のひらを返したように冷たくなるというわけである。

身もふたもない本音があらわになりやすいので、文字どおり心が狭く、薄情に思われることもあるだろう。

深い海は、少しくらいのことでは波立たないが、浅い海は、風が吹いただけでも大波が立つ。これと同じことである。言葉を換えれば、素直で正直ともいえるだろう。

相書には「胸に肉薄く皮引っ張る如きは短気なり」とあるが、これも同じ意味だ。我慢がきかず、些細なことで感情をあらわにすることを述べている。

ただし「老人はこれをとらず」ともある。60歳を過ぎれば、胸の肉が薄くなるのは当然だからである。

胸毛の量

多すぎるのは難あり わずかならば吉相

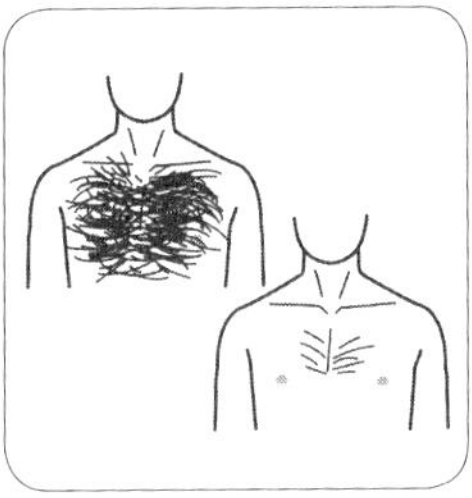

相書には「胸毛多きは臆病なり」「胸に逆毛あるは親族を剋す。片意地なり」とある。男らしさのシンボルであるはずの胸毛だが、人相学ではまったく逆の判断となっているのは興味深い。

これは、男性が陽であり、胸毛もまた陽であるからだ。陽が極まると陰となるという陰陽思想からの解釈だろう。「妻を剋すこと度々なり」ともあり、性的な激しさも暗示されている。

だが、相書に「胸に数本の硬い毛があるのは発達する」とあることから、わずかな胸毛は吉である。

女性についても、乳房に1～2本生えている毛は「玉帯」として称賛される。それが黒く柔らかな毛であれば、昼は貞淑に、夜は色香たっぷりに男に尽くすという。この毛は、あくまでも乳房に生えているものであって、乳輪や乳首ではないことが留意点である。

乳房

人相学では、女性の乳房は子供運と結びつけられるが、時代が移るにつれて、解釈は変わっていく。

たとえば、かつての日本人は、乳房を小さく見せようとした。和服の肌着の上に乳押さえを巻いたり、サラシで締めつけたりした。着物の襟をかたく合わせ、帯も高めのところで巻き、「板胸」といわれるような着付けをした。これでは乳房が変形し、垂れた形になる。

また、古い相書は、乳房を赤ん坊の専用物と見なしているふしがある。たとえば、「乳別して小なるもの子に縁薄し」「乳首下向くは凶、子に縁薄し」などとあるのだ。

このような記述をそのまま現代に持ち込むと判断を誤る。そこで、相書が成立した時代背景を考慮しながら、新しい解釈を交えつつ、乳房の相を論じていくことにする。

おわん型

（感情のバランスがよく円満な家庭を築く）

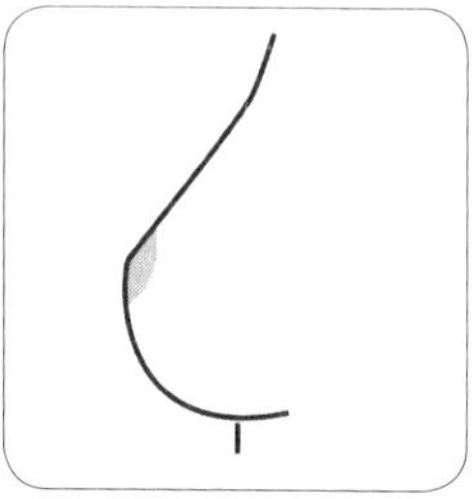

理想的な乳房の基準がある。

まずは、高さについて。乳房の円周の2分の1の高さを黄金比とする。これより高いと、垂れる可能性が高い。

次に、形と向きである。左右の形・大きさ・向きが同じであるのをよしとする。とはいえ、このような乳房は、美容整形でも難しいだろうから、あくまで一応の目安とする。

さて、おわん型は、文字どおりおわんを伏せたような、半球状の乳房をいう。このタイプの乳房は、高さ・形・向きが理想の形に近づきやすい。

おわん型の乳房の女性は、情熱に流されず、冷淡でもなく、ほどよい温かみを備えている。将来性のある男性と結ばれて、楽しい家庭をつくる人が多い。

性的な面でも、いたずらに乱れることなく、特定の男性との交渉を一途に楽しむことだろう。

豊胸型

意欲と包容力を備えた母性の相

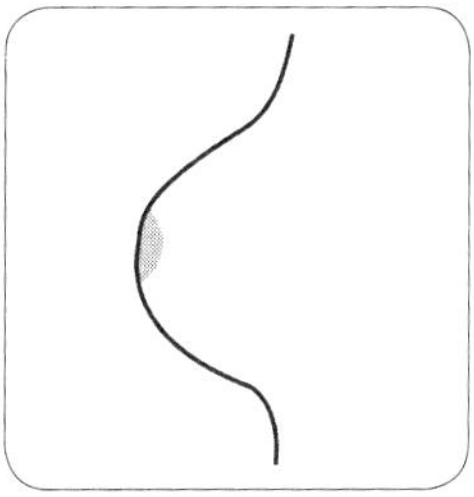

別名、釣り鐘相とも呼ばれている。おわん型が豊満に発達し、ボリュームを備えた乳房である。

この乳房の女性は、賢く、生活力も旺盛で、積極性に富んでいる。

人生に対して大きな夢を抱き、目標に向かって果敢にアタックするだろう。欲も深い。しかし、その欲によって目がくらむことは少ないはずだ。困っている人や、頼ってくる人を思いやり、自分の損になるとわかっていても優しく世話を焼くというタイプである。

交際する男性にとっては、官能的な思い出が忘れられない女性となる。恋愛に限らず、結婚してからの生活も楽しく、子供にも恵まれるだろう。

このようにいいことづくしであるが、乳房の弾力や、乳首の状態によっては判断に差が出る。それらの相と合わせて、総合的に判断することが大切である。

上部発達型

配偶者の財運よし 恋愛ではファイター

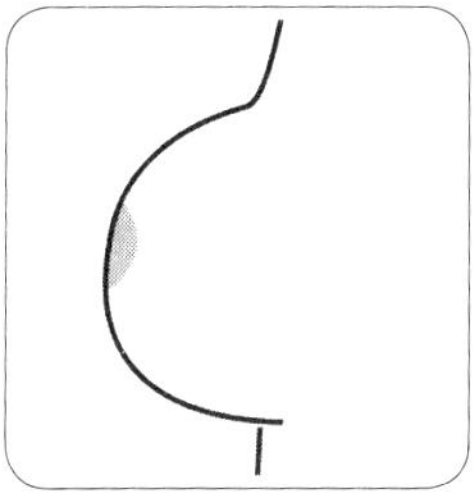

別名「おわん流し」と呼ばれる乳房である。先述したおわん型より、乳房の上部が張っている。乳房の下から、手で持ち上げたような形である。

この乳房の持ち主は、容姿に自信が持てなくても、気にする必要はない。俳優のようなイケメンや、才能ある実業家に見そめられて、結ばれる運命が約束されているからだ。本人に金運はないが、このような出会いによって、お金に困らない生活が保証されている。

なお、恋愛においては、不思議と強い闘志を燃やすタイプであることは特筆に値する。とにかく情熱的なのである。

とくにライバルが現れたときの、この人の激しさは目を見張るものがある。

場合によっては、手段を選ばずに愛を勝ち取ろうとするかもしれない。情熱と妬みと独占欲を内に秘めた女性ともいえるだろう。

下部発達型

開きはじめた花のよう
結婚運も家庭運も吉

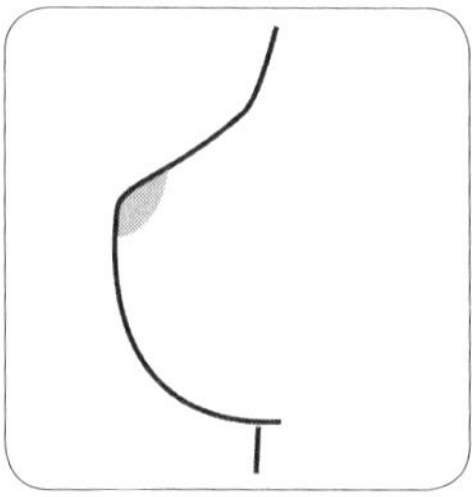

乳房の上部にくらべて下部の肉が盛り上がり、乳首がツンと上向きになった相である。花にたとえれば、開きそめたときの可憐さをたたえている。

相書でも絶賛している乳房である。結婚運、家庭運ともによく、これで毛が1～2本生えていれば「玉帯吉祥」の相という。玉の輿運の暗示が強いのである。

ただ、左右ともにこの乳房であることは非常にまれだ。右がこの乳房でも、左はおわん型というケースが多い。左右で向きが異なる場合もある。完全無欠の下部発達型の乳房は、1000人にひとりの割合かもしれず、「玉帯吉祥」にいたっては、それ以下の稀有な相といえる。

ちなみに、この乳房は、形は美しいものの、敏感ではないともいわれる。乳首の色や形によって判断は分かれるが、男性の中には物足りなく思う人がいるかもしれないことを言い添えておく。

皿型

夫と子供を支える
楚々とした良妻賢母

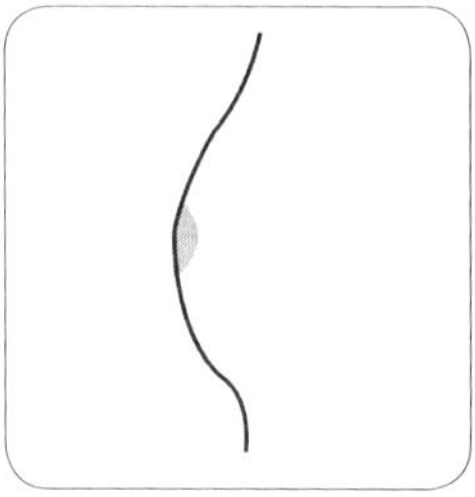

盛り上がりのない扁平な乳房である。高さが乳房の円周の2分に1に達しないものは、すべて皿形に分類される。

この人は、夫によく尽くす。自分の損得を度外視して、パートナーを大切にするタイプなのだ。また、夫を押しのけてしゃしゃり出るようなことはしない。楚々とした気品も感じられる。しかも、蓄財の才も備わっている。

子供に縁がないという見方もあるが、それは誤りだ。官能的な問題はない。また、皿型の母乳は甘いとさえいわれている。子供との関係も良好だろう。

男性から見て性的な魅力に乏しいところはあるかもしれない。だが、乳房の大小など、つきあいが長くなるにつれて、どうでもよくなってくる。大切なのは、お互いの感度である。抱きしめた際に、胸全体が密着するから、その分だけ心が通じるような気持ちになれるはずだ。

円錐型

生命力あふれる情熱のバスト

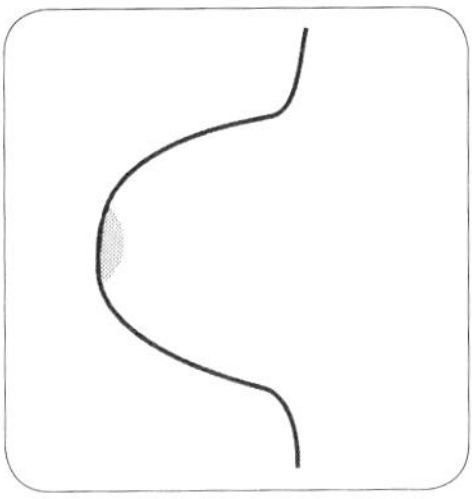

別名「ピラミッド型」と呼ばれる乳房である。鋭く突出した迫力満点の見事な乳房だ。とはいえ、この乳房は20代後半から変形しやすい。

性格的には、激情が行動となって表れるタイプである。負けず嫌いで生活力も旺盛。そして健康にも恵まれている。

恋愛でもパワフルだ。好きになった男性を必ず自分のものにするという闘志がみなぎっている。ベッドで情熱的な交わりを求めるのは当然である。逆に、性的に弱い男性は、とてもではないが太刀打ちできない。

弱い男と結ばれると欲求不満を覚え、不倫や浮気をしてでも満たされたいと思うかもしれない。あるいは攻撃的な感情が湧き、サド・マゾ的な関係で欲求を満たす方向へと傾くこともある。

子宝に非常に恵まれる。その気になれば何人でも授かれるだろう。

下向き型

恋愛も結婚も良運だが幸福は２度目から？

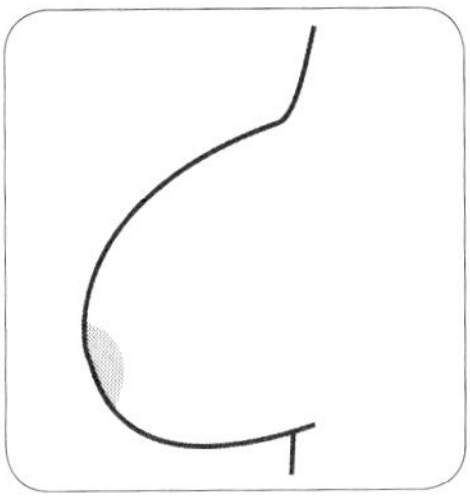

この乳房の相には、いくつか種類がある。豊胸型（ｐ２５４）が重みで垂れたもの、乳房の先端が垂れたもの、肉がしなびて垂れたものなどだ。

相としては、下向きの乳房を持つ女性は早熟であると見る。10代で性交渉が多いと、性ホルモンの分泌が盛んになって乳房の発達を早める。その結果、垂れるのも早くなると見るのだろう。

実際に早熟であったかはともかく、結婚後は、浮気をする危険性がほとんどなくなるのが特徴である。周囲と争うこともなく、夫の出世のために懸命に尽くすことだろう。

ただ、この女性は、最初の恋愛で失敗することが多い。2度目の恋愛が結婚につながるという傾向は記憶しておくべきだ。結婚も、初婚では失敗するかもしれない。何事も、2回目のほうが幸運をつかみやすい女性といえる。

鳩胸

内臓から健康そのもの
妊娠したら無理はダメ

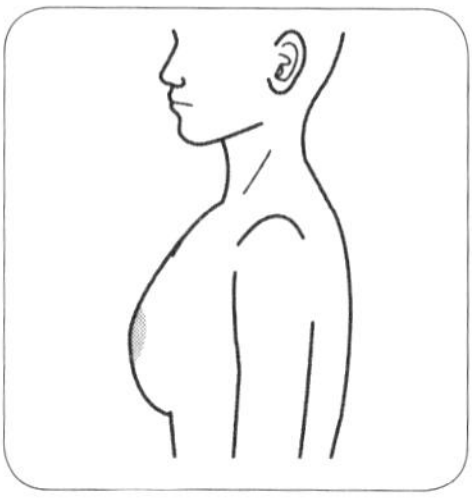

胸そのものが大きいのではなく、その内部の胸骨ががっしりとしている。これが鳩胸である。外見からは、乳房が大きいように思えるが、実際はそれほど発達しているわけではない。

鳩胸の女性は、内臓が丈夫で健康だ。ただし、相書には「鳩胸膣浅し」とある。鳩胸の女性は、胸骨が出ているために姿勢が出尻になる。つまり、陰部が後ろに下がるというのだ。行為中に男性器が外れることもありうるとされる。

それはさておき、子宮が未発達といわれる相でもあり、その点がいささか心配ではある。相書には、流産や難産が多いとも書かれてはいる。

子宮の発達云々はともかく、この乳房を持つ人は、健康に自信があるだけに、下手にがんばってしまうことが問題である。妊娠したならば、無茶はいけない。体をいたわって過ごすことが大切だ。

乳房が下にある

スラリとして気品あり
実はお金に執着する

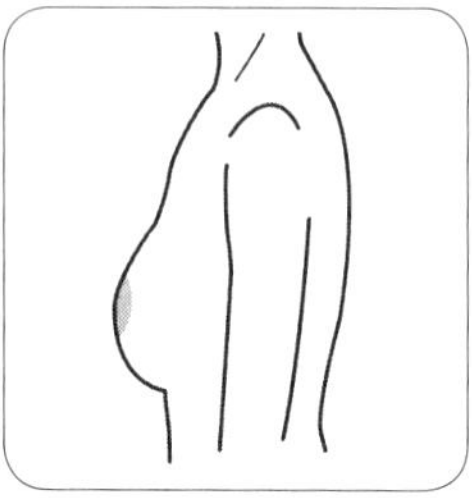

垂れ下がっているのではない。乳房の位置が、普通より下にあることが特徴である。胸が広く感じられ、また、着痩せして見える。

この乳房の女性は、何を着てもスラリとして気品がある。その一方で、親しくなった男性には妖しく乱れた姿態を見せ、とりこにするだろう。

ただし、性格に裏表がある。なかには愛情よりもお金を目的として男性に近づく女性もいる。だが、お金に関して強い執着を見せるわりには、株や投資に失敗して、大金をフイにすることもある。

接客業にも向いており、小金が得られるはずだが、中年を過ぎると運気が下降するので、その前に、安定した運気の男性と結婚するとよいとされる。

腺病質なので、肺の疾患には注意。また、不妊症の気があるといわれる。専門医に相談することも必要かもしれない。

乳房が不ぞろい

左右それぞれを見て総合的な判断を

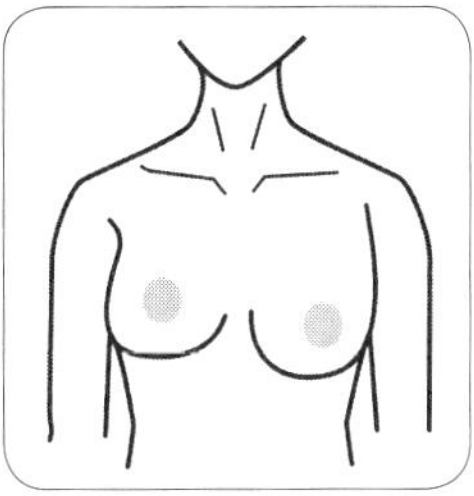

完全に左右対称という乳房はありえない。同じように見えても、よく観察すると、かなりの差があることがわかる。

極端な話、左がおわん型（ｐ２５４）、左が円錐型（ｐ２５７）ということもあるだろう。このような場合は、それぞれの性質を少しずつ備えていると見て、総合的に判断するのがコツである。

また、左右どちらもおわん型であっても、乳房の張りが違うというケースもある。右に比べると、左のほうがボリューム感があるといった場合だ。

乳房は、母性愛的な優しさを意味するのだから、ボリュームが左右不均衡であれば、愛情の示し方が、時と場合によって、あるいは相手によって異なると断じるのが正しい。

この判断方法は、乳房のタイプには関係がない。皿型でも垂れていても、同じように適用できる。

乳房の間隔

広ければサドっぽく狭ければマゾっぽい

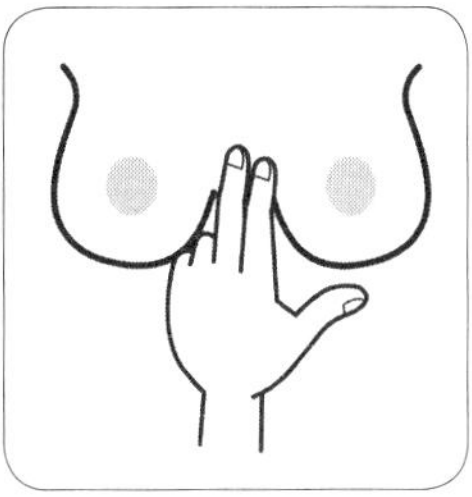

乳房の間に、人差し指と中指を縦にそろえて並べることのできるものを吉相とする。この判定法は、古くから伝わるもので、「中指し」という。体形によって1〜2センチの差はあるが、両乳首の間が19センチ程度になるのが吉である。

このような女性は、細かなことに気がつき、こまめに働く。デスクワークよりは営業向きといえよう。しかし、恋愛の相手としてはいささか野暮ったいかもしれない。なにしろデート中に、色気のない政治談議などをしがちなのだ。

乳房の間隔が狭い女性は、不平不満が多い。また、無駄遣いをしないわりには、不思議とお金がたまらないことも特徴だ。ややマゾっぽい性向もある。

反対に、乳房の間隔が広い女性は、何事でも相手をリードしたがる。乳首が外側を向いていれば、この傾向はさらに強く、サドっぽい一面がある。

乳房の張り

弾力の性質で変わる恋愛の攻め方

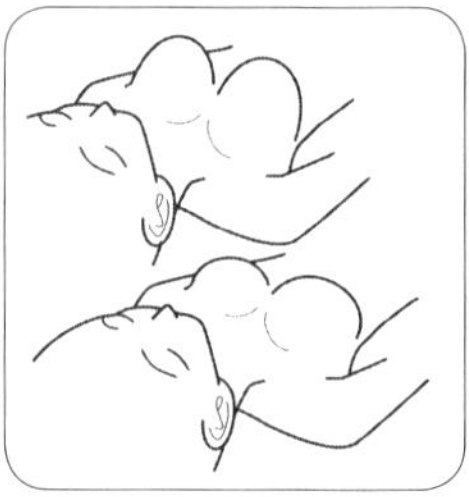

乳房は弾力のあるものと、柔らかなもののふたつに分かれる。性的に興奮すると、柔らかな乳房でもピンと張るのが自然なので、平常時の乳房で判断する。

仰向けになったときにも形が崩れないほど、弾力に富んだ乳房の持ち主は、能動的である。恋愛に対して積極的で、自分から仕かけていくタイプだ。

反対に、仰向けになったときに、肉が左右に流れる柔らかな乳房なら、その女性は慎重で、大胆な行動には出ない。しかし、消極的というのではない。男性にアプローチさせるような心理作戦を展開するタイプである。

張り詰めた乳房だから吉で、柔らかな乳房は凶だという判断はしない。両者はたんに性分の違いを表すのであって、どちらのタイプにも、幸運のチャンスは訪れる。ただ、それをつかむときの姿勢が異なるというだけの話だ。

乳首の形

弾丸型は男心を読み平面型はドライな傾向

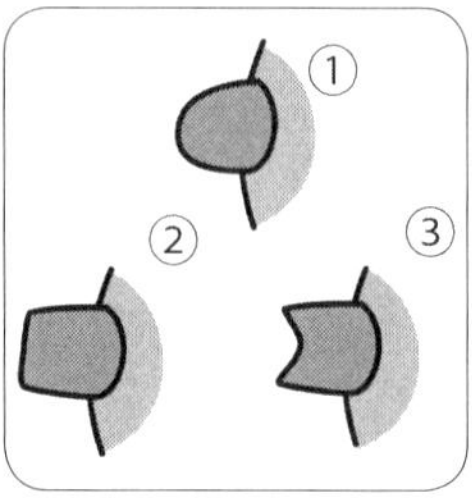

人相学的には、乳首が長すぎるのはよいとはいえない。また、小さすぎて、あるかなきかのような小粒の乳首も、あまりよろしくないとしている。

とはいえ、女性の乳首は出産を経ると変化する。長い乳首が短くなることはないだろうが、小さかった乳首が大きくなったり伸びたりすることはよくある。

そうなると、出産前後で乳首の相が変化するので、運勢も変化すると読むのが正しいのかもしれない。

出産を経験して乳首の形が変わったという女性は、ぜひ前後の相を読み比べて変化を検証していただきたい。

相書には「乳首の白き女は家庭生活に恵まれない」とある。子宮の発達と関係していることが考えられるが、このような乳首の感度は鈍い。

しかし、行為中に乳首が赤く染まるのは健康のしるしであり、パートナーに愛されて、よい家庭を築く。

乳首の赤黒い女性は、多産の傾向があるといわれている。男を喜ばす名器の持ち主であるともいう。

また、乳首は性的に敏感な部分だから、大きいほど、男性からの誘惑に弱いことを意味する。

一方、小さな乳首の女性は浮気する危険が低いだろう。

乳首の形状は、以下の3タイプに分類される。それぞれについて、述べていくことにしよう。

①弾丸型

先端が、まるで弾丸のように突き出した相である。

このような乳首の持ち主は、男の心を読む能力に優れている。目の前の相手が、自分のことを愛してくれているかどうかを瞬時に見分けられるのだ。

さらにいえば、たとえ愛されていなくても、それを知っていながら、それなりにつきあえるのが特徴だ。周囲からは「愛しあっている」と誤解されるかもしれない。言い換えれば、それだけ男性の扱いがうまいということである。

男女の関係になってからも、男性を立てながら交際する。

とはいえ、結婚後もチャンスさえあれば浮気を楽しもうとするかもしれない。

②平面型

まるで刃物で切ったかのごとく、乳首の先端が平らな相である。

この相を持つ女性は、ドライな恋愛をする。能力のない男性は相手にしない。容姿が多少見劣りしても、将来有望といわれる男性を好み、恋愛の対象とするタイプである。

しかし、このタイプは結婚を前にすると、激しく迷う。自分の選んだ男性とこのまま添い遂げていいのかと、急に不安になるのである。

挙式を目前にして、過去につきあった男をふと思い出す場合も考えられる。

かつてつきあった男性が、じつは理想的なパートナーではなかったと考えてしまい、できれば再会して確かめたい、そうしないと納得できなくなるとまで思い詰めるかもしれない。

とはいえ、そんなふうに迷うのは結婚するまでのことだ。結婚後は、落ち着いた生活を営むだろう。

③受け皿型

乳首の先端がへこんでいる相である。

この相を持つ女性は、好きな男性を何年でも待ちつづけられるという、忍耐と根性の持ち主である。延々と片思いをつづけ、10年後にようやく思いをとげたというケースもあるようだ。

その一方で、見切り方もわきまえている。愛されていないと感じた瞬間に、その恋を捨てる厳しさも備わっている。

結婚すれば家庭を守り、よい子を育てる良妻賢母となるだろう。

乳輪

大きいほど性的に旺盛 毛があるのは妖婦の相

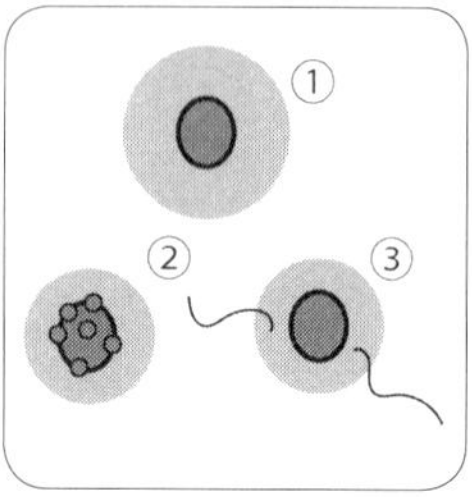

乳輪については、以下に挙げる3つの相に留意するとよい。

①乳輪が大きい

大きいほど、生殖能力が盛んな証拠といえる。身体的にも心理的にも旺盛な状態を意味する。一時的に大きくなることもあり、極端に大きければ、相当に欲求不満を抱えているともされる。

だいたいにおいて、男性に人気がある女性は、乳輪が発達している。乳首が小さくても、乳輪はアンバランスなまでに大きいことが多いのだ。

②乳輪に米粒大の粒がある

表面はおとなしくても、深いつきあいとなると大いに乱れた姿を見せる。この粒は、一時的に生じることもある。

③乳輪に毛が生えている

妖婦の相である。色気がありすぎる。つきあっている男性の精気を吸い取るほどの妖気を備えることもある。

乳房のホクロ

結婚に至る艱難を 黒点が暗示する

乳房のホクロは、どのゾーンにあるかによって、それぞれに意味が異なる。

【Aゾーン】

乳房の上、いわば「すそ野」の部分にあるホクロは、理想家であることを示すサインだ。

この相を備えた女性は、夢や憧れに向かって進もうとする。10代のうちは、明るく希望に満ちているだろう。

しかし、その夢がかなうとはかぎらない。思いがけないトラブルに見まわれたり、男性にだまされて転落しやすい相でもあるのだ。別名、受難相と呼ばれるホクロである。危険を察知したら、すぐに引き返す勇気を持つことが大切だ。

【Bゾーン】

両乳房の間にホクロがあれば、物質欲が旺盛なサインである。

この相を備えた女性は、恋愛よりもお金を優先することがある。場合によっては恋人を捨てて、財産を持つ男性のもとへ走ることも考えられる。

よくも悪くも、計算高いリアリストの傾向が強い人である。

【Cゾーン】

乳房の内側にあるホクロは、晩婚ボク

ロといわれる。

この相を備えた女性は、好きな男性と結ばれない運命かもしれない。いざ結婚する段になると、事故や病気、あるいは何らかの問題が生じてお流れとなる可能性がないとはいえないのだ。

その原因は、このゾーンのホクロが暗示する自信のなさにある。

絶対に幸せになるのだという強い気持ちをもって状況に立ち向かえば、凶意を払拭できるはずだ。


【Dゾーン】


乳房の外側、体の脇のほうにホクロがあるのは、求められて愛に目覚める消極的なタイプであることを示す。

この相を備えた女性は、結婚すると、夫に献身的に尽くす。しかし、相手に裏切られるというリスクを抱えている。

もしも配偶者が疑わしい態度を見せたら、さりげなく確認してみるとよいかもしれない。


【Eゾーン】


腋の下付近にホクロがある人は、豹変することがある。

この相を備えた女性は、最初のうちは猫をかぶっているのだが、慣れてくると急に要求が多くなる。そのため、恋人にうるさがられることが考えられる。

しかしながら、結婚すれば、大きな災いには見まわれないはずだ。


【Fゾーン】


乳房の下にあるホクロは、誘惑に強いことを示す。

この相を備えた女性は、他の部分に淫奔の相が見られても、最後の一線で踏みとどまり、堅実な生活を送るはずだ。

また、乳房に隠れるようなホクロの持ち主は、自分の好みのタイプの男性でないと心を許さない傾向がある。

結婚後は、夫をうまく操り、平和な家庭を築くだろう。


【Gゾーン】


乳房上部にあるホクロは吉である。

この相を備えた女性は、純情で、ひとりの男性を愛しつづける、まさに妻の鑑となるだろう。健康であり、子供にも恵まれるから、楽しく生き生きとした家庭をつくることが可能だ。

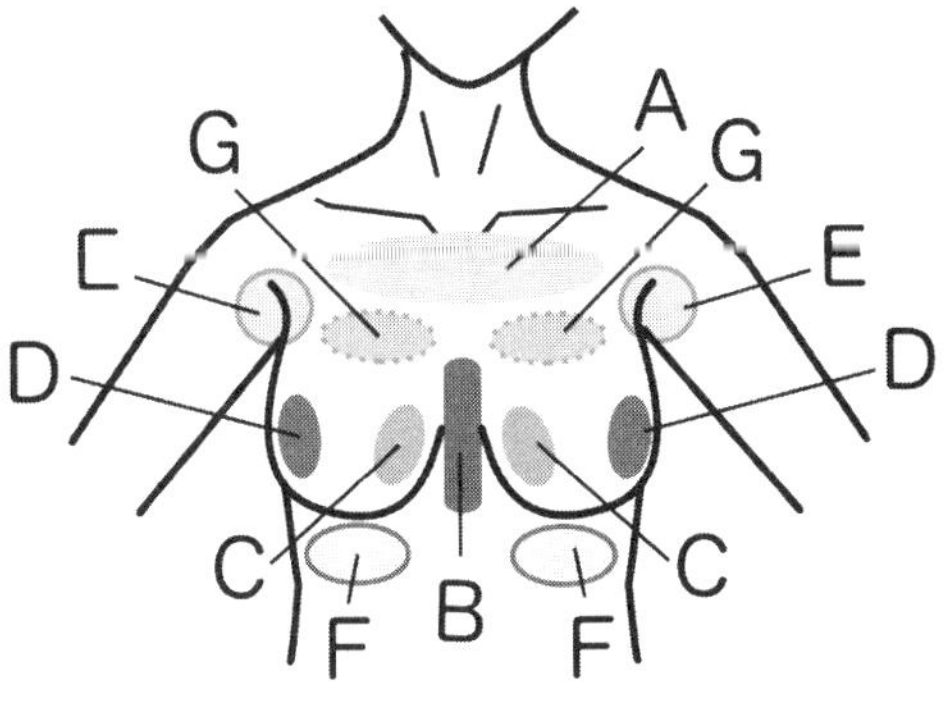

乳首周辺のホクロ

乳輪の上部にあれば 男性から求愛が殺到

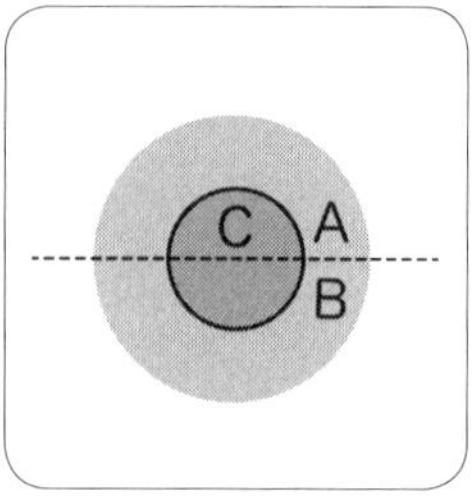

①乳輪にある

乳輪の上部（A）にホクロがあれば、男性からの人気が高く、求愛が殺到して嬉しい悲鳴を上げる相である。

ただし、乳輪の下部（B）にホクロがあると、子供に関する心配が生じるかもしれない。相書によれば、身体の弱い子供を授かるというのだが、現代においては、むしろ過保護を警戒すべきだろう。親が干渉した結果、子供の精神面が育たず、結果として心配を抱えるのである。

②乳首にある

乳首の上のほう（C）にあるホクロは、不倫ボクロといわれる。愛した人が既婚者である確率はきわめて高い。あるいは恋人のいる男性かもしれない。世間に隠れた恋を経験することになり、そのために親や兄弟姉妹、友達との関係に亀裂が入ることも予想される。右の乳首の真横にあるホクロも要注意である。

母乳の話

誕生月ごとの性格は母乳の変化が原因？

人相学には、子供の生まれ月によって性格を判断するという手法があるのだが、その根拠を母乳に求める。

たとえば、4月に出産した母親の精神状態は、活力にあふれている。長い冬が終わり、温かな日差しに包まれるからだ。その母親の母乳で育つ子供の性格も明るく積極的なものになる。

8月に出産すれば、母親の精神状態は情熱的な解放感にあふれるだろう。

10月であれば、夏が終わり、山々は紅葉を始める。ロマンティックな気持ちに変化することだろう。

12月になれば、冬の到来である。日照時間は短いから、どこか不安な気持ちになる。

季節の推移による気持ちの変化が、母乳を通して子供に宿るのである。

むろん、母親の精神状態を左右するのは、季節だけではない。夫や友人など社会的な環境にもよるのだが、興味深い仮説ではある。

腋の下

腋の下は、健康運をいち早く教えてくれる部分である。このことは、妊婦や病人は腋の下がハッキリと黒ずむことからも明白だ。

腋は、動脈やリンパ腺が張りめぐらされた急所のひとつである。ここだけは甲冑で守れないため、かつて武士たちは戦場で相手の脇を突き、絶命させたという。

「浅きはよく、深きは悪し」と相書にあるが、健康な人ほど、腋の下にくぼみが出ない。

また、腋毛がほとんどない人がいる。この人は富貴である。というのも、毛は大切なところを守るために生えるものである。頭髪しかり、陰毛しかり。腋も急所ゆえ、生えて当然だが、無毛の人は、代わりに自分を守ってくれる者が存在するという暗示なのだ。女性であれば、玉の輿運と断じていいだろう。

腋の下のホクロ

（ピンチをしのぐが
トラブルを招くことも）

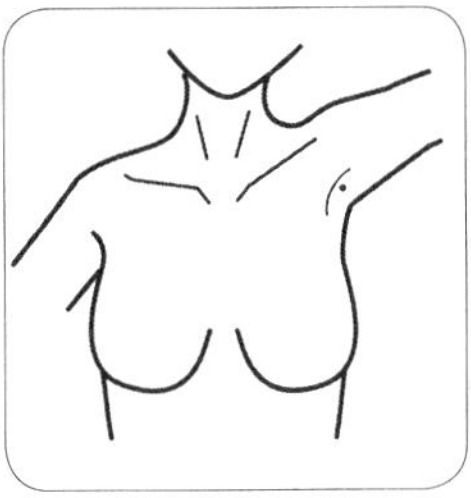

九死に一生を得るホクロである。事故や病気に見まわれても、スレスレのところで命が助かる。

仕事運でも同じである。大ピンチに陥ったとき、救いの手が差し伸べられ、急場をしのぐことが約束されているのだ。

しかし、いい気になってはいけない。不死身を得るかのようなホクロではあるが、そもそも、そのようなピンチを招くのも、このホクロなのだ。

このホクロの持ち主は、対人関係において冷たいところがあるのだ。悩んでいる人に相談されても、親身になれないという欠点がある。このような一面が、大ピンチを招く原因のひとつだと自覚することが必要だろう。

また、暴飲暴食や事故の暗示もある。ギリギリで助かる運勢であることに安心しないで、自分の身をいたわり、落ち着いて行動することだ。

背中と姿勢

ここでは姿勢を論じる。

相書には、姿勢・動作・歩行などについても多くの記事がある。

実は、姿勢と歩行には密接な関連性がある。「行くに身動かざれば財を積みて萬あり」といわれるように丹田（ヘソの下方）に力をこめ、腰骨を伸ばすような歩き方をしていると金運が上がる。虎が密林を歩くがごとく、悠然としながらも軽やかな歩行を習慣づければ、かならずひとかどの者になれると約束しよう。

一方、焦ったときは歩き方もセカセカするし、落胆したときはトボトボと歩く。

歩き方はいろいろだが、それを左右するのは姿勢のよしあしなのだ。つまり、姿勢は運勢に直結するのである。自分の姿勢をチェックするときは、全身から力を抜き、リラックスすることがポイントだ。

背筋と姿勢

社会や人間関係への向き合い方が表れる

背筋と姿勢が示す相には、大きく分けて以下のものがある。

【A　直背相】

理想的な姿勢である。

たとえば、イヤリングの先に長い糸を垂らしたとき、その糸が体側に沿って下へ伸び、くるぶしの外側に達するようなピンとした姿勢であれば、直背相と断定してよい。

肉体的にも精神的にも健全。心にやましさがないために堂々とふるまうだろう。多くの支持者を集め、自然と世に出る人物であるのは間違いない。

この姿勢は、内臓の諸器官にストレスを与えないので福寿の相ともいわれる。

【B　猫背相】

背が丸まり、顎がこころもち上がっている姿勢である。胸も腹部も扁平な人に多く見られるが、デスクワークばかりをこなしていると、自然とこのような姿勢になるものだ。

この人は、なかなか雄弁で、人当たりも悪くない。人のために尽くし、親切である。

しかし、なぜか周囲から軽く扱われ、今ひとつ信頼されない。あと一歩のとこ

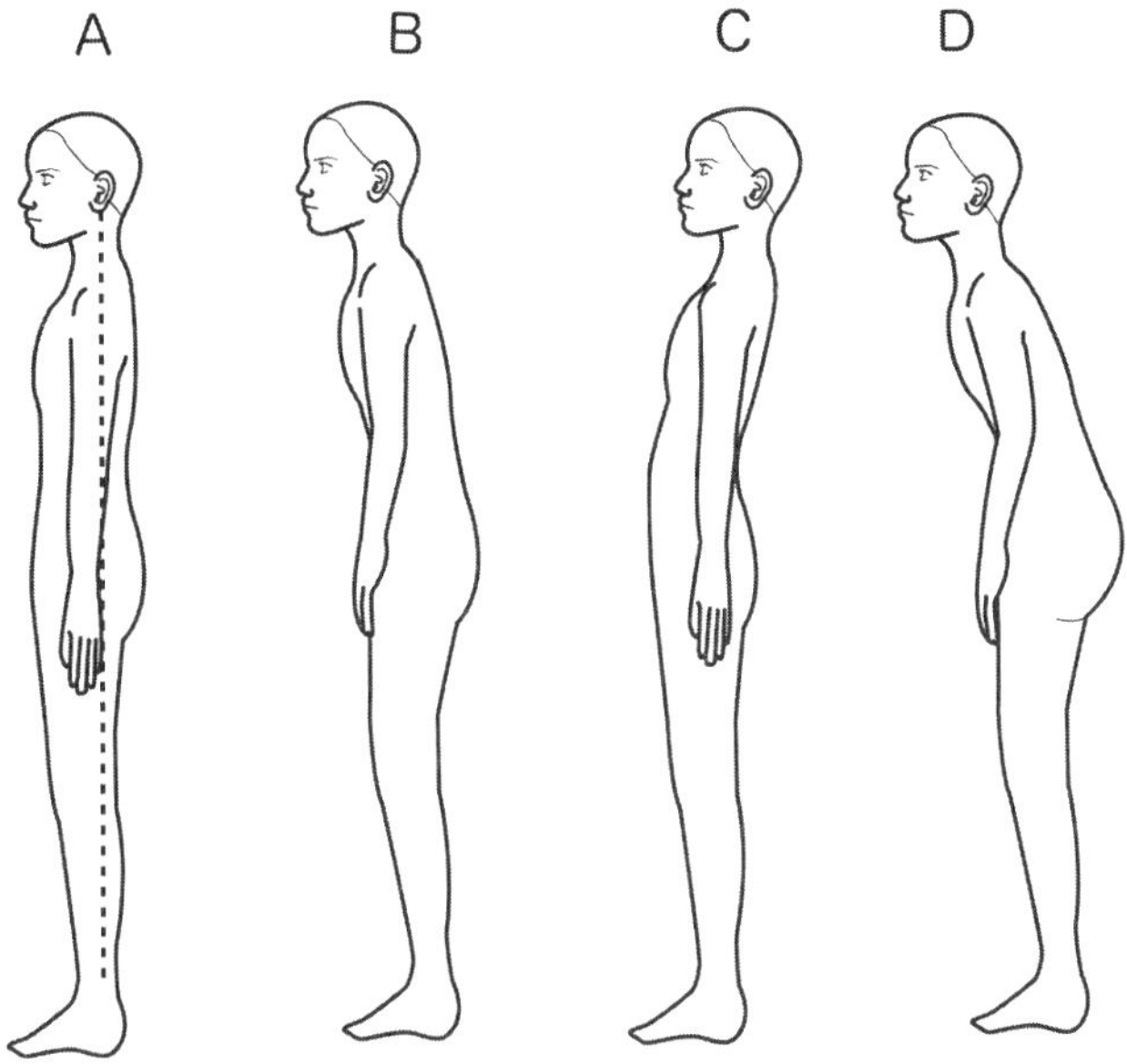
A
B
C
D

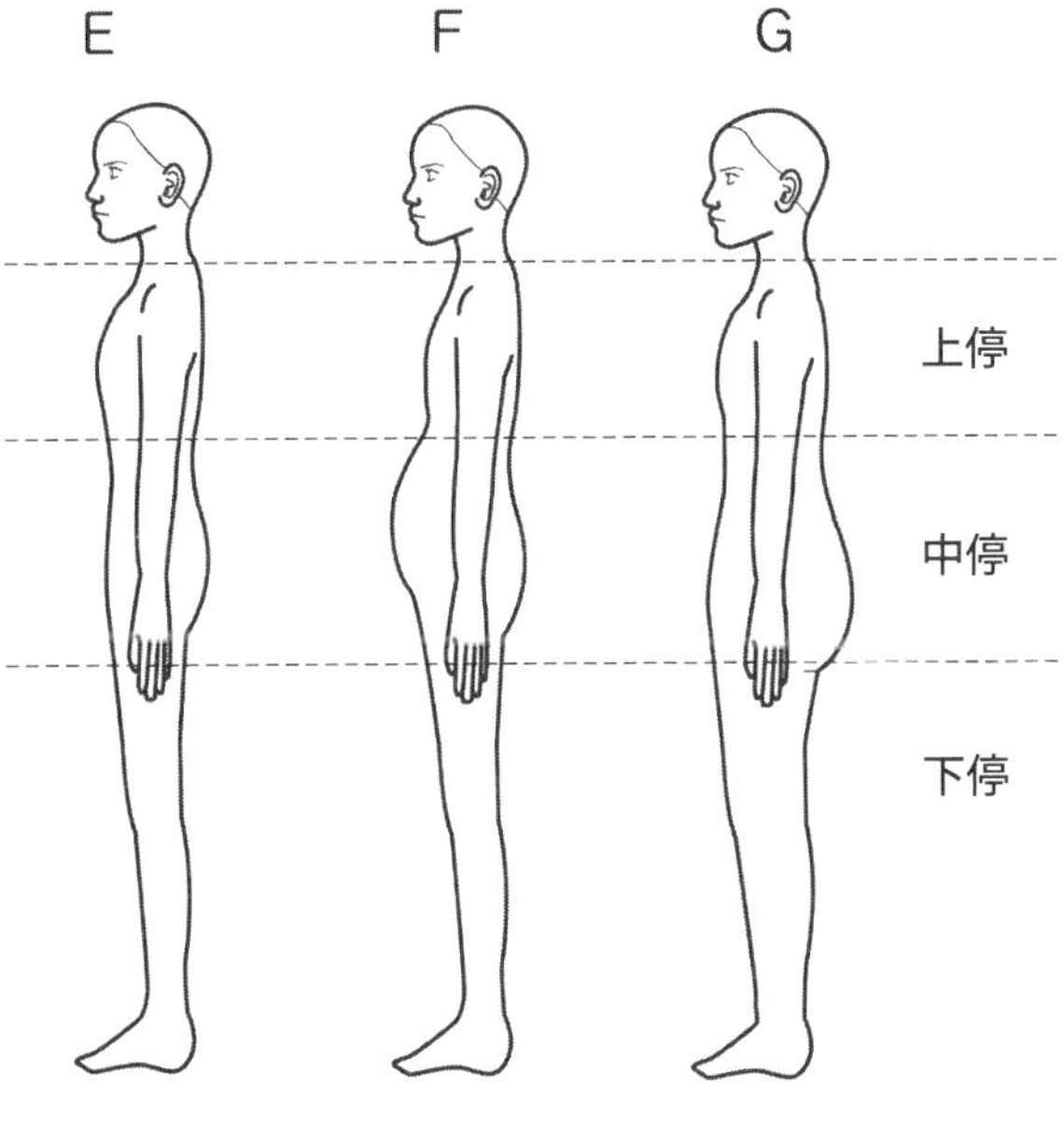
E
F
G
上停
中停
下停

ろで成功を取り逃がす可能性の高い人なのだ。大きなトラブルもないが、大きな財産を築くこともない。

女性の場合は、もうひとつ見方がある。相書で「顎を上げて歩く女は貞操観念に薄し」といわれるように、結婚後、何度か浮気をするかもしれない。

【C　反背相】

上半身が後ろに反った姿勢である。直背相より威圧感があり、強健そうに感じられるはずだ。

しかし、実際には行動力に欠ける。口は達者だが、うっかりミスをしたり、思いもかけないトラブルに出くわしたりすることも多い。若くして重要な地位につくと、このような姿勢をとるものだが、やはり人間関係でつまずきがちだ。

目立ちたい、認められたい、いばりたいという心が、この姿勢をとらせるのだが、その威圧感から、かえって嫌われる原因となるかもしれない。

【D　屈背相】

凍った道を歩くときに、このような姿勢になる。上体が前かがみになるせいか貧弱なイメージを受ける。

この人は金銭感覚が厳しく、ときとして信用がおけない。ケチなわりに遊び好きで浪費家でもある。自分の浪費には甘いが、他人への贈り物や奉仕には財布を開かないというわけだ。

そして虚言癖もある。だが、一度や二度は周囲をだませても、やがてだれも本気で相手にしなくなるだろう。

この相の持ち主には、魅力的な女性が多い。だが、親しくなると、男性を言葉巧みに丸め込もうとする。無意識のうちにそうしてしまうのだ。この癖に注意しなければ、恋は中途で挫折し、長続きしないだろう。

＊

ここで、体の上停、中停、下停についても述べておこう。胸部を上停、腹部を中停、下半身を下停とする。どの部分が発達しているかで、大まかではあるが、運勢の傾向や人柄を判断できる。

【E　上停張】

胸部が発達して、下半身が細い相である。男性に多いが、女性にも見られる。こういう女性は、乳房のボリュームが普通よりたっぷりしており、意外なまでにお尻が小さく、脚も細い。

この相は、負けず嫌いであることを示す。プライドも並外れて高い。努力して実力以上の成果を収めるはずだ。

ところが、妥協や追従を嫌う傾向が強いあまり、それが裏目に出て、孤立する可能性もある。

きっちりとした雰囲気であるため、宴席を窮屈にさせる人物でもある。本人に自覚はないが、この人がいなくなると、場が和みだすことも多々ある。

【F　中停張】

腹が突き出した姿勢である。

いちおう福相なのだが、胸部や下半身が虚弱で、腹部ばかりが発達しているならば貧相となる。

全身の均整がとれていれば、男女ともボス運を持っている。人の上に立ち、金運にも恵まれるということになる。

穏やかそうに見えるのだが、じつは感情の起伏が激しい。ときとして思いをぶちまけ、波乱を招くこともある。

また、見栄っぱりでもある。経済状態をかえりみずに派手な生活に憧れて、虚栄の人生を送ることにならないよう、自戒すべきである。

【G 下停張】

下半身が堂々として、安定感のあるシルエットである。胸部や腹部に比して、骨盤や臀部、あるいは太ももの発達が著しいのが特徴だ。

この人は行動派である。持っている才能や実力を必ず開花させる。感受性も強く、心理学や神秘世界に興味をもつこともある。

ふだんは鷹揚であるが、実は、我が相当に強い。一度ヘソを曲げたら最後、テコでも動かない頑固さを持っている。

女性の場合は、子宮の活動がよく、性欲も旺盛である。男性をとりこにするような肉体の持ち主が多い。

結婚すると、多くの子宝に恵まれる可能性が高い。

背中のホクロ

交際術の上手・下手と人脈の良否を見る

背中は、交際が上手か下手かということや、つきあう人の良否を判断する部分である。背中のどこにホクロがあるかによって、意味が異なってくる。

【Aゾーン】

背中の中央にホクロがある人は、明るく楽しいつきあいのできる人だ。交友範囲も広い。

ところが、困ったことに性的にルーズなのである。その場のムードや勢いで関係することもある。それに罪悪感を抱くこともなく、指摘されても、どうして非難されるかわからずに、首を傾げることだろう。また関係した相手には、それぞれ愛情を注ぐから、三角関係、四角関係は日常的である。

【Bゾーン】

肩甲骨にホクロがあるのは、交際が利益につながる相だ。男性ならば、行きつけの店の経営者から、実力者を紹介してもらうことなどがありうる。あるいは友達を介して知りあった人が、利益をもたらしてくれることもあるだろう。

女性ならば、友達から紹介された男性が才能豊かで、結果的に玉の輿に乗る可能性があるだろう。

いずれにしても、肩甲骨のホクロは幸運を得るための宝である。

もちろん、人の陰口を叩いたり、秘密を漏らしたり、つきあう人の選り好みをすると、この幸運をつかめないことはいうまでもない。とくに小豆より大きなホクロの場合は要注意だ。

【Cゾーン】

肩甲骨の下のホクロは、思いを上手に伝えられずに苦しむという意味がある。明るく社交的にふるまうのに、結局伝わらず、ピエロのまま終わりやすい。男女とも、好きな相手がライバルに奪われるさまを、指をくわえて眺めることになりかねない。

この人は、相手の気持ちを尊重しすぎるのだ。丁寧な言葉を尽くすことと、気持ちを伝えることは別だと考えるべきである。嫌われてもかまわないという姿勢で向かえば、いい結果につながる。

【Dゾーン】

ヘソの後ろ側にあるホクロは、幸運ボクロだ。紫色がかって色つやがよければ、特別なことをしなくても仕事・恋愛・お金がやってくる。出費した以上の利益が転がりこむだろう。

注意したいのは、ヘソにもホクロがある場合だ。表裏が対になったホクロは、浮沈が激しい暗示だ。昨日は王様のようにもてはやされても、今日はだれにも見向きされなくなるかもしれない。

また、Dゾーンを外れたCゾーンとの間にホクロがあれば、それは胆のうなどの内臓諸器官に対する警鐘である。健康に自信があっても、過労にもろい体質を暗示する。睡眠不足や暴飲暴食は控えなければならない。

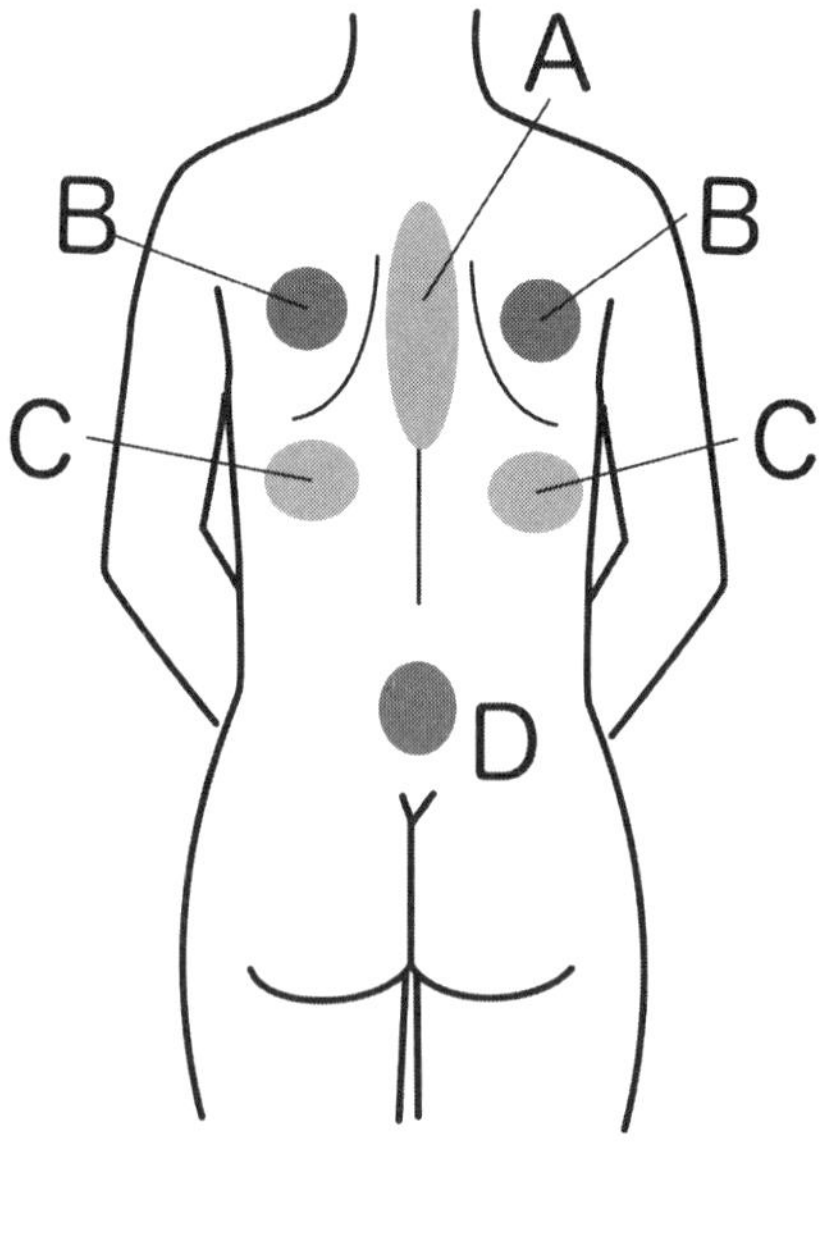

腹部

腹に魂が宿っていると考えられていた時代があった。「肝っ玉が太い」「肝がすわっている」などという言葉は、その名残である。

相書には「下腹部に三壬なき内は最上の相ならず」と記されている。この「三壬」とは、下腹部が突き出したために、３本の横筋が生じた腹をいう。３段腹といってもいい。

ちなみに、三壬に対して、豊かな背中に３本の筋が生じたものを三甲という。

腹にせよ背中にせよ、そのような筋があるのでは、いくら運がよくても、見た目にはいかがなものかと首を傾げざるをえない。運勢をどうこういう以前の問題だろう。

また、下腹部が出てしまっては、先に述べた「虎行」（ｐ２６６）による歩行が困難になってしまう。

ということであれば、たんに脂肪のつきすぎた腹部は、やはり凶相である。同じ大きな腹でも、力士のように鍛えられた堂々たる腹部を吉相と判断しなければならない。ただ、これも全身のバランスを見たうえでの話となる。

男性の場合、腹部は筋肉によってガードされているのを吉相とするのが正しいだろう。それも、異常なまでに鍛えたものではなく、適度な脂肪がついたものがよい。

しかしながら、それも60歳までのことであって、60歳を過ぎたならば、多少の恰幅は必要である。

体の三停について２６８ページで述べたが、これに照らしあわせれば、腹部は「中停」であり、働きざかりの中年期を指す。

その考え方からすると、60歳を過ぎてもなお、青年のように鍛えられた腹部をしているのは、よいのか悪いのか微妙である。つまり、まだまだ人相学的には若いのだから、当分は働かなくてはいけないということを意味する。下手をすれば、平均寿命のあたりまで働く運命を背負うことになるだろう。

さて、以下に腹部の相を述べるが、これらはもっぱら女性の相が中心であることをお断りしておきたい。

A 子供のような腹部

良好な運勢に甘えず世間を知るべし

子供のように中央がふっくらと盛り上がった腹部の人は、一般的にお尻の肉が締まり、背筋がまっすぐである。前かがみの体形では、この腹部にならない。つまり、姿勢がいいのだ。

ただ、本人が健康であるためか、体調の悪い人への理解と共感に乏しい。

女性の場合、子供のころから順調な運勢に恵まれ、いらざる苦労を知らずに育ったというケースが多い。柔軟性はあるが、周囲への配慮がやや足りず、意見を譲らないところもあるだろう。希望や夢を実現させようとしてゴリ押しすることも考えられる。よくいえばお嬢様、悪くいえば世間知らずとなりうる。

若いころはそれでもいいが、世の中の厳しさを知らないまま年を取ると、中年を過ぎたあたりから運勢が崩れる危険が予測される。恋愛でのつまずきに注意が必要であろう。

B ずんどうな腹部

愛されているのに誠意を疑うのが玉に瑕

けっして太っているのではないが、メリハリがないために、肥満と誤解されることがある。この腹部の持ち主は、優れた才能と、巧みな交際術を備えている。ところが、いざ勝負というときに迷い悩むところが欠点なのだ。

女性の場合、愛されているにもかかわらず、相手の誠意をいまひとつ信じきれない。なぜかつねに疑ってしまう。ときには周囲の悪い噂に左右され、みずから恋愛を壊してしまう傾向もある。

その気持ちは、幸せな結婚をしてもわずかに残るかもしれない。いっときは華やかな生活を満喫しても、猜疑心が災いすれば夫に去られることになる。

この人は、気持ちを広く持つことが大切だろう。夫が多少あやしい行動をしたように見えても、たんなる誤解かもしれない。笑って許せるようになると、かなりの発展が見込まれる。

C 細い腹部

回転の速さと鋭さで困難をクリアする

腹部の中央がへこんだ相である。

中年になると、男女を問わず腹部に脂肪がつくものだが、あまり太らないタイプもいるものである。

頭の回転が速く、勘も鋭い。この武器を用いて、困難をクリアする人である。活動的で変化の多い人生となるが、幸運をつかむチャンスは人より多いはずだ。

女性の場合も、この腹部の持ち主は、

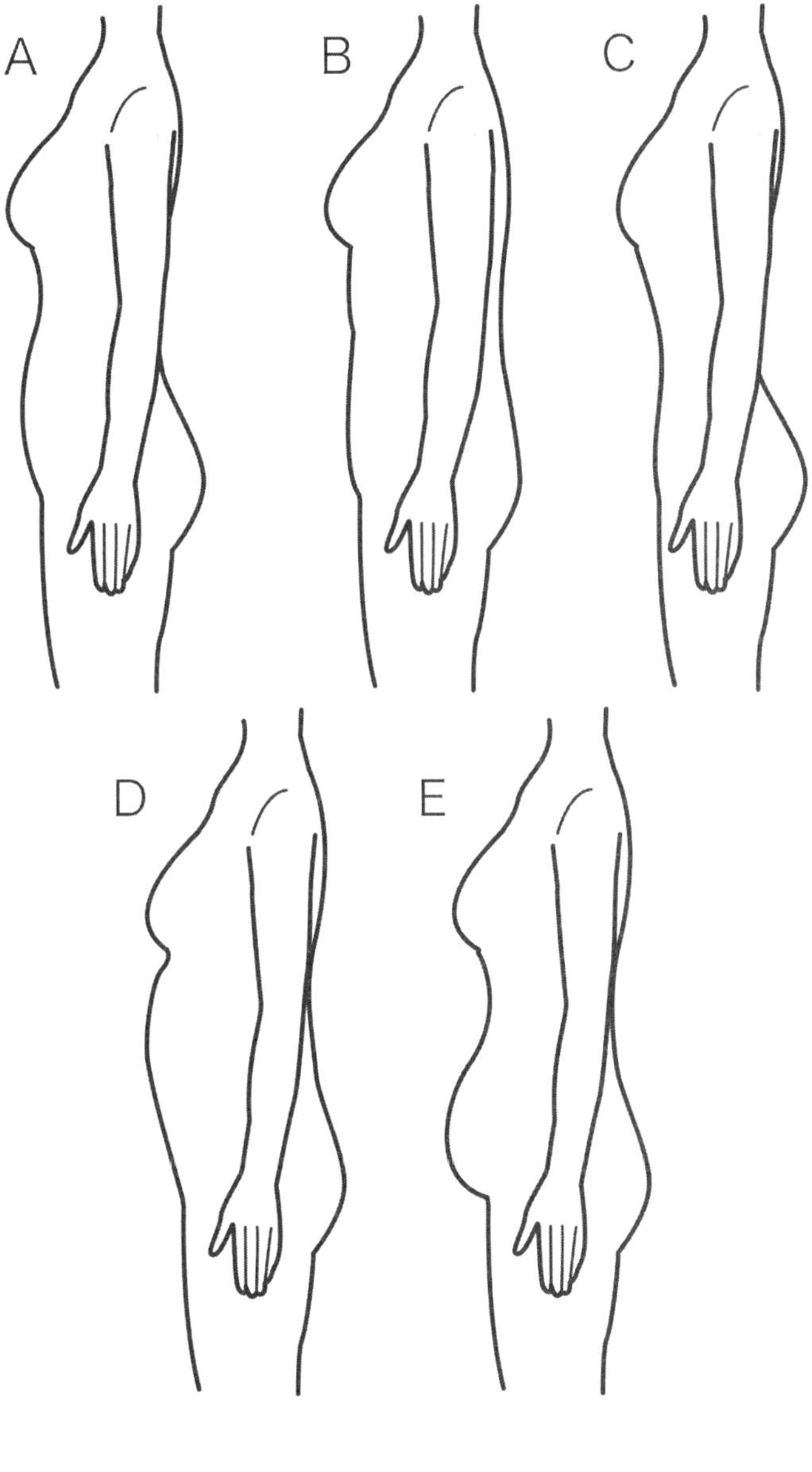
A
B
C
D
E

自分で運勢を切り開いていこうとする活力にみなぎっている。自分に適した職業に就けば、大いに発展するだろう。

ただし、ミスをすると、ときに嘘で切り抜けようとする習性が首をもたげるかもしれない。問題を大きくするだけであり、自重する必要はある。

他人に対してはソフトに対応するが、親しくなると鬱憤《うっぷん》をぶつけ、ヒステリックな一面を見せることもある。極端な例ではサドに走る場合もある。

D 胃袋肥大の腹部

飽きっぽさを自覚し 一発勝負を楽しむ

腹の上部、胃のあたりがふくらんだ相である。この相は、紆余曲折した人生を送ることを暗示する。たとえ計画を立てても、中途半端に終わることが多いのだ。気が変わりやすく、持久力が足りないため、長期的な計画に不向きな面がある。

半面、勝負運に恵まれている。懸賞や宝くじなどで大金をつかむ可能性は高い。

女性の場合は、恋をしても、いつのまにかフェードアウトしがちである。というのも、新しい男性が現れると、そっちに意識がそれるからだ。会話の最中も横道にそれることが多く、話し相手に呆れられるかもしれない。

ただ、やはり勝負運は強いのだ。そして、恋愛もひとつの勝負である。となれば、とんでもない大金持ちと結ばれて幸せになるかもしれない。

男女とも、健康面には弱点が潜んでいるので注意されたい。

下腹肥大の腹部

中年以降が本来の運気 苦労が実る晩成型

ヘソから下がふくれている相である。

年を取ると、この相のように、下腹が出るのが普通だと思われているが、そうでもない。

反対に、若い人は、必ず腹部が細いということもない。先入観を捨てて観察することが大切である。

さて、この相は天運に恵まれている。若いころは不遇でも、目上のサポートで必ず開運する。大器晩成型である。

とくに女性の場合は、玉の輿運が約束されている。つらいことがあっても、その苦労は報われるはずだ。また、基本的に優しい人なので、周囲から大事にされるだろう。

年齢とともに意志力が強固になり、頼りになる女性として職場や人間関係で活躍するだろう。物質運にも恵まれた生活が保証されている。

しかし、男女とも幸運の絶頂で受難に見まわれやすい暗示もある。備えを万全にしておくことだ。

ヘソ

ヘソは、内臓を押さえるという大切な役目を果たしている。開腹手術をするとき、執刀医は決してヘソを裂かず、その左右へメスをそらす。ヘソにメスを入れると、腹腔内の秩序が乱れるからだ。

人相学では、「ヘソは一身の強弱を知る所なり」と謳われている。運勢の強弱が示されるのだ。

ヘソは、深くて大きなものが吉相で、浅くて小さなものは賤相。苦労が絶えないとされている。

また、ヘソの形は変化する。子供のころは丸くても、腹に脂肪がつくと上下から押されたように平たくなったりする。女性ならば、出産によって形が変化する場合もある。健康や体の変化が表れるのだ。健康や体の変化は、運勢を左右する原因となるのだから、ヘソは、運勢を知る手がかりとなるわけだ。

ヘソの位置

上にあれば健康で頑健な身体を得る

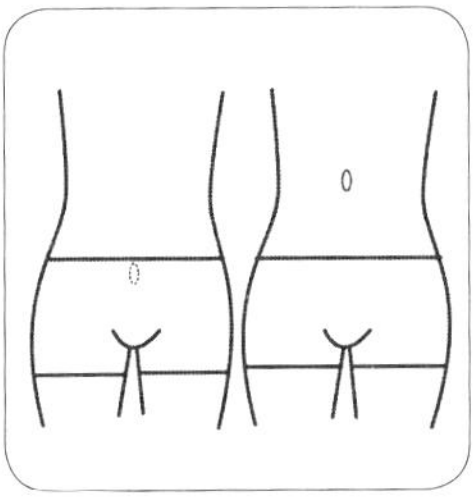

ヘソの位置には個人差がある。相書には「上に付くを吉とし、下に付くを凶とする」とある。また「女性のヘソ上につくは無病にして産軽し、下に近きは産に悩みあるべし」とも記されている。

ヘソは、上についているものが健康面で優れているとされる。また、ヘソの形状は人相学でいう「へこみ」や「傷」に相当する。だから、ヘソの位置が下にある場合は、その内側に潜む腸に問題があるサインと見るのだ。とくに女性の場合は、子宮に悩みを抱えやすいとされる。

子供のヘソが上にあれば、その子は健康的に発育するだろう。下にあれば、恐ろしく頑健とはいかないかもしれない。

また、上にあればいいというものでもない。あまりにも上についていると、頑健な体には恵まれるが、粗暴になるともいう。もちろん、ヘソ以外の相も考慮して判断する必要がある。

ねじれ模様

明るく楽しいお調子者
愛されるが異性に注意

まるでねじり鉢巻きのように、絞った模様のあるヘソである。浅めで、キュッと締まっており、右または左を向いた形である。

この相の持ち主は、性格的に明るく、調子のいいところがある。周囲を楽しませるから、人に愛される。困っていても救いの手が差し伸べられるはずだ。小銭には苦労することがないだろう。

しかし、やや早合点しやすいきらいがある。うっかりミスが、とんだ失敗に発展することもあるだろう。要するに、お調子者なのである。

また、目先の利害だけを見てしまう性分でもあり、長期的な計画が苦手だ。日ごろは楽しく過ごせているので、思いがけない失敗が続くと調子がくるい、片意地を張ることがある。

実は、そのような失敗の多くは、異性の口車に乗ったところから始まる。

ムカデ模様

鋭い金銭感覚を備え
貯金を楽しむタイプ

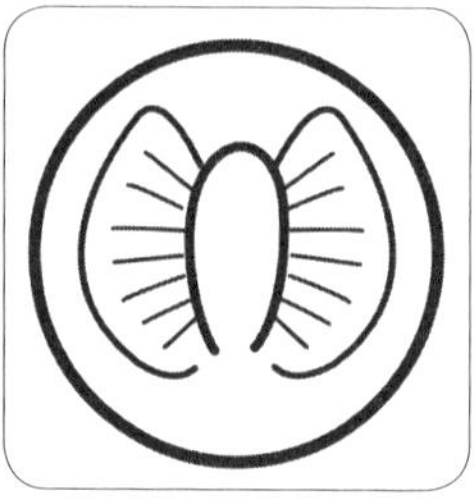

ヘソの奥から、ムカデの脚を思わせるようなしわが、左右に何本も伸びているのが特徴である。

このヘソの持ち主は金銭感覚が鋭い。額が広いか狭いかにかかわらず、お金にかかわる事柄に関心が強い。無駄な出費は控え、貯金を趣味として楽しむ。

筆者は、旅館で住み込みのアルバイトを1年ほどしていたことがある。あるとき、風呂で見たバイト仲間のヘソが、まさしくムカデ模様であった。彼が夜中にバイト代のお札を勘定して、ひとり喜んでいたことを覚えている。

しかし、このヘソは、せっかく貯め込んだお金を異性に根こそぎ持っていかれることも暗示している。使い道は自由だが、ゆめゆめ油断は禁物だ。

手先が器用だから、芸術方面に進めば才能を発揮するだろう。アーティストの関係者として成功する可能性もある。

サザエ模様

頼れる兄貴と姉御 右巻きなら迫力増

サザエに代表される巻貝模様のヘソである。右巻きと左巻きがあり、解釈に程度の差が生じる。

女性の場合、右巻きならば気丈な姉御タイプである。短気で単純な面はあるが頼もしい。気に入らないことがあると、どんな場所にでも乗り込んで直談判しようとする。右巻きの男性も、男気にあふれている。友人に持つと、もめごとの際に守ってくれる存在ではあるが、彼らが持ち込んだトラブルに巻き込まれることも想定される。

左巻きは、右巻きに輪をかけたような迫力が加わると判断してよい。

男女とも接客業に向いている。学校では反抗してばかりいる学生が、カフェでアルバイトをすると水を得た魚のように働くことがある。対人関係の中で役割が自覚できると、大きく変わるのだ。

気は強いが、恋愛面では純真である。

金の字模様

お金に細かくキッチリ 税理士が適職かも

模様が「金」の字のように見える相である。お金に対して非常に細かく、ときに執着する傾向がある。

相書には「底の抜けた桶で水をくむ根気の持ち主」とある。つまり、忍耐強く小金をせっせと貯める人なのだ。とはいえ、晩年は順調であるとも記されている。また、金銭に細かいから、会計士に向いているかもしれない。

筆者の知人に、このヘソをした税理士がいた。彼は、住宅を購入しようとしたのだが、ローンを計算すると賃貸住宅のほうがわずかに経済的なことがわかり、都営住宅に住み続けた。金のヘソの持ち主らしいエピソードだ。

ヘソを凝視していると、「金」以外にも文字や絵が浮き出ることがある。目の錯覚だと決めつけてはいけない。これこそが画相を見る目を養う基本だ。見いだした相は、必ず何かの暗示である。

泣き模様

話術にかけては天才的
政治家を目指すのも手

泣いた表情のような相である。下向きのしわが多いのが特徴だ。

このヘソの持ち主は、男女を問わず口が滑りやすい。

悪意はないのだが、会話をしているうちに、相手をもっと楽しませようとするサービス精神と、自分の評価を上げたいという気持ちが高まり、小さな嘘をついたり、大言を吐いたりしてしまうのだ。

この相を持つうえに、ヘソの近くにホクロがあれば、虚言が日常化するかもしれない。当の本人も、いったいどこまでが自分の本心なのか、わからなくなる場合があるだろう。

しかしながら、話術にかけては天才的といってもいい。才能の使い方しだいでは、政治家にもペテン師にもなれるだろう。ある意味で危険な相である。

また、不思議なことだが、同性愛者にも、このヘソの持ち主が多い。

鈴模様

芸術家の才能あり
財を築く可能性も

鈴のように丸まったヘソである。

このヘソの持ち主は、金運に恵まれている。美に対する天稟があるから、芸術の方面で成功して、大変な資産家になる可能性を秘めているのだ。

このヘソを持つならば、一般的な企業で勤め人をしている場合ではない。アートの世界に飛び込むことだ。アーティストを支える関係者となるのもよい。年齢を重ねても芸術の才は衰えず、美術品や芸術品に囲まれた晩年を送るだろう。

色欲も旺盛で、体力もあるので、濃密な恋愛を重ねることは間違いない。

ただ、この人の体力・精力についていける男女は、そうざらにはいない。結果として、パートナーが健康を害するかもしれない。結婚や恋愛の相手を選ぶなら、頑健な人材を求めたほうがいいかもしれない。もちろん、相手の体力に配慮できるのなら、とくに問題はない。

下張り

行動的で社交的
社会で成功する相

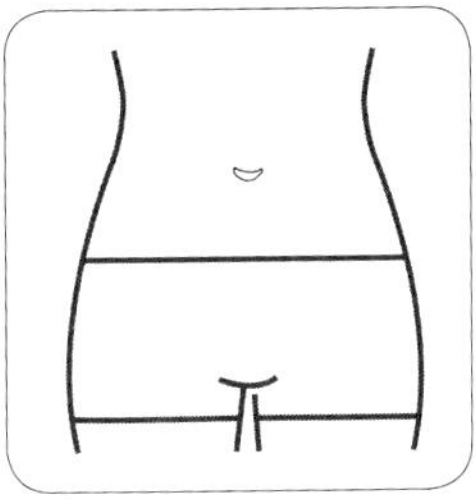

下を向いたようなヘソである。

この相の持ち主は、気性が激しい。行動的で、社交性も備えているために、社会的に成功する確率が高い。

とくにヘソの中央がくぼんでいれば天恵がある。多少の挫折は乗り切る根性と周囲から愛される天分に恵まれ、幸運をつかむ。管理能力があるから、金運についても問題はない。

しかし、下向きだったり、ヘソの中央が左右にずれていたりすると、虚栄心で道を誤る危険がある。陽気で楽しい人柄だが、見栄のために出費がかさみ、台所は火の車になりかねない。

また、ヘソ全体が細いか小さければ、気まぐれであろう。大きすぎれば開放的な性格だが、金銭的な面で他人に利用されるかもしれない。詐欺に引っかからないように注意が必要だ。

男女とも、モテることが特徴である。

上張り

周囲の援助で運気上昇
パートナー選びが重要

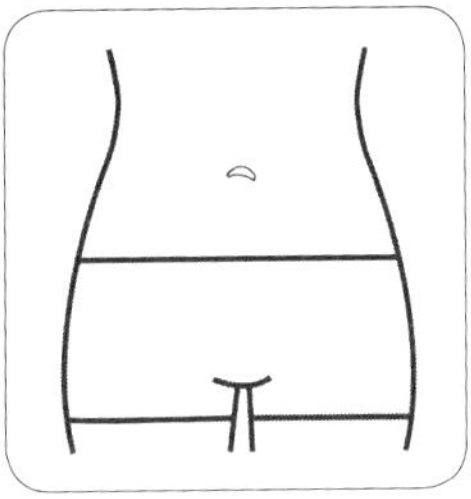

上を向いたようなヘソである。

この相の持ち主は、控えめな印象で、迫力に欠ける。自分で運勢を上昇させるより、周囲の力を借りるタイプだ。

美人が多いことも特徴だ。しかし、容姿はうるわしくとも、心は可憐ではない人が多く、意外に気性が激しい。そのためか、モテはするのだが、肝心の交際は不調に終わりやすく、恋のトラブルがついて回る傾向がある。

この相で、なおかつ大きなヘソであれば、努力で人生を切り開いていける。

だが、細いヘソ、小さいヘソ、あるいは左右にズレているヘソであれば、本人が努力しても空回りになりがちで、ときに成功を逃すこともある。

このような人は、パートナーをしっかりと定めることが重要である。恋愛だけでなく仕事でも、信頼できる人物の支えが絶対に必要なのだ。

横長

上張り・下張りの
長所と欠点を備える

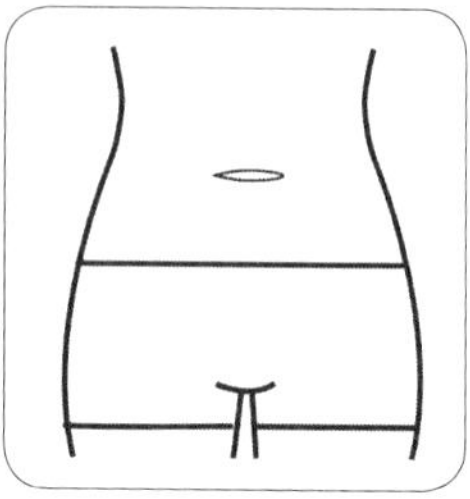

このヘソを持つ人は、楽天家である。世話好きで親切でもある。ただ、余計なお節介を焼くこともしばしばだ。

目的に向かって押しの一手で進み、事業などを軌道に乗せるパワーがある。

以上は、横長で大きなヘソの場合である。小さなヘソであれば、スケールが小さくなる。目前の問題に対処することだけを考えてしまいがちだから、大きな成功は望めないだろう。

恋愛にだらしない傾向もある。女性はとくに気をつけないと、誘惑によって身を持ち崩す危険性もある。結婚後も、浮気に溺れる人が多い。どうしてもそうしたいなら、せめて秘密がバレないように用心しなければならない。

つまり、横長のヘソは、先述した上張り、下張り両方の長所や欠点を有していることになる。やはりパートナー選びが運勢を決するといえる。

縦長

事業家として成功
気立てがよく優しい

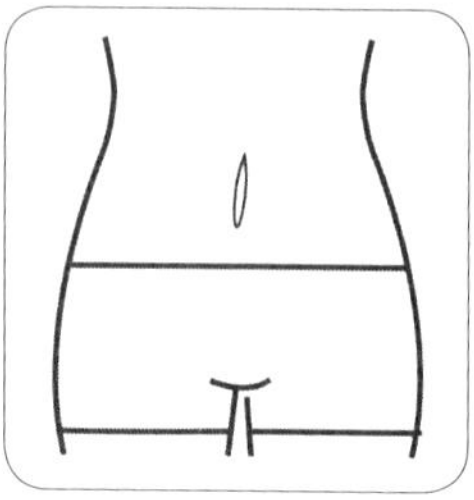

吉相のヘソである。事業を始めた場合は、成功にもっていくパワーがある。

極端に細いか、小さい場合でも、左右にズレていなければ、楽しい人生を送るはずだ。ただし、ズレたことでパワーは軽減するため、自ら起業して前に出るよりも、参謀役になるほうがよい。

このヘソは女性に多く、非常に優しく気立てがいいことを示す。人前でつらい顔をせずに明るくふるまうため、人気が集まる。お金には細かいが、それだけに経済的に困ることはない。

性的に開放的な場合もある。浮気をしても悪びれたところがないから、自然と周囲にバレることもない。そもそも浮気というものは、本人に罪悪感があると露見しやすいのである。

実は、今世紀に入ってから、このヘソの持ち主がグッと減っている。このことは、知られざる事実である。

出たヘソ

堅実か知りたがりか ヘソの出方で大違い

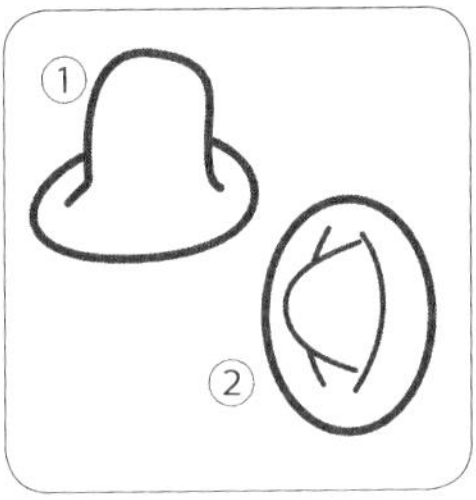

完全に出ている（①）ならば、堅実な人である。石橋を叩いても渡らない慎重さを備えており、大きな失敗はしない。大きな財産こそ築けないかもしれないが、お金には不自由しないだろう。

問題は健康面である。男女とも無理はきかない。とくに過度な性行為は健康を害する元凶になりかねないので、心することだ。性的に旺盛な人と結婚するのは考えものである。

完全には出ていない（②）ならば、好奇心が旺盛で、他人の秘密まで知りたがる人だ。ときとして猜疑心が強くなる。

また、気分しだいで意見が変わりやすい。急に思い立って、恋人と別れたりもする。自分が約束時間に遅れるのは平気だが、待たされる側になると、カンカンになって怒りだしたりする。

見栄や外見にとらわれないようにすれば人望が集まり、開運するだろう。

深いヘソ

吉を増し、凶を減じる 福徳・長寿・円満の相

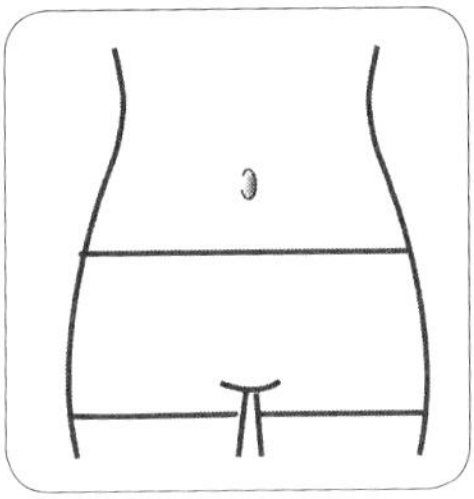

相書に「ヘソは深きによろしく、浅きによろしからず」とある。深いヘソは福徳、長寿、繁栄、円満のすべてを兼ね備えているのである。

ヘソの深浅は、ヘソの形と合わせて判断する。形が吉で、かつ深ければ、その吉意はさらに増す。形が凶であっても、ヘソが深ければ、凶意は減じる。

もちろん、深くて締まりのあるヘソであることが肝要だ。ことに60歳以下の人の場合、たとえ深くても、垂れ下がっていたり、シワが多くて締まりがなかったりする場合は、吉相とはいわない。

浅いヘソが、あるとき深いヘソに変化することがある。この場合は、深いヘソになった時点から、開運すると見るのが正しい。

深いヘソは吉だが、ひとつだけ欠点があるとすれば、物事に飽きやすくなることかもしれない。

ヘソの中のホクロ

（恋愛を楽しくする
旺盛な欲求の持ち主）

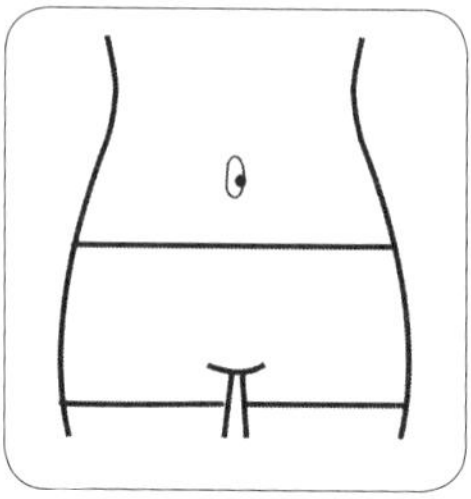

ヘソの中にホクロのある人は、唇の裏や下、あるいは生殖器にもホクロがある場合が多い。

　ヘソの中や、ヘソぎりぎりのフチにあるホクロは、性欲の旺盛さを示す。身を滅ぼすほど過剰ではないにせよ、異性に対して積極的な人は、恋多き人生に向かうだろう。しかし、消極的な人であれば、欲求を抑えこみ、内々にため込んだ不満をどこかで発散させることになるのだ。

このようなちょっとした違いが、運命上では大きな差となって表れる。

　いずれにしても、ヘソにホクロのある人は、楽しい恋愛を謳歌する才能を持っていると判断してかまわない。

　カップルで、ふたりともヘソにホクロがあれば、相性は吉である。しかし、一方のヘソにホクロがあり、もう一方がヘソの裏側（背中）にあたる場所にホクロがあると、相性は大凶となる。

ヘソの周囲のホクロ

（真上・真下・左右で
成功の種類が異なる）

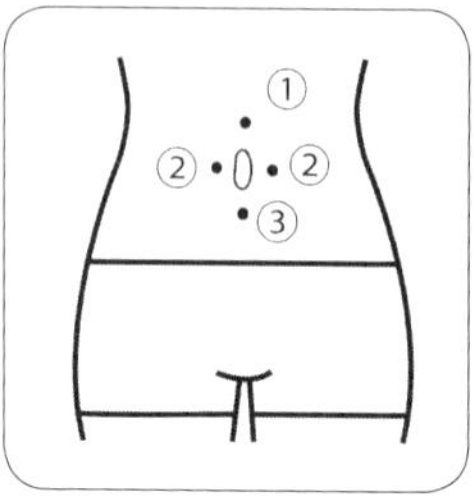

　ヘソの真上にあるホクロ（①）は、目上に可愛がられる出世ボクロである。だが、油断は禁物だ。派閥争いに巻き込まれ、争いに敗れた上司ともども白旗を揚げる可能性が考えられる。

　ヘソの左右にあるホクロ（②）は、努力家のしるしである。たゆまぬ奮闘努力のすえに地位を固める人である。しかし慢心してはいけない。思わぬ散財や投資の失敗で、せっかく蓄えたお金を失うケースもあるからだ。

　ヘソの真下にあるホクロ（③）は、好調時ならすべてが成功し、この世の春を謳歌することを意味する。しかし、運命の歯車がくるりと転落の人生となる。悪事を働けば必ずや発覚し、警察の厄介になる可能性があるので要注意だ。女性の場合は、難産の暗示となるのが気がかりだ。恋愛に対して奥手の人が多いが、結婚運は悪くない。

腹部の左右のホクロ

（信用される一方で
だまされる心配も）

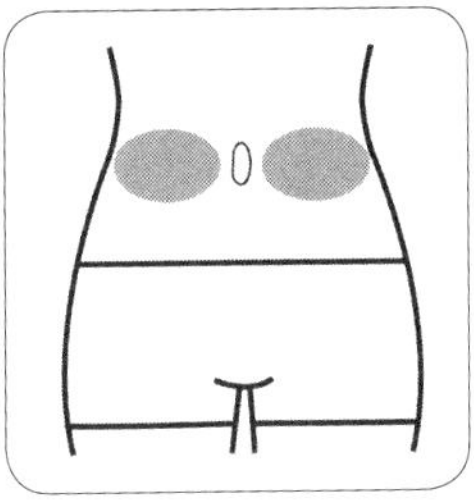

腹部の両サイド、ヘソから離れた位置にホクロがある人は、疑うことを知らないお人好しである。

男性の場合は、信用はされるが、利用されやすい。困難な仕事を押しつけられがちでもある。成功すれば拍手で讃えられるだろうが、失敗した場合には全責任を負わされるかもしれない。

女性の場合は、良妻賢母だが、尽くすタイプであるがゆえに、男性にだまされることもあるだろう。悪い男に惚れこんだら一生の不覚である。

わかりやすい例では、なかなか芽の出ないアーティスト志望者の世話を焼きたがるのも、このホクロを持つ女性なのだ。その男性が運を得て、世間で高く評価されるようになると、お役御免とでもいうように別れることもある。あとは、彼の姿をひとりテレビで眺めるという結末に終わりやすい。

下腹部のホクロ

（情が深くこまやかな人
それが悪く出ることも）

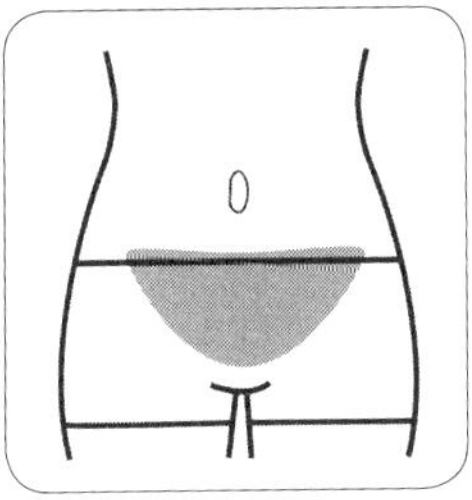

腹部の下のほう、ヘソから離れた位置にホクロがある人は、人にも物にも深く思い入れるあまり、つい独占欲が強くなりやすい。悪女の深情けという言葉があるが、まさにそれである。

恋愛関係となれば、とことん相手に尽くすだろう。しかし、裏切られると根に持つし、恐ろしい報復を考えつくこともある。男性の浮気などが原因であれば、いくら弁解しても簡単には許してはもらえないだろう。

ベッドでもこまやかである。かゆいところに手が届くようなひとときを楽しめるはずだ。しかし、最初のうちはいいのだが、交際が長くなるにつれて、そのこまやかさがうっとうしく感じられるようになるかもしれない。

恋愛でなくとも、ちょっとした誤解からトラブルに発展することがしばしばだ。すべては情の深さが招くことである。

腕

人相学では、腕を3つのパーツに分ける。

ひとつは、肩先から肘まで。この部分を「龍骨」という。一般には上腕、二の腕、上膊《じょうはく》部と呼ばれる。ここで職業運を見る。

もうひとつは肘である。ここで結婚運を見る。

残るひとつは、肘から手首まで。この部分を「虎骨《ここつ》」という。一般には前腕、下膊《かはく》部と称される。ここで行動力を判断する。

ちなみに、虎骨(肘から手首まで)の長さと足のサイズは、ほぼ一致する。また、虎骨と龍骨（肩先から肘まで）も同じくらいの長さである。

もちろん個人差はある。虎骨が長く、龍骨が短い人もいるし、その反対もある。

腕を見て、簡単に相の吉凶を判断する方法もある。

腕をまっすぐに下げたとき、体に密着していれば吉相である。腕と体との間に隙間ができるのは、吉相とはいえない。もちろん、全体のバランスを重視しなければならないのだが、簡単な判別法ではある。

また、腕の長さを判断するには、自然に背筋を伸ばした姿勢で、腕を股間に下ろしてみるとよい。

このとき、手首が恥骨に当たるくらいが標準的な長さである。それより短くても長くても、その人は依怙《いこ》地《じ》だとされている。何らかの劣等感を持ち、それを吹き飛ばすために必死の努力をする人だ。

努力家だから尊敬されるだろうが、個人的につきあって楽しい人ではないかもしれない。頭ごなしに説教を始めたかと思うと、態度を一転させて低姿勢になる。自分の心に壁をつくり、周囲の人たちの侵入を阻止しているのである。

このような性格が原因して、腕の短すぎる人、長すぎる人は、親友ができにくい傾向がある。

ただし、これについても龍骨が長いか虎骨が長いかによって、判断が微妙に違ってくる。

以下、個々の相について述べていくことにする。

上腕の肉づき

たるんできたら要注意 部下がミスをする予兆

上腕の相を判断するには、まず肉づきを見ることがポイントである。

体全体に比べて細ければ、部下に恵まれない。どうにも頼りなく見えるため、安心して仕事を任せられず、自分で処理することになるだろう。

一方、肉がつきすぎているのは、部下に対して厳しく当たる暗示だ。

ただし、どちらの場合も、本人の自覚と自重があれば、最悪の事態は防げる。

問題なのは、肉のたるみである（図）。腕を振れば揺れるほどたるんでいるものは俗に「振袖」などといわれるが、ここまでくると、部下のミスから管理責任を問われる事態にまで発展する可能性がある。なお、この振袖は、女性だけではなく、男性にも多く見られる。

日ごろからスポーツなどをして美しい上腕を維持することは、仕事をスムーズに進めるためにも大切である。

◆ヒトの腕・動物の腕

便利な道具や性愛の表現は2足歩行のたまものである

人相学では、人間を他の動物と比較して論じることが多い。腕もそのひとつである。

人間は、2足歩行を始めたときから腕が自由になった。さまざまな道具を発明し、駆使するようになったのは、腕が解放されたからである。

また、動物と比べると、性愛のバリエーションが圧倒的に豊富であるのも、腕と無関係ではないといわれる。

これは、腕の自由のないほかの動物たちを見れば一目瞭然である。彼らは、舌で性愛の情を交わすのみである。だとすれば、性愛の道具として腕が重要な役割を果たしていることは否定できないだろう。

もっとも、人間が用いる道具がすべてよいものといえるわけではない。これは歴史を見ても明らかである。

ちなみに腕の短い人は、男女とも舌が長いとされている。真偽のほどはともかくとして興味のある説である。

上腕のホクロ

外側ならちゃっかり　内側なら忍耐の人

①上腕の外側にホクロがある

ちゃっかりした人である。だれに対しても好印象を与える才能があり、人脈を広げて仕事で成功を収めるだろう。

また、困った局面に立たされても、ピンチを切り抜けていくテクニックにたけている。ときに方便を用い、ときに人情に訴え、相手を説得していくはずだ。

仕事に対しても見切りがよい。

普通なら、職業を変えることが必ずしもキャプリアップにはならないのだが、この人は違う。持ち前の人当たりのよさを発揮し、転職するたびにレベルを上げる。中小企業の社員からスタートして、いつのまにか上場企業の役員に収まっていることもあるだろう。転職によって運勢を切り開くタイプなのだ。

一般に、腕の外側にホクロがあると、その数だけ恋愛を体験するといわれている。ホクロが3つあれば、生涯で3回の大恋愛をするだろう。

また、手首に近いほど、若い年齢での恋だとされている。

②上腕の内側にホクロがある

忍耐力で成功を勝ち取る人だ。傾いた会社を苦労の末に立て直し、そこで出世していくタイプである。ひとつの職場に腰を落ち着けて、最後までがんばりとおす人なのである。

③肩のつけ根あたりにホクロがある

運命的な大恋愛をすることになっている。たとえ他の場所にホクロがあり、複数の恋愛を暗示していたとしても、この人は、たったひとりの相手を愛し続けるだろう。

不思議なことに、ここにホクロのある人の相手もまた、同じところにホクロがあったりするものである。

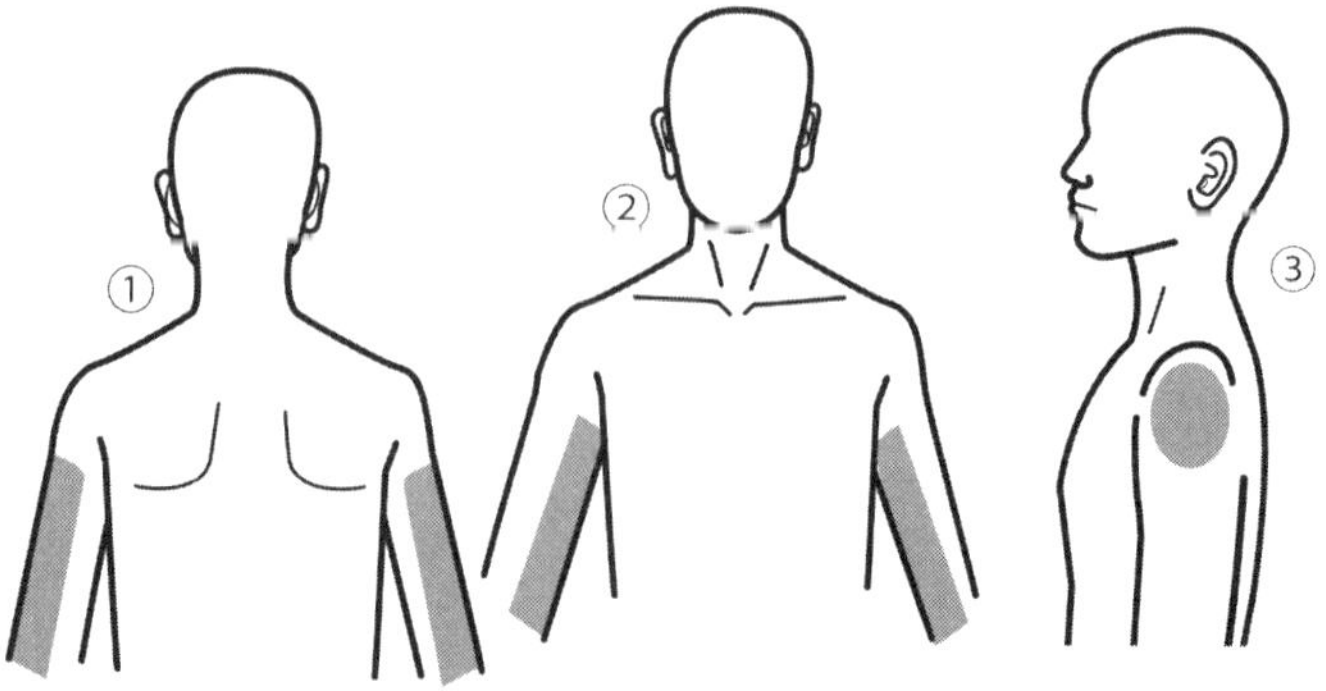

骨が出る肘

孤独を好む傾向あり
ひとりで進める仕事が吉

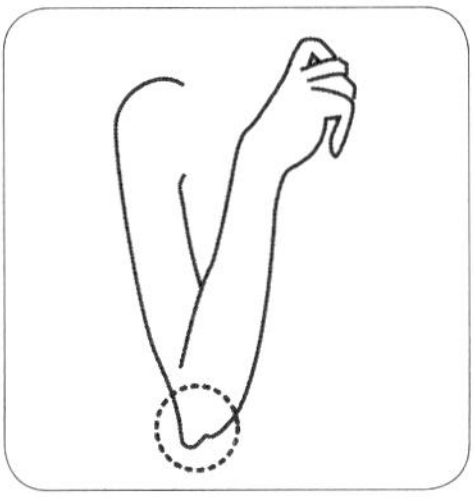

肘については、角張らず丸いものを最良とする。人間関係でも恋愛でも、相手の心を上手に汲み、トラブルの芽を未然に摘み取れる。最悪の事態にならないように丸く収める能力を備えている。

相書によると、骨ばった肘は凶であるという。これは、肉づきが悪いという意味ではなく、骨が突き出している状態を指す。腕を折りたたんだとき、肘の先に骨が突き出す人がいる。これが「骨ばった肘」なのである。

この相の人は、孤独を好む傾向がある。人間関係を煩わしく感じ、人里離れた山奥に住みたいと願ったりする。

恋愛でも、最初は夢中になるが、アクシデントが発生すると、生来の性分が顔を出す。とつぜん行方をくらましたり、音信不通になったりすることもあるだろう。ひとりで黙々と作業する仕事に就けば、これらの欠点はカバーできる。

肘のホクロ

内側は情熱の恋
外側は冷めた恋

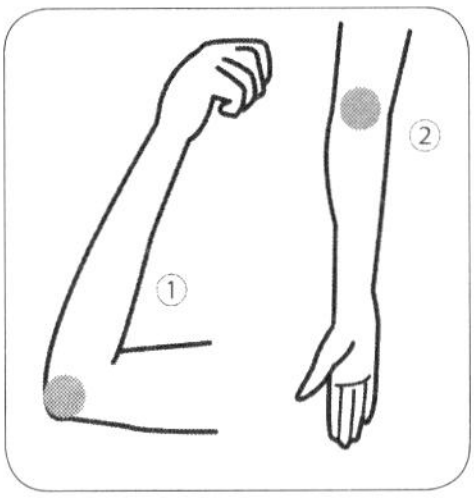

①肘の外側にある

ここにホクロのある女性は、男嫌いの傾向がある。どんなに素敵な男性が現れても、なぜか心が動かないのだ。恋をしても、相手が好きというより、周囲の女性に対する見栄かもしれない。男性の場合は、恋の停滞を意味する。

男女とも、肘より少し上にあるホクロは、職場結婚の暗示である。同僚の中から配偶者を選ぶことになるはずだ。

②肘の内側にある

腕をたたむ蝶番の部分にあるホクロは、大吉である。とくに女性は、男性の心を奪ってしまう神秘的な魅力を備える。情熱的に夫を愛し、夫はそれにこたえるように仕事に励むだろう。円満な家庭を築く才女のホクロなのである。

しかし、ふたつ以上のホクロがあるのはよろしくない。二股愛に苦悩する可能性があるからだ。

前腕の形状

まっすぐならば吉　毛深ければ精力あり

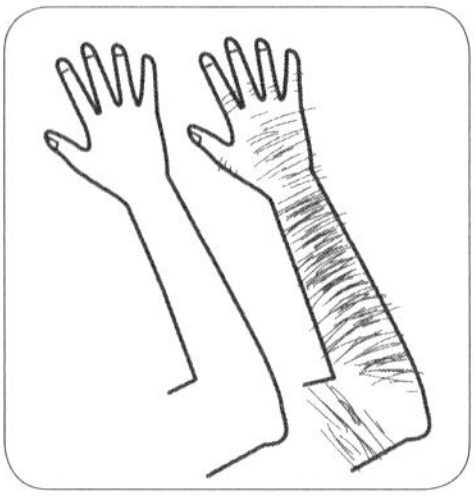

　前腕は、まっすぐであることが吉相の条件である。そのような前腕の持ち主は、周囲との協調性を保って行動するために大きな失敗は少ない。
　人生は、成功しないまでも、失敗をしないことが大切なのだ。人生はギャンブルであるから、ときに失敗はするのだが、その被害を最小限に抑えてこそ、幸運を得る資格が与えられるのだ。
　プロ野球投手などは、前腕が曲がっている場合が多い。これは我が強く、ときに利己的であることを意味する。それで成功すれば文句はないのだが、勝たなくてもいいことにまでムキになって、失敗するケースがある。
　前腕の毛深さも、判断の基準となる。風にそよぐように長い毛が密集しているのは、男女とも、健康で性欲が旺盛な証拠である。しかし、感情にむらがあるところが欠点である。

前腕のホクロ

外側ならスローな人　内側ならスクエアな人

①前腕の外側のホクロ
　スロースターターである。仕事をさせても、素早くは動かないだろう。

　やる気がないようにも受け止められるが、それは誤解である。

　ひとたびエンジンがかかると、牛のように力強く、一歩ずつ前進し、最後の勝利者になるはずだ。

　ただし、職種を間違えると、エンジンがかからずに終わる可能性もある。

　女性も仕事に関しては同じだが、恋愛には非常に積極的である。

　仕事も恋愛のようにすればどんなにすばらしいかと惜しまれるだろう。だが、恋愛にしか発揮されない積極性なのだから仕方がない。

　ただし、積極的ではあっても、真剣な恋愛は少ない。軽めの恋に終始するはずだ。相手の男性もひとりだけとは限らない。常に複数の恋人がいないと、不安になるタイプなのだ。

②前腕の内側のホクロ
　礼儀正しい人である。義理や人情を重視し、軽はずみなことはけっしてしないだろう。それが信用につながり、仕事では責任あるポストについて、出世してい

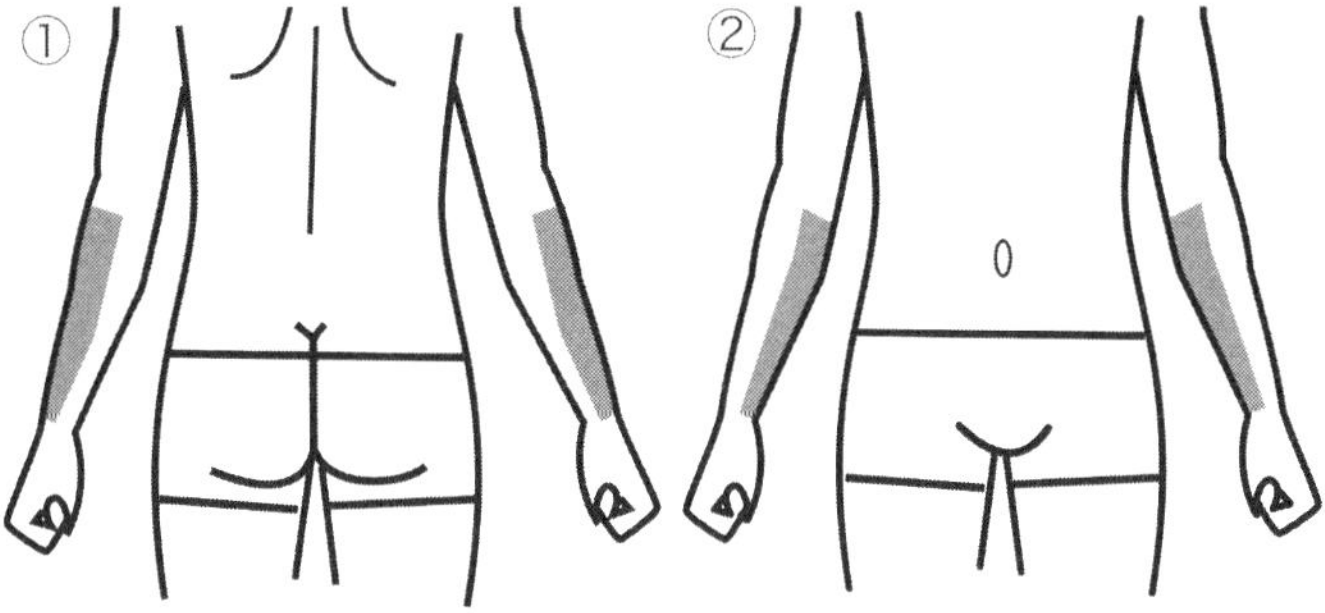

くことになる。

恋愛では奥手である。好きな相手がいても、心を打ち明けることが下手なのだ。恋愛が成就すれば、後はスムーズに展開するのだが、それまでがじれったい。

女性の場合、結婚するとよい妻になることは間違いないだろう。

もっとも、それは40歳までのことかもしれない。

前腕の内側にホクロのある人は、男女を問わず、中年過ぎから態度を一変させるのである。

おとなしかった妻が、だんだんと迫力を身につけていき、それまでは言われる一方だった姑に対して、反対に噛みつくこともある。

また、この相の持ち主の場合、年齢が加わるとともに、本来の強さやしぶとさといった個性が表れる。それによって孤立することのないよう、人間的な円満さを養っておきたい。

人相学の特異性

五行や八卦に頼らず人間を丸ごと判断する

人相学は、さまざまな占術の中で、きわめて特異な位置を占めている。

西洋占術には手相や性相学はあるが、仕草も含めて、体のすべてを判断材料にする占術はない。

また東洋占術においても人相学は他の占術と一線を画している。東洋占術のほとんどが陰陽五行思想をベースとするのに対して、人相学は、わずかに陰陽思想を取り入れるのみだからだ。これは人相学がかつては医術の一翼を担っていたからである。

時代が下ると五行や八卦が導入されたが、煩わしいばかりで的中率に欠ける。そこで本書は、人相学の原点に立ち返り、五行や八卦を排除している。

腰

腰は、文字どおり「体の要《かなめ》」である。人相学でも、腰を運命の要、人生の要として重きを置く。

男性の場合は仕事運が、女性においては結婚運が、腰に表れる。

男性にとっては、仕事が運命を決定するものなのだ。また、女性については、たとえ家庭より仕事が優先という考えであっても、結婚が運命の分かれ道であるには違いない。

相書には「腰は潤《ひろ》く寛《ゆ》ったりとして締まりあるを上相とする」とある。

「潤い」とは、柔軟性があるという意味である。「寛ったり」とは落ち着いた様子を指すのだろう。つまり、バネのようにしなやかで、ふっくらとした腰を吉とするわけである。

このように、原書を解読する際には、漢字の持つ意味を把握することがポイントなのである。

腰は、次の4つに大別される。

● 柳腰

（男女ともモテるのだが　そこから先が問題）

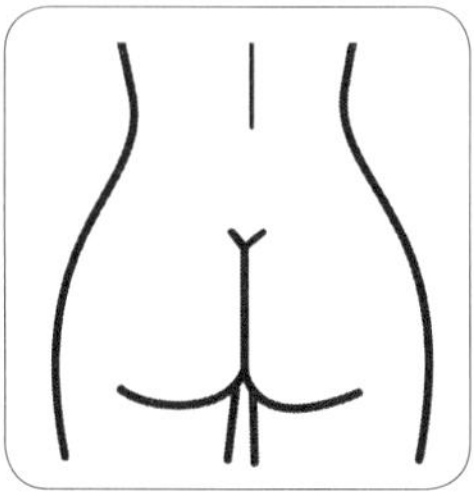

柳腰とは、細くしなやかな腰である。

男性の柳腰について、相書は「男性柳腰のもの職業に熱心ならず。一度は家を破る。又女の気を楽しむ」としている。仕事には不熱心だが、女性と遊ぶのには熱心であるというのだ。ほっそりした柳腰の男性は、おそらくモテるだろう。しかし、それで楽しいのは30歳くらいまでだ。堅い仕事に就いて真面目に働けば、家を潰さずにすむはずである。

女性についても「女性柳腰のものは大いに凶なり。夫及び子の縁うすく実情に乏し」と注意を促している。色気を発散する腰だけに、おのずと情事は多くなるが、ひとつの恋を大切にしない。それを「実情に乏し」といっているのだ。

しかし、男女とも頭の回転が速く、勘が鋭い。直感で行動するタイプだ。あるいは、長所も短所も、ここに原因があるのかもしれない。

龍腰

男性なら出世株
女性なら純情で潔癖

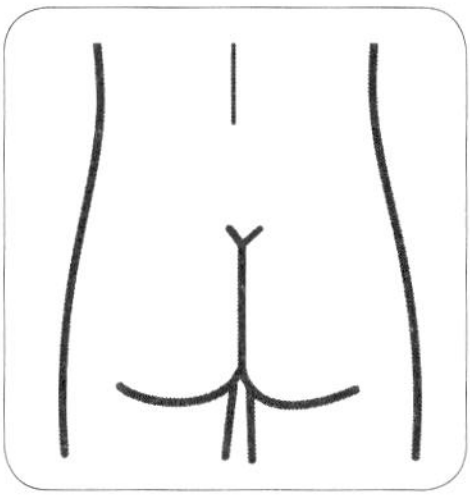

がっしりとして、くびれがあまり目立たず、肉づきのよい腰である。

　腰の肉づきがよい男性は、出世コースに乗る。起業しても成功するだろう。

　ただし、この龍腰は、たんなる肉づきのよい腰ではない。昨今では、ヘソの周囲に肉がつくと「メタボ」といわれるが、人相学でも、脂肪でダブついた腰は吉相とはいわない。ベルトの上に腹の肉が乗っているのは、龍腰ではないのだ。

　一方、体を鍛えると腰の肉づきがよくなり、龍腰に近づく。これは吉である。

　女性の場合も、龍腰は吉相とされる。

　しかし、恋愛に問題がある。純情で、ロマンチックな恋をするが、実を結ぶことが少ない。理由は、精神的に潔癖性だからだ。この相の女性は、厳格な倫理規定を備えている。夫や恋人が、他の異性にふらっとしただけで、どうしても許すことができなくなるのである。

円曲腰

一国一城の主となるが
中年以降は物欲に注意

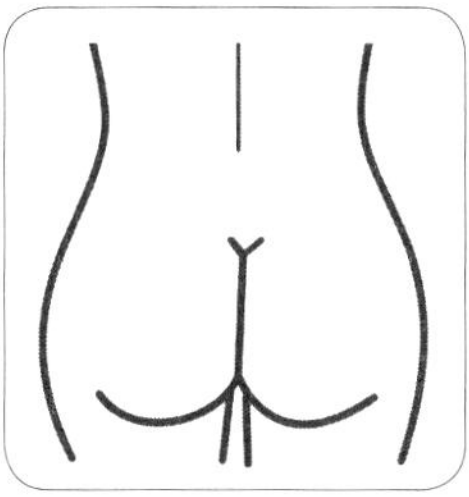

　胸部からの豊かなラインが、腰の部分でキュッと締まり、お尻へと伸びていく相である。つまり、鍛えられた腹筋と背筋の持ち主である。

　男性ならば、一国一城の主となる相である。起業して「ボス」と仰がれるだろう。勤め人でも役員にまではなれる。

　女性は、豊かな腰で子宮が守られているために、性の芽生えは早い。恵まれた恋をして、よき夫と幸せな家庭を築くはずである。結婚後は、浮いた話はまずないだろう。

　と、そこまではよい。40歳を過ぎると、可能性を求めて、新しいことに手を出すことが予見される。そして、欲に目がくらんで脱線しがちなのだ。

　このタイプは、腰に余計な脂肪がつきはじめると、男女とも物欲が出てくる。汚職や使い込みに走る場合があるので十分に自戒することだ。

死木腰《しぼく》

（男性ならば義理堅く
女性ならば大恋愛）

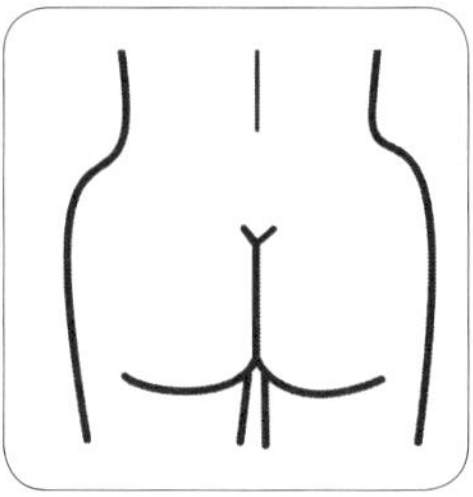

角張った腰で、腰骨が目立つ。相書には「腰骨あまり太く疎《うと》きは下賤なり、発達なりがたし」とあり、凶相である。疎いというのは、腰骨が目立ちすぎて調和に欠けるという意味である。

しかし、男性ならば義理堅く、与えられた仕事は根性で成功させるだろう。だが、剛直すぎるため、望むほどには出世できない。地方の支店長にでも収まったら幸運としなければならない。

死木とは、伐採されて材木となった木のことだ。

切られたからには、よい建材となる覚悟が必要である。周囲の人のために働くことでチャンスが得られる。

死木腰の女性は、大恋愛をするだろう。ひとりの男性に魂まで捧げる古風さが美点だ。しかし、愛情表現が下手である。思いをなかなか伝えられずに、苦しむかもしれない。

腰のホクロ

（他人のお世話と
腰の不調に要注意）

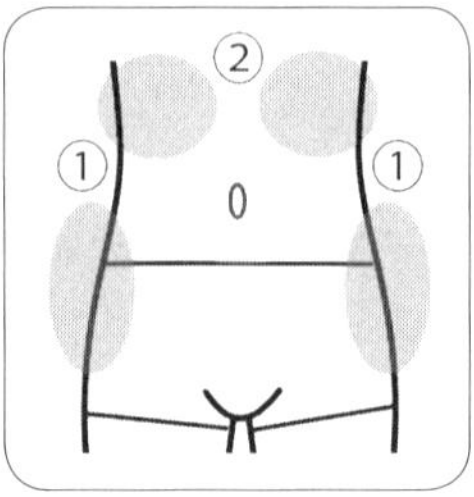

①腕を両脇に下ろすと隠れる場所

この位置にホクロがあるならば、人の世話で苦しむ暗示である。

男性ならば、仕事で部下の面倒を見る運命である。それで信頼関係が築けるならば損はないのだが、軽く扱われることもしばしばだ。

また、なかなか適職に恵まれず、悩む暗示も濃厚である。なぜか苦手な上司に当たり、苦しむことも考えられる。

女性ならば、結婚問題に直面しやすい傾向がある。熱烈な恋愛の末にゴールインするのだが、いろいろなゴタゴタがつきまとう。見込み違いの男性と結婚し、後悔する場合もあるようだ。

②腰と肋骨の間

この位置にホクロがあれば、男女とも腰のトラブルに気をつけたほうがよい。過酷な重労働には向いていない。過労や疲労にも要注意である。

陰毛

陰毛については、色情を占う『刀巴心青』で論じられているのはもちろんのことだが、江戸時代の観相家である水野南北も「陰部陰毛の相」という研究成果を残すほど、昔から注目されている。

それが一般に伏せられてきたのには、さまざまな理由があるが、結果として一部の観相家だけが、こうした秘密の書を守ってきた。

さて、ひとくちに陰毛というが、本来は、陽毛に対しての陰毛である。陽毛とは、髪の毛や髭など、人目に触れる毛だ。対する陰毛は、人目に触れないものをいう。

以下、個々の解説に入る。最初に毛質について触れ、続いて『刀巴心青』にもとづき、生え方をいくつかのタイプに分類して吟味する。原則として、女性の陰毛に関する占断であることをお断りしておく。

【毛質】

『刀巴心青』によれば、陰毛について以下のことがわかるという。

・もみあげの長い人、眉毛の太い人、あごの皮膚の粗い人は陰毛が濃い。
・陰毛が濃い女性は性欲が強い。
・長くてまっすぐな陰毛は、淫乱であるサインなので凶であり、縮んで弾力のあるものを良とする。
・毛の長さは、5〜10センチが理想的。男性はこれより長くてもかまわない。
・陰毛が細くて長い人は性欲が強い。
・髪の毛より細い陰毛は妖婦の暗示。
・生え方（ｐ２９５図「毛質」参照）については、上に伸びるタイプ（①）と、横に這うタイプ（②）がある。①はごく普通だが、②の女性は薄幸である。親しくなると内面の我の強さが出るので、恋が長続きしない。

【無毛】

毛のない相である。相場師は、無毛の女性と出会うと「ケガナシ」として、縁起がよいと嬉しがったそうだ。

『刀巴心青』には、「婦人陰毛なきは賤相の一つなり。色情はげしく私淫の相の一つなり」とある。あえて剃毛する女性がいるが、愛欲について悩みが多くなるので、おすすめできない。

無毛の男性については「賤にして夭相」とある。夭相とは、短命の相だ。男女とも、無毛はよろしくないようである。

【タイプ①桜花形】

上部中央の毛がないか、まばらな相。

この相を持つ女性は、内気で神経質とされる。外見は女性らしいが、恋愛や結婚がスムーズにいかない傾向がある。

男性の場合は精力不足だ。しかし、享楽的である。

毛が不足しているゾーンは、ちょうど丹田に当たり、「気」がたまる大切な部分である。精力の弱さを知り、ペース配分をすることが肝心だ。

【タイプ②菱形】

陰毛が上腹部に伸びる相である。

女性にとっては吉である。健康で精力旺盛、しかもパートナーとのセックスで満足できる相だ。深い快楽を好むが、量より質を重視する。また、快楽を求めて他の異性との行為に及ぶことはない。

男性についても、性欲・体力ともに問題がない。1回の行為に情熱と愛情のすべてを注ぎ込む。ただし、やや情緒面に欠けるきらいはある。

【タイプ③扇形】

扇を逆さにしたような相である。

この相を持つ女性は、母性愛に満ちている。ベッドでは天性のテクニシャンであり、体力のある男性にも、ない男性にも上手に対応する。性欲は強い。

男性の場合は、相手によってテクニックを使い分ける名手である。ただ、性的に強くはないため、ときに悩みを抱える。また、風変わりな趣味を持つことがある。

【タイプ④羽根形】

真ん中に分け目があり、毛が左右に分かれている相である。

この相を持つ女性は、享楽的なことに関して疲れを知らない。性格は優しく純情なのだが、わりとだれにでも秋波を送るため、性的な面での信用は薄いかもしれない。真心で尽くすわりには寂しい人生を送りがちである。

男性の場合は、近くに女性がいるとそわそわして仕事に身が入らない。色事のために体を鍛え、身ぎれいにして、つねにスタンバイしている。やはり晩年は寂しい生活となりがちである。

【タイプ⑤逆三角形】

文字どおり逆三角形の相である。正三角形でも二等辺三角形でもよい。

この相を持つ女性は、総じて健康で、ボリュームのある体形である。結婚すればよき妻となり、子供にも恵まれる。中年を過ぎると全身にほどよく脂肪がつき、さらに魅力的となる。ベッドでは回数を求めるタイプだろう。

男性も回数を誇る。精力はあるが、テクニックについてはひとりよがりだ。また、純情な女性より、性的に開眼している女性に対してがんばるタイプだ。

【タイプ⑥茗荷形】

縦に広がる相である。ヘソにまで達するケースもある。

毛質

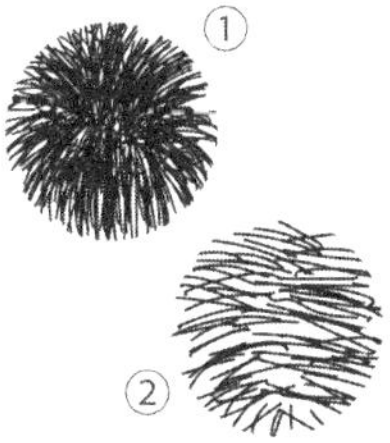

①桜花形

②菱形

③扇形

④羽根形

⑤逆三角形

⑥茗荷形

⑦芒形

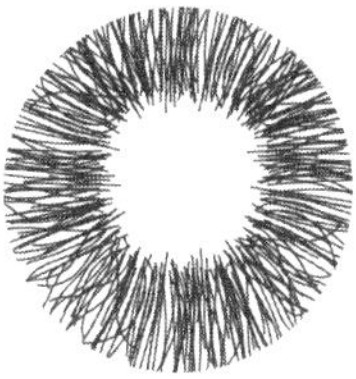
穀道乱毛

逆毛

この相を持つ女性は、おとなしそうに見えて気性が激しい。好きになった男性をどこまでも追いかけるタイプである。

ベッドでは自分本位である。男性に対してあれこれと指図するだろう。

男性ならば精力家であり、スタミナが切れない。また、女性も男性もOKという可能性もある。いずれにせよ、時間をかけるのが好きで、パートナーを喜ばせることを無上の喜びとする。

【タイプ⑦芒形】

陰毛が非常に乏しい相である。

この相を持つ女性は、情欲に溺れやすい。また、男性の性的能力や経済力を瞬時に見抜く眼力の持ち主である。ベッドでは、かなりのテクニシャンである。さらに、結婚後は、家庭と遊びの区別をキチンとつける冷静さも備わっている。男性に福をもたらすとの見方もある。

男性の場合は、性的なことが少々不得手だが、好奇心と関心は人一倍である。それがおかしな方向へいきすぎないよう注意が必要かもしれない。

なお、高齢者の場合は、陰毛が少なくても、この相であるとは見なさない。

【穀道乱毛】

肛門の周囲に毛が生えている相。相書には「穀道乱毛号作淫抄」とある。つまり、多淫のサインと見ているのだ。欲求が満たされないと、勉強も仕事も手につかなくなるタイプである。

なお、肛門周辺に数えるくらいの毛がある場合は、この相とは見なさない。

【逆毛】

陰毛の中央部の毛が立っている相。下着に押さえられてクセがついたのではない。手で直しても、また逆立つ。

この相を持つ女性は、複数の男性と深いつきあいをしている可能性が高い。

しかし、この女性が結婚を決めると、不思議に逆毛が直る。ひとりの男性に惚れたときも同様である。女性の陰毛に手を当てたとき、その女性が浮気をしている場合には、毛の一部にほんのわずかだが違和感を覚える。すこし訓練すれば会得できる。

●陰毛の色

『刀巴心青』には、「女性の陰毛は錦を極上とする」と記されている。この錦とは正しくは「二色」という意味である。

女性はバルトリン氏腺からアルカリ性の分泌液を出す。いわゆる愛液だが、これには脱色作用がある。そのため根元が茶色くなり、全体では2色となるのだ。

次によいのが赤である。真っ赤ということではなく、脱色作用によって茶色っぽくなったものだ。また、もともと毛が茶色い場合も上相とする。

これに続いて、黒が吉である。

下相なのが白。すなわち白髪である。陰毛に白髪が混じるのは50代からだ。それよりも若いのに、陰毛に白髪が混じるならば、体力不足が懸念される。

女性器

女性器は、地球上でもっとも重要な働きをする器官である。人類の幸せも不幸も、そのもとは、この器官から生まれるのである。

人相学は、その底辺にひどくエロチックなものが宿っている。それは人相学が、生殖という行為をめぐって、金銭や権威や愛が絡みあうさまを読み解く術であるからだと、筆者は思っている。

なお、この項目については、いろいろな意味で論議をかもしやすい側面があるため、できるだけ淡々と述べていくことにするが、実はこの部分こそ、人相学の肝なのだ。その意味では、たとえ数行であろうと個々の相を論じたことで、資料的価値が高くなったと自負している。

イラストを掲載することは不可能なので、若干わかりにくい部分もあるが、ご了承いただきたい。

●陰核

相書には「陰核長きは三夫に嫁す」と記されている。陰核とは、クリトリスのことである。これが長い女性は、快楽を求める傾向が強く、複数の男性と関係を持つと、相書は語っている。陰核は、目につかないくらいが吉相である。

●南宮相

膣口が尿道寄りの相である（この反対は「北宮相」は、肛門寄りである）。

相書は「陰門は臍に近きを好とす。貴人の寵愛をうけて大いに子孫繁栄をなす」と、この相を称賛している。

●中宮相

前項の南宮相でも、次項の北宮相でもない相をいう。およその目安は、陰核から計測して、人差指の第1関節より少し長いくらいの位置に膣口があることだ。

この相を持つ女性は、楽しい家庭を築き、よい子供を育てるだろう。

●北宮相

膣口が肛門寄りの相である。

相書には「低く下るは大いに凶」とある。さらに「大変わり、子に離る。或は難産にて命を落とす」ともある。

話は変わるが、たとえば鳥は、排泄も産卵も同じ器官で済ませる。一方、ほ乳類は、生殖器と肛門を別々に持っているが、その距離が著しく短い。人類にいたって、両者の距離が開いたのである。

このようなしだいで、膣口が肛門寄りの女性は、動物に近いとして、凶相といわれるようになった。

もっとも、この占断には無理がある。昔の相書の考え方を知る資料としたい。

●沃土相

肉づきのよい陰部をいう。

「陰門の肉は厚く潤いのあるは仕合せ早し」と相書に記されており、吉相といってよい。涙堂（目のすぐ下）や頬の豊かな女性に、沃土相が多いようだ。欲情に流されやすい相ともいわれている。

●堅田相

子供のように薄く小さい陰部をいう。ふくよかな体形でも、陰部が痩せている女性はいる。小鼻が痩せた女性に見られ、妊娠しにくい体質ともいわれる。

●如海相

締まりのない陰部をいうが、この相は著者の創作であり、相書にはない。

実は、この相が出現する原因のひとつは、女性の意識の問題である。女性が相手の男性の精子を受けたくないときに膣が弛緩し、膣内の温度が下がるのだ。子宮がその男を否定しているのだから、つきあいを考え直したほうがよい。

●如渓相

膣圧の強い陰部をいう。相書には「陰門締まるは良し」とあり、吉相だ。エラが発達した女性の多くは、如渓相と見てよいだろう。結婚後はよき主婦となる。

●如皿相

浅い膣をいう。深い悦楽を得にくいとされ、そのため浮気に走りがちで、誘惑に弱いともいわれる。

しかし、口がかなり堅いので、浮気をしても露見しにくい。秘密を墓場まで持って行くタイプだ。

●如瓶相

深い膣をいう。男性とのサイズ違いが発生しやすいため、体の相性がいい男性が現れると、人生観がひっくり返るような感動を覚える。

その感動を与えたのが不倫相手であれば、なかなか大変なことになる。そういう意味では、凶意をはらんでいる。

●如蛭相

男性器を吸引するような相である。男性にとっては宝のような相でも、本人にすれば、さほどのことはない。また、この相を持つ女性を満たしてくれる相手は数少ない。その相手に出会えれば、よい家庭を築く。

●アザ

まずは色だが、赤いアザは男性を追い求めるタイプであり、黒いアザは自分から誘うタイプであるとされる。

次に形だが、丸いアザは多情の相、角張ったアザは荒淫に走りやすい相、細長いアザは男運がよくない相とされる。

大きさについては、小さいものがよく、3ミリ以上はよくない。

次項から述べるホクロもそうだが、ふ

たつ以上あるのは凶である。

なお、アザの場所による意味の違いについては、ホクロと同様なので、次項以降を参考にしていただきたい。

●恥骨のホクロ

このホクロを持つ女性はオクテである。年齢のわりには性的に成熟していない。陰毛が薄い女性はこの傾向が強い。

ただし、30歳を過ぎるとメキメキと成熟するから心配はいらない。

●大陰唇のホクロ

気分屋であることを示す。ベッドでこの女性のペースに合わせるには、時間が必要だろう。妻妾宮（目尻）に数個のホクロがあれば、この傾向が強くなる。

このホクロは「へそくりボクロ」ともいわれている。夫の給料が少なくても家計をやりくりして貯金する才能がある。

●小陰唇のホクロ

小陰唇の内側なら、膣の虚弱さを暗示する。感染症には気をつけたほうがいいし、長時間に及ぶ行為も避けるのが無難かもしれない。

小陰部の外側なら、淡泊そうに見えても、なかなかの好色家である。

●陰核のホクロ

陰核、あるいはその周辺にホクロがあれば、福寿の相である。

金運や物質運に恵まれ、よき伴侶を得て繁栄する。ただし、男性運も盛んだというオマケがつく。油断すると、結婚と離婚を繰り返すかもしれない。

男性のサポートを得て、のし上がっていける相ではある。

●鼠蹊部のホクロ

浮気性である。しかし、巧みなバランス感覚の持ち主でもある。不倫相手の前で嗚咽しても、別れるとケロリとしてスーパーに立ち寄るタイプである。

人相学では、遊び上手な女性と断じる。遊びの恋愛には、いっさいお金を使わないという特徴もある。

陰毛の魔力

商売敵も毒蛇も女性の陰毛で退散？

『刀巴心青』に面白いおまじないがあるから、いくつかご紹介しよう。

・興行主が、女性の陰毛を3本抜いて膏薬に貼り、商売敵の家に貼ると、相手方が寂れ、自分のほうははやる。

・安産のおまじない。夫の陰毛を14本抜き、黒焼きにして産婦に飲ませる。

・毒蛇に噛まれたときに陰毛をのむと解毒できるとする地域がある。

いずれも根拠はないが、陰毛に秘められた魔力を感じさせるには十分だ。

ギャンブラーの間でも、女性の陰毛はツキを招くといわれている。聞いた話だが、女性の陰毛で筆をつくり、それで護符をしたためるという術師もいたようである。

男性器

男性器について、相書は実に細かく論じている。男にとって、ペニスは精力の根源以上の宝、アイデンティティーそのものといってよい。

相書の細かさを示す例として、次のような記述がある。

「陰茎、平たきは不幸せ愚なり。丸きはよし。三角四角よし。とにかく角あるは腎つよし」

これは、怒張時の陰茎の断面を論じたものだ。普通なら、断面は丸いと思い込みがちだが、実はそうではなく、微妙な差異があるものだ。そのようなところにまで、論が及ぶのである。

前項の女性器同様、非常にデリケートな問題をはらむ部位ゆえ、ここでも淡々と占断を紹介していくことにする。

また、あえて図を付さないことも、あらかじめお断りしておく。

●上に反る陽根

『刀巴心青』いわく「男根は怒張して上に反るがよい。官吏または高職に適す」とある。俗説だが、怒張した男根のパワーは、手のひらを開いたときの指の角度で推し量れるという。親指の角度が10代、人差指が20代、中指が30代である。

30代でも元気よく反る男性器は、それだけパワーがある証拠だから出世もかなうと解釈できる。

●細長い陽根

相書には「細長きものは長寿せず」とある。また、男根の先が特に細ければ女難に見まわれるとも記している。

●過大すぎる陽根

『刀巴心青』には「男根は大体に於いて大なるを良しとする」とある。さらに、ただし書きとして「余り過大なるは饒舌多弁にして愚痴深し」ともある。

これは、「陽極まれば陰となす」という陰陽説の考え方によるもので、男性器が大きすぎると、その性情が女性化してしまうという意味である。

●下に屈《かが》む陽根

怒張したときに下に屈む相である。『刀巴心青』には「下賤の相なり」とある。一生、人の前で頭が上がらないとも述べている。接客業には吉であるという。

●短肥なる陽根

肉厚ではあるが丈の短い男性器を『刀

巴心青』では下賤としている。「識見なし」とも記している。識見とは、優秀な子供を指す。そういう賢い子供ができにくいというのだ。

●包皮の陽根

「皮かぶる者は性格頑愚邪智にして成功せず。又子孫繁栄せず」と『刀巴心青』は記している。「怒張のとき皮脱がぬものあり、悪し、孤独破敗す」とする相書もある。これは包茎について語っているのだ。そう考えると、この判断はあまり重視しなくてもよい。

●傷跡ある陽根

男性器に傷があるのは凶相である。みだらな噂を立てられやすいため、成功するのが難しくなる。

『刀巴心青』でも「男根に傷痕あるはたびたび色情のために失敗し、子孫繁栄せず」と警告している。

男性にとって性器は命の根源である。そのような大切な性器を傷つけるという不注意が、そもそも問題なのだ。それがわかれば対処の仕方もあるだろう。

●大なる亀頭

「亀頭大なるは、人の頭となり子孫繁栄する」と『刀巴心青』にある。人の上に立ち、子供を得て円満なのである。

ただし、「亀頭白色なるは妻子必ず遅し。四十に至らざれば家を成さず」ともある。亀頭の色が白いと、一国一城の主になるまでに時間がかかるということだ。

●蓑マラ

男根の胴に毛が生えている相である。『刀巴心青』には「男根の胴に毛を生ずるは蓑マラと称して、大凶の相」と記されている。しかしながら、「陰茎に毛生えるは良し。発達す」とする相書もある。

吉か凶かは、毛の量による。多すぎるのは大凶だが、数える程度の毛であれば、吉なのである。

●陰嚢

陰嚢が大きすぎるのは破財の相である。陰嚢の大小は、男性器とのバランスで見るが、相書には「小嚢の者良し。これ腎気強くして進むとき、はなはだ名を成す」とある。緊張して陰嚢が締まった状態をいっているものと思われる。

陰嚢は、左右で大小の差があるものだが、その差が大きすぎると、短気のために運勢を壊しかねないとされる。

さらに「光あるものは悪し。黒く汚穢き如しをよしとす」とある。つるりとした陰嚢より、少し黒ずんだ陰嚢が運勢的に恵まれるということになっている。

●シミとホクロ

「男根に黒ジミ、赤シミ、ホクロ、そばかすあるは物質運に恵まれる幸運の人なり。とくに先端にあるのは福運もあるが色情にも強い。ただし妻代わり易し」と、『刀巴心青』に語られている。

また、「陰茎にイボあるは不仕合せ、アザはイボよりよし」ともいう。

以下、ホクロの場所ごとに述べる。

●亀頭のホクロ

どのような女性とも打ち解けられる相である。この相の持ち主の中には、同性よりも女性と一緒にいるほうがリラックスできるという人もいる。

女性の援助によって社会的な成功を収めることも可能である。

しかし、飽きやすいのが玉に瑕なのである。慕ってくれる女性がいるのに、よそへ手を伸ばしてトラブルを起こす場合も多い。

●陰茎のホクロ

人生の中盤から頭角を現す。商品がヒットして話題を集めたり、株や宝くじに当選して、いきなり億万長者に名を連ねることもあるだろう。

陰茎の裏側にホクロがあるのはタフなしるしで、ベッドでも仕事でも万全の態勢だ。金運をつかむことも予想される。

しかし、問題はある。陰茎が曲がっていれば親子関係がよくないのである。

●根元のホクロ

社会に出ると周囲に可愛がられる。自分でもがんばって実力をつけていくから、最終的にボスと仰がれるような地位に上りつめるだろう。

セックスに関しては風変わりな趣味があるかもしれない。それにつきあってくれる相手が見つかれば、この世の極楽を堪能することができるだろう。

●陰嚢のホクロ

生活力が旺盛である。積極的に行動し自分の力で幸運をつかみ取るだろう。金運も同時に備わるから、水準以上の生活をすることは間違いがない。ベッドでもタフで、女性に対して驚くようなサービスぶりを発揮する。

●ホクロが消える

ここまで見てきたように、男性器のホクロは幸運の紋章という意味が強い。

ところが、このホクロがあるうちはよいのだが、ある日気づいたらなくなっていることもある。ホクロだけでなくシミやそばかすなど、幸運を約束してくれる紋章が消え入りそうに小さくなっていることがある。

そういう兆候が見えたら、運気が低迷を始めるサインとして、慎重な行動を心がけねばならない。

また、しっかりしたホクロがあっても、嬉しがってばかりいるのは危険だ。幸運ボクロの持ち主は、ひとたび衰退期にさしかかると、凋落が早い。ピンチに対して免疫のないことが原因だ。

だから、自分には幸運ボクロがないと落胆するには及ばない。大きな成功はないかもしれないが、この世の地獄を知らずにすむのだから。

●男性器の色

諸説紛々だが、『刀巴心青』によると、黒いものは凶、白っぽいのは未熟な傾向があり、赤い色が吉相であるという。これを最後に書きそえておく。

臀部

臀部、つまりお尻は、女性の子宮などを守る大切な部位である。男性にとっても子宝とつながりがあり、住居の安定にも関連する要所だ。

お尻の形はさまざまである。上体が太っているのにお尻の小さな人、痩せ型でもお尻は発達している人など、ひとことでは断じられない。

しかし、デスクワークに従事する人と、肉体労働の人のお尻には、歴然とした差がある。つまり、お尻はその人の履歴書といえる。スポーツマンは、お尻の筋肉が発達しているし、勉強ばかりしている人は、椅子に何時間も腰かけていられるような形になっている。これだけでもある程度の運勢を見ることが可能だ。

なお、お尻はざっと6タイプに分類することができる。複数のタイプに当てはまる場合は、総合的に判断することが正しい。

お尻の大小

ほどよく豊かならば財運に恵まれる

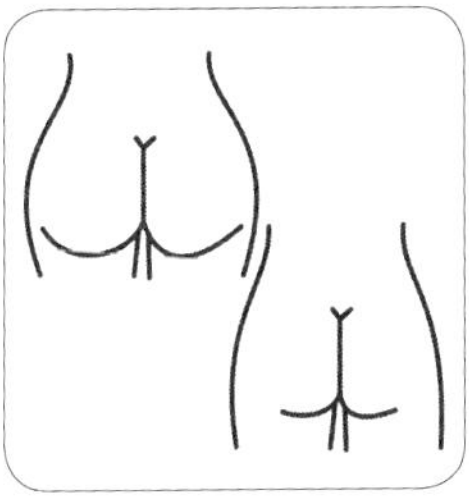

お尻の肉が豊かな人は、お金を蓄え、土地や建物などの財産に恵まれる。

しかし、男性の場合は、肉づきがよすぎてはいけない。ダブつかず、筋肉のしまったお尻を最上とする。

相書によれば、お尻に肉がつきすぎた男性は、性的に虚弱であるという。上体は肥えているのに、お尻の肉が乏しいのも同様である。

ある相書は、「四十九歳の流年に災難あるか死す」と脅している。お尻が貧弱だと、上体を支えきれない。ふだんはいいが、体力が落ちてくると、腰痛などに見まわれることがあるかもしれない。

そういう人は「刷鍋洗盆の相」で、仕事も家庭もかんばしくないとするが、これもやはり体力不足が一因であろう。

女性の場合は、お尻があまりに大きすぎるのはよろしくないとされる。やはり締まりのあるお尻が最上なのである。

丸型（女性のみ）

（気さくなしっかり者
お金が自然にたまる相）

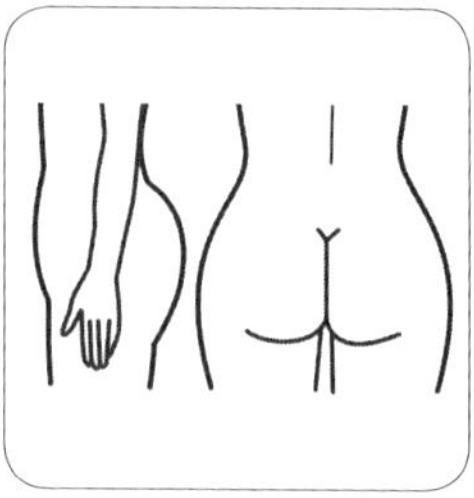

自然な丸みのあるお尻で、後ろから見ると平らに見えるのが特徴である。母性的なお尻というイメージである。女性のお尻は出産前後で、その形を大きく変える。子供を産むと、だいたいは、この丸型に収まるものである。

丸形のお尻の女性は、経済的にしっかりしている。気さくであり、親切な人柄なので、周囲から信頼されるだろう。基本的に締まり屋なので、周囲からおだてられても無駄な出費はしない。自然にお金がたまるはずである。

このタイプのお尻は、乳房とのバランスに注意することが大切である。

乳房のわりにお尻が大きい女性は、性的に円熟していると判断してよい。好きな相手に対しては、ベッドで濃厚なサービスをするだろう。しかし、横に広がったお尻であれば性的に敏感とはいえないようだ。

円曲型（女性のみ）

（希望と情熱にあふれ
困難にも力強く対処）

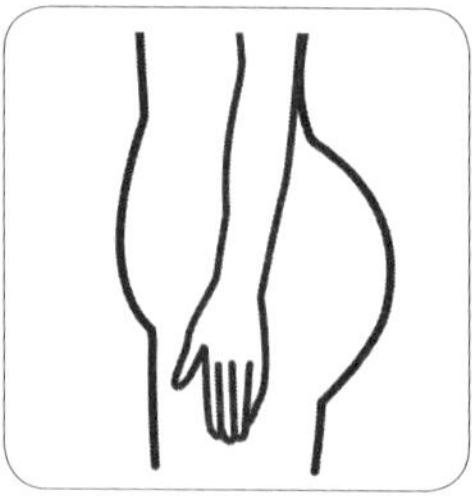

小ぶりでも大きくても、弾力に富んだお尻である。歩くときのラインが美しいのが特徴的である。

このお尻の持ち主は、希望と情熱に満ち、困難な問題に対してもパワフルに対処する。

その困難な問題とは、多くは恋愛である。この相の場合、よき男性と結ばれ、優れた子孫を残したいという肉体の声が大きいのだが、その意識が強すぎると自分ひとりで燃え上がり、いきすぎた行動をとりがちなのである。困難な問題はここから生じろ。

しかし、もともと勘がよいので、大きな失敗はしないだろう。

結婚すると、自分がリードしたがるほうだ。亭主関白を決め込む夫には、反発を覚えるかもしれない。また、性的に弱い夫であれば、不倫や浮気に走る心配もなくはない。

たれ型（女性のみ）

シビアなしっかり者
事業を興せば成功必至

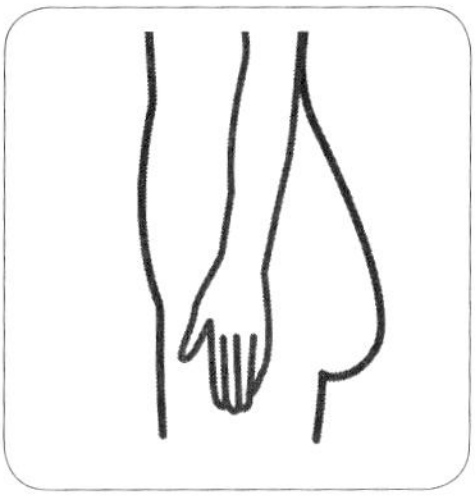

相書では最良のお尻といわれている。しかし、スタイルの面からは、少々残念なお尻かもしれない。お尻の下部に肉が垂れているからだ。40代以降の女性の多くは、このお尻になる。

このお尻の女性は、物質欲が旺盛である。性格的にもかなりシビアだ。恋愛よりもお金を優先する。それだけに、事業を興せば、成功はまず間違いないだろう。そこまでしない女性でも、かなりしっかりしている。パーティーで残ったお菓子や料理をタッパーに入れて持ち帰るタイプである。

セックス面でも、なかなか隅に置けない。何人かの異性と定期的に密会する女性に、このお尻の持ち主が多いのである。もちろん相手は、経済的に裕福な男性に限られる。男性側にその気がなくても、積極的に連絡し、最後には陥落させるという一面もあるようだ。

出尻型（女性のみ）

明るく軽快な人柄
同性に危険視される？

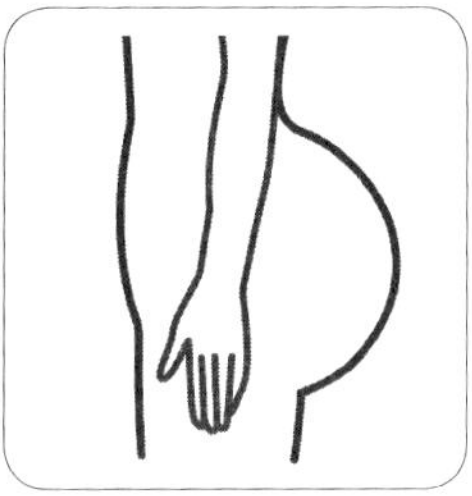

ウエストのあたりから後ろに突き出したお尻である。そのラインは、若々しく美しい。男性から絶大な人気を誇るお尻でもあるが、出産後にこのラインを保っている女性は少ない。つまり一過性のお尻といえる。

性格は明るく、フットワークも軽快である。ところが、同性からは敬遠されやすい。おそらく、このお尻の女性が発散する危険なにおいが原因であろう。既婚者だろうと恋人がいようと、好きになった男性を陥落させずにはいられない魅力の持ち主なのだ。それを同性の敏感さでかぎとっているのである。

ベッドでは淡泊である。セックスは大好きだが、快楽を追求するのではなく、スキンシップを楽しみたいタイプだ。

仕事では、計画性のなさから失敗することが懸念されるが、天与の魅力を活かした接客業には向いている。

長尻（女性のみ）

理論好きな頭脳派
好きになると一途

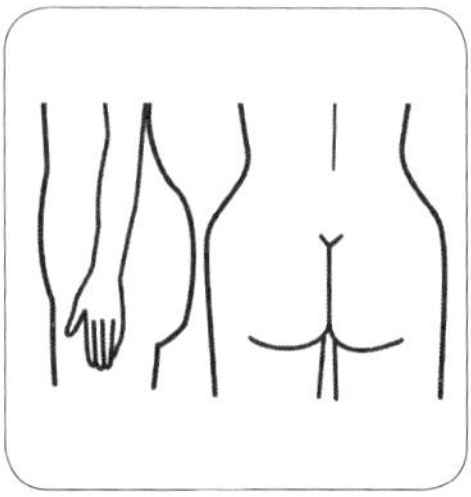

後ろから見ると四角いお尻である。デスクワークに従事している女性に多い。勉強好きな女性にも多く見られる。

このお尻の女性は、理論武装をしている。油断して近づくと、理屈攻めにあうことだろう。ミスをすることを恐れ、細部に至るまでチェックをしないと気が済まない性分である。手洗いやうがいを欠かさないところも特徴である。細菌や汚れに対してわりと神経質なのだ。

恋愛においては、相手の容姿よりも頭脳を重視する傾向がある。知識の豊富な男性にアプローチされると、意外に陥落しやすいかもしれない。また、いったん恋に落ちると、一途にのめり込む。危ない男性に引っかからないよう気をつけるべきであろう。

ふだんはおとなしいが、ベッドではかなり燃える。体力はないものの、服を脱ぐと人格が豹変する女性である。

お尻のくぼみ（女性のみ）

小さなエクボなら
活動的で意思表示が明確

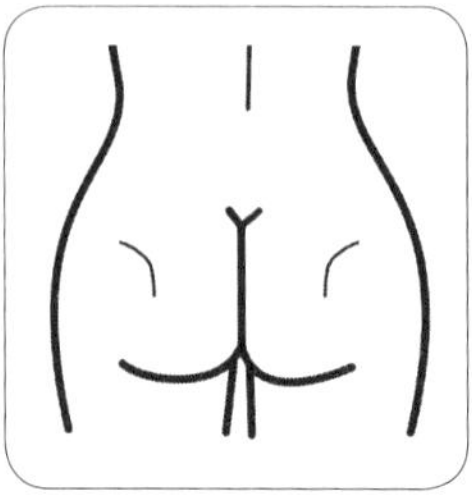

お尻のくぼみは、お尻のエクボともいわれる。お尻のふくらみの中ほどにあるへこんだ部分をいう。これには大小ふたつのタイプがある。

小さなエクボが上相である。生殖器が発育し、女性ホルモンの分泌が盛んなために、お尻の筋肉が盛り上がり、小さなくぼみをつくるのだ。

この相を持つ女性は、活動的である。イエス・ノーの意思表示がハッキリしていることも特徴だ。だから恋愛のトラブルが少ない。

一方、くぼみの大きい女性や、くぼみのない女性は、意思表示があいまいな傾向がある。好きな男性ができても、何が何でも振り向かせようというパワーが足りない。反対に、好みでもない男性からアプローチされても、ノーといえない。

また、秘密の恋から抜け出せなくて苦労することがあるかもしれない。

お尻のホクロ

位置によって異性への対応が異なる

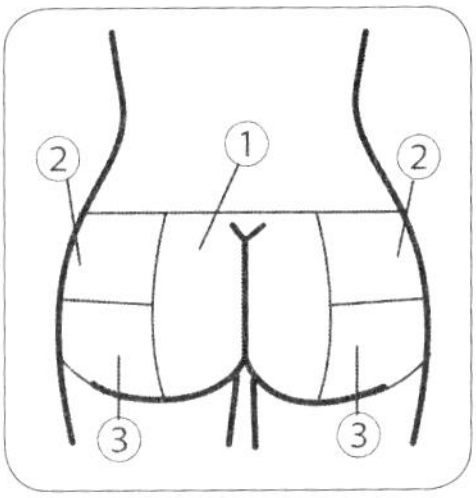

①中央部分

お尻のふくらみの内側にホクロのある人は、男女とも性欲が旺盛である。別名「尻軽ホクロ」ともいう。とくに、尾てい骨の上にホクロがあれば、セックスの名手かもしれない。ただ、そのためにあらぬ噂を立てられることもなくはない。

②両サイドの上部

お尻の外側の上の方にあるホクロは、優柔不断の暗示である。誘われるとイヤとはいえない気弱さがある。好みではない異性に押し切られ、面倒なことにならないよう、ノーという練習をしたほうがよいかもしれない。

③両サイドの下部

お尻の外側の下の方にあるホクロは感情的になりやすいことを示す。

男女とも、相手に不自由しないが、ひとつの恋の寿命が短い。感情面を抑制できれば恋愛も安定するはずだ。

◆「ケツが青い」の意味

お尻の青あざや白あざは甘えん坊のサインである

「あいつはまだケツが青い」という表現がある。

「ケツが青い」とは、蒙古斑のことである。黄色人種の赤ん坊のお尻に見られる青いあざだ。生後3年ほどで消えるのだが、考え方が幼い人を形容する言葉として用いられている。

総じて、お尻に青あざや白あざ（周囲の皮膚に比べて、一部分だけ白くなっているもの）のある人は、よくいえばロマンチック、悪くいえば甘い考えの持ち主だ。女性の場合は、男性の嘘にコロリとだまされる傾向が見られるから気をつけたほうがよい。

また、あざのほか、吹き出物の出やすいお尻の持ち主は、男性の場合だとジェラシーが強い。仕事などはしっかりこなすのだが、恋愛では駄々っ子のようにふるまって、相手の女性に呆れられる。幼さが抜け切っていないところがあるため、恋人に対して母親を求めてしまうのかもしれない。

足

「人形法」（ｐ４００）に照らし合わせてみると、足は、男性にとっては職業運を意味する。一方、女性にとっては兄弟姉妹など近親者との縁をふくめた家庭運にあたる。

　また、体の下停部にも相当するために、家や土地、晩年運などを判断する材料となる。

　だいたいにおいて、足の長い人は放浪性があると判断できる。つまり、職業が変わりやすいし、住まいを移しやすい。

　反対に、足が短くて太い人は、定住型である。それなのに各地を転々とするような事情を抱えているならば、運勢はあまりよろしくないと判断する。自分本来の運勢とは異なる生き方をしているからだ。

　また、足のケガなどのトラブルは、運勢に直接的な影響を及ぼす。住宅の問題でのトラブルを告げるほか、晩年の住居についての悩みが多いとも見るのである。これは貧乏ゆすりの癖がある人にも該当するから、そのような癖があれば、人相学の見地からは、直すのが望ましい。

　女性の場合は家庭運に当たると述べたが、家庭運を支えるもののひとつに、良好な性生活がある。そのような視点から、足の相を判断することも大切である。

　以上のことを念頭に置きながら、足の相へと踏み込んでいこう。上の部位から順に述べていく。まずは腿の相について述べる。

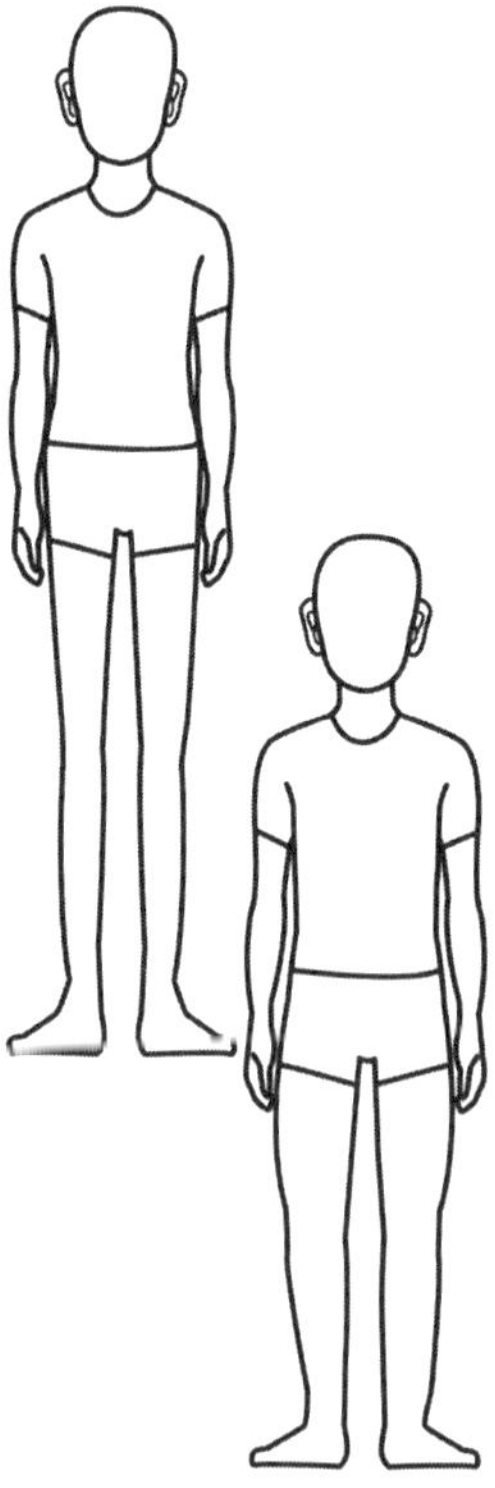

●餅腿

話し好きな社長タイプ 意外に感受性が豊か

餅腿とは、膝から上（大腿部）の肉づきがとてもよい相である。両腿をそろえたときに、隙間がないほどむっちりしていることが特徴だ。

「髀肉《ひにく》の嘆《たん》」という言葉がある。『三国志』に登場する劉備玄徳《りゅうびげんとく》が、平穏な生活に慣れたために内腿に肉がついてしまい、馬に乗れずに嘆いたというエピソードにもとづくものだ。

こういう腿の持ち主は、歩くと内腿がすれるので、腿を少し開いて歩行するものである。

この相の持ち主は、基本的に明るく、話をするのが好きである。話に夢中になって大風呂敷を広げ、会話の中心人物になりたがる傾向がある。

男性ならば、中小企業の経営者に多い。太っ腹なように見えて、案外に繊細なところがある。感受性が豊かで、他人の苦労話に涙をこぼすこともしばしばだ。

大腿部が膝から下より長いタイプと、膝から下のほうが長いタイプがあり、それぞれに意味が異なる。

①大腿部のほうが長い

性的に発達していることを示す。とくに女性は、官能的な魅力にあふれ、家庭運は安泰である。

②膝から下のほうが長い

積極性が足りない暗示である。恋のバトルに遅れをとることも多いようだ。

さらに、正面から見て太い腿と、横側から見て太い腿でも運勢が異なる。

正面から見ると太い場合は、男女とも誘惑に弱い。ただし、他の部位と合わせて判断する必要はある。

一方、横から見ると太い場合は、熱しやすく冷めやすい傾向がある。

恋愛では、すぐに熱くなるのだが、翌週には別の人に心を動かされるようなタイプである。

総じて、太腿は締まっているのが上相で、ブヨブヨした腿は下相である。

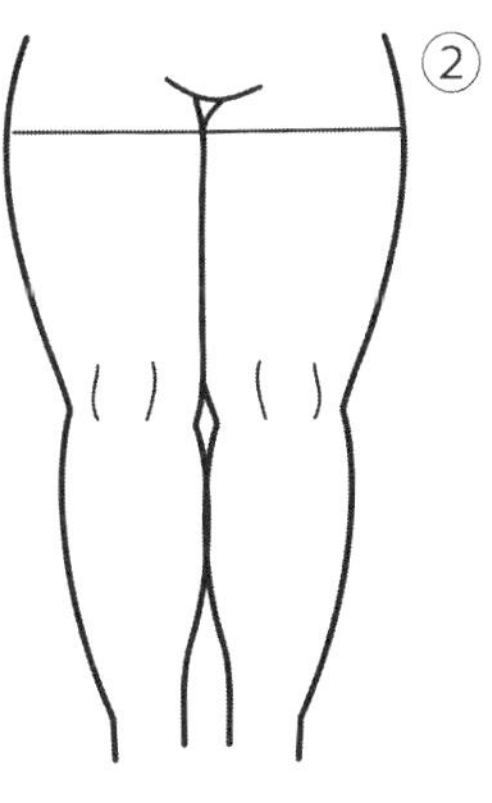

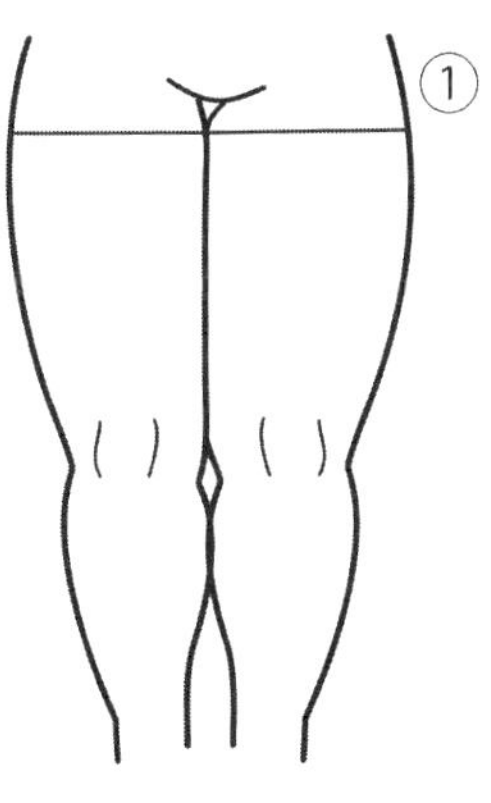

風腿

両足の隙間の形から情熱の傾向がわかる

足の相については、立ったときに、両足の間に隙間が生じないものを上相とするが、風腿の場合、隙間が生じる。

太っているか痩せているかには関係がない。太い足でも隙間が開くことがある。また、開き方もいろいろである。

①X型

腿までは密着しているが、すねの部分が開くタイプである。

この相の持ち主は、仕事には熱意をもって取り組む。社交性もあり、やり手である。ところが恋愛になると、からきし勇気が出ない。遊びの恋なら楽しめるのだが、本当に好きな相手の前では、気持ちを伝えられない。それどころか無視する場合もある。そのために、相手から誤解されやすいのだ。

②O型

両足を閉じたときに、膝の間が開いているタイプだ。

情熱家だが、その情熱を発揮する場所に恵まれない。仕事でも、なかなか適職が見つからずに悩むだろう。下積み生活が長いかもしれない。恋愛でも、好きな相手と結ばれにくい。自分の情熱をうまく伝えられないからだ。結婚後は円満な家庭を築く。

③並行型

O型のバリエーションといってもいい。腿の間にも、膝の間にも隙間ができるタイプだ。一時的なパワーはすごいが、持続性に欠ける傾向がある。イベント会社など、期間を区切って追い込む仕事なら、ば頭角を現すだろう。地道な努力の積み重ねを要求される仕事は不向きである。

恋愛でも瞬間的な恋を楽しむ。ライバルが出現したときのパワーはすさまじいものがある。

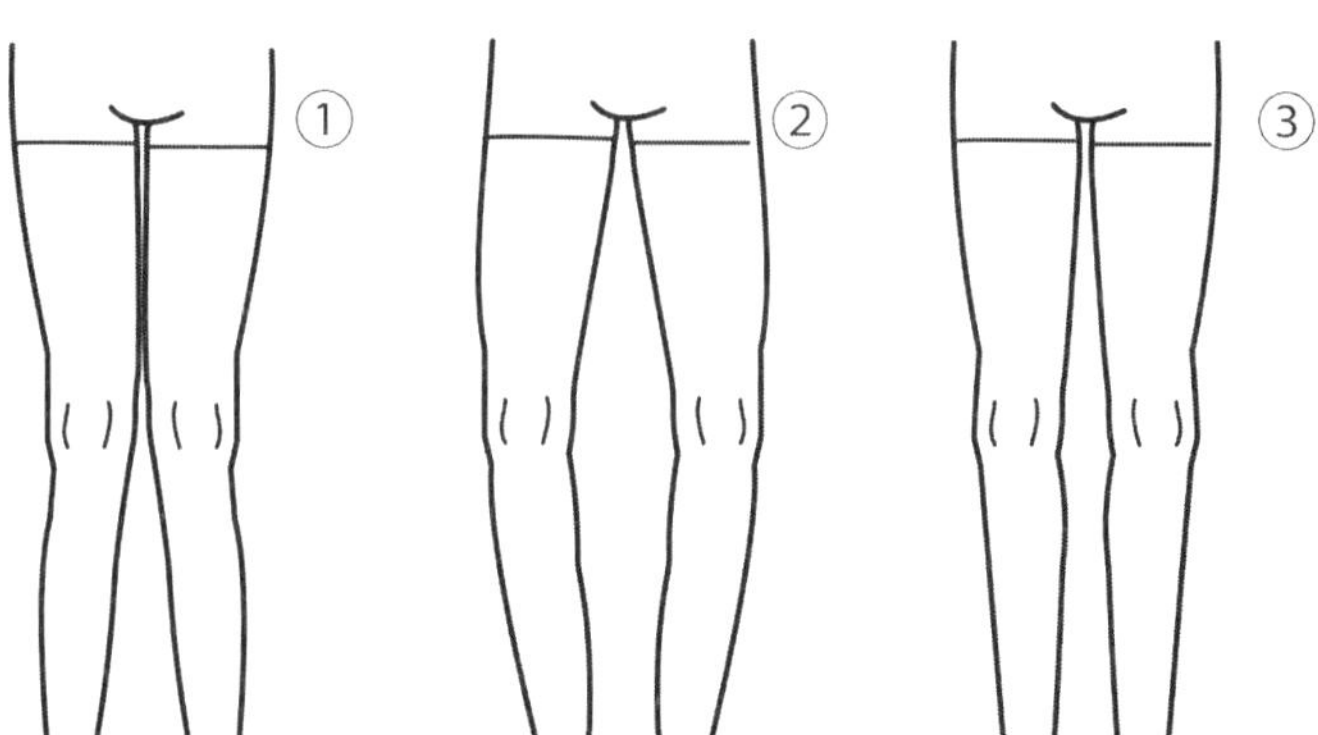

鹿腿

両足が密着すれば吉　仕事も恋も順風満帆

スラリと伸びた足を鹿腿という。

両足が密着していれば、文句なく上相である。さらに、大腿部と膝から下の長さのバランスがとれていれば、仕事も恋愛も家庭も順調だろう。

そうでない場合は、個々の解釈に差異がある。

①膝から下のほうが長い

冷たい人だと誤解されやすい。仕事のできない部下に対して、少々クールすぎる対応をすることもある。恋愛でも、割り切ったつきあいをするだろう。

②大腿部のほうが長い

①とは反対に、情熱や優しさゆえに、人情に流されやすい。そのために仕事が停滞することもあるだろうし、恋愛でも湿ったつきあいとなりやすい。

③すねに隙間がある

活動的で、仕事をバリバリする。気性が激しいのである。膝から下のほうが長ければ、かなりのやり手だろう。しかし、恋愛面では、気性の激しさゆえに独裁的になる。好きな人が既婚者だろうと奪い取ることも考えられる。

④腿にもすねにも隙間がある

この相に多いタイプである。

情熱を発揮するものが見つかりにくい。自分に適する仕事が見つからず、ため息ばかりつく毎日となるかもしれない。自分の道が見いだせないまま、悪い友達に引きずられることもあるだろう。

恋愛では、わずかなトラブルで身を引きやすい。恋にトラブルや誤解はつきものなのだから、多少のトラブルは腹をくくって突破するほうがよい。

女性の場合、こうした傾向がより強くなる。だが、筋張らない柔らかな足であれば、運の悪さはかなり軽減される。

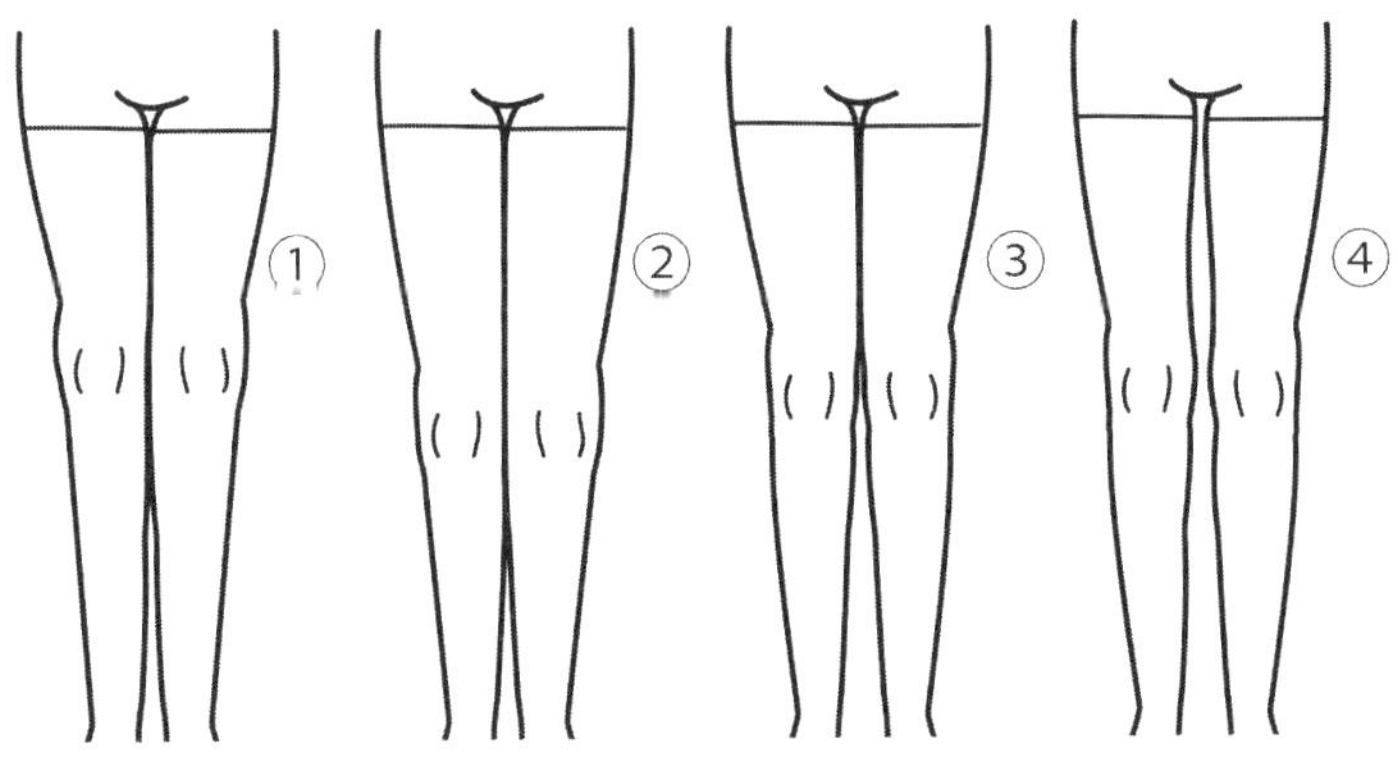

腿のつけ根のホクロ

根性や欲望を隠し持つ
不倫の可能性もあり

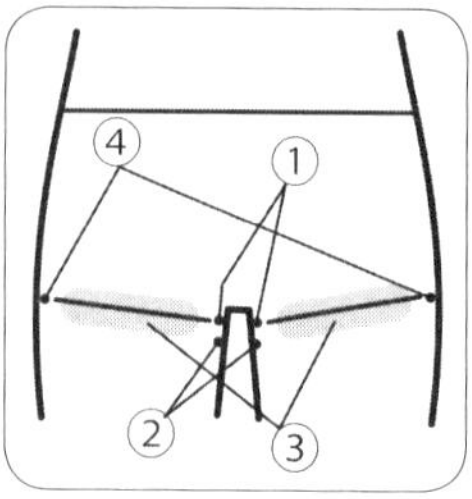

股との境界（①）にホクロがあれば、地道な研究や努力の末に成功を勝ち取る。文章力を磨くために、好きな小説を写して文章のリズムをつかみ、ライターとして成功した人もいる。

腿のつけ根の内側にあり、正面から見えない場所（②）のホクロは、努力が報われない暗示とされる。資金繰りに困ったり、恋愛では真剣さが相手に伝わらなかったりすることがある。

腿のつけ根でも、正面から見える場所（③）にホクロがあれば、真面目そうな顔の下に欲望を隠している。ベッドでは驚くほど激しいかもしれない。

腿の外側（④）にホクロがあれば、恋愛面で満たされない可能性がある。相手に尽くしても徒労に終わりがちだ。

なお、腿のつけ根のホクロは、端的にいえば不倫ボクロである。不倫中の女性の多くは、このホクロを持つといわれる。

腿の正面のホクロ

忽然と発生する
情熱と官能のサイン

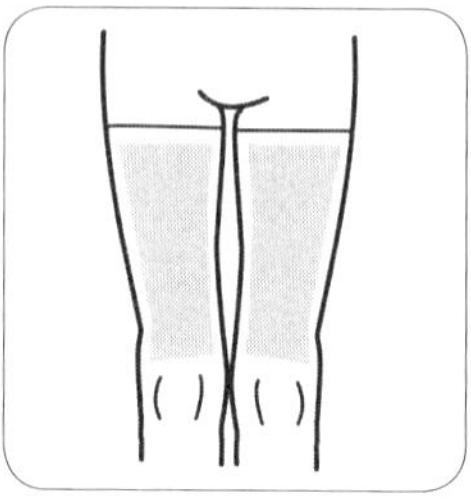

この位置のホクロは、猛烈な色欲ボクロとして、観相家の間では有名である。

ひとたび恋が燃え上がれば、とどまるところを知らない性情の持ち主だと断定してよいだろう。

男女とも、官能のとりこになりやすいという特徴がある。

とくに女性の場合は、たとえ結婚していても、夫や子供を忘れて背徳の快楽にふけりやすいとされているから、自重が必要かもしれない。とはいえ、意志力だけではなかなか防ぎようがないことも事実である。

このホクロは、昨日まで存在しなくても、ふと気づくと発生していることがあるので、定期的にチェックをすることが望ましい。

非常に危険なホクロで、色情のためにわれを忘れ、後悔するような過ちを犯しやすいのである。

腿の裏側のホクロ

子供なら反射神経よし 女性なら健康なしるし

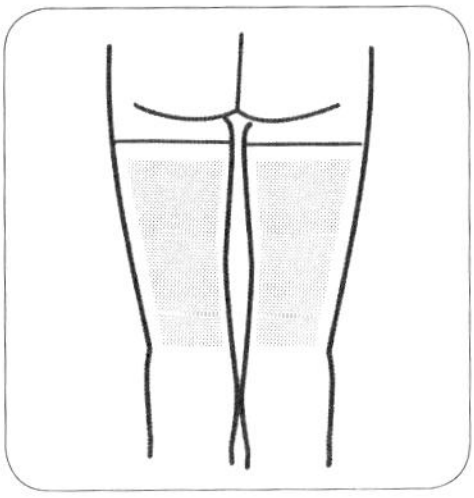

腿の裏側にホクロがあれば、健康であるというサインである。

この位置にホクロがある子供は、優れた反射神経の持ち主である可能性が高いから、スポーツをさせるといいかもしれない。将来は一流のプレイヤーに成長する可能性がある。

女性にとっては、性的に健康なしるしである。体力的にも申し分ない状態を表している。ベッドでは、生来の魅力を遺憾なく発揮することだろう。それに支えられて、家庭運も良好である。

とはいえ、この占断が当てはまるのは、夫が性的にタフな場合である。そっち方面にあまり適性のない夫だと、この女性は満たされにくい。

男性の場合も健康面では問題がない。ただ、ホクロが腿の中央にある場合は、一生に1度か2度、性的な面で女性に溺れることがあるだろう。

膝頭の大小

大きければ結婚希望 小さければどちらでも

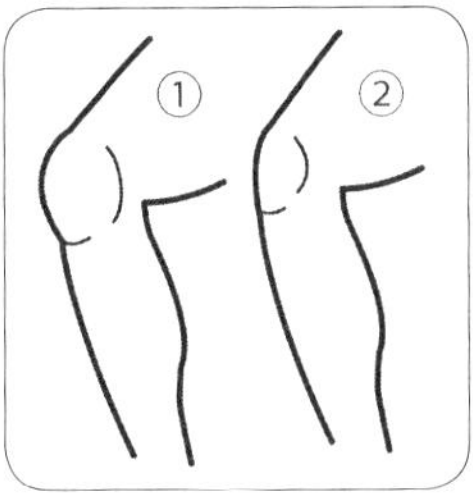

膝頭は、結婚に対する姿勢を表す。

太腿に暗示される情熱と、膝から下に暗示される冷静さが、合流する場所だからである。

①のように、膝頭の大きい人は、結婚に依存するタイプである。結婚は人生に必要なものだと受け止めている人だ。結婚が遅いことや、結婚しないことをマイナスにとらえるタイプなのである。他人と比べて、地位や収入の高い夫を求める女性に、このタイプが多いようだ。

②のように、膝頭の小さい人は、人生には絶対に結婚が必要だとは考えないタイプだ。好きな人が現れれば結婚してもよいが、そうでなければ結婚にこだわらない。離婚に対しても潔い。関係を修復するより別れる道を選ぶ人である。

なお、膝を負傷した場合は、結婚運が揺らぐサインだ。それを知っていれば、ダメージを未然に防ぐことができる。

膝頭のホクロ

男性ならば実力発揮　裏側にあれば要注意

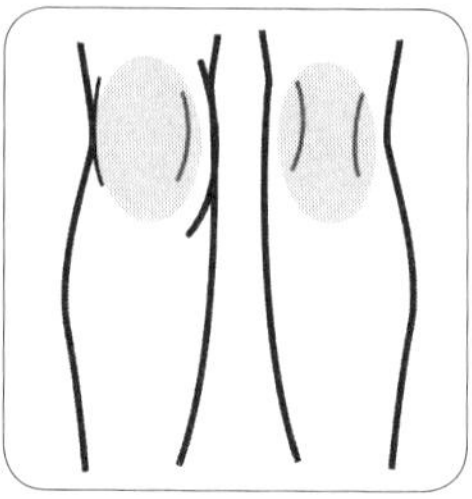

女性の右膝のホクロは、結婚の時期を告げる。膝頭の中央にあれば、晩婚の傾向がある。一家を支えなければならないような事情が発生し、結婚どころではなくなるケースもあるようだ。ただし、膝の中心から離れれば離れるほど、晩婚運が回避される。

女性の左膝のホクロは、職場の花となるサインだろう。同僚の女性には煙たがられるかもしれないが、取引先の男性には大人気を博すはずだ。

膝頭の裏側のホクロは、左右を問わず色情ボクロである。スキャンダルに巻き込まれ、その影響で婚期が遅れることもあるという、危険なホクロなのだ。

男性の膝頭のホクロは、仕事で実力を発揮するためには必要なホクロである。ここにホクロがあれば、部下に多少厳しくあたっても構わない。ただし、膝頭の裏ならば女性問題に要注意だ。

すねの太さ

ほどよい肉づきなら　住居運が良好

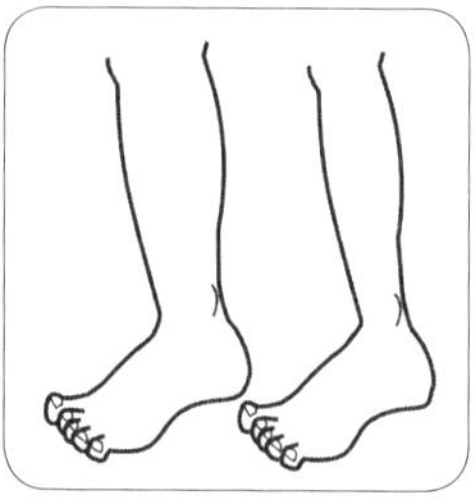

膝から下、つまりすねは、住居運を告げる部位である。ただし、住居運を判断する際に重要なのは下あごだ。すねの様子を参考にしながら、下あごで最終的な判断をするのがコツである。

適度に肉がつき、骨ばっておらず、見た目にもスッキリしたすねが上相で、快適な住居が労せずして手に入る。

また、ふくらはぎは向上心を表す部位だが、ここの肉づきがよい人は、もっといい家に住みたいという欲求を持ちやすい。そして、自力でよりよい住宅を手に入れるだろう。

一方、膝から下の部位がゴボウのように細い人は、現状を自分で変えていくパワーに欠けるようだ。それでいて、不平不満をしばしば口にする。

膝から下は、弁慶の泣きどころといって急所のひとつである。大切にしなければ運が下降する。

すね毛

精力のレベルを示す 濃い人は元気いっぱい

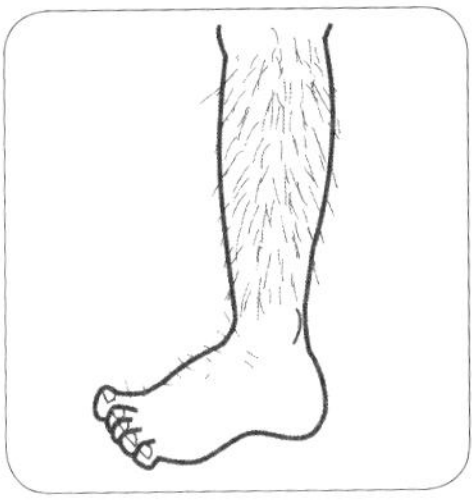

すね毛は、その人の精力を示すといわれている。立派なすね毛を持つ人は、男女ともに色情が盛んである。

すね毛が多い女性は、心の交わりもさることながら、体の交わりを重視するタイプである。淡泊な男性には、あまり興味を抱かない傾向が見られる。冷静な観察眼でもって、自分に匹敵する熱さを備えた男性を選ぶだろう。

男性にとって、毛深さはパワーのシンボルである。毛深い人は、仕事にも恋愛にも激しいパワーで当たるだろう。

50代前後から、男性のすね毛は薄くなる。それは精力の減退を意味する。仕事も恋も第一線から退き、落ち着いた暮らしを営むことになる。

なお、太腿に毛のある女性は、好きな男性に対して純である。やや深情けの傾向があり、その点は心配であるが、心から尽くすタイプといえる。

すねのホクロ

正面はトラブルの暗示 裏面は幸運のサイン

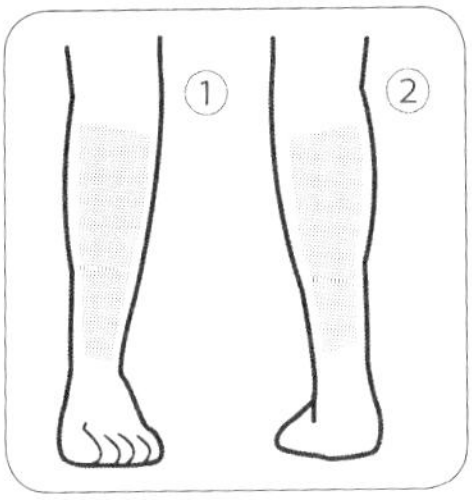

すねの正面（①）にあるホクロは、男性の場合、住宅に関するトラブルが起きやすいことを意味する。健康面にも注意信号がともっている。

いざというときに、問題を解決するための気力が出せるよう、日ごろから体調に気を配るとよい。もちろん、問題を発生させないための対策も不可欠である。

女性ならば、兄弟姉妹のことで悩みが起きる暗示である。兄弟姉妹の尻ぬぐいをすることになり、そのために住宅を移ったり、場合によっては手放すかどうかという話に発展するかもしれない。

ふくらはぎ（②）にあれば、幸運のホクロである。男女とも、苦労せずに理想的な家に住める可能性が高いのだ。高級住宅街に居を構えるのも夢ではない。とくに女性は、兄弟姉妹から経済的、精神的な援助を受けるなど、思いがけない幸運が約束されている。

足首の状態

（ケガ、痛み、汚れは
運勢の不調を暗示する）

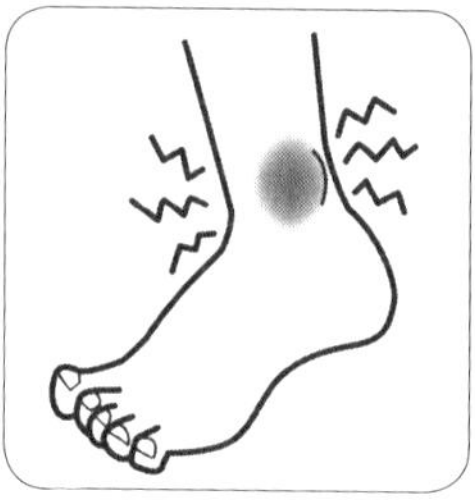

足首は、女性の場合、恋愛や結婚の基本的な運勢を見る部位である。

足首が締まっていれば、男性を見る目に優れているので、恋愛や結婚の基本ができていると判断するのである。

しかし、足首にケガをしたり、痛みがあったりする場合、少なくともその間は男性を見る目がくるいやすい。

足首に締まりのない女性は、自分から危険な男に近づくタイプである。そのために恋も結婚も波乱に見まわれがちだ。

男性の足首は、仕事の基本的な運勢を見る部位である。アキレス腱の形がハッキリ見えるように締まっていれば、万事そつがない。商売と人情の間で、巧みにバランスをとる才能がある。しかし、脂肪がつきすぎたり、どこか汚れた感じの足首ならば、軽はずみである。商売がたきに弱点を握られるなど、仕事の基礎に問題があることになる。

足首のホクロ

（見栄や甘えに要警戒
腰痛の予防にも留意）

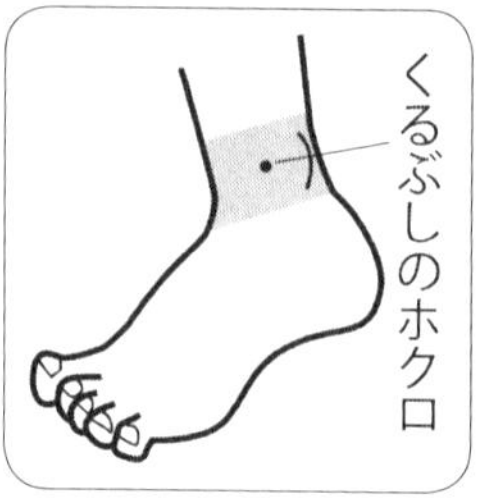

足首のホクロは、よい暗示ではない。とくに、くるぶしのホクロは、後悔するような結婚をしがちであることを意味する。結婚してから夫の本性を知るなど、男性の選択眼に問題がある。経済的に恵まれている、スタイルがよいなど、見栄を満たすための基準を捨て、男性の本質を見る目を養う必要があるだろう。

男性の場合、一度は仕事でどん底に沈む暗示といえる。原因は、周囲に対する油断である。このホクロを持つ男性は、友情や信頼という言葉に甘えすぎると、足もとを救われかねない。テレビや新聞の情報を頭から信じることや、流行に飛びつくことも危険だ。自分の価値観をしっかり持つことが大切である。

男女とも、足首のホクロには腰痛という暗示が込められている。くるぶしのホクロがある場合は、とくに注意。ストレッチなどをして予防に努めるべし。

甲の高低

高すぎても低すぎても住居や土地に難あり

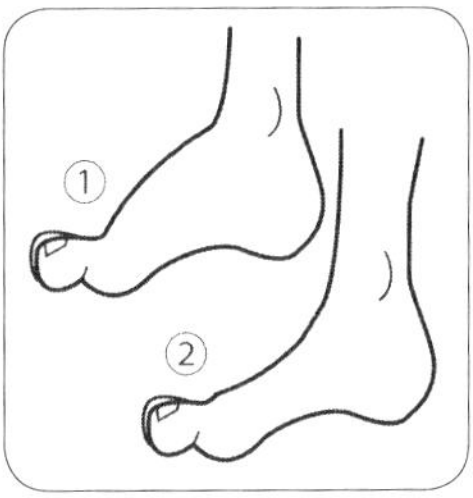

足の甲は、潤いのある肉で包まれるのが上相だ。

相書には「足の甲はあまりに高きも低きも悪し」とある。足は、生活の基本となる住居や土地を見るところだから、甲高の足（①）や、甲の低い足（②）は、土地などについて問題が起きやすいと判断できる。たとえば、甲の高い人は、先祖からの土地を手放す可能性がある。

「足の甲に肉なく骨あらはるゝは貧窮孤独なり」ともある。そのまま解釈するなら、甲の骨が浮き出ている人は、代々の土地を手放してもなお貧困に苦しめられる孤独な相ということだ。

さらに相書は「大人に跟骨なき如きは貧賤、他国に流浪す」とも記している。跟骨なき如しとは、足首の締まりがないために、かかとの骨の形があいまいになっている状態を指す。そういう人は住居を転々としがちである。

外反母趾の運勢は？

良妻賢母タイプだが腰痛と肩こりに注意

外反母趾とは、足の親指が小指側に曲がっていく症状の総称である。日本の女性に激増しており、年齢とともに症状が進行する場合がある。腰痛や肩こりなどの一因となるといわれているから、早めに対策を講じるとよい。

人相学的に見れば、この相の人は古風であり、厳格な一面を持っている。良妻賢母タイプともいえる。

外反母趾が激増中ということは、これからの日本には、良妻賢母がますます増えていくのだろうか？　今後の動向に注目したいものである。

足の大小と形

大きな足は住居の悩み 小さな足は高望み

足の大小は、体のバランスを考慮して判断しなければならない。手首から肘までの長さが、足のサイズとほぼ同じである。これを上回れば大きな足（①）、下回れば小さな足（②）ということになる。

相書には「足格別大なるものは家につき苦労多し」とある。大きすぎる足は、継ぐべき家が故郷にあっても、都会で仕事をしているためにかなわないといった事情が生じやすい。あるいは、家の設備などに問題が発生することも考えられる。新居を購入する際には専門家に見てもらうことが大切だろう。

また、足の大きな女性は、家を継ぐ運命にある。末っ子であっても、家督を相続することになるかもしれない。

反対に、足がとても小さい場合は、理想が高すぎて、なかなか住宅が手に入らないか、手に入れても苦労がつきまとう暗示となる。雑誌に載っているような住居に憧れたり、郊外に新居を購入したまではいいが、職場との往復に何時間もかかるという実例もある。

左右の足のサイズが極端に異なる場合（③）は、複数の家や土地を手に入れる才覚がある。あるいは、両親や義理の親から相続した不動産があるにもかかわらず、別の家に住むことが考えられる。男性ならば、自宅と別宅を往き来するというケースも想定できる。

次項からは、足の形などについて述べていくが、相を見る際に大切なポイントがひとつある。

利き足で潜在的な運勢を、反対の足で現在の運勢を見るのである。

どちらが利き足であるかについては、あぐらをかいて調べる。上にくるほうの足が、その人の利き足である。

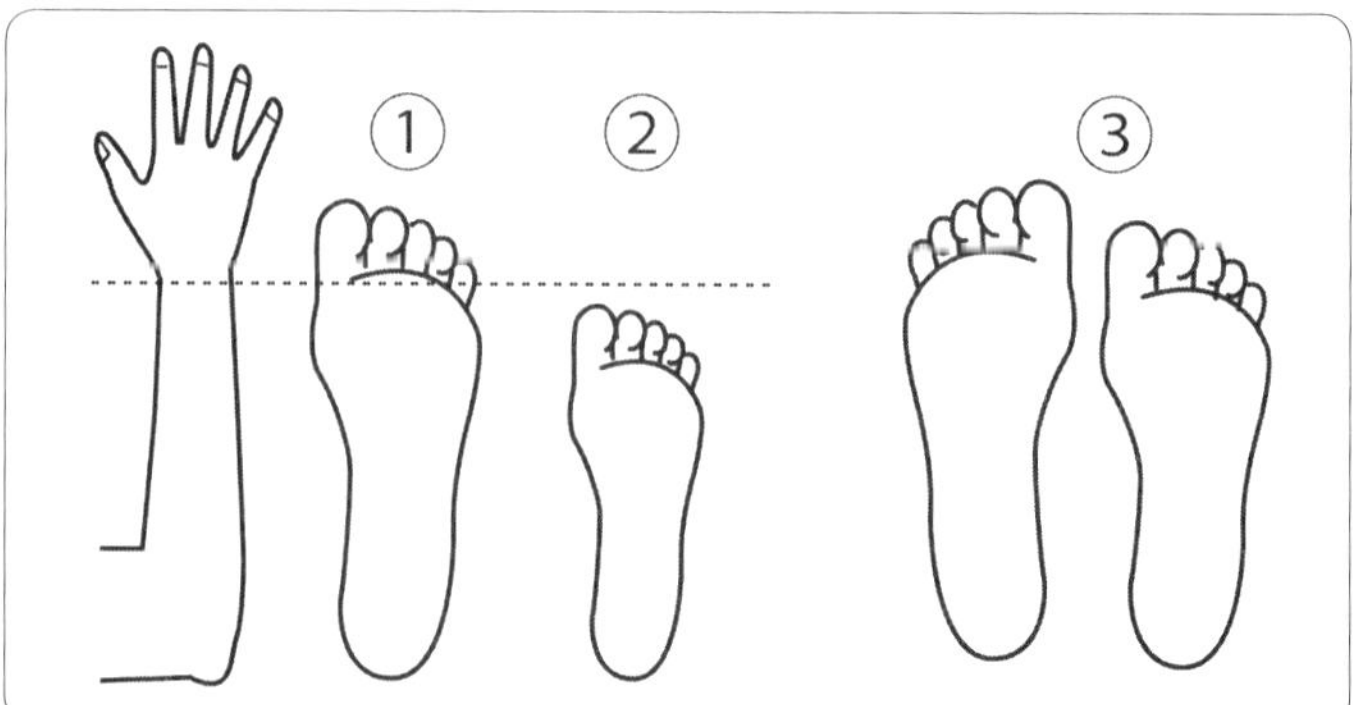

ギリシア足

リーダーの器あり
結婚後も主導権を握る

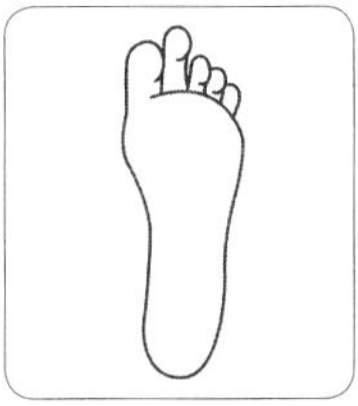

人差指が親指よりも長い足をギリシア足という。俗に「親より偉くなる」という足であるが、リッチな環境で育った人に多く見られる。それゆえに、わがままな一面を持つとも解される。

結婚すると亭主関白、あるいはカカア天下となる可能性が高いだろう。リーダーシップを備えていることも、この足の特徴だ。

スクエア

正直でストレート
わが道を行くタイプ

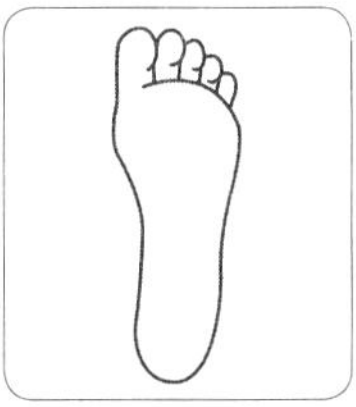

人差指と親指の長さが同じであれば、スクエアと呼ばれる足に該当する。

この人は、正直でストレートである。他人が何といおうと、自分の信じる道を突っ走り、ついには成功を収めるだろう。

そのストレートさゆえに、ときには反発を買うかもしれないが、基本的には気持ちのよい人だ。

エジプト足

優しいロマンチスト
飽きっぽさを克服せよ

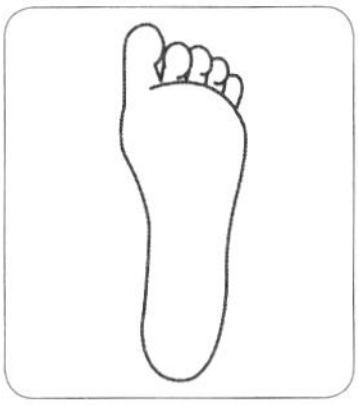

人差指が親指より短いものをエジプト足という。

この相を備えた人は、ロマンチストである。とても優しい心情の持ち主で、親切である。他人を信じやすいため、だまされることはあるかもしれないが、人をだますようなことは決してしない。

飽きっぽいところを克服すれば、成功をつかむことができる。

扁平足

実は集中力が高い
思いを表現して開運を

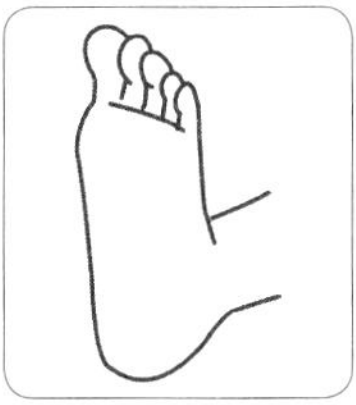

土踏まずのない足である。

この相を持つ人は、よくいえばとことんマイペースである。悪くいえば、目から鼻に抜けるタイプではなく、あまり人のことを気にしない。その一方で、過激な思いを宿していることも多い。それをうまく発散する環境を探すことが開運のポイントである。実は、きわめて高い集中力の持ち主だ。

足の指が長い

理詰めで物事を考える
約束の時間に厳しい

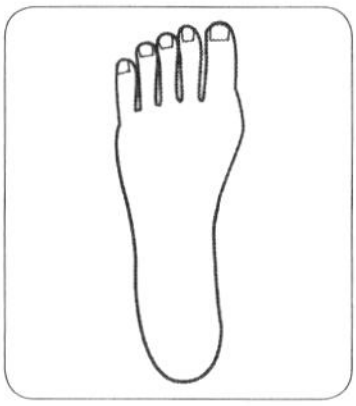

理詰めで物事を考えるタイプである。発作的な行動はほとんどしない。気ままな旅をするときも、行き当たりばったりではなく、事前に列車の座席やホテルを予約していないと落ち着かない。

当然、約束の時間をきちんと守る人である。逆にいえば、約束を守れないルーズな人を許せないシビアな面がある。

小指が極端に小さい

天真爛漫な自由人
わがままな一面も

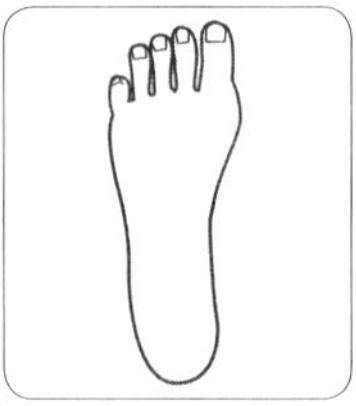

小指があるかないかというくらいに小さく、その爪も米粒ほどの人がいる。

この人は、天真爛漫で考え方が自由なのが特徴だ。子供時代の気持ちをそのままキープしていると思えばよい。

自由で素直だが、わがままで、欲しいものが手に入らないとダダをこねる傾向が見られる。

足の指が短い

純粋なハートの持ち主
人見知りの傾向あり

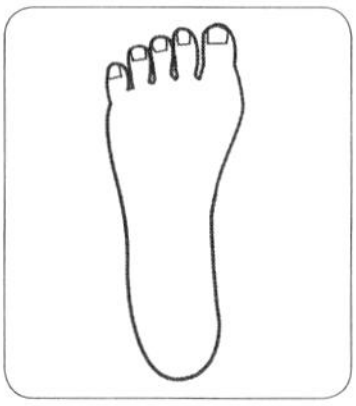

その場、そのときの感情で行動するタイプである。純粋なハートの持ち主で、自分の意に染まぬことはしない傾向がある。

人見知りをするので、結婚後などは、義理の親との関係が良好になるまでに時間がかかるだろう。

自分の気持ちに一途なためか、不倫などに対してほとんど罪悪感を持たないことも特徴である。

中指が曲がっている

他人の秘密が好き
その好奇心を活かせ

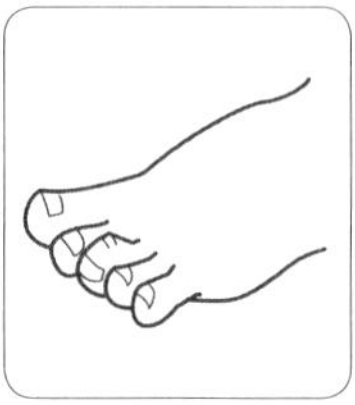

この相の持ち主は、他人の秘密に好奇心を燃やす傾向がある。

気になる人物の情報を聞き出すには格好の相手だが、油断すると、自分が秘密にしていたことを周囲にベラベラとしゃべられるかもしれない。要注意である。

好奇心が強いこと自体は悪くない。それをプラスの方向へもっていくことが開運の鍵となる。

足指のホクロ

見える場所なら凶 見えない場所なら吉

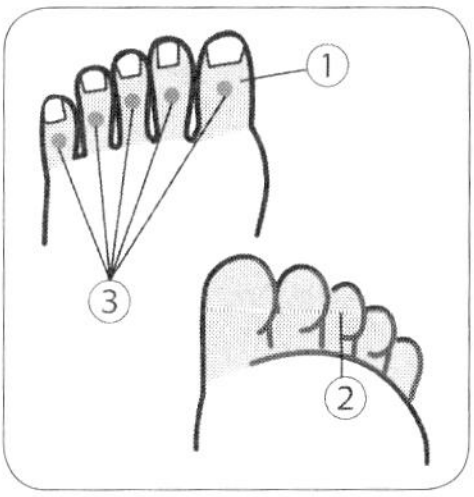

裸足になったとき、人目に触れる場所（①）にあるものは凶である。足の裏など、隠れた場所（②）のホクロは吉として解釈する。

以下に、親指から小指までのホクロの解説をするが、やはり指の表のホクロは悪い判断となる。とくに指の中心（③）にあるホクロは悪い。

とはいえ、中心をそれるほど凶意は減じられる。裏側であれば、多少注意する程度でよく、悪い解釈はしない。

【親指】

意見が衝突するホクロである。男女とも、住居を購入する際、売り主との折り合いが悪く、交渉がまとまりにくいなどの膠着状態が予想される。

恋愛面では、頑固な相手と恋をして、口論を繰り返すかもしれない。そのような相手と結婚すると、悩みを抱えることになりかねないので、結婚を決めるときは、慎重さをもって臨むこと。

【人差指】

仕事上で信用問題が発生し、逆境に立たされる可能性を暗示する。濡れ衣を着せられることも考えられなくはない。

恋愛でも、やはり身に覚えのない噂を立てられるかもしれない。恋人にまで疑われ、関係にヒビが入る場合もある。

日ごろから丁寧なコミュニケーションを心がければ、凶意は軽減する。

【中指】

欲を満たすためには手段を選ばないことを意味する。よくいえば、目的を達成するための最短距離を探る才能を持っている。しかし この傾向が非常に悪く出ると、人をだまして利益を得ることになりかねない。恋愛でも、損か得かを基準にして、あっさりと別の異性に乗り換えることがありそうだ。

【薬指】

浪費ボクロである。ここにホクロのある人は買い物が大好きである。必要な物を買うというより、買い物をすること自体が好きであるため、いつも金運はピンチ状態だ。ネットビジネスなどでだまされないよう、注意が必要かもしれない。

【小指】

おしゃべりボクロである。話さなくてもいいことまで口にして、ピンチを招くこともありそうだ。また、お金がたまりにくい傾向もある。財布の紐も口元も、堅く締めておくことが開運のコツだ。

かかとのホクロ

裏なら幸運のサイン
不動産に恵まれる

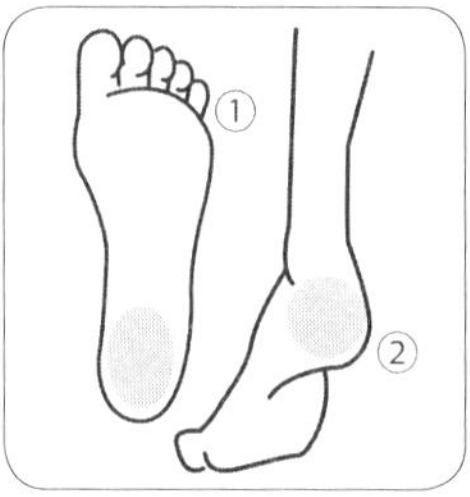

かかとの裏(①)にあれば、住宅や土地に恵まれる幸運のホクロである。いきなり不動産を相続して資産家の仲間入りを果たすことも予想される。登記上のトラブルがあったとしても、このホクロがあればスムーズに解決する。念のために信用のおける弁護士を探しておけば、完璧である。

しかし、かかとの脇(②)など、裸足になったときに人目につく場所にあれば、判断が暗転する。相続の話が出ても、期待を持たせるだけで自分のものにはならないだろうし、むしろ登記などで揉めることになるかもしれない。

女性の場合、ここにホクロがあれば、家庭内の問題に注意を払うことをおすすめする。

とくに、夫の両親や兄弟姉妹とのコミュニケーションが不足しないよう気をつけるとよいだろう。

足の裏のホクロ

ピンチを好機に変える
救世主のような存在

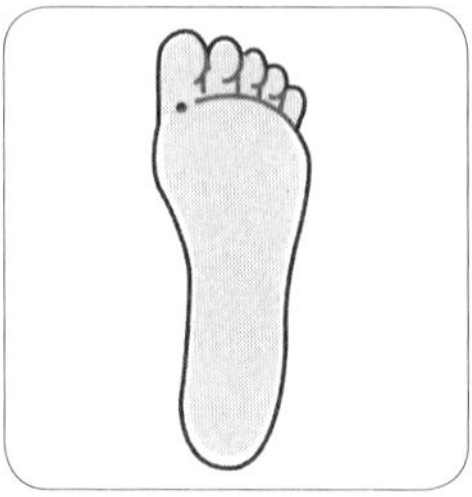

裸足になったとき、人目につかないホクロが吉であることは、すでに述べてきた。その意味では、足の裏のホクロは幸運のしるしといえる。

ピンチをチャンスに変えてくれる、救世主のようなホクロなのだ。

なかでも、親指のつけ根にあるホクロ(図)を最上相とする。

ここにホクロがあると、日常的にもツキまくる。たとえば、渋滞に巻き込まれても、そのときだけ車の流れがスムーズになったり、わずかな差で事故を免れたりと、不思議な幸運を運んでくれるホクロなのである。

とはいえ、ホクロがあるからと油断してはいけない。また、いくら幸運のホクロがあっても、家に引きこもったような生活をしていては、ツキの活かしようがない。自分で幸運をつかむ気概があってこそ、このホクロが輝くのだ。

声

『達磨《だるま》相法』には「富を問うは鼻にあり、精神を問うは眼にあり、全《まった》きを求むるは声にあり」とある。

「全き」とは、文字どおり万全なことである。これを求めるには、声が要だというのだ。つまり、声を聞けば運命の行く先がわかるのである。

たとえば、幸運の波に乗っているときは声にもリズムがある。一方、嘘をついたりすると、このリズムが乱れてしまう。

また、運勢が好調で、落ち着きのある人は、声がぶれない。美しい余韻が耳に残る。しかし、運勢が弱体化すると、声がぶれる。

さらに、声は意識的に変えることができる。このことは、声優の声を聞けば、はっきりとわかるだろう。これが大きな特徴なのだ。発声をコントロールすれば、開運術としても有効に活用できるのである。

口に鐘を帯びる

どこでも頭角を現し 老後は尊敬の的に

「口に鐘を帯びる」とは、美しい鐘の音のように、リズムと余韻に満ちた声であることをいう。

この声は、耳に心地よく、落ち着きがあり、言葉がハッキリと聞き取れ、張りがある。かといって、大声を出しているわけではないのが特徴である。

人相学においては、声が多少細くても、力があり、言葉がハッキリしていれば、幸運が多く飛び込んできて、お金にも恵まれるといわれている。

「口に鐘を帯びる」という相は、その代表的なものといってもよい。

この相の持ち主は、どんな環境にあっても、やがては頭角を現し、老いてますます大切にされるはずだ。

女性の場合も、吉とされる声である。また、ベッドではテクニシャンであるともいわれている。

この声を獲得するには、口先や喉など、体の上のほうから声を出そうとしてはいけない。ヘソの下約5センチ、すなわち臍下《せいか》丹田といわれる部分を意識し、そこから声を出すようなつもりで発声するとよい。下半身に気力をため、上半身はリラックスさせておくのがコツだ。

二重声

異性からの誘い多し ともすると色難の相

ふたつの音声が絶妙に共鳴しあう、美しい声である。この相ではない人も、寝起きには二重声になる場合がある。

男女とも、こまやかな神経の持ち主で、異性からのアプローチは多いはずだ。一歩間違うと、色難の相となる。

声帯は左右にあるのだから、もともと人は、複数の音を発しているのだが、相手の耳には単音となって届く。しかし、二重声は、声帯の構造が違うのか、そのまま復音として聞こえるのだ。

二重声の女性は、男性を悩殺する天性の魅力を備えているとされる。

しかし、健康面には多少の不安がある。こまやかで繊細であるだけに、情緒不安定になりがちなのだ。瞑想をするなど、自分を癒す術を身につけるとよい。

低声

男性ならば晩年は安泰 女性ならば家庭が円満

普通より1オクターブほど低い声である。感情に左右されず、驚いても喜んでも一定して低い声をキープするのが特徴である。

この人は、陰気だと誤解されることがある。確かに、少しばかり陰険な面があるのは否定できない。チクリとする言葉を発しては、相手の様子を観察することもあるのだから。

男性ならば、一応の出世をして安定した晩年を送ることは約束しよう。

女性ならば、華やかな恋の経験を積むはずだ。ベッドでも才能を発揮する。男っぽい性格だが、ひと皮むくと思いやりのある女性で、夫や子供から慕われるはずだ。一生、お金に苦労しないという恵まれた運命でもある。

いななき声

一本気で勤勉 集中力にも恵まれる

馬がいななくような声である。

かん高く、よく通る声なのだが、耳にやかましい。相書には「余り上等な人種ではない」とある。人を陥れてでも出世しようとする、とも書かれている。

この声の人は、一本気で勤勉である。その傾向が間違った方向に発揮されると、目的のためには手段を選ばないという行為に走るのかもしれない。

しかし、生来の集中力を正しく使えば、不幸に堕ちることはないはずだ。

女性の場合、強がってはいるが、根は純情である。接客業では、よく通る声を活用することができるだろう。

この声に似たものに金切り声があるが、これは心理状態によって一時的に発せられるものだから、区別して考える。

幽霊声

想像力がありすぎ？
説教好きな一面も

「散るが如く、浮かぶが如く、漂うが如き声なり」と、相書には記されている。うわずった声と地声が交互に繰り出される声である。男性が女性の声をまねるとこうなる。つまり、作り声である。

この声の人は、奇妙な優越感に浸り、ときに想像力をふくらませすぎる傾向がある。たとえば、著名人の公演を聴きに行っただけで、その著名人と友人であるかのようにふるまうこともある。相書には「心に締まりがない」と記されている。言い得て妙である。

女性の場合は、説教好きが多い。

なお、この声は、相手の運勢を乱すことがある。この声の持ち主とお近づきになったら、ほどほどの距離を置いてつきあうのが賢明かもしれない。

破《わ》れ鐘声

美声とはいえないが
優しくてお人好し

割れた鐘を叩いたような悪声である。声に潤いがなく、耳ざわりで、聞くものを不愉快にさせる。

晩年の運勢はよいとはいえず、場合により落ちぶれることもあると、相書には記されている。

しかし、人柄は悪くないのだ。優しくて、お人好しである。そこにつけ込まれて、だまされて苦しむことはあるかもしれない。また、異性の誘惑に負けることもあるだろう。

しかし、それで自分が失敗することはあっても、他人を陥れるようなまねはしない。その点は信用できる人だ。

ちなみに、人をだますのは、意外に美声の持ち主である。用心してかかったほうがいいだろう。

砂漠声

ハスキーボイスを
どう活かすかが鍵

潤いのない干からびた声である。大声を出そうにも、枯れ木がこすれあったような声しか出せない。自分の言葉が届きにくいことから、成功が難しいとされる相である。

砂漠声とはいえ、ハスキーボイスで成功している歌手はいる。ただ、その私生活は、幸せではないかもしれない。ステージでは輝いているようでも、楽屋裏での様子はうかがい知れない。

芸能界とは虚飾の世界で、自分を切り売りする一面もある。ここをしっかりと認識することは、幸運を得るための絶対条件である。

芸能人はともかく、一般人の場合は、ボイストレーニングなどを試みて、魅力的な砂漠声を目指すとよさそうだ。

粘り声

正論を吐くが下心ありの可能性も

粘りを感じる声である。物を噛みながらしゃべっているような印象を受ける。

この声の人は、心によこしまな思いを抱いている可能性が高いかもしれない。

理屈は通っており、しかも正論なので、もっともらしく聞こえるのだが、油断してはならない。

男性の上司が、この声で女性社員に近づいたときは、下心ありと疑ったほうがよさそうだ。

この声は、女性には珍しい。やましさを隠したいと思っているか、お金に関する期待を抱いていると見ていいだろう。

ともすると不幸な晩年を送る。それは、言葉のはしばしに下心が透けて見えるからだ。いっそストレートに気持ちを伝える姿勢を身につけるほうがよい。

方言

お国言葉が残る人は努力家で根性あり

都会に出ても、故郷の方言が直らない人がいる。そのような人は、頑固で、柔軟性が欠落しているかもしれない。しかし、それだけ努力家で根性がある。

常に親切で信用できるわけではない。身内に関することであれば、身を粉にしてがんばるだろう。しかし、関係のない人に対しては少々冷たいのである。

これに対して、都会の言葉に上手に染まる人がいる。この人は、ひとことでいえば軽い人で、その場の雰囲気に合わせるのがうまい。また、身内に多少の無理をさせてでも、他人に親切にするタイプである。したがって、周囲の信用を得て、出世できるだろう。

人を使う立場になったら、両者の違いを見きわめて人員配置をするとよい。

語尾を濁す

運勢が低迷しやすいハッキリ話すほうが吉

運勢が上昇しない人や停滞している人は、語尾をハッキリといわない。語尾だけでなく会話で重要な部分をぼかすようにいうことが共通している。

たとえば「私はあなたのようないい加減な人とはデートできません」と伝えたい場合、「私はあなたのようないい……人とはデートできま……」と、大切なセンテンスにくると言葉を濁すのだ。

ハッキリ告げると相手の感情を害し、報復されるのではないかと恐れる気持ちが、このような言い方につながるのだろう。しかし、これではかえって相手に誤解を与えて、自分の立場を悪くする。

運に恵まれないときこそ、自分の意思が明確に伝わるように、ハッキリと話すべし。そのほうが運勢は上がるものだ。

におい

においを識別する能力、すなわち嗅覚は、五感の中でも特殊である。

他の4つの感覚が、知的活動をつかさどる大脳新皮質を介して脳の深部に到達するのに対し、嗅覚は、情動や本能を司る大脳辺縁系を介して脳の深部に伝わるのだ。

このことは、嗅覚以外の感覚が、頭で考えた好き嫌いに左右されるのにくらべ、嗅覚は、理屈ぬきで結論に結びつくことを意味する。

また、自分にとっていいものか悪いものかを識別するにあたり、嗅覚は非常に重要な役割を果たす。未知の食べ物があれば、まずにおいをかぐのはそのためだ。

フェロモンなどという言葉も、よく知られている。動物は、これを発して異性を引き寄せ、未来に命をつなぐのだ。このフェロモンは、嗅覚を刺激するというより、ホルモンに近い働きをするといわれているが、それにしても、鼻の粘膜が受容体であるには違いない。

フェロモンもさることながら、好ましい異性には、好ましいにおいがつきものである。これに異を唱える読者はいないだろう。

反対に、嫌いな異性のにおいは、いくら高級ブランドのコロンを使用していたとしても、耐えがたい臭気となる。いや、他人のことはいえない。読者自身も、イヤな異性に対しては、悪臭……とまではいかないにせよ、それなりのにおいを放っているはずなのだ。

ひとつ秘伝をお教えしよう。相手が自分のことを好きなのかどうかをにおいで知ることができる。

好意を持っていれば、枯れ草のような匂いを漂わせているはずだ。嫌いであれば、ドブのようにおいを全身から発するだろう。

また、医療の現場では、病気とにおいとの関連についても、研究がなされている。

運勢の微妙な変化をキャッチするには、多くのにおいに積極的に接してみることだ。よいにおいだけではなく、不快なにおいにも前向きであることが望ましい。

頭髪のにおい

強くなったら　アプローチの時期

女性の生理が終わるあたりから、頭髪のにおいが強くなるものだ。これは、失礼ながら、オスを呼ぶために発するにおいなのである。むせかえるほどの女性もいれば、ほのかに香る程度の女性もいるが、いずれにせよ、女性の頭髪のにおいは、子宮の活動と無縁ではない。

男性には発情期というものがない。言い換えれば毎日が発情期なのだが、それでも春先と秋のはじめには、頭髪のにおいが強くなる傾向がある。

頭髪のにおいから運勢を断じることは不可能である。とはいえ、恋愛と運命とは切っても切り離せない。相手の頭髪のにおいが強まったときにアプローチすれば、恋が成就し、運勢が動きだすこともあるだろう。

耳のにおい

「快」と感じたら　ベタ惚れのサイン

耳の裏は、人体のにおいのエッセンスが密集するゾーンである。トワレも耳の後ろにつけると、体臭とブレンドされ、その人独特のにおいを醸すという。

愛に迷ったときは、相手の耳の後ろのにおいをかいでみるとよい。

恋愛には紆余曲折がある。迷いや悩みのない恋愛など恋愛ではない。自分の気持ちに自信が持てず、相手を本当に好きかどうかさえ、わからなくなることもあるだろう。

そうなったら、相手の耳の裏のにおいをかぐことだ。そのにおいが快だとすれば、相手を心から愛していることになる。だが、少しでも不快と感じたならば、愛が冷めているか、錯覚であると知ることができるのだ。

口臭

健康状態のほか　心の内もわかる

酸っぱいにおいは、胃や食道が疲れている証拠だ。白モツのにおいがするときも、胃や腸が疲れている。酸っぱいにおいよりも重症である。また、古漬けのにおいが混じっていたら、婦人科系の不調を疑ったほうがよいかもしれない。

デート中に、相手の口からオナラのようなにおいが発せられたら、空腹のサインである。いきなり酒を飲ませると悪酔いするから、まずは軽い食事をしたほうがよいだろう。

また、甘い香りがしたならば、健康の証であるが、それよりも、もう少し一緒にいたいという心のにおいである。反対に、ドブのようなにおいがしたら、別れたいというサインである。これを知っていれば、恋愛は自由自在である。

フェロモン

太陽を浴びた枯れ草のような香気

フェロモンは無臭との学説があるが、それでも敏感に察知できるのは、人間もやはり動物だからであろう。

性的に興奮すると、枯れ草が太陽にあたったときのような香気が、全身からたちのぼってくる。たとえば、相手を抱きしめたときに、瞬間的に発散される。これがフェロモンである。この香りによって、その日に恋を進めるべきかどうかが一瞬にしてわかるのである。

このにおいを感じたら、たとえ相手が不機嫌そうにしていても、引っ込まないほうがよい。それは見かけだけで、本音では恋の進展を望んでいるはずだ。

フェロモンは、男性も少なからず発するものである。においと恋愛は、切っても切れない関係にあるのだ。

腋のにおい

夏場をのぞき性的に旺盛なサイン

腋のにおいが強い人は、性的に旺盛であるとされている。女性の場合は、生理が終わりかけると強くなるという。

男性は、夏場になると腋のにおいが強くなる。これは代謝が高まるためであり、相手を求めているわけではない。

死臭

消失したら健康回復のサイン

肉を腐らせたようなにおいである。臓物のにおいといってもいい。

死体から発せられるにおいというわけではなく、病人もこのようなにおいを発することがある。このにおいが消失したら、病が癒えたサインである。

便と尿

ゆっくり・じっくりのトイレタイムが吉

相書は、便と尿の様子にまで言及している。においに関する記事はないが、ここでまとめておきたい。

大便については、排出のスピードが速く、細いものを凶とする。また、太くても、小分けにちぎれるものはダメだと語っている。そして、ゆっくりと排便をすれば、自然に財運が高まり、長生きにも効果があるとしている。

また、「畳帯」がいいという。つまり、とぐろを巻くような大便である。

小便については、勢いよく排出するのではなく、夏の日に植物に水やりをするような感じのものが吉である。そして、トイレでは長い時間をかけるのがよく、早々にトイレから出てくる者は、たとえ高貴な人でも、心が下劣だとしている。

第3章

手相

手の形と大小

この章では、手相を取り上げる。ただし、生命線、感情線、頭脳線などの各線を個別に論じることはしない。そうした内容に言及するのは別の機会もしくは類書に譲るとして、ここでは、手の形や指の形、さらにはホクロの位置など、比較的、判断しやすく的中率の高い、しかも、巷ではあまり知られていない手法をご紹介していきたい。

まずは、手の形について述べていく。これは、手の甲から見た形全体のことだ。大ざっぱな見方だが、その人の性質をよく表すものとして、古くから重宝されている。大きく6つのタイプに分類される。

念のためお断りしておくが、東洋系の占術では、手相だけが独立して重視されることはない。他の相との兼ね合いを考慮しながら、複合的に見ていくことになっている。

心性質の手

（貴人の相だが行動力にやや欠ける）

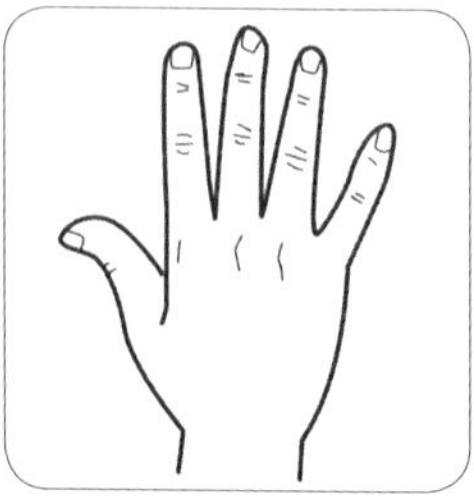

心性質とは、繊細なことをいう。節が目立たず、皮膚のきめが細かく、タケノコのように先の尖った指が特徴である。貴人の相ともいわれる手形だ。

だが、貴人の相だからと喜んではいけない。自分で運勢を開拓することが難しい相だからだ。それは、行動力に欠けるからである。職場では、とくに命じられなければ、ボンヤリと椅子に座って、同僚たちの様子を眺めていたりする。

ところが、恋愛となれば話は別だ。恋をすると、男女とも人が違ったように熱烈になる。ただし、それも一時のこと。何事につけ、パワーを維持するだけの忍耐力と集中力に欠けているのだ。

この相でも、多少、節が目立っている場合は、空想的なところと実用的なところが絶妙にブレンドされて、発明の才に目覚めることがある。そこから自力で運勢を動かす人もいるだろう。

芸術的な手

（夢見がちでおしゃれ
補佐役を得て成功する）

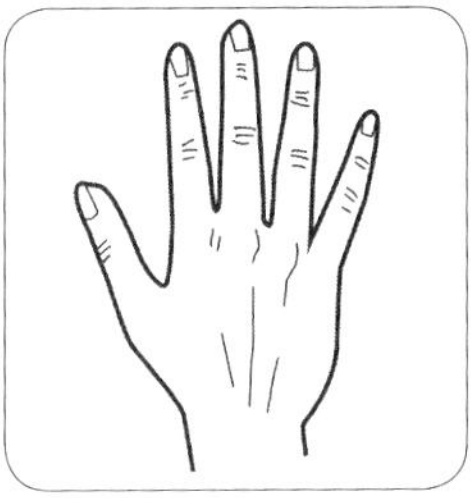

前項で述べた心性質の手よりも、さらに指先の細い相である。皮膚は滑らかで透けるように美しく、先にいくほど指が尖っていることが特徴だ。

夢見がちで安逸を好み、お世辞にも仕事熱心とはいえないタイプである。おしゃれな生活に憧れ、映画やドラマの主人公が、現実にいるかのような幻想を抱くこともある。考えるのは現実的ではないことばかり。空想的で、精神的なことを重んじる。

これで才能があれば、アーティストとして成功する可能性はあるだろう。しかし、芸術家として生計を立てるには、ビジネスマンのような強さも必要である。マネージャー役を担ってくれる人が身近にいれば、安心であろう。

恋愛でも、まるで夢物語のような関係を理想とするために、ちょっとしたことで傷つきがちである。

筋骨質な手

（事務処理能力に優れた
やり手の仕事人）

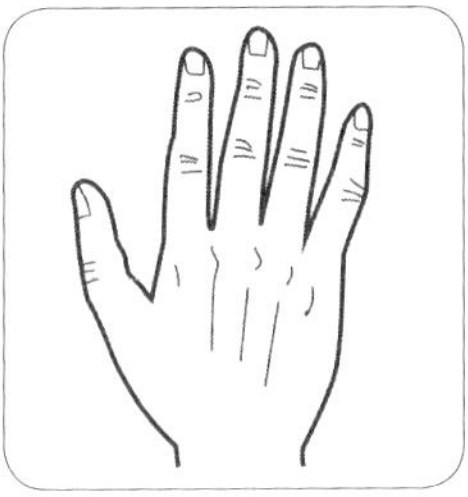

節々が角張っていて、力強そうに見える手だ。皮膚のきめは粗い。そして握力も強いのが特徴である。

この相の人は、事務処理の才能があり、仕事では、かなりのやり手である。

ただ、筋骨質の手には2種類ある。

皮膚のきめが粗くても美しく見える手と、手全体が痩せているためにゴツゴツと見える手だ。

前者は筋骨質の上相であり、几帳面で約束を守り、礼儀正しい。信用を得て頭角を現すだろう。

これに対して後者は、感情のおもむくままに行動をする。気分しだいで仕事の手を抜いたり、約束をキャンセルしたりするタイプだ。注意すると反抗的になるので、少々扱いに手を焼く。

恋愛においては両者とも、自分の思いがかなうまでは全精力を傾ける徹底主義者である。

霊的な手

精神世界に傾倒し
成功も失敗も受容する

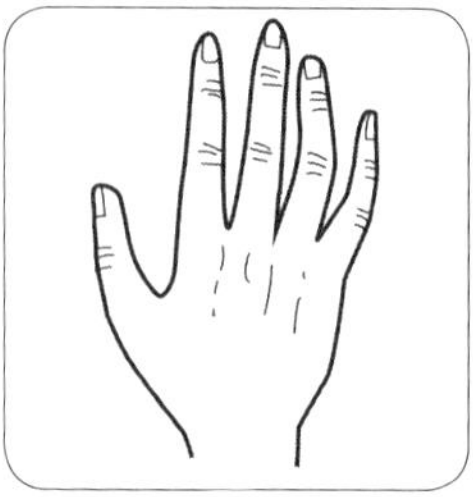

芸術的な指よりも、さらに指が細く、手のひら全体が細長い。全体的に肉づきが薄く、骨の上に皮膚が張りついたように見えるのが特徴である。

この人は、ひとりでは生きていくことが難しい。安定した職場に勤めるのが安全である。つまり、しっかりした経済的な基盤が必要不可欠な相なのである。

遅かれ早かれ、精神世界にひかれる運命であろう。言い換えれば、自分の考えで決断して、全責任を負うことが苦手なのだ。神仏の導きや、前世からの課題といった精神的な支えを必要とし、成功も失敗も宿命として受け入れる。

ただし、節が目立つ人は、精神世界に対しても懐疑的になり、占いや心理学に凝りだすだろう。

恋愛をはじめるときも、相性をひどく気にする。恋をすると、男女とも少々ヒステリックになる。

栄養質な手

好きなことに打ち込む
凝り性の一面あり

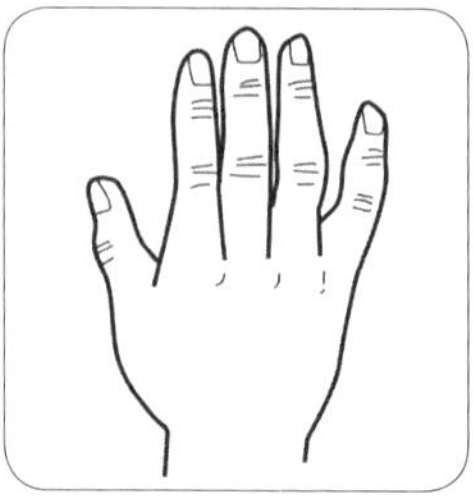

丸く厚い手である。手のひらも指も肉づきがよい。先にいくにつれ、指が尖りぎみなのが特徴である。

この相の人は、臆病である。堂々としていても、それは精一杯の演技なのである。ちょっと驚かされると、たちまちあわてふためく。勇ましさや無骨さとは対極にあるタイプである。

肉体労働にはあまり向いていないが、神経をすり減らすような仕事もおすすめできない。無理をすると、メンタル面に支障をきたすこともある。

図太さや根性に乏しく、しばしば感情に走りがちである。

しかし、凝り性ではある。好きなことならば、食事も忘れて没頭する。

恋愛では、女性の場合、女性的な男性を好み、男性の場合、男っぽい女性にひかれる。同じ趣味を持つ相手と意気投合して、結婚に至るだろう。

ヘラのような手

活動的で精力旺盛
少しばかり横着者

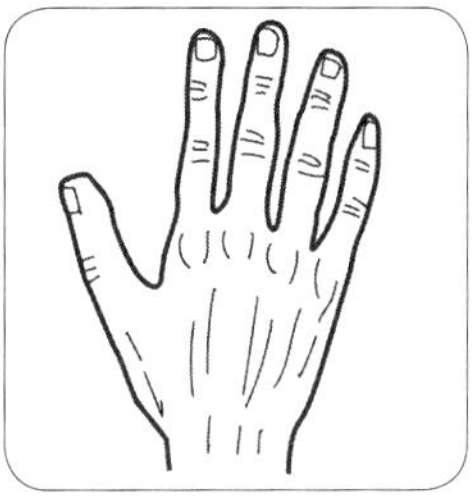

指先が平らで、ヘラのようになっているのが特徴である。

この相の人は、活動的で精力も旺盛であり、自信も備わっている。しかし、少しばかり横着者でもある。

女性でこの相ならば、お金が大好きだ。男性の愛情を計るにも、プレゼントの質と量で決めるタイプである。芸術に対しては、あまり関心を示さない。

このヘラ形は、じつは筋骨質と栄養質が合体したタイプである。手の形は、このようにいくつかの要素が混じっているものなのだ。ここで、ヘラ形を例にして、判断のコツを教えよう。

ヘラ形で指が長く、節が目立たなければ、美術や音楽などの芸術的なことを好むだろう。音楽がなくては生きていけないと主張することもある。しかし、音楽は好きでも、音楽を演奏する才能はないのが、ヘラ形の限界なのである。

一方、ヘラ形で指が短く、節が目立つならば、音楽を聴いても1円の得にもならないと考えるタイプだ。物質を重視するのである。わりと自分中心主義で、愛嬌には乏しい。また、守銭奴ではないが、もくもくと働く。技術的なことや研究の分野で成功する可能性がある。

以上、簡単ではあるが、複合的なタイプについて説明した。心性質に傾いているのか、筋骨質や栄養質に傾いているのかをチェックするのがポイントである。

手の大小

小さければ度胸あり
大きければデリケート

手の大小にも、その人の性格が出るものである。

手の大小を判断するには、体とのバランスを考慮することが必要である。以下にその方法を示す。

手を大きく開き、親指の先を肘の内側に当て、中指の先を手首に向けて、思いきり伸ばしていただきたい（次ページ図参照）。

このとき、中指の先がだいたい手首に届くくらいが、標準的な手のサイズなのである。

中指が手首に届かなければ、小さな手だ。一方、手首をオーバーすれば大きな手となる。

これで手の大小が判定できたら、以下の占断を一読していただきたい。

①小さな手

男女とも、度胸がすわった肝っ玉の大きな人である。

普通なら尻込みするようなことでも、堂々とダイナミックに実行して、周囲をアッと驚かせるものである。

小さなことにこだわらず、つねに大局を見て行動するタイプだが、緻密さにやや欠けるため、同じようなミスを繰り返すかもしれない。

ひどく小さな手の場合は、こうした傾向に冷酷さが加わる。また、自分の思いどおりにならないと、カンカンに怒ることがある。

小さな手と、ひどく小さな手では、性情がまるで違うので、この点は注意して観察すべきであろう。

たとえば、小さな手の持ち主だと思い込んで、一か八かの仕事を任せたところ、実はひどく小さな手の持ち主で、かんしゃくを起こされてしまい、仕事は結局うまくいかなかった、ということになりがちなのだ。

②大きな手

大きな手の人は、意外かもしれないが、臆病なほどデリケートな面があり、しかも人見知りである。何事も細かいところまで目が届くのはいいのだが、大局を見失う場合が多い。

分析力に秀でているので、理数系の分野で開花するだろう。

また、手が非常に大きな人は、こだわりが強すぎて、マニアックである。得意分野にかけては名人級の力量を発揮するだろう。

さらに、手先がとても器用である。それを活かした仕事に就いたり、趣味などを楽しんだりするとよいだろう。

しかし、いつも心に不満があり、陰でブツブツと文句をいう傾向が見られる。生来の分析力を活かして、現状を整理してみるとよいかもしれない。

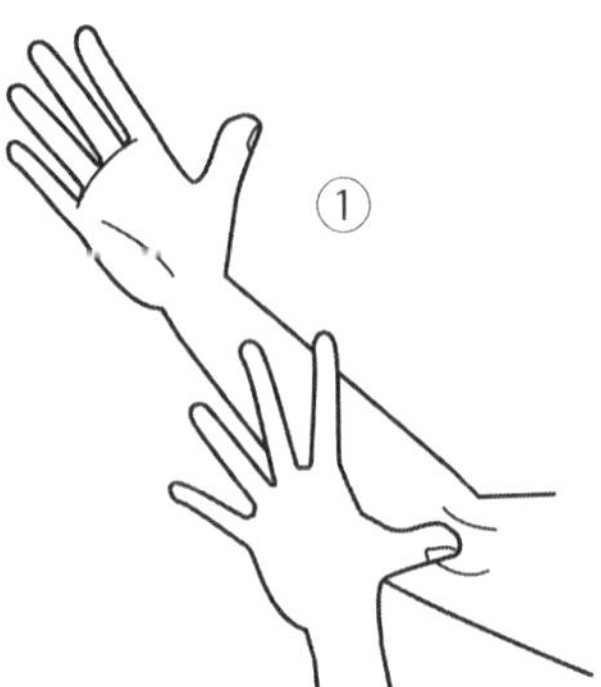

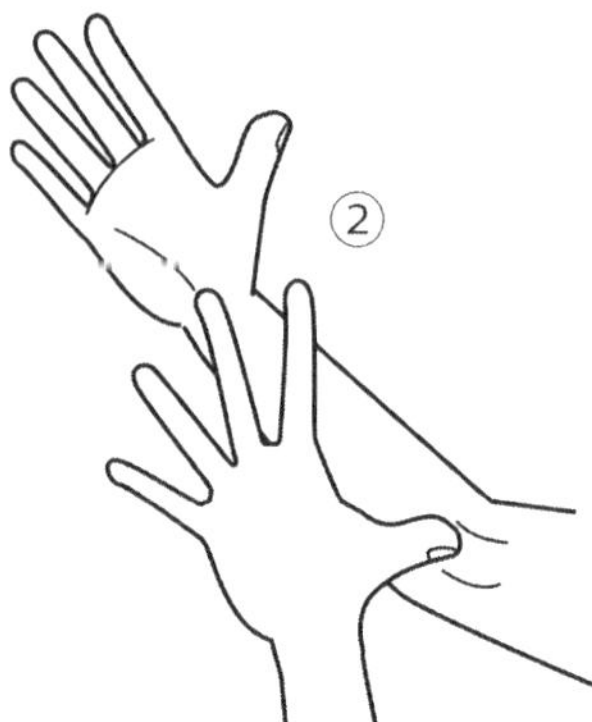

甲の毛深さ

毛は陽毛と陰毛に分けられ、陽毛とは、衣服に隠されない体毛、人目につく体毛をいう。一方、陰毛は衣服に隠され、ふだんは人目につかない。これについてはすでに述べた。

手の甲の毛は陽毛である。

その濃さによって、活動的かそうでないかを判断できる。

動物の手足の甲は、多くの毛で覆われている。このことから、手の甲が毛深い人には動物的な行動力があると判断する。ただ、行動的だから吉、消極的だから凶とはいわない。

たしかに積極的な人は成功しているように見えるが、それは積極的であるために、人目につきやすいというだけの話である。消極的な人でもちゃんと成功できるのである。

ここでは、毛の濃度によって、積極性がどのように異なるかを中心に論じることにする。

毛深い（女性）

エネルギッシュで勝ち負けにこだわる

女性の場合は、腕の外側に毛が生えていても、手の甲には生えていないか、生えていたとしても、ほんの数本程度というのが一般的である。たくさんの毛が生えている女性は、男性的な要素を多分に有していると見る。

この相の持ち主は、エネルギッシュに活動するタイプで、運動能力も男性に比肩するはずだ。男勝りで、つねに勝ち負けにこだわるだろう。

また、勝つためには、冷酷ともいえるような行動をとることもある。

この女性を怒らせたら怖い。常識では考えられないような報復が待っているかもしれない。たいていの女性は怒ると怖いが、この女性は格別なのである。

多毛症

臆病で子供っぽい 怒りだすと大変

根は臆病である。地震などが発生すると、ひどく怯えることもあるだろう。しかし、地球は自分を中心に回っていると思い込むタイプでもある。ひとたび怒りだすと、聞き分けのない子供のような様子を見せることがある。

毛が少ない（男性）

合理的な行動でパワーを無駄にしない

物事の行方を冷静に見すえて行動を決めるタイプである。

無駄なくパワーを使うためか、周囲からは、つねにエネルギッシュな人だと思われるはずだ。合理的なのだが、約束に対してルーズな一面も持っている。

ほとんど毛がない

繊細な神経の持ち主べたべたするのは苦手

手の甲に毛がない人は、容易なことでは人を信じない。友達とべったりつきあう関係が苦手で、ひとりで過ごす時間がつくれないと、イライラがつのってくるだろう。また、突然に怒りだすこともある。繊細な神経の持ち主なのである。

親指にだけ毛がある

発明の才能を備えたアイデアマン

他の4指には毛がないのに、親指にだけ毛が生えている人は、人が思いつかないような分野で成功するだろう。

アイデアにあふれているから、発明などで特許を取得するかもしれない。すると、金運が輝きだすはずだ。

第2節まで毛がある

実はかなりの強情者周囲との和を大切に

どの指でもよいが、第2節（p343）まで毛が生えている人は、複雑怪奇な一面を有している。自己管理をすることが難しいかもしれない。しかも、かなりの強情者である。もう少し柔軟性を身につけて、周囲に和することを学ぶと吉だ。

指先まで毛がある

情熱がありすぎる？有効活用して成功者に

情熱家である。

この相を持つ人は、おのれの情熱の方向性を誤ってはいけない。

仕事や趣味などに打ち込み、あり余る情熱をうまく昇華できれば、ひとかどの成功者になれるはずだ。

しかし、使い方を間違えると、小さなことに激高して、取り返しのつかない結果を招きやすい。

恋愛では、ともすると情熱に流されがちである。また、熱すぎる思いが、相手をへきえきさせる原因にならないとも限らない。

なかでも、第1節の爪の付近まで毛が生えている人は、こうした傾向がいっそう強くなる。どこかにクールさを残しておくと、トラブルを回避できる。

毛が細い

流行に敏感だが飽きやすい一面も

毛が生えているのに目立たないのは、毛が細い証拠である。そういう人は、周囲に影響を受けやすい。芸能人の追っかけなどをする人に多く見られる相だ。その一方で、飽きやすく、熱を上げていたのに、あっさりと鞍替えすることもある。

毛が太い

感情に走りやすいが基本的には純粋な人

体毛のなかでは陰毛がもっとも太い。手の甲に生えている毛が、それに匹敵する太さであれば、感情の起伏の激しい人だといえる。いきなり怒りだすこともしばしばだろう。何をしでかすかわからないところはあるが、根は純粋なのである。

手で精力を見る

指の開きぐあいでピークの年代がわかる

左右のどちらの手でもいいから、手をいっぱいに広げていただきたい。

そこで見てほしいのは、指と指の間隔である。仮に、人差し指と中指の間をA、中指と薬指の間をB、薬指と小指の間をCとしよう。

①のように、人差指と中指の間(A)が広く、中指と薬指の間（B）が狭ければ、その人は30代がピークで、40代以降は下り坂だが、薬指と子指の間(C)も広ければ、50代で返り咲く。

②のように、人差指と中指の間(A)より、中指と薬指の間（B）が広ければ、40代になって開眼する。

これは、性的なパワーを見る方法である。男女ともに適用可能である。

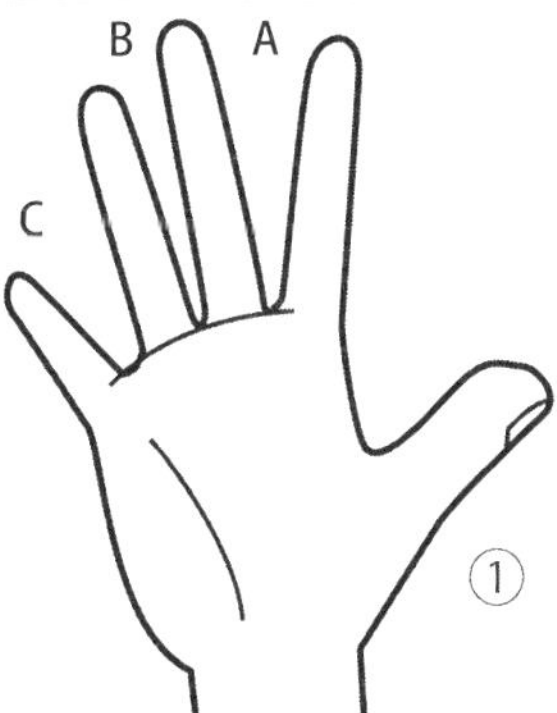

①

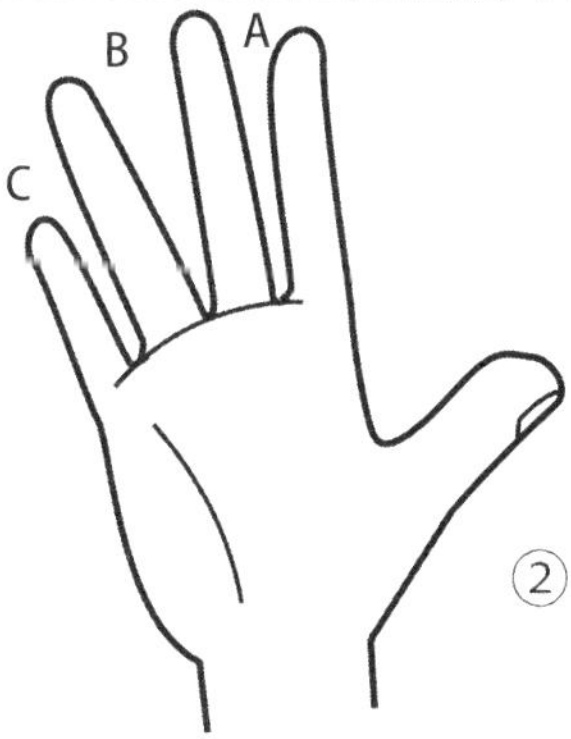

②

指の傾き

手を自然に開いて眺めてみると、指同士の間隔が微妙に異なっているのがわかる。たとえば、人差指と中指の間隔は広いが、中指と薬指の間隔は狭いというように。

さらに観察すると、人差指は親指のほうに、薬指は中指のほうに傾斜しているなど、細かい特徴が見えてくる。その傾き方によって、おおまかではあるが、人生の傾向が判断できるのだ。

手の甲からではなく、手のひらから観察するとよくわかるはずだ。

人差し指が親指に傾く

（独立心が旺盛
ほめ言葉が効く）

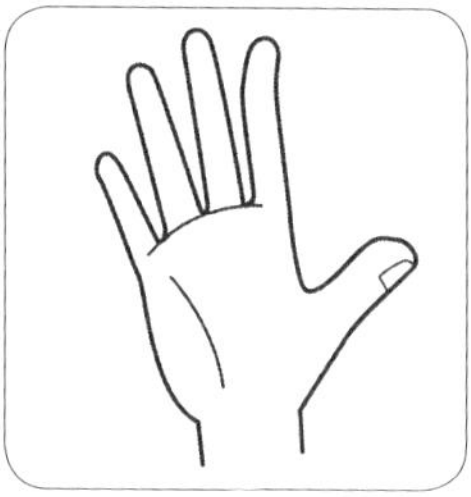

独立心が旺盛である。また、リーダーシップを取りたがる傾向がある。

この人に対しては、頭ごなしにものをいってはいけない。多少大げさでもかまわないから、「すごい」とか「大物の素質がある」など、称賛の言葉を多用すべきだ。そうすれば、機嫌よく手を貸してくれる。もっとも、この方法が有効なのは、このタイプの人に限らない。人はだれしも、ほめられれば嬉しいものである。

人差し指が中指に傾く

（プライドが高い人
やはりほめ言葉が効く）

プライドの高い人である。

おそらくは、自分の力を実際以上に見積もっているだろう。その夢を砕くようなことをすると、人間関係にヒビが入るから、ほめ称えておくのが得策だ。

この人が首尾よく成功したときは「さすがだ」と実力を認め、失敗したならば「あなたほどの人がなぜ……？」と、信じられない顔をすれば、信頼してもらえるはずである。

中指が人差し指に傾く

失敗したときは運のせいにして慰めよ

信仰心を持った人である。神仏を心から信じていることもありうる。

この人に対しては、物事がうまく運んだときは「あなたの実力ですね」と、神様とは切り離してほめるのがポイントである。残念ながら不首尾に終わったならば「ツキがなかったんですね」と、本人に原因はないというニュアンスで慰めることだ。それが、この人を動かす秘訣なのである。

中指が薬指に傾く

「本当は優しい人」という言葉に弱い

気分の浮き沈みが多い人である。いうことがコロコロと変わるし、有頂天になったかと思うと、失意のどん底に沈む。扱いがなかなか難しいのだが「本当は優しいんだよね」という言葉をかけると、心を開いてくれるだろう。

ただし、あまりに密着した関係は危険である。心を開いた人に頼りかかるタイプだからだ。ある程度の距離を置いてつきあうほうが安全かもしれない。

薬指が中指に傾く

見栄を張る傾向あり だまされてあげるべし

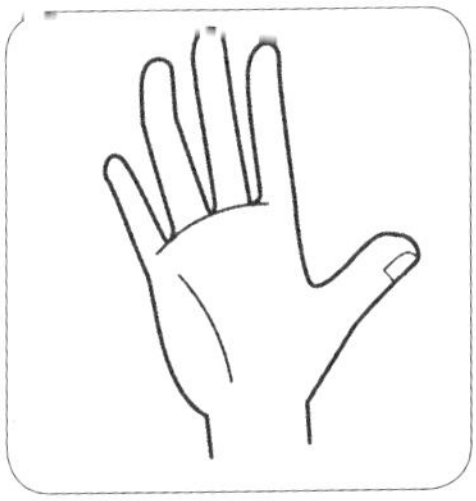

見栄を張りたがる人である。嘘をついてでも自分を飾りたい人なのだ。

しかし、それが嘘であると暴いてはならない。どのような仕返しをされるか、わかったものではないからだ。この人に対しては、だまされたフリをするのが賢明である。

この人がつく嘘の中には、内面の願望が隠れている。それを念頭に置いて、上手にくすぐれば満足してくれる。

薬指が小指に傾く

アートの才能が金運に直結するタイプ

芸術の分野で成功しやすい人である。優れた感性を持っているし、何よりすばらしいのは、その才能が金運につながっている点である。

この人のいうことは、現実離れしているかもしれないが、ないがしろにしてはいけない。「いずれはあなたの時代がくる」と認めておくことだ。そうすれば、この人が成功したとき、金運のおこぼれにあずかれるだろう。

小指が薬指に傾く

夢見がちだが成功する力も十分

この人は、夢見がちである。

しかし、仕事や研究などで成功する実力も、ちゃんと持っている。言い換えれば、非現実的な面と現実的な面の両方を備えている人なのだ。

「キミの仕事は、まさにアートだ」と、感嘆まじりの称賛を贈れば、この人の信頼を得ることができるだろう。

夢と現実とのバランスを崩さずに世間を渡る精神力は、立派なものである。

左右どちらを見るか

利き手は現在の事柄
反対の手は潜在的な運

手相を見る際は、利き手で現在の運勢を、反対の手で潜在的な運勢を見る。

たとえば、右利きの人の右手（現在の運勢を示す）に貧乏のサインがあり、左手（潜在的な運を示す）に大金運があったとしたら、どう読むか。

この場合は、もともと金運に恵まれているのだが、職業の選択が適切でないために困窮していると解釈する。

これとは反対に、潜在的には貧乏運でも、利き手に金運が表れていれば、その人は、自分の努力によって運勢を開拓していると解釈できる。

また、左右の手相が似ている人は、潜在的な運勢と現在の運勢が連動していることになる。

各指の長さと形

親指から小指までの指は、それぞれに個別の意味を受け持っている。たとえば、人差指は野心や向上心を、中指は運命や意志力を司る。

また、指には関節があるが、それを区切りとして、先端から順に、第1節、第2節、第3節と呼ぶ（下図参照）。ただし、親指の第3節に当たる部位だけは基節という。

第1節から第3節には、それぞれに意味が付与され、その長短やホクロの有無などによって解釈の仕方が異なってくる。

なお、この3つの節は、それぞれの長さを比べたとき、ほぼ一定の比率を示す。すなわち、第1節の長さを1とした場合、第2節はその1・5倍、第3節は2倍に相当するのである（下図参照）。図で示したように、節の長さは、手の甲側から測定することに留意されたい。

これよりも長かったり短かったりする場合は、運勢にも変化が生じるので、その点についても、この先で言及していく。

さらに、指の形にもそれぞれ意味がある。ここでは、円錐形、ヘラ形、方形、節太の指を基本的な分類として論じていくことにする。なお、親指については、これにコブラ形というタイプが加わる。

最後に、指の隙間にも触れた。

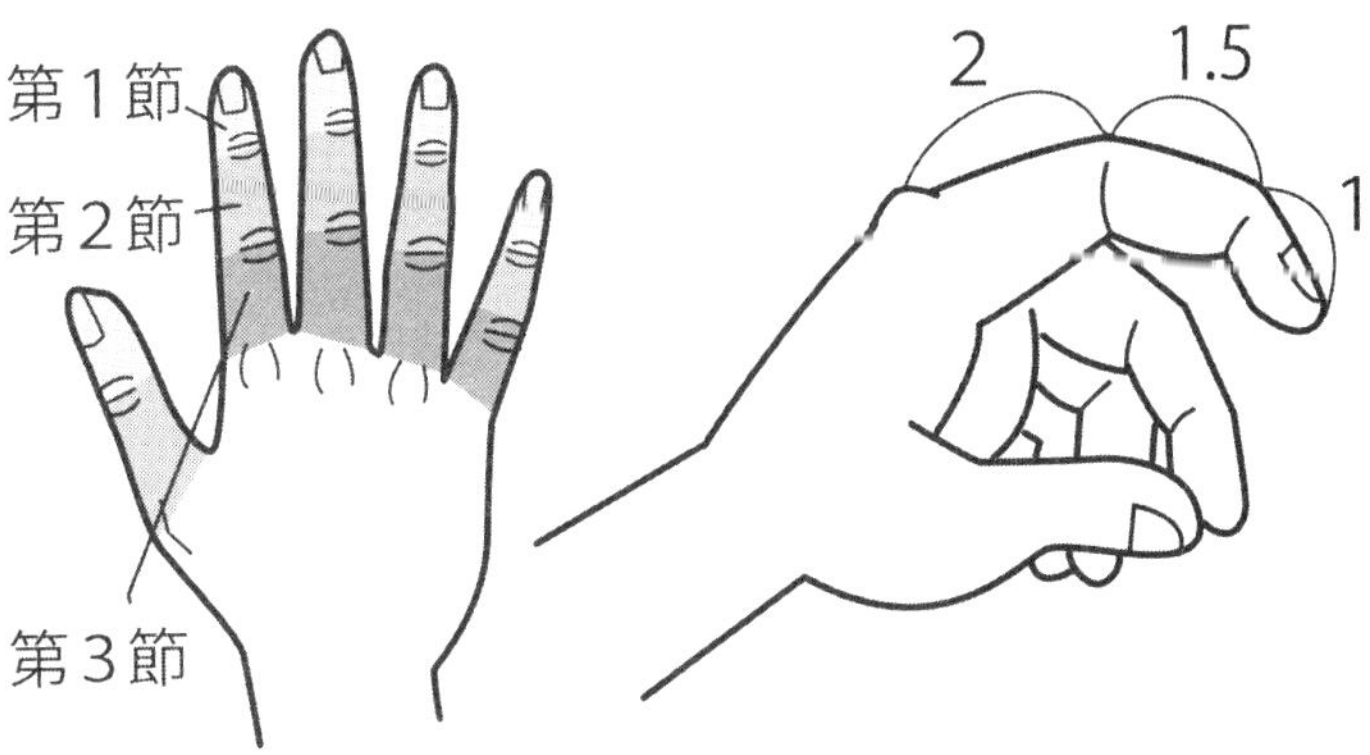

親指

指のかなめであり個性を物語る

【長短】

5本の指を自然にそろえたとき、親指の先端が、人差指の第3節のなかほどに届くのが、標準的な長さである。

◆標準より長い

思想や信念にもとづいて行動するタイプだ。一時的な感情に走ることはめったにない。ひとつの考えにこだわりはじめると、頑固さが表面化する。

また、人差指の第2節に届くほど長ければ、いくぶん非常識で頑固なところがあり、賢明さにやや欠ける。

◆標準より短い

優柔不断な一面がある。とっさの判断力に欠けるため、チャンスを失うことがある。じっくりとひとつのことに熱中するタイプだ。

また、人差指の第3節に届くかどうかというくらい短ければ、いろいろな分野をかじりたがる。感情が先走ることがあり、そのためにしばしば後悔する。

【指先の形】

◆円錐形

長い親指で円錐形ならば、理論的な思考を得意とする人である。短い親指で円錐形ならば、高い理想の持ち主だが、プライドの高さが災いすることがある。

◆ヘラ形

長い親指でヘラ形ならば、考えを実行に移す人である。短い親指でヘラ形ならば、実利に強く抜け目のない人である。決して損になることはしない。

◆方形

長い親指で方形ならば、直観力で行動する人である。短い親指で方形ならば、研究家タイプである。

◆コブラ形

人に親切にするが、その人が幸せにな

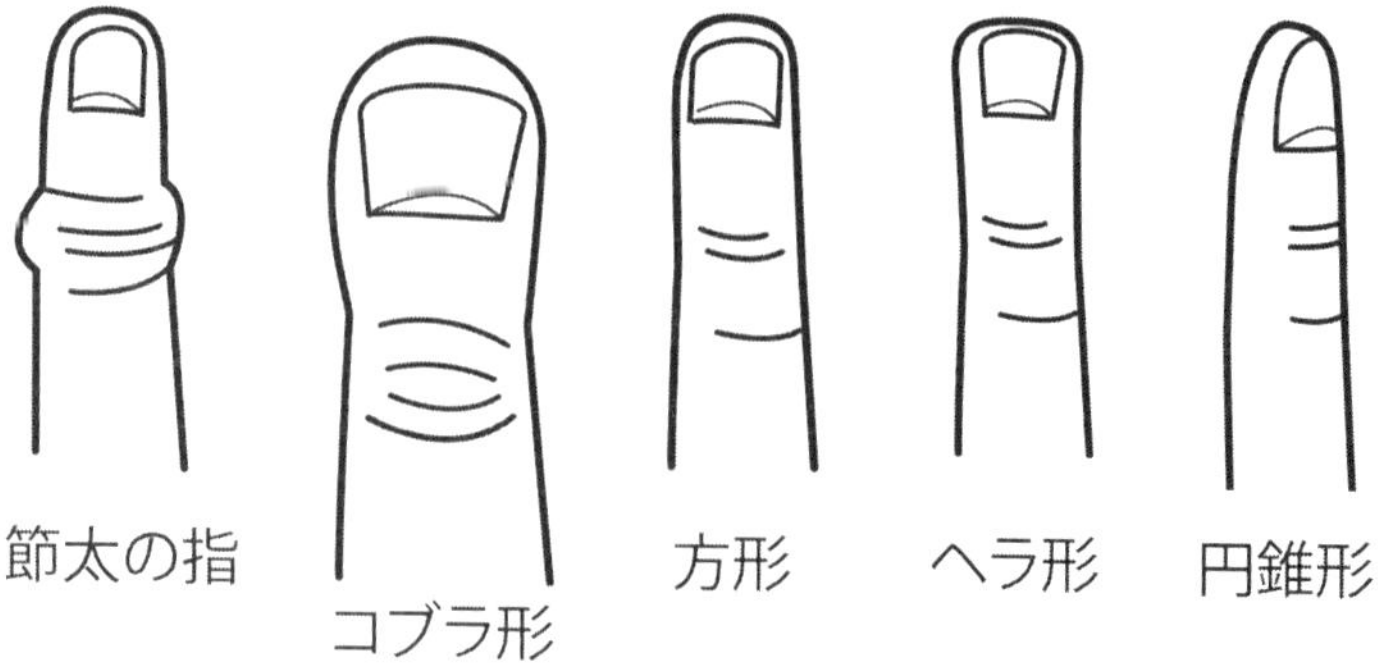

ると、今度は不幸のどん底に突き落としたい衝動に駆られることがある。最初は愛想がよいが、やがて態度を一変させる可能性は否定できない。しかし、この人には悪気はない。長い親指の人にも、このような傾向が見られる。

【全体の形と柔軟性】

◆分厚い

考え方が少々幼稚である。無骨でぶっきらぼうで、照れ屋な面がある。

◆平ら

神経質である。とくにお金に関することには神経質でケチになる。

◆平らで広い

やや乱暴である。これで指が短ければかなりの頑固者といえる。

◆細い

芸術的な感性を持つ。繊細でエレガントである。趣味に生きる人だ。

◆堅くて反らない

常識家である。頑固なところがあり、慎重で無口である。

◆反っている

寛大である。周囲の意見に妥協しやすい。芸術的な感性を持っている。

◆柔軟で大きく反る

道楽者である。浪費家で、いくらお金があっても使い果たす。

【第1節】

◆長い

意志力や忍耐力が備わった人といえる。しかし、長すぎる場合は、目的のためには周囲の迷惑をかえりみない。

◆短い

周囲の意見に左右されて行動に踏み切れない。極端に短ければ、他人に指図を受けるほうが安心できるタイプだ。

◆ホクロがある

強気な面が強調される。直球勝負で物事を押し通そうとするため、幸運な時期はやることなすことすべてがプラスに作用するが、運気が低迷すると、すべてが裏目に出る。

【第2節】

◆長い

思考力に恵まれる。しかし、長すぎる場合は、屁理屈をこねがちである。

◆短い

よく考えないため、判断ミスをしがちである。極端に短いと、感情に支配されて常識外れな行動をとることがある。

◆ホクロがある

感情を理性で抑えるのが下手である。苦手な人と仕事をすることが我慢できない。恋愛でも、相手の本質を吟味せず、好き嫌いだけで判断しがちだ。

【基節】

◆長い

同情心があり、親切である。

◆短い

愛情に偏りが見られる。ときに激情に駆られ、横暴になることがある。

◆ホクロがある

偏愛に走りやすい。家族のだれかが、この人の運気を抑えている可能性もある。たとえば、やりたいことを家族に反対されるなどが、それに該当する。

人差指

野心、向上心、支配欲を司る

【長短】

5本の指を自然にそろえたとき、人差指の先端が、中指の第1節のなかほどに達するのが標準的な長さである。

◆標準より長い

権力や支配力を好み、人生における成功とは地位を得ることであると考える。自分本位になる場合も多い。

◆標準より短い

責任に縛られることを好まない。アルバイトなど、時間の自由がきく仕事を選ぶ傾向が見られる。

【指先の形】

◆円錐形

見栄張りである。それをオブラートに包んでいるから、優しい人に見える。内心は上から目線で、人を支配したがる。

◆ヘラ形

几帳面で誠実で、権力にしたがう。判で押したような毎日を送り、上下関係をキチンとしないと落ち着かないだろう。

◆方形

権力をあがめる傾向がある。自分が権力を握ったら、太古の巫女のように託宣をたれるかもしれない。

◆節太の指

がむしゃらに権力をつかもうとする。トップに立つことが永遠の夢だが、実現すると、急にやる気を失うだろう。

【第1節】

◆長い

直感を重視する。どちらにつけば有利であるかを直感で決める人だ。

◆短い

何事も疑ってしまい、前進できない。大切なときに迷いが出ると、チャンスを逃すかもしれない。

◆ホクロがある

自分で判断が下せず、いつも何かに悩みがちだ。その結果、神秘的なことやオカルトに傾倒するかもしれない。

また、官能に耽溺する傾向もある。それが出世の妨げにならぬよう、気をつけるほうがよいだろう。

【第2節】

◆長い

上昇志向である。自分の野心を実現してくれそうな人を友人に選ぶだろう。

◆短い

努力のわりに成果が得られない。遊び人に多い相でもある。

◆ホクロがある

野心を達成するために徹底的に努力す

るだろう。恋愛もそのための方便で、相手の資産などを計算したうえで、恋をするかどうかを決めるのだ。そのように恋心を調節できる冷静さも有している。

なお、野心を実現できるかどうかについては、他の相を検討する必要がある。

【第3節】

◆長い

支配欲や権力志向がストレートに表現される。地位を得るためなら、努力や苦労を惜しまないだろう。

◆短い

権力欲や支配欲は強いのに、内気であるため、それを表に出すことができない。禁欲的な生活を送るかもしれない。

◆ホクロがある

嫉妬が表面に出てしまう。デキる人や権力の座についた人を猛烈にうらやむ。

恋愛では、相手の行動を必要以上にチェックする傾向が見られる。相手が他の異性に少しでも目を移すと、嫉妬心をむきだしにして大騒ぎするだろう。

それほど自意識が強いというわけだ。

中指

運命の動きがこの指に表れる

【長短】

薬指とのバランスで長短を判断する。5本の指を自然にそろえたとき、薬指の先端が、中指の第1節のなかほどに達するのが標準的な長さである。

薬指の先端が、中指の第1節のなかほどより下であれば、その人の中指は長い。

反対に、薬指の先端が、中指の第1節のなかほどより上であれば、その人の中指は短いということになる。

◆標準より長い

思慮や分別があり、落ち着いた人生を送ることになる。しかし、極端に長い場合は、俗世間から離脱したいという気持ちが強くなる。そのため、メランコリックな気持ちに悩まされることもある。

◆標準より短い

根気がやや乏しい。面倒なことが嫌いである。極端に中指が短ければ、ヒステリックな一面も備えている可能性あり。

【指先の形】

◆円錐形

直感力がすごい。ふと口にした言葉が的を射る。精神世界に傾倒しやすいことも特徴である。指に弾力があれば、この傾向は強くなる。

◆ヘラ形

自分の考えと異なる人を排除するような激烈さがある。それが高じると、変わり者扱いされることもある。子供のころは柔軟な思考力を持っているのだが、中年をすぎると頑固者となりやすい。

◆方形

非常に几帳面で、厳格な生活を好み、

自由奔放な生活をだらしないと感じる。だが、20代までは、むしろ自由奔放な生活を好む。30歳前後から生活態度が180度変化する。異性と遊んで、少し息抜きをすることくらいはあるようだ。

◆節太の指

威勢のよい発言をするが、実際にはかなり神経質である。ただし、繊細な感性はなく、少し野暮ったいところがある。また、真面目なようでいて、途中から生活態度が崩れがちである。

【第1節】

◆長い

中指の第1節には忍耐力が示される。ここが長いと、忍耐力が用心深さに変化する。つまり、最悪の事態に備えて周到な準備をする人である。何かを始める前に何度もシミュレーションしないと気がすまないタイプだ。

◆短い

忍耐力に欠ける傾向がある。仕事で気に入らないことがあると、がまんするより辞めることを選びがちである。

◆ホクロがある

感情を抑制するのが苦手で、短気である。そのために失敗することがある。

【第2節】

◆長い

独立心が旺盛だが、何事も自分でやらないと納得できないため、周囲との関係づくりが苦手である。よくいえば職人気質なのだ。頑固な一面も備えている。

◆短い

独立心より依頼心がまさる。だれにつけば安全かと、しばしば考える。

◆ホクロがある

なかなか他人に心を許さず、むしろ他人行儀な関係でいるほうが安心できる。神経質で、先のことを考える。頭の中で将棋を指しているような人である。

【第3節】

◆長い

中指の第3節は、欲望を意味する。この部位が長ければ、金銭欲も情欲も強い。とくにふっくらと肉のついた第3節の持ち主は男女とも精力絶倫である。

◆短い

ケチである。他人にお金を渡すようなことはしない。自分への投資、つまり各種講座に通うようなことも、まずない。

◆ホクロがある

お金や利益には相当シビアで、欲望がむきだしになる。恋愛でも、自分の欲求のみを満たそうとするだろう。人間ができていないと、つきあうのは難しい。

薬指

霊感と感性の源泉 人気運と財運も示す

【長短】

中指とのバランスで長短を判断する。

5本の指を自然にそろえたとき、薬指の先端が、中指の第1節のなかほどに達するのが標準的な長さである。

薬指の先端が、中指の第1節のなかほどより上であれば、その人の薬指は長い。

反対に、薬指の先端が、中指の第1節のなかほどより下であれば、その人の中指は短いということになる。

◆標準より長い

優れた直感の持ち主である。芸術的な感性も鋭い。時間をかけて制作するものより、瞬間的なアートに向いている。

中指と同じくらい長ければ、天性のギャンブラーだ。投資などで大金をつかむ。

◆標準より短い

短くなるほど、直感や芸術的なセンスが低下する。極端に短ければ、芸術や精神世界にほとんど興味を示さないだろう。

【指先の形】

◆円錐形

芸術の分野で才能を表すだろう。才能があるだけなら世間にいくらでもいるが、この指の凄いところは、才能が世間に認められることだ。富と名声を同時に得ることも夢ではない。

◆ヘラ形

世間に認められなくても、自分の信念で進むタイプだ。芸術の分野では、難解な作品をつくって悦に入るだろう。世間が簡単に受け入れるようなものは、この人の目には「俗」に映るのだ。芸術で生計を立てることは難しいだろう。

◆方形

誠実さと勘のよさで成功を勝ち取り、財産にも恵まれる。ただし、芸術作品をつくると、理屈優先の説教くさいものになりがちだ。趣味にとどめ、実業家として手腕をふるうのが理想的である。

◆節太の指

ギャンブラーとして、その名を轟かせるかもしれない。普通の人なら尻込みするような勝負をする瞬間こそ、この人にとっては恍惚の時間なのである。恋愛も仕事もすべてギャンブルのノリだ。浮沈はあるが、勝率は高い。

【第1節】

◆長い

異性の心をつかまえて離さない官能的な魅力がある。同時に、モラリストではない。不倫や三角関係の当事者になっても、あまり罪悪感を覚えないだろう。

◆短い

モラルに縛られがちで、欲望を満たすことができない。下手をすると欲求不満を抱きつづけるだろう。

◆ホクロがある

芸術や音楽に興味がない。美術館に行くより食事をするほうがいいと考えるし、コンサートで熱くなる人の気持ちが理解できないはずだ。しかし、虚栄心は強いほうであり、美術や音楽についても、知識だけは蓄えている。ただ、美的感覚が今ひとつなので、ファッションはどこか奇妙であったりする。

【第2節】

◆長い

芸術的な才能が開花し、実利につながる可能性が高い。

◆短い

芸術家を目指しても成功はおぼつかない。他の道を選ぶのが賢明だろう。

◆ホクロがある

ギャンブルで勝ちを収めることは難しい。にもかかわらず、小銭程度の勝利を求めて、ギャンブルにハマりやすい。全財産を失わないように注意しなければならない。株も先物取引も、手を出さぬほうが無難である。

【第3節】

◆長い

この部位が長いほど、成功する確率が高い。第2節も長いならば、芸術方面で成功する。ギャンブルでも強さを発揮するはずだ。

◆短い

芸術家を目指すより、芸術を鑑賞する側で満足するほうが賢明だろう。大利を求めず、小さな勝利を積み重ねる努力をすることが成功への近道である。

◆ホクロがある

実は、美しいものに目がない。また、生き方も美しくありたいと思っている。その思いに忠実に行動するため、変わった人だと思われることがある。必要なことには財布の紐が固いのに、つまらないことに大金を投じる人のように見えるのは、この人独特の価値観ゆえである。

小指

きわめて重要な指 詳細に鑑定すべし

【長短】

5本の指を自然にそろえたとき、小指の先が、薬指の第1節より少し上に到達するのが標準的な長さである。それを基準に長短を判断する。

◆標準より長い

性欲が旺盛である。その分、子宝に恵まれる可能性が高くなる。家庭運も良好で、理想的な夫とともに円満な家庭を営んでいることが多い。

ただし、小指が長すぎる場合は、悪知恵の天才で、奸計を弄して目的を叶えようとすることもある。その手腕が、恋愛の場面で発揮されることもしばしばだ。

◆標準より短い

自力で生計を立てねばならない運命を背負っている。また、そのことがこの人を鍛えている。つまり、仕事を長く続けるためには、良好な人間関係を築く必要に迫られるので、必然的に順応性が高くなるのである。

ただし、小指が極端に短い人は、環境に順応するというよりも、他人に指示されて動くことを望む傾向がある。

【指先の形】

◆円錐形

話術が巧みである。相手の気持ちを素早く察し、先回りして話題を提供する才能がある。さほど内容のない話題でも、重要な話だと思わせる技術を持つ。

◆ヘラ形

実利を目的として行動する。愛だけでは動かない。自分にとってメリットのある相手でなければ、何事も応じないだろう。すべてにおいて迷信を排除し、科学的に見きわめようとする人である。

◆方形

ヘラ形とほぼ同じである。異なる点は、方形の人は事務的な能力にたけているということだ。事業家として能力を発揮する人もいる。浮気をしても、家庭内と外の区切りをしっかりとつけるために露見する可能性は低い。愛情とセックスを分けて考えることも特徴だ。

◆節太の指

自分だけに通じる理論で行動するタイプである。自分では話術が巧みだと思っているが、周囲には詭弁にしか聞こえない。ベッドでもひとりよがりになりがちである。小説家など、自分の世界を深めていく仕事が向いているかもしれない。

◆小指のつけ根が低い

小指の基底部は、他の指の基底部より低い位置にあるのが普通である。

しかし、極端なまでに低いなら、環境に合わせられない人である。

◆小指のケガ

夫婦間の問題が浮上し、最悪の場合は離婚へと進む場合もある。独身ならば、恋愛が崩壊する暗示かもしれない。いずれにせよ、ふたりの関係に問題が生じていたら、早めに解決しておくとよい。

◆左右の小指の長さが異なる

男性の場合、左手の小指は息子を、右手の小指は娘を意味する。左手の小指が短ければ、娘を授かると見る。

すでに男の子がいるのであれば、その息子は手がかかると判断する。

女性の場合は、左手の小指が娘、右手の小指が息子として同様に判断する。

◆夫婦の小指

男性の場合、左手の小指は妻との関係を示し、右手の小指は外の女性との関係を示す。たとえば、右手の小指の長い男性は、浮気をする可能性がある。

女性の場合は、左右を反対にして判断する。左手の小指がいやに長ければ、不倫をする可能性ありと見るのである。

◆心が小指に表れる

男性向けの判断方法である。

目指す女性に、手を出してほしいと頼んでみよう。このとき、女性の小指が薬指にくっついていれば、自分に気があると判断してもよいだろう。

しかし、小指だけが離れていたら、その気はないと見て、諦めたほうがよい。

【第1節】

◆長い

弁護士や政治家として成功する才能が潜んでいるが、実現するには、他の部位にも賢さや統率力を示す相が必要だ。女性は、ＰＴＡで活躍中の人に多い。

ただし、小指が極端に長ければ、大風呂敷を広げる傾向があると見てよい。

◆短い

いわゆるむっつり助平である。その気があってもなかなか口に出せない。

◆ホクロがある

悪意はないが、嘘をつく傾向がある。そうすることで、口下手なところや融通のきかなさを隠そうとしているのだ。この人には冗談が通じない。漫才を聞いてもニコリともしないタイプである。

【第2節】

◆長い

第2節には忍耐力が表れる。そこから派生して、推理力や知力も見る。

この部位が長い人は、忍耐力や推理力に恵まれている。また、ベッドでは時間をかけて戯れるのが好きである。

◆短い

物事をじっくりと吟味し、考えることが苦手である。どこに時間をかけ、どこをはしょっていいかの判断が的確でない。そのため、ミスが誘発されがちである。

◆ホクロがある

面倒な人間関係から逃れたがるタイプである。ストレートに感情を表すので、ときにひんしゅくを買う。試験では、答案を見直さないために不合格となるケースがある。たまに訪問販売で成功する人がいることも言い添えておこう。

【第3節】

◆長い

勤勉である。努力によって成功を勝ち取るタイプだ。しかし、勤勉さの裏に、ずるさが見え隠れしている。恋愛でも、真面目で純情そうなふりをして相手に近づくことがある。

◆短い

人の物をほしがるタイプだといわれている。略奪愛を好む可能性もある。

◆ホクロがある

浪費家である。お金があれば、あるだけ使ってしまうだろう。荒淫の傾向にも要注意だ。懐古趣味でもある。

● 指と指の隙間

そろえたときの隙間がお金への執着度を示す

指を自然にそろえたとき、どこかに隙間が生じるのではないだろうか？　その隙間がどの指の間にできるかによって、金銭への執着度を読むのである。

【すべての指と指の間に隙間がない】

極端なまでのケチである。お金のかかることには手を出さない。飲み会などで割り勘にすると、自分はお酒を飲まなかったのだから、みんなと同じ金額を出すのはおかしいと文句をいうタイプだ。
　お金に関しては、めったにだまされないが、人生の楽しみが半減する可能性がないとはいえない。

【すべての指と指の間に隙間がある】

　浪費家で、気分にまかせてお金を使いまくる。流行にも弱く、新発売と聞いただけで飛びつく。
　好奇心が旺盛なのは悪いことではないが、お金は残らない。だが、人生を大いに楽しむタイプではある。

【人差指と親指の間に隙間がある】

　多少の損なら気にしない寛大なところがある。大局的な見地からお金を使う人なのだ。つまり、出世のために、接待費などにお金を使うタイプである。
　一方で、無目的なことにはお金を出し渋る。たとえば、子供のスマホの使用料などは厳しくチェックする。

【人差指と中指の間に隙間がある】

　自分にとってプラスになることにはお金を投じる。食費を削ってでも趣味のカメラを購入するタイプである。
　しかし、霊感商法まがいのものに引っかかることも考えられるので、注意が必要である。

【中指と薬指の間に隙間がある】

　人生を楽しむためにお金は存在すると思っている。飲食やファッションにかけるお金は相当なものかもしれない。しかし、それ以外はキッチリしているので、意外に貯金はあるはずである。

【薬指と小指の間に隙間がある】

　恋人にプレゼントをすることが、この人の喜びだ。恋愛をすると、たちまちお金がなくなるが、相手の嬉しそうな顔を見るためなら借金も辞さない。
　異性から慰謝料などを請求されて青ざめる危険もあるので、用心しなければならない。

◆結婚指輪と人相学

運命で結ばれた男女が家庭を築くための呪具？

　結婚指輪を左手の薬指にする理由については、いろいろと語られている。
　一般的には、ローマ典礼儀式書に「結婚指輪は左手にはめるべし」と定められていることや、左手の薬指には心臓につながる血管があると信じられていることに由来するとされる。
　これを人相学的に考察しよう。
　薬指は、他の4指を固定されると自由に動かすことができない。つまり運命に委ねられた指といえる。
　さらに左手は、男性は社会運、女性は家庭運を表すことになっている。
　運命に定められた男女が力を合わせて安定した家庭を築くためのマジナイと解釈することが可能である。

爪

いうまでもないことだが、爪にも個性がある。つぶさに観察すれば、そこから運勢の一端が読み取れるものである。

なお、以下にいう「短い爪」とは、爪の縦と横を比べたときに、横のほうが長いものをいう。「長い爪」は、その反対で、横よりも縦のほうが長い爪である。爪を切らずに伸ばせば「長い爪」に見えはするが、そうではなく、自然に切った状態で判断していただきたい。

短い爪

（好奇心が旺盛で直観力も優秀だが…）

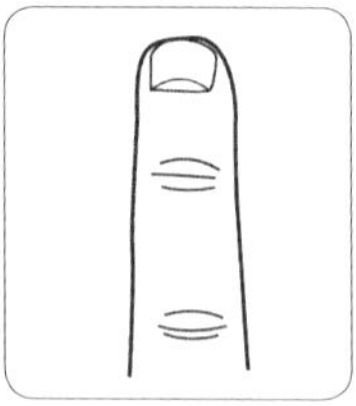

好奇心が旺盛で、直観力も鋭い人である。その好奇心が動きだすと、他人のことをあれこれと詮索して、わりと的を射た結論を導きだす。また、少々軽率なところがあり、自分が得た情報を他に漏らして、ひんしゅくを買ったり、警戒されたりすることもある。この人の前でうかつなことはいえないと心得るべきだ。

中指の爪だけ短い

（短気だがあっさり他人の評価を気にする）

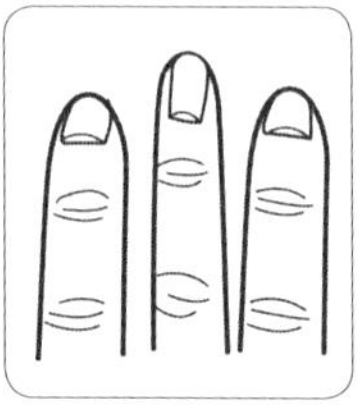

短気ではあるが、意外にあっさりしていて、根に持つようなことはない。激しく怒ったとしても、翌日にはケロリとして、何事もなかったかのように話しかけてくるタイプである。

ただし、他人の噂をひどく気にする。相手に自分がどう思われているのかが、この人にとっては最大の関心事なのだ。

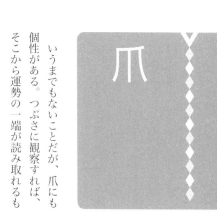

短い四角形

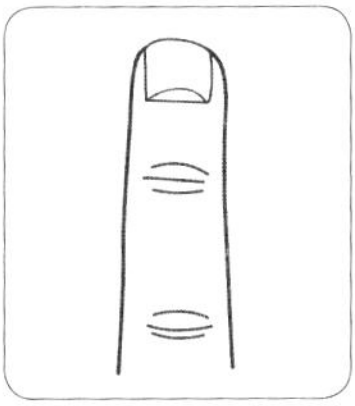

集中力はあるが怒りっぽいのが弱点

怒りっぽい人である。爪の幅が広いほど、この傾向が顕著になる。いったん怒りだしたらわれを忘れることがあるので、周囲は怒りが鎮まるのを待つしかない。また、この人に恨まれると、何年たっても忘れてもらえない。

仕事に対する集中力が高い点は評価できるが、怒りを爆発させて水の泡になることもある。

短い三角形

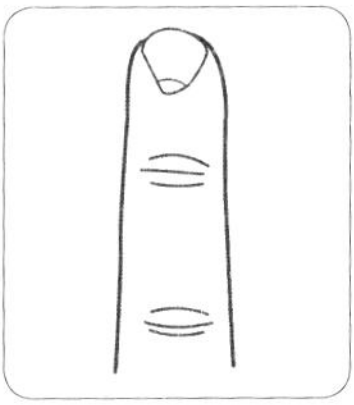

人間関係も食事も偏りがちな傾向あり

好き嫌いが激しい。人間関係もさることながら、食事についても偏食の傾向がある。自分では美食家だと思っているかもしれないが、それは横に置いておき、まずは栄養のバランスに留意するのが正解であろう。

人間関係にも偏りが見られ、気の合う人とはベッタリだが、そうでない人とは目も合わせない。

短くて堅い爪

ケンカが好きでトラブルを招く？

ケンカ好きな人である。爪が短いほど、この傾向が顕著になる。

この相が親指に見られたら、他の相がよくても、自分で招いたトラブルによって失敗をすることがある。また、利益のために冷酷な行動をとりがちだ。

爪が短く手が柔らかい

辛口のコメント力を前向きに活用せよ

辛辣な批評家である。実に的確な言葉で他人の作品をけなす。皮肉屋でもあり、常に斜に構えて世の中を眺めている。

となれば、やはり周囲からは敬遠されがちであるが、意地でも寂しそうな様子は見せない。

長くて大きな爪

頭脳明晰、健康優良、悩みを聞くのは苦手

頭のよい人で、分析力や判断力にも優れている。世に出るチャンスに恵まれるだろう。健康面でも申し分なく、多少の無理は効く。ただし、こまやかな気配りはできない。人の悩みを親身に聞くことも苦手なタイプである。

細長い爪

少し神経質な傾向あり
取り越し苦労が多い

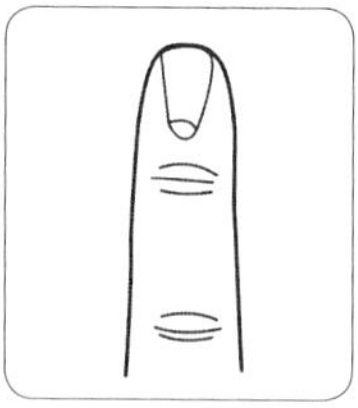

神経質な人である。悩みのないときはない。いつも何かにクヨクヨと悩んでは、ため息をつくのがこの人の習性である。

楽しいことがあっても、その後に不幸が来るのではないかと心配するタイプだ。

健康面については、背骨や腰に配慮するとよい。姿勢や歩き方を正しくするよう心がけよう。

爪にうねが生じる

生活が不健康かも
今すぐ見直しを

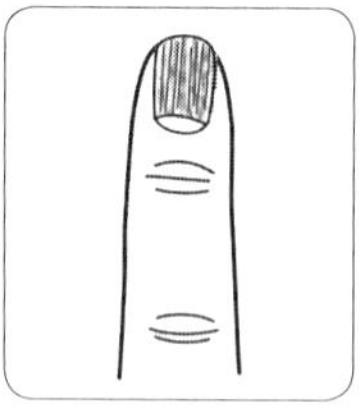

不健康な生活をしていると、爪にうねが生じることがある。間食が多くないか、睡眠時間が不規則ではないかなど、生活全般を再検討してみる必要がある。

自堕落な生活に自由を感じているのかもしれないが、その生活態度が身勝手につながりかねないことを知るべきだ。まずは健康状態を立て直すのが吉である。

長い爪

40歳過ぎまでは
恋の楽しみを謳歌する

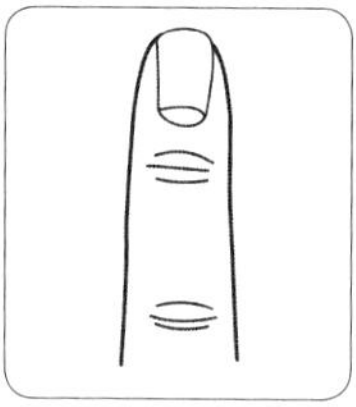

恋愛が人生を左右するという例を地で行くタイプである。はっきりいって情欲に弱い。気持ちが燃えはじめると、知性もモラルも捨てて去り、火の球となって突進するタイプである。おそらくは、40歳過ぎまで恋の楽しみを謳歌するだろう。同時に、恋の苦しみからも卒業することはできないと覚悟すべきかもしれないが。

爪が反っている

愛したい欲求も
嫉妬心も人並み以上

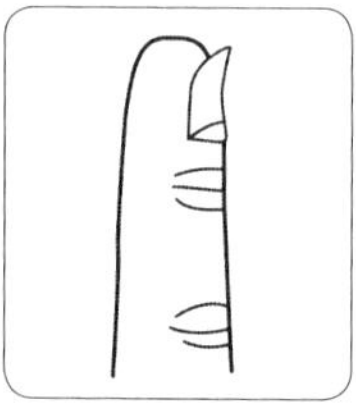

恋愛を激しく求める人である。だれかを愛していないと、生きていけないのだ。

愛情を拒絶されると、いっそ死にたいなどと思いつめることがある。しかしながら、晴れて両思いになっても、喜びよりジェラシーに苦しむだろう。そのため、相手の行動をいちいち細かくチェックすることもある。

薄くて幅が狭い

穏やかで繊細
だれからも愛される

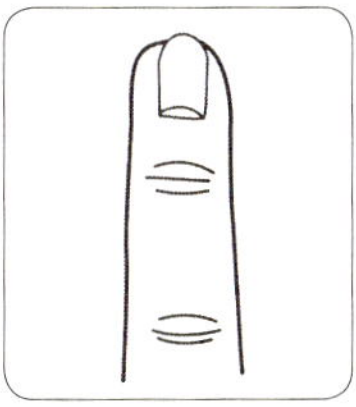

性格の穏やかな人である。繊細で、同情心にあふれている。人の悩みに真摯に耳を傾けるタイプだ。当然、だれからも愛されるだろう。

人から裏切られても、自分から裏切ることはない。それだけに、人生の貧乏くじを引く危険性は高いかもしれない。

また、金銭的にはさほど恵まれない可能性がある。

短くてうねが多い

器用で集中力あり
職人技で頭角を現す

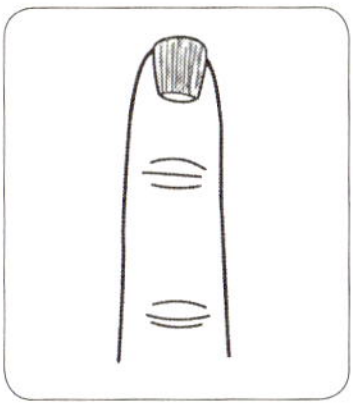

この人は、手先が器用で、集中力がある。工芸の世界で適性を見いだせば、名人の名をほしいままにするかもしれない。一方、ベッドでは変わった趣味を持っている可能性がある。それに溺れて身を誤らないように気をつけたほうがよい。集中力が高いだけに、暴走を始めたら危険だ。才能にも情欲にも正しい方向性が必要である。

アーモンド形

完全無欠の爪だが
うぬぼれは強いかも

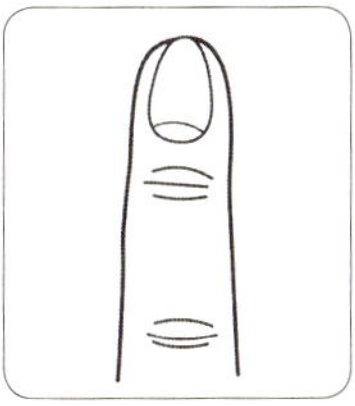

相書には、完全な爪と記されている。つまり、欠点のない爪なのだ。こういう人は、幸福で健康である。とはいえ、筆者の知るかぎり、実はうぬぼれの強い人に多く見られる爪である。常に権力の側に与《くみ》することも特徴のひとつだ。一流と名のつくものに弱く、それ以下のものに対しては、目を向けない傾向がある。

親指に横うねがある

不調のサイン
無理はしないこと

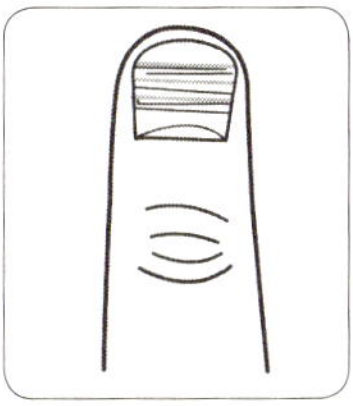

このような爪が見られるのは、体調がよくないときである。親指の爪は半年で生え替わるから、うねが生じている場所から、不調な時期を算出することができる。たとえば、爪のなかほどにうねがあれば、3か月前の不調のサインだ。このうねが爪にあるうちは、体調が万全ではないのだから、無理な行動は慎むほうがよい。

1
2
3 手相
4
5

手のひらのホクロ

手のひらのホクロは凶であると、すべての相書に記されている。

とくに女性の手のひらのホクロについては、ことごとく悪い判断が記されている。

これは、人相学が成立した時代を考慮していないことによる一種の時代錯誤である。

かつて女性の幸せは、家庭を守り、子供を育てることにあった。女性の本音はともかくとして、少なくとも社会は、そのように規定しようとした。今でもその名残はある。結婚して家を守ることが、女性にとって理想の生活だと考える人が、いないわけではない。

しかし、時代は変化し、女性も社会に出て働くことが求められている。また、働かなくては生活できないという状況でもある。

さて、手のひらのホクロの解釈は、位置によってさまざまだが、その基底には一様に「活動的」というキーワードが潜んでいる。

つまり、古い時代には、女性が活動的であることが凶作用をもたらすと解釈されたのだ。家庭に収まるべき女性が活動的になると、家庭を壊しやすい、だから凶であるという論法なのである。

だが筆者は、実業家として大成している女性の手のひらにホクロがあることを実地で検分している。才能を世界規模で開花させている女性の手のひらにも、やはりホクロがある。

手のひらのホクロは社会的成功を意味するという判断も必要になってきているのだ。

そのような新しい解釈をまじえながら、手のひらのホクロについて論じていきたい。

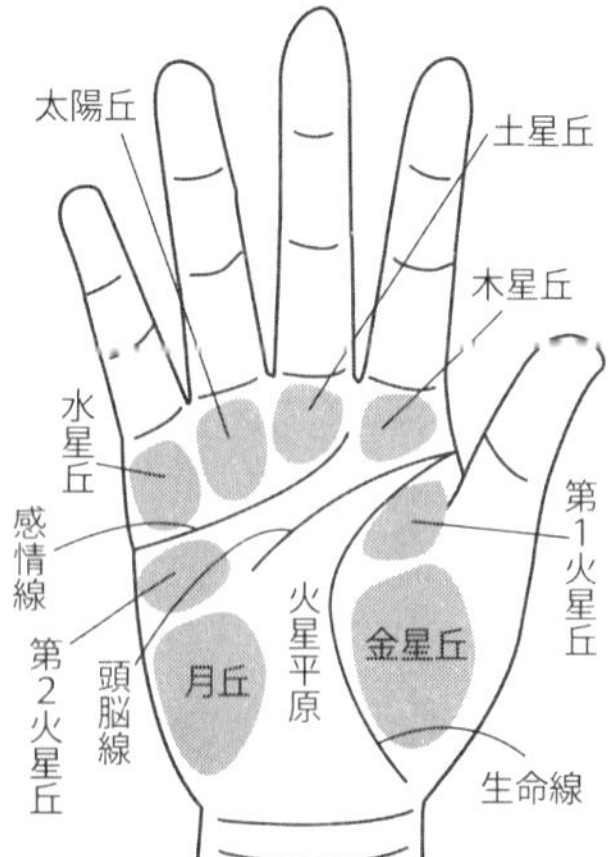

金星丘

一生のうちに何度か
大恋愛に身を焦がす

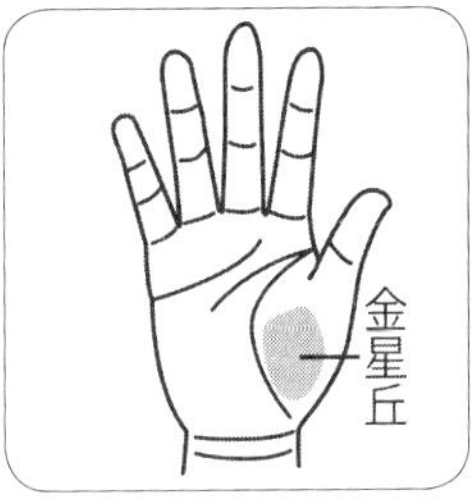

金星丘とは、親指のつけ根の部分をいう。手のひらの中で最も盛り上がっている部分であり、官能と家庭を司る。

ここにホクロがあれば、運命を変えてしまうほどの恋愛をするというサインである。一生のうちに2回や3回は、人生の岐路に立たされるような恋をすることになるだろう。もちろん、結婚後も油断はできない。

ただし、官能に溺れると体調を崩すという警告ボクロでもあるから、気をつけたほうがよい。とくに女性の場合は、金星丘の下部にあるとホクロがあると、婦人科系に弱点が生じることがある。

また、生命線は、金星丘を取り巻くように伸びる線であるが、その線上にホクロがある場合は、肝臓や消化器系のコンディションに注意が必要だろう。規則正しい生活を心がけ、暴飲暴食を慎むのが賢明である。

第1火星丘

攻撃力を活かせば
理想が実現できる

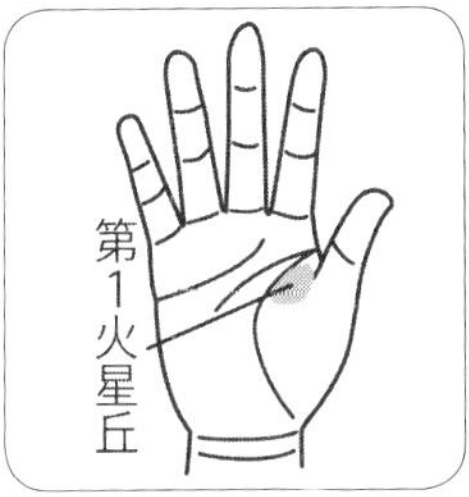

第1火星丘とは、金星丘と木星丘にはさまれた部位であり、攻撃性を司る。

ここにホクロがあると、周囲との意見の対立が起こりやすい。総じて、衝突の多い人生となるかもしれない。

しかし、とくに仕事を成功させるためには、トラブルも辞さないような態度が求められることがある。周囲の意見に従ってばかりでは、斬新な仕事はなかなかできない。必要とあらば、反対を押し切ってでも実行する胆力が不可欠だ。

多くの企業家たちは、この部位にホクロを持っている。

一方、ともすると内弁慶になりがちなホクロでもある。だが、自分の攻撃的な一面を、家族や友達にぶつけても何にもならない。そのパワーは、社会に出て戦うためにこそ使われるべきだ。

健康面では肺に弱点がある。喫煙の習慣のある人は用心すべきである。

木星丘

過ぎたる優しさはピンチへの第一歩

木星丘とは、人差し指のつけ根にあるふくらみのことである。この部位は、権力、目的意識、幸運を司る。

ここにホクロのある人は、地位や財産や名声を失うとされている。なぜだろうか。優しいからである。

世間では、優しさが美徳とされているが、これに惑わされてはいけない。このホクロを持つ人は、余計な優しさが転落の第一歩となるからだ。

困っている人を助けようとか、恩人の急場を救おうという仏心が湧いてきたら、ピンチかもしれない。本当に助けが必要なのか、よく考えてみるべきだ。

「天は自ら助くる者を助く」という。相手の底力を信じて、静かに見守るのも優しさのひとつなのだ。クールな態度を取ることが、必ずしも冷酷であるとは限らない。そこをはき違えないようにするとよいだろう。

土星丘

強烈な自我の持ち主事業家として大成功か

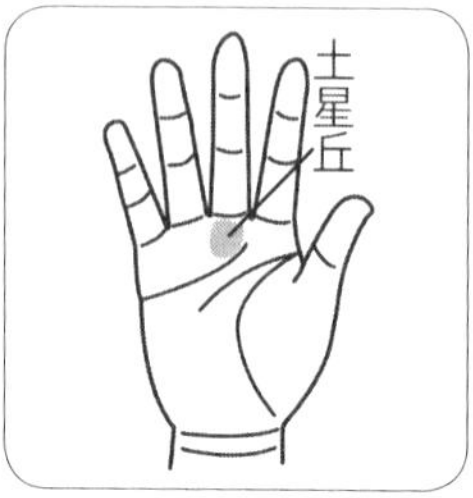

土星丘とは、中指のつけ根にあるふくらみをいう。この部位は、沈着、冷静、孤独、意志力を司る。

ここにホクロがある人は、強烈な自我の持ち主だ。ひとたび目的を定めると、周囲にも厳しく当たるが、自分に対しても厳格である。

事業家として大成功するためには、ぜひとも欲しいホクロである。女性の場合も、ここにホクロがあるからには、社会に打って出る覚悟を持たないと、人生は輝かない。自分以外の人間に従うばかりの毎日では、この人は満たされない。

運命に従い、勇気ある第一歩を踏みだせば、それに呼応するかのように、さまざまなことが動きだすはずだ。

健康面では、心臓や血圧に注意を払ったほうがいいかもしれない。また、空き巣、詐欺、火災に対しても、油断しないほうがよいだろう。

太陽丘

芸術家には不向きだが芸術を仕事にできる

太陽丘とは、薬指のつけ根にあるふくらみをいう。この部位は、人気や金運、さらには美意識を司る。

ここにホクロがある人は、残念ながらアーティストとして成功する可能性が高いとはいえない。そこまでの感性には恵まれていないのだ。挫折するだけでなく金運までも傷つく恐れがある。

しかし、自分に感性がなくても、芸術や芸能の分野で成功することはできる。

たとえば、感性のある人材を集めて芸能プロダクションを創立すればいいのだ。営業や金銭管理の苦手なアーティストのマネジメントをするという手もある。

みずから感性を表現することは金運の邪魔になると心得ることが、成功のための布石となる。芸術をいかにビジネスとして成り立たせるかという視点から行動するほうがよい。

なお、虚栄心には用心すべきである。

水星丘

見切りのよさが特徴一匹狼の素質あり

水星丘とは、小指のつけ根にあるふくらみをいう。この部位は、セックスや結婚、人間関係までを司る。

ここにホクロがあると、結婚に失敗しやすいとされている。つまり離婚率が高いのだが、そこで下手にダメージを引きずらないのがこの人だ。ダメだとわかったら行動が早いし、気持ちを切り替えるのもうまい。そういう見切りのよさが、このホクロの特徴である。

一方、このホクロは、人間不信に陥りやすいサインでもある。しかし、信じなければだまされることもないと、開き直ることもできよう。

手に職をつけて、一匹狼を目指すのも悪くない。理容師、美容師、医師、弁護士、手品師、占い師、小説家もよい。

水星丘の下部、感情線上にホクロがあれば、衝動的な欲情に負けて、信じられないような失敗をしがちなので要注意。

第2火星丘

反骨精神が旺盛
困難に対峙する根性あり

第2火星丘とは、水星丘と月丘にはさまれた部位である。受難を司るが、転じて自制心が表れる部位とされている。

ここにホクロがある人は、よくいえば反骨精神が旺盛、悪くいえば反抗的で詭弁を弄する。たとえ自分に落ち度があっても、言を左右にして素直に認めようとしないだろう。そのため、ときには周囲から非難されることもある。

見方によっては、どのような困難にも立ち向かう根性の持ち主ともいえるだろう。仕事でも恋愛でも、いつかは自分の思いどおりにして見せるという気概にあふれたホクロなのだ。

健康面では、父母の弱点を受け継いでいる可能性がありそうだ。両親の健康状態で心配なところがあれば、将来的には、自分も同じような悩みを抱えるかもしれない。そう思って、今から生活習慣などに気を配り、予防に努めるとよい。

火星平原

道ならぬ恋をして
欲望のまま突っ走る？

手のひら中央のくぼみを火星平原という。頭脳線や運命線の通り道であり、手相の中でも重要な部位である。

ここにホクロがあると、道ならぬ恋を経験する可能性が高くなる。とくに運命線（火星平原を縦に走る線）上や、そのそばにホクロがあるならば不倫によって運命が変わるかもしれない。一方、頭脳線（火星丘と木星丘の間から火星平原に伸びる線）上か、そのそばにホクロがある場合は見込み違いをしやすい。また、生命線（金星丘を取り巻く線）の外側にあれば、家庭を脅かす恋の暗示だ。

このホクロの持ち主は、欲望に忠実である。そのため、道ならぬ恋であろうと、思いどおりに行動しようとするかもしれない。それだけのパワーがある。

健康については、自分が思うほど強健ではない。客観的に体調を把握したうえでの自己管理と節制が求められる。

月丘

幸せもトラブルも運命からの贈り物

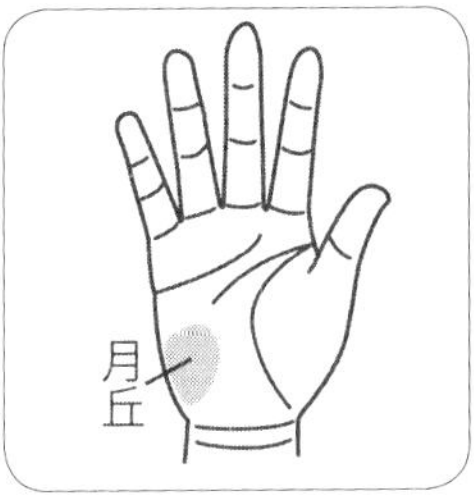

月丘とは、第2火星丘の下から手首までのふくらみをいう。感受性を司る部位である。また、他の部位のようには自分で動かせないことから、宿命的なことを司るともいわれる。

ここにホクロがある人は、運命を自分で操ることができない。たとえば、夢が実現する直前に、何らかのアクシデントが発生するケースもある。

しかし、運が悪いというわけではない。むしろ、運命の女神が、本人の不幸をすんでのところで阻止しているという意味合いが強い。つまり、夢や恋の実現が、かえって本人の不幸につながるときに、それを食い止めようとする力が働くのである。だから、ここにホクロのある人は、幸せもトラブルも、肯定的に受け止めることが正しい。

健康面では、婦人科系が弱いかもしれないので、気をつけるとよい。

手の甲のホクロ

手のひらのホクロをよくも悪くも中和する

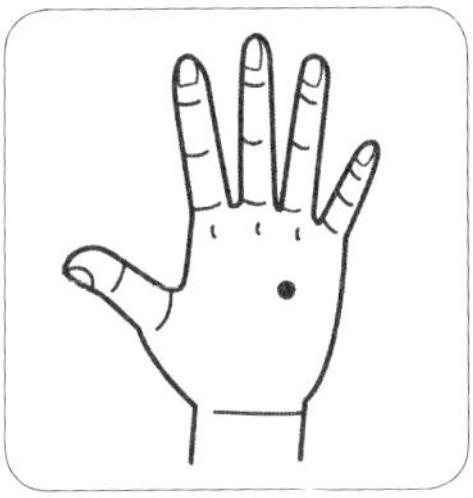

手の甲のホクロは、手のひらのホクロに表れた暗示を中和する働きがある。

したがって、手のひらに凶作用を暗示するホクロがあっても、手の甲にホクロがあれば、凶意は中和される。

しかしながら、このホクロは、手のひらに現れた幸運のホクロにまでブレーキをかけてしまう。よくも悪くも中和作用が働くのである。

また、手の甲にひとつだけホクロがあれば、手のひらにあるホクロの作用が、すべて帳消しにされるわけではない。ちょうど裏表の関係にあるホクロだけに作用するのである。

たとえば、水星丘に凶のホクロがある場合、そのちょうど裏側に当たる位置にホクロがあれば、凶意が中和されることになる。

このように、ホクロひとつを取り上げても、奥深い世界が広がっているのだ。

第4章

挙動

人相と挙動

人相には、身ごなしや仕草も含まれる。座ったときの姿勢、歩き方、食事の際の動作、あるいは目つきに至るまで、吉凶判断の情報源としてチェックされるのだ。

人間の気持ちは、自然と動作に表れるから、この章を知るだけで、相手の心理状態がよくわかるようになる。結果として、人づきあいがいっそうスムーズになるだろう。

また、挙動が人相の判断材料になるのであれば、挙動を変えれば運勢も好転することになる。顔や体の相は、変えたくてもなかなか変えられないが、挙動ならば、思い立ったときに即、変えられるものが多い。

その意味でこの章は、開運につながる具体的かつ即効性のあるヒントが数多く盛り込まれた、実用的な章といってよい。

以下、歩き方から順に、挙動の吉凶を箇条書きで示していく。各項目の冒頭に記号をつけ、吉凶判断の目安とした。◎は大吉、○は吉、△は吉凶なかば、×は凶である。△や×の挙動を避けるだけでも、運勢は上昇するはずだ。

歩くとき

×雀行　雀が地上で餌をついばむように、頭を前後に動かす歩く者は、決断力に乏しい。才能を活かす知恵がない。

×蛇行　腰にも体にも力が入らずうねうねと歩くことを蛇行という。上体を左右に曲げる癖がある。お世辞がうまいが、油断はできないタイプだ。一時的には成功しても長続きはしない。

×狼行　せかせかと歩いたと思うと、立ち止まり、今度はゆっくりと歩きだしては、また立ち止まるタイプだ。相書には「横暴にして奸物なり」とある。気を許してはならないと警告しているのだ。

×狐行　前後左右に気を配りながら、せかせかと足早に歩くタイプで、謀《はかりごと》が巧みである。

×竿行　背筋を伸ばしすぎるくらい伸ばして歩くタイプだが、この人は後ろ姿が寂しい。一生、貧乏暮らしがついて回ると見てよい。

×上下行　歩くとき高低をつけるタイプだ。何かを企んでいるときは、この歩き方になる。しかし、企みが見破られやすく、信用されない。

◎虎行　この歩き方については他の章でも少し述べた。竹林を歩く虎のように、悠々としていながらも油断のない足運びが特徴である。必ず成功する理想的な歩き方である。

◎龍行　左右を気にせず、まっすぐに歩くタイプだ。この歩き方をする人は、ひとかどの人物に成長する。ただし、女性の場合は離婚する可能性が高い。

◎鴨歩　歩幅は短いが、規則正しい歩きをする者は、大富豪になれる。

△牛歩　ずっしりと重みのある歩き方をする者は、巨財を得る。だが、他人から損失を受ける。

×鵲行　立ち止まって後ろを振り返りながら歩く者は孤独になる。

◎亀行　周囲を気にせず、しかし偉ぶらない歩き方をする者は、長命である。

×馬行　速すぎる歩き方をする者は苦労が絶えず、努力しても報われない。

◎流行　軽快に歩く者は正直である。吉相の歩き方は、速くもなく遅くもなく、落ち着いてリズミカルに歩くのが原則である。

△浮軽行　軽薄な感じでふわふわと舞うように歩く者は、下賤ではあるが害にはならない。ただ、高慢で人を軽んじる。

×児行　子供のようにちょろちょろと歩く者は、疑い深く決断力がない。

◎沈重行　重々しく歩くのは貴相である。出世する。

△内股で歩く者は内気である。

○外股で歩く者は積極的である。

〇10歩先を歩く人を呼び止めたとき、その人が左へ頭を回すならば、出世する人で信用ができる。しかし、右へ頭を回したならば、無官（公職に就いていないこと）の人で信用できないと判断する。

×手をさすりながら歩く者は他人を恨みやすい。裏切ることもある。欲深く、盗癖がある可能性も否定できない。

△左右を気にしながら小股に歩く者は、芸能界で成功する才能がある。しかし普通の職業では困窮する。

×氷の上でも歩いているかのように、膝を曲げ、腰を落として歩くのは凶相。何をしても大成しない。

△路地ごとに曲がって歩く癖のある者は短気である。

△ウィンドーショッピングが癖の人は35歳までは隆盛運。その後は運気が下降する。他人にだまされて没落する相であり、女性は男性にだまされる相である。

◎目的地まではまっすぐに歩き、帰り道はふらふらと歩く人は大器晩成である。運が向くと一気に成功をつかむ。

◎バッグをさげて持つ者は金運に恵まれる。

△バッグを肩にかけて持つ者は中流階級止まりである。

×バッグを抱えるように持つ者は貧乏へと堕ちる。

◎左足から歩き出す者は運気が盛んで万事順調に進む。

×右足から歩き出す者は経済面で苦しむし、色難がある。

◎正しく靴を脱ぐものは運気がよい。正しい脱ぎ方とは左右の靴に間を置き、左の靴を心もち前に出すことをいう。

×靴を脱ぎ散らかす者は転職がつづく。浮沈が多く男女とも一度は落ちぶれる。

△靴をピタリと揃えて脱ぐ者はケチで小心者である。主体性がなく、命じられないと行動しない。

△靴の左右に間を置いて脱ぐが、左右の靴の先を並べぬ者は頑固者である。たとえジョークを連発しても、片意地を張る。

△靴の先をくっつけ、かかとの部分を離して脱ぐ者は大切なときに弱気になる。ギャンブルには向かない。

△右の靴を出しすぎて脱ぐ者は悪知恵の天才である。人をだますことを無上の幸せと考えている。右の靴を

少しだけ出す者は陰険である。
△靴の先が減る者は想像力がたくましい。フロンティア精神に満ちている。ただし胃腸の病気になりやすい。
△靴のかかと部分が減る人は決断力がない。怠け者である。それでいて神経質でもある。
◎靴の底を均一に減らすことは無理であるが、そのように減らすことを心がけている者は人生に浮沈が多いが、最後には勝利者になる。

座るとき

◎泰然としてビクとも動かずに座る者は、必ず大成する。胸を張ってはいるが、威圧的ではなく落ち着いた感じであることがポイントである。女性の場合も、統領の相であり、大吉相の座り方である。
◎温かみのあるふうに座っている人は人情味があり、金運も豊かで、幸運と出世の両方を手にできる。ただし、人の世話を焼いて失敗することもありうる。
×座りながらしきりに体を動かす者は、出世できない。女性の場合は結婚が遠い。

×顔を上に向ける者は奸物である。人を陥れようという考えがある。悪知恵の働く者である。一方、顔を上に向けて微笑する者は、計画が事前に漏れて失敗する。

×貧乏ゆすりは文字どおり散財が多い。女性の場合は淫婦の相である。ただし、この癖を直したときから運気が好転する。

×座っているときに、不意に天井を見上げる者は、志は高いが、その志は実を結ばない。

×上目使いをした後に斜めを見る者は、小物のくせに大物ぶりたがる。そのために失敗する。
△あごを喉に押しつけるかのように頭を低くたれる者は芸能人向きである。一般的には破産の相である。
×座って首を縮めるものは不運の底にいる。極端な行動をとって失敗する直前である。

×首を曲げて座る者は計画性に欠けている。貯金はなく落ちぶれる。人に害を与えることもある。盗癖にも用心したい。

×髪の端をもてあそぶ者は嘘つきである。淫欲が盛んでもある。

×頭をしきりに掻く者は、近く口論をする。

×眉毛の毛が立っている場合も、口論の暗示である。

△自分の髪をなでる癖のある者は、色事でお金を失う。35歳までは不遇である。しかし、話題が豊富なので人気はある。

○額をこするときは何か望みを持っている。地位のある人のために働くときでもある。

◎額を爪で掻くときは長年の夢が叶うサインである。左手で掻けばすみやかに達成できるし、右手で掻けばゆるやかに叶う。

×額を手のひらでこする癖のある者は、自分をほめて他人をこき下ろす性質がある。賢いが、知恵のために破れる。

×眉をなでおろす者は心変わりをしやすい。嘘が多い。また淫奔である。

×男性で目尻が腫れぼったいときは女難で悩んでいるときだ。

×眉毛を掻くときは散財する。この人にねだればプレゼントやご馳走にあずかれる。

×まぶたをなでるときも散財のサインである。

×耳をさするときは女性ならば散財、男性ならば仕事が不首尾に終わる。

×指先で指をつまむ癖のある者は嘘が多く、気持ちに変化が多い。浮気者である。

◎左の耳たぶをつまむときは利益がある。

×右の耳たぶをつまむときは損失をこうむる。

×鼻をこするときは散財する。

×鼻水を流すときや、鼻水をすするときもお金に困っている証拠となる。

×鼻をクンクンする癖のある者は、起業しても倒産する。頼りにならない親がいる場合にも鼻を鳴らす。

◎鼻をかんだティッシュを左のポケットに入れるときは万事成功する。

×しかし、右ポケットに入れるときは失敗する。

×鼻をさする癖のある者は金銭に苦労する。

×鼻毛を抜くときは、色事でお金を使うハメになる前兆である。

×頬骨を掻く者は淫奔であるために失敗する。

×頬骨の下を押す者は経済的に恵まれない。座っているときではないが、スーパーで安物を選ぶ主婦は、一様に頬を押しているものである。

×舌打ちが癖になっている者は、面倒なゴタゴタに巻き込まれやすい。ときに親戚間でのトラブルが多いのが特徴である。変化をつねに求めている人である。

×座って話し始めるとき、声がかすれるのは実力以上のことに手を出している場合だ。あるいは上司に対して不満を持っている。

×唇をなめる者は、何事も竜頭蛇尾。欲が深く、いつもだれかを妬んでいる。晩年は恵まれない。
△上唇をこするときは、自分勝手な行動を取るときである。
×下唇をこするときは、人をだますサインである。お金にも汚くなっている。また、他人の知識を、自説のように語る。

×頬杖をつく者は、うぬぼれが強い。けっして忠告に耳を貸さない。他人をけなすタイプでもある。また、権力欲が並外れて強い。

×うなじをこする者は、他人の言葉に耳を傾けない。そして、当てにならないことばかり言う。

×くしゃみをするときは散財が待っている。

×くしゃみをするときに首を横にふるのは、心をひた隠しにしている。

×縦に首を振ってくしゃみをするときは物事に飽きっぽくなっている。異性のことを考えていることもある。

×ため息をつくときは、話に飽きている。進退に思い悩んでいる場合もある。怒りを持っている場合も、深いため息をつくものである。
◎咳払いを1回する場合は成功する。
△2回するのは悪知恵を持っているときである。
×3回するのは高慢な気持ちのときである。

×肘を張って座る者は、薄情である。他人の忠告に従わず、軽率でもあるから失敗が多い。女性の場合は離婚運を持っている。

×座って肘を掻くときは口論をしやすい。

×座って腹をこする者は正論を吐くが、心は邪念に満ちている。そのために人望が薄い。

×座って爪をもてあそぶ者は悩みが多い。金運も悪く、病人なら死の前触れである。

×座ったとき、手のひらをお尻の後ろにあてがう者は決断力に欠ける。奇妙なことに興味を持ち、それにお金を浪費する。オタクと呼ばれる者に多く見られる座り方である。
△相手の前でアクビをして目をこすり、おまけに足を掻くときは、転居する前触れである。
×座って腕組みするときは内輪のことで悩みがある。あるいは引っ込み思案なタイプだ。

×指を組んで座るときは、恋愛について心配事がある。

×手のひらでもう一方の手の甲を覆うときは、嘘をつくときである。他人を押しのけてでも利益を独占しようとするサインである。

×ポケットに手をつっこみながら座る者は、大それた夢を持っている。贅沢を好み、遊んでばかりいるために挫折する。

×座ったときにお腹がゴロゴロと音を立てるのは、無駄遣いをする予兆である。

×左手で背中を掻くときは上司に反抗する。右手で掻くときは詐欺か窃盗をする危険がある。

×座っているときに股間に手を当てる者は災いが多い。中年に運気を落とすものである。この者が30歳くらいであれば志が決まっていない。

×座ってもソワソワするときは、異性との関係に心を奪われている。仕事は失敗する。
△手を膝頭において座る者は、他人のために尽くすが、それ相応の報酬を求める。
△手を腿の上に置く者は、猜疑心が強い。大風呂敷を広げるタイプでもある。ほとんど失敗するが、災難を切り抜ける運のよさがある。
△手を腿のつけ根に置く者は口が軽い。悪口の名人である。浮沈が多いが、才能があるので赤貧にはならないで済む。
△座って足を掻く者は、近々旅行する計画がある。左

足を掻けば奇数日が吉である。右足ならば偶数日が吉である。

×椅子にドスンと座る者は闘争心が強い。つねにトラブルを起こす。浮気者が多く、女性の場合は口説かれるとすぐに落ちる。

×テーブルのホコリを払うときは住居に関しての悩みがある。将来のことについての心配事もある。
△テーブルに両手をついたとき、一方の手は指がそろい、もう一方の手は指がそろっていないときは、不倫している可能性が高い。
×あごを突き出してしゃべる女性は、離婚運を持っている。

×嘘をいう者は相手の目を見るが、相手が目をそらすと、自分もすばやく目をそらし、すぐに相手を盗み見るという特徴がある。

×後ろに反りかえるような座り方をする者は、発展しない。

×礼儀正しくても上目遣いをする者は、相手をあざむこうとする気持ちがある。

×目を閉じながらしゃべる者は邪悪な性質である。しかし、相手の話を聞くときに目を閉じるのは、この限りではない。

×口もとに泡をためながらしゃべる者は、概して不運である。
◎会話する前に微笑む者は発展する。しかし、女性の場合は淫奔である。
×頭を振りながらしゃべる女性は気が強い。結婚は一度では済まない相である。

×会話の最中に膝をなでたり、服を直したりする者は色難がある。

×座りながら伸びをする癖のある者は気位が高い。相手を信用していない。

×笑っているのに泣いているような顔の者は、貧困である。
△物に寄りかかりたがる者は協調性がある。しかし、他人を信じすぎて利用されやすい。
×片手をつき、身をくの字にして座る女性は、誘惑に弱い。

食べるとき

◎「食、口につく」と相書が語るように、口のあたりまで持ってきて静かに食べる者は、必ず成功する。
◎時間をかけて食事する者は、よく噛んで食べるために健康体で、スタイルもよい。
◎一日の食事の量を決めて守っている者は、運勢が安定し、健康である。
◎小食でも体格のよい者は寛大である。
◎正しい姿勢で、首と腹を垂直にして食べるのが上相である。食べる時間が短くてもガツガツせず、ゆっくりと食べるときも、緩慢ではない食べ方であることが条件である。
◎牛のようによく噛んで落ち着きのある食べ方をする者は、福徳の相である。
×鼠のように落ち着きなく食べる者は、お金に汚い。

×鳥が何かをついばむようにチョコチョコとした食べ方をする者は病気になりやすい。

×飲み込むときに頭を動かす者は短気である。財産を失う場合もある。

×口に放り込むように食べる者は、食に苦しむことになる。

×食べ物のほうに首を差し伸べて食べる者は、発展性がなく貧困に堕ちる。

×寒いのに汗をかきながら食べる者は貧困に堕ちる。住む場所も一定しない。

×痩せの大食いは性格がガサツである。相手に対する許容度も低い。

×一度にいろいろなメニューをオーダーする者は浮気者である。成功もしにくい。

×食べるときにこぼす癖のある者は他国で横死する。つまり突然死の暗示が強い。

×酢の物を急に好きになるのは滅亡の予兆である。あるいは病気に伏せる。ただし、妊婦にはこの判断を適用しない。

寝るとき

◎両手をかたく握りしめて寝る者は、忍耐力があり、大成功をする。赤ん坊は手を握り締めている。
◎寝ているときに上方にずれていく者は拘束を嫌う。自由業に就けば大発展する。
◎手足を大の字にして仰向けに寝る者は、自己主張が強い。思いどおりの生き方する幸運児である。
○犬のようにすぐに寝つくのは長寿である。しかし、時代感覚が古い。
○脚を曲げて寝る者は貴人である。大発展することは間違いない。しかし、部下運が悪い。
○深い眠りにつく者は偉人になる。しかし、愚人の可能性もある。
×馬のいななきにも似た寝言を発する者は下賤である。事故に注意が必要だ。

×薄目を開けて寝る者は神経過敏である。対人関係がうまくいかない。女性はヒステリックである。

×口を開けて寝る者は根気がない。何事も中途半端にして投げ出す。女性は難産の傾向がある。

×寝言をいう者は精神的に不安定で、方針が定まらない。
△歯ぎしりをする者は凝り性である。刺激を求めるタイプである。
△イビキをかく者はボスになれば大発展をする。しかし、人に使われていればトラブルを起こしやすい。
△寝返りの多い者は、短気だがエネルギッシュに活動するタイプである。しかし、感激屋なので、他人につけこまれやすい。
×寝ているときに布団の下に潜り込む者は、愚かなことで悩む傾向が強い。決断できずにチャンスを逃すタイプである。頭のほうまで寝具をかぶって寝る者も同じである。
△うつぶせになって寝る者はひねくれた性質である。ときとして大胆なことを実行する。
×膝を抱え、丸くなって寝る者は小心者で常識に欠け

る。失敗する運命にある。
△両手を頭の下に敷いて寝る者はプライドが高い。人の意見を素直に聞けない。空想癖がある。

『刀巴心青』による判断

●おしゃべり好きな女性は誘惑に堕ちやすい。
●おしゃべり好きな女性が無口になるときは男性のことを考えている。口ごもるときも同様である。このときは目だけ妙に光っていることが特徴である。
●頭を振りながら会話する女性は淫奔である。顔を突き出してものをいう女性も同じである。色欲が盛んだが男性にだまされやすいことも一致している。
●飲み会などで、ひとりで大騒ぎする女性は諦めやすい。そのために好きな男性の心をつかみそこねる。男性に対してお酌するなどのサービスは満点なのだが、セックスが下手なのですぐに飽きられる。飲食店でひとり酔っ払っている女性がそのタイプである。
●早口でものをいう女性はベッドでは過敏に反応し、すぐに絶頂に達する。
●持論を力説し、興奮して会話する女性はベッドでは大味である。あるいは自分本位のセックスになる。
●しゃべり方や仕草が、女優の演技のような女性は薄情である。優しい雰囲気はあるが、男性の視線を集めることが目的である。とくに美しい声の女性ならば、その可能性はきわめて高い。
●女性が恋をすると声がうわずる。とつぜんに声がうわずったら欲情が高まっている証拠である。その相手は会話している男性か、その場にいあわせた男である。この見極めは大切である。
●悪声の女性はベッドでは期待外れである。しかし、こまやかな配慮ができる。また、悪声の女性は嘘をつかない。
●低い声の女性は淫乱密夫の相である。乱れた性愛に自分から飛び込むタイプといえる。
●会話に横から入り、その話題を奪って話し出す女性は誘惑に弱い。知り合った日にホテルに行くことも辞さない。理屈っぽい女性も同様の傾向がある。また、多趣味の女性も同様だと考えてよい。とくに下手の横好きの女性は移り気だから、夫や恋人がいても、その場のムードに流されやすい。

●歌や音楽の好きな女性は淫奔である。とくに自分で歌ったり、楽器を演奏したりする女性は、この傾向が強く、同世代の男性よりも年齢差のある男性を好む。

●ソファーに深く腰を下ろし、上体を丸めるようにして会話する女性は嘘つきが多い。多情でもあり、純情そうな顔をしていても複数の男性とつきあっているものである。

●頻繁にトイレに立つ女性は誘惑に堕ちやすい。ソファーに腰かけているとき、何度も座り直す女性も同じである。このような女性は、交際中の男性がいても、その男性を信頼していないために、寂しさを別の男性によって埋めたいという気持ちがある。不倫している女性もトイレの回数が多く、じっと座り続けることができないものである。

●男性の左側を歩きたがる女性は正妻にはなれない。愛人という立場に甘んじるタイプだ。

●衣服の乱れを直す癖のある女性は多情である。男性の前で、この仕草を頻繁にするようになったら発情しているサインである。極端なケースでは男性と会話しながら無意識にブラジャーの具合を直したりする。

●男性と会話しているときに、バッグの留め金などを何度も触ったり、ナプキンを折ったり開いたりする仕草をはじめたら、早く誘惑してほしいという催促である。次の段階に踏み込んでほしくて、気持ちが不安定なときの仕草なのだ。

●ボタンをのど元まではめたり、背筋をピンと伸ばして座ったりする女性は、意外に意志が弱い。キチンとしているようで誘惑には弱いものだ。

●テーブルに前のめりになって会話をしたり、頬杖をついたりする女性は、現在の男性と別れて、別の男性と結ばれたいという気持ちがある。離婚に悩んでいる女性は、とくにテーブルに身を乗り出すような姿勢で会話するものである。

●腕組みする女性は、ベッドでは濃密である。ただし行為の後で男性に不満をぶつける。また、ベッドで主導権を握りたがる。後戯を省略されるとヒステリーを起こしやすい。

●歩いているときに急に歩調を落とす女性は、男性に何かを求めている。多くの場合、情事の後に、こういう仕草をする。遊びのセックスが恋に変わったという証拠である。

●歩いているときに、男性の横側を見てはニッコリと微笑むのは、女性が完全に男性に惚れているときに見せる共通の仕草である。

●ダラダラと歩く女性は、誘惑されるのを待っていると見て正解である。

●年齢よりも5歳以上若く見える女性や、無邪気そうな女性、あるいは少しのことで感動したり、はしゃいだりする30歳以上の女性は、セックスの達人であることが多い。

●男性の前で、女友達に抱きついたり、子供に頬ずりしたり、しゃがんで野良猫の頭をなでる女性は、発情していると見る。

●女性が爪を噛むときは、男性のことを考えている。多くは男性とのセックスに関連することが多い。

●眉をひそめたり、目を細めたりするようになったら、その女性は堕ちやすい。

●歩いているときに疲れやすい女性は不感症が多い。不感症を治すには、とくに右足首を鍛えるとよい。

●眉に出来物が生じたときは、友達の恋人や配偶者を寝取る予兆である。これは男女とも同じ解釈である。傷や虫刺されでも同様に解釈する。

●足音を立てずに歩く女性は、不倫に走りやすい。

●目を閉じて会話する女性は、陰に男がいる。目を閉じて笑う女性も同じである。

●お酒のグラスを左手に持ったら、その女性は目の前の男性に気がある。

●くしゃみをするとき、顔を横にふる女性は淫乱である。

第5章

血色・気色・画相

血色・気色・画相

◆人相鑑定の醍醐味◆

ここからは応用編であり、多少のトレーニングを必要とする。人相学をさらに深めたいという気持ちのある人は、ぜひチャレンジしていただきたい。

人相というと、一般には目や鼻などの相を見ると思われがちだが、真の醍醐味は、血色・気色・画相を見ることにある。

相書によれば、各部位の紋や形などによる細かい判断は、血色を見るための基本であるという。血色・気色・画相を見て、はじめて本当の人相をマスターしたといえるのである。

しかし、血色も気色も画相も、会得するのは容易ではない。とくに、気色と画相は難しい。

気色とは、皮膚の下に流れる粒子のようなものである。その粒子は、絶えず動いており、皮膚から立ちのぼる湯気のようなものとして現れる場合もある。

画相とは、顔に映し出される画像である。米粒ほどの大きさの人の顔であったり、独特の模様だったりする。画相を見ることのできる達人は、もはや存在しないとさえいわれるほど、画相をマスターすることは至難の技なのである。

これらふたつは、専門家であっても会得することが難しいゆえ、本書では、血色の見方に重点を置いて解説を進めていく。

血色を見るためのテクニックは、意外に容易なのである。少し練習すれば、だれでも身につけることができるだろう。

そして、血色を知るだけでも大いに便利である。たとえば、電車に乗ったとき、席に座っている人々の顔をざっと見ると、だれが次の駅で降りるのかなどは楽にわかる。その人の前に立っていれば、ほどなく座ることができるというわけだ。

筆者は、このテクニックを家族や知人の前でたびたび披露して、驚かれたり重宝がられたりしている。的中率は、少なくとも8割である。

これは一例にすぎないが、血色を見ることができれば、広い範囲に応用できるはずだ。

血色の見方

◆血色の種類◆

最初に、血色の種類について述べる。血色には以下の種類があり、それぞれ暗示するところが異なる。人相学に特有の用語が多いのだが、使い慣れるとかえって便利である。

【常色】

常色とは、読んで字のごとく常の状態をいう。皮膚の色、潤い、艶などが、ごく普通、いつもどおりの状態であることを指すのである。

ただし、人によって肌の色が違うように、常色は人それぞれに異なる。自分の肌の色などを日々観察しているうちに、わかってくるものである。

常色のときは吉でも凶でもなく、何事も無事で安泰であるといわれる。

【潤い】

枯れた状態ではないことをいう。

肌が枯れていないかどうかをよく観察し、枯れていなければ、潤いがあると見てよい。

肌がカサつき、枯れ木や枯れ葉のようであれば、潤いのない状態である。

潤いと艶（次項）とは同一のものではないことに留意されたい。艶があっても潤いがない場合もあるからだ。たとえば、肌の状態を見て、枯れ草にしっとりと露がかかったようであれば、艶はあるが潤いに欠けていると判断するのである。

潤いがあれば、凶色が現れていても吉と見る。

【艶】

艶には、よい艶と悪い艶がある。

潤いのある艶は吉である。

この「潤いのある艶」については、手を開き、指の股にある水かきのような部分を見てほしい。その肌の状態が、「潤いのある艶」の判断基準になる。肌が生き生きとして、しっとりとした状態をいうのだ。

悪い艶とは、肌がテカついている状態である。ギラギラと脂ぎっているのも、よい艶ではない。

【守色】

聚色ともいう。クリーム色のような薄い黄色である。これは、大発展の前触れの色である。

気をつけねばならないのは、たとえ顔色の悪い人でも、この色が肌の底に隠れている場合があるということだ。顔の表面はすすけたような色でも、よく観察すると、そのすすけた色の奥底に見える皮膚には勢いがあり、クリーム色が漂っていることがある。

相書では「晴れそうに見える皮膚」と表現されている。言い得て妙である。このようなときは、まさにそのときが運気の底であり、これから幸運へと向かう。その予兆が守色として現れているのである。

守色を見ることは、気色を見る訓練にも通じるから、注意深く観察することが大切である。

【紅色】

桜色、桃色のことである。喜びごとや人気運、あるいは恋愛などを判断する色である。

紅色でも、潤いがあり、よい艶を備えていることが吉の条件であることはいうまでもない。潤いも艶もない紅色は、凶と見なす。また、紅色が出現した部位によって、意味が異なってくる。

【黄色】

黄色は、小さく部分的に出ることが特徴である。大きさでいえば、指先で押したくらいである。場合によっては線状に出ることもある。

この色も、潤いと艶を備えていることが吉の条件となる。潤と艶があれば、巨万の富を得る予兆である。

潤いはあっても艶がない場合は、金運が高まってはいるが、その金運がなかなか現実ならずに苦しむ暗示である。または、体調を崩す前触れというケースもあるので、油断してはならない。

潤いも艶もない黄色が、額一面に現れるときは、胃腸の調子に気をつけたほうがよい。

【散色】

散色とは、皮膚が脂ぎってぬらぬらした状態をいう。吉の血色が出ていても、それが散色であれば凶と判断する。

顔面に散色が広がっているのは、破産の相である。すべてが思うように運ばない。なかでも金銭に関することで苦労すると見てよい。

散色は、ちょっと見た程度では吉と判断しがちなので、冷静に観察することが必要である。

とくに顔色が桜色、桃色の場合は、色がよすぎるものは散色を疑うことが大切である。例として、酔っ払いの顔を思い出せばよい。血色がよすぎるし、汗が浮かんでいるはずだ。あの色が散色である。

顔面が脂ぎっていたならば散色と見て、凶と判断して間違いない。

【蹇帯色《けんたいしょく》】

この色には、以下の3種類がある。

①地閣（あごの中央↓p230）、耳、準頭（鼻先↓p221）などに煙のように広がる青黒い色。
②顔面が火のように赤く、しかも脂ぎっているもの。
③顔面が紅色だが、肌に勢いがないもの。

これらの血色は、大災害の前触れである。蹇帯色が出たならば、何もしないことが上策である。

【暗色・滞色・蒙《もう》色】

暗色・滞色・蒙色は、蒙色と総称される。煙のように広がる暗い色をいう。薄黒い顔色と形容すれば、わかりやすいだろうか。

蒙色が現れたら、さまざまなことが滞り、スムーズに運ばなくなる。体調を崩すサイン、あるいは悲しみの予兆でもある。

【白色】

白色はすべて凶である。白い点や白い吹き出物も、同様に凶である。

この色は、人が亡くなるときに現れるとされる。ただし、準頭（鼻先↓p221）に潤いと艶のある白色が現れたら、妊娠と安産のサインなので、この場合に限り吉と判断する。

【黒色】

黒色とはいっても真っ黒ではない。薄い黒色か赤黒いか、焦げたような黒褐色の場合もある。

これは災害を暗示する。物事の停滞、悲しみ、病気を知らせることもある。凶である。具体的な凶の意味は、その色が現れた部位で判断する。

【褐色】

焦げ茶色で潤いのないものをいう。

火災や熱病など、火と熱がキーワードとなる凶事の前触れである。

【赤色】

朱色を基調とし、やや紅色が混じった色である。皮膚がカサカサしているのも特徴だ。

火難や口舌などのトラブルが起こる暗示である。あるいは叱責、別離、病気、事故といった凶事の予兆ともされている。

【青色】

青白い色であれば、驚くようなことが起きる予兆である。あるいは怒りの予兆と見てよい。

青黒い色であれば、病気や災いなど、外部から凶事がもたらされる予兆である。

【紫色】

一般に、病気の予兆と判断する。

ただし、非常にまれではあるが、潤いと艶があれば、大出世を告げるものと判断する場合もある。

血色を見る練習

血色は、相手に近寄って観察するのが原則である。ルーペを用意すれば、より詳しくわかる。

以下に、トレーニングのコツを列挙する。

①明るい場所で見ること。ただし、直射日光の差さない場所であることが条件である。

②相書には、「湯上り早々の時、酒気を帯びている時、激烈な運動の後などは見にくく分かり難いものだから初心者は避けたほうがよい」と記されている。

しかし、血色を見る訓練においては、むしろこういう場合のほうがよい。

最初から吉凶を的確に判断することは無理なのだから、酒気を帯びた顔を観察し、色や潤いや艶などの状態に慣れることが、上達の近道である。

③総合病院の待合室で、病人の顔色を観察することも意義がある。筆者も、時間を見つけては病院の待合室に足を運んだものである。病気になったばかりの人、病状が思わしくない人、退院間近な人では、血色がまったく異なるのを目の当たりにするだろう。

ただし、場所柄をわきまえて、迷惑や失礼のないように重々注意すべきであることはいうまでもない。

④血色のうち、紅色、蒙色、青色、赤色がわかったならば、第1段階は終了である。

⑤次なる訓練は、血色の形を観察することだ。

その血色は丸いのか楕円形なのか、三角形なのか、線状なのか、それとも不定形なのか、ポツンと1か所に現れているのかをジッと見きわめることが大事である。ルーペを用い、時間をかけて調べなければならない。ときには相手を人と見ずに、壁でも調べるような態度が必要だ。白壁にシミがあるかどうかをチェックするようなつもりで行えばよい。

⑥前項までをクリアしたら、最後の段階に入る。

血色がどこへ流れているのかを調べるのである。血色は、他の血色などと合流している場合がある。吹き出物やホクロ、傷などと結ばれていないか、チェックしてみることだ。

小さくポツンと現れた血色については、とくに注意が必要だ。往々にして、そこから線状の尾が延びて、他の部位に連結することが多いから、見逃さないようにしなければならない。これらを仔細に見ることができれば、血色を見る訓練は終了である。

上停の血色を見るコツ

387ページに、「十二宮図」と「細密区分図」を再度、掲載する。ここから先は、これらの図を見て、正確な場所を確認しながら読み進めてほしい。なお、カッコ内におよその位置を示した。

上停とは、顔の上3分の1をいう（p197）。

顔の上部から走る血色は、命宮（眉間）、眉頭、交友（眉の上）、福堂（眉の上）に向かうものである。さもなければ妻妾宮（目尻の脇）を通過して、目尻に向かうのが一般的である。

下から走る血色は、命宮、眉頭、福堂、妻妾宮、目尻を出発点として、辺地（額の両脇）、生え際の中、玄武（辺地の外側）、駅馬（辺地の下）、天庭（額中央）、日角・月角（額の左右）などに向かうのが普通である。

命宮は、上停における自分であるから、とくに念入りにチェックすべきポイントである。

「向かう」という表現を用いたが、どこから出発してどこへ向かうかといえば、血色の太い部分が出発点であり、細い部分が向かう先である。

この見方は、以後、すべてに共通する。

中停の血色を見るコツ

中停とは、顔を横に3分割したとき、中央の部分をいう（p197）。

中停に出現する血色の多くは、鼻、金櫃・甲櫃（小鼻）あるいは目に向かって伸びるものである。

また、臥蚕（目の下）から血色が出入りしたり、両目頭に血色の出発点があったりするので、これらの部分をとくにチェックすることが秘訣である。

鼻は、中停における自分であるから、これを中心に血色の流れをつかむことが肝心だ。

下停の血色を見るコツ

下停に出現する血色は、地閣（あごの中央）、口、鼻、金甲などから出入りするのが一般的である。また、すべて線状の血色である。

なお、下停においては、口が自分を表す。

陰面と陽面

顔の正面から見える部位を陽面という。これは、い

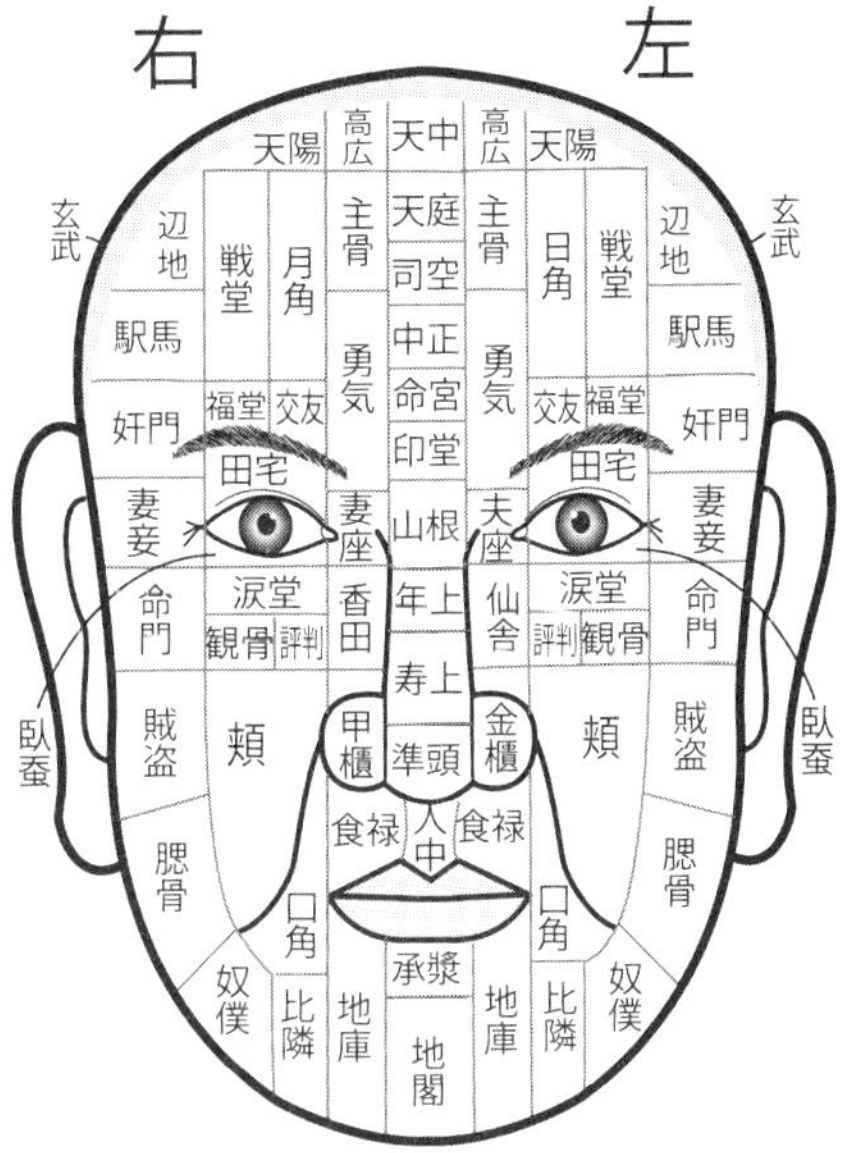
右
左
天陽
高広
天中
高広
天陽
玄武
辺地
戦堂
月角
主骨
天庭
主骨
日角
戦堂
辺地
玄武
司空
駅馬
勇気
中正
勇気
駅馬
福堂
交友
命宮
交友
福堂
奸門
印堂
奸門
田宅
田宅
妻妾
妻座
山根
夫座
妻妾
命門
涙堂
香田
年上
仙舎
涙堂
命門
観骨
評判
評判
観骨
寿上
臥蚕
賊盗
頬
甲櫃
準頭
金櫃
頬
賊盗
臥蚕
食禄
人中
食禄
腮骨
腮骨
口角
口角
承漿
奴僕
比隣
地庫
地庫
比隣
奴僕
地閣

【細密区分図】

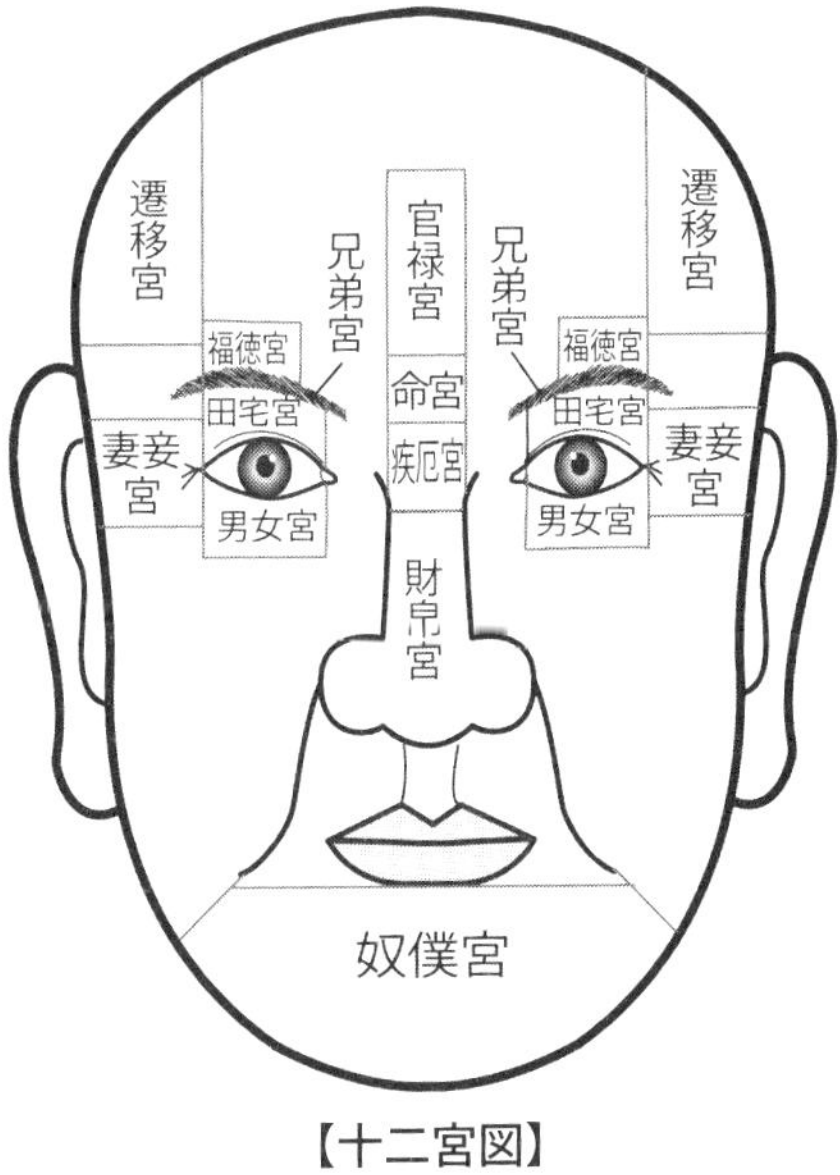
遷移宮
官禄宮
兄弟宮
兄弟宮
遷移宮
福徳宮
福徳宮
命宮
田宅宮
田宅宮
妻妾宮
疾厄宮
妻妾宮
男女宮
男女宮
財帛宮
奴僕宮

【十二宮図】

わば世間に見える事柄を表している。

一方、陰面とは、正面からは見えにくい隠れた部位をいう。生え際の中、顔の横にある腮骨（エラ）、賊盗（エラの上）、命門（賊盗の上）、妻妾宮（目尻の脇）などは、陰面である。世間の目に触れない事柄は、陰面で見るのである。

たとえば妻妾宮は、恋愛を意味する場所である。浮気性であれば、この部位にホクロがあるというのは、すでに述べた。また、恋をすると、妻妾宮が紅色（p382）に染まる。

この紅色が頬のほうへ伸びるようなことがあれば、隠れた恋が表沙汰になるのである。

あるいは、賊盗に蒙色（p383）が現れたら、盗難に注意しなければならない。そして、蒙色が頬を横切り、法令線を越えて金匱・甲匱に走るようなことがあれば、泥棒が家の中に侵入する暗示となる。

このように、陰面・陽面に加え、血色の意味するところを複合的に考慮していけば、より具体的な判断が可能になるのである。

気色の見方

◆気色とは何か◆

気色を見るには、急いではならない。訓練を根気よく続けることで、身についていくからだ。

ところで、気色とは、どのようなものだろうか。

血色なら、色でわかるのだが、気色は、色であって色ではない。

いや、気色にも、蒙色、白色、青色、赤色などがある。しかし、それらの色は、ベタ塗りの色ではなく、粒のようであり、しかも動いている。色のついた極小の球が、集散を繰り返すところが特徴なのである。

血色を観察するには、相手に近づくことがポイントだが、気色の場合は、相手から1メートルほど離れて見るのがよいとされている。そのくらいの距離を置いて、はじめて気色が見えるのである。

油絵を想起していただければよい。油絵は、近寄って眺めてもただの模様にしか見えないが、一定の距離を置くと、描かれているものが浮き出してくる。

これと同じである。適切な距離を悟ることが重要であるわけだ。

それだけではない。目の錯覚を排除し、先入観を捨て去ることも重大なポイントである。

気色を見るには、薄暗い場所が適切である。

昼ならば、北向きの部屋で、障子を閉めたくらいの明るさがちょうどよいといわれている。

夜ならば、行燈くらいの光量が理想的である。しかし、暗すぎると、蒙色なのか影なのかがわからなくなる。この場合は、行燈を近づけて確認することが必要である。

筆者は、鑑定ルームに、遮光性の強いカーテンを取りつけている。また、鑑定をするときは、蛍光灯を消して、白熱灯に切り替えている。

このように、できるだけ工夫をして、鑑定しやすい環境をつくるとよい。

気色を見る練習

以下に述べるのは、気色を見るためのトレーニング方法である。身の回りのさまざまな事物を用いて、トレーニングを積むことが可能である。

①生卵とゆで卵

気色を見る訓練でもっとも簡単なのは、卵を見て、それが生卵かゆで卵かを見分けることである。

少し慣れれば、卵のカラを目ただけで、生気の有無を判断できるはずである。

人相には「雪の上に霜の降りたる如し」という表現がある。同じ白色であっても、それに惑わされることなく、雪か霜かという性情の違いを見抜く力が求められているのである。

寿司職人は、ネタを見た瞬間に、どこの海でとれたかを当てられるというが、気色もそれと似ている。

何年でそこまで到達したかは職人によってそれぞれだろうが、気色を見分けることも、一朝一夕では無理である。焦ってはいけない。

まずは生卵なのか、ゆで卵なのかが完璧に識別できるまで訓練してほしい。

②湯のみの湯気

湯のみにお湯を注ぐと、湯気が立ちのぼる。その湯気を見ることは実に簡単である。

そこで、お湯の温度を10度ずつ下げていく。当然、湯気はしだいに肉眼では見えなくなる。しかし、見えないだけで、少しずつ蒸発しているはずである。それを見る訓練が、気色を見ることに通じるのだ。

人体の毛穴という毛穴からも、汗などと同時に体温が立ちのぼっている。その勢いがよければ、上にまっすぐに立ちのぼるし、勢いが弱ければ、曲がって放射される。

これが、いわゆる「気」であり、オーラとも呼ばれるものである。

湯のみの湯気を見る訓練をすれば、これらが見えるようになる。目をすぼめたり、眺める角度を変えたりすることで、会得できるだろう。

③立体視（ステレオグラム）

２次元の画像を、３次元的にとらえる方法を立体視という。独特の方法で、写真や模様などを見つめていると、ふとした瞬間に立体画像として見えてくるというものである。頭の体操あるいは遊びの要素があるため、類書が数多く出ている。

このトレーニングを積むことが、気色を見るにもよい訓練になるのだ。

立体視をする要領で、相手の顔をじっくりと眺めると、皮膚の奥の色などが鮮明に見えてくるはずである。色の変化も面白いようにわかるし、それまで気づかなかった肌のくぼみなども目に飛び込んでくるだろう。

近くを見るようでいて、遠くへ視線を送るという気色を見る秘訣が、これで会得できるのだ。

④子供と老人

子供の顔を見て、老人になったときの顔を思い描いてみよう。反対に、老人の顔から、子供のころの顔を想像するのである。

子供の顔には、老いた部分いくつかあり、老人の顔には、子供のころの面差しがいくつか残っている。そこを糸口にして、たどっていけばよい。

筆者は、女性を実験台にする。少女の顔から、どのような老婆になるか、老婆の顔から、どのような少女時代だったかを探るのである。

老人から子供へと一気に遡るのではなく、10年前の顔、20年前の顔というように、段階的に見ていくと楽である。美容整形をした人物でもよいだろう。整形前の顔写真があれば、この訓練の欠点である「空想に陥りやすい」という側面が避けられる。予想と写真がある程度一致すれば合格である。

⑤洗面器

水を張った洗面器に鏡を沈め、自分の顔を映す。すると、顔や頭から「気」が立ちのぼっている様子が見えるはずである。このとき、照明を頭の後ろから当てることがポイントである。

その日によって「気」の立ち方は異なる。まっすぐに気が立ちのぼる日は、運勢がよい。しかし、気が放射状に発散されて曲がっていたり、下方に向かっていたりすれば、運勢は低迷していると判断できる。

この訓練は、本来は池に顔を映して行うのだが、天候に左右されて水面が揺れるため、現実的ではない。洗面器ではチャチな感じがして、その気になれないという人は、大きめの壺に水を張って訓練すればよい。この場合は、壺の底に鏡を置く必要はない。水に映った自分の顔を眺めるだけでよい。ただし、やはり光源の位置が要となるだろう。

⑥テレビと新聞

われわれは情報によって操作され、ときに先入観を植え込まれている。気色を見ることに限らず、運命学を学ぶのであれば、すべての先入観から解放されなければならない。

そのためには、テレビや新聞の類を見ないという姿勢をキープすることが、きわめて大切である。もちろんスマホも、本来の電話やメール機能以外は使用してはいけない。

3か月も情報を遮断すると、世の中の実相が見えてくるはずだ。知らず知らずのうちに身にしみてしまった迷信からも抜け出せるだろう。

たとえば、「太陽が昇る」という表現だ。実際には地球が動いているのだから、この表現は不正確である。しかし、わかりやすいということで「太陽が昇る」と平気で使っている。

細かいことだが、テレビや新聞の情報をカットすると、そういう矛盾が見えてくるという利点がある。

⑦映画と小説

映画や小説は虚構の世界である。つまり嘘なのだ。しかし、人々は嘘を見て感動したり、ときには涙したりする。現実の世界では冷酷な人でも、嘘の世界では平気で泣くものである。

しかし、気色を見るうえでは、嘘によって感情を左右されるような態度は好ましくない。

映画や小説に触れるのは大いに結構であるが、感動してはいけない。監督や作家になったつもりで、その作品の構成を読み解くことが正しい。「ここでこのカットをなぜ入れたのか」「このセリフが読み手を感動させるのだな」というように、決して気持ちを動かさず、実相をしかと見る訓練を心がけよう。

「感動をありがとう」などといっているうちは気色を見ることはかなわないし、運勢を上げることも難しいと、ここで断言する。

⑧内望

毎日、自分の体内をチェックしよう。

椅子に腰かけ、目を閉じて、右足の親指に意識を集中するのだ。次に左足、そして膝、股間、大腸と、体内を順に探っていき、トラブルの有無をチェックする習慣をつけるのだ。

これは健康チェックであるとともに、相手を前にしたとき、その内部を見通す訓練にもなる。すると、不思議なことに、「この人は膝が悪い」とか「この人は頭痛持ちではないか」などということが、たちどころに見えてくるのだ。「この人の心配事は不動産に関することだな」と、悩みが見える場合もある。

一日に5分間でいいから、自分の体を内望していただきたい。その習慣が、気色を見る訓練につながっていく。やがては相手の目から、その内側に入り込むことも可能になる。こうなれば達人の領域である。

鑑定の実例

●例1

女性来。右高広に豆粒大の光沢ある黄色が現れ、鼻一面に黄色が出ている。

【判断】黄色は金運と連動する血色である。額のどの部分でもいいが、この黄色の血色が出るときは目上から金運を得ることになっている。遺産の場合もある。

鼻が一面に黄色の血色が出ているのも大吉である。予想もしなかった大金を得る暗示が濃厚である。

この女性は遺産を得て、それをもとに商売をはじめて成功した。もしも額の黄色が、潤いに欠けていたならば、遺産を受け取る話が持ち上がっても、お金を手にするまでに時間がかかるという判断に変化する。艶がない場合も同様。黄色をいかに判断するかが鍵だ。

●例2

20代女性来。辺地にホクロあり。それが蒙色に包まれている。また山根にも蒙色。食禄と人中一帯も蒙色。

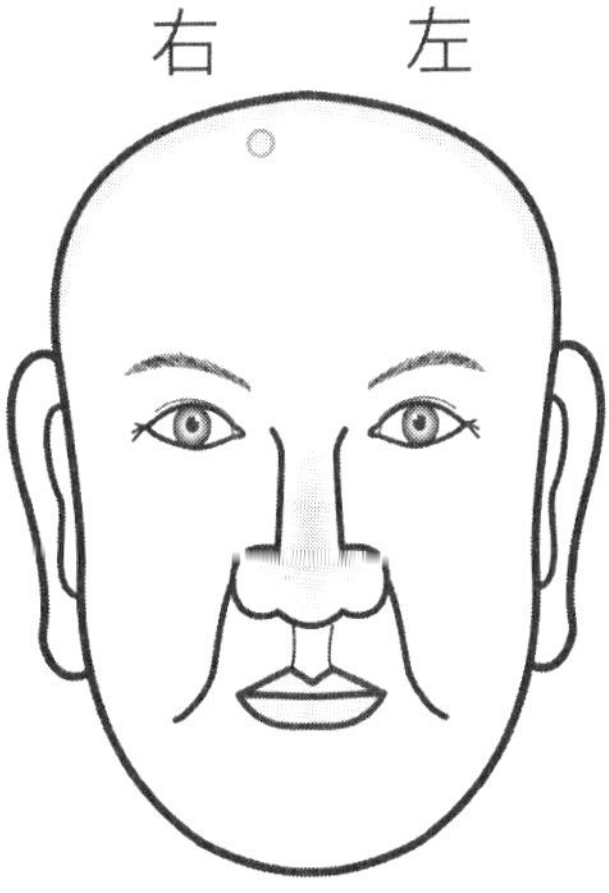

【例1】

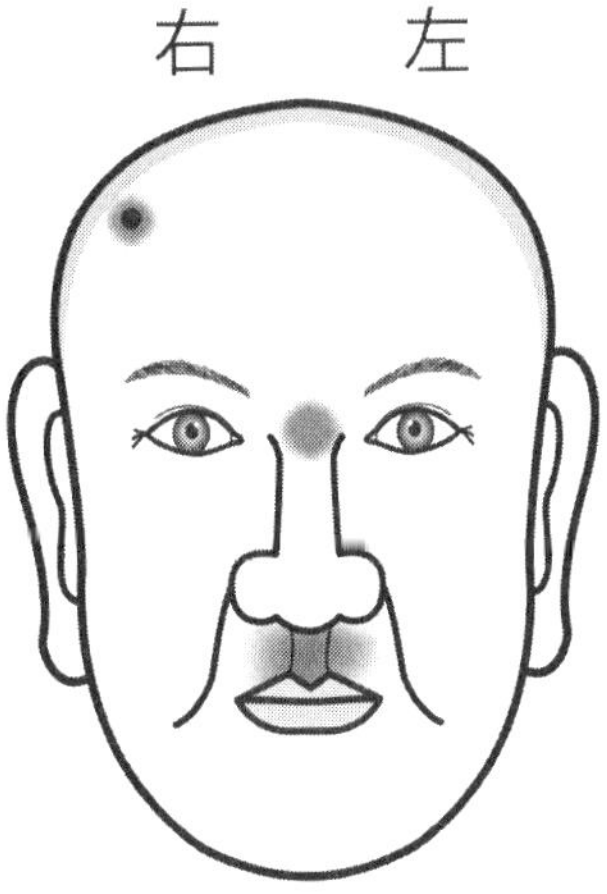

【例2】

「夫と別れるべきでしょうか」という質問。

【判断】山根の蒙色は、結婚生活での気苦労が多く、疲れがピークに達していることを示す。食禄と人中の蒙色も、悩みを表す。性生活も楽しくないのだろう。法令の内側は家庭運を示すが、そこに悪色が出ているから、すでに結婚生活は崩壊していると見てよい。

しかし、妻妾宮、男女宮という陰面は常色であるから、夫以外の男性はいないことを意味している。

ただし、辺地のホクロが蒙色に刺激されているから早晩、家を出ることになるだろう。彼女は1週間後に実家に戻った。

●例3

30代男性来。左の額から命宮にかけて光沢ある紅色が下る。だが、右妻妾宮に蒙色。口の周囲にも蒙色あり。「仕事を変えてもいいでしょうか」という質問。

【判断】額から命宮へ下る紅色は、潤いと艶があるので大吉相である。迷うことなく、新しい職場に移ることが幸運につながる。

しかし、右妻妾宮の蒙色がブレーキである。今の職

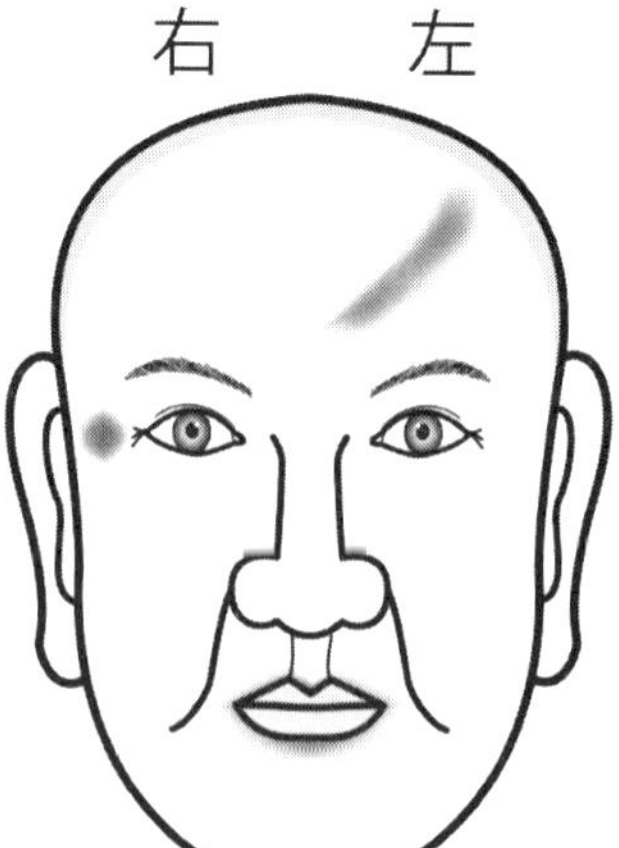

【例3】

場に肉体関係を持つ女性がいることを表している。

口の周囲の蒙色は、その女性との関係や転職のことなどで悩み、胃腸を壊しかけていることを示す。

この女性と手を切り、人生をやり直す覚悟が求められている。女性との関係を断ち切るかどうかが運命の分かれ道ということなのだ。

●例4

30代女性来。日角にホクロがある。そこから蒙色が命宮に下っている。左妻妾宮にホクロが3つ。玄武の髪の生え際にもホクロがある。「別れた恋人から復縁を迫られているのですが」という質問。


【判断】女性の右の日角は、父親との縁を見るところだが、ここにホクロがあり、蒙色が命宮に走っているので、年上の男性と取る。つまり元彼である。聞けば20歳も年上の男性だという。命宮に下る蒙色は、彼の願いを聞き入れると災いが発生するという意味だ。

この男性と復縁すると、左の妻妾宮のホクロの意味が刺激される。つまり、情欲に走りやすくなるのだ。

玄武のホクロ、つまり隠れた恋愛という意味合いも現

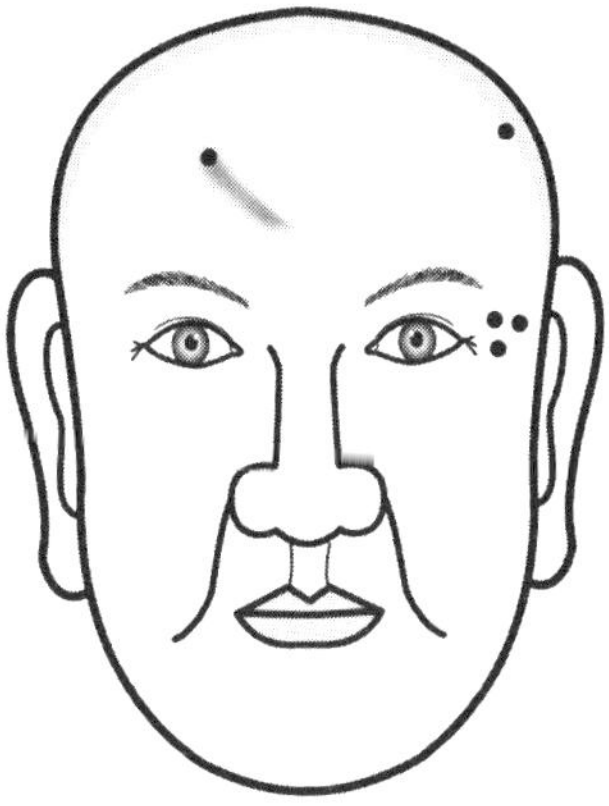

【例4】

実のものとなる。もともと恋愛によって運命を傾けやすい性質なので要注意である。

●例5

40代男性来。上停一面に蒙色がかかっている。「気に食わない上司がいます。一矢報いてやりたいのですが」という質問。

【判断】上停を蒙色が覆っているときは、すべてが裏目に出る。一矢報いるどころか、逆に足元をすくわれるだろう。仕事でもミスを連発し、左遷か辞職に追い込まれるのがオチである。ここは何もせず、ただ頭を下げることに徹するのが賢明である。一時の感情に支配されると身に危険が及ぶのである。

後日、この男性は上司に食ってかかり仕事を失った。

上停に悪い色がある場合は、目上から嫌われているとも判断できる。上司の仕かけた罠にハマる危険性も否定できない。穏便に済ませる決断が必要である。

●例6

50代女性来。左臥蚕にホクロあり。目の周囲が紅色。潤いと艶はない。夫座・妻座が青色。人中に蒙色。小

【例6】

【例5】

鼻に吹き出物。「私はどうなるのでしょう」と、うつむくばかりである。

【判断】臥蚕のホクロは未亡人の暗示。はたして10年前に夫と死別したとのことだった。目の周囲の紅色は潤いと艶に欠けることから、男性と抜き差しならぬ関係にあると断じられる。夫座・妻座の悪色が荒淫によるものであることは明白である。人中は膣を表示し、蒙色であることは、やはり過度の淫行の暗示。

この女性はホストクラブの男に惚れて、夫の死亡保険金のすべてを貢いだという。

しかし、お金を使い果たしてしまったら男が冷たくなったのである。これは小鼻の吹き出物から推測される。別れは時間の問題だ。

●例7

40代女性来。左仙骨に蒙色あり。しかし命宮、観骨、地閣は潤いと艶のある紅色で守られている。「引っ越しをしたいのですが」という質問である。

【判断】引っ越しは大凶である。仙骨とは辺地や駅馬につながる一帯をいう。ここに蒙色が現れているのだ

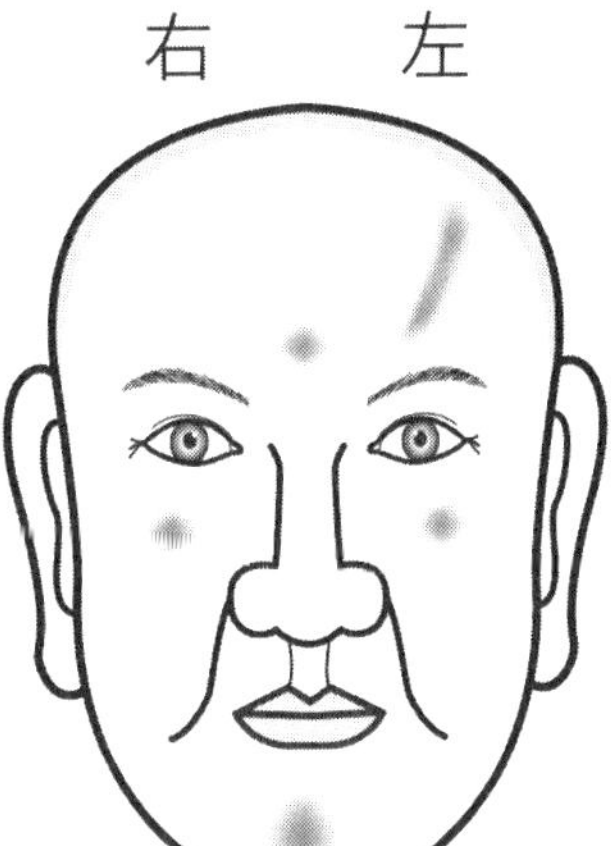

【例7】

から、引っ越しによって運命が暗転する暗示である。

一方、現在の運勢は非常によい。命宮と観骨と地閣は人相の急所であり、そこに潤いと艶のある紅色が現れているから何不自由ない生活をしている証である。

引っ越せば、運命の歯車がくるい、病人が続出したり、失敗ばかりが続くことになるだろう。

●例8

50代男性来。上停に白い気あり。白眼は壮絶なまでに赤みを帯びている。観骨は黒色に染まっている。「女に逃げられたが、どこにいるのだろうか」という質問。

【判断】殺気に満ちている人相がこれである。若い恋人が別の男性に走ったため、普通でない精神状態になっているのである。

上停に白色が現れるのは、死を意味する。白眼が赤く血走っているのは獄門の相であり、犯罪に走りやすいといわれる。食禄が痩せて、唇にシワが寄っているのも不吉である。

この男性は、恋人との無理心中を考えていると見て間違いはない。

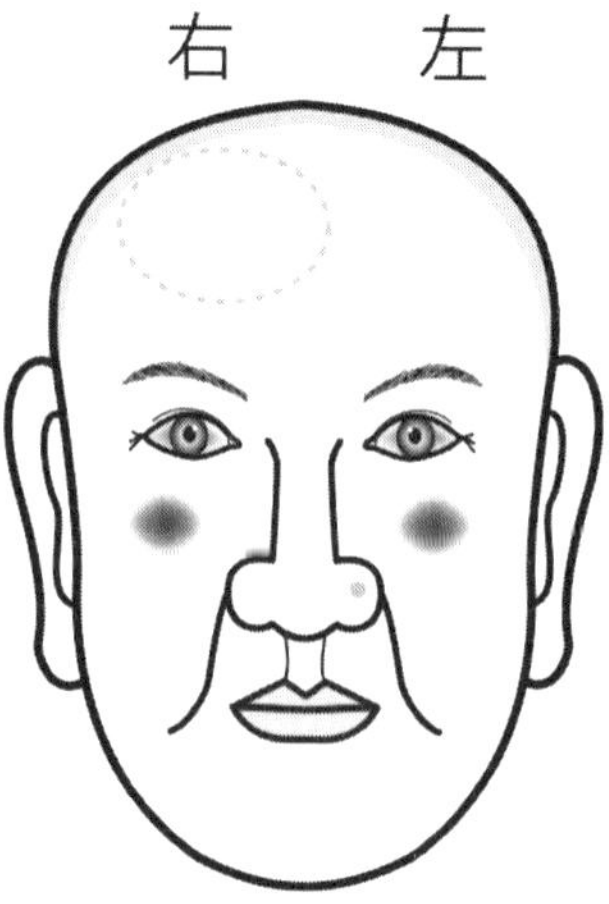

【例8】

このような場合は、プライドを取り戻すような話に持っていくことがよい。観骨の黒味が和らげば、理性も戻るはずだ。

●例9：極秘伝「雲色の口伝」

雲色という気色がある。事故の際に忽然と現れる。

顔をジッと凝視すると、顔に雲のような白い色が出てくる。ところが、その白い色が消える。そしてふたたびボーッと現れる。ちょうど、ガラス窓に息を吹きかけると、しばらくは曇るが、すぐに透明に戻るのに似ている。これを雲色という。

雲色が出たときは、3時間以内に変事が発生するといわれている。電車に乗車中、乗客の額に雲色を発見したならば、すぐさま下車することだ。3時間後ではあるが、すでに雲色の出現から2時間以上が経過して、変事の直前となっているかもしれないからだ。

記録によると、関東大震災の際に、この雲色を発している人が多くいたということである。旅行先でも使える秘伝である。

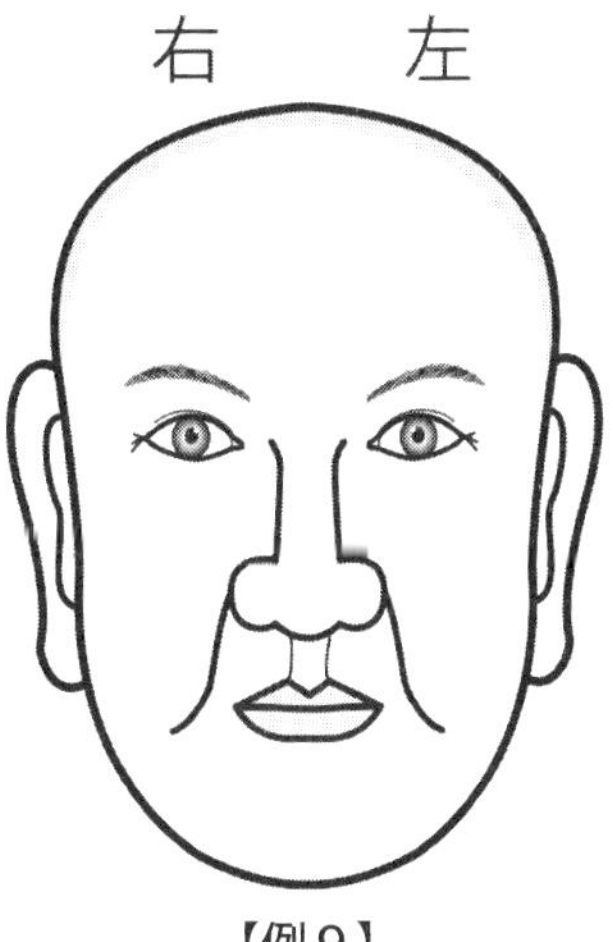

【例9】

人形法による判断

人形法とは何か

「人形法」は唐の僧侶、一行禅師が編み出したものと伝えられている。顔に全身が要約されているという考えのもと、顔の各部に全身を当てはめたものである。

顔に全身を当てはめるほか、政治形態を当てはめたもの、家屋を当てはめたもの、植物を当てはめたものなどのバリエーションがある。

これらの中から重要なものを取り上げるが、この人形法による占断は、きわめて優れた的中率を誇る。また、顔相を理解する一助としても役立つ。

順序としては顔の各部位の意味を頭に入れ、血色をマスターし、この人形法を応用する。そうすれば、百発百中といっていいほどの精度が得られるだろう。

人形法は、簡単でありながら奥深い観相法である。それが実感としてわかれば、諸君の人相学はかなりの水準に達したことになる。

小人形法

小人形法とは、顔が体全身の縮図であると見て、顔のパーツを体の各部位に当てはめて運勢を解読する方法である。いくつか具体例を挙げてみよう。

たとえば、山根（鼻の最上部、両眼の間）は、胸や胃に該当する。そして、山根の左側の少し上、つまり眉の下あたりが心臓である。ここに凶を示す相が現れたら、心臓にトラブルが発生していると見る。あるいは、悩みがあるという判断も正しい。

また、観骨は臀部ということになっている。お尻に痛みがあると、観骨に凶相が現れる。血色でいえば、観骨に白色が出るときは悲しみの暗示であり、赤色が出れば他人との口論や舌禍が告げられている。

このように単純明瞭に占断が下せると同時に、高い的中率を誇ることで知られている。

逆人形法

女性を判断する際に、もっぱら用いるのが逆人形法である。口が顔、小鼻が乳房、法令線が腕、眉が足と、女体を逆さ吊りにした格好に置き換えて見る。

たとえば、法令線がクッキリと現れた女性は、手先が器用であり、仕事でも腕利きであると判断する。

また、眉間のあたりは陰部である。したがって、眉間が広ければ、陰部も広いということになる。眉間に蒙色（ｐ３８３）が広がれば、陰部のトラブルが暗示される。男女関係の悩みがあるはずである。

ただし、口は頭部であるが、肛門でもある。相書には「大海（口）シワ多きは肛門襞多し。口しまり悪しきは必ず肛門歪む」とある。これを踏まえるなら、逆人形法を用いながらも、普通の小人形法を併用することが肝心なのである。

その割合は、逆人形法を3割、小人形法を7割として判断することが妥当かと思われる。

ちなみに、小人形法は、女性の愛欲関係を見るには

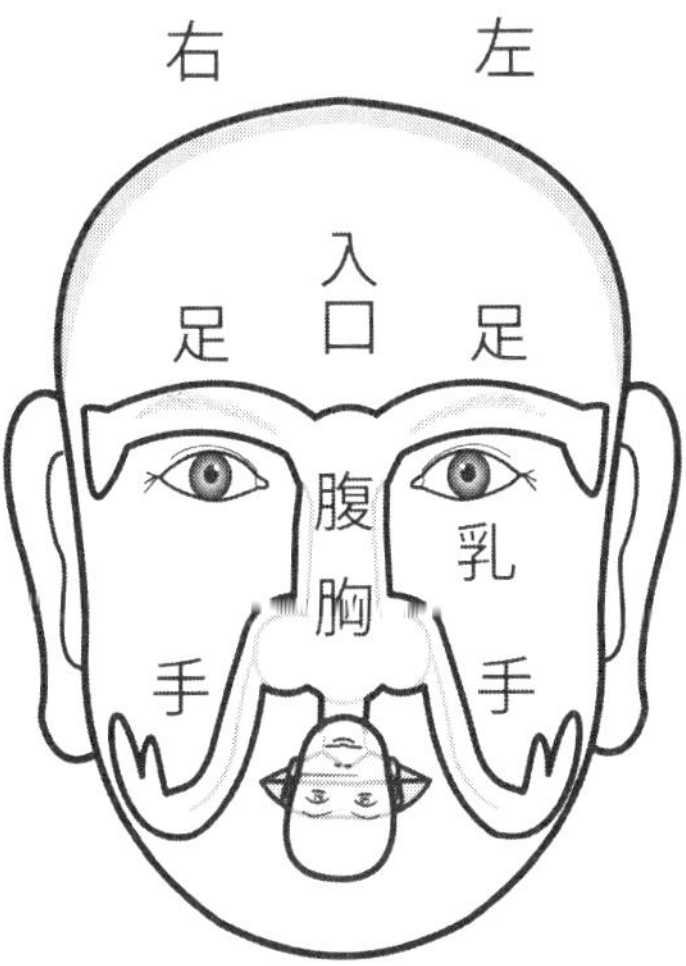

【逆人形法】

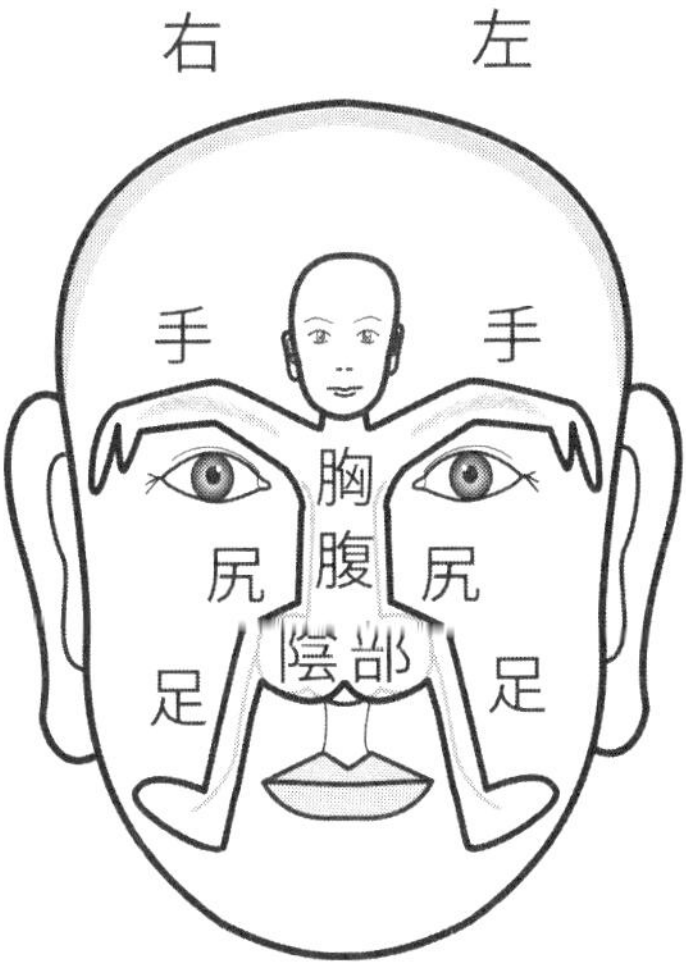

【小人形法】

非常に優れた手法であることも言い添えておく。

◆大樹小人形法◆

大樹小人形法は、顔のパーツを樹木に置き換えて、運勢を判断する方法である。

たとえば、この方法では、鼻を幹とし、口は樹木を養うための水をたたえた大海に当てる。

この場合、鼻に比べて口が小さいと、どうなるのだろうか。水が不足することになるから、幹（鼻）は太れない。人相学では、鼻が財運を司るゆえ、この人は財運に問題ありと見るのである。

あるいは、花（鼻）は人生の花咲く時期、つまり中年期に相当する。幹が生長できなければ、花も咲かない。だから中年期は苦労するという判断もできる。

では、口が鼻より大きすぎる場合はどうなるか。水分が多すぎて木が腐ると見るのである。

また、眉は兄弟姉妹や近親の吉凶を見る。かつて親類縁者を「御連枝《ごれんし》」といったのは、ここに由来する。

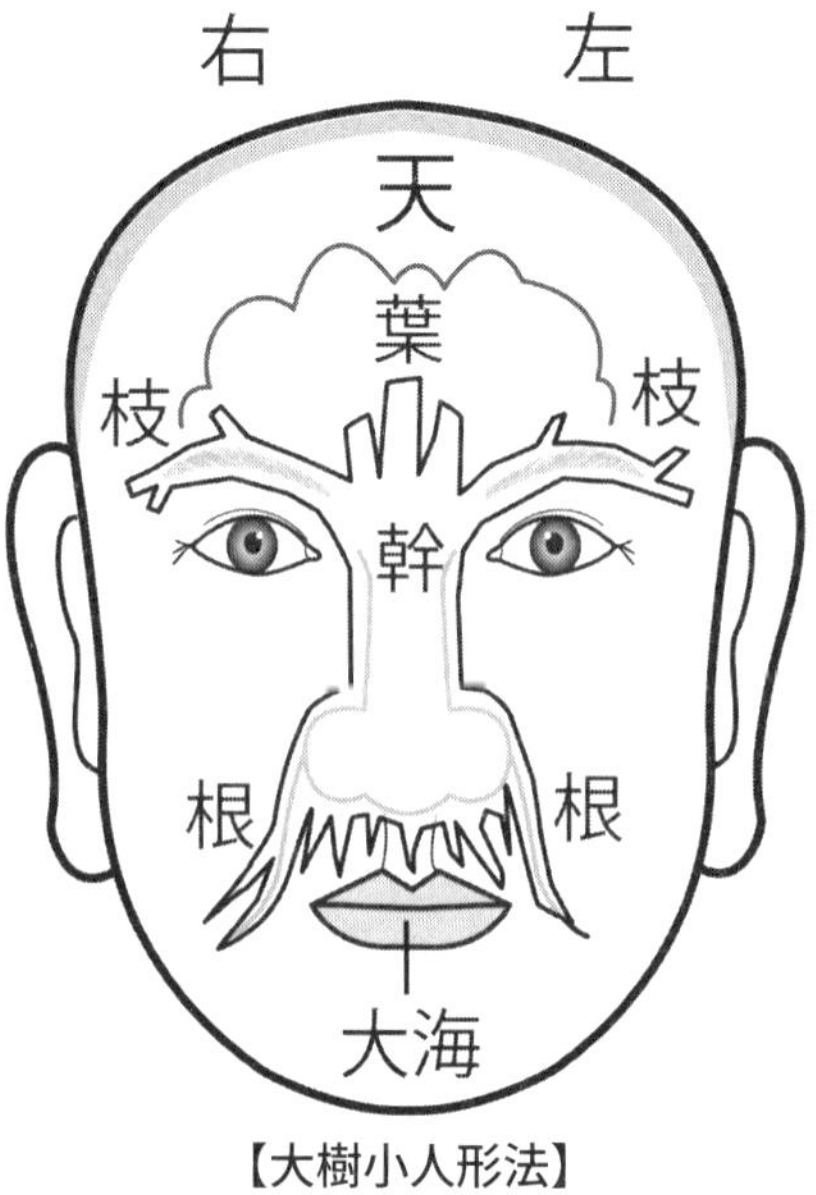

【大樹小人形法】

眉がふさふさしているのは、枝に葉が茂っていることに通じる。その色艶がよければ、兄弟親族が多いことを意味する。

口は大海であると先に述べた。この口が小さすぎると水不足となるのだが、そのうえに眉がふさふさしていれば、兄弟姉妹にも水分を奪われる。したがって、幹（自分の財）は痩せ衰えることになるのである。

小人形世間図

小人形法の外伝として世間図がある。

これは命宮・印堂（ともに眉間のあたり）を自分として、上停（顔の上3分の1）を目上、下停（顔の下3分の1）を目下と見るのである。

上停の豊かな人は上司や教師に恵まれ、下停が吉相の人はよい部下に恵まれるという、非常にわかりやすい判断法である。

また、陽面（正面から見える部位＝公的な生活）・陰面（正面から見えない部位＝私生活）の概念も交え

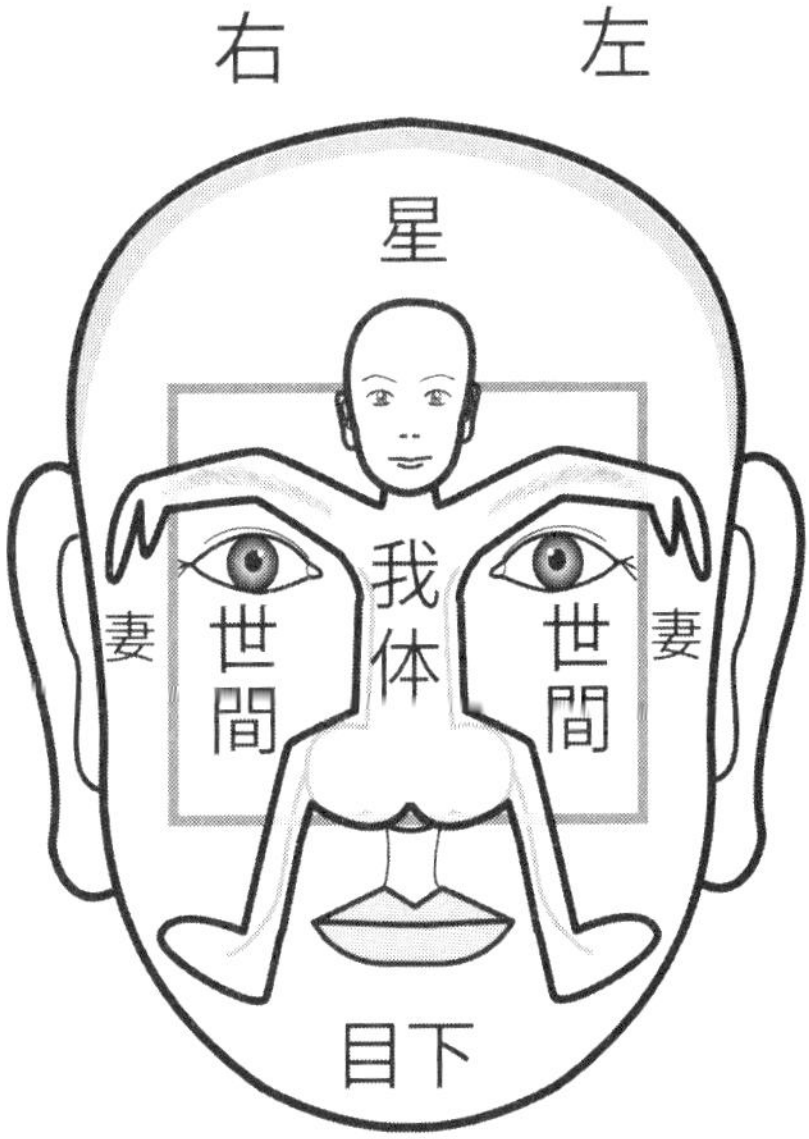

【小人形世間図】

て活用すれば、判断に奥行きが生まれる。

たとえば、恋愛中は、陰面である奸門や妻妾宮（ともに目尻の脇）に紅色の吉色が現れるが、この血色が法令線まで伸びることがある。これは、交際していることを親などに公表するサインなのである。

◆君臣小人形法◆

この方法は、考え方としては前項の小人形法世間図に近い。当てはめ方が少し異なるだけである。

天中（額の最上部）は天であり、神仏を意味する。日角・月角（額の左右）は父母、鼻は君公、観骨（頬骨）は将軍、腮骨（エラ）は補佐官、地閣（あご）は下万民と見る。

鼻がまっすぐで、準頭（鼻先）に肉があるのは、君公が実力者であることを示している。これで観骨が豊かで肉づきがよければ、君臣が協力して助け合うことを意味している。

しかし、観骨が低ければ、君公の理想は高くても将

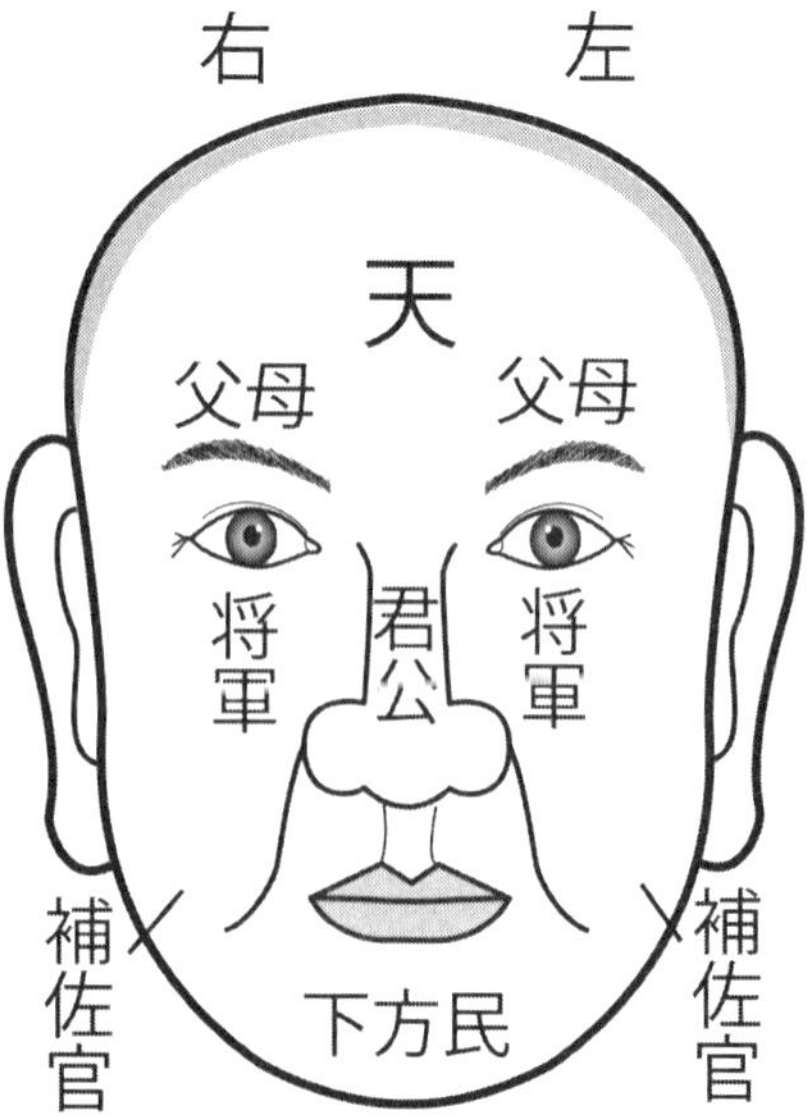

【君臣小人形法】

軍の勢力が弱いと見るから、この人は実力も実行力もない人と判断する。

また、観骨が高くて肉づきがよいのに、鼻が低いならば、実行力はあるが、君公の理想が低いと見る。したがって、体を動かす仕事には向くが、デスクの前で頭だけを使うような仕事には不向きと判断できる。

◆家屋小人形法◆

この方法で面白いのは、山根（両眼の間、鼻の最上部）を寝室と見ることである。寝室だから、閨門なのである。要するに夫婦生活の場所である。山根が蒙色（p383）で曇ったら、夫婦のセックスに問題があることを示す。少々意訳するなら、姦通の疑いがあると見るのである。

また、食禄（人中の両脇）を台所としている。前出の大樹小人形法では、球根に相当する部位である。

この食禄の肉が薄くなったり、ここに蒙色が出たりしたら、体内に栄養が行き渡っていないというサイン

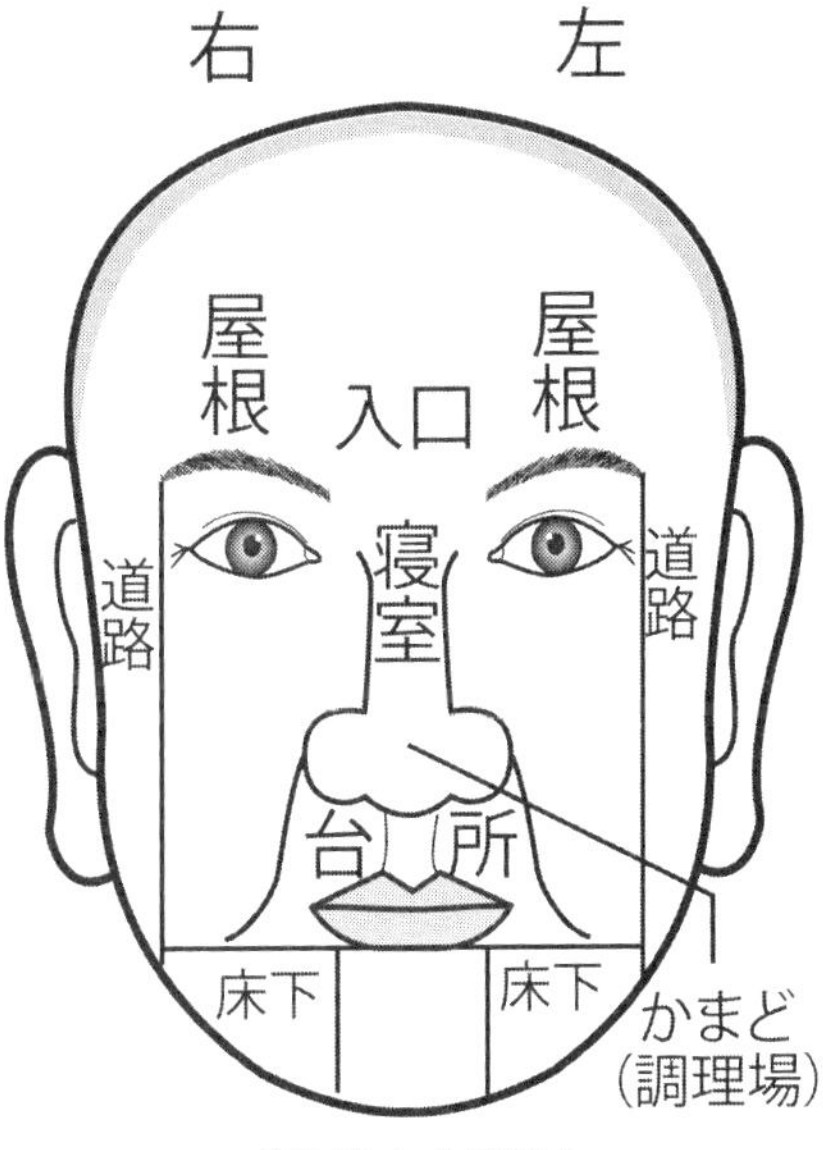

【家屋小人形法】

である。つまり健康が傾くと判断できるのである。

さらに金櫃・甲櫃（小鼻）をかまどとしている。かまどとは、要するに調理場である。小鼻の小さな人は調理場が狭いために大家族を養うことができない。よって福分の小さな人であると見る。

◆人相和訓◆

顔の各部位を訓読みにした解釈である。日本独特の運についての考え方に由来する。

大樹小人形法のように、顔相を樹木としてとらえているのが特徴である。

目＝芽、鼻＝花、歯＝葉、耳＝実とする。

よい芽（目）が出れば、よい花（鼻）が咲き、よい花（鼻）からはよい葉（歯）が茂り、よい葉（歯）からはよい実（耳）が結ばれる、という論法である。

目が芽で、それが悪ければ、後に続くものもダメになるというわけである。目は心の窓である。心の清濁が運勢を支配することを暗に主張しているのである。

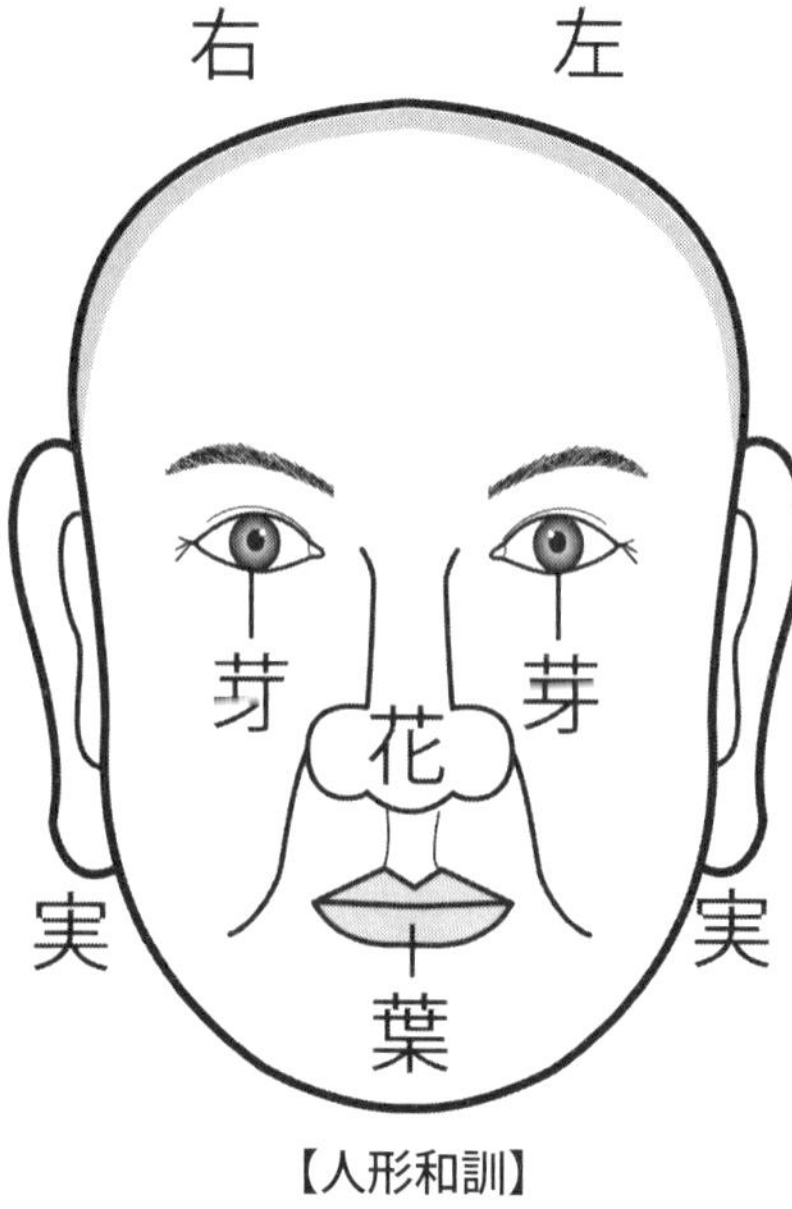

【人形和訓】

目的別判断法

ここでは、運勢の変化を告げるさまざまなサインの典型的な例を示す。顔の部位を示す名称については387ページの図を参照していただきたい。

◆夢が叶うサイン◆

夢や希望が叶うかどうかを判断する場合は、官禄宮と印堂を見る。

ここに黄色やクリーム色の美しい血色が出ていれば希望が達成される。気色が天中へと昇れば、夢が叶う確率はさらに高まる。ついでに山根と眉をチェックして、やはり美色で潤っていれば文句なしである。

しかし、官禄宮や印堂が蒙色であれば、その夢は叶わないだろう。ニキビや吹き出物ができている場合も夢は実現しないと見る。

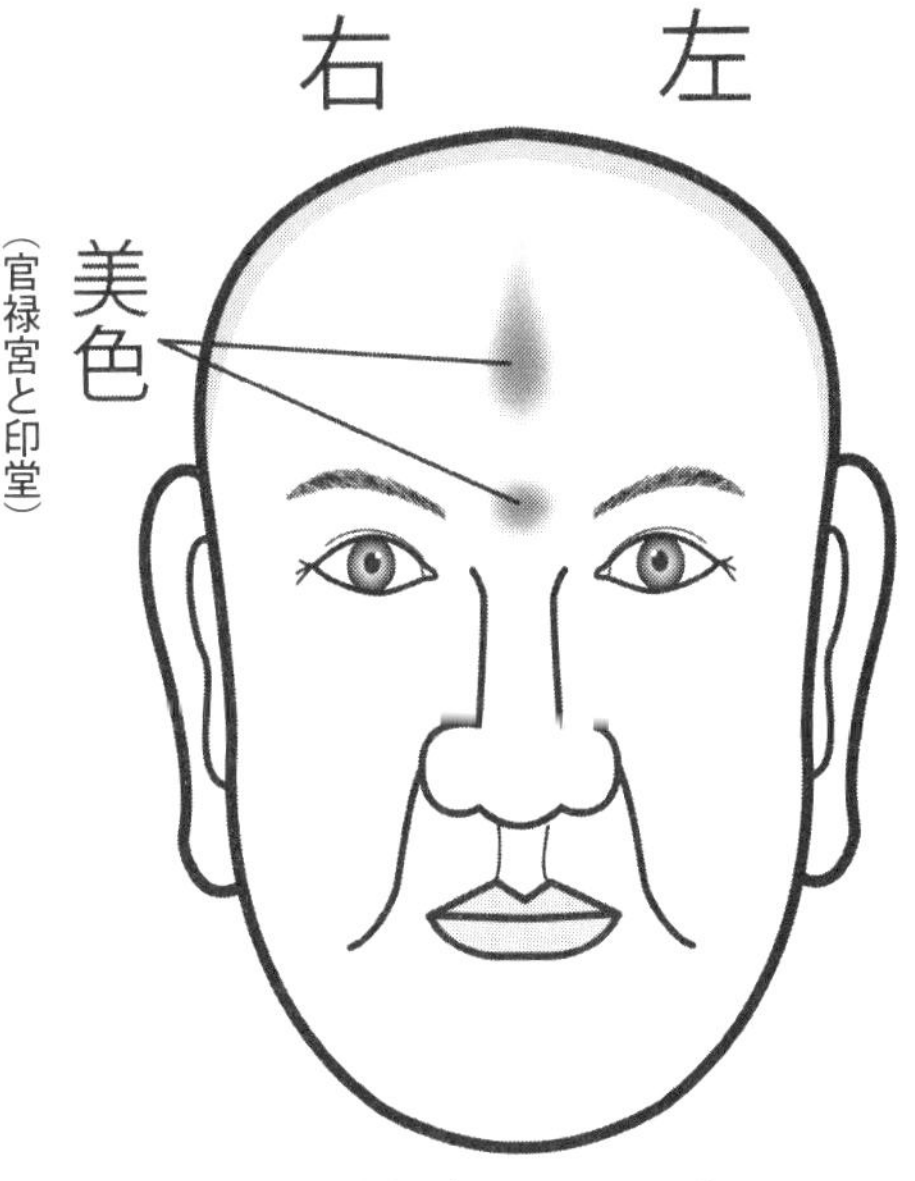

【夢が叶うサイン】

ただし、ニキビなどは一時的なブレーキを意味する。時間はかかるが、夢が果たされる場合がある。

気色が印堂から天中に昇ったら、夢に向かってスタートするチャンスと見てよい。

◆仕事成功のサイン◆

仕事の場合は、おもに官禄宮を見るのが原則である。印堂や山根もチェックし、観骨も重視する。

これらがクリーム色などの美色で、潤いと艶があれば、仕事は間違いなく成功するだろう。しかし、いずれかの部位に蒙色が出ていれば、その意味によっては仕事が停滞することになる。

とくに印堂や山根が蒙色であれば、仕事の成功はかなり難しい。

また、よい気色が遷移宮から命宮に向かって流れていれば、思いがけない人物の協力によって、仕事がトントン拍子に運ぶだろう。

あるいは、よい気色が命宮から遷移宮へ走っていれ

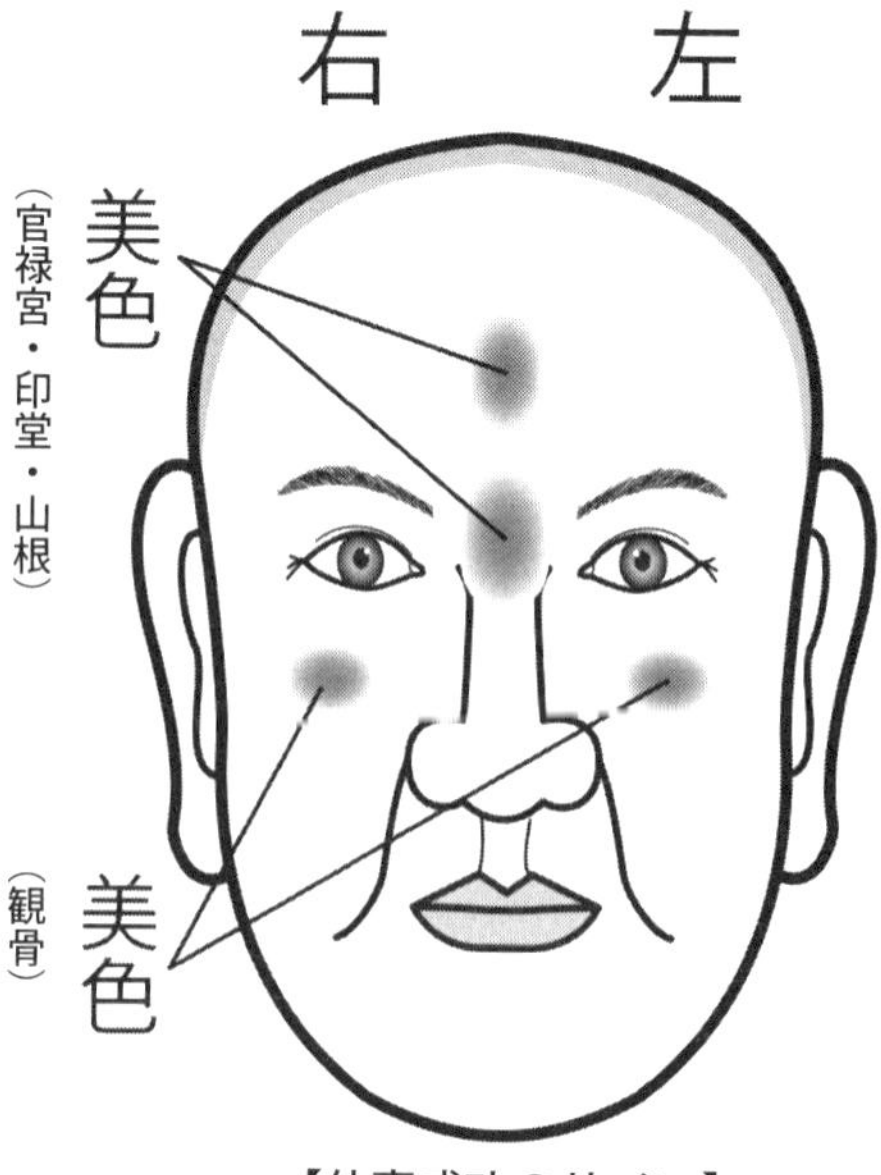

【仕事成功のサイン】

ば、海外取引で成果を上げる暗示が濃厚である。

◆結婚のサイン◆

結婚を見るには、とくに妻妾宮に注目し、田宅にも目を向ける。

まず、妻妾宮が紅色であることが、結婚の可否の判断材料となる。ここが常色であれば、結婚は遠い。蒙色であれば、結婚は不吉と断じるべきである。

また、まぶたの端が美しい桃色に染まれば、結婚が間近である証拠だ。

妻妾宮からの気色が口角に向かっていれば、結婚は順調に進むはずだ。この気色は1本とは限らない。2本あれば、候補者がふたりいることを示し、3本あれば3人の候補者がいることになる。

妻妾宮から口角に向かう気色の上に、ニキビや吹き出物があれば、結婚に対して何らかの妨害が入る。

また、金櫃・甲櫃が黄色い血色であれば、その結婚によって金運が上昇するはずだ。女性ならば玉の輿、

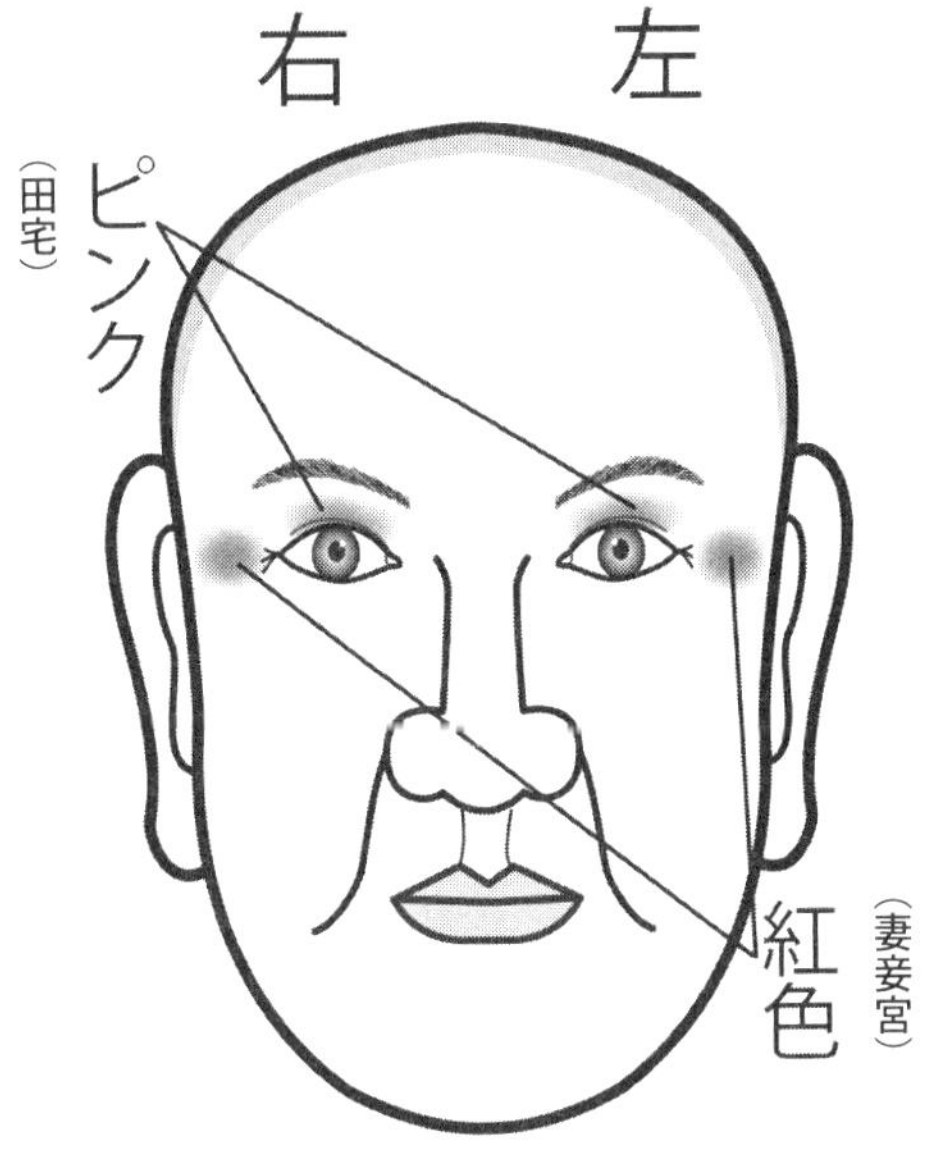

【結婚のサイン】

男性ならば逆玉ということになる。この場合、妻妾宮が常色で、潤いと艶があるときは、相手の経済力に気持ちが動かされていると判断する。

もしも、妻妾宮からの紅色が遷移宮に昇る場合は、結婚後、他の場所に住むことを意味している。遷移宮を通り越して髪の生え際へと伸びていれば、駆け落ちなどの気持ちがある証拠だ。

ちなみに、女性の臥蚕を注意深くチェックすると、妊娠しているかどうかがわかる。下まつげの根元が内向きになっていれば、妊娠している可能性が強い。

◆別離のサイン◆

恋愛が崩壊する場合は、妻妾宮にニキビや吹き出物が次々と現れる。これは、相手に対する恋愛感情が低下していることを意味する。

相手の妻妾宮にも吹き出物や、蒙色や青色が発生していれば恋は終わりである。青色の場合はケンカ別れになるだろう。

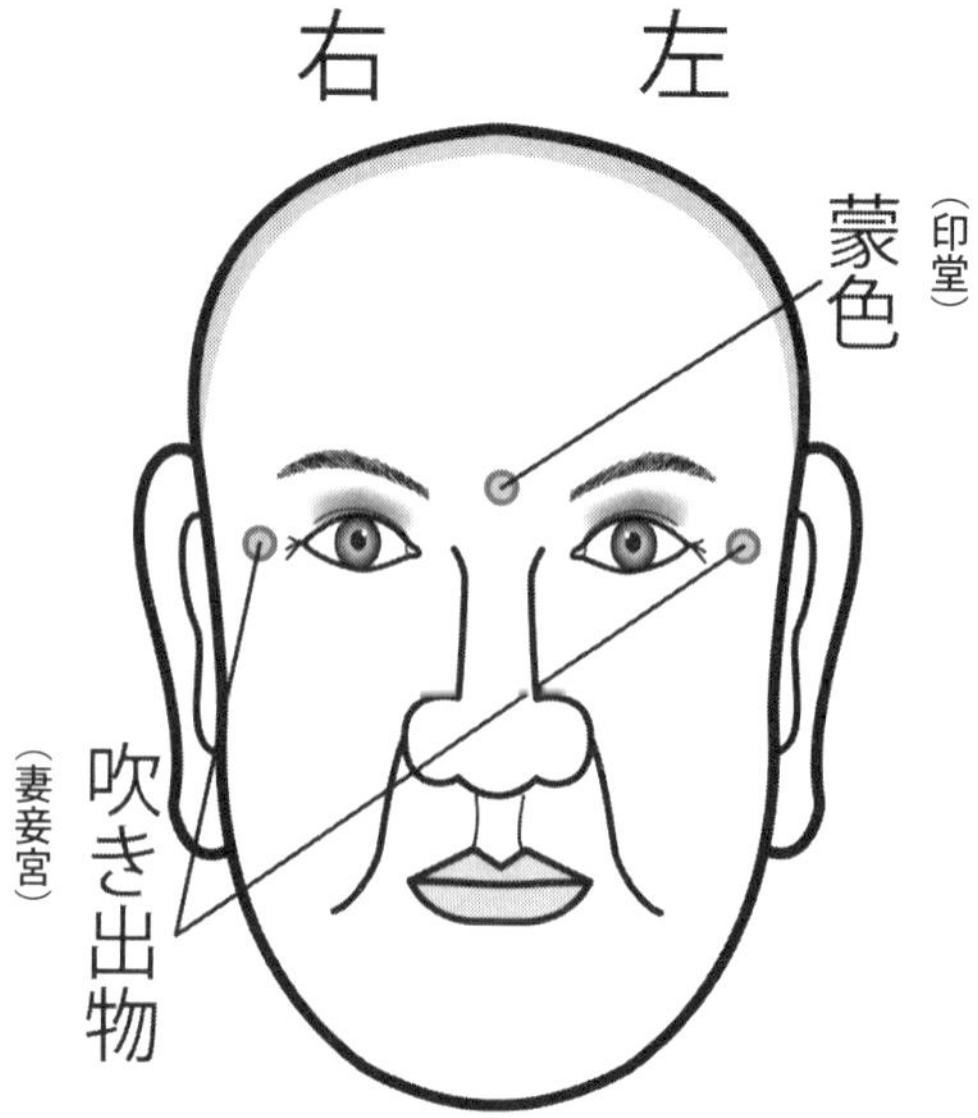

【別離のサイン】

既婚者の離婚も妻妾宮で判断するが、印堂もチェックしたい。印堂は、家屋小人形法（ｐ４０５）では夫婦の寝室に当たる。ここが蒙色であれば、夫婦生活はお休みか、嫌悪を覚えているサインである。

離婚する場合には、地閣や遷移宮に悪い色が浮かんでいないかを確かめなければならない。離婚したのはよいが、住む家に困っては話にならないからだ。

色情のサイン

ベッドの相手を欲しているかどうかは、妻妾宮と夫座・妻座、そして白眼の充血によって見分ける。

妻妾宮と夫座・妻座に赤い点が発生したならば、情欲がピークに達しているサインだ。白眼を見て、赤い充血が真横に走っているならば、かなり気持ちがはやっていると断定して間違いない。

女性の場合は、命堂に赤い点があり、その周辺がテカっているときも、誘われればつい応じてしまう状態である。さらに、涙堂周辺にそばかすのような点が現

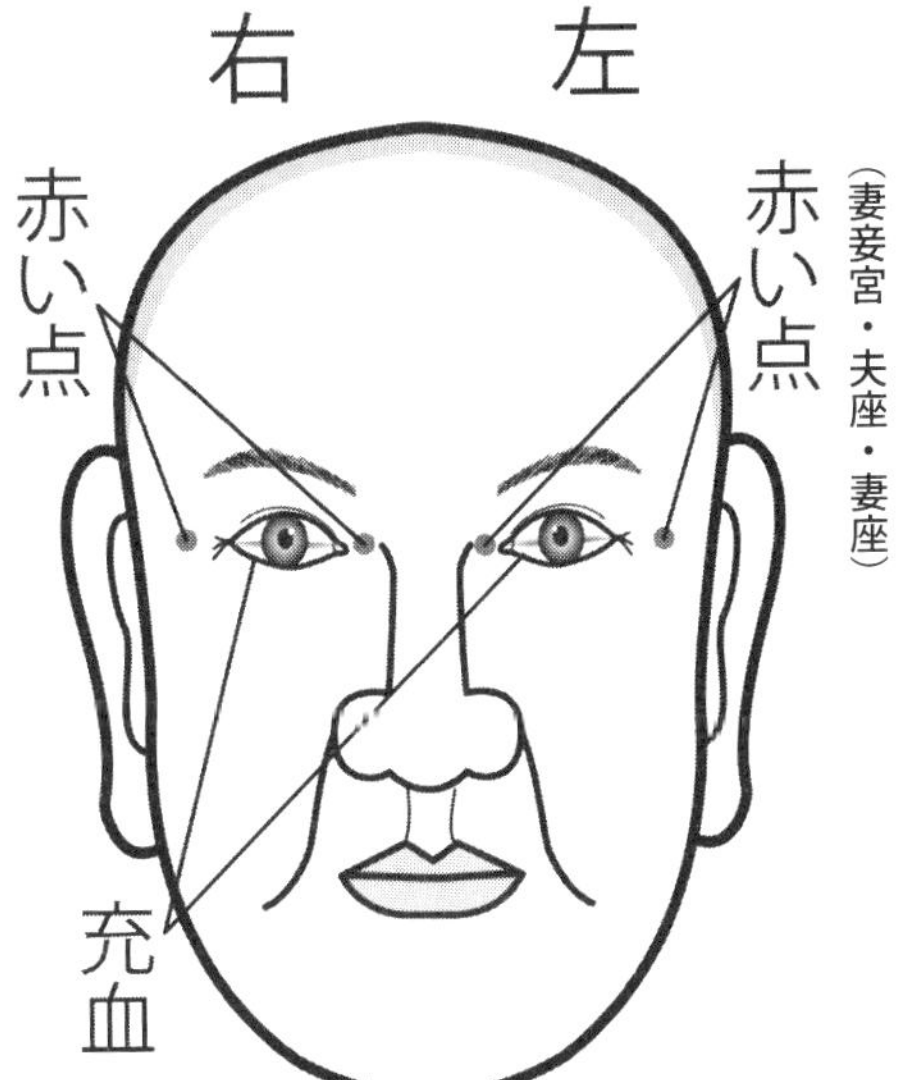

【色情のサイン】

れることもある。この点は、化粧をしても表に浮き出るものである。

相書には「右の眉毛に黄色い点が出るのは男性を慕い求める相」と記されているが、右眉が1～3本ほど逆立っている場合にも同様のことがいえる。ただし、だれでもよいのではなく、特定の男性を求めている。

また、瞳が潤んで黒眼がちになる場合も、色情が高ぶっていると見て正解である。瞳が潤んでいるのは桃花殺の特徴だが、そういう場合は、太陽に当たった枯れ草のような香気が全身から放たれる。

辺地や駅馬に青色の筋があり、そこの肉が盛り上がっているのは欲求不満のサインだが、満たされると自然に消える。俗にいうこめかみの青筋がそれである。

◆浮気のサイン◆

恋人や配偶者の浮気は、妻妾宮、夫座・妻座、眉で知ることが可能である。

男性の眉がイヤに光っている場合、その妻は浮気を

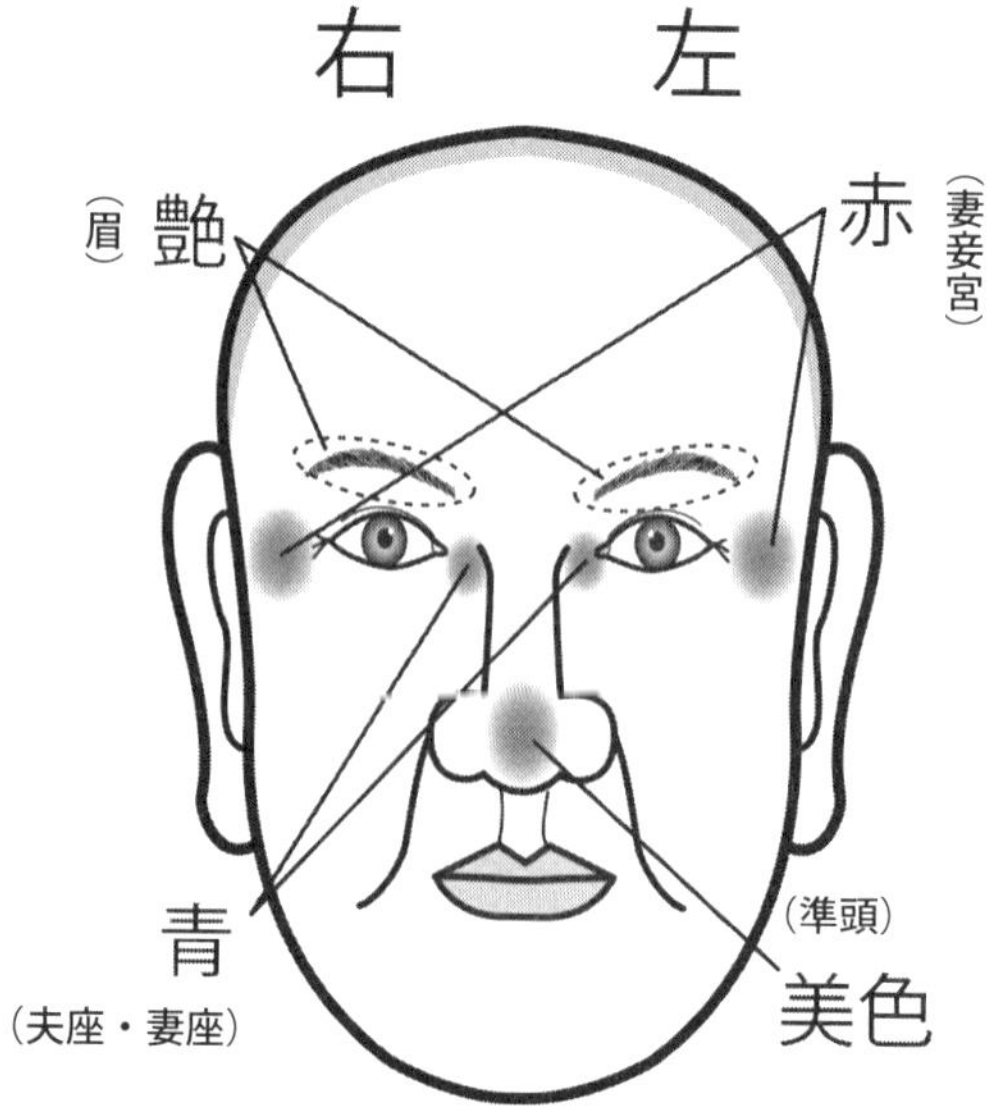

【浮気のサイン】

している可能性が高い。眉の中ほどの毛が1本、針のように立つ場合も同様である。

このサインは数日すると消えるが、だからといって妻の浮気がやんだのではない。浮気が日常化したのである。そうすると、夫の眉も平常に戻るのだ。

また、夫の右、妻の左の妻妾宮に赤い血色が出たときも浮気の暗示である。赤色で、潤いも艶もないときは、罪悪感を伴う浮気だが、潤いと艶があると、浮気が本気になりかけていると断じられる。

さらに、夫座・妻座に青色の血色があるかどうかをチェックすることが必要である。青色の血色は情交の疲労を語るものだ。帰宅した直後に、この部位が青色ならば、その可能性はきわめて高い。仕事やスポーツによる疲労では、この部位に青色は出ないからだ。

準頭にも注意しよう。禁欲生活をしていると、準頭の毛穴のひとつひとつが黒くすすけてポツポツと見えるのだ。ところがセックスをすると、この汚れが一日で消える。したがって最近、相手の準頭がきれいになったと感じたら、別の異性と楽しんでいることになる。

さらに女性に限るのだが、快楽に目覚めると首が太くなる。恋人や妻の首がふくよかになったときは浮気を疑う必要があるだろう。

金運のサイン

金運は、福徳宮と財帛宮を中心に見ていく。大金は福徳宮に、小金は財帛宮に表れるという特徴がある。

福徳宮に黄色い血色が現れれば、それは巨額の財産を手にする予兆と見てよい。その血色が天中へと伸びていくのであれば遺産、観骨へ流れるのなら仕事上での大利である。辺地や駅馬に血色が向かうのであれば海外投資での利益だろう。

また、財帛宮が黄色い血色に覆われるのも、金運上昇の兆しである。

しかし、金運は、そう簡単に転がり込むものではない。年上、寿上の周辺を神経質なまでに調べることが大切である。そこに赤い点があれば、仲介者に問題がある。または、見込み違いから金運をつかみ損ねる暗示だ。しかし、ここさえ注意すればよいのだから、慎重に話を進めればよい。

以上は、プラスの金運の見方である。次に、マイナスの金運、つまり損害のサインを紹介する。

散財のサインは、財帛宮を中心に見る。金櫃・甲櫃が黒ずむか、艶のない紅色に染まれば、友人や仲間にたかられる前兆である。

仙舎・香田に赤色、青色、蒙色が発生したら、他人の口車に乗せられないよう注意が必要だ。観骨や命門、賊盗のあたりに蒙色が出たなら、危険はさらに増す。

大金を失う場合は、福堂にサインが現れる。赤点や蒙色が出たら、金銭管理をしっかりとすべきである。

さて、マイナスの金運のなかには、再起不能なまでの甚大な被害をもたらすケースがある。

それを破財といい、食禄に現れる。

食禄に、白い線状の血色が現れたら要注意である。その線が法令線を越え、その外側に向かって伸びていれば、すべての財産が消滅することになる。

食禄が黒ずみ、命門や頬も蒙色に包まれれば、横領

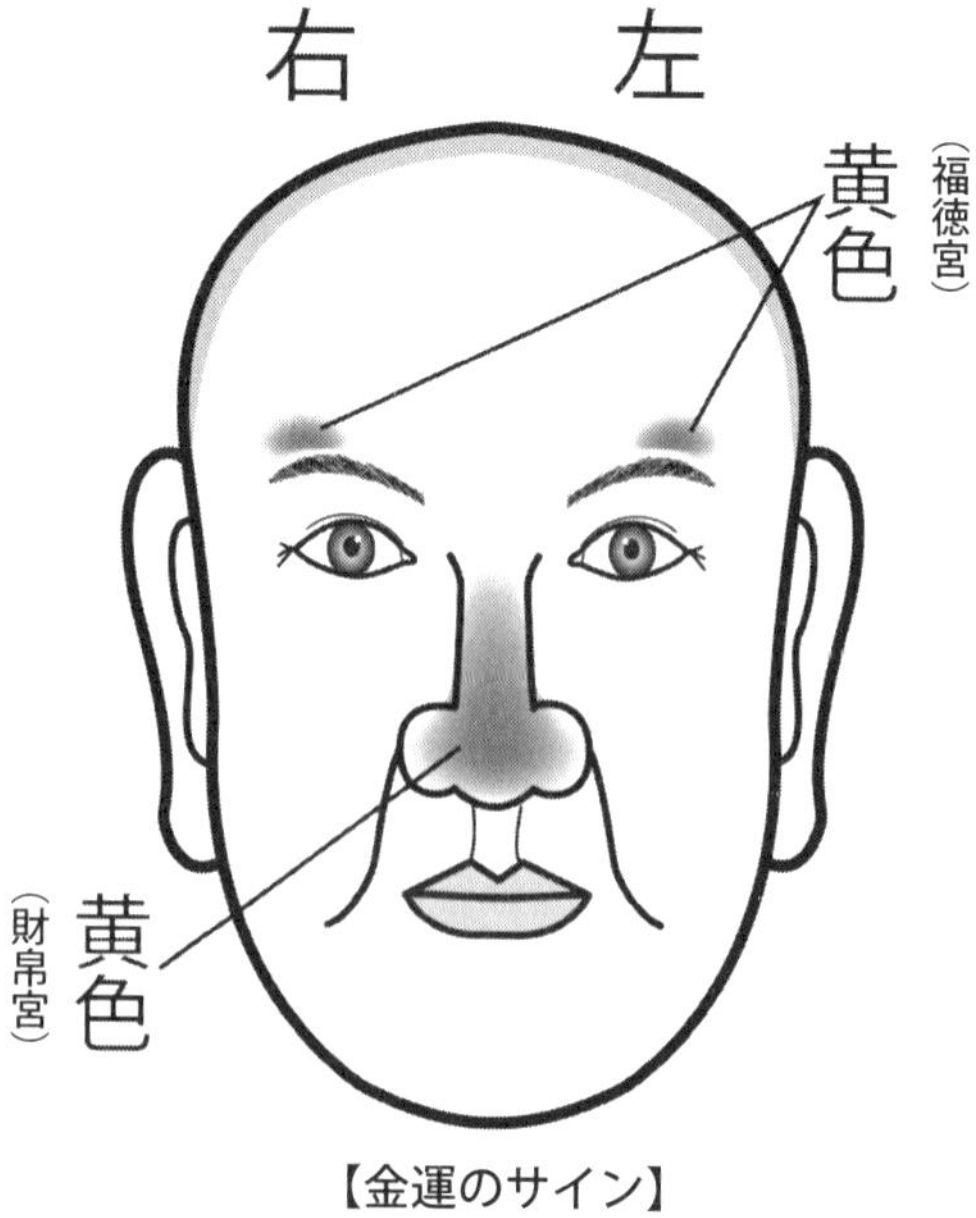

【金運のサイン】

などによって財産を奪われるだろう。奴僕に赤点や蒙色が出ているならば、部下に財産を狙われている可能性が大だ。

全財産を失うときの福堂は、いやに明るい色になるものである。明るい色をしているから大利を得ると勘違いしてはいけない。そういうときは、顔全体が脂ぎっていないかを確かめる必要がある。脂ぎっていれば大凶と判断することが大原則である。「陽極まれば陰となす」という東洋占術の基本が適用されるのだ。

黄色い血色以外は多くの場合、金運上昇の暗示ではないと、単純に覚えるのもよいだろう。

◆事故のサイン◆

事故には水難、火難、剣難、女難などがあるが、いずれにしても、注意を向けるべきは白眼である。白眼を横断するような赤い筋が発生したら、すべての予定を中止して、家で大人しくしているのが賢明である。赤い筋が生じた日から一旬（10日間）は、とくに用心

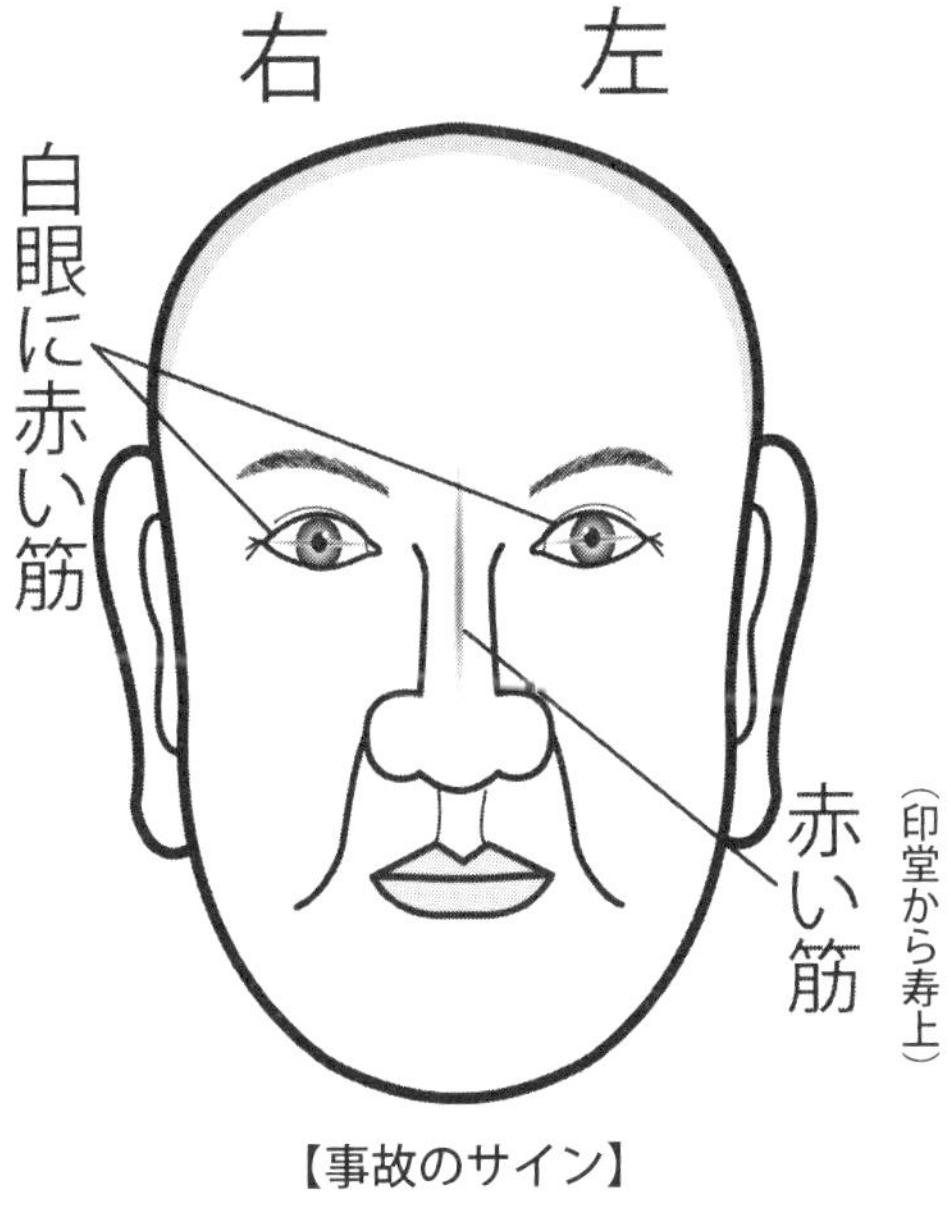

【事故のサイン】

することだ。

また、印堂から寿上にかけて赤い筋が生じた場合も同様である。これについては、約2か月間は、すべての行動を控える必要がある。

以上のふたつのサインが発生したら、旅行は延期し、山や海でのレジャーもやめるべきである。

上停と地閣も、事故を事前に知らせる部位である。上停が曇り、艶のない赤色が現れて、地閣から潤いや艶が失せたら、危険が迫っている。しばらくは慎重に行動するほうがよい。

◆試験合格のサイン◆

入学試験の合否は、第一に印堂に現れる。この部位がクリーム色などの美色に包まれ、潤いと艶があるならば合格と見てよい。さらに、耳の風門と印堂も、はっきりときれいな色になる。

また、眉毛がきれいにそろうはずだ。

面接試験の場合は、眉毛が乱れると、他の部分がよ

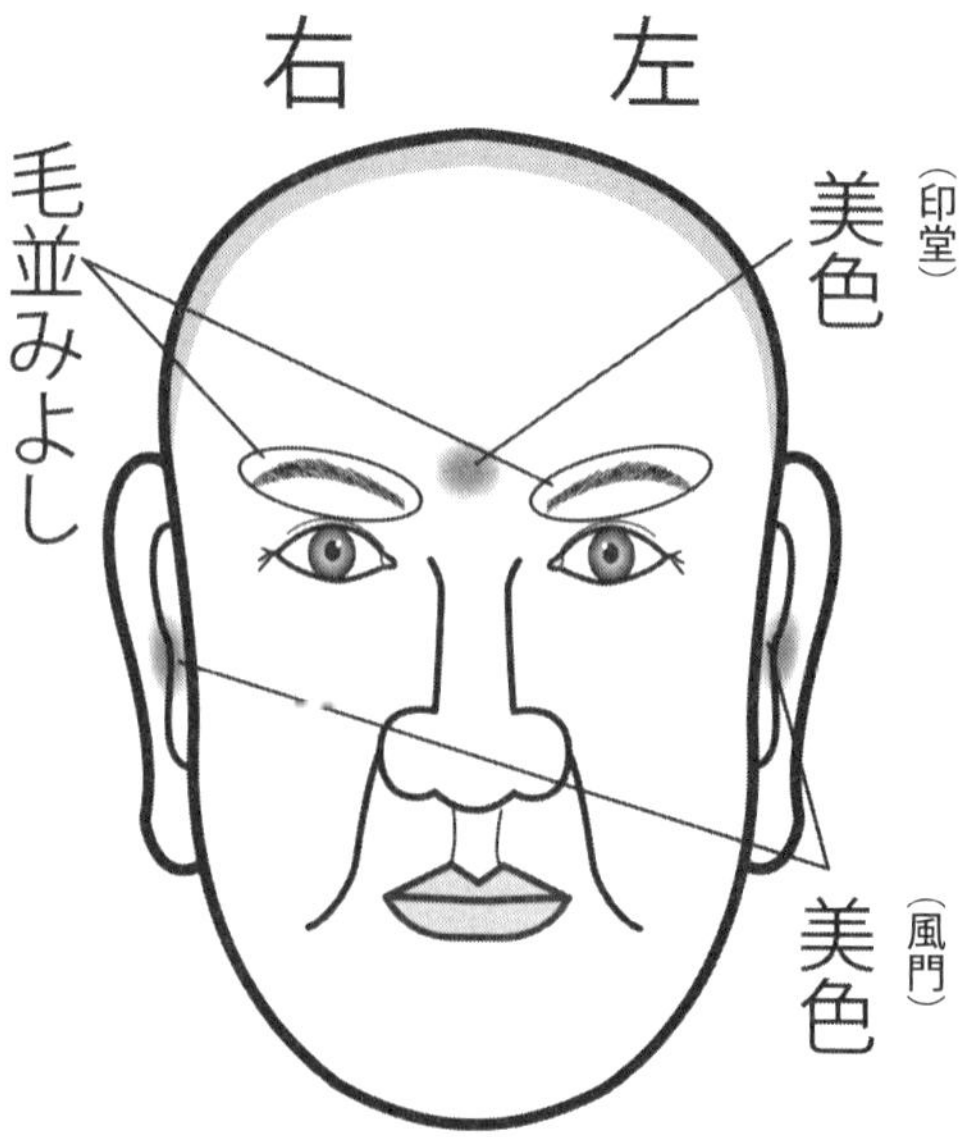

【試験合格のサイン】

くても不首尾に終わりやすい。それでも印堂が晴れていれば、筆記試験の成績がよいはずなので、なんとか合格できると見る。

地方の人が都会の学校を受験する場合は、遷移宮の血色も重視する必要がある。遷移宮が潤って、艶があれば合格するが、黒色や蒙色が出ていれば合格は難しいと判断する。

◆盗難のサイン◆

盗難の前触れは腮骨に現れる。

腮骨に赤色が出たり、ニキビや吹き出物が発生したときは、お金などを盗まれる危険がある。

その赤色をよく観察すると、細い流れとなっていることに気づくはずだ。その流れが、法令線の内側に入り込む場合は、外部から泥棒が侵入する可能性がある。戸締まりに用心することだ。

法令線の外側で止まっている場合は、外出先で盗難にあう心配が生じる。置き忘れなどに用心しよう。

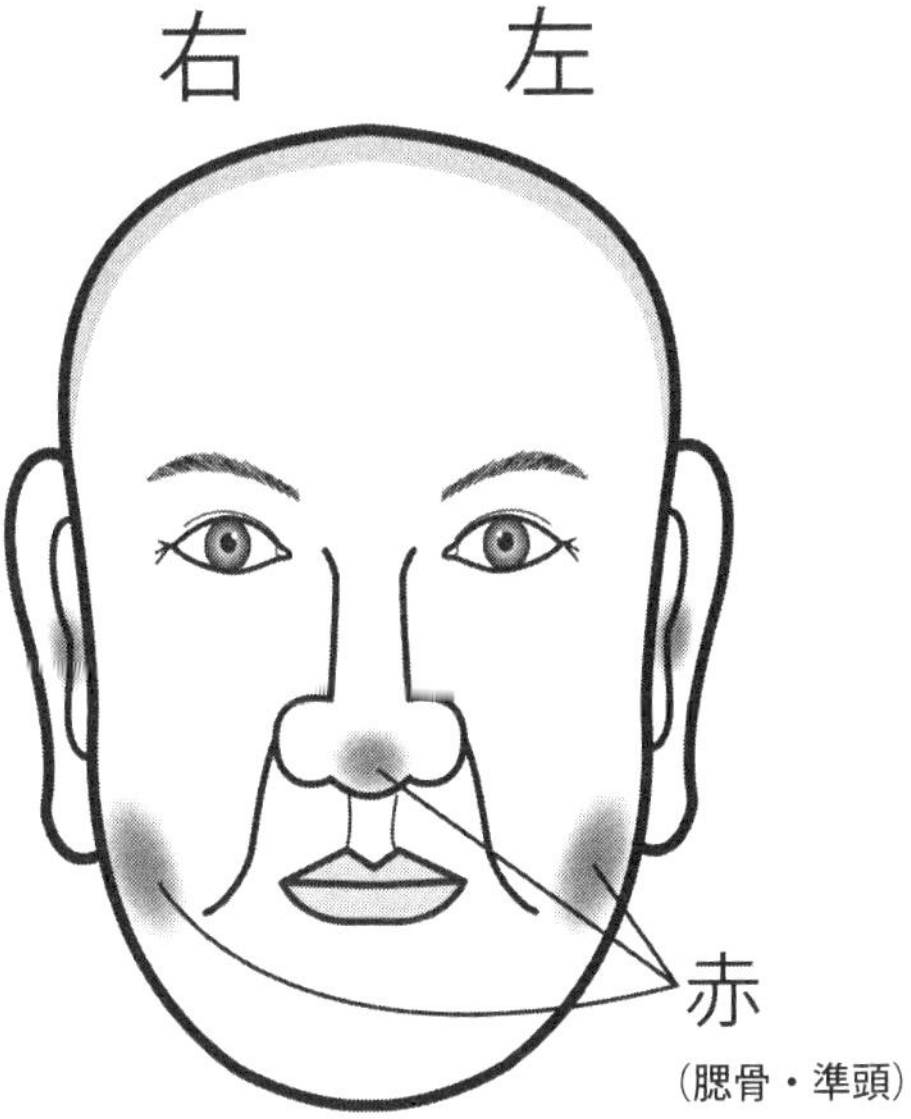

【盗難のサイン】

次に眉を見て、乱れが認められたら、知人に用心すべきだ。目の前で大金をちらつかせてはならない。被害の多寡は、準頭で判断する。赤色が強ければ被害額は大きい。赤色が弱ければ大した額ではない。

◆出会いのサイン◆

出会いの予兆は、遷移宮と天中に現れる。

遷移宮に黄色あるいはクリーム色の美色が現れ、しかも潤いと艶がよければ、出会いは必ずある。それが運命の恋につながる出会いであれば、天中にも美色が出るものである。しかも妻妾宮も美色に染まっていれば、その確率はさらに高まる。

そして、ほろ酔いのときのように白眼にピンク色がかかり、いつもより潤っていれば、その日のうちに出会いが発生するだろう。

女性の場合は、左側の遷移宮と妻妾宮が美色ならばプライベートでの出会い、右側ならば仕事関係での出会いとなる。男性の場合は、左右が逆になる。

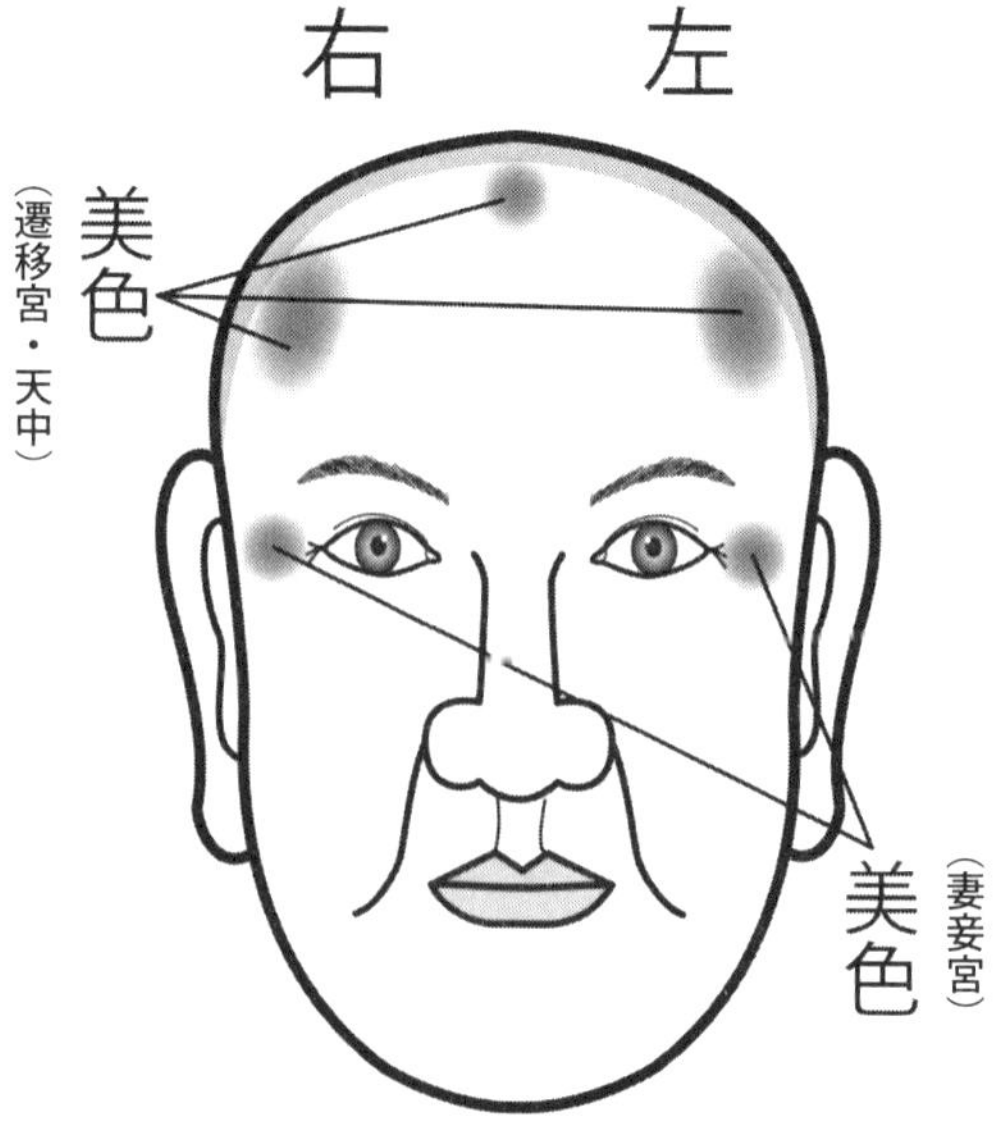

【出会いのサイン】

単なる遊び相手との出会いならば、天中に潤いも艶も現れない。また、天中に赤い点やニキビ、吹き出物が発生していれば、その出会いは、運命をくるわせる邪恋になりやすいので注意すべきだ。

天中に潤いと艶のある美色が出ているのに、遷移宮にニキビなどが出ている場合は、出会いのタイミングに問題がある。たとえば、パーティー会場ではなく、ホテルのロビーや玄関でのすれ違いになる可能性がある。または、パーティーが終わってから相手が駆けつけるというケースもあるから、遷移宮をよく見て対応を決めるとよい。

出会いの後は、相手の天中と遷移宮、妻妾宮を観察することも大切である。相手も美色であれば、まさしく運命の出会いということになる。

◆不調のサイン◆

体の不調は、命門と腮骨に現れる。

この部位に緑色の血色がにじんでいたら、楽観でき

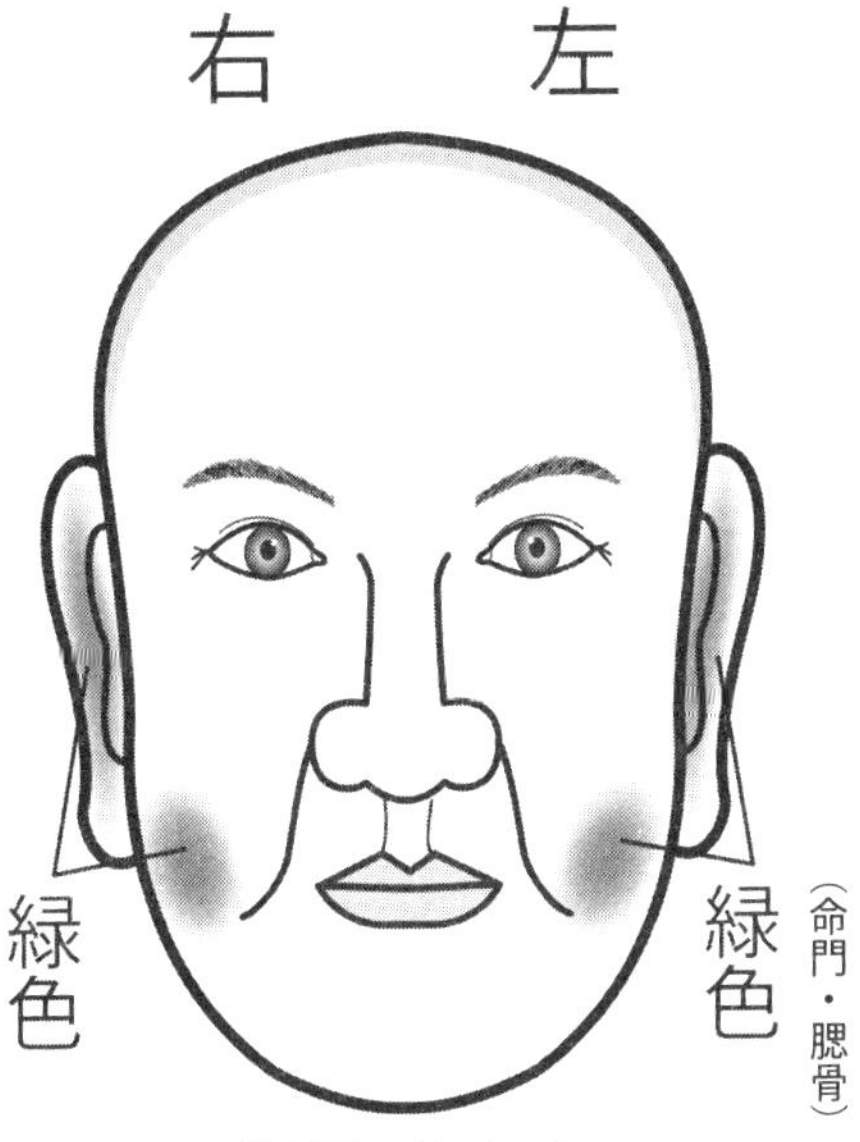

【不調のサイン】

ない。大病になる直前と見る。

病気の種類は、各部位の蒙色、黒色を見つけて判断する。山根が悪色ならば胃腸の不調であり、肺や心臓にも支障があると見る。鼻孔がすすけたようであれば腎機能が低下している。法令線は脚、眉毛は手足、口は肛門のトラブルと見てよい。

耳がしなびているのは、命にかかわる病気である。その場合は、手の弾力を調べる必要がある。親指のつけ根の弾力がなければ、深刻な状態かもしれない。

◆宝くじ当選のサイン◆

ギャンブルで大勝するときは、相貌に独特の変化が現れるものだ。

金櫃・甲櫃と法令線のつけ根に黄色の血色が現れたら、この日は負けないというサインである。

ただし、顔色は悪い。薄黒い血色が顔面を覆っていることが勝利の条件である。美色が広がっていては勝てない。予想は当たっても、その予想どおりに賭けな

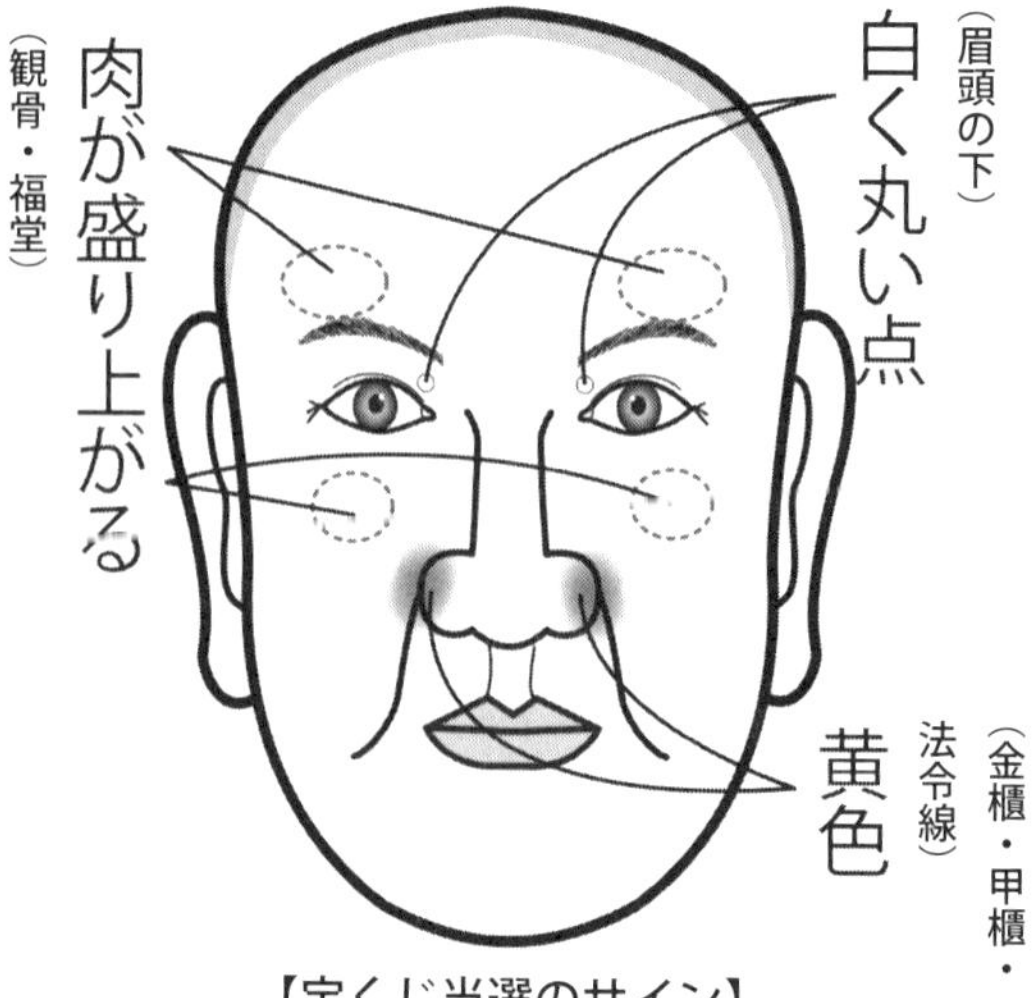

【宝くじ当選のサイン】

いケースが多いのだ。

　眉頭の下に2ミリほどの白く丸い点が現れたら、大利を得る可能性が非常に高い。そして、観骨と福堂の肉が盛り上がっていれば、宝くじの高額当選を果たす予兆と判断できる。この場合も、顔面はすすけたような悪色であることが条件である。それでいて金櫃・甲櫃と法令線の根元は、黄色くなければならない。

流年、流月の見方

　人相で大運（10年周気の運）や月運を見る方法がある。これによって幸運な時期、不遇な時期を知れば、いつ行動すべきかの目安とすることが可能だ。

◆主流年法◆

　天中を1歳として、眉間までを20歳とする。鼻の中

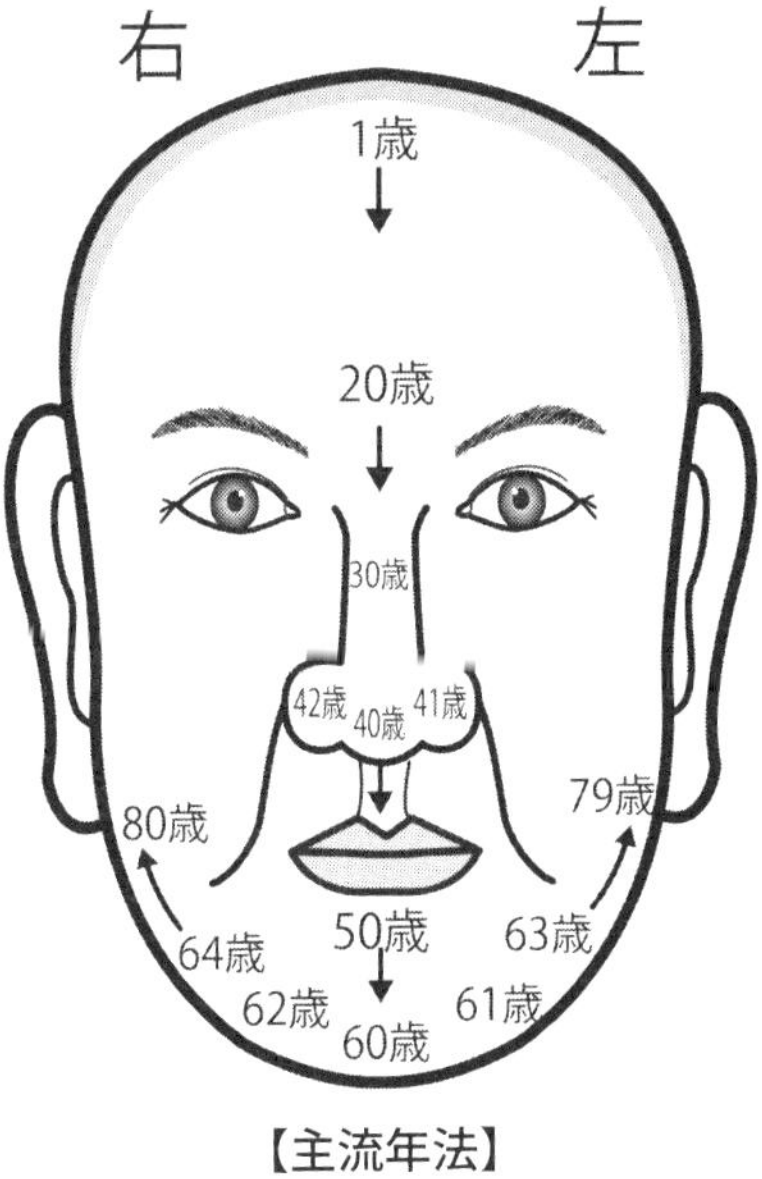

【主流年法】

央を30歳、準頭を40歳、左の小鼻を41歳、右の小鼻を42歳と定める。さらに人中の上を43歳とし、承漿までを50歳とする。そして地閣の下を60歳と定める。

この流年法は大雑把であるが、的中率は高い。しかも上停、中停、下停という人相の基本にものっとっているから理論的にも的確である。

60歳から80歳までは、あごに沿って命門の下まで割り振るのだが、少し複雑である。詳しくは前ページの図を参照されたい。

こうして年齢を割り振ったら、各部位の相や、顔の傷・ホクロ・紋などがどこに現れるかによって、その年齢の運勢を判断する。

仮に、人中にホクロがあったとする。人中は43歳から50歳までを示すから、ホクロの微妙な位置によって、さらに詳しい年齢を推測すればいい。たとえば人中の中央にホクロがあれば、46〜47歳で災難にあうと推測できるわけだ。

また、準頭が吉相であれば、40歳あたりから運勢がよくなると見るのである。

流月法

流月法における各月は、図のとおりの配置となる。

流年法とは異なり、血色・気色で見ていくことに注意してほしい。

たとえば今が7月であれば、天中の血色・気色に注意するのだ。天中が黄色い気色で、潤いや艶があれば、7月は幸運に満ちていることになる。

しかし、蒙色などが現れれば、思わぬ落とし穴が待ちかまえている不運な月といえる。

当月にならないと、確実な運勢がわからないのが欠点だが、7月の時点で12月の運勢をおおまかに見ても間違いではない。

今が7月で、12月に仕事関係のイベントがあり、それがうまくいくかどうかを調べたいなら、まずは12月を司る地閣の血色で見ればよいのだ。もしも地閣が曇っていれば、7月の行動が、そのイベントに悪い影響を及ぼしていると判断できる。

この方法で注意したいのは、図に示された各月は、節気過ぎだということである。

たとえば、1月は小寒を過ぎてからが本当の1月となる。1月5日が小寒だとすれば、その前の1月2日は、まだ12月の運気である。だから、12月を司る地閣の血色・気色を見て判断しなければならない。

小寒などの節気は、その年によって異なるので、詳しくは、各人で和暦を見ていただきたい。

また、12月の月運は、常に地閣によって判断するわけだが、地閣だから土地や住居に関することだけを見るというのではない。あくまでも12月の吉凶だけを見るのである。各部位の意味とは切り離して解釈しないと、判断を誤る。

方位の見方

人相における方位の配置は、図のとおりである。鼻を自分の生地、もしくは住居とするのである。これが

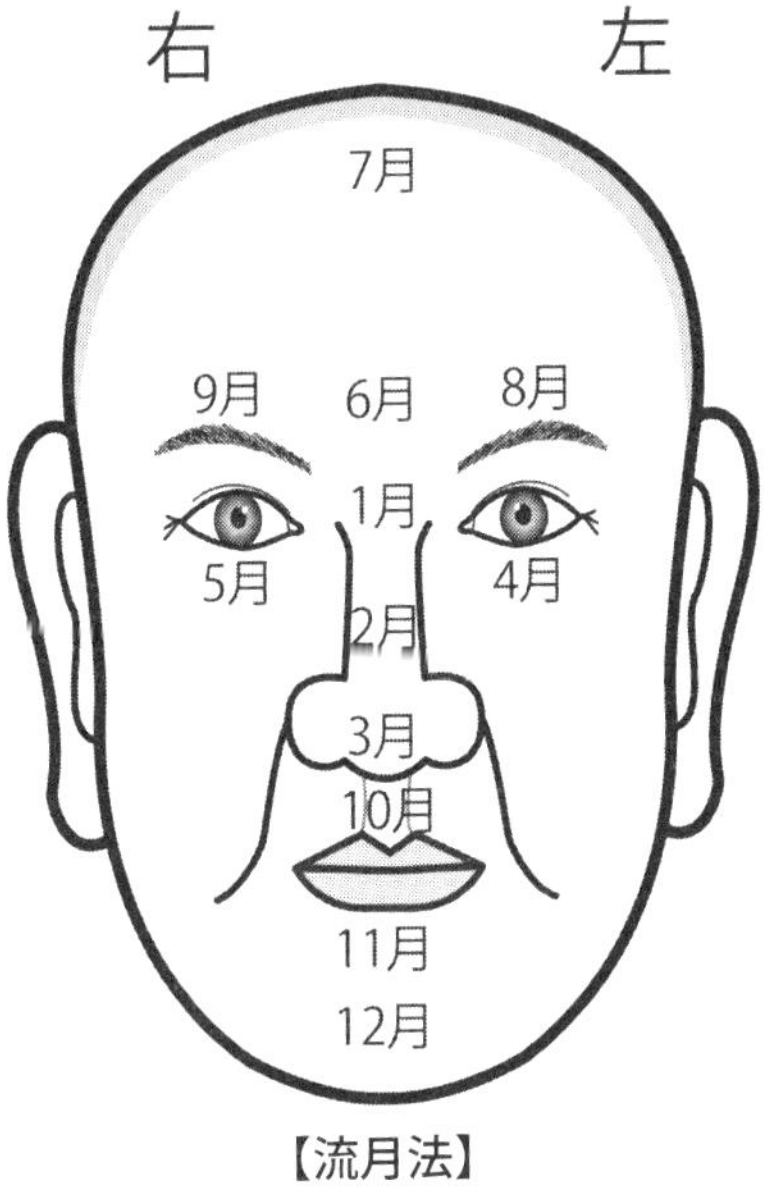

【流月法】

方位の原点である。方位は八方位で、それぞれが45度の範囲を受け持っている。

使い方はふた通りある。

ひとつは、住まいの吉方位を調べることだ。鼻を生地として、ホクロや傷などのない方位を見る。

たとえば、右の辺地にホクロがあり、唇が吉相であれば、南東は、その人にとって凶方位だから避けなければならない。しかし、唇は吉だから、北の方角に住めば幸運が得られることになる。

もうひとつは、その日の吉方位・凶方位を調べることだ。

これは血色・気色によって見る。唇に悪い血色が見られ、辺地にクリーム色の血色が現れていれば、たとえ辺地にホクロがあっても、その日は南西に行くことで幸運がつかめるだろう。唇が吉相でも、その日の血色・気色が悪いのだから、北は避けるべきだ。

仕事や旅行だけでなく、飲み会などでも使いこなせば、開運につながる。

なお、3時間以上、同じ場所にとどまるのであれば、

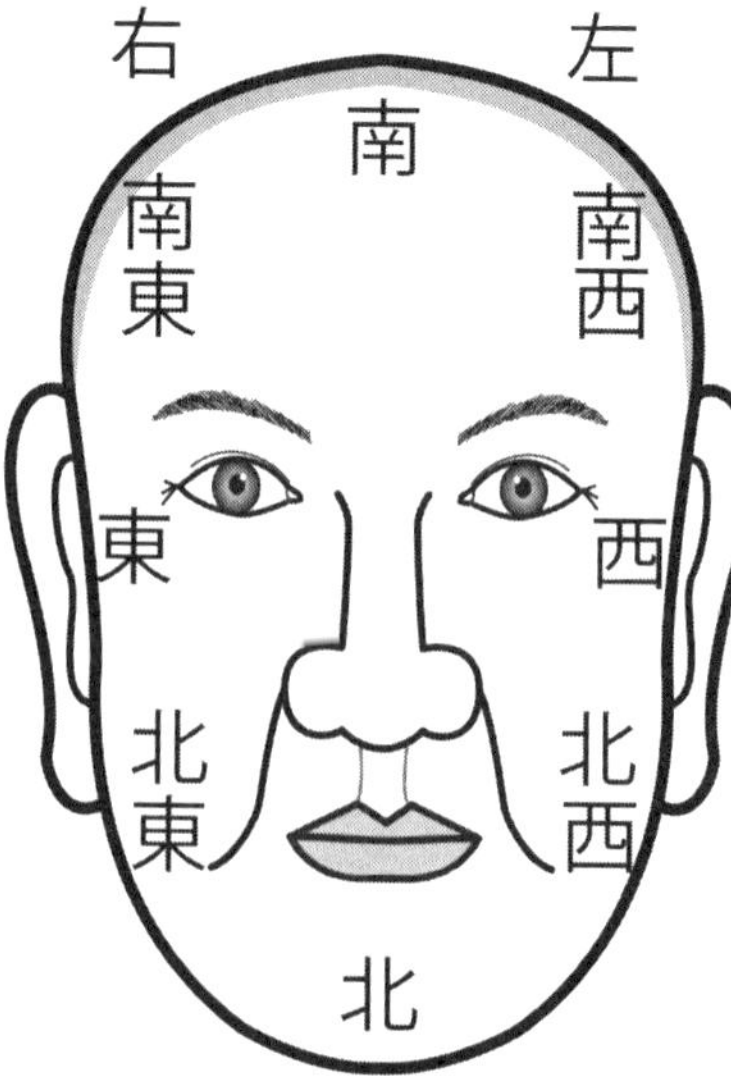

【方位の見方】

そこを原点（鼻）として方位を判断する。

たとえば、自宅から見て南によい血色・気色が現れている日に、職場へ行き、約8時間滞在した後、自宅から見て南の飲食店へ向かっても、吉方位の恩恵は受けられない。この場合は、自宅からではなく、職場から見て南の方位にある飲食店へ行くのが正解である。

画相

画相とは、顔に現れる画像である。

人相を学んでいたときに、こんな経験をした。

ある講義に参加していたときのことだが、「最近、古都に行きましたね」と、突然いわれたのだ。「寺院があるから京都ですね。白いシャツにサングラスをかけていたでしょう」と。

その人は、同じ講義を聴講していた老人だった。

たしかに1週間ほど前、京都旅行をしたので仰天してしまった。その姿が観骨のあたりに出ているというのだ。思わず鏡をのぞいたが、何も見えなかった。もっと話を聞こうと帰りに飲みに誘ったら「5000円しか持ってないでしょう」と図星をさされて、またまた驚いた。

これが画相である。2ミリほどの大きさで、顔に画像が映し出されるのである。

画相を習得するのは容易ではない。まず体を壊す。異常なまでの集中力を使うためだ。

ポイントは、人の顔を顔として見ないことだ。そして、赤い点や黒い点を見つけたら、そこを起点として画像を見つけていく。幼いころ、天井の木目が龍に見えたりお化けに見えたりした経験があることと思う。あの要領である。

ただし、多くは妄想であることをお断りしておこう。とはいえ、妄想を恐れていては、画相をマスターすることなどできない。10年くらいをめどにした計画を立てて、無理のないように訓練を積めば、画相を会得することも夢ではないと思われるのである。

毒が、この一冊には仕込まれています。

『刀巴心青』という、人相学の秘伝のひとつである色情占をちりばめているからです。一歩間違うと出版が不可能になるギリギリのところまで書いていますから、未成年の方やそういう分野に疎い方は用心して読み進めてください。言いかえれば毒ではなく、媚薬かもしれませんね。

じつは、この『刀巴心青』は、現在もひそかに研究がつづけられています。この本で紹介した占断は、1962年7月11日から同年11月18日まで、人相学の大家である故八木喜三朗氏が、門人数名を集めて講義した内容を筆録した冊子に依拠しています。私はこの講義録を偶然、手に入れたのです。

皆さんも、人相学を実地で経験し、そこで気づいた事項を本書の余白に書き込んでください。そうすることで、自分なりの一冊を完成させることができるでしょう。もちろん色情に関することだけでなくてもかまいません。

ところで、この『刀巴心青』を私が主宰するセミナーで扱ったことがありました。セミナーには男性だけでなく、多くの女性が参加していましたから、最初のうちは、ちとやりにくかったことを記憶しています。

しかし、次第に熱をおびた講義となり、教室は熱気の渦。質問も多く飛び交いました。

残念なのは、時間切れで講義を終えてしまい、『刀巴心青』を伝えきれなかったことです。「講義の続きをしてください」というご要望をいただきましたが、そのまま放置したかたちになっていました。


現在、十傳スクールという占い教室を主宰し、断易や四柱推命、奇門遁甲などの講義をしています。6時間ぶっ通し、休憩なしの講義なので、受講生の皆さんはさぞお疲れだろうと気の毒に思うのですが、なんとか早くマスターしてもらい「さあ、ライバルとなってかかってこい！」という願いを込めて、あえて過酷な状況に追い込んでいるわけです。北海道や北陸、関西、中国地方からの参加者が受講者の約半数を占め、なかには深夜バスを利用する方もいるので、こちらも誠意をもってこたえなければなりません。

十傳スクールとは別に、単発のセミナーも実施しています。春夏秋冬ごとに年4回の開催を予定しているのですが、なかなか都合がつかない状態です。

放置したままの『刀巴心青』を、何らかの形にしなければならないと、内心でジリジリしていたのは本当の話です。

そんなときに、学研パブリッシングのエルブックス執筆のお話です。飛びつきました。けれども、いざ原稿を作成しようとして、さっそく行き詰まりました。

一般的な人相の本でお茶を濁すのは簡単だ。でも、それでは私を支えてくれた多くの師に申し訳が立たないではないか。この思いが安易な人相本執筆にブレーキをかけたのです。

人相学だけでなく、占術の道に分け入ってから、不思議なめぐりあわせが数多くあり、素晴らしい師と出会っています。著名な師だけではありません。「はじめに」でご紹介した老人も師の一人でした。自分にはもう必要ないからと、講義録や専門書を「いつか役立ててね」と、わざわざタクシーで届けてくれたお婆さんもいました。その方も私の師です。それらの人たちや膨大な資料を前にして、ビギナーにも分かりやすく、それでいてプロの方にも有意義な一冊に仕上げなくてはならないと考えを改めました。

後半にまとめた血色や気色の見方は、初学者には難しいかもしれません。人相学によってたどりつける最終地点として目を通していただければ嬉しい限りです。

じつは、もう一つ、専門的な本に仕上げようとした理由があります。十傳スクールでもたびたび述べていることです。

人間には、それぞれ開花する時期がある。これなのです。

ちかごろの世の中には、価値観の異なる者を排除しようという雰囲気があります。少し変わった考え方の人には「○○依存症」などとレッテルを貼ります。また、悩みがあって落ち込んだりすると、それが病気であるかのような扱い方をします。

しかし、人間はもともとが千者万別。それぞれに個性を持っています。もちろん、悩んだり落ち込んだりするのは、ごく自然なことです。考え方も行動も、無理をしてまで自分以外の多数の人に合わせる必要はありません。むしろ、合わせようとする姿勢を捨て去るところから個性の発揮がはじまり、幸せをつかむことができるのです。

人それぞれに成功を迎える時期や年齢もまちまちです。

ただ、自分の目標に向かう過程には、辛いことがたくさんあるのは事実です。他人を気にする必要がないとはいっても、同じ歳の人たちが成功したり、出世したりするのを横目で眺めていると、夢や希望を捨ててしまいたい気持ちにもなるでしょう。それは、だれにでもあることです。私も30代後半までは、今は亡き祖母に「なにとぞモリオカに職を見つけて帰ってきてけろじゃ」と、手を合わせられ、少々辛かった覚えがあります。

夢を捨てるなとはいいません。しかし、その夢や希望を目指すことが、自分にとって本当にいいことなのか。目指したとして、それが達成されるのはいつなのか。あるいは、この恋愛を続けても大丈夫なのか。そんな不安に駆られることはあるはずです。そういう思いのすべてに答えを出せるよう意識して、この一冊を仕上げたつもりです。あなたの不安を和らげ、自信が備わり、勇気が出るようにとの思いを込めました。

本書で紹介した相については、私自身がひとつひとつ検証しています。そのために、心ならずも傷つけてしまった人もいます。そういう犠牲者の上に完成した一冊であることも言い添えておきましょう。

また、十傳スクールの受講生の皆さんの励ましがなければ、途中で放り出してしまっていたかもしれません。ここで深く感謝いたします。編集の細江さんにも、いつものことながらお手数をおかけいたしました。ありがとうございます！

毒を盛ったこの一冊が、人生行路を成功裡に泳いでいくためのよき楽となれば、これにまさる喜びはありません。

２０１４年７月吉日

小野十傳

重版のお話があり、この一冊を改めて読み返しました。10年近くも前の本ですが、まだまだ毒が生きておりました。

私の主宰する占い教室「十傳スクール」の受講生の皆さんやその他の人たちから「重版はしないのか。手に入らずに困っている」という問い合わせが多く寄せられていましたので、ホッとしています。ビギナーからプロの方まで対応できる一冊だと自負しています。可愛がってくだされば、これにまさる喜びはございません。

２０２４年９月吉日

小野十傳

刊行にあたって

このたびは、「エルブックス・シリーズ」をお買いあげいただき、ありがとうございます。このエルブックス・シリーズは、雑誌「elfin」から生まれた占いと心理専門の単行本シリーズです。伝統的な西洋占星術、東洋占星術、タロットから、最新の占い、実用的な心理学、心理テストまで、本当の自分を知り、本当の恋をつかみ、本当の才能を育て、本当の幸せを得るために「人生」という長い航路の素敵なナビゲーターになればという願いを込めて刊行されました。このシリーズの一冊一冊が、よりいっそうの可能性を開く扉となることを心より望んでおります。この本を読んでのご感想、ご意見、今後のご希望、企画などございましたら、編集部までお知らせください。

完全図解 東洋観相秘占

2014年8月19日　第1刷発行
2024年11月8日　第4刷発行

著者……小野十傳
発行人……松井謙介
編集人……廣瀬有二
企画編集……宍戸宏隆
発行所……株式会社 ワン・パブリッシング
〒105-0003　東京都港区西新橋2-23-1
印刷所……日経印刷 株式会社

●この本に関する各種のお問い合わせ先
本の内容については、下記サイトのお問い合わせフォームよりお願いします。
https://one-publishing.co.jp/contact/
在庫・注文については
書店専用受注センター　Tel.0570-000346
不良品(落丁、乱丁)については
業務センター　Tel.0570-092555
〒354-0045　埼玉県入間郡三芳町上富 279-1

この書籍は 2014年 8月に株式会社学研パブリッシングから刊行されたものです。